# 여러분의 합격을 응원하는
# 해커스소방의 특별 혜택!

KB218833

# 단기 합격을 위한 해커스소방 커리큘럼

## 입문
### 탄탄한 기본기와 핵심 개념 완성!
누구나 이해하기 쉬운 개념 설명과 풍부한 예시로 부담없이 쌩기초 다지기

**TIP** 베이스가 있다면 **기본 단계**부터!

▼

## 기본+심화
### 필수 개념 학습으로 이론 완성!
반드시 알아야 할 기본 개념과 문제풀이 전략을 학습하고
심화 개념 학습으로 고득점을 위한 응용력 다지기

▼

## 기출+예상 문제풀이
### 문제풀이로 집중 학습하고 실력 업그레이드!
기출문제의 유형과 출제 의도를 이해하고 최신 출제 경향을 반영한
예상문제를 풀어보며 본인의 취약영역을 파악 및 보완하기

▼

## 동형문제풀이
### 동형모의고사로 실전력 강화!
실제 시험과 같은 형태의 실전모의고사를 풀어보며 실전감각 극대화

▼

## 최종 마무리
### 시험 직전 실전 시뮬레이션!
각 과목별 시험에 출제되는 내용들을 최종 점검하며 실전 완성

# PASS

**단계별 교재 확인 및 수강신청은 여기서!**
fire.Hackers.com

\* 커리큘럼 및 세부 일정은 상이할 수 있으며,
자세한 사항은 해커스소방 사이트에서 확인하세요.

해커스소방

# 이영철
# 소방관계법규

단원별 실전문제집

해커스

# 이영철

## 약력

서울시립대학교 방재공학 석사
서울시립대학교 재난과학과 박사수료

현 ㅣ 해커스소방 소방관계법규, 소방학개론 강의
현 ㅣ 서정대학교 소방안전관리과 겸임교수
현 ㅣ 서울시립대학교 소방방재학과 외래교수
현 ㅣ 세종사이버대학교 소방방재학과 외래교수
현 ㅣ 경희사이버대학교 소방방재학과 외래교수
현 ㅣ 서울소방학교 외래교수
현 ㅣ 한국소방안전원 외래교수
현 ㅣ 한국장애인 고용공단 BK 심사단
현 ㅣ 법무법인 정률 화재조사 위원

## 저서

해커스소방 이영철 소방관계법규 기본서
해커스소방 이영철 소방학개론 기본서
해커스소방 이영철 소방학개론 필기노트 + OX · 빈칸문제
해커스소방 이영철 소방관계법규 단원별 기출문제집
해커스소방 이영철 소방학개론 단원별 기출문제집
해커스소방 이영철 소방관계법규 단원별 실전문제집
해커스소방 이영철 소방학개론 단원별 실전문제집
해커스소방 이영철 소방학개론 실전동형모의고사

# 서문

많은 수험생 여러분들이 소방관계법규 과목의 어려운 법률 용어나 방대한 학습량에 막연한 두려움을 가지고 있을 것입니다. 하지만 소방관계법규 시험은 유사한 유형의 문제의 재출제 비중이 높고, 출제 포인트가 크게 변하지 않기 때문에, 기출분석을 기반으로 최신 출제경향이 반영된 실전문제를 접해봄으로써 학습의 범위와 방향을 명확히 인지하고, 실전감각을 키우는 것이 필요합니다.

『해커스소방 이영철 소방관계법규 단원별 실전문제집』은 실전 대비를 위한 문제들을 효과적으로 학습할 수 있도록 다음과 같은 특징을 가지고 있습니다.

첫째, 단원별로 최신 출제경향 및 개정 법령을 반영한 실전문제를 수록하였습니다.
본 교재는 소방관계법규를 효과적으로 학습할 수 있도록 단원별 내용에 따라 출제빈도가 높은 기출문제를 철저히 분석하여 기출문제와 유사한 실전문제를 수록하였습니다. 또한 최신 개정 법령을 모두 반영하여 학습에 오류 가능성을 낮추고 실제 출제가능성이 높은 문제들로 구성하였습니다.

둘째, 문제 풀이 과정에서 이론까지 학습할 수 있도록 상세한 해설을 수록하였습니다.
정답 지문에 대한 해설뿐만 아니라 정답 외 지문에 대한 해설 및 관련 개념까지 상세하게 제시하였습니다. 정답의 근거와 오답 포인트까지 알려주는 상세한 해설을 통해 모든 선지를 완벽하게 이해할 수 있으며, 이를 통해 본인의 취약점을 파악하여 빠르게 이론을 복습하는 효과를 얻을 수 있습니다.

셋째, 단원별 문제 풀이 후 실전 대비를 위한 2회분의 실전동형모의고사를 수록하였습니다.
실제 시험이 어떻게 출제되는지 파악하고 연습할 수 있도록 실전동형모의고사 2회분을 수록하였습니다. 학습 말미에 실전동형모의고사를 풀어봄으로써 앞으로의 출제경향을 미리 확인하고, 시간 안배 등 실전을 미리 경험해볼 수 있습니다.

더불어, 공무원 시험 전문 사이트인 해커스소방(fire.Hackers.com)에서 교재 학습 중 궁금한 점을 나누고 다양한 무료 학습 자료를 함께 이용하여 학습 효과를 극대화할 수 있습니다.

부디 『해커스소방 이영철 소방관계법규 단원별 실전문제집』과 함께 소방공무원 소방관계법규 시험의 고득점을 달성하고 합격을 향해 한걸음 더 나아가시기를 바랍니다.

이영철

# 차례

## PART 5 위험물안전관리법

## 부록 실전동형모의고사

## PART 6 소방의 화재조사에 관한 법률

## 약점 보완 해설집 [책 속의 책]

# 책의 특징 및 구성

## 01 단계별 학습으로 문제해결 능력 향상

### 1단계 실전문제로 문제해결 능력 키우기

소방공무원 소방관계법규 시험의 기출 및 기출복원문제의 출제경향을 분석하여 출제 가능성이 높은 실전문제를 단원별로 배치하였습니다. 또한, 문제 번호 하단에 O: 알고 푼 문제, △: 헷갈린 문제, X: 모르는 문제를 체크할 수 있는 박스를 수록하여 문제 풀이 시 학습 여부나 이해 정도를 표시하여 실력을 명확하게 파악할 수 있습니다.

### 2단계 상세한 해설로 개념 완성하기

실전문제의 학습이 단순히 문제 풀이에서 끝나지 않고 이론 복습 및 개념 완성으로 이어질 수 있도록 모든 문제에 상세한 해설을 수록하였습니다. 해설을 통해 소방공무원 소방관계법규 내용 중 시험에서 주로 묻는 핵심 이론들이 무엇인지 확인하고, 학습하였던 이론의 내용을 다시 한 번 복습할 수 있습니다. 더불어 모든 문제마다 출제 포인트를 제시하여 본인이 취약한 부분을 쉽게 파악하고 보완할 수 있습니다.

### 3단계 실전동형모의고사로 실전감각 키우기

학습 마무리 단계에서 소방관계법규 시험의 최신 출제경향을 파악하고, 실전과 같이 문제 풀이 연습을 할 수 있도록 실전동형모의고사 2회분을 부록으로 수록하였습니다. 단원별로 구성된 실전문제를 학습한 후 실전동형모의고사를 풀어보면서 소방관계법규 시험에 대한 이해도를 높이고, 실전감각을 키울 수 있습니다.

## 02 정답의 근거와 오답의 원인, 핵심 이론까지 짚어주는 정답 및 해설

### 1. 빠른 정답 확인
각 중단원에 수록된 모든 문제의 정답을 한 번에 확인할 수 있도록 표로 정리하여 수록하였습니다. 이를 통하여 쉽고 빠르게 정답을 찾아 확인할 수 있습니다.

### 2. 상세한 해설
모든 문제에 자세한 해설을 수록함으로써 정답의 이유를 명확하게 학습할 수 있으며, '선지분석'을 통하여 오답 지문의 원인과 함정 요인까지 확인할 수 있습니다.

### 3. 관련 개념
문제와 관련된 핵심개념이나 알아두면 좋은 배경이론 등을 정리한 '관련 개념'을 수록하였습니다. 이를 통하여 주요 개념을 다양한 시각에서 폭넓게 학습할 수 있으며 쉽게 이론을 복습할 수 있습니다.

### 4. 문항별 출제 포인트 제시
각 문항마다 문제의 핵심이 되는 출제 포인트를 수록하였습니다. 이를 통하여 각 문제가 묻고 있는 내용을 한눈에 파악할 수 있으며, 본인의 취약점을 확인하여 보완할 수 있습니다.

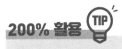

### 200% 활용 TIP

#### 1. 해설집에 있는 각 문제별 출제 포인트를 단원별로 묶어 정리해보기!
문제집을 1회독한 후 노트나 A4 용지 등에 해설집에 제시된 문제별 키워드를 정리합니다. 이를 통하여 방대한 이론에서 중점적으로 학습하여야 할 부분을 한눈에 확인하고, 본인이 추가로 학습하여야 할 부분을 체크해 볼 수 있습니다.

#### 2. 문제를 풀면서 헷갈리거나 이해하기 어려운 지문들에 표시하기!
1회독 시 문제를 풀면서 정확히 알고 푼 문제에는 O, 헷갈린 문제에는 △, 모르는 문제에는 X를 문제집 번호 하단에 있는 체크박스에 표시합니다. 이후 해설집을 통하여 해당 지문을 정확히 이해하고 관련 내용까지 학습하며, 2~3회독 시에도 동일한 방법으로 각 지문에 접근하는 연습을 합니다. 이를 통하여 헷갈리는 지문이나 이해하기 어려운 지문의 양을 점차 줄여갈 수 있으며 모든 이론에 대하여 정확하게 짚고 넘어갈 수 있습니다.

#### 3. 나만의 단권화 노트 만들기!
각 회독마다 해설집의 '관련 개념' 코너에 어려운 지문이나 부족한 이론에 대해 추가로 정리합니다. 이를 통하여 문제 풀이 학습이 다 끝난 후 본인의 실력에 맞는 학습을 용이하게 할 수 있으며, 이론을 복습하는 시간을 단축할 수 있습니다.

# 학습 플랜

효율적인 학습을 위하여 DAY별 권장 학습 분량을 제시하였으며, 이를 바탕으로 본인의 학습 진도나 수준에 따라 분량을 조절해 가며 학습하기 바랍니다. 또한 학습한 날은 표 우측의 각 회독 부분에 형광펜이나 색연필 등으로 표시하며 채워나가기 바랍니다.

\* 1회독 때에는 40일 학습 플랜을, 2, 3회독 때에는 14일 학습 플랜을 활용하시면 좋습니다.

| 40일 플랜 | 14일 플랜 | 학습 플랜 | | 1회독 | 2회독 | 3회독 |
|---|---|---|---|---|---|---|
| DAY 1 | | PART 1 | 01 | DAY 1 | DAY 1 | DAY 1 |
| DAY 2 | DAY 1 | | 02 | DAY 2 | | |
| DAY 3 | | | 03 | DAY 3 | | |
| DAY 4 | DAY 2 | | 04 ~ 07 | DAY 4 | DAY 2 | DAY 2 |
| DAY 5 | | | PART 1 복습 | DAY 5 | | |
| DAY 6 | DAY 3 | PART 2 | 01 | DAY 6 | DAY 3 | DAY 3 |
| DAY 7 | | | 02 | DAY 7 | | |
| DAY 8 | | | 02 | DAY 8 | | |
| DAY 9 | | | 03 | DAY 9 | | |
| DAY 10 | DAY 4 | | 04 ~ 05 | DAY 10 | DAY 4 | DAY 4 |
| DAY 11 | | | 06 ~ 07 | DAY 11 | | |
| DAY 12 | | | PART 2 복습 | DAY 12 | | |
| DAY 13 | DAY 5 | PART 3 | 01 ~ 03 | DAY 13 | DAY 5 | DAY 5 |
| DAY 14 | | | 04 | DAY 14 | | |
| DAY 15 | | | 05 | DAY 15 | | |
| DAY 16 | DAY 6 | | 05 | DAY 16 | DAY 6 | DAY 6 |
| DAY 17 | | | 06 ~ 08 | DAY 17 | | |
| DAY 18 | | | PART 3 복습 | DAY 18 | | |
| DAY 19 | DAY 7 | PART 4 | 01 ~ 02 | DAY 19 | DAY 7 | DAY 7 |
| DAY 20 | | | 03 | DAY 20 | | |

✅ 1회독 때에는 '내가 학습한 이론이 주로 이러한 형식의 문제로 출제되는구나!'를 익힌다는 생각으로 접근하는 것이 좋습니다.

✅ 2회독 때에는 실전과 동일한 마음으로 예상문제를 풀어보는 단계입니다. 단순히 문제를 풀어보는 것에 그치지 않고, 내가 이 문제를 정확히 알고 풀었는지 헷갈리거나 모르는 문제인지를 꼼꼼히 따져가며 학습하기 바랍니다.

✅ 3회독 때에는 체크박스에 '△: 헷갈리는 문제' 또는 'X: 모르는 문제'로 체크한 문제들을 다시 한 번 풀어보며 부족한 부분을 최종적으로 점검해 보는 것이 좋습니다.

| 40일 플랜 | 14일 플랜 | 학습 플랜 | | 1회독 | 2회독 | 3회독 |
|---|---|---|---|---|---|---|
| DAY 21 | DAY 7 | | 03 | DAY 21 | DAY 7 | DAY 7 |
| DAY 22 | DAY 8 | | 04 ~ 07 | DAY 22 | DAY 8 | DAY 8 |
| DAY 23 | | | PART 4 복습 | DAY 23 | | |
| DAY 24 | DAY 9 | PART 5 | 01 | DAY 24 | DAY 9 | DAY 9 |
| DAY 25 | | | 02 | DAY 25 | | |
| DAY 26 | | | 03 | DAY 26 | | |
| DAY 27 | | | 04 ~ 07 | DAY 27 | | |
| DAY 28 | DAY 10 | | 08 | DAY 28 | DAY 10 | DAY 10 |
| DAY 29 | | | 08 | DAY 29 | | |
| DAY 30 | | | PART 5 복습 | DAY 30 | | |
| DAY 31 | DAY 11 | PART 6 | 01 ~ 02 | DAY 31 | DAY 11 | DAY 11 |
| DAY 32 | | | 03 ~ 05 | DAY 32 | | |
| DAY 33 | | | PART 6 복습 | DAY 33 | | |
| DAY 34 | DAY 12 | 복습 | PART 1 ~ 2 복습 | DAY 34 | DAY 12 | DAY 12 |
| DAY 35 | | | PART 3 ~ 4 복습 | DAY 35 | | |
| DAY 36 | | | PART 5 ~ 6 복습 | DAY 36 | | |
| DAY 37 | DAY 13 | 실전동형 모의고사 | 실전동형모의고사 1회 | DAY 37 | DAY 13 | DAY 13 |
| DAY 38 | | | 실전동형모의고사 2회 | DAY 38 | | |
| DAY 39 | | | 실전동형모의고사 복습 | DAY 39 | | |
| DAY 40 | DAY 14 | 총복습 | 총복습 | DAY 40 | DAY 14 | DAY 14 |

# PART 1
# 소방기본법

**001** 「소방기본법」의 목적에 포함되지 않는 것은?

① 화재를 예방·경계·진압한다.
② 화재, 재난·재해, 그 밖의 위급한 상황에서의 구조·구급 활동 등을 한다.
③ 국민의 생명·신체 및 재산을 보호한다.
④ 공공의 안전 및 질서유지와 복리증진에 이바지한다.

**002** 소방기본법 용어의 정의로 옳은 것은?

① "소방대상물"이란 건축물, 차량, 항해 중인 선박, 선박건조구조물, 산림 그 밖의 인공구
조물 또는 물건을 말한다.
② "소방대장"이란 소방본부장 또는 소방서장, 방화서장 등 화재, 재난, 재해 그 밖의 위급
한 상황이 발생한 현장에서 소방대를 지휘하는 사람을 말한다.
③ "소방대"란 화재를 진압하고 화재, 재난, 재해 그 밖의 위급한 상황에서 구조·구급 활동
등을 하기 위하여 소방공무원, 의무소방원, 자위소방대원으로 구성된 조직체를 말한다.
④ "관계지역"이란 소방대상물이 있는 장소 및 이웃 지역으로서 화재의 예방·경계·진압,
구조·구급 등의 활동에 필요한 지역을 말한다.

**003** 「소방기본법」상 용어의 정의로 옳지 않은 것은?

① "소방대상물"이란 건축물, 차량, 선박(「선박법」 제1조의2 제1항에 따른 선박으로서 항구
에 매어둔 선박만 해당한다), 선박 건조 구조물, 산림, 그 밖의 인공 구조물 또는 물건을
말한다.
② "소방대장"이란 소방본부장 또는 소방서장 등 화재, 재난·재해, 그 밖의 위급한 상황이
발생한 현장에서 소방대를 지휘하는 사람을 말한다.
③ "소방본부장"이란 특별시·광역시·특별자치시·도 또는 특별자치도(이하 "시·도"라 한
다)에서 화재의 예방·경계·진압·조사 및 구조·구급 등의 업무를 담당하는 부서의 장
을 말한다.
④ "관계지역"이란 소방대상물이 있는 장소 및 그 이웃 지역으로서 화재의 예방·경계·진
압·조사, 구조·구급 등의 활동에 필요한 지역을 말한다.

**004** 「소방기본법」상 소방기관의 설치에 관한 내용이다. 옳은 내용은?

① 시·도의 화재 예방·경계·진압 및 조사, 소방안전교육·홍보와 화재, 재난·재해, 그 밖의 위급한 상황에서의 구조·구급 등의 업무(이하 "소방업무"라 한다)를 수행하는 소방기관의 설치에 필요한 사항은 행정안전부령으로 정한다.

② 소방업무를 수행하는 소방본부장 또는 소방서장은 그 소재지를 관할하는 특별시장·광역시장·특별자치시장·도지사 또는 특별자치도지사(이하 "시·도지사"라 한다)의 지휘와 감독을 받는다.

③ 소방청장은 화재 예방 및 대형 재난 등 필요한 경우 시·도 소방본부장 및 소방서장을 지휘·감독할 수 없다.

④ 시·도에서 소방업무를 수행하기 위하여 시·도지사 직속으로 소방서를 둔다.

**005** 「소방기본법」에서 소방공무원의 배치에 대한 조항 설명이다. (    ) 안에 들어갈 알맞은 말은?

> 제3조 제1항의 ( ㉠ ) 및 같은 조 제4항의 ( ㉡ )에는 「지방자치단체에 두는 국가공무원의 정원에 관한 법률」에도 불구하고 대통령령으로 정하는 바에 따라 소방공무원을 둘 수 있다.

|  | ㉠ | ㉡ |
|---|---|---|
| ① | 소방관서 | 소방본부 |
| ② | 소방관서 | 소방서 |
| ③ | 소방기관 | 소방본부 |
| ④ | 소방기관 | 소방서 |

**006** 「소방기본법」상 119종합상황실의 설치와 운영에 대한 설명으로 옳지 않은 것은?

① 소방청장, 소방본부장 및 소방서장은 화재, 재난·재해, 그 밖에 구조·구급이 필요한 상황이 발생하였을 때에 신속한 소방활동(소방업무를 위한 모든 활동을 말한다. 이하 같다)을 위한 정보의 수집·분석과 판단·전파, 상황관리, 현장 지휘 및 조정·통제 등의 업무를 수행하기 위하여 119종합상황실을 설치·운영하여야 한다.

② 종합상활실은 24시간 운영체제를 유지하여야 한다.

③ 종합상황실은 소방청과 특별시·광역시 또는 도(이하 "시·도"라 한다)의 소방본부 및 소방서에 각각 설치·운영하여야 한다.

④ 소방청장, 소방본부장 또는 소방서장은 신속한 소방활동을 위한 정보를 수집·전파하기 위하여 종합상황실에 「소방력 기준에 관한 규칙」에 의한 전산·통신요원을 배치하고, 소방본부장 또는 소방서장이 정하는 유·무선통신시설을 갖추어야 한다.

**007** 「소방기본법」상 119종합상황실에 종합상황실 실장의 업무에 포함되지 않는 내용은?

① 화재, 재난·재해 그 밖에 구조·구급이 필요한 상황(이하 "재난상황"이라 한다)의 발생의 신고 접수

② 재난상황이 발생한 현장에 대한 지휘 및 피해현황의 파악

③ 하급소방기관에 대한 출동지령 또는 동급 이상의 소방기관 및 유관기관에 대한 지원요청

④ 접수된 재난상황을 검토하여 가까운 관련 행정기관에 인력 및 장비의 동원을 요청하는 등의 사고 수습

**008** 119종합상황실 실장의 업무로 옳지 않은 것은?

① 하급소방기관에 대한 출동지령 또는 동급 이상의 소방기관 및 유관기관에 대한 지원요청

② 재난상황이 발생한 현장에 대한 지휘 및 피해현황의 파악 및 재난상황의 전파 및 보고

③ 화재, 재난·재해 그 밖에 구조·구급이 필요한 상황의 발생의 신고 접수 및 출동

④ 재난상황의 수습에 필요한 정보수집 및 제공

**009** 「소방기본법」상 119종합상황실에 대한 설명으로 옳은 것은?

① 종합상황실은 소방청과 특별시·광역시 또는 도의 소방본부 및 119 안전센터에 각각 설치·운영하여야 한다.

② 종합상황실의 실장은 접수된 재난상황을 검토하여 가까운 소방서에 인력 및 장비의 동원을 요청하는 등의 사고 수습을 한다.

③ 종합상황실의 실장은 상급소방기관에 대한 출동지령 또는 동급 이상의 소방기관 및 유관기관에 대한 지원요청을 한다.

④ 사망자가 3인 이상 발생하거나 사상자가 5인 이상 발생한 화재에 대해서는 그 사실을 지체 없이 서면·팩스 또는 컴퓨터통신 등으로 소방서의 종합상황실의 경우는 소방본부의 종합상황실에, 소방본부의 종합상황실의 경우는 소방청의 종합상황실에 각각 보고해야 한다.

**010**
◻◻◻◻ 「소방기본법」상 종합상황실의 실장이 지체 없이 상부 종합상황실에 보고해야 하는 사항에 대한 내용이다. 다음 (      ) 안에 들어갈 알맞은 숫자는?

> • 층수가 (  ㉠  )층 이상이거나 객실이 (  ㉡  )실 이상인 숙박시설
> • 연면적 (  ㉢  )제곱미터 이상인 공장
> • 항구에 메어둔 총 톤수가 (  ㉣  )톤 이상인 선박

| | ㉠ | ㉡ | ㉢ | ㉣ |
|---|---|---|---|---|
| ① | 5 | 20 | 10,000 | 1,000 |
| ② | 5 | 30 | 15,000 | 1,000 |
| ③ | 5 | 30 | 10,000 | 2,000 |
| ④ | 5 | 20 | 15,000 | 2,000 |

**011**
◻◻◻◻ 다음 중 「소방기본법」상 119종합상황실 실장의 업무를 모두 고르면?

> ㄱ. 화재, 재난·재해 그 밖에 구조·구급이 필요한 상황의 발생의 신고접수
> ㄴ. 동급소방기관에 대한 출동지령 또는 동급 이상의 소방기관 및 유관기관에 대한 지원요청
> ㄷ. 재난상황의 전파 및 보고
> ㄹ. 재난상황이 발생한 현장에 대한 지휘 및 피해현황의 파악 및 복구

① ㄱ, ㄷ            ② ㄴ, ㄹ
③ ㄱ, ㄴ, ㄹ        ④ ㄴ, ㄷ, ㄹ

**012**
◻◻◻◻ 「소방기본법」상 119종합상황실의 설치 및 운영에 대한 법적 내용으로 옳지 않은 것은?

① 소방청장, 소방본부장, 소방서장이 화재, 재난·재해, 그 밖에 구조·구급이 필요한 상황이 발생하였을 때에 신속한 소방활동(소방업무를 위한 모든 활동을 말한다. 이하 같다)을 위한 정보의 수집·분석과 판단·전파, 상황관리, 현장 지휘 및 조정·통제 등의 업무를 수행하기 위하여 119종합상황실을 설치·운영하여야 한다.
② 119종합상황실의 설치·운영에 필요한 사항은 행정안전부령으로 정한다.
③ 종합상황실은 소방청과 특별시·광역시·특별자치시·도 또는 특별자치도(이하 "시·도"라 한다)의 소방본부 및 소방서에 각각 설치·운영하여야 한다.
④ 종합상황실에 「소방력 기준에 관한 규칙」에 의한 전산·통신요원을 배치하고, 소방청장이 정하는 무선통신시설을 갖추어야 하며, 종합상황실은 주간 운영체제를 유지하여야 한다.

**013** 「소방기본법」상 소방본부 종합상황실 실장이 소방청의 종합상황실에 서면·팩스 또는 컴퓨터통신 등으로 보고하여야 하는 화재의 기준에 해당하는 것은?

> ㄱ. 이재민이 50인 이상 발생한 화재
> ㄴ. 사상자가 10인 이상 발생한 화재
> ㄷ. 재산피해액이 20억원 이상 발생한 화재
> ㄹ. 층수가 5층 이상이거나 병상이 30개 이상인 요양소에서 발생한 화재
> ㅁ. 다중이용업소의 화재
> ㅂ. 가스 및 화약류의 폭발에 의한 화재
> ㅅ. 문화재·지하철·공동구의 화재

① 3개          ② 4개

③ 5개          ④ 6개

**014** 「소방기본법」상 소방기술민원센터의 업무에 해당하는 것은?

> ㄱ. 소방시설, 소방공사와 위험물 안전관리 등과 관련된 법령해석 등의 민원(이하 "소방기술민원"이라 한다)의 처리
> ㄴ. 소방기술민원과 관련된 질의회신집 및 해설서 발간
> ㄷ. 소방기술민원과 관련된 정보시스템의 운영·관리
> ㄹ. 소방기술민원과 관련된 현장 확인 및 처리

① ㄱ          ② ㄱ, ㄴ

③ ㄱ, ㄴ, ㄷ          ④ ㄱ, ㄴ, ㄷ, ㄹ

**015** 「소방기본법」의 내용 중 괄호안에 들어갈 내용으로 옳은 것은?

> 소방청장 또는 소방본부장은 소방시설, 소방공사 및 위험물 안전관리 등과 관련된 법령해석 등의 민원을 종합적으로 접수하여 처리할 수 있는 기구인 (   )를 설치·운영할 수 있다.

① 소방기술민원센터          ② 소방법령민원센터

③ 소방설치민원센터          ④ 소방안전민원센터

**016** 「소방기본법」상 소방박물관의 설립과 운영에 대한 내용으로 옳지 않은 것은?
○△✕

① 소방청장은 법 규정에 의하여 소방박물관을 설립·운영하는 경우에는 소방박물관에 소방박물관장 1인과 부관장 1인을 두되, 소방박물관장은 소방공무원중에서 소방청장이 임명한다.

② 소방의 역사와 안전문화를 발전시키고 국민의 안전의식을 높이기 위하여 소방청장은 소방박물관을 설립하여 운영할 수 있다.

③ 소방박물관에는 그 운영에 관한 중요한 사항을 심의하기 위하여 7인 이내의 위원으로 구성된 운영위원회를 둔다.

④ 규정에 의하여 설립된 소방박물관의 관광업무·조직·운영위원회의 구성 등에 관하여 필요한 사항은 시·도지사가 정한다.

**017** 「소방기본법」상 소방박물관의 설립과 운영에 관한 내용으로 옳지 않은 것은?
○△✕

① 소방박물관은 국내·외의 소방의 역사, 소방공무원의 복장 및 소방장비 등의 변천 및 발전에 관한 자료를 수집·보관 및 전시한다.

② 소방청장은 소방박물관을 설립·운영하는 경우에는 소방박물관에 소방박물관장 1인과 부관장 1인을 두되, 소방박물관장은 소방공무원중에서 소방청장이 임명한다.

③ 소방박물관의 관광업무·조직·운영위원회의 구성 등에 관하여 필요한 사항은 소방청장이 정한다.

④ 소방박물관에는 그 운영에 관한 중요한 사항을 심의하기 위하여 9인 이내의 위원으로 구성된 운영위원회를 둔다.

**018** 소방체험관의 설립 및 운영에 관한 기준으로 옳은 것은?
○△✕

① 체험교육을 실시할 때 체험실에는 1명 이상의 교수요원을 배치하고, 조교는 체험교육대상자 20명당 1명 이상이 배치되도록 한다. 다만, 소방체험관의 장은 체험교육대상자의 연령 등을 고려하여 조교의 배치기준을 달리 정할 수 있다.

② 교수요원은 체험교육 실시 전에 소방체험관 이용자에게 주의사항 및 안전관리 협조사항을 알려야 한다.

③ 시·도지사는 체험교육 운영인력에 대하여 체험교육과 관련된 지식·기술 및 소양 등에 관한 교육훈련을 연간 24시간 이상 이수하도록 하여야 한다.

④ 교수요원은 체험교육 대상자의 정신적 신체적 능력을 고려하여 체험교육을 운영하여야 한다.

**019** 「소방기본법」상 소방체험관의 설립 및 운영에 관한 기준 내용 중 옳지 않은 것은?

① 소방체험관에는 생활안전분야, 교통안전분야, 자연재난안전분야, 보건안전분야의 체험실을 갖추어야 한다.
② 소방체험관은 도로 등 교통시설을 갖추고, 재해 및 재난 위험요소가 없는 등 국민의 접근성과 안전성이 확보된 지역에 설립되어야 한다.
③ 생활안전분야 체험실에는 화재안전 체험실과 보행안전 체험실이 있다.
④ 자연재난안전분야 체험실에는 기후성 재난 체험실, 지질성 재난 체험실이 있다.

**020** 「소방기본법」상 소방체험관의 설립 및 운영에 관한 기준으로 옳지 않은 것은?

① 소방체험관은 도로 등 교통시설을 갖추고, 재해 및 재난 위험요소가 없는 등 국민의 접근성과 안전성이 확보된 지역에 설립되어야 한다.
② 소방체험관에는 생활안전분야(화재안전 및 시설안전 체험실), 교통안전분야(보행안전 및 자동차 안전 체험실), 자연재난안전분야(기후성 재난 및 지질성 재난 체험실), 보건안전분야의 체험실(응급처치 체험실)을 모두 의무적으로 갖추어야 하며 이 경우 실별 바닥면적은 100제곱미터 이상이어야 한다.
③ 소방체험관의 장은 체험교육의 운영결과, 만족도 조사결과 등을 기록하고 이를 3년간 보관하여야 한다.
④ 소방체험관 중 소방안전체험실로 사용되는 부분의 바닥면적의 합이 700제곱미터 이상이어야 한다.

**021** 「소방기본법」상 소방체험관의 기능으로 옳지 않은 것은?

① 재난 및 안전사고 유형에 따른 예방, 대처, 대응 등에 관한 체험교육의 제공
② 체험교육 인력의 양성 및 유관기관·단체 등과의 협력
③ 국내·외의 소방의 역사, 소방공무원의 복장 및 소방장비 등의 변천 및 발전에 관한 자료를 수집·보관 및 전시
④ 체험교육 프로그램의 개발 및 국민 안전의식 향상을 위한 홍보·전시

**022** 「소방기본법」상 종합계획에 대한 설명으로 옳지 않은 것은?

O△X

① 소방청장은 화재, 재난·재해, 그 밖의 위급한 상황으로부터 국민의 생명·신체 및 재산을 보호하기 위하여 소방업무에 관한 종합계획(이하 "종합계획"이라 한다)을 5년마다 수립·시행하여야 하고, 이에 필요한 재원을 확보하도록 노력하여야 한다.

② 시·도지사는 관할 지역의 특성을 고려하여 종합계획의 시행에 필요한 세부계획(이하 "세부계획"이라 한다)을 매년 수립하여 소방청장에게 제출하여야 하며, 세부계획에 따른 소방업무를 성실히 수행하여야 한다.

③ 소방청장은 수립한 종합계획을 관계 중앙행정기관의 장, 시·도지사에게 통보하여야 하며 소방청장은 소방업무의 체계적 수행을 위하여 필요한 경우 시·도지사가 제출한 세부계획의 보완 또는 수정을 요청할 수 있다.

④ 종합계획에는 소방서비스의 질 향상을 위한 정책의 기본방향, 소방업무에 필요한 체계의 구축, 소방기술의 연구·개발 및 보급, 소방업무에 필요한 장비의 구입, 소방전문인력 양성 교육 등이 포함된다.

**023** 다음 중 「소방기본법」상 종합계획의 수립 및 시행에 대한 설명으로 ( ) 안에 들어갈 말은?

O△X

- 소방청장은 소방업무에 관한 종합계획을 관계 중앙행정기관의 장과의 협의를 거쳐 계획 시행 전년도 ( ㉠ )까지 수립하여야 한다.
- 특별시장·광역시장·특별자치시장·도지사 또는 특별자치도지사는 종합계획의 시행에 필요한 세부계획을 계획 시행 전년도 ( ㉡ )까지 수립하여 소방청장에게 제출하여야 한다.

|  | ㉠ | ㉡ |
|---|---|---|
| ① | 5월 31일 | 10월 31일 |
| ② | 8월 31일 | 10월 31일 |
| ③ | 10월 31일 | 12월 31일 |
| ④ | 12월 31일 | 12월 31일 |

**024** 「소방기본법」상 소방청장이 세우는 종합계획에 포함되지 않아도 되는 사항은?

O△X

① 소방업무에 필요한 체계의 구축

② 소방업무에 필요한 기반조성

③ 소방서비스의 질 향상을 위한 정책의 기본방향

④ 소방업무의 교육 및 홍보(소방자동차의 우선통행 등에 관한 홍보는 제외한다)

**025**
☐△✕ 「소방기본법」상 국민의 안전의식과 화재에 대한 경각심을 높이고 안전문화를 정착시키기 위하여 매년 몇월 며칠을 소방의 날로 정하여 기념행사를 진행하는가?

① 1월 19일                 ② 11월 9일

③ 4월 19일               ④ 12월 19일

**026**
☐△✕ 「소방기본법」상 국민의 안전의식과 화재에 대한 경각심을 높이고 안전문화를 정착시키기 위해 소방의 날을 정하고 기념행사를 한다. 소방의 날 제정과 운영에 대한 설명으로 옳지 않은 것은?

① 소방청장은 소방행정 발전에 공로가 있다고 인정되는 사람을 명예직 소방대원으로 위촉할 수 있다.

② 소방청장은 의사상자를 명예직 소방대원으로 위촉할 수 있다.

③ 소방의 날에 필요한 사항은 소방본부장이나 소방서장이 따로 정하여 시행할 수 있다.

④ 매년 11월 9일을 소방의 날로 정하고 기념행사를 진행한다.

해설집 p.6

**001** 「소방기본법」상 소방력의 기준등에 대한 내용이다. (   ) 안에 들어갈 말로 옳은 것은?

> 1) 소방기관이 소방업무를 수행하는 데에 필요한 ( ㉠ )과 ( ㉡ ) 등[이하 "소방력"(消防力)이라 한다]에 관한 기준은 ( ㉢ )(으)로 정한다.
> 2) ( ㉣ )은/는 1)에 따른 소방력의 기준에 따라 관할구역의 소방력을 확충하기 위하여 필요한 계획을 수립하여 시행하여야 한다.
> 3) 소방자동차 등 소방장비의 분류·표준화와 그 관리 등에 필요한 사항은 ( ㉤ ) 정한다.

| | ㉠ | ㉡ | ㉢ | ㉣ | ㉤ |
|---|---|---|---|---|---|
| ① | 인력 | 장비 | 행정안전부령 | 시·도지사 | 따로 법률에서 |
| ② | 인력 | 장비 | 대통령령 | 시·도지사 | 대통령령으로 |
| ③ | 인력 | 소화용수 | 시·도 조례 | 소방청장 | 대통령령으로 |
| ④ | 인력 | 소화용수 | 시·도 규칙 | 소방청장 | 따로 법률에서 |

**002** 「소방기본법」상 국고보조 대상사업의 범위 중 소방활동장비와 설비에 해당하지 않는 것은?

① 소방자동차
② 소방헬리콥터 및 소방정
③ 소방전용 통신설비 및 전산설비
④ 방열복 등 소방활동에 필요한 소방장비

**003** 「소방기본법」상 국고보조의 대상이 되는 소방장비 및 규격 및 종류와 기준가격에 대한 설명으로 옳지 않은 것은?

① 국내조달품은 정부고시가격으로 기준가격을 산정한다.
② 수입물품은 조달청에서 조사한 해외시장의 시가를 기준가격으로 산정한다.
③ 국가는 소방장비의 구입 등 시·도의 소방업무에 필요한 경비의 일부를 보조한다.
④ 정부고시 가격 또는 조달청에서 조사한 해외시장의 시가가 없는 물품은 2 이상의 공신력 있는 물가 조사기관에서 조사한 가격의 최저가격으로 한다.

**004** 「소방기본법」상 소방용수시설의 설치 및 관리에 대한 내용으로 옳은 것은?
ⓞⒶⓧ

① 시·도지사는 소방자동차의 진입이 곤란한 지역 등 화재발생 시에 초기 대응이 필요한 지역으로서 행정안전부령으로 정하는 지역에 소방호스 또는 호스 릴 등을 소방용수시설에 연결하여 화재를 진압하는 시설이나 장치(이하 "비상소화장치"라 한다)를 설치하고 유지·관리할 수 있다.

② 시·도지사는 소방활동에 필요한 소화전(消火栓)·급수탑(給水塔)·저수조(貯水槽)(이하 "소방용수시설"이라 한다)를 설치하고 유지·관리하여야 한다. 다만, 「수도법」에 따라 소화전을 설치하는 일반수도사업자는 관할 소방서장과 사전협의를 거친 후 소화전을 설치하여야 하며, 설치 사실을 관할 소방서장에게 통지하고, 그 소화전을 유지·관리하여야 한다.

③ 소방용수시설 중 소화전은 상수도와 연결하여 지하식 또는 지상식의 구조로 하고, 소방용호스와 연결하는 소화전의 연결금속구의 구경은 65밀리미터 이상으로 한다.

④ 소방용수시설 중 저수조는 지면으로부터의 낙차가 4.5미터 이하, 흡수부분의 수심이 0.5미터 이상으로 하고, 흡수관의 투입구가 사각형의 경우에는 한 변의 길이가 50센티미터 이상, 원형의 경우에는 지름이 50센티미터 이상으로 한다.

**005** 「소방기본법」상 소방용수시설의 설치 및 관리 등에 관한 내용이다. ( ) 안에 들어갈 내용으로
ⓞⒶⓧ 옳은 것은?

- 지하에 설치하는 소화전 또는 저수조의 경우 소방용수표지에 맨홀 뚜껑은 지름 ( ㉠ )mm 이상의 것으로 할 것
- 급수탑의 급수배관의 구경은 ( ㉡ )mm 이상으로 하고, 개폐밸브는 지상에서 1.5m 이상 1.7m 이하의 위치에 설치하도록 할 것
- 저수조의 지면으로부터의 낙차는 ( ㉢ )m 이하로 하고, 흡수부분의 수심은 ( ㉣ )m 이상으로 할 것

| | ㉠ | ㉡ | ㉢ | ㉣ |
|---|---|---|---|---|
| ① | 648 | 100 | 4.5 | 0.5 |
| ② | 658 | 100 | 3.5 | 0.6 |
| ③ | 648 | 65 | 4.5 | 0.6 |
| ④ | 658 | 65 | 3.5 | 0.5 |

**006** 「소방기본법」상 소방용수시설과 소방대상물과의 수평거리 기준으로 옳게 짝지은 것은?

> • 주거지역·상업지역 및 공업지역에 설치하는 경우: 소방대상물과의 수평거리를 ( ㉠ )미터 이하가 되도록 할 것
> • 그 외의 지역에 설치하는 경우: 소방대상물과의 수평거리를 ( ㉡ )미터 이하가 되도록 할 것

|  | ㉠ | ㉡ |  |  | ㉠ | ㉡ |
|---|---|---|---|---|---|---|
| ① | 100 | 150 | | ② | 100 | 140 |
| ③ | 140 | 150 | | ④ | 150 | 100 |

**007** 「소방기본법」상 소방용수표지에 대한 설명으로 옳지 않은 것은?

① 지하에 설치하는 승하강식 소화전 또는 저수조의 경우 맨홀 뚜껑은 지름 648밀리미터 이상의 것으로 할 것

② 맨홀 뚜껑에는 "소화전·주정차금지" 또는 "저수조·주정차금지"의 표시를 하고 노란색 반사도료로 폭 15센티미터의 선을 그 둘레를 따라 칠할 것

③ 지상에 설치하는 소화전은 안쪽 문자는 흰색, 바깥쪽 문자는 노란색으로, 안쪽 바탕은 붉은색, 바깥쪽 바탕은 파란색으로 하고, 반사재료를 사용해야 한다.

④ 소방용수표지를 세우는 것이 매우 어렵거나 부적당한 경우에는 그 규격 등을 다르게 할 수 있다.

**008** 「소방기본법」상 비상소화장치에 대한 설명으로 옳지 않은 것은?

① 비상소화장치의 설치대상 지역에는 화재예방강화지구 및 소방청장이 비상소화장치의 설치가 필요하다고 인정하는 지역이 포함된다.

② 비상소화장치는 비상소화장치함, 소화전, 소방호스(소화전의 방수구에 연결하여 소화용 수를 방수하기 위한 도관으로서 호스와 연결금속구로 구성되어 있는 소방용릴호스 또는 소방용고무내장호스를 말한다), 관창(소방호스용 연결금속구 또는 중간연결금속구 등의 끝에 연결하여 소화용수를 방수하기 위한 나사식 또는 차입식 토출기구를 말한다)을 포함하여 구성한다.

③ 시·도지사는 소방자동차의 진입이 곤란한 지역 등 화재발생 시에 초기 대응이 필요한 지역으로서 대통령령으로 정하는 지역에 소방호스 또는 호스 릴 등을 소방용수시설에 연결하여 화재를 진압하는 시설이나 장치(이하 "비상소화장치"라 한다)를 설치하고 유지·관리할 수 있다.

④ 비상소화장치함은 소방청장이 정하여 고시하는 성능인증 및 제품검사의 기술기준에 적합한 것으로 설치한다.

**009** 「소방기본법」상 소방용수시설 및 지리조사에 대한 내용으로 옳은 것은?

① 소방본부장 또는 소방서장은 원활한 소방활동을 위한 조사를 연 1회 이상 실시하여야 한다.

② 소방본부장 또는 소방서장은 소방용수시설에 대한 조사를 실시하여야 한다.

③ 소방본부장 또는 소방서장은 소방대상물에 인접한 도로의 차선수를 지리조사로 실시하여야 한다.

④ 소방본부장 또는 소방서장은 지리조사의 결과로 3년간 보관하여야 한다.

**010** 「소방기본법」상 소방용수시설 및 지리조사의 내용에 해당하는 것은?

> ㄱ. 소방용수시설에 대한 조사
> ㄴ. 소방대상물에 인접한 도로의 폭·교통상황
> ㄷ. 도로주변의 토지의 고저·건축물의 개황
> ㄹ. 소방활동에 필요한 지리에 대한 조사

① ㄱ, ㄴ
② ㄱ, ㄹ
③ ㄱ, ㄴ, ㄷ
④ ㄱ, ㄴ, ㄷ, ㄹ

**011** 「소방기본법」상 소방업무의 응원 및 상호응원협정에 대한 설명으로 옳지 않은 것은?

① 소방업무의 응원 요청을 받은 소방본부장 또는 소방서장은 정당한 사유 없이 그 요청을 거절하여서는 아니 되며, 소방업무의 응원을 위하여 파견된 소방대원은 응원을 요청한 소방본부장 또는 소방서장의 지휘에 따라야 한다.

② 소방업무의 상호응원협정에는 소방활동에 관한 사항, 응원출동대상지역 및 규모, 소요경비의 부담에 관한 사항, 응원출동의 요청방법, 응원출동훈련 및 평가가 포함된다.

③ 상호응원협정에서 소방활동에 관한 사항에는 화재의 경계·진압활동, 구조·구급 업무의 지원, 화재조사활동이 포함된다.

④ 상호응원협정에서 소요경비의 부담에 관한 사항에는 출동대원의 수당·식사 및 의복의 수선, 소방장비 및 기구의 구입과 연료의 사용이 포함된다.

**012** 「소방기본법」상 소방업무의 응원에서 시·도지사가 미리 정하는 상호응원 협정에 관한 설명으로 옳지 않은 것은?

① 시·도지사는 소방업무의 응원을 요청하는 경우를 대비하여 출동 대상지역 및 규모와 필요한 경비의 부담 등에 관하여 필요한 사항을 행정안전부령으로 정하는 바에 따라 이웃하는 시·도지사와 협의하여 미리 규약(規約)으로 정하여야 한다.

② 시·도지사는 소방활동에 관한 사항을 체결시 화재의 경계·진압 활동, 구조·구급 업무의 지원, 화재조사활동이 포함되어야 한다.

③ 시·도지사는 소요경비의 부담에 관한 사항에 출동대원의 수당·식사 및 의복의 수선, 소방장비 및 기구의 정비와 연료의 보급이 포함되어야 한다.

④ 시·도지사는 응원출동대상지역 및 규모, 응원출동의 요청방법, 응원출동훈련 및 훈련방법이 포함되어야 한다.

**013** 「소방기본법」상 소방업무의 응원에 대한 설명으로 옳지 않은 것은?

① 소방업무의 응원을 위하여 파견된 소방대원은 응원을 요청한 소방본부장 또는 소방서장의 지휘에 따라야 한다.

② 소방업무의 응원 요청을 받은 소방본부장 또는 소방서장은 정당한 사유 없이 그 요청을 거절하여서는 아니 된다.

③ 소방본부장이나 소방서장은 소방활동을 할 때에 긴급하거나 필요한 경우에는 이웃한 소방본부장 또는 소방서장에게 소방업무의 응원을 요청할 수 있다.

④ 시·도지사는 소방업무의 응원을 요청하는 경우를 대비하여 출동 대상지역 및 규모와 필요한 경비의 부담 등에 관하여 필요한 사항을 행정안전부령으로 정하는 바에 따라 이웃하는 시·도지사와 협의하여 미리 규약으로 정하여야 한다.

**014** 시·도의 소방력만으로는 소방활동을 효율적으로 수행하기 어려운 화재, 재난·재해, 그 밖의 구조·구급이 필요한 상황이 발생하거나 특별히 국가적 차원에서 소방활동을 수행할 필요가 인정될 때에는 각 시·도지사에게 동원을 요청할 수 있는 사람은?

① 소방청장
② 시·도지사
③ 소방본부장
④ 소방대장

**015** 「소방기본법」상 소방력의 동원 요청시에 통지하여야 하는 내용으로 옳지 않은 것은?

① 동원을 요청하는 인력 및 장비의 규모
② 소방력 이송 수단 및 집결장소
③ 소방활동을 수행하게 될 재난의 규모, 원인 등 소방활동에 필요한 정보
④ 동원된 소방인력에 대한 비용 부담 및 장비의 보급

**016** 「소방기본법」상 소방력의 동원에 대한 내용으로 옳지 않은 것은?

① 소방청장은 해당 시·도의 소방력만으로는 소방활동을 효율적으로 수행하기 어려운 화재, 재난·재해, 그 밖의 구조·구급이 필요한 상황이 발생하거나 특별히 국가적 차원에서 소방활동을 수행할 필요가 인정될 때에는 각 시·도지사에게 행정안전부령으로 정하는 바에 따라 소방력을 동원할 것을 요청할 수 있다.
② 소방청장은 시·도지사에게 법에 따라 동원된 소방력을 화재, 재난·재해 등이 발생한 지역에 지원·파견하여 줄 것을 요청하거나 필요한 경우 직접 소방대를 편성하여 화재진압 및 인명구조 등 소방에 필요한 활동을 하게 할 수 있다.
③ 동원된 소방대원이 다른 시·도에 파견·지원되어 소방활동을 수행할 때에는 특별한 사정이 없으면 화재, 재난·재해 등이 발생한 지역을 관할하는 시·도지사의 지휘에 따라야 한다. 다만, 소방청장이 직접 소방대를 편성하여 소방활동을 하게 하는 경우에는 소방청장의 지휘에 따라야 한다.
④ 동원된 소방력의 소방활동 수행 과정에서 발생하는 경비는 화재, 재난·재해 또는 그 밖의 구조·구급이 필요한 상황이 발생한 특별시·광역시·도 또는 특별자치도(이하 "시·도"라 한다)에서 부담하는 것을 원칙으로 하되, 구체적인 내용은 해당 시·도가 서로 협의하여 정한다.

**017** 「소방기본법」상 소방력의 동원에 대한 설명으로 옳지 않은 것은?
<br>⃞△☒

① 소방청장은 해당 시·도의 소방력만으로는 소방활동을 효율적으로 수행하기 어려운 화재, 재난·재해, 그 밖의 구조·구급이 필요한 상황이 발생하거나 특별히 국가적 차원에서 소방활동을 수행할 필요가 인정될 때에는 각 시·도지사에게 대통령령으로 정하는 바에 따라 소방력을 동원할 것을 요청할 수 있다.

② 동원된 소방력의 소방활동 수행 과정에서 발생하는 경비는 화재, 재난·재해 또는 그 밖의 구조·구급이 필요한 상황이 발생한 특별시·광역시·도 또는 특별자치도(이하 "시·도"라 한다)에서 부담하는 것을 원칙으로 하되, 구체적인 내용은 해당 시·도가 서로 협의하여 정한다.

③ 동원된 민간 소방 인력이 소방활동을 수행하다가 사망하거나 부상을 입은 경우 화재, 재난·재해 또는 그 밖의 구조·구급이 필요한 상황이 발생한 시·도가 해당 시·도의 조례로 정하는 바에 따라 보상한다.

④ 소방청장은 시·도지사에게 동원된 소방력을 화재, 재난·재해 등이 발생한 지역에 지원·파견하여 줄 것을 요청하거나 필요한 경우 직접 소방대를 편성하여 화재진압 및 인명구조 등 소방에 필요한 활동을 하게 할 수 있다.

**018** 「소방기본법」상 소방업무의 응원을 요청하는 자와 대상이 올바르게 짝지어진 것은?
<br>⃞△☒

① 소방청장 → 시도지사

② 시도지사 → 이웃한 시도지사

③ 소방본부장, 소방서장 → 이웃한 시도지사

④ 소방본부장, 소방서장 → 이웃한 소방본부장, 소방서장

## 001 「소방기본법」상 소방지원활동과 생활안전활동을 옳게 구분한 것은?

⊙△✕

ㄱ. 위해동물, 벌 등의 포획 및 퇴치 활동
ㄴ. 산불에 대한 예방·진압 등 지원활동
ㄷ. 붕괴, 낙하 등이 우려되는 고드름, 나무, 위험 구조물 등의 제거활동
ㄹ. 단전사고 시 비상전원 또는 조명의 공급
ㅁ. 집회·공연 등 각종 행사 시 사고에 대비한 근접대기 등 지원활동
ㅂ. 소방시설 오작동 신고에 따른 조치활동

| | 소방지원활동 | 생활안전활동 |
|---|---|---|
| ① | ㄱ, ㄴ, ㄹ | ㄷ, ㅁ, ㅂ |
| ② | ㄴ, ㅁ, ㅂ | ㄱ, ㄷ, ㄹ |
| ③ | ㄱ, ㄷ, ㅂ | ㄴ, ㄹ, ㅁ |
| ④ | ㄴ, ㄹ, ㅁ | ㄱ, ㄷ, ㅂ |

## 002 소방활동 등에 관한 내용으로 옳은 것은?

⊙△✕

① 소방청장, 소방본부장 또는 소방서장은 공공의 안녕질서 유지 또는 복리증진을 위하여 필요한 경우 소방활동 외에 소방지원활동을 하게 하여야 한다.
② 소방대의 소방지원활동과 소방안전활동을 방해한 자는 100만원 이하의 벌금에 처한다.
③ 소방대의 소방활동을 방해한 자는 3년 이하의 징역 또는 3천만원 이하의 벌금에 처한다.
④ 소방청장, 소방본부장 또는 소방서장은 신고가 접수된 생활안전 및 위험제거 활동(화재, 재난 재해, 그 밖의 위급한 상황에 해당하는 것은 제외한다)에 대응하기 위하여 소방대를 출동시켜 생활안전활동을 하게 하여야 한다.

**003** 「소방기본법」상 소방지원활동 등에 대한 내용으로 옳지 않은 것은?

○△×

① 집회·공연 등 각종 행사 시 사고에 대비한 근접대기 등 지원활동을 하는 것은 소방지원활동에 해당한다.

② 소방지원활동은 소방활동 수행에 지장을 주지 아니하는 범위에서 할 수 있다.

③ 소방청장·소방본부장 또는 소방서장은 공공의 안녕질서 유지 또는 복리증진을 위하여 필요한 경우 소방활동 외에 소방지원활동을 하게 하여야 한다.

④ 유관기관·단체 등의 요청에 따른 소방지원활동에 드는 비용은 지원요청을 한 유관기관·단체 등에게 부담하게 할 수 있다.

**004** 「소방기본법」상 소방청장·소방본부장 또는 소방서장이 하는 소방지원활동에 해당하는 내용으로

○△× 옳은 것은 모두 몇 개인가?

---

ㄱ. 산불에 대한 예방·진압 등 지원활동
ㄴ. 자연재해에 따른 급수·배수 및 제설 등 지원활동
ㄷ. 화재, 재난·재해로 인한 피해복구 지원활동
ㄹ. 군·경찰 등 유관기관에서 실시하는 훈련지원 활동
ㅁ. 소방시설 오작동 신고에 따른 조치활동

---

① 2개                    ② 3개
③ 4개                    ④ 5개

**005** 「소방기본법」상 소방대의 생활안전활동에 해당하지 않는 것은?

○△×

① 붕괴, 낙하 등이 우려되는 고드름, 나무, 위험 구조물 등의 제거 활동

② 위해동물, 벌 등의 포획 및 퇴치 활동

③ 단전사고 시 비상전원 또는 조명의 공급

④ 낙상 등에 따른 위험제거 및 구출 활동

**006** 「소방기본법」상 소방활동등, 소방자동차의 보험가입 및 소송지원에 대한 내용으로 옳은 것은?

ㅇㅣㅿㅣ✕

① 시·도지사는 소방자동차의 공무상 운행 중 교통사고가 발생한 경우 그 운전자의 법률상 분쟁에 소요되는 비용을 지원할 수 있는 보험에 가입하여야 하며, 국가는 보험 가입비용의 전부를 지원할 수 있다.

② 소방공무원이 소방활동으로 인하여 타인을 사상(死傷)에 이르게 한 경우 그 소방활동이 불가피하고 소방공무원에게 고의 또는 중대한 과실이 없는 때에는 그 정상을 참작하여 사상에 대한 형사책임을 감경하거나 면제할 수 없다.

③ 시·도지사는 소방공무원이 소방활동, 소방지원활동, 생활안전활동으로 인하여 민·형사상 책임과 관련된 소송을 수행할 경우 변호인 선임 등 소송수행에 필요한 지원을 할 수 있다.

④ 소방청장, 소방본부장 또는 소방서장은 화재, 재난·재해, 그 밖의 위급한 상황이 발생하였을 때에는 소방대를 현장에 신속하게 출동시켜 화재진압과 인명구조·구급 등 소방에 필요한 활동(이하 "소방활동"이라 한다)을 하게 하여야 한다.

**007** 「소방기본법」상 소방기본법령상 소방교육·훈련의 종류와 종류별 소방교육·훈련의 대상자의 연결이 옳지 않은 것은?

ㅇㅣㅿㅣ✕

① 화재진압훈련 – 화재진압업무를 담당하는 소방공무원, 의무소방원, 의용소방대원
② 인명구조훈련 – 구조업무를 담당하는 소방공무원, 의무소방원, 의용소방대원
③ 구급처치훈련 – 구급업무를 담당하는 소방공무원, 의무소방원, 의용소방대원
④ 인명대피훈련 – 소방공무원, 의무소방원, 의용소방대원

**008** 「소방기본법」상 교육·훈련을 받아야 할 대상자에 대한 설명으로 옳지 않은 것은?

ㅇㅣㅿㅣ✕

① 소방위는 현장지휘훈련을 받아야 한다.
② 소방령은 현장지휘훈련을 받아야 한다.
③ 소방경은 현장지휘훈련을 받아야 한다.
④ 소방감은 현장지휘훈련을 받아야 한다.

**009** 「소방기본법」상 소방교육·훈련에 관한 설명으로 옳지 않은 것은?

①△✕

① 소방청장, 소방본부장 또는 소방서장은 소방업무를 전문적이고 효과적으로 수행하기 위하여 소방대원에게 필요한 교육·훈련을 실시하여야 한다.

② 소방청장, 소방본부장 또는 소방서장은 국민의 안전의식을 높이기 위하여 화재 발생 시 피난 및 행동 방법 등을 홍보하여야 한다.

③ 소방교육·훈련은 2년마다 1회를 실시하며 2주 이상 실시한다.

④ 소방교육·훈련의 종류에는 화재진압훈련, 인명구조훈련, 구급처치훈련, 인명대피훈련, 현장지휘훈련이 있다.

**010** 「소방기본법」상 소방안전교육훈련의 시설, 장비, 강사자격 및 교육방법 등의 기준에서 강사 기준

①△✕ 으로 옳지 않은 것은?

① 소방 관련학과의 석사학위 이상을 취득한 사람

② 소방안전교육사, 소방시설관리사, 소방기술사, 소방설비기사 자격을 취득한 사람

③ 응급구조사, 인명구조사, 화재대응능력 등 소방청장이 정하는 소방활동 관련 자격을 취득한 사람

④ 소방공무원으로 3년 이상 근무한 경력이 있는 사람

**011** 「소방기본법」상 소방안전교육사시험 응시자격에 대한 설명으로 옳은 것을 모두 고르면?

①△✕

---

ㄱ. 의용소방대원으로 임명된 후 3년 이상 의용소방대 활동을 한 경력이 있는 사람

ㄴ. 안전관리 분야의 산업기사 자격을 취득한 후 안전관리 분야에 3년 이상 종사한 사람

ㄷ. 2급 응급구조사 자격을 취득한 후 응급의료 업무분야에 1년 이상 종사한 사람

ㄹ. 어린이집 원장 또는 보육교사의 자격을 취득한 사람(보육교사 자격자는 3년 이상의 보육업무의 경력이 필요)

ㅁ. 간호사 면허를 취득한 후 경력은 없는 사람

ㅂ. 소방공무원으로 3년 이상 근무한 경력이 있는 사람

---

① ㄱ, ㄷ, ㅁ      ② ㄴ, ㄹ, ㅂ

③ ㄷ, ㄹ, ㅁ      ④ ㄹ, ㅁ, ㅂ

## 012 「소방기본법」상 소방안전교육사의 시험위원등에 대한 설명으로 옳지 않은 것은?

① 소방청장은 소방안전교육사시험 응시자격심사, 출제 및 채점을 위하여 소방 관련 학과, 교육학과 또는 응급구조학과 박사학위 취득자를 임명 또는 위촉하여야 한다.

② 응시자격심사위원 및 시험위원의 수는 응시자격 심사위원: 3명, 출제위원: 시험과목별 3명, 채점위원: 5명을 두어야 한다.

③ 응시자격심사위원 및 시험위원으로 임명 또는 위촉된 자는 소방청장이 정하는 시험문제 등의 작성시 유의사항 및 서약서 등에 따른 준수사항을 성실히 이행해야 한다.

④ 임명 또는 위촉된 응시자격심사위원 및 시험위원과 시험감독업무에 종사하는 자에 대하여는 예산의 범위에서 수당 및 여비를 지급할 수 없다.

## 013 「소방기본법」상 소방안전교육사에 대한 내용으로 옳지 않은 것은?

① 소방안전교육사는 소방안전교육의 기획 · 진행 · 분석 · 평가 및 교수업무를 수행한다.

② 국가기술자격의 직무분야 중 안전관리 분야의 기사 자격을 취득한 후 안전관리 분야에 1년 이상 종사한 사람은 소방안전교육사 시험을 응시할 수 있다.

③ 소방학개론의 1차 시험 과목은 소방학개론, 응급구조학, 재난관리론 및 교육학개론 중 응시자가 선택하는 3과목으로 한다.

④ 소방청장은 소방안전교육사시험을 시행하려는 때에는 응시자격 · 시험과목 · 일시 · 장소 및 응시절차 등에 관하여 필요한 사항을 모든 응시 희망자가 알 수 있도록 소방안전교육사시험의 시행일 90일 전까지 소방청의 인터넷 홈페이지 등에 공고해야 한다.

## 014 「소방기본법」상 소방안전교육사에 대한 설명으로 옳지 않은 것은?

① 소방청장은 소방안전교육을 위하여 소방청장이 실시하는 시험에 합격한 사람에게 소방안전교육사 자격을 부여하며 소방안전교육의 기획 · 진행 · 분석 · 평가 및 교수업무를 수행한다.

② 소방안전교육사 시험의 응시자격, 시험방법, 시험과목, 시험위원, 그 밖에 소방안전교육사 시험의 실시에 필요한 사항은 행정안전부령으로 정한다.

③ 소방안전교육사 시험의 제1차 시험과목은 소방학개론, 구급 · 응급처치론, 재난관리론 및 교육학개론 중 응시자가 선택하는 3과목으로 하며 2차 시험은 국민안전교육 실무로 한다.

④ 소방청장은 소방안전교육사시험을 시행하려는 때에는 응시자격 · 시험과목 · 일시 · 장소 및 응시절차 등에 관하여 필요한 사항을 모든 응시 희망자가 알 수 있도록 소방안전교육사시험의 시행일 90일 전까지 소방청의 인터넷 홈페이지 등에 공고해야 한다.

**015** 「소방기본법 시행령」 별표 2의3의 내용상 소방안전교육사의 배치 대상에 대한 내용으로 옳지 않은 것은?

① 소방서 1명 이상
② 소방청 2명 이상
③ 한국소방산업기술원 1명 이상
④ 소방본부 2명 이상

**016** 「소방기본법」상 소방안전교육사의 결격사유의 법적 기준으로 옳은 것은?

① 피한정후견인
② 금고 이상의 실형을 선고받고 그 집행이 끝나거나(집행이 끝난 것으로 보는 경우를 포함한다) 집행이 면제된 날부터 1년이 지나지 아니한 사람
③ 금고 이상의 형의 집행유예를 선고받고 그 유예기간 중에 있는 사람
④ 법원의 판결 또는 다른 법률에 따라 자격이 정지되거나 상실되지 않은 사람

**017** 「소방기본법」상 소방청장, 소방본부장 또는 소방서장은 소방안전교육훈련을 실시하려는 경우 매년 몇 월 며칠까지 다음 해의 소방안전교육훈련 운영계획을 수립하여야 하는가?

① 8월 31일
② 10월 31일
③ 11월 30일
④ 12월 31일

**018** 「소방기본법」상 한국119청소년단의 사업 범위에 포함되는 내용이 아닌 것은?

① 한국119청소년단 단원의 교육·지도를 위한 전문인력 양성
② 한국119청소년단의 활동과 관련된 학문·기술의 연구·교육 및 홍보
③ 한국119청소년단의 활동·체험 교육 개발 및 시험
④ 한국119청소년단 단원의 선발·육성과 활동 지원

**019** 「소방기본법」상 한국119청소년단의 설명으로 옳지 않은 것은?

① 개인·법인 또는 단체는 한국119청소년단의 시설 및 운영 등을 지원하기 위하여 금전이나 그 밖의 재산을 기부할 수 있다.

② 국가나 소방청은 한국119청소년단에 그 조직 및 활동에 필요한 시설·장비를 지원할 수 있으며, 운영경비와 시설비 및 국내외 행사에 필요한 경비를 보조할 수 있다.

③ 한국119청소년단은 법인으로 하고, 그 주된 사무소의 소재지에 설립등기를 함으로써 성립한다.

④ 청소년에게 소방안전에 관한 올바른 이해와 안전의식을 함양시키기 위하여 한국119청소년단을 설립한다.


**020** 「소방기본법」상 소방신호의 종류별 신호방법에 관한 설명으로 옳은 것은?

① 경계신호의 타종신호는 1타와 연2타를 반복하며, 싸이렌신호는 5초 간격을 두고 20초씩 3회이다.

② 발화신호의 타종신호는 난타이며, 싸이렌신호는 5초 간격을 두고 5초씩 3회이다.

③ 해제신호의 타종신호는 상당한 간격을 두고 2타씩 반복하며, 싸이렌신호는 1분간 1회이다.

④ 훈련신호의 타종신호는 연2타 반복이며, 싸이렌신호는 10초 간격을 두고 1분씩 3회이다.


**021** 「소방기본법」상 소방신호의 종류와 방법에 대한 설명으로 옳지 않은 것은?

① 화재예방, 소방활동 또는 소방훈련을 위하여 사용되는 소방신호의 종류와 방법은 행정안전부령으로 정한다.

② 소방신호의 종류에는 경계신호, 발화신호, 해제신호, 훈련신호가 있으며 훈련신호는 소방대의 비상소집을 하는 경우에도 사용이 가능하다.

③ 소방신호 중 화재가 발생시 발화신호를 발할 수 있으며 사이렌으로 5초 간격을 두고, 5초씩 3회로 신호를 준다.

④ 소방신호 중 소방활동이 필요없다고 인정되면 해제신호를 발할 수 있으며 타종신호로 일정한 간격을 두고 1타씩 반복으로 신호를 준다.

**022** 「소방기본법」상 시장지역에서 화재로 오인할 만한 우려가 있는 불을 피우거나 연막소독을 하려는
자가 신고를 하지 아니하여 소방자동차를 출동하게 한 자에 대한 과태료 부과·징수권자는?

① 국무총리
② 시·도지사
③ 행정안전부 장관
④ 소방본부장 또는 소방서장

**023** 「소방기본법」상 시장지역에서 화재로 오인할 만한 우려가 있는 불을 피우거나 연막소독을 하려는
자가 신고하지 않아도 되는 지역은?

① 시장지역
② 석유화학제품을 생산하는 공장이 있는 지역
③ 노후건축물이 밀집한 지역
④ 위험물의 저장 및 처리시설이 밀집한 지역

**024** 「소방기본법」상 자체소방대의 설치 및 운영에 대한 내용으로 옳지 않은 것은?

① 자체소방대는 소방대가 현장에 도착한 경우 소방서장의 지휘·통제에 따라야 한다.
② 관계인은 화재를 진압하거나 구조·구급 활동을 하기 위하여 상설 조직체(「위험물안전
관리법」에 따라 설치된 자체소방대를 포함하며, "자체소방대"라 한다)를 설치·운영할
수 있다.
③ 교육·훈련 등의 지원에 필요한 사항은 행정안전부령으로 정한다.
④ 소방청장, 소방본부장 또는 소방서장은 자체소방대의 역량 향상을 위하여 필요한 교육·
훈련 등을 지원할 수 있다.

**025** 「소방기본법」상 소방자동차의 우선통행 등에 대한 내용으로 옳지 않은 것은?

① 모든 차와 사람은 소방자동차(지휘를 위한 자동차와 구조·구급차는 제외한다. 이하 같다)가 화재진압 및 구조·구급 활동을 위하여 출동을 할 때에는 이를 방해하여서는 아니 된다.

② 모든 차와 사람은 소방자동차가 화재진압 및 구조·구급 활동을 위하여 사이렌을 사용하여 출동하는 경우에는 소방자동차에 진로를 양보하지 아니하는 행위를 하여서는 아니 된다.

③ 모든 차와 사람은 소방자동차가 화재진압 및 구조·구급 활동을 위하여 사이렌을 사용하여 출동하는 경우에는 소방자동차 앞에 끼어들거나 소방자동차를 가로막는 행위를 하여서는 아니 된다.

④ 소방기본법에서 정하는 것 외에 소방자동차의 우선 통행에 관하여는 「도로교통법」에서 정하는 바에 따른다.

**026** 「소방기본법」상 소방자동차 전용구역에 대한 설명으로 옳지 않은 것은?

① 세대수가 100 세대 이상인 아파트와 3층 이상의 기숙사의 건축주는 소방활동의 원할한 수행을 위하여 공동주택에 소방자동차 전용구역을 설치하여야 한다.

② 전용구역 노면표지 도료의 색채는 황색을 기본으로 하되, 문자(P, 소방차 전용)는 백색으로 표시한다.

③ 공동주택의 건축주는 소방자동차가 접근하기 쉽고 소방활동이 원활하게 수행될 수 있도록 각 동별 전면 또는 후면에 소방자동차 전용구역(이하 "전용구역"이라 한다)을 1개소 이상 설치해야 한다. 다만, 하나의 전용구역에서 여러 동에 접근하여 소방활동이 가능한 경우로서 소방본부장이 정하는 경우에는 각 동별로 설치하지 않을 수 있다.

④ 전용구역 노면표지의 외곽선은 빗금무늬로 표시하되, 빗금은 두께를 30센티미터로 하여 50센티미터 간격으로 표시한다.

**027** 「소방기본법」상 소방차 전용구역의 설치 방법에 대한 설명으로 옳지 않은 것은?

① 전용구역의 노면표지의 도료의 색체중 문자(P, 소방차 전용)는 백색으로 한다.

② 전용구역의 외각선은 빗금무늬로 표시한다.

③ 전용구역의 외각선의 빗금은 높이를 30센티미터로 하여 50센티미터 간격으로 표시한다.

④ 전용구역의 노면표지의 도료의 색채는 황색을 기본으로 한다.

**028** 「소방기본법」상 소방차 전용구역 방해행위의 기준으로 옳지 않은 것은?

① 전용구역에 물건 등을 쌓거나 주차하는 행위

② 전용구역의 앞면, 뒷면 또는 양 측면에 물건 등을 쌓거나 주차하는 행위. 다만, 「주차장법」 제19조에 따른 부설주차장의 주차구획 내에 주차하는 경우도 포함한다.

③ 전용구역 진입로에 물건 등을 쌓거나 주차하여 전용구역으로의 진입을 가로막는 행위

④ 전용구역 노면표지를 지우거나 훼손하는 행위

**029** 「소방기본시행령」상 운행기록장치 장착 소방자동차로 옳지 않은 것은 모두 몇 개인가?

| | |
|---|---|
| ㄱ. 소방펌프차 | ㄴ. 소방물탱크차 |
| ㄷ. 소방화학차 | ㄹ. 소방고가차 |
| ㅁ. 무인방수차 | ㅂ. 구조차 |
| ㅅ. 화생방 대응차 | ㅇ. 조명배연차 |
| ㅈ. 이륜차 | |

① 1개  ② 2개

③ 3개  ④ 4개

**030** 「소방기본법」상 소방활동구역에 대한 설명으로 옳은 것은?

① 소방대장은 화재, 재난·재해, 그 밖의 위급한 상황이 발생한 현장에 소방활동구역을 정하여 소방활동에 필요한 사람으로서 행정안전부령으로 정하는 사람 외에는 그 구역에 출입하는 것을 제한할 수 있다.

② 경찰공무원은 소방대가 소방활동구역에 있지 아니하거나 소방대장의 요청이 있을 때에는 소방활동구역을 정하여 대통령령으로 정하는 사람 외에는 그 구역에 출입하는 것을 제한 할 수 있다.

③ 전기·가스·수도·통신·기계의 업무에 종사하는 자로서 원활한 소방 활동을 위하여 필요한 자는 소방활동구역에 출입할 수 있다.

④ 소방 활동구역 안이나 밖에 있는 소방대상물의 소유자·관리자 또는 점유자는 소방활동구역에 출입할 수 있다.

**031** 「소방기본법」상 소방활동 구역의 출입자로 옳은 것을 모두 고르면?

---

ㄱ. 소방 활동구역 밖에 있는 소방대상물의 소유자·관리자 또는 점유자
ㄴ. 전기·가스·수도·통신·교통의 업무에 종사하는 자
ㄷ. 의사·간호사 그 밖의 구조·구급업무에 종사하는 자
ㄹ. 취재인력 등 보도업무에 종사하는 자
ㅁ. 보험업무에 종사하는 자

---

① ㄱ, ㄴ
② ㄱ, ㄷ
③ ㄷ, ㄹ
④ ㄷ, ㅁ


**032** 「소방기본법」상 피난명령에 대한 설명으로 옳지 않은 것은?

① 소방본부장, 소방서장 또는 소방대장은 화재, 재난·재해, 그 밖의 위급한 상황이 발생하여 사람의 생명을 위험하게 할 것으로 인정할 때에는 일정한 구역을 지정하여 그 구역에 있는 사람에게 그 구역 밖으로 피난할 것을 명할 수 있다.

② 소방본부장, 소방서장 또는 소방대장은 화재, 재난·재해, 그 밖의 위급한 상황이 발생한 현장에서 소방활동을 위하여 필요할 때에는 그 관할구역에 사는 사람 또는 그 현장에 있는 사람으로 하여금 사람을 구출하는 일 또는 불을 끄거나 불이 번지지 아니하도록 하는 일을 하게 할 수 있다.

③ 피난명령을 위반하면 100만원 이하의 벌금에 처한다.

④ 소방본부장, 소방서장 또는 소방대장은 피난명령시 필요하면 관할 소방서에 협조를 요청할 수 있다.

**033** 「소방기본법」상 강제처분에 대한 내용으로 옳지 않은 것은?

① 소방본부장, 소방서장 또는 소방대장은 소방활동을 위하여 긴급하게 출동할 때에는 소방자동차의 통행과 소방활동에 방해가 되는 주차 또는 정차된 차량 및 물건 등을 제거하거나 이동시킬 수 있다.

② 소방본부장 또는 소방서장은 견인차량과 인력 등을 지원한 자에게 시·도의 조례로 정하는 바에 따라 비용을 지급할 수 있다.

③ 소방본부장, 소방서장 또는 소방대장은 사람을 구출하거나 불이 번지는 것을 막기 위하여 필요할 때에는 화재가 발생하거나 불이 번질 우려가 있는 소방대상물 및 토지를 일시적으로 사용하거나 그 사용의 제한 또는 소방활동에 필요한 처분을 할 수 있다.

④ 소방본부장, 소방서장 또는 소방대장은 소방활동에 방해가 되는 주차 또는 정차된 차량의 제거나 이동을 위하여 관할 지방자치단체 등 관련 기관에 견인차량과 인력 등에 대한 지원을 요청할 수 있고, 요청을 받은 관련 기관의 장은 정당한 사유가 없으면 이에 협조하여야 한다.

**034** 「소방기본법」상 피난명령에 대한 설명으로 옳지 않은 것은?

① 소방본부장, 소방서장 또는 소방대장은 피난명령을 할 수 있다.

② 피난 명령을 할 때 필요하면 관할 경찰서장 또는 자치경찰단장에게 협조를 요청할 수 있다.

③ 피난명령이란 화재, 재난·재해, 그 밖의 위급한 상황이 발생하여 사람의 생명을 위험하게 할 것으로 인정할 때에는 일정한 구역을 지정하여 그 구역에 있는 사람에게 그 구역 밖으로 피난할 것을 명하는 것을 말한다.

④ 피난명령을 위반하면 100만원 이하의 과태료에 처한다.

**035** 「소방기본법」상 소방대의 긴급통행에 관한 내용이다. ( ) 안에 들어갈 말로 옳은 것은?

> 소방대는 화재, 재난·재해, 그 밖의 위급한 상황이 발생한 현장에 신속하게 출동하기 위하여 긴급할 때에는 일반적인 통행에 쓰이지 아니하는 (  )·(  ) 또는 (  )로 통행할 수 있다.

① 사도, 공터, 물위      ② 사도, 빈터, 강위

③ 도로, 공터, 강위      ④ 도로, 빈터, 물위

**036** 「소방기본법」상 법조문이다. 다음 법조문에서 설명하는 내용은?

> • 소방본부장, 소방서장 또는 소방대장은 화재 진압 등 소방활동을 위하여 필요할 때에는 소방용수 외에 댐·저수지 또는 수영장 등의 물을 사용하거나 수도(水道)의 개폐장치 등을 조작할 수 있다.
> • 소방본부장, 소방서장 또는 소방대장은 화재 발생을 막거나 폭발 등으로 화재가 확대되는 것을 막기 위하여 가스·전기 또는 유류 등의 시설에 대하여 위험물질의 공급을 차단하는 등 필요한 조치를 할 수 있다.

① 위험시설 등에 대한 긴급조치
② 위험설비 등에 대한 긴급조치
③ 위험시설 등에 대한 차단조치
④ 위험설비 등에 대한 차단조치

**037** 「소방기본법」상 소방본부장이나 소방서장만 할 수 있는 내용은?

① 화재, 재난·재해, 그 밖의 위급한 상황이 발생하였을 때에는 소방대를 현장에 신속하게 출동시켜 화재진압과 인명구조·구급 등 소방에 필요한 활동(이하 "소방활동"이라 한다)을 하게 하여야 한다.
② 소방대상물에 화재, 재난·재해, 그 밖의 위급한 상황이 발생한 경우에는 소방대가 현장에 도착할 때까지 경보를 울리거나 대피를 유도하는 등의 방법으로 사람을 구출하는 조치 또는 불을 끄거나 불이 번지지 아니하도록 필요한 조치를 하여야 한다.
③ 원활한 소방활동을 위한 소방용수시설에 대한 조사를 실시하고 소방대상물에 인접한 도로의 폭·교통상황, 도로주변의 토지의 고저·건축물의 개황 그 밖의 소방활동에 필요한 지리에 대한 조사를 월 1회 이상 실시하여야 한다.
④ 화재, 재난·재해, 그 밖의 위급한 상황이 발생한 현장에서 소방활동을 위하여 필요할 때에는 그 관할구역에 사는 사람 또는 그 현장에 있는 사람으로 하여금 사람을 구출하는 일 또는 불을 끄거나 불이 번지지 아니하도록 하는 일을 하게 할 수 있다.

**038** 「소방기본법」상 소방활동 종사명령, 강제처분, 피난명령 등에 대한 설명으로 옳지 않은 것은?

① 소방본부장, 소방서장 또는 소방대장은 화재, 재난·재해, 그 밖의 위급한 상황이 발생한 현장에서 소방활동을 위하여 필요할 때에는 그 관할구역에 사는 사람 또는 그 현장에 있는 사람으로 하여금 사람을 구출하는 일 또는 불을 끄거나 불이 번지지 아니하도록 하는 일을 하게 할 수 있다. 이 경우 소방본부장, 소방서장 또는 소방대장은 소방활동에 필요한 보호장구를 지급하는 등 안전을 위한 조치를 하여야 한다.

② 소방본부장, 소방서장 또는 소방대장은 소방활동에 방해가 되는 주차 또는 정차된 차량의 제거나 이동을 위하여 관할 소방서 등 관련 기관에 견인차량과 인력 등에 대한 지원을 요청할 수 있고, 요청을 받은 관련 기관의 장은 정당한 사유가 없으면 이에 협조하여야 한다.

③ 소방본부장, 소방서장 또는 소방대장은 화재, 재난·재해, 그 밖의 위급한 상황이 발생하여 사람의 생명을 위험하게 할 것으로 인정할 때에는 일정한 구역을 지정하여 그 구역에 있는 사람에게 그 구역 밖으로 피난할 것을 명할 수 있다.

④ 소방본부장, 소방서장 또는 소방대장은 화재 진압 등 소방활동을 위하여 필요할 때에는 소방용수 외에 댐·저수지 또는 수영장 등의 물을 사용하거나 수도(水道)의 개폐장치 등을 조작할 수 있다.

**039** 「소방기본법」상 소방활동에 종사한 사람 중 시·도지사로부터 소방활동의 비용을 지급받을 수 있는 사람은?

① 화재가 발생한 소방대상물의 관계인
② 고의 또는 과실로 상황을 발생시킨 사람
③ 소방활동구역 안에 있는 소방대상물의 관계인
④ 현장에서 물건을 가져간 사람

## 040 「소방기본법」상 소방대장의 권한이 아닌 것은?

①△×

① 소방활동을 할 때에 긴급한 경우에는 이웃한 소방본부장 또는 소방서장에게 소방업무의 응원을 요청할 수 있다.

② 화재, 재난·재해, 그 밖의 위급한 상황이 발생한 현장에서 소방활동을 위하여 필요할 때에는 그 관할구역에 사는 사람 또는 그 현장에 있는 사람으로 하여금 사람을 구출하는 일 또는 불을 끄거나 불이 번지지 아니하도록 하는 일을 하게 할 수 있다.

③ 사람을 구출하거나 불이 번지는 것을 막기 위하여 필요할 때에는 화재가 발생하거나 불이 번질 우려가 있는 소방대상물 및 토지를 일시적으로 사용하거나 그 사용의 제한 또는 소방활동에 필요한 처분을 할 수 있다.

④ 화재, 재난·재해, 그 밖의 위급한 상황이 발생하여 사람의 생명을 위험하게 할 것으로 인정할 때에는 일정한 구역을 지정하여 그 구역에 있는 사람에게 그 구역 밖으로 피난할 것을 명할 수 있다.

## 041 「소방기본법」상 소방활동 종사 명령에 관한 설명으로 옳지 않은 것은?

①△×

① 소방본부장, 소방서장 또는 소방대장은 화재, 재난·재해, 그 밖의 위급한 상황이 발생한 현장에서 소방활동을 위하여 필요할 때에는 그 관할구역에 사는 사람 또는 그 현장에 있는 사람으로 하여금 사람을 구출하는 일 또는 불을 끄거나 불이 번지지 아니하도록 하는 일을 하게 할 수 있다.

② 소방활동 종사명령시 소방본부장, 소방서장 또는 소방대장은 소방활동에 필요한 보호장구를 지급하는 등 안전을 위한 조치를 하여야 한다.

③ 소방활동에 종사한 사람은 시·도지사로부터 소방활동의 비용을 지급받을 수 있다.

④ 고의 또는 과실로 화재 또는 구조·구급 활동이 필요한 상황을 발생시킨 사람은 시·도지사로부터 소방활동의 비용을 지급받을 수 있다.

**042** 「소방기본법」상 소방대의 긴급통행에 대한 설명으로 옳은 것은?

① 소방본부장, 소방서장 또는 소방대장은 사람을 구출하거나 불이 번지는 것을 막기 위하여 필요할 때에는 화재가 발생하거나 불이 번질 우려가 있는 소방대상물 및 토지를 일시적으로 사용하거나 그 사용의 제한 또는 소방활동에 필요한 처분을 할 수 있다.

② 소방본부장, 소방서장 또는 소방대장은 화재, 재난·재해, 그 밖의 위급한 상황이 발생한 현장에서 소방활동을 위하여 필요할 때에는 그 관할구역에 사는 사람 또는 그 현장에 있는 사람으로 하여금 사람을 구출하는 일 또는 불을 끄거나 불이 번지지 아니하도록 하는 일을 하게 할 수 있다.

③ 소방대는 화재, 재난·재해, 그 밖의 위급한 상황이 발생한 현장에 신속하게 출동하기 위하여 긴급할 때에는 일반적인 통행에 쓰이지 아니하는 도로·빈터 또는 물 위로 통행할 수 있다.

④ 소방대장은 화재, 재난·재해, 그 밖의 위급한 상황이 발생한 현장에 소방활동구역을 정하여 소방활동에 필요한 사람으로서 대통령령으로 정하는 사람 외에는 그 구역에 출입하는 것을 제한할 수 있다.

**043** 「소방기본법」상 강제처분에 관련된 내용으로 옳은 것은?

① 소방청장 또는 시·도지사는 강제처분 2항(긴급하다고 인정) 및 3항(주차 또는 정차된 차량 및 물건 제거하거나 이동)으로 인하여 손실을 입은 자가 있는 경우에는 그 손실을 보상하지 않아도 된다.

② 소방청장 또는 시·도지사는 소방활동에 방해가 되는 불법 주차 차량을 제거하거나 이동시키는 처분으로 인하여 손실을 입은 자에게 보상을 해주어야 한다.

③ 소방본부장, 소방서장 또는 소방대장은 방활동에 방해가 되는 주차 또는 정차된 차량의 제거나 이동을 위하여 관할 지방자치단체 등 관련 기관에 견인차량과 인력 등에 대한 지원을 요청할 수 있고, 요청을 받은 관련 기관의 장은 정당한 사유가 없으면 이에 협조하여야 한다.

④ 소방본부장, 소방서장 또는 소방대장은 사람을 구출하거나 불이 번지는 것을 막기 위하여 필요할 때에는 화재가 발생하거나 불이 번질 우려가 있는 소방대상물 및 토지를 일시적으로 사용하거나 그 사용의 제한 또는 소방활동에 필요한 처분을 할 수 없다.

**001** 「소방기본법」상 소방산업의 육성·진흥 및 지원 등에 대한 내용으로 옳지 않은 것은?

① 국가는 소방산업(소방용 기계·기구의 제조, 연구·개발 및 판매 등에 관한 일련의 산업을 말한다. 이하 같다)의 육성·진흥을 위하여 필요한 계획의 수립 등 행정상·재정상의 지원시책을 마련하여야 한다.

② 국가는 소방산업과 관련된 기술(이하 "소방기술"이라 한다)의 개발을 촉진하기 위하여 기술개발을 실시하는 자에게 그 기술개발에 드는 자금의 전부나 일부를 출연하거나 보조할 수 있다.

③ 국가는 우수소방제품의 전시·홍보를 위하여 무역전시장 등을 설치한 자에게 소방산업 전시회 운영에 따른 경비의 전부 또는 일부를 지원해 줄 수 있다.

④ 국가는 국공립 연구기관으로 하여금 소방기술의 연구·개발사업을 수행하게 하는 경우 필요한 경비를 지원하여야 한다.

해설집 p.17

**001** 「소방기본법」에서 한국소방안전원의 업무로 옳은 모두 몇 개인가?

□△×

> ㄱ. 화재 예방과 안전관리의식 고취를 위한 대국민 홍보
> ㄴ. 소방기술과 안전관리에 관한 각종 간행물 발간
> ㄷ. 소방기술과 안전관리에 관한 교육 및 조사·연구
> ㄹ. 소방업무에 관하여 행정기관이 위탁하는 업무
> ㅁ. 소방안전에 관한 국가협력

① 2개　　　　　　　　　　　② 3개
③ 4개　　　　　　　　　　　④ 5개

**002** 「소방기본법」에서 한국소방안전원에서 교육계획의 수립 및 평가에 대한 내용으로 옳지 않은 것은?

□△×

① 안전원장은 교육결과를 주관적이고 정밀하게 분석하기 위하여 필요한 경우 교육 관련 전문가로 구성된 위원회를 운영할 수 있다.
② 평가위원회는 위원장 1명을 포함하여 9명 이하의 위원으로 성별을 고려하여 구성하며 평가위원회의 위원장은 위원 중에서 호선한다.
③ 안전원의 장(이하 "안전원장"이라 한다)은 소방기술과 안전관리의 기술향상을 위하여 매년 교육 수요조사를 실시하여 교육계획을 수립하고 소방청장의 승인을 받아야 한다.
④ 안전원장은 소방청장에게 해당 연도 교육결과를 평가·분석하여 보고하여야 하며, 소방청장은 교육평가 결과를 교육계획에 반영하게 할 수 있다.

**003** 「소방기본법」상 한국소방안전원의 임원에 대한 설명이다. ( ) 안에 들어갈 숫자로 옳은 것은?

□△×

> 안전원에 임원으로 원장 ( ㉠ )명을 포함한 ( ㉡ )명 이내의 이사와 ( ㉢ )명의 감사를 둔다.

| | ㉠ | ㉡ | ㉢ |
|---|---|---|---|
| ① | 1 | 7 | 1 |
| ② | 1 | 9 | 1 |
| ③ | 2 | 7 | 2 |
| ④ | 2 | 9 | 2 |

**004** 「소방기본법」상 한국소방안전원의 회원이 될수 없는 사람은?

① 「소방시설 설치 및 관리에 관한 법률」, 「소방시설공사업법」 또는 「위험물안전관리법」에 따라 등록을 하거나 허가를 받은 사람으로서 회원이 되려는 사람

② 「화재의 예방 및 안전관리에 관한 법률」, 「소방시설공사업법」 또는 「위험물안전관리법」에 따라 소방안전관리자, 소방기술자로 선임되거나 회원이 되려는 사람

③ 「화재의 예방 및 안전관리에 관한 법률」, 「소방시설공사업법」 또는 「위험물안전관리법」에 따라 자체소방대원으로 선임되거나 채용된 사람으로서 회원이 되려는 사람

④ 소방 분야에 관심이 있거나 학식과 경험이 풍부한 사람으로서 회원이 되려는 사람

**005** 「소방기본법」상 한국소방안전원의 정관에 포함되는 내용이 아닌 것은?

① 목적 및 명칭
② 주된 사무소의 소재지
③ 재정 및 자산운영에 관한 사항
④ 회원과 임원 및 직원에 관한 사항

**001**
☐☐☐

「소방기본법」상 손실보상의 지급절차 및 방법에 대한 설명으로 옳지 않은 것은?

① 소방기관 또는 소방대의 적법한 소방업무 또는 소방활동으로 인하여 발생한 손실을 보상받으려는 자는 행정안전부령으로 정하는 보상금 지급 청구서에 손실내용과 손실금액을 증명할 수 있는 서류를 첨부하여 소방청장 또는 소방서장(이하 "소방청장등"이라 한다)에게 제출하여야 한다.

② 손실보상 청구가 요건과 절차를 갖추지 못한 경우 소방청장 등은 그 청구를 각하 하는 결정을 하여야 한다(잘못된 부분을 시정할 수 있는 경우는 제외한다).

③ 소방청장등은 손실보상심의위원회의 심사·의결을 거쳐 특별한 사유가 없으면 보상금 지급 청구서를 받은 날부터 60일 이내에 보상금 지급 여부 및 보상금액을 결정하여야 한다.

④ 소방청장등은 손실보상 지급 결정일부터 10일 이내에 행정안전부령으로 정하는 바에 따라 결정 내용을 청구인에게 통지하고, 보상금을 지급하기로 결정한 경우에는 특별한 사유가 없으면 통지한 날부터 30일 이내에 보상금을 지급하여야 한다.

**002**
☐☐☐

「소방기본법」상 소방청장 또는 시·도지사는 손실보상 사유에 해당하는 자에게 손실보상심의위원회의 심사·의결에 따라 정당한 보상을 하여야 한다. 손실보상 사유가 아닌 것은?

① 소방활동 종사로 인하여 손실을 입은 자

② 생활안전활동에 따른 조치로 인하여 손실을 입은 자

③ 소방자동차의 통행과 소방활동에 방해가 되는 주차 또는 정차된 차량 및 물건 등을 제거하거나 이동으로 손실을 입은 자(다만, 법령을 위반하여 소방자동차의 통행과 소방활동에 방해가 된 경우는 제외)

④ 위험물시설에 대한 긴급조치)에 따른 조치로 인하여 손실을 입은 자

**003** 「소방기본법」상 손실보상에 대한 내용으로 옳지 않은 것은?

① 소방기관 또는 소방대의 적법한 소방업무 또는 소방활동으로 인하여 발생한 손실을 보상받으려는 자는 행정안전부령으로 정하는 보상금 지급 청구서에 손실내용과 손실금액을 증명할 수 있는 서류를 첨부하여 소방청장 또는 시·도지사(이하 "소방청장등"이라 한다)에게 제출하여야 한다. 이 경우 소방청장등은 손실보상금의 산정을 위하여 필요하면 손실보상을 청구한 자에게 증빙·보완 자료의 제출을 요구할 수 있다.

② 소방청장등은 보상금액 결정일부터 10일 이내에 행정안전부령으로 정하는 바에 따라 결정 내용을 청구인에게 통지하고 보상금을 지급하기로 결정한 경우에는 특별한 사유가 없으면 통지한 날부터 30일 이내에 보상금을 지급하여야 한다.

③ 손실보상심의위원회의 심사·의결을 거쳐 특별한 사유가 없으면 보상금 지급 청구서를 받은 날부터 60일 이내에 보상금 지급 방법 및 보상금액을 결정하여야 한다.

④ 소방청장등은 청구인이 같은 청구 원인으로 보상금 청구를 하여 보상금 지급 여부 결정을 받은 경우에는 그 청구를 각하하는 결정을 하여야 한다.


**004** 「소방기본법」 제49조의2에서 이야기하는 손실보상에 대한 내용으로 옳지 않은 것은?

① 소방활동 종사로 인하여 사망하거나 부상을 입은 자에게는 손실보상심의위원회의 심사·의결에 따라 정당한 보상을 하여야 한다.

② 손실보상심의위원회는 위원장 1명을 포함하여 5명 이상 7명 이하의 위원으로 구성하며, 보상위원회의 위원은 법에서 이야기하는 사람 중에서 소방청장등이 위촉하거나 임명한다. 이 경우 위원의 과반수는 성별을 고려하여 소방공무원으로 하여야 한다.

③ 소방청장등은 손실보상심의위원회의 심사·의결을 거쳐 특별한 사유가 없으면 보상금 지급 청구서를 받은 날부터 60일 이내에 보상금 지급 방법 및 보상금액을 결정하여야 한다.

④ 손실보상을 청구할 수 있는 권리는 손실이 있음을 안 날부터 3년, 손실이 발생한 날부터 5년간 행사하지 아니하면 시효의 완성으로 소멸한다.


**005** 「소방기본법」상 손실보상심의 위원회의 위원이 될수 없는 자는?

① 소속 되어 있는 소방공무원

② 고등교육법에 따른 학교에서 법학 또는 행정학을 가르치는 부교수 이상으로 3년 이상 재직한 사람

③ 보험업법에 따른 손해사정사

④ 소방안전 또는 의학 분야에 관한 학식과 경험이 풍부한 사람

**001** 「소방기본법」상 벌금에 대한 내용으로 옳게 짝지어진 것은?

① 소방대의 생활안전활동을 방해한 자 - 200만원 이하의 벌금
② 위력(威力)을 사용하여 출동한 소방대의 화재진압·인명구조 또는 구급활동을 방해하는 행위 - 3년 이하의 징역 또는 3천만원 이하의 벌금
③ 정당한 사유 없이 소방대가 현장에 도착할 때까지 사람을 구출하는 조치 또는 불을 끄거나 불이 번지지 아니하도록 하는 조치를 하지 아니한 사람 - 200만원 이하의 벌금
④ 정당한 사유 없이 제20조 제2항을 위반하여 화재, 재난·재해, 그 밖의 위급한 상황을 소방본부, 소방서 또는 관계 행정기관에 알리지 아니한 관계인 - 500만원 이하의 과태료

**002** 「소방기본법」상 100만원 이하의 벌금에 해당하는 내용이 아닌 것은?

① 소방대의 생활안전활동을 방해한 자
② 정당한 사유 없이 소방대가 현장에 도착할 때까지 사람을 구출하는 조치 또는 불을 끄거나 불이 번지지 아니하도록 하는 조치를 하지 아니한 사람
③ 피난 명령을 위반한 사람
④ 정당한 사유 없이 화재, 재난·재해, 그 밖의 위급한 상황을 소방본부, 소방서 또는 관계 행정기관에 알리지 아니한 관계인

**003** 「소방기본법」상 과태료 부과권자가 과태료의 2분의 1 범위에서 그 금액을 줄여 부과할 수 있는 경우가 아닌 것은?

① 위반행위자가 법 위반상태를 시정하거나 해소하기 위하여 노력한 사실이 인정되는 경우
② 위반행위자가 화재등 재난으로 재산에 현저한 손실을 입은 경우
③ 위반행위가 사소한 부주의나 오류로 인한 것으로 인정되는 경우
④ 과태료를 체납하고 있는 위반행위자가 사업 여건의 약화로 그 사업이 중대한 위기에 처한 경우

**004** 「소방기본법」상 소방차 전용구역에 차를 주차하거나 전용구역에의 진입을 가로막는 등의 방해행
○△✕ 위를 한 경우 과태료 부과기준으로 옳은 것은?

① 1차: 50만원,    2차: 100만원,    3차: 100만원
② 1차: 50만원,    2차: 50만원,    3차: 100만원
③ 1차: 50만원,    2차: 100만원,    3차: 200만원
④ 1차: 50만원,    2차: 150만원,    3차: 200만원

**005** 「소방기본법」상 과태료 부과권자는?
○△✕
① 시도지사, 소방본부장, 소방서장
② 시도지사, 소방청장, 소방본부장, 소방서장
③ 소방청장, 소방본부장, 소방서장
④ 소방청장, 소방본부장, 소방서장, 경찰서장

fire.Hackers.com

# PART 2
# 소방시설 설치 및 관리에 관한 법률

**001** 「소방시설 설치 및 관리에 관한 법률」상 용어의 정의에 관한 내용으로 옳지 않은 것은?

① "소방대상물"이란 건축물 등의 규모·용도 및 수용인원 등을 고려하여 소방시설을 설치하여야 하는 소방대상물로서 대통령령으로 정하는 것을 말한다.

② "무창층"이란 지하층 중 개구부의 면적의 합계가 해당층의 바닥면적의 30분의 1 이하가 되는 층을 말한다.

③ "피난층"이란 곧바로 1층의 출입구가 있는 층을 말한다.

④ "소방용품"이란 소방시설등을 구성하거나 소방용으로 사용되는 제품 또는 기기로서 대통령령으로 정하는 것을 말한다.

**002** 「소방시설 설치 및 관리에 관한 법률」상의 목적이다. (    ) 안에 들어갈 단어로 옳은 것은?

이 법은 특정소방대상물 등에 설치하여야 하는 ( ㉠ )의 설치·관리와 ( ㉡ ) 성능관리에 필요한 사항을 규정함으로써 국민의 생명·신체 및 재산을 보호하고 공공의 안전과 복리 증진에 이바지함을 목적으로 한다.

| | ㉠ | ㉡ |
|---|---|---|
| ① | 소방시설 | 안전용품 |
| ② | 소방시설 | 소방용품 |
| ③ | 소방시설 등 | 소방용품 |
| ④ | 소방시설 등 | 안전용품 |

**003** 「소방시설 설치 및 관리에 관한 법률」상 용어의 정의로 옳은 것은?

- ( ㉠ ): 화재를 예방하고 화재발생 시 피해를 최소화하기 위하여 소방대상물의 재료, 공간 및 설비 등에 요구되는 안전성능을 말한다.
- ( ㉡ ): 화재안전 확보를 위하여 재료, 공간 및 설비 등에 요구되는 안전성능으로서 소방청장이 고시로 정하는 기준을 말한다.

| | ㉠ | ㉡ |
|---|---|---|
| ① | 화재안전성능 | 기술기준 |
| ② | 화재안전성능 | 성능기준 |
| ③ | 화재예방성능 | 기술기준 |
| ④ | 화재예방성능 | 성능기준 |

**004** 「소방시설 설치 및 관리에 관한 법률」상 지하구에 대한 설명이다. (  ) 안에 들어갈 알맞은 숫자는?

전력·통신용의 전선이나 가스·냉난방용의 배관 또는 이와 비슷한 것을 집합수용하기 위하여 설치한 지하 인공구조물로서 사람이 점검 또는 보수를 하기 위하여 출입이 가능한 것 중 다음의 어느 하나에 해당하는 것
1) 전력 또는 통신사업용 지하 인공구조물로서 전력구(케이블 접속부가 없는 경우는 제외한다) 또는 통신구 방식으로 설치된 것
2) 1) 외의 지하 인공구조물로서 폭이 ( ㉠ )m 이상이고 높이가 ( ㉡ )m 이상이며 길이가 ( ㉢ )m 이상인 것

| | ㉠ | ㉡ | ㉢ |
|---|---|---|---|
| ① | 2 | 1.8 | 50 |
| ② | 2 | 1.8 | 500 |
| ③ | 1.8 | 2 | 50 |
| ④ | 1.8 | 2 | 500 |

**005** 「소방시설 설치 및 관리에 관한 법률」상 용어의 정의에서 소방시설등에 포함되는 것으로 옳은 것을 모두 고른 것은?

| ㄱ. 소방시설 | ㄴ. 비상구 |
|---|---|
| ㄷ. 방화문 | ㄹ. 자동방화셔터 |

① ㄱ, ㄴ, ㄷ

② ㄱ, ㄷ, ㄹ

③ ㄴ, ㄷ, ㄹ

④ ㄱ, ㄴ, ㄷ, ㄹ

**006** 「소방시설 설치 및 관리에 관한 법률」상 화재발생 사실을 통보하는 기계·기구 또는 설비가 아닌 것은?

① 비상조명등

② 비상방송설비

③ 자동화재탐지설비

④ 통합감시시설

**007** 「소방시설 설치 및 관리에 관한 법률」상 소방시설 중 피난구조설비로 옳게 짝지어진 것은?

① 방열복, 제연설비

② 유도등, 비상방송설비

③ 비상경보설비, 유도표지

④ 피난기구, 인명구조기구

**008** 「소방시설 설치 및 관리에 관한 법률」상 소화활동설비로 옳지 않은 것은?
☐△☒

① 제연설비, 연결살수설비

② 통합감시설, 비상경보설비

③ 연결송수관설비, 비상콘센트설비

④ 무선통신보조설비, 연소방지설비

**009** 「소방시설 설치 및 관리에 관한 법률」상 무창층에 대한 설명이다. (    ) 안에 들어갈 알맞은
☐△☒ 숫자는?

---

"무창층"(無窓層)이란 지상층 중 다음 각 목의 요건을 모두 갖춘 개구부(건축물에서 채광·환기·
통풍 또는 출입 등을 위하여 만든 창·출입구, 그 밖에 이와 비슷한 것을 말한다. 이하 같다)의
면적의 합계가 해당 층의 바닥면적의 ( ㉠ ) 이하가 되는 층을 말한다.
가. 크기는 지름 ( ㉡ )센티미터 이상의 원이 통과할 수 있을 것
나. 해당 층의 바닥면으로부터 개구부 밑부분까지의 높이가 ( ㉢ )미터 이내일 것
다. 도로 또는 차량이 진입할 수 있는 빈터를 향할 것
라. 화재 시 건축물로부터 쉽게 피난할 수 있도록 창살이나 그 밖의 장애물이 설치되지 않을 것
마. 내부 또는 외부에서 쉽게 부수거나 열 수 있을 것

---

|  | ㉠ | ㉡ | ㉢ |
|---|---|---|---|
| ① | 20분의 1 | 50 | 1.5 |
| ② | 30분의 1 | 50 | 1.2 |
| ③ | 30분의 1 | 60 | 1.5 |
| ④ | 20분의 1 | 60 | 1.2 |

**010** 다음 중 「소방시설 설치 및 관리에 관한 법률」상 물분무등 소화설비는 모두 몇 개인가?

> ㄱ. 물분무소화설비
> ㄴ. 포소화설비
> ㄷ. 이산화탄소소화설비
> ㄹ. 스프링클러설비
> ㅁ. 할로겐화합물 및 불활성기체 소화설비

① 1개                 ② 2개
③ 3개                 ④ 4개

**011** 「소방시설 설치 및 관리에 관한 법률」상 근린생활시설의 기준에 해당하지 않는 것은?

① 휴게음식점, 제과점, 일반음식점, 기원(棋院), 노래연습장 및 단란주점(단란주점은 같은 건축물에 해당 용도로 쓰는 바닥면적의 합계가 $150m^2$ 미만인 것만 해당한다)
② 의원, 치과의원, 한의원, 침술원, 접골원(接骨院), 조산원, 산후조리원 및 안마원
③ 청소년게임제공업 및 일반게임제공업의 시설, 인터넷컴퓨터게임시설제공업의 시설 및 복합유통게임제공업의 시설로서 같은 건축물에 해당 용도로 쓰는 바닥면적의 합계가 $400m^2$ 미만인 것
④ 학원(같은 건축물에 해당 용도로 쓰는 바닥면적의 합계가 $500m^2$ 미만인 것만 해당하며, 자동차학원 및 무도학원은 제외한다), 고시원(같은 건축물에 해당 용도로 쓰는 바닥면적의 합계가 $500m^2$ 미만인 것을 말한다)

**012** 「소방시설 설치 및 관리에 관한 법률」상 특정소방대상물의 분류로 옳지 않은 것은?

① 체육관으로서 관람석이 없거나 관람석의 바닥면적이 1천$m^2$ 미만인 것은 운동시설로 분류한다.
② 육상장, 구기장, 볼링장, 수영장, 스케이트장, 롤러스케이트장, 승마장, 사격장, 궁도장, 골프장 등과 이에 딸린 건축물로서 관람석이 없거나 관람석의 바닥면적이 1천$m^2$ 미만인 것은 운동시설로 분류한다.
③ 500$m^2$의 고시원은 근린생활시설로 분류한다.
④ 항공기격납고, 운전학원 및 정비학원은 항공기 및 자동차 관련시설이다.

**013** 「소방시설 설치 및 관리에 관한 법률」상 특정소방대상물의 분류에 대한 설명으로 옳지 않은 것은? (단, 법적인 기준을 대상으로 한다)

① 조산원 및 산후조리원은 바닥면적이 150m² 미만이면 근린생활시설로 분류한다.
② 공연장이나 종교집회장의 바닥면적이 300m² 미만이면 근린생활시설로 분류한다.
③ 슈퍼마켓의 바닥면적이 1,000m² 미만이면 근린생활시설로 분류한다.
④ 공동주택에는 아파트 등(주택으로 쓰이는 층수가 5층 이상인 주택)과 기숙사가 포함된다.

**014** 「소방시설 설치 및 관리에 관한 법률」상 특정소방대상물의 분류에 대한 설명으로 옳지 않은 것은?

① 교육연구시설에는 교육원, 직업훈련소, 학원(근린생활시설에 해당하는 것과 자동차운전학원·정비학원 및 무도학원은 제외한다), 연구소, 도서관이 포함된다.
② 운수시설에는 여객자동차 터미널, 철도 및 도시철도 시설(정비창 등 관련시설 포함), 공항시설(항공관제탑 포함), 항만 시설 및 종합 여객시설이 포함된다.
③ 위락시설에는 유흥주점, 유원시설업의 시설, 무도장 및 무도학원, 카지노 영업소, 노래연습장 및 바닥면적이 150m² 미만인 단란주점이 포함된다.
④ 창고시설에는 창고(냉장 및 냉동 창고 포함), 하역장, 물류터미널, 집배송시설이 포함된다.

**015** 「소방시설 설치 및 관리에 관한 법률」상 ( ) 안에 들어갈 알맞은 숫자는?

- 슈퍼마켓과 일용품(식품, 잡화, 의류, 완구, 서적, 건축자재, 의약품, 의료기기 등) 등의 소매점으로서 같은 건축물(하나의 대지에 두 동 이상의 건축물이 있는 경우에는 이를 같은 건축물로 본다. 이하 같다)에 해당 용도로 쓰는 바닥면적의 합계가 ( ㉠ )m² 미만인 것은 근린생활시설로 분류한다.
- 공연장(극장, 영화상영관, 연예장, 음악당, 서커스장, 비디오물감상실업의 시설, 비디오물소극장업의 시설, 그 밖에 이와 비슷한 것을 말한다. 이하 같다) 또는 종교집회장[교회, 성당, 사찰, 기도원, 수도원, 수녀원, 제실(祭室), 사당, 그 밖에 이와 비슷한 것을 말한다. 이하 같다]으로서 같은 건축물에 해당 용도로 쓰는 바닥면적의 합계가 ( ㉡ )m² 미만인 것은 근린생활시설로 분류한다.
- 단란주점으로서 바닥면적의 합계가 ( ㉢ )m² 미만인 것만 근린생활시설로 분류한다.

|  | ㉠ | ㉡ | ㉢ |
|---|---|---|---|
| ① | 1,000 | 500 | 150 |
| ② | 1,000 | 300 | 150 |
| ③ | 500 | 300 | 100 |
| ④ | 500 | 1,000 | 100 |

**016** 「소방시설 설치 및 관리에 관한 법률」상 업무시설의 구분이 다른 하나는?

① 국가 또는 지방자치단체의 청사로서 근린생활시설에 해당하지 않는 것
② 금융업소
③ 오피스텔
④ 신문사

**017** 「소방시설 설치 및 관리에 관한 법률」상 특정소방대상물의 분류로 옳지 않은 것은?

① 슈퍼마켓 중 바닥면적의 합계가 1천m² 이상이면 판매시설로 분류한다.
② 공연장 또는 종교집회장은 바닥면적의 합계가 300m² 미만이면 근린생활시설로 분류한다.
③ 자동차학원의 바닥면적이 500m² 미만이면 근린생활시설로 분류한다.
④ 청소년게임제공업 및 일반게임제공업의 시설로서 같은 건축물에 해당 용도로 쓰는 바닥면적의 합계가 500m² 이상인 것은 판매시설로 분류한다.

**018** 「소방시설 설치 및 관리에 관한 법률」상 문화 및 집회시설에 해당하는 것만을 고른 것은?

① 바닥면적이 300m² 이상인 공연장, 집회장, 전시장, 동식물원
② 종합병원, 병원, 치과병원, 한방병원, 요양병원, 전염병원
③ 노인주거복지시설, 노인의료복지시설, 노인여가복지시설
④ 청소년수련원, 청소년야영장, 유스호스텔

**019** 「소방시설 설치 및 관리에 관한 법률 시행령」 별표상 특정소방대상물의 용도의 연결이 옳지 않은
□○△× 것은?

① 하수 등 처리시설, 고물상, 폐기물 재활용시설, 폐기물 처분시설 등: 자원순환 관련시설

② 방송국(방송프로그램 제작시설 및 송신·수신·중계시설을 포함한다), 전신전화국, 촬영
소, 통신용시설 등: 방송촬영시설

③ 야외음악당, 야외극장, 어린이회관, 휴게소 등: 관광 휴게 시설

④ 화장시설, 봉안당(종교시설 내부 설치한 것은 제외), 동물화장시설, 동물건조장 시설, 묘
지와 자연장지에 부수되는 건축물: 묘지관련시설

**020** 「소방시설 설치 및 관리에 관한 법률」상 운수시설에 포함되지 않는 것은?
□○△×

① 여객자동차터미널

② 철도 및 도시철도 시설(정비창 등 관련 시설 포함)

③ 공항시설(항공관제탑은 제외)

④ 항만시설 및 종합여객시설

**021** 「소방시설 설치 및 관리에 관한 법률」상 특정소방대상물의 분류로 옳지 않은 것은?
□○△×

① 공동주택에는 아파트 등(주택으로 쓰는 층수가 5층 이상인 주택)과 기숙사가 포함된다.

② 사진관, 표구점, 학원(같은 건축물에 해당 용도로 쓰는 바닥면적의 합계가 500m² 미만
인 것만 해당하며, 자동차학원 및 무도학원은 제외한다), 독서실, 고시원, 장의사, 동물
병원, 총포판매사, 그 밖에 이와 비슷한 것은 근린생활시설에 해당한다.

③ 판매시설에는 도매시장, 소매시장, 전통시장(근린생활시설 및 노점형 시장도 포함), 상
점이 포함된다.

④ 동물 및 식물관련 시설에는 축사(부화장 포함), 가축시설, 도축장, 도계장 등이 포함된다.

**022** 「소방시설 설치 및 관리에 관한 법률」상 복합건축물에 대한 설명이다. (    ) 안에 들어갈 수 없는 것은?

| 하나의 건축물이 (    ), 판매시설, (    ), 숙박시설 또는 (    )의 용도와 주택의 용도로 함께 사용되는 것 |
|---|

① 근린생활시설                    ② 업무시설
③ 수련시설                       ④ 위락시설

**023** 「소방시설 설치 및 관리에 관한 법률 시행령」 별표 2의 비고 내용에 대한 설명으로 옳지 않은 것은?

① 특정소방대상물의 지하층이 지하가와 연결되어 있는 경우 해당 지하층의 부분을 지하가로 본다. 다만, 다음 지하가와 연결되는 지하층에 지하층 또는 지하가에 설치된 자동방화셔터 또는 60분 방화문이 화재 시 경보설비 또는 자동소화설비의 작동과 연동하여 자동으로 닫히는 구조이거나 그 윗부분에 드렌처설비가 설치된 경우에는 지하가로 보지 않는다.

② 2 이상의 특정소방대상물이 내화구조로 연결된 통로가 벽이 없는 구조로서 6m 이하인 경우 이를 하나의 특정소방대상물로 보며 벽이 있는 구조로서 그 길이가 10m 이하인 경우. 다만, 벽 높이가 바닥에서 천장까지의 높이의 2분의 1 이상인 경우에는 벽이 있는 구조로 보고, 벽 높이가 바닥에서 천장까지의 높이의 2분의 1 미만인 경우에는 벽이 없는 구조로 본다.

③ 자동방화셔터 또는 60분+ 방화문이 설치되지 않은 피트(전기설비 또는 배관설비 등이 설치되는 공간을 말한다)로 연결된 경우 이를 하나의 특정소방대상물로 본다.

④ 내화구조로 된 하나의 특정소방대상물이 개구부 및 연소 확대 우려가 없는 내화구조의 바닥과 벽으로 구획되어 있는 경우에는 그 구획된 부분을 각각 별개의 특정소방대상물로 본다. 다만, 성능위주설계를 해야 하는 범위를 정할 때에는 하나의 특정소방대상물로 본다.

**024** 「소방시설 설치 및 관리에 관한 법률」상 소방용품에 해당하는 것은 모두 몇 개인가?

> ㄱ. 소화기구(소화약제 외의 것을 이용한 간이소화용구는 제외한다)
> ㄴ. 소화설비를 구성하는 소화전, 관창(管槍), 소방호스, 이산화탄소 소화설비헤드, 기동용 수압 개폐장치, 유수제어밸브 및 유수 선택밸브
> ㄷ. 피난사다리, 구조대, 완강기(지지대는 제외한다) 및 간이완강기(지지대는 제외한다)
> ㄹ. 누전경보기 및 가스누설경보기, 경보설비를 구성하는 발신기, 수신기, 중계기, 감지기 및 음향장치(경종만 해당한다)
> ㅁ. 공기호흡기(충전기를 포함한다)
> ㅂ. 피난구유도등, 통로유도등, 객석유도등 및 예비 전원이 내장되지 않은 비상조명등

① 3개
② 4개
③ 5개
④ 6개

PART 2

해커스소방 이영철 소방관계법규 단원별 실전문제집

**025** 「소방시설 설치 및 관리에 관한 법률」상 소방용품이란 소방시설 등을 구성하거나 소방용으로 사용되는 기기를 말하는데, 피난구조설비를 구성하는 제품 또는 기기에 속하는 것은?

① 완강기(간이완강기 및 지지대는 제외한다)
② 예비전원이 내장되지 않은 비상조명등
③ 피난구유도등, 통로유도등, 객석유도등
④ 공기호흡기(충전기는 제외한다)

**001** 「소방시설 설치 및 관리에 관한 법률」상 건축허가등의 동의 대상에 해당하지 않는 것은?

① 지하층 또는 무창층이 있는 건축물로서 바닥면적이 150제곱미터(공연장의 경우에는 100제곱미터) 이상인 층이 있는 것

② 차고·주차장으로 사용되는 바닥면적이 200제곱미터 이상인 층이 있는 건축물이나 주차시설

③ 의원(입원실이 있는 것으로 한정한다)·조산원·산후조리원, 위험물 저장 및 처리 시설, 발전시설 중 풍력발전소·전기저장시설, 지하구(地下溝)

④ 층수가 5층 이상인 건축물, 항공기 격납고, 관망탑, 항공관제탑, 방송용 송수신탑

**002** 「소방시설 설치 및 관리에 관한 법률」상 건축허가 등의 동의 범위로 옳은 것을 모두 고른 것은?

> ㄱ. 연면적(「건축법 시행령」 제119조 제1항 제4호에 따라 산정된 면적을 말한다. 이하 같다)이 400제곱미터 이상인 건축물이나 시설
>
> ㄴ. 의원(입원실이 있는 것으로 한정한다)·조산원·산후조리원, 위험물 저장 및 처리 시설, 발전시설 중 풍력발전소·전기저장시설, 지하구(地下溝)
>
> ㄷ. 차고·주차장으로 사용되는 바닥면적이 200제곱미터 이상인 층이 있는 건축물이나 주차시설
>
> ㄹ. 지하층 또는 무창층이 있는 건축물로서 바닥면적이 200제곱미터(공연장의 경우에는 100제곱미터) 이상인 층이 있는 것

① ㄱ, ㄴ, ㄷ

② ㄱ, ㄴ, ㄹ

③ ㄴ, ㄷ, ㄹ

④ ㄱ, ㄴ, ㄷ, ㄹ

**003** 「소방시설 설치 및 관리에 관한 법률」상 200m² 미만의 노유자시설 중 건축허가등의 동의를 받아야 하는 시설로서 옳은 것은?

① 결핵환자나 한센인이 24시간 생활하는 노유자 시설로서 공동주택에 설치된 경우

② 아동복지법에 따른 아동복지시설(아동상담소, 아동전용시설 및 지역아동센터는 제외)로서 단독주택에 설치된 경우

③ 장애인복지법에 따른 장애인거주시설로서 공동주택에 설치된 경우

④ 노인의료 복지시설로 단독주택에 설치된 경우

**004** 「소방시설 설치 및 관리에 관한 법률」상 건축허가등의 동의 요구에 대한 조문의 내용이다. (  )
ⓞ△☒ 안에 들어갈 숫자가 바르게 나열된 것은?

> 소방본부장 또는 소방서장은 건축허가등의 동의 요구서류를 접수한 날부터 ( ㉠ )일(허가를 신
> 청한 건축물 등이 특급소방안전관리대상물의 경우는 10일) 이내에 건축허가등의 동의 여부를
> 회신하여야 하고, 동의 요구서 및 첨부서류의 보완이 필요한 경우에는 ( ㉡ )일 이내의 기간을
> 정하여 보완을 요구할 수 있다. 건축허가등의 동의를 요구한 기관이 그 건축허가등을 취소하였
> 을 때에는 취소한 날부터 ( ㉢ )일 이내에 건축물 등의 시공지 또는 소재지를 관할하는 소방본
> 부장 또는 소방서장에게 그 사실을 통보하여야 한다.

|     | ㉠ | ㉡ | ㉢ |
| --- | --- | --- | --- |
| ① | 5 | 4 | 7 |
| ② | 5 | 5 | 7 |
| ③ | 7 | 3 | 7 |
| ④ | 7 | 4 | 5 |

**005** 「소방시설 설치 및 관리에 관한 법률」상 건축허가등의 동의에 대한 내용으로 옳지 않은 것은?
ⓞ△☒

① 건축물 등의 증축·개축·재축·용도변경 또는 대수선의 신고를 수리(受理)할 권한이 있
는 행정기관은 그 신고를 수리하면 그 건축물 등의 시공지 또는 소재지를 관할하는 소
방본부장이나 소방서장에게 지체 없이 그 사실을 알려야 한다.

② 건축물 등의 신축·증축·개축·재축(再築)·이전·용도변경 또는 대수선(大修繕)의 허
가·협의 및 사용승인의 권한이 있는 행정기관은 건축허가등을 할 때 미리 그 건축물
등의 시공지(施工地) 또는 소재지를 관할하는 소방본부장이나 소방서장의 동의를 받아
야 한다.

③ 건축허가등의 권한이 있는 행정기관과 신고를 수리할 권한이 있는 행정기관은 건축허
가등의 동의를 받거나 신고를 수리한 사실을 알릴 때 관할 소방본부장이나 소방서장에
게 건축허가등을 하거나 신고를 수리할 때 건축허가등을 받으려는 자 또는 신고를 한
자가 제출한 설계도서 중 건축물의 외부구조 및 내부구조를 알 수 있는 설계도면을 제
출하여야 한다.

④ 소방본부장 또는 소방서장은 동의를 요구받은 경우 해당 건축물 등이 소방자동차 전용
구역의 설치를 따르고 있는지를 검토하여 행정안전부령으로 정하는 기간 내에 해당 행
정기관에 동의 여부를 알려야 한다.

**006** 「소방시설 설치 및 관리에 관한 법률」상 소방본부장 또는 소방서장은 건축허가등의 동의 여부를 알릴 경우에는 원활한 소방활동 및 건축물 등의 화재안전싱능을 확보하기 위하여 필요한 사힝에 대한 검토 자료 또는 의견서를 첨부할 수 있다. 첨부할 수 있는 내용이 아닌 것은?

① 피난시설에 대한 내용
② 방화구획에 대한 내용
③ 개구부에 대한 내용
④ 방화벽, 마감재료 등 방화 시설에 대한 내용

**007** 「소방시설 설치 및 관리에 관한 법률」상 소방시설 중 화재안전기준에 적합하게 설치할 경우 건축허가 등의 동의에서 제외되는 소방시설의 연결이 옳지 않은 것은?

① 소화기구, 누전경보기
② 자동소화장치, 단독경보형감지기
③ 피난구조설비
④ 가스누설경보기

**008** 「소방시설 설치 및 관리에 관한 법률」상 소방청장이 정하는 내진설계기준에 맞게 설치하여야 하는 소방시설은? (단, 내진설계기준을 적용하여야 하는 소방시설을 설치하여야 하는 특정소방대상물의 경우에 한한다)

① 자동화재탐지설비　　　　　② 옥외소화전설비
③ 물분무등소화설비　　　　　④ 비상경보설비

**009** 「소방시설 설치 및 관리에 관한 법률」상 내진설계기준에 맞게 설치하여야 하는 소방시설을 모두 고르면?

| ㄱ. 옥내소화전설비 | ㄴ. 자동화재탐지설비 |
|---|---|
| ㄷ. 스프링클러설비등 | ㄹ. 물분무등소화설비 |

① ㄱ, ㄷ　　　　　　　　② ㄱ, ㄹ
③ ㄱ, ㄷ, ㄹ　　　　　　④ ㄱ, ㄴ, ㄷ, ㄹ

**010**
◻◻◻ 「소방시설 설치 및 관리에 관한 법률」상 신축하는 특정소방대상물 중 성능위주설계를 하여야 하는 장소 기준으로 옳은 것을 모두 고른 것은?

> ㄱ. 연면적 20만제곱미터 이상인 특정소방대상물(아파트 등 포함)
> ㄴ. 50층 이상(지하층 포함)이거나 지상으로부터 높이가 200미터 이상인 아파트 등
> ㄷ. 연면적 3만제곱미터 이상인 철도 및 도시철도 시설
> ㄹ. 지하연계 복합건축물

① ㄱ, ㄴ  ② ㄱ, ㄷ
③ ㄴ, ㄷ  ④ ㄷ, ㄹ


**011**
◻◻◻ 「소방시설 설치 및 관리에 관한 법률」상 성능위주 설계 대상의 종류로 옳은 것을 모두 고른 것은? (단, 신축건축물만 해당한다)

> ㄱ. 연면적 20만제곱미터 이상인 아파트 등
> ㄴ. 50층 이상(지하층 제외)이거나 지상으로부터 200미터 이상인 아파트 등
> ㄷ. 연면적 10만제곱미터 이상이거나 지하층의 층수가 2층 이상이고 지하층의 바닥면적의 합이 3만제곱미터 이상인 창고시설
> ㄹ. 30층 이상(지하층 포함)이거나 지상으로부터 높이가 100미터 이상인 특정소방대상물(아파트등 제외)
> ㅁ. 터널 중 수저(水底)터널 또는 길이가 5천미터 이상인 것

① ㄱ, ㄷ, ㄹ  ② ㄱ, ㄷ, ㅁ
③ ㄴ, ㄷ, ㄹ  ④ ㄴ, ㄷ, ㅁ

**012** 「소방시설 설치 및 관리에 관한 법률」상 성능위주설계에 대한 설명으로 옳지 않은 것은?
☐△✕

① 연면적·높이·층수 등이 일정 규모 이상인 대통령령으로 정하는 특정소방대상물(신축하는 것만 해당한다)에 소방시설을 설치하려는 자는 성능위주설계를 하여야 한다.

② 소방시설을 설치하려는 자가 성능위주설계를 한 경우에는 「건축법」에 따른 건축허가를 신청하기 전에 해당 특정소방대상물의 시공지 또는 소재지를 관할하는 소방서장에게 신고하여야 한다. 해당 특정소방대상물의 연면적·높이·층수의 변경 등 행정안전부령으로 정하는 사유로 신고한 성능위주설계를 변경하려는 경우에도 또한 같다.

③ 소방서장은 성능위주설계의 신고, 변경신고 또는 사전검토 신청을 받은 경우에는 소방청 또는 관할 소방본부에 설치된 성능위주설계평가단의 검토·평가를 거쳐야 한다. 다만, 소방서장은 신기술·신공법 등 검토·평가에 고도의 기술이 필요한 경우에는 지방소방기술심의위원회에 심의를 요청할 수 있다.

④ 소방서장은 신고 또는 변경신고를 받은 경우 그 내용을 검토하여 이 법에 적합하면 신고를 수리하여야 한다.


**013** 「소방시설 설치 및 관리에 관한 법률」상 성능위주 설계 대상 기준이 아닌 것은?
☐△✕

① 창고시설 중 연면적 10만제곱미터 이상인 것

② 창고시설 중 지하층의 층수가 2개 층 이상이고 지하층의 바닥면적의 합계가 5만제곱미터 이상인 것

③ 영화상영관이 10개 이상인 특정소방대상물

④ 터널 중 수저(水底)터널 또는 길이가 5천미터 이상인 것


**014** 「소방시설 설치 및 관리에 관한 법률」상 성능위주설계평가단에 대한 설명으로 옳지 않은 것은?
☐△✕

① 성능위주설계에 대한 전문적·기술적인 검토 및 평가를 위하여 소방청 또는 소방본부에 성능위주설계 평가단(이하 "평가단"이라 한다)을 둔다.

② 평가단장은 화재예방 업무를 담당하는 부서의 장 또는 임명 또는 위촉된 평가단원 중에서 학식·경험·전문성 등을 종합적으로 고려하여 소방청장 또는 소방본부장이 임명하거나 위촉한다.

③ 평가단에 소속되거나 소속되었던 사람은 평가단의 업무를 수행하면서 알게 된 비밀을 이 법에서 정한 목적 외의 용도로 사용하거나 다른 사람 또는 기관에 제공하거나 누설하여서는 아니 된다.

④ 평가단은 평가단장을 포함하여 30명 이내의 평가단원으로 성별을 고려하여 구성한다.

**015** 「소방시설 설치 및 관리에 관한 법률 시행규칙」상 성능위주설계평가단의 운영 등에 관한 내용으로 옳지 않은 것은?

① 평가단의 회의는 평가단장과 평가단장이 회의마다 지명하는 6명 이상 8명 이하의 평가단원으로 구성·운영한다.

② 과반수의 출석으로 개의하고 출석 평가단원 과반수의 찬성으로 의결한다.

③ 성능위주설계의 변경신고에 대한 심의·의결을 하는 경우에는 건축물의 성능위주설계를 검토·평가한 평가단원 중 3명 이상으로 평가단원을 구성·운영할 수 있다.

④ 평가단의 운영에 필요항 세부적인 사항은 소방청장 또는 관할 소방본부장이 정한다.

**016** 「소방시설 설치 및 관리에 관한 법률」상 주택에 설치하는 소방시설은 소유자가 설치하여야 한다. 주택용 소방시설의 설치 기준 및 자율적인 안전관리 등에 관한 사항은 무엇으로 정하는가?

① 행정안전부령

② 시·도의 조례

③ 대통령령

④ 소방청고시

**017** 주택에 설치하는 소방시설 등에 관한 사항으로 옳지 않은 것은?

① 주택의 소유자는 소방시설 중 소화기, 단독경보형감지기를 설치하여야 한다.

② 소방시설의 설치기준에 관한 사항은 특별시·광역시·특별자치 시·도 또는 특별자치도의 조례로 정한다.

③ 국가 및 지방자치단체는 소화기와 단독경보형감지기의 설치 및 국민의 자율적인 안전관리를 촉진하기 위하여 필요한 시책을 마련하여야 한다.

④ 단독주택과 아파트, 기숙사, 공동주택에 설치한다.

**018** 「소방시설 설치 및 관리에 관한 법률」상 자동차의 소유자가 소화기를 설치하거나 비치하여야 하는 자동차가 아닌 것은?

① 5인승 이상의 승용자동차

② 승합자동차

③ 화학자동차

④ 특수자동차

**019** 「소방시설 설치 및 관리에 관한 법률」상 자동차에 설치 또는 비치하는 소화기에 대한 설명으로
□△☒ 옳지 않은 것은?

① 소방청장은 자동차관리법 제43조 제1항에 따른 자동차검사시 차량용 소화기의 설치 또
는 비치 여부 등을 확인하여야 하며, 그 결과를 매년 12월 31일까지 국토교통부장관에게
통보하여야 한다.

② 승용자동차에는 능력단위 1 이상의 소화기 1개 이상을 사용하기 쉬운 곳에 설치 또는
비치한다.

③ 승차정원 16인 이상 35인 이하인 승합자동차에는 능력단위 2 이상인 소화기 2개 이상을
설치한다.

④ 대형 이상인 특수자동차에는 능력단위 2 이상인 소화기 1개 이상 또는 능력단위 1 이상
인 소화기 2개 이상을 사용하기 쉬운 곳에 설치한다.

**020** 「소방시설 설치 및 관리에 관한 법률」상 특정소방대상물에 설치하는 소방시설의 관리 등에 대한
□△☒ 설명으로 옳지 않은 것은?

① 소방청장, 소방본부장 또는 소방서장은 소방시설이 화재안전기준에 따라 설치·관리되
고 있지 아니할 때는 해당 특정소방대상물의 관계인에게 필요한 조치를 명할 수 있다.

② 소방청장은 특정소방대상물의 관계인이 소방시설의 점검·정비를 위하여 폐쇄·차단을
하는 경우 안전을 확보하기 위하여 필요한 행동요령에 관한 지침을 마련하여 고시하여
야 한다.

③ 소방청장, 소방본부장 또는 소방서장은 소방시설정보관리시스템에 따른 작동정보를 해
당 특정소방대상물의 관계인에게 통보하여야 한다.

④ 업무시설과 판매시설은 소방시설정보관리시스템의 구축·운영 대상에 해당한다.

**021** 「소방시설 설치 및 관리에 관한 법률 시행령」 별표 4의 규정상 화재안전기준에 따라 소화기구를
□△☒ 설치해야 하는 특정소방대상물이 아닌 것은?

① 연면적 $33m^2$ 이상인 것
② 전기저장시설
③ 터널
④ 지하가

**022** ☐△✕ 「소방시설 설치 및 관리에 관한 법률」상 소화설비를 설치하여야 하는 특정소방대상물의 기준으로 옳지 않은 것은?

① 연면적 3천m² 이상(터널은 제외)인 특정소방대상물에는 옥내소화전을 설치한다.

② 기숙사(교육연구시설·수련시설 내에 있는 학생 수용을 위한 것을 말한다) 또는 복합건축물로서 바닥면적 5천m² 이상인 경우에는 모든 층에 스프링클러를 설치한다.

③ 근린생활시설 중 해당용도로 사용하는 부분의 바닥면적 합계가 1천m² 이상인 것은 모든층에 간이 스프링클러설비를 설치한다.

④ 차고, 주차용 건축물 또는 철골 조립식 주차시설은 연면적 800m² 이상인 것에 물분무등 소화설비를 설치한다.

**023** ☐△✕ 「소방시설 설치 및 관리에 관한 법률」상 옥외소화전설비를 설치해야 하는 대상으로 옳지 않은 것은?

① 건축물의 옥상에 설치된 차고 또는 주차장으로서 차고 또는 주차의 용도로 사용되는 부분의 면적이 200m² 이상인 것

② 지상 1층 및 2층의 바닥면적의 합계가 9천m² 이상인 것

③ 보물 또는 국보로 지정된 목조건축물

④ 바닥면적 기준에 해당하지 않는 공장 또는 창고시설로서 750배 이상의 특수가연물을 저장·취급하는 것

**024** ☐△✕ 「소방시설 설치 및 관리에 관한 법률」상 스프링클러설비의 설치대상에 대한 설명이다. (    ) 안에 들어갈 숫자로 옳은 것을 고른 것은?

- 층수가 ( ㉠ )층 이상인 특정소방대상물의 경우에는 모든 층
- 근린생활시설 중 조산원 및 산후조리원, 종합병원, 병원, 치과병원, 한방병원 및 요양병원으로 사용되는 바닥면적의 합계가 ( ㉡ )m² 이상인 것은 모든 층
- 기숙사(교육연구시설·수련시설 내에 있는 학생 수용을 위한 것을 말한다) 또는 복합건축물로서 연면적 ( ㉢ )m² 이상인 경우에는 모든 층
- 창고시설(물류터미널은 제외한다)로서 바닥면적 합계가 ( ㉢ )m² 이상인 경우에는 모든 층

|   | ㉠ | ㉡ | ㉢ |
|---|----|-----|-------|
| ① | 5 | 600 | 5,000 |
| ② | 6 | 500 | 3,000 |
| ③ | 5 | 500 | 3,000 |
| ④ | 6 | 600 | 5,000 |

**025** 「소방시설 설치 및 관리에 관한 법률 시행령」 별표 4의 규정상 간이스프링클러설비를 설치해야 하는 특정소방대상물이 아닌 것은?

① 근린생활시설로 사용하는 부분의 바닥면적 합계가 1천㎡ 미만인 것
② 조산원 및 산후조리원으로서 연면적 600㎡ 미만인 시설
③ 병원으로 사용되는 바닥면적의 합계가 600㎡ 미만인 시설
④ 복합건축물로서 연면적 1천㎡ 이상인 것

**026** 「소방시설 설치 및 관리에 관한 법률」상 물분무등소화설비의 법적 대상이다. ( )에 들어갈 알맞은 숫자는?

> • 항공기 및 자동차 관련 시설 중 항공기격납고
> • 차고, 주차용 건축물 또는 철골 조립식 주차시설. 이 경우 연면적 ( ㉠ )㎡ 이상인 것만 해당한다.
> • 건축물 내부에 설치된 차고 또는 주차장으로서 차고 또는 주차의 용도로 사용되는 부분의 바닥면적이 ( ㉡ )㎡ 이상인 층
> • 기계장치에 의한 주차시설을 이용하여 ( ㉢ )대 이상의 차량을 주차할 수 있는 것
> • 특정소방대상물에 설치된 전기실·발전실·변전실·축전지실·통신기기실 또는 전산실, 그 밖에 이와 비슷한 것으로서 바닥면적이 ( ㉣ )㎡ 이상인 것. 다만, 내화구조로 된 공정제어실 내에 설치된 주조정실로서 양압시설이 설치되고 전기기기에 220볼트 이하인 저전압이 사용되며 종업원이 24시간 상주하는 곳은 제외한다.

| | ㉠ | ㉡ | ㉢ | ㉣ |
|---|---|---|---|---|
| ① | 800 | 200 | 20 | 300 |
| ② | 800 | 300 | 10 | 200 |
| ③ | 600 | 300 | 10 | 200 |
| ④ | 600 | 200 | 20 | 300 |

**027** 「소방시설 설치 및 관리에 관한 법률」상 단독경보형 감지기를 설치해야 하는 특정소방대상물의
◻◻◻ 기준은?

> • 자동화재탐지설비가 없는 수련시설[( ㉠ )시설이 있는 것만 해당]
> • 연면적 ( ㉡ )m² 미만 유치원
> • 연면적 ( ㉢ )m² 미만 교육연구시설 또는 수련시설 내의 합숙소 또는 기숙사

|   | ㉠ | ㉡ | ㉢ |
|---|---|---|---|
| ① | 숙박 | 500 | 2,000 |
| ② | 판매 | 400 | 1,000 |
| ③ | 숙박 | 400 | 2,000 |
| ④ | 판매 | 500 | 1,000 |

**028** 「소방시설 설치 및 관리에 관한 법률」상 비상경보설비를 설치하여야 할 특정소방대상물의 기준이
◻◻◻ 다. ( ) 안에 들어갈 알맞은 말은?

> • 연면적 ( ㉠ )m² 이상인 것은 모든 층
> • 지하층 또는 무창층의 바닥면적이 ( ㉡ )m²(공연장의 경우 100m²) 이상인 것은 모든 층
> • 지하가 중 터널로서 길이가 500m 이상인 것
> • ( ㉢ )명 이상의 근로자가 작업하는 옥내 작업장

|   | ㉠ | ㉡ | ㉢ |
|---|---|---|---|
| ① | 500 | 200 | 50 |
| ② | 500 | 150 | 100 |
| ③ | 400 | 150 | 50 |
| ④ | 400 | 200 | 100 |

**029** 「소방시설 설치 및 관리에 관한 법률」상 자동화재탐지설비의 법적인 설치대상으로 옳지 않은
◻◻◻ 것은?

① 층수가 6층 이상인 건축물의 경우에는 모든 층
② 공동주택 중 아파트등·기숙사 및 숙박시설의 경우에는 모든 층
③ 근린생활시설(목욕장은 제외한다), 의료시설(정신의료기관 및 요양병원은 제외한다), 위락시설, 장례시설 및 복합건축물로서 연면적 1,000m² 이상인 경우에는 모든 층
④ 판매시설 중 전통시장, 지하구, 근린생활시설 중 조산원 및 산후조리원

**030** 「소방시설 설치 및 관리에 관한 법률」상 인명구조기구를 설치해야 하는 소방대상물에 대한 설명
☐△✕ 이다. (    ) 안에 들어갈 말로 옳은 것을 고른 것은?

> • 방열복 또는 방화복, 인공소생기 및 공기호흡기: 지하층 포함 층수 ( ㉠ )층 이상 ( ㉡ )
> • 방열복 또는 방화복, 공기호흡기: 지하층 포함 층수 ( ㉢ )층 이상 ( ㉣ )

| | ㉠ | ㉡ | ㉢ | ㉣ |
|---|---|---|---|---|
| ① | 5 | 관광호텔 | 7 | 병원 |
| ② | 5 | 병원 | 7 | 관광호텔 |
| ③ | 7 | 관광호텔 | 5 | 병원 |
| ④ | 7 | 병원 | 5 | 관광호텔 |

**031** 「소방시설 설치 및 관리에 관한 법률」상 공기호흡기를 설치하는 특정소방대상물으로 옳지 않은
☐△✕ 것은?

① 수용인원 100명 이상인 문화 및 집회시설 중 영화상영관
② 판매시설 중 전통시장
③ 지하가 중 지하상가
④ 이산화탄소소화설비(호스릴이산화탄소소화설비는 제외한다)를 설치해야 하는 특정소
　 방대상물

**032** 「소방시설 설치 및 관리에 관한 법률」상 객석유도등을 설치하는 대상으로 옳지 않은 것은?
☐△✕

① 손님이 춤을 출 수 있는 무대가 설치된 카바레, 나이트 클럽
② 문화 및 집회시설
③ 종교시설
④ 위락시설

**033** 「소방시설 설치 및 관리에 관한 법률 시행령」별표 4의 규정상 휴대용비상조명등을 설치해야 하는 특정소방대상물이 아닌 것은?

① 숙박시설
② 숙박이 가능한 수련시설
③ 수용인원 100명 이상의 영화상영관
④ 지하가 중 지하상가

**034** 「소방시설 설치 및 관리에 관한 법률」상 연결살수설비를 설치하는 특정소방대상물의 기준이다. ( ) 안에 들어갈 알맞은 숫자로 짝지어진 것은?

> 연결살수설비를 설치해야 하는 특정소방대상물(지하구는 제외한다)은 다음의 어느 하나에 해당하는 것으로 한다.
> • 판매시설, 운수시설, 창고시설 중 물류터미널로서 해당 용도로 사용되는 부분의 바닥면적의 합계가 ( ㉠ )m² 이상인 경우에는 해당 시설
> • 지하층(피난층으로 주된 출입구가 도로와 접한 경우는 제외한다)으로서 바닥면적의 합계가 ( ㉡ )m² 이상인 경우에는 지하층의 모든 층. 다만, 「주택법 시행령」제46조 제1항에 따른 국민주택규모 이하인 아파트등의 지하층(대피시설로 사용하는 것만 해당한다)과 교육연구시설 중 학교의 지하층의 경우에는 ( ㉢ )m² 이상인 것으로 한다.
> • 가스시설 중 지상에 노출된 탱크의 용량이 30톤 이상인 탱크시설

|   | ㉠ | ㉡ | ㉢ |
|---|----|----|----|
| ① | 2천 | 150 | 700 |
| ② | 2천 | 100 | 500 |
| ③ | 1천 | 150 | 700 |
| ④ | 1천 | 100 | 50 |

**035** 「소방시설 설치 및 관리에 관한 법률 시행령」별표 4의 규정상 소화활동설비를 설치해야 하는 특정소방대상물이 아닌 것은?

① 층수가 5층 이상으로서 연면적 6천m² 이상인 경우에는 모든 층에 연결송수관설비를 설치한다.
② 층수가 11층 이상인 특정소방대상물의 11층 이상의 층에 비상콘센트설비를 설치한다.
③ 층수가 30층 이상인 것으로서 11층 이상의 층에 무선통신보조설비를 설치한다.
④ 지하구(전력 또는 통신사업용인 것만 해당한다)에 연소방지설비를 설치한다.

**036** 「소방시설 설치 및 관리에 관한 법률」상 지하가 중 터널의 길이에 따른 소방시설의 설치기준으로 옳지 않은 것은?

① 무선통신보조설비는 터널 길이 500m 이상일 때 설치한다.
② 비상방송설비는 터널 길이 500m 이상일 때 설치한다.
③ 자동화재탐지설비는 터널 길이 1,000m 이상일 때 설치한다.
④ 연결송수관은 터널 길이 1,000m 이상일 때 설치한다.

**037** 연소우려가 있는 건축물의 구조에 대한 기준으로 다음 (     ) 안에 알맞은 것은?

> 건축물대장의 건축물 현황도에 표시된 대지경계선 안에 둘 이상의 건축물이 있는 경우, 각각의 건축물이 다른 건축물의 외벽으로부터 수평거리가 1층에 있어서는 ( ㉠ )m 이하, 2층 이상의 층의 경우에는 ( ㉡ )m 이하인 경우, 개구부가 다른 건축물을 향하여 설치되어 있는 경우 모두 해당하는 구조이다.

|   | ㉠ | ㉡ |
|---|---|---|
| ① | 10 | 6 |
| ② | 6 | 10 |
| ③ | 3 | 5 |
| ④ | 5 | 3 |

**038** 「소방시설 설치 및 관리에 관한 법률」상 대통령령 또는 화재안전기준이 변경되어 그 기준이 강화되는 경우에, 다음 중 기존 특정소방대상물의 소방시설에 대하여 변경으로 강화된 기준을 적용하여야 하는 소방시설은 모두 몇 개인가?

> ㄱ. 소화기구
> ㄴ. 비상방송설비
> ㄷ. 자동화재속보설비
> ㄹ. 피난구조설비
> ㅁ. 유도등

① 2개          ② 3개
③ 4개          ④ 5개

**039** 「소방시설 설치 및 관리에 관한 법률」상 특정소방대상물이 증축되는 경우는 기존 부분에 대해서
는 증축 당시의 소방시설의 설치에 관한 대통령령 또는 화재안전기준을 적용하지 아니하는 경우
가 있다. 이 경우에 해당하는 것은?

① 기존 부분과 증축 부분이 방화구조로 된 바닥과 천장으로 구획되어 있는 경우
② 기존 부분과 증축 부분이 방화문 또는 자동제연셔터로 구획되어 있는 경우
③ 자동차 생산공장 등 화재 위험이 낮은 특정소방대상물 내부에 연면적 33제곱미터 이하
   의 직원 휴게실을 증축하는 경우
④ 자동차 생산공장 등 화재 위험이 낮은 특정소방대상물에 캐노피(기둥으로 받치거나 매
   달아 놓은 덮개를 말하며, 2면 이상에 벽이 없는 구조의 것을 말한다)를 설치하는 경우

**040** 「소방시설 설치 및 관리에 관한 법률」상 강화된 소방시설기준의 적용대상에 대한 설명으로 옳지
않은 것은?

① 소화기구, 비상경보설비, 자동화재탐지설비, 자동화재속보설비, 피난구조설비
② 노유자 시설에 설치하는 간이스프링클러설비, 자동화재속보설비 및 단독경보형 감지기
③ 공동구나 전력 및 통신사업용 지하구에 설치하는 소화기, 자동소화장치, 자동화재탐지
   설비, 통합감시시설, 유도등 및 연소방지설비
④ 의료시설에 설치하는 스프링클러설비, 간이스프링클러설비, 자동화재탐지설비 및 자동
   화재속보설비

**041** 「소방시설 설치 및 관리에 관한 법률」상 소방시설기준 적용의 특례 중 대통령령으로 정하는 특정
소방대상물에는 소방시설을 설치하지 아니할 수 있다. 특례기준에 해당하지 않는 것은?

① 화재 위험도가 낮은 특정소방대상물
② 화재안전기준을 다르게 적용하여야 하는 특수한 용도 또는 구조를 가진 특정소방대상물
③ 화재안전기준을 적용하기 어려운 특정소방대상물
④ 자위소방대가 설치된 특정소방대상물

**042** 「소방시설 설치 및 관리에 관한 법률」상 소방시설을 설치하지 아니할 수 있는 특정소방대상물 및 소방시설의 범위로서 적절하지 않은 것은?

① 화재안전기준을 달리 적용해야 하는 특수한 용도 또는 구조를 가진 특정소방대상물 – 원자력 발전소, 중·저준위방사성폐기물의 저장시설
② 화재위험도가 낮은 특정소방대상물 – 정수장, 수영장, 목욕장
③ 화재안전기준을 적용하기가 어려운 특정소방대상물 – 펄프공장의 작업장, 음료수 공장의 세정 또는 충전하는 작업장
④ 화재안전기준을 적용하기가 어려운 특정소방대상물 – 농예·축산·어류양식용 시설

**043** 「소방시설 설치 및 관리에 관한 법률」상 소방시설을 설치하지 않을 수 있는 특정소방대상물 및 소방시설의 범위 내용으로 옳게 설명된 것은?

① 화재 위험도가 낮은 특정소방대상물인 석재, 불연성금속, 불연성 건축재료 등의 가공공장·기계조립공장 또는 불연성 물품을 저장하는 창고에는 옥내소화전 및 연결살수설비를 설치하지 않을 수 있다.
② 화재안전기준을 적용하기 어려운 특정소방대상물인 정수장, 수영장, 목욕장, 농예·축산·어류양식용 시설, 그 밖에 이와 비슷한 용도로 사용되는 것에는 스프링클러설비, 상수도소화용수설비, 연결살수설비를 설치하지 않을 수 있다.
③ 화재안전기준을 달리 적용해야 하는 특수한 용도 또는 구조를 가진 특정소방대상물인 원자력발전소, 중·저준위방사성폐기물의 저장시설에는 연결송수관설비 및 연결살수설비를 설치하지 않을 수 있다.
④ 자체소방대가 설치된 특정소방대상물 중 제조소등에 부속된 사무실에는 옥외소화전설비, 소화용수설비, 연결살수설비, 연결송수관설비를 설치하지 않을 수 있다.

**044** 「소방시설 설치 및 관리에 관한 법률」상 화재안전기준이 변경되어 그 기준이 강화되는 경우 강화된 기준을 적용하여야 하는 소방시설로 옳은 것은?

> ㄱ. 비상경보설비
> ㄴ. 자동화재속보설비
> ㄷ. 전력 및 통신사업용 지하구, 공동구에 설치하는 소화기, 자동소화장치, 자동화재탐지설비, 통합감시시설, 유도등 및 연소방지설비
> ㄹ. 노유자 시설에 설치하는 간이스프링클러설비, 자동화재탐지설비 및 단독경보형 감지기
> ㅁ. 의료시설에 설치하는 스프링클러설비, 간이스프링클러설비, 자동화재탐지설비 및 자동화재속보설비

① ㄱ, ㄴ, ㄷ, ㄹ         ② ㄱ, ㄴ, ㄹ, ㅁ
③ ㄴ, ㄷ, ㄹ, ㅁ         ④ ㄱ, ㄴ, ㄷ, ㄹ, ㅁ

**045** 「소방시설 설치 및 관리에 관한 법률」상 특정소방대상물의 소방시설 설치 면제기준으로 옳지 않은 것은?

① 소방본부장 또는 소방서장이 옥내소화전설비의 설치가 곤란하다고 인정하는 경우로서 호스릴 방식의 미분무소화설비 또는 옥외소화전설비를 화재안전기준에 적합하게 설치한 경우에는 그 설비의 유효범위에서 설치가 면제된다.

② 간이스프링클러설비를 설치해야 하는 특정소방대상물에 스프링클러설비, 물분무소화설비 또는 미분무소화설비를 화재안전기준에 적합하게 설치한 경우에는 그 설비의 유효범위에서 설치가 면제된다.

③ 물분무등소화설비를 설치해야 하는 특정소방대상물에 스프링클러설비를 화재안전기준에 적합하게 설치한 경우에는 그 설비의 유효범위에서 설치가 면제된다.

④ 비상방송설비를 설치해야 하는 특정소방대상물에 자동화재탐지설비 또는 비상경보설비와 같은 수준 이상의 음향을 발하는 장치를 부설한 방송설비를 화재안전기준에 적합하게 설치한 경우에는 그 설비의 유효범위에서 설치가 면제된다.

**046** 「소방시설 설치 및 관리에 관한 법률」상 특정소방대상물의 소방시설 설치 면제기준으로 옳지 않은 것은?

① 자동소화장치(주거용 주방자동소화장치 및 상업용 주방자동소화장치는 제외한다)를 설치해야 하는 특정소방대상물에 물분무등소화설비를 화재안전기준에 적합하게 설치한 경우에는 그 설비의 유효범위(해당 소방시설이 화재를 감지·소화 또는 경보할 수 있는 부분을 말한다. 이하 같다)에서 설치가 면제된다.

② 스프링클러설비를 설치해야 하는 특정소방대상물(발전시설 중 전기저장시설은 제외한다)에 적응성 있는 자동소화장치 또는 물분무등소화설비를 화재안전기준에 적합하게 설치한 경우에는 그 설비의 유효범위에서 설치가 면제된다.

③ 비상경보설비 또는 단독경보형 감지기를 설치해야 하는 특정소방대상물에 자동화재탐지설비를 화재안전기준에 적합하게 설치한 경우에는 그 설비의 유효범위에서 설치가 면제된다.

④ 비상조명등을 설치해야 하는 특정소방대상물에 피난구유도등 또는 객석유도등을 화재안전기준에 적합하게 설치한 경우에는 그 유도등의 유효범위에서 설치가 면제된다.

**047** 「소방시설 설치 및 관리에 관한 법률」상 특정소방대상물별로 설치하여야 하는 소방시설의 정비 등에 관한 내용이다. 순서대로 (   ) 안에 들어갈 말로 옳은 것은?

• 제1항: ( ㉠ )으로 소방시설을 정할 때에는 특정소방대상물의 규모·용도·수용인원 및 이용자 특성 등을 고려하여야 한다.
• 제2항: ( ㉡ )은 건축 환경 및 화재위험특성 변화사항을 효과적으로 반영할 수 있도록 제1항에 따른 소방시설 규정을 ( ㉢ )년에 1회 이상 정비하여야 한다.
• 제3항: ( ㉡ )은 건축 환경 및 화재위험특성 변화 추세를 체계적으로 연구하여 제2항에 따른 정비를 위한 개선방안을 마련하여야 한다.

| | ㉠ | ㉡ | ㉢ |
|---|---|---|---|
| ① | 대통령령 | 소방청장 | 3 |
| ② | 대통령령 | 소방본부장 | 2 |
| ③ | 행정안전부령 | 소방본부장 | 2 |
| ④ | 행정안전부령 | 소방청장 | 3 |

**048** 「소방시설 설치 및 관리에 관한 법률」상 따른 특정소방대상물의 수용 인원의 산정방법 기준에 대한 내용으로 옳지 않은 것은?

① 침대가 있는 숙박시설: 당해 특정소방대상물의 종사자의 수에 침대의 수(2인용 침대는 2인으로 산정)를 합한 수
② 강의실·교무실·상담실·실습실·휴게실 용도로 쓰이는 특정소방대상물: 당해 용도로 사용하는 바닥면적의 합계를 1.9m²로 나누어 얻은 것
③ 침대가 없는 숙박시설: 당해 특정소방대상물의 종사자의 수에 숙박시설의 바닥면적의 합계를 3m²로 나누어 얻은 수를 합한 수
④ 강당, 문화 및 집회시설, 운동시설, 종교시설: 당해 용도로 사용하는 바닥면적의 합계를 4.5m²로 나누어 얻은 수(관람석이 있는 경우 고정식 의자를 설치한 부분에 있어서는 당해 부분의 의자수로 하고, 긴 의자의 경우에는 의자의 정면너비를 0.45m로 나누어 얻은 수로 한다)

**049** 「소방시설 설치 및 관리에 관한 법률」상 <보기>의 숙박시설이 있는 특정소방대상물의 수용인원 산정 수로 옳은 것은?

<보기>

침대가 있는 숙박시설로서 1인용 침대의 수는 20개이고, 2인용 침대의 수는 20개이며, 종업원의 수는 5명이다.

① 55
② 60
③ 65
④ 70

**050** 「소방시설 설치 및 관리에 관한 법률」상 특정소방대상물의 관계인이 특정소방대상물의 규모, 용도, 수용 인원 등을 고려하여 갖추어야 하는 소방시설 중에서 강당 500m²의 수용인원으로 옳은 것은? (단, 종사자수는 100명이다)

① 108명
② 109명
③ 208명
④ 209명

**051** 「소방시설 설치 및 관리에 관한 법률」상 수용인원이 가장 많은 곳은?

① 종사자 3명이 근무하는 숙박시설로 침대 수 100개(2인용 80개와 1인용 20개가 있다)
② 종사자 3명이 근무하는 숙박시설로 바닥면적이 580m²
③ 강의실 용도로 쓰이는 특정소방대상물로 바닥면적이 400m²
④ 운동시설로서 관람 의자가 없고 바닥면적이 900m²


**052** 「소방시설 설치 및 관리에 관한 법률」상 임시소방시설의 종류가 아닌 것은?

① 소화기
② 간이소화장치
③ 간이피난유도등
④ 비상경보장치


**053** 「소방시설 설치 및 관리에 관한 법률」상 화재위험작업 및 임시소방시설 등에 대한 내용에서 인화성(引火性) 물품을 취급하는 작업 등 대통령령으로 정하는 작업에 해당하지 않는 것은?

① 용접·용단(금속·유리·플라스틱 따위를 녹여서 절단하는 일을 말한다) 등 불꽃을 발생시키거나 화기(火氣)를 취급하는 작업
② 전열기구, 가열전선 등 전기를 발생시키는 기구를 취급하는 작업
③ 알루미늄, 마그네슘 등을 취급하여 폭발성 부유분진(공기 중에 떠다니는 미세한 입자를 말한다)을 발생시킬 수 있는 작업
④ 인화성·가연성·폭발성 물질을 취급하거나 가연성 가스를 발생시키는 작업


**054** 「소방시설 설치 및 관리에 관한 법률」상 임시소방시설 중 간이소화 장치를 설치하여야 하는 공사의 작업현장의 규모의 기준 중 다음 (    ) 안에 알맞은 것은?

- 연면적 ( ㉠ )m² 이상
- 지하층, 무창층 또는 ( ㉡ )층 이상의 층의 경우 해당층의 바닥면적이 ( ㉢ )m² 이상인 경우만 해당

| | ㉠ | ㉡ | ㉢ |
|---|---|---|---|
| ① | 1천 | 6 | 300 |
| ② | 1천 | 6 | 600 |
| ③ | 3천 | 4 | 600 |
| ④ | 3천 | 4 | 300 |

**055** 「소방시설 설치 및 관리에 관한 법률」상 임시소방시설에 대한 설명으로 옳지 않은 것은?

① 소방청장이 정하여 고시하는 기준에 맞는 소화기(연결송수관설비의 방수구 인근에 설치한 경우로 한정한다) 또는 옥내소화전설비를 설치하면 간이소화장치를 설치한 것으로 본다.
② 간이소화장치는 연면적 3천m² 이상인 공사의 화재위험작업현장에 설치한다.
③ 피난유도선, 피난구유도등, 통로유도등 또는 비상조명등을 설치하면 간이피난유도선을 설치한 것으로 본다.
④ 비상경보장치는 지하층 또는 무창층. 이 경우 해당 층의 바닥면적이 100m² 이상인 경우 화재위험작업현장에 설치한다.

**056** 「소방시설 설치 및 관리에 관한 법률」상 임시소방시설에 대한 설명으로 옳지 않은 것은?

① 임시소방시설에는 소화기, 간이소화장치, 비상경보장치, 간이피난유도선이 있다.
② 간이소화장치는 연면적이 3천m² 이상인 위험작업을 하는 공사장에 설치한다.
③ 바닥면적 150m² 이상인 지하층 또는 무창층의 화재위험작업현장에는 비상경보장치를 설치하여야 한다.
④ 임시 소방시설을 설치·유지·관리하지 않은 자는 200만원 이하의 과태료에 처한다.

**057** 「소방시설 설치 및 관리에 관한 법률」상 임시소방시설에 대한 설명으로 옳지 않은 것은?

① 공사장의 관계인은 특정소방대상물의 신축·증축·개축·재축·이전·용도변경·대수선 또는 설비 설치 등을 위한 공사 현장에서 인화성(引火性) 물품을 취급하는 작업 등 대통령령으로 정하는 작업(이하 "화재위험작업"이라 한다)을 하기 전에 설치 및 철거가 쉬운 화재대비시설(이하 "임시소방시설"이라 한다)을 설치하고 관리하여야 한다.
② 소방본부장 또는 소방서장은 임시소방시설 또는 소방시설이 설치 및 관리되지 아니할 때에는 해당 공사시공자에게 필요한 조치를 명할 수 있다.
③ 소방시설공사업자가 화재위험작업 현장에 소방시설 중 임시소방시설과 기능 및 성능이 유사한 것으로서 대통령령으로 정하는 소방시설을 화재안전기준에 맞게 설치 및 관리하고 있는 경우에는 공사시공자가 임시소방시설을 설치하고 관리한 것으로 본다.
④ 임시소방시설을 설치하여야 하는 공사의 종류와 규모, 임시소방시설의 종류 등에 필요한 사항은 대통령령으로 정하고, 임시소방시설의 설치 및 관리 기준은 소방청장이 정하여 고시한다.

**058** 「소방시설 설치 및 관리에 관한 법률」상 피난시설, 방화구획 및 방화시설의 관리에 대한 내용으로 옳지 않은 것은?

① 피난시설, 방화구획 또는 방화시설의 폐쇄·훼손·변경 등의 행위를 한 자는 200만원 이하의 과태료를 부과한다.
② 특정소방대상물의 관계인은 피난시설, 방화구획 및 방화시설을 폐쇄하거나 훼손하는 등의 행위를 하여서는 아니 된다.
③ 특정소방대상물의 관계인은 피난시설, 방화구획 및 방화시설의 주위에 물건을 쌓아두거나 장애물을 설치하는 행위하는 행위를 하여서는 아니 된다.
④ 특정소방대상물의 관계인은 피난시설, 방화구획 및 방화시설의 용도에 장애를 주거나 소방활동에 지장을 주는 행위를 하여서는 아니 된다.

**059** 분말형태의 소화약제를 사용하는 소화기의 내용연수로 옳은 것은? (단, 소방용품의 성능을 확인 받아 그 사용기한을 연장하는 경우는 제외한다)

① 10년　　　　　　　　　② 7년
③ 5년　　　　　　　　　④ 3년

**060** 「소방시설 설치 및 관리에 관한 법률」상 소방기술심의 위원회의 구성 및 운영내용으로 옳은 것은?

① 중앙소방기술심의위원회(이하 "중앙위원회"라 한다)는 위원장을 포함하여 60명 이내의 위원으로 성별을 고려하여 구성한다.
② 지방소방기술심의위원회(이하 "지방위원회"라 한다)는 위원장을 포함하여 5명 이상 10명 이하의 위원으로 구성한다.
③ 중앙위원회의 회의는 위원장과 위원장이 회의마다 지정하는 7명 이상 13명 이하의 위원으로 구성한다.
④ 지방위원회는 분야별 소위원회를 구성·운영할 수 있다.

**061** 「소방시설 설치 및 관리에 관한 법률」상 소방기술심의위원회에서 중앙 소방기술심의위원회 심의 사항이 아닌 것은?

① 소방시설의 설계 및 공사감리의 방법에 관한 사항
② 소방시설공사의 하자를 판단하는 기준에 관한 사항
③ 소방시설의 구조 및 원리 등에서 공법이 특수한 설계 및 시공에 관한 사항
④ 소방시설에 하자가 있는지의 판단에 관한 사항

**062** 다음 중 중앙소방기술심의위원회의 심의사항을 옳은 것을 모두 고른 것은?

> ㄱ. 소방본부장 또는 소방서장이 화재안전기준 또는 위험물 제조소등의 시설기준의 적용에 관하여 기술검토를 요청하는 사항
> ㄴ. 소방시설의 구조 및 원리 등에서 공법이 특수한 설계 및 시공에 관한 사항
> ㄷ. 새로운 소방시설과 소방용품 등의 도입 여부에 관한 사항
> ㄹ. 소방기술과 관련하여 시·도지사가 심의에 부치는 사항

① ㄴ, ㄷ
② ㄴ, ㄹ
③ ㄱ, ㄴ, ㄷ
④ ㄴ, ㄷ, ㄹ

**063** 「소방시설 설치 및 관리에 관한 법률」상 방염 물품 중 제조 또는 가공공정에서 방염을 처리해야 하는 물품으로 옳지 않은 것은?

① 창문에 설치하는 커튼류(블라인드를 포함한다), 카펫, 벽지류(두께가 2밀리미터 미만인 종이벽지는 제외한다)
② 전시용 합판·목재 또는 섬유판, 무대용 합판·목재 또는 섬유판(합판·목재류의 경우 불가피하게 설치 현장에서 방염처리한 것을 포함한다)
③ 암막·무대막(영화상영관에 설치하는 스크린과 가상체험 체육시설업에 설치하는 스크린을 제외한다)
④ 섬유류 또는 합성수지류 등을 원료로 하여 제작된 소파·의자(단란주점영업, 유흥주점영업 및 노래연습장업의 영업장에 설치하는 것으로 한정한다)

**064** 「소방시설 설치 및 관리에 관한 법률」상 방염성능기준 이상의 실내장식물 등을 설치하여야 하는 특정소방대상물에 해당하는 것은?

① 노유자 시설 및 숙박이 불가능한 수련시설
② 의료시설 및 교육연구시설 중 합숙소
③ 3층 건축물의 옥내에 있는 수영장
④ 층수가 11층 이상인 아파트

**065** 「소방시설 설치 및 관리에 관한 법률」상 소방본부장 또는 소방서장이 방염대상물품 외에 방염처리된 물품을 사용하도록 권장할 수 있다. 권장 대상에 해당하는 것은?

① 건축물 외부에 설치하는 가구류
② 판매시설에 사용하는 침구류
③ 숙박시설에 사용하는 소파 및 의자
④ 의원에 사용하는 침구류

**066** 「소방시설 설치 및 관리에 관한 법률」상 방염성능기준에 대한 설명 중 빈칸에 들어갈 말로 옳은 것을 모두 고른 것은?

> • 버너에 불꽃을 제거한 때부터 불꽃을 올리며 연소하는 상태가 그칠 때까지 시간은 ( ㉠ ) 이내
> • 버너에 불꽃을 제거한 때부터 불꽃을 올리지 아니하고 연소하는 상태가 그칠 때까지 시간은 ( ㉡ ) 이내
> • 탄화한 면적은 ( ㉢ ) 이내, 탄화된 길이는 ( ㉣ ) 이내
> • 소방청장이 정하여 고시하는 방법으로 발연량을 측정하는 경우 최대연기밀도는 ( ㉤ ) 이하

| | ㉠ | ㉡ | ㉢ | ㉣ | ㉤ |
|---|---|---|---|---|---|
| ① | 30초 | 20초 | 50cm$^2$ | 10cm | 200 |
| ② | 30초 | 20초 | 30cm$^2$ | 10cm | 400 |
| ③ | 20초 | 30초 | 30cm$^2$ | 20cm | 200 |
| ④ | 20초 | 30초 | 50cm$^2$ | 20cm | 400 |

**001** 「소방시설 설치 및 관리에 관한 법률」상 소방시설등의 자체점검에 대한 내용으로 옳지 않은 것은?

① 자체점검의 구분 및 대상, 점검인력의 배치기준, 점검자의 자격, 점검 장비, 점검 방법 및 횟수 등 자체점검 시 준수하여야 할 사항은 행정안전부령으로 정한다.

② 관리업자등으로 하여금 자체점검하게 하는 경우의 점검 대가는 「엔지니어링산업 진흥법」에 따른 엔지니어링사업의 대가 기준 가운데 행정안전부령으로 정하는 방식에 따라 산정한다.

③ 소방청장은 소방시설등 자체점검에 대한 품질확보를 위하여 필요하다고 인정하는 경우에는 특정소방대상물의 규모, 소방시설등의 종류 및 점검인력 등에 따라 관계인이 부담하여야 할 자체점검 비용의 표준이 될 금액(이하 "표준자체점검비"라 한다)을 정하여 공표하거나 관리업자등에게 이를 소방시설등 자체점검에 관한 표준가격으로 활용하도록 권고할 수 있다.

④ 관계인은 천재지변이나 그 밖에 대통령령으로 정하는 사유로 자체점검을 실시하기 곤란한 경우에는 대통령령으로 정하는 바에 따라 소방본부장 또는 소방서장에게 면제 또는 연기 신청을 할 수 있다. 이 경우 소방본부장 또는 소방서장은 그 면제 또는 연기 신청 승인 여부를 결정하고 그 결과를 소방안전관리자에게 알려주어야 한다.

**002** 「소방시설 설치 및 관리에 관한 법률」상 소방시설등의 자체점검에 관한 설명으로 옳지 않은 것은?

① 특정소방대상물의 관계인은 그 대상물에 설치되어 있는 소방시설등이 이 법이나 이 법에 따른 명령 등에 적합하게 설치·관리되고 있는지에 대하여 법에 따른 기간 내에 스스로 점검하거나 점검능력 평가를 받은 관리업자 또는 행정안전부령으로 정하는 기술자격자(이하 "관리업자등"이라 한다)로 하여금 정기적으로 점검(이하 "자체점검"이라 한다)하게 하여야 한다.

② 간이스프링클러설비(주택전용 간이스프링클러설비는 제외한다) 또는 자동화재탐지설비가 설치된 특정소방대상물은 관계인도 작동점검이 가능하다.

③ 제조소등은 작동점검을 연 1회 이상 실시하여야 한다.

④ 자체점검의 구분 및 대상, 점검인력의 배치기준, 점검자의 자격, 점검 장비, 점검 방법 및 횟수 등 자체점검 시 준수하여야 할 사항은 행정안전부령으로 정한다.

**003** 「소방시설 설치 및 관리에 관한 법률」상 소방시설등의 자체점검 면제 또는 연기 사유가 아닌 것은?
□△×

① 재난이 발생한 경우
② 경매 등의 사유로 소유권이 변동 중이거나 변동된 경우
③ 관계인의 질병, 사고, 여행의 경우
④ 관계인이 운영하는 사업에 부도 또는 도산 등 중대한 위기가 발생하여 자체점검을 실시하기 곤란한 경우

**004** 「소방시설 설치 및 관리에 관한 법률」상 소방시설등의 자체점검에 대한 내용으로 옳지 않은 것은?
□△×

① 관리업자는 자체점검을 실시하는 경우 점검 인력 배치상황을 점검인력을 배치한 날 이후 자체점검이 끝난 날부터 10일 이내에 평가기관에 통보해야 한다.
② 관리업자등은 자체점검을 실시한 경우에는 그 점검이 끝난 날부터 10일 이내에 소방시설등 자체점검 실시결과 보고서에 소방청장이 정하여 고시하는 소방시설등점검표를 첨부하여 관계인에게 제출해야 한다.
③ 자체점검 실시결과 보고서를 제출받거나 스스로 자체점검을 실시한 관계인은 자체점검이 끝난 날부터 15일 이내에 소방시설등 자체점검 실시결과 보고서에 서류를 첨부하여 소방본부장 또는 소방서장에게 서면이나 소방청장이 지정하는 전산망을 통하여 보고해야 한다.
④ 이행계획을 완료한 관계인은 이행을 완료한 날부터 10일 이내에 소방시설등의 자체점검 결과 이행완료 보고서에 서류를 첨부하여 소방본부장 또는 소방서장에게 보고해야 한다.

**005** 「소방시설 설치 및 관리에 관한 법률」상 자체점검 시 점검인력의 배치기준으로 옳은 것은?
□△×

① 30층 이상의 특정소방대상물에는 주된 기술인력으로 소방시설관리사 경력 5년 이상인 자를 1명 이상 배치한다.
② 1급 소방안전관리대상물에는 주된 기술인력으로 소방시설관리사 경력 1년 이상인 자를 1명 이상 배치한다.
③ 2급 소방안전관리대상물에는 보조 기술인력으로 초급점검자 이상인 자를 2명 이상 배치한다.
④ 3급 소방안전관리대상물에는 보조 기술인력으로 초급점검자 이상인 자를 2명 이상 배치한다.

**006** 「소방시설 설치 및 관리에 관한 법률」상 소방시설등의 자체점검시 점검인력 1단위가 하루 동안 점검할 수 있는 특정소방대상물의 연면적 및 아파트 세대수에 대한 기준 중 다음 (    ) 안에 알맞은 것은?

---

- 종합점검: 연면적 ( ㉠ )m², 세대수 ( ㉡ ) 세대
- 작동점검: 연면적 ( ㉢ )m², 세대수 ( ㉣ ) 세대

---

|  | ㉠ | ㉡ | ㉢ | ㉣ |
|---|---|---|---|---|
| ① | 8,000 | 250 | 10,000 | 250 |
| ② | 10,000 | 300 | 8,000 | 300 |
| ③ | 12,000 | 250 | 10,000 | 250 |
| ④ | 10,000 | 300 | 12,000 | 300 |

**007** 「소방시설 설치 및 관리에 관한 법률」상 관리업자가 자체점검을 다니는 경우 가지고 다니는 점검 장비 중 모든 소방시설에 필요한 장비가 아닌 것은?

① 전류전압측정계
② 절연저항계
③ 방수압력측정계
④ 풍속 풍압계

**008** 「소방시설 설치 및 관리에 관한 법률」상 소방시설등의 자체점검결과의 조치에 대한 내용 중 소화 펌프 고장 등 중대위반사항에 해당하지 않는 것은?

① 소화펌프(가압송수장치를 포함한다. 이하 같다), 동력 · 감시 제어반 또는 소방시설용 전원(비상전원을 포함한다)의 고장으로 소방시설이 작동되지 않는 경우
② 방화문 또는 자동방화셔터가 훼손되거나 철거되어 본래의 기능을 못하는 경우
③ 화재 수신기의 고장으로 화재경보음이 자동 또는 수동으로 울리지 않거나 화재 수신기와 연동된 소방시설의 작동이 불가능한 경우
④ 화재 수신기의 고장으로 화재경보음이 자동으로 울리지 않거나 화재 수신기와 연동된 소방시설의 작동이 불가능한 경우

**009** 「소방시설 설치 및 관리에 관한 법률」상 자체점검 결과 공개에 대한 설명으로 옳지 않은 것은?

① 소방본부장 또는 소방서장은 자체점검 결과를 공개하는 경우 30일 이상 전산시스템 또는 인터넷 홈페이지 등을 통해 공개해야 한다.

② 특정소방대상물의 관계인은 공개 내용 등을 통보받은 날부터 10일 이내에 관할 소방본부장 또는 소방서장에게 이의신청을 할 수 있다.

③ 소방본부장 또는 소방서장은 이의신청을 받은 날부터 10일 이내에 관할 소방본부장 또는 소방서장에게 이의신청을 할 수 있다.

④ 자체점검 결과의 공개가 제3자의 법익을 침해하는 경우에는 제3자에게 미리 알려야 한다.


**010** 「소방시설 설치 및 관리에 관한 법률」상 소방시설등의 자체점검 결과의 조치 등에 대한 내용으로 옳지 않은 것은?

① 관리업자 또는 소방안전관리자로 선임된 소방시설관리사 및 소방기술사(이하 "관리업자등"이라 한다)는 자체점검을 실시한 경우에는 그 점검이 끝난 날부터 10일 이내에 별지 제9호서식의 소방시설등 자체점검 실시결과 보고서(전자문서로 된 보고서를 포함한다)에 소방청장이 정하여 고시하는 소방시설등점검표를 첨부하여 관계인에게 제출해야 한다.

② 소방본부장 또는 소방서장에게 자체점검 실시결과 보고를 마친 관계인은 소방시설등 자체점검 실시결과 보고서(소방시설등점검표를 포함한다)를 점검이 끝난 날부터 2년간 자체 보관해야 한다.

③ 소방시설등의 자체점검 결과 이행계획서를 보고받은 소방본부장 또는 소방서장은 이행계획의 완료 기간을 정하여 관계인에게 통보해야 한다. 다만, 소방시설등에 대한 수리 · 교체 · 정비의 규모 또는 절차가 복잡하여 기간 내에 이행을 완료하기가 어려운 경우에는 그 기간을 달리 정할 수 있다.

④ 자체점검결과 소방시설등을 구성하고 있는 기계 · 기구를 수리하거나 정비하는 경우 보고일로부터 15일 이내를 이행계획의 완료기간으로 정한다.

**011** 「소방시설 설치 및 관리에 관한 법률」상 점검기록표 게시 등에 대한 내용이다. ( ) 안에 들어갈 말로 옳은 것을 모두 고른 것은?

> 자체점검 결과 보고를 마친 관계인은 ( ㉠ ), ( ㉡ ), ( ㉢ ) 등 자체점검과 관련된 사항을 점검기록표에 기록하여 특정소방대상물의 출입자가 쉽게 볼 수 있는 장소에 게시하여야 한다.

|  | ㉠ | ㉡ | ㉢ |
|---|---|---|---|
| ① | 관리업자 등 | 점검비용 | 점검횟수 |
| ② | 관리업자 등 | 점검비용 | 점검자 |
| ③ | 관리업자 등 | 점검일시 | 점검자 |
| ④ | 관리업자 등 | 점검일시 | 점검횟수 |

**012** 「소방시설 설치 및 관리에 관한 법률」상 종합점검에 대한 내용으로 옳은 것은?

① 소방시설등의 작동점검을 포함하여 소방시설등의 설비별 주요 구성 부품의 구조기준이 화재안전기준과 「건축법」 등 관련 법령에서 정하는 기준에 적합한 지 여부를 소방청장이 정하여 고시하는 소방시설등 종합점검표에 따라 점검하는 것을 종합점검이라 말하며, 소방시설이 새로 설치되는 경우 건축물을 사용하게 된 날부터 30일 이내에 점검하는 최초점검이라 한다.

② 물분무등소화설비[호스릴(hose reel) 방식의 물분무등소화설비만을 설치한 경우는 제외한다]가 설치된 연면적 5,000m² 이상인 특정소방대상물(제조소등 포함한다)에서는 종합점검을 실시한다.

③ 종합점검의 횟수는 연 1회 이상(「화재의 예방 및 안전에 관한 법률 시행령」 별표 4 제1호 가목의 특급 소방안전관리대상물은 반기에 1회 이상) 실시한다.

④ 종합점검의 대상에는 공공기관 중 연면적(터널·지하구의 경우 그 길이와 평균 폭을 곱하여 계산된 값을 말한다)이 1,000m² 이상인 것으로서 옥내소화전설비 또는 자동화재속보설비가 설치된 것이 해당한다. 다만, 「소방기본법」 제2조 제5호에 따른 소방대가 근무하는 공공기관은 제외한다.

**001** 「소방시설 설치 및 관리에 관한 법률」상 소방시설관리사에 대한 설명으로 옳지 않은 것은?
$\boxed{○ △ ×}$

① 소방시설관리사가 되려는 사람은 소방청장이 실시하는 관리사시험에 합격하여야 하며, 관리사시험의 응시자격, 시험방법, 시험과목, 시험위원, 그 밖에 관리사시험에 필요한 사항은 대통령령으로 정한다.

② 관리사시험은 제1차시험과 제2차시험으로 구분하여 시행한다. 이 경우 소방청장은 제1차시험과 제2차시험을 같은 날에 시행할 수 있으며, 제1차시험은 선택형을 원칙으로 하고, 제2차시험은 논문형을 원칙으로 하되, 제2차시험에는 기입형을 포함할 수 있다.

③ 소방시설관리사증을 발급받은 사람이 소방시설관리사증을 잃어버렸거나 못 쓰게 된 경우에는 행정안전부령으로 정하는 바에 따라 소방시설관리사증을 재발급받을 수 있다.

④ 소방시설관리사의 시험위원의 수 중 출제위원은 시험 과목별 3명으로 하며, 채점위원은 시험 과목별 5명 이내로 한다(제1차 시험의 경우로 한정한다).

**002** 「소방시설 설치 및 관리에 관한 법률」상 소방시설관리사시험에 대한 설명으로 옳지 않은 것은?
$\boxed{○ △ ×}$

① 관리사시험은 매년 1회 시행하는 것을 원칙으로 하되, 소방청장이 필요하다고 인정하는 경우에는 그 횟수를 늘리거나 줄일 수 있다.

② 소방청장은 관리사시험을 시행하려면 응시자격, 시험, 과목, 일시·장소 및 응시절차 등을 모든 응시 희망자가 알 수 있도록 관리사시험 시행일 30일 전까지 인터넷 홈페이지에 공고해야 한다.

③ 제2차시험에서는 과목당 100점을 만점으로 하되, 시험위원의 채점점수 중 최고점수와 최저점수를 제외한 점수가 모든 과목에서 40점 이상, 전 과목에서 평균 60점 이상인 사람을 합격자로 한다.

④ 소방청장은 관리사시험 합격자를 결정했을 때에는 이를 인터넷 홈페이지에 공고해야 한다.

**003** 「소방시설 설치 및 관리에 관한 법률」상 소방시설관리사의 자격의 취소 사유로 옳은 것은?

① 소방안전관리 업무를 하지 아니하거나 거짓으로 한 경우
② 소방시설관리사증을 다른 자에게 빌려준 경우
③ 성실하게 자체점검 업무를 수행하지 아니한 경우
④ 점검을 하지 아니하거나 거짓으로 한 경우

**004** 「소방시설 설치 및 관리에 관한 법률」상 소방시설관리업에 대한 설명으로 옳지 않은 것은?

① 소방시설등의 점검 및 관리를 업으로 하려는 자 또는 「화재의 예방 및 안전관리에 관한 법률」 소방안전관리업무의 대행을 하려는 자는 대통령령으로 정하는 업종별로 시·도 지사에게 소방시설관리업(이하 "관리업"이라 한다) 등록을 하여야 한다.
② 업종별 기술인력 등 관리업의 등록기준 및 영업범위 등에 필요한 사항은 대통령령으로 정하며, 관리업의 등록신청과 등록증·등록수첩의 발급·재발급 신청, 그 밖에 관리업의 등록에 필요한 사항은 행정안전부령으로 정한다.
③ 전문 소방시설관리업의 주된 인력은 소방시설관리사 자격을 취득한 후 소방관련 실무 경력이 3년 이상인 사람 1명 이상과 1년 이상인 사람 1명 이상이 주인력으로 필요하다.
④ 관리업자는 소방시설관리업 등록증 또는 등록수첩을 잃어버렸거나 소방시설관리업등 록증 또는 등록수첩이 헐어 못 쓰게 된 경우에는 시·도지사에게 소방시설관리업 등록 증 또는 등록수첩의 재발급을 신청할 수 있다.

**005** 「소방시설 설치 및 관리에 관한 법률」상 소방시설관리업의 등록기준 및 영업범위에 대한 설명으 로 옳지 않은 것은?

① 전문 소방시설관리업의 보조 기술인력은 고급점검자 이상의 기술인력 2명 이상, 중급 점검자 이상의 기술인력 2명 이상, 초급점검자 이상의 기술인력 2명 이상이다.
② 일반 소방시설관리업의 주된 기술인력은 소방시설관리사 자격을 취득한 후 소방관련 실무경력이 1년 이상인 사람 1명 이상이다.
③ 일반 소방시설관리업의 보조 기술인력은 고급점검자 이상의 기술인력 1명 이상, 중급점 검자 이상의 기술인력 1명 이상, 초급점검자 이상의 기술인력 1명 이상이다.
④ 일반 소방시설관리업의 영업범위는 1급, 2급, 3급 소방안전관리대상물이다.

**006** 「소방시설 설치 및 관리에 관한 법률」상 소방시설관리업 등록사항의 변경신고에 대한 내용으로
☐△✕ 옳지 않은 것은?

① 관리업자는 대표자가 변경됐을 때에는 변경일로부터 30일 이내에 소방시설관리업 등록
사항 변경신고서를 시·도지사에게 제출해야 한다.
② 명칭·상호·영업소 소재지가 변경된 경우 소방시설관리업 등록사항 변경신고서에 소
방시설관리업 등록증 및 등록수첩을 첨부해야 한다.
③ 관리업자는 기술인력이 변경된 경우에도 변경신고를 해야 한다.
④ 시·도지사는 변경신고를 받은 경우 3일 이내에 소방시설관리업 등록증 밑 등록수첩을
새로 발급하거나 소방시설관리업 등록증 및 등록수첩과 기술인력의 기술자격증에 그
변경된 사항을 적은 후 내주어야 한다.

**007** 「소방시설 설치 및 관리에 관한 법률」상 소방시설관리업의 운영에 대한 내용으로 옳지 않은 것은?
☐△✕

① 관리업자는 관리업자의 지위를 승계한 경우 소방시설등의 점검업무를 수행하게 한 특
정소방대상물의 관계인에게 지체 없이 그 사실을 알려야 한다.
② 관리업자는 영업정지 처분을 받은 경우 소방시설등의 점검업무를 수행하게 한 특정소
방대상물의 관계인에게 지체 없이 그 사실을 알려야 한다.
③ 등록취소 또는 영업정지 처분을 받은 관리업자는 도급계약이 해지되지 아니한 때에는
대행 또는 점검중에 있는 특정소방대상물의 소방안전관리업무 대행과 자체점검은 할
수 있다
④ 관리업자는 휴업을 한 경우 소방시설등의 점검업무를 수행하게 한 특정소방대상물의
관계인에게 지체 없이 그 사실을 알려야 한다.

**008** 「소방시설 설치 및 관리에 관한 법률」상 시·도지사가 소방시설관리업 등록을 반드시 취소하여야
☐△✕ 하는 사유로 옳은 것을 모두 고른 것은?

> ㄱ. 소방시설관리업자가 거짓이나 그 밖의 부정한 방법으로 등록을 한 경우
> ㄴ. 소방시설관리업자가 점검을 하지 아니하거나 거짓으로 한 경우
> ㄷ. 소방시설관리업자가 관리업의 등록기준에 미달하게 된 경우
> ㄹ. 소방시설관리업자가 관리업의 등록증을 다른자에게 빌려준 경우

① ㄱ, ㄴ            ② ㄱ, ㄹ
③ ㄴ, ㄷ            ④ ㄷ, ㄹ

**009** 「소방시설 설치 및 관리에 관한 법률」상 소방시설관리업자가 지체 없이 시·도지사에게 그 소방시설관리업 등록증 및 등록수첩을 반납하여야 하는 사유에 해당하지 않는 것은?

① 소방시설관리업의 등록이 취소된 때
② 소방시설관리업을 폐업한 경우
③ 등록증의 재교부를 신청한 때(분실후 재교부 받은 경우는 다시 찾은 때)
④ 소방시설관리업의 소재지를 옮겼을 때

**010** 「소방시설 설치 및 관리에 관한 법률」상 점검능력 평가 및 공시 등에 대한 내용으로 옳지 않은 것은?

① 점검능력을 평가받으려는 관리업자는 소방시설등 점검능력 평가신청서에 소방시설관리업 등록수첩 사본 등을 첨부하여 평가기관에 매년 2월 15일까지 제출해야 한다.
② 신청을 받은 평가기관의 장은 서류가 첨부되어 있지 않을 경우에는 신청인에게 15일 이내의 기간을 정하여 보완하게 할 수 있다.
③ 점검능력 평가의 항목은 실적, 자본금, 기술력, 경력, 신인도이다.
④ 점검능력 평가의 유효기간은 결과를 공시한 날부터 1년간으로 한다.

**011** 「소방시설 설치 및 관리에 관한 법률」상 점검능력 평가 및 공시에 대한 내용으로 옳지 않은 것은?

① 점검능력 평가 및 공시방법, 수수료 등 필요한 사항은 대통령령으로 정한다.
② 점검능력 평가를 신청하려는 관리업자는 소방시설등의 점검실적을 증명하는 서류 등을 행정안전부령으로 정하는 바에 따라 소방청장에게 제출하여야 한다.
③ 소방청장은 점검능력을 평가하기 위하여 관리업자의 기술인력, 장비 보유현황, 점검실적 및 행정처분 이력 등 필요한 사항에 대하여 데이터베이스를 구축·운영할 수 있다.
④ 소방청장은 특정소방대상물의 관계인이 적정한 관리업자를 선정할 수 있도록 하기 위하여 관리업자의 신청이 있는 경우 해당 관리업자의 점검능력을 종합적으로 평가하여 공시하여야 한다.

## 012 「소방시설 설치 및 관리에 관한 법률」상 소방시설관리업의 행정처분 기준에 대한 내용으로 옳지 않은 것은?

① 위반 행위자가 처음 해당 위반행위를 한 경우로서 5년 이상 소방시설관리사의 업무, 소방시설관리업 등을 모범적으로 해 온 사실이 인정되는 경우 감경사유가 된다.

② 처분권자는 고의 또는 중과실이 없는 위반행위자가 소상공인인 경우 그 처분이 영업취소인 경우에는 6개월의 영업정지 처분으로 감경할 수 있다.

③ 자동화재탐지설비 감지기 2개 이하가 설치되지 않은 경우 감경사유가 된다.

④ 유도표지가 정해진 위치에 붙어 있지 않은 경우 감경사유가 된다.

## 013 「소방시설 설치 및 관리에 관한 법률」상 과징금처분에 대한 내용으로 옳지 않은 것은?

① 시·도지사는 관리업자가 등록증 또는 등록수첩을 빌려준 경우 그 영업정지가 이용자에게 불편을 주거나 그 밖에 공익을 해칠 우려가 있을 때에는 영업정지처분을 갈음하여 3천만원 이하의 과징금을 부과할 수 있다.

② 시·도지사는 관리업자가 등록기준에 미달하게 된 경우 그 영업정지가 이용자에게 불편을 주거나 그 밖에 공익을 해칠 우려가 있을 때에는 영업정지처분을 갈음하여 3천만원 이하의 과징금을 부과할 수 있다.

③ 과징금을 부과하는 위반행위의 종류와 위반 정도 등에 따른 과징금의 금액, 그 밖에 필요한 사항은 행정안전부령으로 정한다.

④ 과징금 산정금액이 3천만원을 초과하는 경우 3천만원으로 한다.

# 05 소방용품의 품질관리

해커스소방 **이영철 소방관계법규** 단원별 실전문제집

**001** 「소방시설 설치 및 관리에 관한 법률」상 소방용품의 형식승인 등에 대한 내용으로 옳은 것은?
①△✕

① 형식승인을 받으려는 자는 그 소방용품에 대하여 소방청장이 실시하는 제품검사를 받아야 한다.

② 소방용품을 제조하는 자가 판매를 목적으로 하지 아니하고 자신의 건축물에 직접 설치하거나 사용하려는 경우 등 행정안전부령으로 정하는 경우에는 시험시설을 갖추지 아니할 수 있다.

③ 소방본부장 또는 소방서장은 형상등을 임의로 변경한 소방용품에 대하여는 그 제조자·수입자·판매자 또는 시공자에게 수거·폐기 또는 교체 등 행정안전부령으로 정하는 필요한 조치를 명할 수 있다.

④ 외국의 공인기관으로부터 인정받은 신기술 제품은 형식승인을 위한 시험 중 일부를 생략하여 형식승인을 할 수 있다.

**002** 「소방시설 설치 및 관리에 관한 법률」상 소방용품의 형식승인에 대한 내용으로 옳지 않은 것은?
①△✕

① 형식승인을 받으려는 자는 행정안전부령으로 정하는 기준에 따라 형식승인을 위한 시험시설을 갖추고 소방청장의 심사를 받아야 한다. 다만, 소방용품을 수입하는 자가 판매를 목적으로 하지 아니하고 자신의 건축물에 직접 설치하거나 사용하려는 경우 등 행정안전부령으로 정하는 경우에는 시험시설을 갖추지 아니할 수 있다.

② 형식승인을 받은 자는 그 소방용품에 대하여 소방청장이 실시하는 제품검사를 받아야 한다.

③ 소방용품의 형상·구조·재질·성분·성능 등(이하 "형상등"이라 한다)의 형식승인 및 제품검사의 기술기준 등에 필요한 사항은 소방청장이 정하여 고시한다.

④ 행정안전부령으로 정하는 소방용품을 제조하거나 수입하려는 자는 소방청장의 형식승인을 받아야 한다. 다만, 연구개발 목적으로 제조하거나 수입하는 소방용품은 그러하지 아니하다.

**003** 「소방시설 설치 및 관리에 관한 법률」상 소방용품의 형식승인 등과 성능인증 등에 대한 설명으로
□△☓ 옳지 않은 것은?

① 하나의 소방용품에 두 가지 이상의 형식승인 사항 또는 성능인증 사항이 결합된 경우에
　는 두 가지 이상의 형식승인 또는 형식승인과 성능인증 시험을 함께 실시하고 하나의
　형식승인 또는 성능인증을 할 수 있다.
② 성능인증을 받은 자는 그 소방용품에 대하여 소방청장의 제품검사를 받아야 한다.
③ 하나의 소방용품에 성능인증 사항이 두 가지 이상 결합된 경우에는 해당 성능인증 시험
　을 모두 실시하고 하나의 성능인증을 할 수 있다.
④ 소방청장은 제조자 또는 수입자 등의 요청이 있는 경우 소방용품에 대하여 성능인증을
　할 수 있다.


**004** 「소방시설 설치 및 관리에 관한 법률」상 우수품질 제품에 대한 인증에 대한 내용으로 옳지 않은
□△☓ 것은?

① 소방청장은 형식승인의 대상이 되는 소방용품 중 품질이 우수하다고 인정하는 소방용
　품에 대하여 인증(이하 "우수품질인증"이라 한다)을 할 수 있다.
② 우수품질인증의 유효기간은 3년의 범위에서 행정안전부령으로 정한다.
③ 우수품질인증을 받으려는 자는 행정안전부령으로 정하는 바에 따라 소방청장에게 신청
　하여야한다.
④ 거짓이나 부정한 방법으로 우수품질인증을 받은 경우는 우수품질인증을 취소하여야 한다.


**005** 「소방시설 설치 및 관리에 관한 법률」상 우수품질 인증 소방용품을 우선 구매·사용하도록 노력
□△☓ 을 해야 하는 기관으로 옳은 것을 모두 고른 것은?

| ㄱ. 중앙행정기관 | ㄴ. 지방자치단체 |
|---|---|
| ㄷ. 대기업 및 중소기업 | ㄹ. 기업 연구소 및 연구단체 |

① ㄱ, ㄴ　　　　　　　　　　② ㄱ, ㄷ
③ ㄴ, ㄷ　　　　　　　　　　④ ㄴ, ㄹ


**006** 「소방시설 설치 및 관리에 관한 법률」상 소방용품의 품질관리를 위하여 필요하다고 인정할 때에
□△☓ 는 유통 중인 소방용품을 수집하여 검사할 수 있는 자는?

① 소방청장　　　　　　　　　② 소방본부장, 소방서장
③ 소방청장, 소방본부장, 소방서장　④ 시·도지사

**001** 「소방시설 설치 및 관리에 관한 법률」상 청문을 실시하는 사유로 옳은 것을 모두 고른 것은?

○△✕

> ㄱ. 성능인증의 취소 및 정지
> ㄴ. 관리업의 등록취소 및 영업정지
> ㄷ. 관리사 자격의 취소 및 정지
> ㄹ. 우수품질인증의 취소 및 정지
> ㅁ. 소방용품의 형식승인 취소 및 제품검사 중지

① ㄱ, ㄴ, ㄹ
② ㄱ, ㄷ, ㄹ
③ ㄴ, ㄷ, ㅁ
④ ㄴ, ㄹ, ㅁ

**002** 「소방시설 설치 및 관리에 관한 법률」상 소방청장이 한국소방산업기술원에 위탁할 수 있는 내용

○△✕ 이 아닌 것은?

① 방염성능검사 중 대통령령으로 정하는 검사
② 성능인증의 변경인증
③ 형식승인의 변경승인
④ 소방시설관리사증의 발급·재발급

**003** 「소방시설 설치 및 관리에 관한 법률」상 소방청장의 권한 또는 업무의 위임·위탁에 대한 내용으

○△✕ 로 옳지 않은 것은?

① 화재안전기준 중 기술기준에 대한 관리·운영 권한을 국립소방연구원장에게 위임한다.
② 설치 현장에서 방염처리를 하는 합판·목재류에 대한 방염성능검사를 기술원에 위탁할
  수 있다.
③ 우수품질인증 및 그 취소를 기술원에 위탁할 수 있다.
④ 건축 환경 및 화재위험특성 변화 추세 연구에 관한 업무를 대통령령으로 정하는 바에
  따라 화재안전 관련 전문연구기관에 위탁할 수 있다.

**004** 「소방시설 설치 및 관리에 관한 법률 시행규칙」상 조치명령등의 연기신청 대한 내용이다. ( )
안에 들어갈 숫자를 고르면?

> • 조치명령등의 연기를 신청하려는 관계인 등은 영 제49조 제2항에 따라 조치명령등의 이행기
> 간 만료일 ( ㉠ )일 전까지 별지 제33호 서식에 따른 조치명령등의 연기신청서에 조치명령등
> 을 그 기간 내에 이행할 수 없음을 증명할 수 있는 서류를 첨부하여 소방청장, 소방본부장
> 또는 소방서장에게 제출해야 한다.
> • 신청서를 제출받은 소방청장, 소방본부장, 소방서장은 신청받은 날부터 ( ㉡ )일 이내에 조치
> 명령등의 연기 신청 승인 여부를 결정하여 조치명령등의 연기 통지서를 관계인 등에게 통지
> 해야 한다.

|  | ㉠ | ㉡ |
|---|---|---|
| ① | 3 | 3 |
| ② | 14 | 3 |
| ③ | 5 | 3 |
| ④ | 3 | 5 |

**005** 「소방시설 설치 및 관리에 관한 법률 시행령」상 규제의 재검토는 소방청장이 몇 년마다 하는가?

① 1년   ② 2년
③ 3년   ④ 5년

**006** 「소방시설 설치 및 관리에 관한 법률」상 위반행위의 신고 및 신고포상금의 지급에 대한 설명으로
옳지 않은 것은?

① 누구든지 소방본부장 또는 소방서장에게 화재안전기준에 위반하여 소방시설을 설치 또
는 관리한 자를 신고할 수 있다.
② 시·도지사는 신고를 한 사람에게 예산의 범위에서 포상금을 지급할 수 있다.
③ 신고포상금의 지급대상, 지급기준, 지급절차 등에 필요한 사항은 시·도의 조례로 정
한다.
④ 소방본부장 또는 소방서장은 위반행위의 신고 내용을 확인하여 이를 처리한 경우에는
처리한 날부터 10일 이내에 위반행위 신고 내용 처리결과 통지서를 신고자에게 통지해
야 한다.

# 07 벌칙

**001** 「소방시설 설치 및 관리에 관한 법률」상 벌칙의 내용으로 옳지 않은 것은?

① 소방시설에 폐쇄·차단 등의 행위를 하여 사람을 사망에 이르게 한 때는 10년 이하의 징역 또는 1억원 이하의 벌금에 처한다.

② 관리업의 등록을 하지 아니하고 영업을 한 자는 3년 이하의 징역 또는 3천만원 이하의 벌금에 처한다.

③ 거짓이나 그 밖의 부정한 방법으로 형식승인을 받은 자는 3년 이하의 징역 또는 3천만원 이하의 벌금에 처한다.

④ 소방시설관리사증을 다른 사람에게 빌려주거나 빌리거나 이를 알선한 자는 300만원 이하의 벌금에 처한다.

**002** 「소방시설 설치 및 관리에 관한 법률」상 과태료 부과대상이 아닌 것은?

① 방염대상물품을 방염성능기준 이상으로 설치하지 아니한 자

② 자체점검 결과를 보고하지 아니하거나 거짓으로 보고한 자

③ 피난시설, 방화구획 또는 방화시설의 폐쇄·훼손·변경 등의 행위를 한 자

④ 방염성능검사를 할 때 거짓 시료를 제출한 자

**003** 「소방시설 설치 및 관리에 관한 법률」상 벌칙의 기준이 다른 것은?

① 형식승인의 변경승인을 받지 않은 자

② 우수품질인증 표시를 위조하거나 변조하여 사용한 자

③ 관계인에게 중대위반사항을 알리지 아니한 관리업자등

④ 동시에 둘 이상의 업체에 취업한 소방시설관리사

**004** 소방시설 설치 및 관리에 관한 법률」상 과태료 부과권자는?

① 소방청장, 소방본부장, 소방서장

② 소방본부장, 소방서장

③ 시·도지사, 소방본부장, 소방서장

④ 소방청장, 시·도지사, 소방본부장, 소방서장

# PART 3
# 화재의 예방 및 안전관리에 관한 법률

**001** 「화재의 예방 및 안전관리에 관한 법률」상 용어의 정의로 옳은 것은?

> 화재가 발생할 경우 사회·경제적으로 피해 규모가 클 것으로 예상되는 소방대상물에 대하여
> 화재위험요인을 조사하고 그 위험성을 평가하여 개선대책을 수립하는 것을 말한다.

① 화재조사안전진단
② 화재예방안전진단
③ 화재예방특별진단
④ 화재조사특별진단

**002** 「화재의 예방 및 안전관리에 관한 법률」상 용어의 정의에 대한 설명으로 옳지 않은 것은?

① "예방"이란 화재의 위험으로부터 사람의 생명·신체 및 재산을 보호하기 위하여 화재발생을 사전에 제거하거나 방지하기 위한 모든 활동을 말한다.
② "안전관리"란 화재로 인한 피해를 최소화하기 위한 예방, 대비, 대응 등의 활동을 말한다.
③ "화재특별조사"란 소방청장, 소방본부장 또는 소방서장(이하 "소방관서장"이라 한다)이 소방대상물, 관계지역 또는 관계인에 대하여 소방시설등이 소방 관계 법령에 적합하게 설치·관리되고 있는지, 소방대상물에 화재의 발생 위험이 있는지 등을 확인하기 위하여 실시하는 현장조사·문서열람·보고요구 등을 하는 활동을 말한다.
④ "화재예방강화지구"란 특별시장·광역시장·특별자치시장·도지사 또는 특별자치도지사(이하 "시·도지사"라 한다)가 화재발생 우려가 크거나 화재가 발생할 경우 피해가 클 것으로 예상되는 지역에 대하여 화재의 예방 및 안전관리를 강화하기 위해 지정·관리하는 지역을 말한다.

# 003
◻◁✕

**「화재의 예방 및 안전관리에 관한 법률」상 법령상 용어의 정의로 옳게 설명된 것은?**

① "안전관리"란 화재로 인한 피해를 최소화하기 위한 예방, 대비, 복구 등의 활동을 말한다.

② "화재예방강화지구"란 소방관서장이 화재발생 우려가 크거나 화재가 발생할 경우 피해가 클 것으로 예상되는 지역에 대하여 화재의 예방 및 안전관리를 강화하기 위해 지정·관리하는 지역을 말한다.

③ "화재안전조사"란 시·도지사가 소방대상물, 관계지역 또는 관계인에 대하여 소방시설 등이 소방 관계 법령에 적합하게 설치·관리되고 있는지, 소방대상물에 화재의 발생 위험이 있는지 등을 확인하기 위하여 실시하는 현장조사·문서열람·보고요구 등을 하는 활동을 말한다.

④ "화재예방안전진단"이란 화재가 발생할 경우 사회·경제적으로 피해 규모가 클 것으로 예상되는 소방대상물에 대하여 화재위험요인을 조사하고 그 위험성을 평가하여 개선대책을 수립하는 것을 말한다.

**001** 「화재의 예방 및 안전관리에 관한 법률」상 화재의 예방 및 안전관리 기본계획에 대한 내용으로
□△✕ 옳지 않은 것은?

① 소방청장은 화재예방정책을 체계적·효율적으로 추진하고 이에 필요한 기반 확충을 위하여 화재의 예방 및 안전관리에 관한 기본계획(이하 "기본계획"이라 한다)을 5년마다 수립·시행하여야 한다.

② 기본계획은 행정안전부령으로 정하는 바에 따라 소방청장이 관계 중앙행정기관의 장과 협의하여 수립한다.

③ 기본계획에는 화재의 예방과 안전관리를 위한 법령·제도의 마련 등 기반 조성이 포함되어 있어야 한다.

④ 기본계획에는 화재의 예방과 안전관리 관련 전문인력의 육성·지원 및 관리에 대한 내용이 포함되어 있다.

**002** 「화재의 예방 및 안전관리에 관한 법률」상 화재의 예방 및 안전관리 기본계획에 포함되는 사항으
□△✕ 로 옳은 것을 모두 고른 것은?

> ㄱ. 화재예방정책의 기본목표 및 추진방향
> ㄴ. 화재의 예방과 안전관리 관련 전문인력의 육성·지원 및 관리
> ㄷ. 화재의 예방과 안전관리를 위한 대국민 교육·홍보
> ㄹ. 소방업무에 필요한 체계의 구축, 소방기술의 연구·개발 및 보급

① ㄱ, ㄹ          ② ㄴ, ㄷ

③ ㄱ, ㄴ, ㄷ        ④ ㄴ, ㄷ, ㄹ

**003**
◯△✕

「화재의 예방 및 안전관리에 관한 법률」상 실태조사를 실시하는 경우 실태조사 실시 며칠 전 까지 조사 일시, 조사 사유 및 조사내용 등을 포함한 조사계획을 조사대상자에게 서면 또는 전자우편 등의 방법으로 알려야 하는가?

① 5일                    ② 7일
③ 10일                   ④ 14일

**004**
◯△✕

「화재의 예방 및 안전관리에 관한 법률」상 소방청장은 기본계획 및 시행계획의 수립·시행에 필요한 기초자료를 확보하기 위하여 실태조사를 할 수 있다. 실태조사 항목에 포함되는 내용이 아닌 것은?

① 소방대상물의 용도별 및 규모별 현황
② 소방대상물의 화재의 예방 및 안전관리 현황
③ 소방대상물의 소방시설등 설치 및 관리현황
④ 소방대상물의 개구부 설치현황

**001** 「화재의 예방 및 안전관리에 관한 법률」상 화재안전조사의 방법 및 절차에 대한 내용으로 옳지 않은 것은?

① 소방관서장은 화재안전조사를 조사목적에 따라 특정항목에 한정하여 실시할 수 있다.

② 소방관서장은 화재안전조사를 실시하려는 경우 사전에 관계인에게 조사대상, 조사기간 및 조사사유 등을 우편, 전화, 전자메일 또는 문자전송 등을 통하여 통지하고 이를 대통령령으로 정하는 바에 따라 인터넷 홈페이지나 전산시스템 등을 통하여 예외없이 공개하여야 한다.

③ 화재안전조사 통지를 받은 관계인은 천재지변이나 그 밖에 대통령령으로 정하는 사유로 화재안전조사를 받기 곤란한 경우에는 화재안전조사를 통지한 소방관서장에게 대통령령으로 정하는 바에 따라 화재안전조사를 연기하여 줄 것을 신청할 수 있다. 이 경우 소방관서장은 연기신청 승인 여부를 결정하고 그 결과를 조사 시작 전까지 관계인에게 알려 주어야 한다.

④ 화재안전조사는 관계인의 승낙 없이 소방대상물의 공개시간 또는 근무시간 이외에는 할 수 없다. 다만, 긴급하게 조사할 필요가 있는 경우에는 그러하지 아니하다.

**002** 「화재의 예방 및 안전관리에 관한 법률」상 화재안전조사의 방법 및 절차에 대한 내용으로 옳지 않게 설명한 것은?

① 화재안전조사는 화재안전조사의 목적에 따라 화재안전조사 항목 전부를 확인하는 종합조사와 화재안전조사 항목 중 일부를 확인하는 조사인 부분조사로 실시할 수 있다.

② 소방관서장은 화재안전조사를 실시하려는 경우 사전에 법 본문에 따라 조사대상, 조사기간 및 조사사유 등 조사계획을 소방청, 소방본부 또는 소방서(이하 "소방관서"라 한다)의 인터넷 홈페이지나 전산시스템을 통해 5일 이상 공개해야 한다.

③ 소방관서장은 화재안전조사를 위하여 소속 공무원으로 하여금 관계인에게 보고 또는 자료의 제출을 요구하거나 소방대상물의 위치·구조·설비 또는 관리 상황에 대한 조사·질문을 하게 할 수 있다.

④ 소방관서장은 화재안전조사를 효율적으로 실시하기 위하여 필요한 경우 한국소방안전원의 장과 합동으로 조사반을 편성하여 화재안전조사를 할 수 있다.

**003** 「화재의 예방 및 안전관리에 관한 법률」상 화재안전조사의 실시사유로 옳지 않은 것은?

① 자체점검이 불성실하거나 불완전하다고 인정되는 경우
② 화재예방안전진단이 불성실하거나 불완전하다고 인정되는 경우
③ 화재가 간혹 발생하였거나 발생할 우려가 있는 곳에 대한 조사가 필요한 경우
④ 재난예측정보, 기상예보 등을 분석한 결과 소방대상물에 화재의 발생 위험이 크다고 판단되는 경우

**004** 「화재의 예방 및 안전관리에 관한 법률」상 화재안전조사의 연기에 대한 내용으로 옳지 않게 설명된 것은?

① 관계인은 천재지변이나 그 밖에 대통령령으로 정하는 사유로 화재안전조사를 받기 곤란한 경우에는 화재안전조사를 통지한 소방관서장에게 대통령령으로 정하는 바에 따라 화재안전조사를 연기하여 줄 것을 신청할 수 있다. 이 경우 소방관서장은 연기신청 승인 여부를 결정하고 그 결과를 조사 시작 전까지 관계인에게 알려주어야 한다.
② 화재조사의 연기사유에는 재난이 발생한 경우, 관계인의 질병, 사고, 장기출장의 경우, 권한 있는 기관에 자체점검기록부, 교육·훈련일지 등 화재안전조사에 필요한 장부·서류 등이 압수되거나 영치(領置)되어 있는 경우 등이 있다.
③ 소방관서장은 화재안전조사의 연기를 승인한 경우라도 연기기간이 끝나기 전에 연기사유가 없어졌거나 긴급히 조사를 해야 할 사유가 발생하였을 때는 관계인에게 미리 알리지 않고 화재안전조사를 할 수 있다.
④ 화재안전조사의 연기를 신청하려는 관계인은 화재안전조사 시작 3일 전까지 별지 제1호서식의 화재안전조사 연기신청서(전자문서를 포함한다)에 화재안전조사를 받기 곤란함을 증명할 수 있는 서류(전자문서를 포함한다)를 첨부하여 소방청장, 소방본부장 또는 소방서장(이하 "소방관서장"이라 한다)에게 제출해야 하며 소방관서장은 3일 이내에 연기신청의 승인 여부를 결정하여 별지 제2호 서식의 화재안전조사 연기신청 결과 통지서를 연기신청을 한 자에게 통지해야 하며 연기기간이 종료되면 지체 없이 화재안전조사를 시작해야 한다.

## 005

「화재의 예방 및 안전관리에 관한 법률」상 화재안전조사 항목으로 옳은 것은 모두 몇 개인가?

> ㄱ. 화재의 예방조치 등에 관한 사항
> ㄴ. 피난계획의 수립 및 시행에 관한 사항
> ㄷ. 「소방기본법」 소방자동차 전용구역의 설치에 관한 사항
> ㄹ. 「소방시설 설치 및 관리에 관한 법률」 건설현장 임시소방시설의 설치 및 관리에 관한 사항
> ㅁ. 「소방시설 설치 및 관리에 관한 법률」 제22조에 따른 소방시설등의 자체점검에 관한 사항

① 2개                          ② 3개
③ 4개                          ④ 5개

## 006

「화재의 예방 및 안전관리에 관한 법률」상 소방관서장은 화재안전조사를 효율적으로 실시하기 위하여 합동으로 화재안전조사를 실시할 수 있다. 합동으로 화재안전조사를 할 수 있는 기관이 아닌 것은?

① 한국소방안전원                 ② 한국화재보험협회
③ 한국소방시설협회               ④ 한국가스안전공사

## 007

「화재의 예방 및 안전관리에 관한 법률」상 화재안전조사단의 편성·운영에 관한 설명으로 옳은 것을 모두 고른 것은?

> ㄱ. 소방관서장은 화재안전조사를 효율적으로 수행하기 위하여 대통령령으로 정하는 바에 따라 소방청에는 중앙화재안전조사단을, 소방본부 및 소방서에는 지방화재안전조사단을 편성하여 운영할 수 있다.
> ㄴ. 중앙화재안전조사단 및 지방화재안전조사단(이하 "조사단"이라 한다)은 각각 단장을 포함하여 50명 이내의 단원으로 성별을 고려하여 구성한다.
> ㄷ. 조사단의 단원은 소방공무원중에서 소방관서장이 임명하거나 위촉하고, 단장은 단원 중에서 소방관서장이 임명하거나 위촉한다.

① ㄱ                            ② ㄱ, ㄷ
③ ㄴ, ㄷ                        ④ ㄱ, ㄴ, ㄷ

**008** ☐△✕ 「화재의 예방 및 안전관리에 관한 법률」상 화재안전조사위원회의 구성 및 운영에 대한 내용으로 옳은 것은?

① 소방관서장은 화재안전조사의 대상을 객관적이고 공정하게 선정하기 위하여 필요한 경우 화재안전조사위원회를 구성하여 화재안전조사의 대상을 선정할 수 있다.
② 화재안전조사위원회의 구성·운영 등에 필요한 사항은 행정안전부령으로 정한다.
③ 화재안전조사위원회(이하 "위원회"라 한다)는 위원장 1명을 포함하여 5명 이내의 위원으로 성별을 고려하여 구성한다.
④ 위원회의 위원장은 소방서장이 된다.

**009** ☐△✕ 「화재의 예방 및 안전관리에 관한 법률」상 화재안전조사위원회의 위원이 될 수 없는 사람은?

① 모든 소방공무원
② 소방시설관리사
③ 소방 관련 법인 또는 단체에서 소방 관련 업무에 5년 이상 종사한 사람
④ 소방공무원 교육훈련기관, 학교 또는 연구소에서 소방과 관련한 교육 또는 연구에 5년 이상 종사한 사람

**010** ☐△✕ 「화재의 예방 및 안전관리에 관한 법률」상 소방관서장은 화재안전조사를 실시한 경우 인터넷 홈페이지나 전산시스템 등을 통하여 공개하여야 한다. 공개 내용에 해당하지 않는 것은?

① 피난시설, 방화구획 및 방화시설의 설치 및 관리현황
② 소방대상물의 위치, 연면적, 용도 등 현황
③ 소방시설등의 설치 및 관리 현황
④ 위험물안전관리자 선임 현황

**011** ☐△✕ 「화재의 예방 및 안전관리에 관한 법률」상 화재안전조사의 손실보상에 대한 내용으로 옳지 않은 것은?

① 소방청장 또는 시·도지사는 화재안전조사 조치 명령으로 인하여 손실을 입은 자가 있는 경우에는 대통령령으로 정하는 바에 따라 보상하여야 한다.
② 보상금의 지급 또는 공탁의 통지에 불복하는 자는 지급 또는 공탁의 통지를 받은 날부터 20일 이내에 「공익사업을 위한 토지 등의 취득 및 보상에 관한 법률」 제49조에 따른 중앙토지수용위원회 또는 관할 지방토지수용위원회에 재결(裁決)을 신청할 수 있다.
③ 손실보상에 관하여는 소방청장 또는 시·도지사와 손실을 입은 자가 협의해야 한다.
④ 소방청장 또는 시·도지사는 보상금액에 관한 협의가 성립되지 않은 경우에는 그 보상금액을 지급하거나 공탁하고 이를 상대방에게 알려야 한다.

# 04 화재의 예방조치 등

**001** 「화재의 예방 및 안전관리에 관한 법률」상 화재예방강화지구나 제조소 등 같은 장소에서는 행위
제한을 해야 한다. 제한되는 행위로 옳은 것을 모두 고른 것은?

> ㄱ. 풍등 등 소형열기구 날리기
> ㄴ. 모닥불, 흡연 등 화기의 취급
> ㄷ. 가연물을 방치하는 행위
> ㄹ. 용접·용단 등 불꽃을 발생시키는 행위

① ㄱ, ㄹ
② ㄷ, ㄹ
③ ㄱ, ㄴ, ㄹ
④ ㄴ, ㄷ, ㄹ

**002** 「화재의 예방 및 안전관리에 관한 법률」상 불을 사용하는 설비의 관리기준에 포함되지 않는 설비
또는 기구는?

① 보일러
② 난로
③ 불꽃을 사용하는 용접·용단기구
④ 전열기구

**003** 「화재의 예방 및 안전관리에 관한 법률」상 화재의 예방조치에서 옮긴 물건 등에 대한 보관기간
및 보관기간 경과 후 처리 등에 필요한 사항은 대통령령으로 정한다. 대통령령에서 정하는 내용으
로 옳지 않은 것은?

① 소방관서장은 보관기간이 종료된 때에는 보관하고 있는 옮긴 물건 등을 매각해야 한다.
다만, 보관하고 있는 옮긴 물건 등이 부패·파손 또는 이와 유사한 사유로 정해진 용도
로 계속 사용할 수 없는 경우에는 폐기할 수 있다.
② 옮긴 물건 등의 보관기간은 공고기간의 종료일로부터 7일까지로 한다.
③ 소방관서장은 매각되거나 폐기된 옮긴 물건 등의 소유자가 보상을 요구하는 경우에는
보상금액에 대하여 소유자와의 협의를 거쳐 이를 보상해야 한다.
④ 소방관서장은 옮긴 물건 등을 보관하는 경우에는 그날부터 14일 동안 해당 소방관서의
인터넷 홈페이지에 그 사실을 공고해야 한다.

**004** 「화재의 예방 및 안전관리에 관한 법률」상 화재의 예방조치 등에서 옮긴 물건 등의 보관기관 및 보관기간 경과후 처리에 대한 내용이다. 순서대로 (    ) 안에 들어갈 말로 옳은 것은?

- 소방관서장은 옮긴 물건 등(이하 "옮긴물건등"이라 한다)을 보관하는 경우에는 그날부터 ( ㉠ ) 일 동안 해당 소방관서의 인터넷 홈페이지에 그 사실을 공고해야 한다.
- 옮긴물건등의 보관기간은 공고기간의 종료일 다음 날부터 ( ㉡ )일까지로 한다.
- 소방관서장은 보관기간이 종료된 때에는 보관하고 있는 옮긴물건등을 매각해야 한다. 다만, 보관하고 있는 옮긴물건등이 부패·파손 또는 이와 유사한 사유로 정해진 용도로 계속 사용할 수 없는 경우에는 폐기할 수 있다.
- 소방관서장은 보관하던 옮긴물건등을 매각한 경우에는 지체 없이 「국가재정법」에 따라 세입 조치를 해야 한다.
- 소방관서장은 매각되거나 폐기된 옮긴물건등의 소유자가 보상을 요구하는 경우에는 보상금 액에 대하여 소유자와의 협의를 거쳐 이를 보상해야 한다.

|     | ㉠ | ㉡ |
| --- | --- | --- |
| ① | 10 | 7 |
| ② | 14 | 7 |
| ③ | 7 | 14 |
| ④ | 7 | 10 |

**005** 「화재의 예방 및 안전관리에 관한 법률」상 화재의 예방조치에 대한 내용으로 옳지 않은 것은?

① 관계인은 화재예방강화지구 및 이에 준하는 대통령령으로 정하는 장소에서는 모닥불, 흡연 등 화기의 취급, 풍등 등 소형열기구 날리기, 용접·용단 등 불꽃을 발생시키는 행위를 하여서는 아니 된다. 다만, 행정안전부령으로 정하는 바에 따라 안전조치 한 경우에는 그러하지 아니하다.

② 소방관서장은 화재 발생 위험이 크거나 소화 활동에 지장을 줄 수 있다고 인정되는 행위나 물건에 대하여 행위 당사자나 그 물건의 소유자, 관리자 또는 점유자에게 목재, 플라스틱 등 가연성이 큰 물건의 제거, 이격, 적재 금지 등, 소방차량의 통행이나 소화 활동에 지장을 줄 수 있는 물건의 이동을 명령할 수 있다.

③ 화재의 예방조치를 해야되는 장소에는 제조소등, 가스 저장소, 액화석유가스의 저장소·판매소, 수소연료공급시설 및 수소연료사용시설, 화약류를 저장하는 장소가 해당한다.

④ 물건의 소유자, 관리자 또는 점유자를 알 수 없는 경우 소방관서장 옮긴 물건 등(이하 "옮긴물건등"이라 한다)을 보관하는 경우에는 그날부터 14일 동안 해당 소방관서의 인터넷 홈페이지에 그 사실을 공고해야 하며 옮긴물건등의 보관기간은 공고기간의 종료일 다음 날부터 7일까지로 한다.

**006** 「화재의 예방 및 안전관리에 관한 법률」상 난로의 연통은 천장으로부터 몇 미터 이상 떨어지게 설치해야 하는가?

① 0.4m

② 0.5m

③ 0.6m

④ 0.8m

**007** 「화재의 예방 및 안전관리에 관한 법률」상 불의 사용에 지켜야 할 사항에서 노·화덕설비의 기준으로 옳지 않은 것은?

① 실내에 설치 시 금속 외의 불연재료로 된 바닥이나 흙바닥에 설치한다.

② 노 또는 화덕을 설치하는 장소의 벽·천장은 불연재료로 된 것이어야 한다.

③ 노·화덕의 주위는 녹는 물질이 확산되지 않도록 0.1m 이상의 턱을 설치하여야 한다.

④ 시간당 열량이 3만kcal 이상인 노를 설치하는 경우 노 주위에는 1m 이상 공간을 확보하여야 한다.

**008** 「화재의 예방 및 안전관리에 관한 법률」상 불을 사용하는 설비 등의 관리 기준과 특수가연물의 저장·취급 기준에 관한 설명이다. (   ) 안에 들어갈 내용으로 옳은 것은?

> • 화목 등 고체연료는 보일러 본체와 ( ㉠ )거리 ( ㉡ )m 이상 간격을 두어 보관하거나 불연재료로된 별도의 구획된 공간에 보관할 것
> • 노 또는 화덕의 주위에는 녹는 물질이 확산되지 않도록 높이 ( ㉢ )m 미터 이상의 턱을 설치
> • 특수가연물을 실외에 쌓아 저장하는 경우 쌓는 부분이 대지경계선, 도로 및 인접 건축물과 최소 ( ㉣ )m 이상 간격을 둘 것. 다만, 쌓는 높이보다 ( ㉤ )m 이상 높은 「건축법 시행령」 제2조 제7호에 따른 내화구조(이하 "내화구조"라 한다) 벽체를 설치한 경우는 그렇지 않다.

| | ㉠ | ㉡ | ㉢ | ㉣ | ㉤ |
|---|---|---|---|---|---|
| ① | 보행 | 2 | 0.2 | 6 | 0.9 |
| ② | 수평 | 2 | 0.1 | 6 | 0.9 |
| ③ | 보행 | 1 | 0.2 | 9 | 0.6 |
| ④ | 수평 | 1 | 0.1 | 9 | 0.6 |

**009** 「화재의 예방 및 안전관리에 관한 법률」상 보일러를 사용할 때 지켜야 하는 사항에 대한 내용으로 옳지 <u>않은</u> 것은?
⭕△❌

① 가연성 벽·바닥 또는 천장과 접촉하는 증기기관 또는 연통의 부분은 규조토 등 난연성 또는 불연성 단열재로 덮어씌워야 한다.

② 경유·등유 등 액체연료를 사용할 때 연료탱크는 보일러 본체로부터 수평거리 1미터 이상의 간격을 두어 설치할 것

③ 보일러 본체와 벽·천장 사이의 거리는 0.6미터 이상이어야 한다.

④ 화목(火木) 등 고체연료를 사용할 때 연통은 천장으로부터 0.5미터 떨어지고, 연통의 배출구는 건물 밖으로 0.5미터 이상 나오도록 설치할 것

**010** 「화재의 예방 및 안전관리에 관한 법률」상 일반음식점에서 조리를 위하여 불을 사용하는 설비를 설치하는 경우 지켜야 하는 사항이다. 다음 (    ) 안에 들어갈 내용으로 옳은 것은?
⭕△❌

- 주방설비에 부속된 배출덕트는 ( ㉠ )mm 이상의 아연도금 강판 또는 이와 동등 이상의 내식성 불연재료로 설치 할 것
- 열을 발생하는 조리기구로부터 ( ㉡ )m 이내의 거리에 있는 가연성 주요구조부는 단열성이 있는 불연재료로 덮어씌울 것
- 열을 발생하는 조리기구는 반자 또는 선반으로부터 ( ㉢ )m 이상 떨어지게 할 것

|  | ㉠ | ㉡ | ㉢ |
|---|---|---|---|
| ① | 0.5 | 0.15 | 0.6 |
| ② | 0.5 | 0.6 | 0.5 |
| ③ | 0.6 | 0.15 | 0.6 |
| ④ | 0.6 | 0.5 | 0.5 |

**011** 「화재의 예방 및 안전관리에 관한 법률」상 특수가연물의 저장 및 취급기준이다. (    ) 안에 들어
갈 내용으로 옳은 것은?

> • 실외에 쌓아 저장하는 경우 쌓는 부분이 대지경계선, 도로 및 인접 건축물과 최소 ( ㉠ )미터
> 이상 간격을 둘 것. 다만, 쌓는 높이보다 0.9미터 이상 높은 「건축법 시행령」 제2조 제7호에
> 따른 내화구조(이하 "내화구조"라 한다) 벽체를 설치한 경우는 그렇지 않다.
> • 실내에 쌓아 저장하는 경우 주요구조부는 ( ㉡ )구조이면서 ( ㉢ )재료여야 하고, 다른 종류의
> 특수가연물과 같은 공간에 보관하지 않을 것. 다만, 내화구조의 벽으로 분리하는 경우는 그렇
> 지 않다.
> • 쌓는 부분 바닥면적의 사이는 실내의 경우 ( ㉣ )미터 또는 쌓는 높이의 ( ㉤ ) 중 큰 값 이상으
> 로 간격을 두어야 하며, 실외의 경우 3미터 또는 쌓는 높이 중 큰 값 이상으로 간격을 둘 것

|     | ㉠ | ㉡ | ㉢ | ㉣ | ㉤ |
| --- | --- | --- | --- | --- | --- |
| ① | 6 | 내화 | 불연 | 1.2 | 1/2 |
| ② | 6 | 방화 | 난연 | 1.3 | 1/3 |
| ③ | 9 | 내화 | 불연 | 1.2 | 1/2 |
| ④ | 9 | 방화 | 난연 | 1.3 | 1/3 |

**012** 특수가연물의 저장 기준이다. 다음 (    ) 안에 들어갈 내용으로 옳은 것은? (단, 석탄·목탄류를
발전용으로 저장하는 경우는 제외한다)

> 쌓는 높이는 10m 이하가 되도록 하고, 쌓는 부분의 바닥면적은 ( ㉠ )m² 이하가 되도록 할 것.
> 다만, 살수설비를 설치하거나, 방사 능력 범위에 해당 특수가연물이 포함되도록 대형수동식 소
> 화기를 설치하는 경우에는 쌓는 높이를 ( ㉡ )m 이하, 쌓는 부분의 바닥면적을 ( ㉢ )m² 이하로
> 한다.

|     | ㉠ | ㉡ | ㉢ |
| --- | --- | --- | --- |
| ① | 50 | 15 | 200 |
| ② | 50 | 15 | 100 |
| ③ | 30 | 15 | 100 |
| ④ | 30 | 15 | 200 |

**013** 「화재의 예방 및 안전관리에 관한 법률」상 특수가연물의 저장 및 취급기준에 대한 설명으로 옳지
□△✕ 않은 것은? (단, 석탄·목탄류를 발전용으로 저장하는 경우가 아니다)

① 특수가연물은 품명별로 구분하여 쌓고 살수설비를 설치한 경우 높이는 15미터 이하로
쌓는 부분의 바닥면적은 200제곱미터 이하로 저장한다.

② 실외에 쌓아 저장하는 경우 쌓는 부분이 대지경계선, 도로 및 인접 건축물과 최소 6미
터 이상 간격을 둘 것. 다만, 쌓는 높이보다 0.9미터 이상 높은 「건축법 시행령」 제2조
제7호에 따른 내화구조(이하 "내화구조"라 한다) 벽체를 설치한 경우는 그렇지 않다.

③ 쌓는 부분 바닥면적의 사이는 실내의 경우 1.2미터 또는 쌓는 높이의 1/2 중 작은 값
이상으로 간격을 두어야 하며, 실외의 경우 3미터 또는 쌓는 높이 중 작은 값 이상으로
간격을 둘 것

④ 실내에 쌓아 저장하는 경우 주요구조부는 내화구조이면서 불연재료여야 하고, 다른 종
류의 특수가연물과 같은 공간에 보관하지 않을 것. 다만, 내화구조의 벽으로 분리하는
경우는 그렇지 않다.

**014** 「화재의 예방 및 안전관리에 관한 법률」상 특수가연물 표지 기준으로 옳지 않은 것은?
□△✕

① 특수가연물 표지는 한 변의 길이가 0.3미터 이상, 다른 한 변의 길이가 0.6미터 이상인
직사각형으로 할 것

② 특수가연물 표지의 바탕은 흰색으로, 문자는 검은색으로 할 것. "화기엄금" 표시 부분도
동일하게 할 것

③ 특수가연물을 저장 또는 취급하는 장소에는 품명, 최대저장수량, 단위부피당 질량 또는
단위체적당 질량, 관리책임자 성명·직책, 연락처 및 화기취급의 금지표시가 포함된 특
수가연물 표지를 설치

④ 특수가연물 표지는 특수가연물을 저장하거나 취급하는 장소 중 보기 쉬운 곳에 설치

## 015 특수가연물의 (   ) 안에 들어갈 수량으로 옳게 짝지어진 것은?

| 품명 | 수량 |
|---|---|
| 고무류·플라스틱류(그 밖의 것) | ( ㉠ )킬로그램 이상 |
| 목재가공품 및 나무부스러기 | ( ㉡ )세제곱미터 이상 |
| 가연성액체류 | ( ㉢ )세제곱미터 이상 |

| | ㉠ | ㉡ | ㉢ |
|---|---|---|---|
| ① | 3,000 | 10 | 2 |
| ② | 3,000 | 20 | 3 |
| ③ | 1,000 | 10 | 2 |
| ④ | 1,000 | 20 | 3 |

## 016 「화재의 예방 및 안전관리에 관한 법률」상 특수가연물의 수량 구분으로 옳지 않은 것은?

① 나무껍질 및 대팻밥: 400킬로그램 이상
② 넝마 및 종이부스러기: 1,000킬로그램 이상
③ 가연성 액체류: 3,000킬로그램 이상
④ 목재가공품 및 나무부스러기: 10제곱미터 이상

## 017 「화재의 예방 및 안전관리에 관한 법률」상 화재예방강화지구로 지정하지 않아도 되는 곳은?

① 공장·창고가 밀집한 지역
② 노후·불량건축물이 밀집한 지역
③ 석유화학제품을 생산하는 공장이 있는 지역
④ 소방시설·소방용수시설 또는 소방출동로가 미흡한 지역

**018** 「화재의 예방 및 안전관리에 관한 법률」상 화재예방강화지구 관리에 대한 내용으로 옳지 않은 것은?

① 소방청장은 화재예방강화지구 안의 소방대상물의 위치·구조 및 설비 등에 대한 화재 안전조사를 연 1회 이상 실시해야 한다.
② 소방관서장은 화재예방강화지구 안의 관계인에 대하여 소방에 필요한 훈련 및 교육을 연 1회 이상 실시할 수 있다.
③ 소방관서장은 훈련 및 교육을 실시하려는 경우에는 화재예방강화지구 안의 관계인에게 훈련 또는 교육 10일 전까지 그 사실을 통보해야 한다.
④ 시·도지사는 화재예방강화지구의 지정현황, 화재안전조사의 결과, 소방시설등의 설치 (보수, 보강을 포함한다)명령현황, 소방훈련 및 교육의 실시현황 내용을 화재예방강화 지구 관리대장에 작성하고 관리하여야 한다.

**019** 「화재의 예방 및 안전관리에 관한 법률」상 화재예방강화지구 지역에 작성하는 화재예방강화지구 관리대장에 작성하고 관리하여야 하는 내용으로 옳게 짝지은 것은?

> ㄱ. 화재예방강화지구의 지정 현황
> ㄴ. 화재안전조사의 결과
> ㄷ. 소방시설 등의 설치 명령 현황

① ㄱ, ㄴ            ② ㄱ, ㄷ
③ ㄱ, ㄴ, ㄷ          ④ 없음

**020** 「화재의 예방 및 안전관리에 관한 법률」상 시·도지가 화재예방강화지구 관리대장에 작성하고 관리하여야 하는 내용으로 옳지 않은 것은?

① 소방교육의 실시 현황
② 소방훈련의 실시 현황
③ 화재안전조사의 조치명령 현황
④ 화재예방강화지구의 지정 현황

**021** 「화재의 예방 및 안전관리에 관한 법률」상 기상현상 및 기상영향에 대한 예보·특보에 따라 화재의 발생 위험이 높다고 분석·판단되는 경우에는 행정안전부령으로 정하는 바에 따라 화재에 관한 위험경보를 발령하고 그에 따른 필요한 조치를 할 수 있는 자는?

① 소방관서장
② 소방청장
③ 소방본부장
④ 시·도지사

**022** 「화재의 예방 및 안전관리에 관한 법률」상 화재 위험경보를 내릴 수 있는 사람은?

① 소방청장
② 소방관서장
③ 소방본부장
④ 시·도지사

**023** 「화재의 예방 및 안전관리에 관한 법률」상 화재안전영향평가에 대한 설명으로 옳지 않은 것은?

① 소방청장은 화재발생 원인 및 연소과정을 조사·분석하는 등의 과정에서 법령이나 정책의 개선이 필요하다고 인정되는 경우 그 법령이나 정책에 대한 화재 위험성의 유발요인 및 완화 방안에 대한 평가(이하 "화재안전영향평가"라 한다)를 실시할 수 있다.
② 소방청장은 화재안전영향평가를 실시한 경우 그 결과를 시·도지사에게 통보하여야 한다.
③ 소방청장은 화재안전영향평가에 관한 업무를 수행하기 위하여 화재안전영향평가심의회를 구성·운영할 수 있다.
④ 화재안전영향평가 심의회는 위원장 1명을 포함한 12명 이내의 위원으로 구성한다.

**024** 「화재의 예방 및 안전관리에 관한 법률」상 어린이, 노인, 장애인 등 화재의 예방 및 안전관리에 취약한 자(이하 "화재안전취약자"라 한다)의 안전한 생활환경을 조성하기 위하여 소방용품의 제공 및 소방시설의 개선 등 필요한 사항을 지원하기 위하여 노력하여야 하는 사람은?

① 소방관서장
② 소방청장
③ 대통령
④ 시·도지사

# 05 소방대상물의 소방안전관리

**001** 「화재의 예방 및 안전관리에 관한 법률」상 특정소방대상물의 관계인과 소방안전관리대상물의 소방안전관리자의 업무 중 소방안전관리자의 고유업무를 옳게 짝지은 것은?

> ㄱ. 피난시설, 방화구획 및 방화시설의 관리
> ㄴ. 피난계획에 관한 사항과 대통령령으로 정하는 사항이 포함된 소방계획서의 작성 및 시행
> ㄷ. 행정안전부령으로 정하는 바에 따른 소방안전관리에 관한 업무수행에 관한 기록·유지
> ㄹ. 자위소방대(自衛消防隊) 및 초기대응체계의 구성, 운영 및 교육
> ㅁ. 화기(火氣) 취급의 감독

① ㄱ, ㄴ, ㄷ          ② ㄱ, ㄴ, ㄹ
③ ㄴ, ㄷ, ㄹ          ④ ㄴ, ㄷ, ㅁ

**002** 「화재의 예방 및 안전관리에 관한 법률」상 특급소방안전관리 대상물에 대한 설명으로 옳지 않은 것은?

① 50층 이상(지하층은 제외한다)이거나 지상으로부터 높이가 200미터 이상인 아파트는 특급소방안전관리 대상물로 구분한다.
② 소방기술사 또는 소방시설관리사의 자격이 있는 사람이나 소방설비기사의 자격을 취득한 후 3년 이상 1급 소방안전관리 대상물의 소방안전관리자로 근무한 경력이 있는 사람 중 특급 소방안전리자 자격증을 받은사람은 특급소방안전관리자로 선임이 가능하다.
③ 층수나 높이에 해당하지 않는 특정소방대상물로서 연면적이 10만제곱미터 이상인 특정소방대상물(아파트는 제외한다)은 특급소방안전관리 대상물로 구분한다.
④ 30층 이상(지하층을 포함한다)이거나 지상으로부터 높이가 120미터 이상인 특정소방대상물(아파트는 제외한다)은 특급소방안전관리 대상물로 구분한다.

**003** 「화재의 예방 및 안전관리에 관한 법률」상 1급 소방안전관리대상물의 범위를 옳게 고른 것은?

> ㄱ. 30층 이상(지하층은 제외한다)이거나 지상으로부터 높이가 120미터 이상인 아파트
> ㄴ. 연면적 1만제곱미터 이상인 특정소방대상물(아파트는 제외)
> ㄷ. 지하층을 포함한 11층 이상인 특정소방대상물(아파트는 제외)
> ㄹ. 가연성 가스를 1천톤 이상 저장·취급하는 시설

① ㄱ, ㄹ
② ㄴ, ㄷ
③ ㄱ, ㄴ, ㄷ
④ ㄱ, ㄷ, ㄹ


**004** 「화재의 예방 및 안전관리에 관한 법률」상 1급 소방안전관리대상물로 옳은 것은?

① 가연성 가스를 100톤 이상 1천톤 미만 저장·취급하는 시설
② 지하층을 제외한 층수가 50층 이상인 아파트
③ 연면적이 15,000m$^2$ 이상인 판매시설
④ 지상으로부터 높이가 120m 이상인 특정소방대상물(아파트는 제외)


**005** 다음 중 「화재의 예방 및 안전관리에 관한 법률」상 소방안전관리자를 선임하여야 하는 2급 소방안전관리대상물 기준으로 옳은 것을 모두 고른 것은?

> ㄱ. 옥내소화전설비, 스프링클러설비, 간이스프링클러설비, 물분무등소화설비(호스릴 포함)를 설치
> ㄴ. 모든 목조건축물
> ㄷ. 공동주택(「소방시설 설치 및 관리에 관한 법률 시행령」 옥내소화전설비 또는 스프링클러설비가 설치된 공동주택으로 한정한다)
> ㄹ. 가연성 가스를 100톤 이상 1천톤 미만 저장·취급하는 시설

① ㄱ, ㄷ
② ㄴ, ㄷ
③ ㄴ, ㄹ
④ ㄷ, ㄹ

**006** ☐△✕ 「화재의 예방 및 안전관리에 관한 법률」상 소방안전관리자를 두어야 하는 특정소방대상물로서 2급 소방안전관리대상물에 해당하는 것은?

① 호스릴 방식의 물분무등 소화설비를 설치하는 특정소방대상물
② 가연성 가스를 50톤 저장 및 취급하는 시설
③ 보물 또는 국보로 지정된 목조건축물
④ 옥외소화전설비 또는 스프링클러설비가 설치된 공동주택

**007** ☐△✕ 「화재의 예방 및 안전관리에 관한 법률」상 소방안전관리보조자를 선임해야 하는 범위로 옳은 것은?

① 판매시설
② 수련시설
③ 근린생활시설
④ 위락시설

**008** ☐△✕ 「화재의 예방 및 안전관리에 관한 법률」상 소방안전관리보조자를 선임해야 하는 소방안전관리대상물의 범위로 옳지 않은 것은?

① 아파트 중 300세대 이상인 아파트
② 연면적이 1만5천제곱미터 이상인 특정소방대상물(아파트 및 연립주택 제외)
③ 공동주택 중 아파트 등
④ 노유자시설 및 의료시설

**009** ☐△✕ 「화재의 예방 및 안전관리에 관한 법률」상 소방안전관리업무 전담 대상물로 해당되는 것은?

① 1급 소방안전관리대상물
② 2급 소방안전관리대상물
③ 3급 소방안전관리대상물
④ 모든 소방안전관리대상물

**010** 「화재의 예방 및 안전관리에 관한 법률」상 소방안전관리대상물의 관계인이 소방안전관리자를 선임한 경우에 소방안전관리대상물의 출입자가 쉽게 알 수 있도록 게시하여야 하는 사항이 아닌 것은?

① 소방안전관리대상물의 명칭 및 등급
② 소방안전관리자의 성명 및 선임일자
③ 소방안전관리자의 연락처 및 주소
④ 소방안전관리자의 근무 위치(화재수신기 또는 종합방재실을 말한다)


**011** 「화재의 예방 및 안전관리에 관한 법률」상 소방안전관리대상물의 소방 계획서에 포함되어야 하는 사항이 아닌 것은?

① 소방안전관리대상물에 설치한 소방시설, 방화시설, 전기시설, 가스시설 및 위험물시설의 현황
② 피난층 및 피난시설의 위치와 피난경로의 설정, 화재안전취약자의 피난계획 등을 포함한 피난계획
③ 예방규정을 정하는 제조소등의 위험물 저장·취급에 관한 사항
④ 피난층 및 피난시설의 위치와 피난경로의 설정, 화재안전취약자의 피난계획 등을 포함한 피난계획


**012** 「화재의 예방 및 안전관리에 관한 법률」상 소방계획서에 포함되는 내용으로 옳지 않은 것은?

① 피난층 및 피난시설의 위치와 피난경로의 설정, 화재안전취약자의 피난계획 등을 포함한 피난계획
② 소방안전관리대상물의 위치·구조·연면적(「건축법 시행령」 제119조 제1항 제4호에 따라 산정된 면적을 말한다. 이하 같다)·용도 및 수용인원 등 일반 현황
③ 소방안전관리대상물의 근무자 및 거주자의 자위소방대 조직과 대원의 임무(화재안전취약자의 피난 보조 임무는 제외한다)에 관한 사항
④ 위험물의 저장·취급에 관한 사항(「위험물안전관리법」 제17조에 따라 예방규정을 정하는 제조소등은 제외한다)

**013** 「화재의 예방 및 안전관리에 관한 법률」상 소방안전관리대상물의 소방안전관리자는 몇 회 이상
□△✕ 자위소방대를 소집하여 그 편성 상태 및 초기대응체계를 점검하고, 편성된 근무자에 대한 소방교
육을 실시해야 하는가?

① 연 1회 이상
② 연 2회 이상
③ 월 1회 이상
④ 월 2회 이상

**014** 「화재의 예방 및 안전관리에 관한 법률」상 자위소방대의 기능으로 옳지 않은 것은?
□△✕

① 화재 발생 시 비상연락
② 화재 발생 시 초기소화 및 피난유도
③ 화재 발생 시 인명·재산피해 최소화를 위한 조치
④ 화재 발생 시 화재 진압 및 화재 원인조사

**015** 「화재의 예방 및 안전관리에 관한 법률」상 소방안전관리 업무의 대행에 대한 설명으로 옳지 않은
□△✕ 것은?

① 소방안전관리업무를 대행하는 자는 대행인력의 배치기준·자격·방법 등 행정안전부령
으로 정하는 준수사항을 지켜야 한다.
② 층수가 11층 이상인 1급 소방안전관리대상물(연면적 1만5천제곱미터 이상인 특정소방대
상물과 아파트는 제외한다)은 소방안전관리업무를 대행할 수 있다.
③ 소방안전관리 업무 대행 업무는 피난시설, 방화구획 및 방화시설의 관리가 포함된다.
④ 소방안전관리대상물 중 연면적 등이 일정규모 미만인 행정안전부령으로 정하는 소방안
전관리대상물의 관계인은 관리업자로 하여금 소방안전관리업무 중 행정안전부령으로
정하는 업무를 대행하게 할 수 있다.

**016** 「화재의 예방 및 안전관리에 관한 법률」상 소방안전관리 업무의 대행으로 옳지 않은 것은?

① 소방안전관리대상물 중 연면적 등이 일정규모 미만인 대통령령으로 정하는 소방안전관리대상물의 관계인은 관리업자로 하여금 소방안전관리업무 중 대통령령으로 정하는 업무를 대행하게 할 수 있다. 이 경우 선임된 소방안전관리자는 관리업자의 대행업무 수행을 감독하고 대행업무 외의 소방안전관리업무는 직접 수행하여야 한다.

② 소방안전관리업무를 대행하는 자는 대행인력의 배치기준·자격·방법 등 행정안전부령으로 정하는 준수사항을 지켜야 한다.

③ 지상층의 층수가 11층 이상인 1급 소방안전관리대상물(연면적 1만5천제곱미터 이상인 특정소방대상물과 아파트는 제외한다), 2급 소방안전관리대상물, 3급 소방안전관리대상물이 소방안전관리 업무의 대행 대상에 해당한다.

④ 소방안전관리업무 대행의 업무는 피난시설, 방화구획 및 방화시설의 관리와 소방시설이나 그 밖의 소방 관련 시설의 점검이 해당한다.

**017** 「화재의 예방 및 안전관리에 관한 법률」 소방안전관리업무 대행인력의 배치기준으로 옳지 않은 것은?

① 1급 또는 2급 소방안전관리 대상물에 스프링클러설비, 물분무등 소화설비 또는 제연설비를 설치했을 때 대행인력의 기술등급은 중급점검자 이상을 1명 이상 배치하여야 한다.

② 1급 또는 2급 소방안전관리 대상물에 옥내소화전설비 또는 옥외소화전설비를 설치했을 때 대행인력의 기술등급은 초급점검자 이상을 1명 이상 배치하여야 한다.

③ 3급 소방안전관리 대상물에 자동화재탐지설비 또는 간이스프링클러설비를 설치했을 때 대행인력의 기술등급은 초급점검자 이상을 1명 이상 배치하여야 한다.

④ 연면적 3천제곱미터 미만으로서 스프링클러설비가 설치된 1급 또는 2급 소방안전관리 대상물의 경우에는 초급점검자를 배치할 수 있다. 다만, 스프링클러설비 외에 제연설비 또는 물분무등 소화설비가 설치된 경우에는 그렇지 않다.

**018** 「화재의 예방 및 안전관리에 관한 법률」상 소방안전관리자 선임신고에 대한 내용으로 옳지 않은
☐△✕ 것은?

① 소방안전관리대상물의 관계인은 건축물의 신축으로 해당 특정소방대상물의 소방안전
관리자를 신규로 선임해야 하는 경우 사용승인일로부터 30일 이내에 선임하여야 한다.

② 2급 또는 3급 소방안전관리대상물의 관계인은 소방안전관리자의 선임의 연기를 신청할
수 있다.

③ 소방안전관리대상물의 관계인이 소방안전관리자를 해임한 경우에는 그 관계인 또는 해
임된 소방안전관리자는 소방본부장이나 소방서장에게 그 사실을 알려 해임한 사실의
확인을 받을 수 있다.

④ 소방안전관리대상물의 관계인이 소방안전관리자를 선임한 경우에는 행정안전부령으로
정하는 바에 따라 선임한 날부터 30일 이내에 소방본부장 또는 소방서장에게 신고하여
야 한다.

**019** 「화재의 예방 및 안전관리에 관한 법률」상 소방안전관리자 선임신고에 대한 내용이다. (   ) 안
☐△✕ 에 들어갈 알맞은 말은?

> 소방안전관리대상물의 관계인이 제24조에 따라 소방안전관리자 또는 소방안전관리보조자를 선
> 임한 경우에는 행정안전부령으로 정하는 바에 따라 선임한 날부터 ( ㉠ )일 이내에 소방본부장
> 또는 소방서장에게 신고하고, 소방안전관리대상물의 출입자가 쉽게 알 수 있도록 소방안전관리
> 자의 ( ㉡ )와/과 그 밖에 ( ㉢ )으로 정하는 사항을 게시하여야 한다.

|   | ㉠ | ㉡ | ㉢ |
|---|----|----|----|
| ① | 14 | 성명 | 행정안전부령 |
| ② | 30 | 성명 | 대통령령 |
| ③ | 14 | 연락처 | 대통령령 |
| ④ | 30 | 연락처 | 행정안전부령 |

**020** 「화재의 예방 및 안전관리에 관한 법률」상 소방안전관리자를 선임하는 상황과 그 기산점의 연결
□△✕ 이 옳지 않은 것은?

① 신축 증축 개축 재축 대수선 또는 용도변경으로 해당 특정소방대상물의 소방안전관리
자를 신규로 선임해야 하는 경우: 해당 특정소방대상물의 사용승인일
② 특정소방대상물을 양수하여 관계인의 권리를 취득한 경우: 해당 권리를 취득한 날 또는
관할 소방서장으로부터 소방안전관리자 선임 안내를 받은 날
③ 소방안전관리자의 해임으로 소방안전관리자의 업무가 종료된 경우: 소방본부장이나 소
방서장에게 해임한 사실을 확인받은 날
④ 소방안전관리자 자격이 정지 또는 취소된 경우: 소방안전관리자 자격이 정지 또는 취소
된 날

**021** 「화재의 예방 및 안전관리에 관한 법률」상 관계인 등의 의무에 대한 내용으로 옳지 않은 것은?
□△✕

① 소방안전관리자는 인명과 재산을 보호하기 위하여 소방시설·피난시설·방화시설 및
방화구획 등이 법령에 위반된 것을 발견한 때에는 지체 없이 소방안전관리대상물의 관
계인에게 소방대상물의 개수·이전·제거·수리 등 필요한 조치를 할 것을 요구하여야
하며, 관계인이 시정하지 아니하는 경우 소방본부장 또는 소방서장에게 그 사실을 알려
야 한다. 이 경우 소방안전관리자는 공정하고 객관적으로 그 업무를 수행하여야 한다.
② 소방안전관리대상물의 관계인은 소방안전관리자가 소방안전관리업무를 성실하게 수행
할 수 있도록 지도·감독하여야 한다.
③ 특정소방대상물의 관계인은 그 특정소방대상물에 대하여 소방안전관리업무를 수행하
여야 한다.
④ 소방안전관리자로부터 조치요구 등을 받은 소방안전관리대상물의 관계인은 3일 이내
에 이에 따라야 하며, 이를 이유로 소방안전관리자를 해임하거나 보수(報酬)의 지급을
거부하는 등 불이익한 처우를 하여서는 아니 된다.

**022** 「화재의 예방 및 안전관리에 관한 법률」상 소방안전관리자 또는 소방안전관리보조자를 선임하지
□△✕ 아니한 소방안전관리대상물의 관계인에게 선임명령을 내릴 수 있는 사람은?

① 소방본부장                    ② 소방청장
③ 시·도지사                    ④ 관계인

**023** 「화재의 예방 및 안전관리에 관한 법률」상 건설현장 소방안전관리 대상물의 소방안전관리자를 선임해야 하는 자는?

① 관계인
② 공사시공자
③ 소방본부장, 소방서장
④ 도급인

**024** 「화재의 예방 및 안전관리에 관한 법률」상 건설현장 소방안전관리 대상물의 범위에 해당하지 않는 것은?

① 신축·증축·개축·재축·이전·용도변경 또는 대수선을 하려는 부분의 연면적의 합계가 1만제곱미터 이상인 것
② 신축·증축·개축·재축·이전·용도변경 또는 대수선을 하려는 부분의 연면적이 5천제곱미터 이상인 것으로서 지하층의 층수가 2개층 이상인 것
③ 신축·증축·개축·재축·이전·용도변경 또는 대수선을 하려는 부분의 연면적이 5천제곱미터 이상인 것으로서 지상층의 층수가 11층 이상인 것
④ 신축·증축·개축·재축·이전·용도변경 또는 대수선을 하려는 부분의 연면적이 5천제곱미터 이상인 것으로서 냉동창고, 냉장창고 또는 냉동·냉장창고

**025** 「화재의 예방 및 안전관리에 관한 법률」상 건설현장에 소방안전관리자를 배치하는 소방안전관리 대상물로 옳지 않은 것은?

① 신축·증축·개축·재축·이전·용도변경 또는 대수선을 하려는 부분의 연면적의 합계가 1만5천제곱미터 이상인 것
② 신축·증축·개축·재축·이전·용도변경 또는 대수선을 하려는 부분의 연면적이 5천제곱미터 이상인 것으로서 지하층의 층수가 2개층 이하인 것
③ 신축·증축·개축·재축·이전·용도변경 또는 대수선을 하려는 부분의 연면적이 5천제곱미터 이상인 것으로서 지상층의 층수가 11층 이상인 것
④ 신축·증축·개축·재축·이전·용도변경 또는 대수선을 하려는 부분의 연면적이 5천제곱미터 이상인 것으로서 냉동창고, 냉장창고 또는 냉동·냉장창고

**026** 「화재의 예방 및 안전관리에 관한 법률」상 건설현장 소방안전관리자의 업무가 아닌 것은?

① 소방시설의 설치 및 관리에 대한 감독
② 건설현장의 소방계획서의 작성
③ 건설현장의 작업자에 대한 소방안전 교육 및 훈련
④ 화기취급의 감독, 화재위험작업의 허가 및 관리

**027** 「화재의 예방 및 안전관리에 관한 법률」상 소방안전관리자 자격의 정지 및 취소에 관한 내용으로 옳은 것은?

① 소방청장은 소방안전관리자 자격증을 발급받은 사람이 기준에 해당하는 경우에는 행정안전부령으로 정하는 바에 따라 그 자격을 취소하거나 1년 이하의 기간을 정하여 그 자격을 정지시킬 수 있다.
② 소방안전관리자 자격증을 다른 사람에게 빌려준 경우 소방청장은 그 자격을 취소할 수 있다.
③ 거짓이나 그 밖의 부정한 방법으로 소방안전관리자 자격증을 발급받은 경우 시·도지사는 그 자격을 취소하여야 한다.
④ 위반행위의 횟수에 따른 행정처분 기준은 최근 1년간 같은 위반행위로 행정처분을 받은 경우에 적용한다.

**028** 「화재의 예방 및 안전관리에 관한 법률」상 소방안전관리자 자격시험에 대한 내용으로 옳지 않은 것은?

① 특급 소방안전관리자 자격시험은 반기별 1회 이상 실시한다.
② 1급, 2급, 3급 소방안전관리자 자격시험은 월 1회 이상 실시한다.
③ 특급 소방안전관리자 자격시험은 제1차시험과 제2차시험으로 나누어 실시한다.
④ 소방안전관리자 자격시험의 실시권자는 소방청장이다.

**029**
☐△☒

「화재의 예방 및 안전관리에 관한 법률」상 소방안전관리자 자격시험에 대한 내용으로 옳지 않은 것은?

① 소방청장은 소방안전관리자 자격시험을 실시하려는 경우에는 응시자격 시험과목 일시 장소 및 응시절차를 모든 응시 희망자가 알 수 있도록 시험 시행일 30일 전에 인터넷 홈페이지에 공고해야 한다.

② 소방안전관리자 자격시험은 매과목을 100점 만점으로 하여 매과목 40점 이상, 전과목 평균 60점 이상 득점한 사람을 합격자로 한다.

③ 특급 소방안전관리자 자격시험의 제1차시험에 합격한 사람은 제1차시험에 합격한 날부터 2년간 제1차시험을 면제한다.

④ 소방청장은 소방안전관리자 자격시험을 종료한 날부터 30일(특급 소방안전관리 자격시험의 경우에는 60일) 이내에 인터넷 홈페이지에 합격자를 공고하고, 응시자에게 휴대전화 문자 메시지로 합격 여부를 알려줄 수 있다.

**030**
☐△☒

「화재의 예방 및 안전관리에 관한 법률」상 소방안전관리자 자격시험의 시험위원의 기준이 옳지 않은 것은?

① 소방 관련 분야에서 박사 이상의 학위를 취득한 사람
② 소방기술사
③ 소방시설관리사
④ 소방위 이상의 소방공무원

**031**
☐△☒

「화재의 예방 및 안전관리에 관한 법률」상 특급 소방안전관리자 자격시험에 응시할 수 있는 자격 기준에 해당하지 않는 것은?

① 소방설비기사 자격을 취득 후 1급 소방안전관리대상물의 소방안전관리자로 2년 이상 근무한 실무경력이 있는 사람

② 소방공무원으로 20년 이상 근무한 경력이 있는 사람

③ 특급 소방안전관리대상물의 소방안전관리보조자로 10년 이상 근무한 실무경력이 있는 사람

④ 초고층 및 지하연계 복합건축물 재난관리에 관한 특별법 제12조 제1항 각 호 외의 부분 본문에 따라 총괄재난관리자로 지정되어 1년 이상 근무한 경력이 있는 사람

**032** 「화재의 예방 및 안전관리에 관한 법률」상 2급 소방안전관리자 자격시험에 응시할 수 있는 자격
☐☐☒ 기준에 해당하지 않는 것은?

① 경찰공무원으로 3년 이상 근무한 경력이 있는 사람
② 「위험물안전관리법」 제19조에 따른 자체소방대의 소방대원으로 3년 이상 근무한 경력
   이 있는 사람
③ 대통령 등의 경호에 관한 법률에 따른 경호공무원으로서 3년 이상 안전검측 업무에 종
   사한 경력이 있는 사람
④ 의용소방대원으로 임명되어 3년 이상 근무한 경력이 있는 사람


**033** 「화재의 예방 및 안전관리에 관한 법률」상 3급 소방안전관리자 자격시험에 응시할 수 있는 자격
☐☐☒ 기준에 해당하지 않는 것은?

① 경찰공무원으로 1년 이상 근무한 경력이 있는 사람
② 「위험물안전관리법」 제19조에 따른 자체소방대의 소방대원으로 1년 이상 근무한 경력
   이 있는 사람
③ 대통령 등의 경호에 관한 법률에 따른 경호공무원으로서 1년 이상 안전검측 업무에 종
   사한 경력이 있는 사람
④ 의용소방대원으로 임명되어 2년 이상 근무한 경력이 있는 사람


**034** 「화재의 예방 및 안전관리에 관한 법률」상 소방청장이 실시하는 강습교육의 대상이 아닌 사람은?
☐☐☒
① 소방안전관리자의 자격을 인정받으려는 사람으로서 대통령령으로 정하는 사람
② 소방안전관리자로 선임되고자 하는 사람
③ 건설현장 소방안전관리자로 선임되고자 하는 사람
④ 선임된 소방안전관리자 및 소방안전관리보조자


**035** 「화재의 예방 및 안전관리에 관한 법률」상 소방청장은 강습교육을 실시하려는 경우에는 강습교육
☐☐☒ 실시 며칠 전까지 일시·장소, 그 밖에 강습교육 실시에 필요한 사항을 인터넷 홈페이지에 공고해
야 하는가?

① 10일                              ② 20일
③ 30일                              ④ 40일

**036** 「화재의 예방 및 안전관리에 관한 법률」상 소방안전관리자 강습교육시간으로 옳게 짝지어진 것은?

① 특급 소방안전관리자: 120시간
② 1급 소방안전관리자: 60시간
③ 2급 소방안전관리자: 40시간
④ 3급 소방안전관리자: 20시간

**037** 「화재의 예방 및 안전관리에 관한 법률」상 소방안전관리자 실무교육에 관한 내용으로 옳지 않은 것은?

① 소방청장은 실무교육을 실시하려는 경우에는 실무교육 실시 30일 전까지 필요한 사항을 인터넷 홈페이지에 공고하고 교육대상자에게 통보해야 한다.
② 소방안전관리자는 소방안전관리자로 선임된 날부터 6개월 이내에 최초의 실무교육을 받아야 한다.
③ 소방안전관리자는 최초 실무교육을 받은 이후에는 2년마다 1회 이상 실무교육을 받아야 한다.
④ 소방안전관리 강습교육 또는 실무교육을 받은 후 2년 이내에 소방안전관리자로 선임된 사람은 해당 강습교육을 수료하거나 실무교육을 이수한 날에 실무교육을 이수한 것으로 본다.

**038** 「화재의 예방 및 안전관리에 관한 법률」상 소방안전관리자 실무교육에 관한 내용으로 옳지 않은 것은?

① 안전원 직원은 실무교육의 강사가 될 수 있다.
② 소방공무원으로 5년 이상 근무한 사람은 실무교육의 강사가 될 수 있다.
③ 소방안전관리자는 8시간 이내의 실무교육을 받아야 하고, 소방안전관리보조자는 4시간의 실무교육을 받아야 한다.
④ 소방청장은 해당 연도의 실무교육이 끝난 날부터 10일 이내에 그 결과를 소방본부장 또는 소방서장에게 통보해야 한다.

**039** 「화재의 예방 및 안전관리에 관한 법률」상 관리의 권원이 분리되어 있는 특정소방대상물의 경우 소방안전관리자를 선임하여야 하는 대상으로 옳은 것은?

① 판매시설 중 상점
② 복합건축물로서 지하층을 포함한 층수가 11층 이상인 것
③ 복합건축물로서 연면적 3만제곱미터 이상인 것
④ 지하구

**040** 「화재의 예방 및 안전관리에 관한 법률」상 관리의 권원이 분리된 특정소방대상물의 소방안전관리에 대한 내용으로 옳지 않은 것은?

① 관리의 권원(權原)이 분리되어 있는 특정소방대상물의 경우 그 관리의 권원별 관계인은 대통령령으로 정하는 바에 따라 소방안전관리자를 선임하여야 한다.
② 관리의 권원분리되어 있는 특정소방대상물에는 복합건축물(지하층을 포함한 층수가 11층 이상 또는 연면적 3만제곱미터 이상인 건축물), 지하가, 판매시설 중 도매시장, 소매시장 및 전통시장을 말한다.
③ 소방본부장 또는 소방서장은 관리의 권원이 많아 효율적인 소방안전관리가 이루어지지 아니한다고 판단되는 경우 대통령령으로 정하는 바에 따라 관리의 권원을 조정하여 소방안전관리자를 선임하도록 할 수 있다.
④ 관리의 권원별 관계인은 상호 협의하여 특정소방대상물의 전체에 걸쳐 소방안전관리상 필요한 업무를 총괄하는 소방안전관리자(이하 "총괄소방안전관리자"라 한다)를 건물에 선임된 소방안전관리자 중에서 선임하거나 별도로 선임하여야 한다. 이 경우 총괄소방안전관리자의 자격은 대통령령으로 정하고 업무수행 등에 필요한 사항은 행정안전부령으로 정한다.

**041** 「화재의 예방 및 안전관리에 관한 법률」상 피난계획의 수립 및 시행에 대한 내용으로 옳지 않은 것은?

① 소방안전관리대상물의 관계인은 그 장소에 근무하거나 거주 또는 출입하는 사람들이 화재가 발생한 경우에 안전하게 피난할 수 있도록 피난계획을 수립·시행하여야 한다.
② 피난계획에는 그 소방안전관리대상물의 구조, 피난시설 등을 고려하여 설정한 피난경로는 포함하지 않는다.
③ 소방안전관리대상물의 관계인은 피난시설의 위치, 피난경로 또는 대피요령이 포함된 피난유도 안내정보를 근무자 또는 거주자에게 정기적으로 제공하여야 한다.
④ 피난계획의 수립·시행, 피난유도 안내정보 제공에 필요한 사항은 행정안전부령으로 정한다.

**042** 「화재의 예방 및 안전관리에 관한 법률」상 피난계획의 수립 및 시행 내용 중 피난계획에 포함되
○△×  는 내용이 아닌 것은?

① 각 거실에서 옥외(옥상 또는 피난안전구역은 제외한다)로 이르는 피난경로
② 피난시설, 방화구획, 그 밖에 피난에 영향을 줄 수 있는 제반 사항
③ 층별, 구역별 피난대상 인원의 연령별·성별 현황
④ 화재경보의 수단 및 방식

**043** 「화재의 예방 및 안전관리에 관한 법률」상 소방안전관리대상물 근무자 및 거주자 등에 대한 소방
○△×  훈련에 대한 내용으로 옳지 않은 것은?

① 소방안전관리대상물 중 소방안전관리업무의 전담이 필요한 대통령령으로 정하는 소방
  안전관리대상물의 관계인은 소방훈련 및 교육을 한 날부터 30일 이내에 소방훈련 및
  교육 결과를 행정안전부령으로 정하는 바에 따라 소방본부장 또는 소방서장에게 제출
  하여야 한다.
② 소방안전관리대상물의 관계인은 그 장소에 근무하거나 거주하는 사람 등(이하 "근무자
  등"이라 한다)에게 소화·통보·피난 등의 훈련(이하 "소방훈련"이라 한다)과 소방안전
  관리에 필요한 교육을 하여야 하고, 통보훈련은 그 소방대상물에 출입하는 사람을 안전
  한 장소로 대피시키고 유도하는 훈련을 포함하여야 한다. 이 경우 소방훈련과 교육의
  횟수 및 방법 등에 관하여 필요한 사항은 행정안전부령으로 정한다.
③ 소방본부장 또는 소방서장은 소방안전관리대상물 중 불특정 다수인이 이용하는 대통령
  령으로 정하는 특정소방대상물의 근무자등에게 불시에 소방훈련과 교육을 실시할 수
  있다. 이 경우 소방본부장 또는 소방서장은 그 특정소방대상물 근무자등의 불편을 최소
  화하고 안전 등을 확보하는 대책을 마련하여야 하며, 소방훈련과 교육의 내용, 방법 및
  절차 등은 행정안전부령으로 정하는 바에 따라 관계인에게 사전에 통지하여야 한다.
④ 소방훈련·교육결과 제출의 대상이 되는 소방안전관리 대상물은 특급, 1급 소방안전관
  리 대상물이다.

**044** 「화재의 예방 및 안전관리에 관한 법률」제37조의 소방훈련 교육에 대한 내용에서 불시 소방훈
○△×  련·교육의 대상에 해당되지 않는 특정소방대상물은?

① 의료시설
② 판매시설
③ 교육연구시설
④ 노유자시설

**045** 「화재의 예방 및 안전관리에 관한 법률」상 특정소방대상물의 관계인에 대한 소방안전교육 내용에서 소방안전교육 대상자에 해당하지 않는 사람은?

① 소화기가 설치된 공장·창고 등의 특정소방대상물
② 비상경보설비가 설치된 공장·창고 등의 특정소방대상물
③ 관할 소방본부장 또는 소방서장이 화재에 대한 취약이 높다고 인정하는 특정소방대상물
④ 비상방송설비가 설치된 공장·창고 등의 특정소방대상물

**046** 「화재의 예방 및 안전관리에 관한 법률」상 화재예방강화지구의 관리에 대한 설명이다. (    ) 안에 들어갈 내용으로 옳은 것은?

- 소방관서장은 화재예방강화지구 안의 소방대상물의 위치·구조 및 설비 등에 대한 화재안전조사를 ( ㉠ ) 이상 실시하여야 한다.
- 소방관서장은 화재예방강화지구 안의 관계인에 대하여 소방상 필요한 훈련 및 교육을 ( ㉡ ) 이상 실시할 수 있다.
- 소방관서장은 훈련 및 교육을 실시하고자 하는 때에는 화재예방강화지구 안의 관계인에게 훈련 또는 교육 ( ㉢ ) 전까지 그 사실을 통보하여야 한다.

|  | ㉠ | ㉡ | ㉢ |
|---|---|---|---|
| ① | 연 1회 | 연 1회 | 10일 |
| ② | 월 1회 | 연 1회 | 7일 |
| ③ | 연 2회 | 월 1회 | 10일 |
| ④ | 월 2회 | 월 1회 | 7일 |

해설집 p.64

**001** 「화재의 예방 및 안전관리에 관한 법률」상 소방안전 특별관리시설물의 종류로 옳지 않은 것은?
☐△☒

① 공항시설, 철도시설, 도시철도시설
② 지정문화재 시설, 산업기술단지, 산업단지
③ 초고층 건축물 및 지하연계 복합건축물, 석유비축시설
④ 천연가스 인수기지 및 공급망, 영화상영관 중 수용인원 100명 이상인 영화상영관

**002** 「화재의 예방 및 안전관리에 관한 법률」상 특별관리시설물의 화재예방안전진단 대상으로 옳지
☐△☒ 않은 것은?

① 발전소 중 연면적이 5천제곱미터 이상인 발전소
② 도시철도시설 중 역사 및 역 시설의 연면적이 1천제곱미터 이상인 도시철도시설
③ 전력용 및 통신용 지하구 중 「국토의 계획 및 이용에 관한 법률」 제2조 제9호에 따른
  공동구
④ 공항시설 중 여객터미널의 연면적이 1천제곱미터 이상인 공항시설

**003** 「화재의 예방 및 안전관리에 관한 법률」상 소방안전 특별관리시설물로 옳지 않은 것은?
☐△☒

① 공항시설 및 항구시설
② 철도 및 도시철도시설
③ 지정문화재인 시설(시설이 아닌 지정문화재를 보호하거나 소장하고 있는 시설을 포함
  한다)
④ 산업기술단지 및 산업단지

**004** 「화재의 예방 및 안전관리에 관한 법률」상 소방안전 특별관리시설물의 안전관리에 내용으로 옳지 않은 것은?

① 공항시설, 철도시설, 도시철도시설, 항만시설, 지정문화재인 시설, 산업기술단지는 소방 안전특별관리 시설물에 포함된다.

② 점포수가 500개 이상인 전통시장과 수용인원 1,000명 이상인 영화상영관도 소방안전특별관리 시설물에 포함된다.

③ 소방청장은 소방안전 특별관리기본계획(이하 "특별관리기본계획"이라 한다)을 5년마다 수립·시행하여야 하고, 계획 시행 전년도 10월 31일까지 수립하여 시·도에 통보한다.

④ 시·도지사는 특별관리기본계획을 시행하기 위하여 매년 소방안전 특별관리시행계획(이하 "특별관리시행계획"이라 한다)을 계획 시행 전년도 10월 31일까지 수립하여야 하고, 시행 결과를 계획 시행 다음 연도 12월 31일까지 소방청장에게 통보하여야 한다.

**005** 「화재의 예방 및 안전관리에 관한 법률」상 특별관리기본계획·시행계획의 수립 및 시행에 대한 내용으로 옳지 않은 것은?

① 소방청장은 소방안전 특별관리기본계획(이하 "특별관리기본계획"이라 한다)을 5년마다 수립하여 시·도에 통보해야 한다.

② 시·도지사는 특별관리기본계획을 시행하기 위하여 매년 소방안전 특별관리시행계획(이하 "특별관리시행계획"이라 한다)을 수립·시행하고, 그 결과를 다음 연도 1월 31일까지 소방청장에게 통보해야 한다.

③ 소방관서장은 특별관리기본계획 또는 특별관리시행계획을 수립하는 경우 성별, 연령별, 화재안전취약자별 화재 피해현황 및 실태 등을 고려해야 한다.

④ 특별관리기본계획에는 화재예방을 위한 중기·장기 안전관리정책, 화재예방을 위한 교육·홍보 및 점검·진단에 대한 사항이 포함되어야 한다.

**006** 「화재의 예방 및 안전관리에 관한 법률」상 화재예방안전진단의 대상으로 옳지 않은 것은?

① 공항시설 중 여객터미널의 연면적이 1천제곱미터 이상인 공항시설

② 도시철도시설 중 역사 및 역 시설의 연면적이 1천제곱미터 이상인 도시철도시설

③ 전력용 및 통신용 지하구 중 「국토의 계획 및 이용에 관한 법률」 제2조 제9호에 따른 공동구

④ 발전소 중 연면적이 5천제곱미터 이상인 발전소

**007** 「화재의 예방 및 안전관리에 관한 법률」상 화재예방안전진단의 실시 및 절차에 대한 설명으로 옳은 것은?

① 소방안전관리대상물이 건축되어 소방안전 특별관리시설물에 해당하게 된 경우 해당 소방안전 특별관리시설물의 관계인은 사용승인 또는 완공검사를 받은 날부터 5년이 경과한 날이 속하는 해에 최초의 화재예방안전진단을 받아야 한다.
② 화재예방안전진단을 받은 소방안전 특별관리시설물의 관계인은 안전등급이 우수인 경우 안전등급을 통보받은 날부터 7년이 경과한 날이 속하는 해에 받아야 한다.
③ 화재예방안전진단을 받은 소방안전 특별관리시설물의 관계인은 안전등급이 양호인 경우 안전등급을 통보받은 날부터 6년이 경과한 날이 속하는 해에 받아야 한다.
④ 화재예방안전진단을 받은 소방안전 특별관리시설물의 관계인은 안전등급이 미흡인 경우 안전등급을 통보받은 날부터 5년이 경과한 날이 속하는 해에 받아야 한다.

**008** 「화재의 예방 및 안전관리에 관한 법률」상 화재예방안전진단의 범위가 아닌 것은?

① 화재위험요인의 조사에 관한 사항
② 소방계획 및 피난계획 수립에 관한 사항
③ 소방시설등의 유지 관리에 관한 사항
④ 피난시설, 방화구획 및 방화시설의 관리에 관한 사항

**009** 「화재의 예방 및 안전관리에 관한 법률」상 화재예방안전진단에 대한 설명이다. (    ) 안에 들어갈 내용으로 옳은 것은?

> 화재예방안전진단을 실시한 안전원 또는 진단기관은 화재예방안전진단이 완료된 날부터 (    )일 이내에 소방본부장 또는 소방서장, 관계인에게 별지 제34호 서식의 화재예방안전진단 결과 보고서를 제출해야 한다.

① 10일
② 30일
③ 60일
④ 90일

**010** 「화재의 예방 및 안전관리에 관한 법률」상 화재예방안전진단기관의 지정기준 중 전문인력이 될 수 없는 사람은?

① 소방기술사
② 소방설비기사(산업기사를 포함한다) 자격 취득 후 소방관련 업무경력이 1년(소방설비산업기사의 경우 3년) 이상인 사람
③ 소방시설관리사
④ 건축사

**001** 「화재의 예방 및 안전관리에 관한 법률」상 우수 소방대상물 관계인에 대한 포상 등에 관한 내용으로 옳지 않은 것은?

① 소방청장는 소방대상물의 자율적인 안전관리를 유도하기 위하여 안전관리 상태가 우수한 소방대상물을 선정하여 우수 소방대상물 표지를 발급하고, 소방대상물의 관계인을 포상할 수 있다.

② 우수 소방대상물의 선정 방법, 평가 대상물의 범위 및 평가 절차 등에 필요한 사항은 대통령령으로 정한다.

③ 소방청장은 우수 소방대상물 선정을 위하여 필요한 경우에는 소방대상물을 직접 방문하여 필요한 사항을 확인할 수 있다.

④ 소방청장은 우수 소방대상물 선정의 객관성 및 전문성을 확보하기 위하여 필요한 경우에는 기준에 해당하는 사람이 2명 이상 포함된 평가위원회를 성별을 고려하여 구성·운영할 수 있다.

**002** 「화재의 예방 및 안전관리에 관한 법률」상 소방관서장이 안전원에 위탁하는 업무가 아닌 것은?

① 소방안전관리자 선임신고의 접수

② 소방안전관리 등에 관한 종합정보망의 구축 운영

③ 소방안전관리자 자격시험

④ 소방안전관리자 자격의 정지 및 취소

해설집 p.66

**001**
⊡△☒

「화재의 예방 및 안전관리에 관한 법률」상 소방안전관리자, 총괄소방안전관리자 또는 소방안전관리보조자를 선임하지 아니한 자의 벌금기준은?

① 100만원 이하의 벌금
② 200만원 이하의 벌금
③ 300만원 이하의 벌금
④ 1년 이하의 징역 또는 1천만원 이하의 벌금

**002**
⊡△☒

「화재의 예방 및 안전관리에 관한 법률」상 벌금 기준이 다른 하나는?

① 화재안전조사 조치명령을 정당한 사유 없이 위반한 자
② 소방안전관리자 또는 소방안전관리 보조자의 업무이행 명령을 정당한 사유 없이 위반한 자
③ 안전관리자 자격증을 다른 사람에게 빌려 주거나 빌리거나 이를 알선한 자
④ 거짓이나 부정한 방법으로 진단기관으로 지정을 받은 자

**003**
⊡△☒

「화재의 예방 및 안전관리에 관한 법률」상 과태료 기준으로 옳게 짝지어진 것은?

① 소방안전관리업무를 하지 아니한 특정소방대상물의 관계인 또는 소방안전관리대상물의 소방안전관리자: 200만원 이하의 과태료
② 건설현장 소방안전관리대상물의 소방안전관리자의 업무를 하지 아니한 소방안전관리자: 200만원 이하의 과태료
③ 불을 사용할 때 지켜야 하는 사항 및 특수가연물의 저장 및 취급 기준을 위반한 자: 300만원 이하의 과태료
④ 소방훈련 및 교육을 하지 아니한 자: 300만원 이하의 과태료

**004** 「화재의 예방 및 안전관리에 관한 법률」상 벌칙기준으로 다른 하나는?

① 소방안전관리자, 총괄소방안전관리자 또는 소방안전관리보조자를 선임하지 아니한 자

② 화재안전조사를 정당한 사유 없이 거부·방해 또는 기피한 자

③ 소방시설·피난시설·방화시설 및 방화구획 등이 법령에 위반된 것을 발견하였음에도 필요한 조치를 할 것을 요구하지 아니한 소방안전관리자

④ 화재안전조사 결과에 따른 조치명령을 따르지 아니한 자

**005** 「화재의 예방 및 안전관리에 관한 법률」상 300만원 이하의 과태료에 해당하지 않는 것은?

① 소방안전관리업무의 지도·감독을 하지 아니한 자

② 소방훈련 및 교육을 하지 아니한 자

③ 불을 사용할 때 지켜야 하는 사항 및 같은 조 제5항에 따른 특수가연물의 저장 및 취급 기준을 위반한 자

④ 소방안전관리업무를 하지 아니한 특정소방대상물의 관계인 또는 소방안전관리대상물의 소방안전관리자

fire.Hackers.com

# PART 4
# 소방시설공사업법

**001** 「소방시설공사업법」상 목적이다. (    ) 안에 들어갈 내용으로 옳은 것은?

> 이 법은 소방시설공사 및 소방기술의 관리에 필요한 사항을 규정함으로써 소방시설업을 건전하
> 게 발전시키고 소방기술을 ( ㉠ )시켜 화재로부터 공공의 ( ㉡ )을 확보하고 국민경제에 ( ㉢ )
> 을 목적으로 한다.

| | ㉠ | ㉡ | ㉢ |
|---|---|---|---|
| ① | 발전 | 안전 | 보탬 |
| ② | 진흥 | 안전 | 이바지함 |
| ③ | 발전 | 안정 | 보탬 |
| ④ | 진흥 | 안정 | 이바지함 |

**002** 「소방시설공사업법」상 용어의 정의로 옳지 않은 것은?

① "개설"이란 이미 특정소방대상물에 설치된 소방시설등의 전부 또는 일부를 철거하고
보수하는 것을 말한다.
② "이전"이란 이미 설치된 소방시설등을 현재 설치된 장소에서 다른 장소로 옮겨 설치하
는 것을 말한다.
③ "정비"란 이미 설치된 소방시설등을 구성하고 있는 기계·기구를 교체하거나 보수하는
것을 말한다.
④ 설계도서에 따라 소방시설을 신설, 증설, 개설, 이전 및 정비(이하 "시공"이라 한다)하는
영업을 "소방시설공사업"이라고 한다.

## 003 「소방시설공사업법」상 용어에 관한 설명으로 옳은 것은?
☐△✕

① 소방시설업의 종류로는 소방시설설계업, 소방시설공사업, 소방시설감리업, 방염처리업이 있다.

② 소방기술자에는 소방시설관리사, 소방기술사가 포함되지만 위험물기능장은 포함되지 않는다.

③ 발주자란 소방시설의 설계, 시공, 감리 및 방염(이하 "소방시설공사 등"이라 한다)을 소방시설업자에게 도급하는 자를 말한다. 다만, 수급인으로서 도급받은 공사를 하도급하는 자는 제외한다.

④ 감리원이란 소방공사감리업자에 소속된 소방감리원으로서 해당 소방시설공사를 감리하는 사람을 말한다.

## 004 「소방시설공사업법」상 <보기>에서 설명하는 소방시설업의 종류는?
☐△✕

<보기>

소방시설공사에 관한 발주자의 권한을 대행하여 소방시설공사가 설계도서와 관계 법령에 따라 적법하게 시공되는지를 확인하고, 품질·시공 관리에 대한 기술지도를 하는 영업

① 소방시설설계업                     ② 소방시설공사업
③ 소방공사감리업                     ④ 방염처리업

## 005 「소방시설공사업법」상 방염처리업의 종류로 옳게 짝지어진 것은?
☐△✕

| ㄱ. 섬유류 방염업 | ㄴ. 합성 고분자류 방염업 |
| ㄷ. 종이류 방염업 | ㄹ. 합판·목재류 방염업 |

① ㄱ, ㄴ                     ② ㄱ, ㄷ
③ ㄱ, ㄹ                     ④ ㄴ, ㄹ

**001** 「소방시설공사업법」상 소방시설업의 등록기준으로 옳지 않은 것은?

① 일반 소방시설설계업에서 필요한 주된 기술인력은 소방기술사 또는 소방설비기사(기계, 전기)가 필요하다.

② 소방공무원으로 재직한 경력이 1년 이상인 사람으로서 자격수첩을 발급받은 사람은 소방시설 설계업의 보조인력이 될 수 있다.

③ 일반 소방시설공사업의 영업범위에는 연면적 1만제곱미터 미만의 특정소방대상물에 설치되는 기계/전기 분야 소방시설의 공사·개설·이전 및 정비가 해당하며 법인 및 개인 자본금(자산평가액은 1억원 이상이다)

④ "특급 감리원", "고급 감리원", "중급 감리원" 및 "초급 감리원"은 행정안전부령으로 정하는 소방기술과 관련된 자격·경력 및 학력을 갖춘 사람으로서 소방공사감리원의 기술등급 자격에 따른 경력수첩을 발급받은 사람을 말한다.

**002** 「소방시설공사업법」상 소방시설업의 보조기술인력이 될 수 없는 사람은?

① 소방설비기사 자격을 취득한 사람

② 소방설비산업기사 자격을 취득한 사람

③ 소방시설관리사 자격을 취득한 사람

④ 소방공무원으로 재직한 경력이 3년 이상인 사람으로서 자격수첩을 발급받은 사람

**003** 「소방시설공사업법」상 소방시설업의 등록사항에 대한 내용으로 옳지 않은 것은?

① 소방시설공사 등을 하려는 자는 업종별로 자본금(개인인 경우에는 자산 평가액을 말한다), 기술인력 등 대통령령으로 정하는 요건을 갖추어 특별시장·광역시장·특별자치시장·도지사 또는 도지사(이하 "시·도지사"라 한다)에게 소방시설업을 등록하여야 한다.

② 소방시설업의 등록신청과 등록증·등록수첩의 발급·재발급 신청, 그 밖에 소방시설업 등록에 필요한 사항은 행정안전부령으로 정한다.

③ 소방시설업자는 소방시설업 등록증 또는 등록수첩을 잃어버리거나, 소방시설업 등록증 또는 등록수첩이 헐어 못 쓰게 된 경우에는 시·도지사에게 소방시설업 등록증 또는 등록수첩의 재발급을 신청할 수 있다.

④ 소방시설업자는 재발급을 신청하는 경우에는 소방시설업등록증(등록수첩)재발급신청서[전자문서로 된 소방시설업 등록증(등록수첩) 재발급신청서를 포함한다]를 협회를 경유하지 않고 시·도지사에게 제출하여야 한다.

**004** 「소방시설공사업법」상 공기업·준정부기관 및 지방공사나 같은 지방공단이 법에서 정하는 요건을 모두 갖춘 경우에는 시·도지사에게 등록을 하지 아니하고 자체 기술인력을 활용하여 설계·감리를 할 수 있다. 이 요건에 해당하지 않는 것은?

① 주택의 재건축 목적으로 설립되었을 것
② 주택의 공급 목적으로 설립되었을 것
③ 설계 업무를 주요 업무로 규정하고 있을 것
④ 감리 업무를 주요 업무로 규정하고 있을 것

**005** 소방시설공사업법령상 소방시설업의 등록기준 및 영업범위에 해당하는 내용이다. (    ) 안에 들어갈 알맞은 숫자는?

> 소방시설공사업의 등록을 하려는 자는 별표 1의 기준을 갖추어 소방청장이 지정하는 금융회사 또는 「소방산업의 진흥에 관한 법률」 제23조에 따른 소방산업공제조합이 별표 1에 따른 자본금 기준금액의 (    ) 이상에 해당하는 금액의 담보를 제공받거나 현금의 예치 또는 출자를 받은 사실을 증명하여 발행하는 확인서를 특별시장·광역시장·특별자치시장·도지사 또는 특별자치도지사(이하 "시·도지사"라 한다)에게 제출하여야 한다.

① 100분의 10        ② 100분의 20
③ 100분의 30        ④ 100분의 40

## 006 「소방시설공사업법」상 소방시설업의 등록에 관한 설명으로 옳지 않은 것은?

① 소방시설업의 업종별 영업범위는 대통령령으로 정한다.

② 소방시설업의 등록신청과 등록증·등록수첩의 발급·재발급 신청, 그 밖에 소방시설업 등록에 필요한 사항은 행정안전부령으로 정한다.

③ 소방시설공사 등을 하려는 자는 업종별로 자본금(개인인 경우에는 자산 평가액을 말한다), 기술인력 등 대통령령으로 정하는 요건을 갖추어 특별시장·광역시장·특별자치시장·도지사 또는 도지사(이하 "시·도지사"라 한다)에게 소방시설업을 등록하여야 한다.

④ 소방시설공사업의 등록을 하려는 자는 별표 1의 기준을 갖추어 소방청장이 지정하는 금융회사 또는 「소방산업의 진흥에 관한 법률」 제23조에 따른 소방산업공제조합이 별표 1에 따른 자본금 기준금액의 100분의 30 이상에 해당하는 금액의 담보를 제공받거나 현금의 예치 또는 출자를 받은 사실을 증명하여 발행하는 확인서를 특별시장·광역시장·특별자치시장·도지사 또는 특별자치도지사(이하 "시·도지사"라 한다)에게 제출하여야 한다.

## 007 「소방시설공사업법」상 시·도지사는 영업정지 처분에 갈음하여 과징금을 부과할 수 있다. 이 때 과징금의 액수는?

① 3천만원 이하
② 1억원 이하
③ 2억원 이하
④ 3억원 이하

## 008 「소방시설공사업법」상 전문 소방시설설계업에 필요한 기술인력 기준은?

① 주인력: 소방기술사 1명 이상, 보조인력: 1명 이상
② 주인력: 소방기술사 1명 이상, 보조인력: 2명 이상
③ 주인력: 소방설비기사(기계 또는 전기) 1명 이상, 보조인력: 1명 이상
④ 주인력: 소방설비기사(기계 또는 전기) 1명 이상, 보조인력: 2명 이상

## 009 「소방시설공사업법」상 전문 소방시설공사업의 법인의 자본금은?

① 5천만원 이상
② 1억원 이상
③ 2억원 이상
④ 3억 이상

## 010 「소방시설공사업법」상 소방시설업의 등록기준 및 영업범위 내용으로 옳지 않은 것은?

① 일반 소방시설공사업 기계분야의 영업범위는 연면적 1만제곱미터 미만의 특정소방대상물에 설치되는 기계분야 소방시설의 공사·개설·이전 및 정비가 해당한다.

② 일반 소방시설설계업 전기분야의 영업범위는 연면적 3만제곱미터(공장의 경우에는 1만제곱미터) 미만의 특정소방대상물에 설치되는 전기분야 소방시설의 설계가 해당한다.

③ 일반 소방시설설계업의 기술인력의 주된 기술인력으로 소방기술사 1명 이상, 보조 기술인력으로 1명 이상이 필요하다.

④ 전문 소방공사감리업의 기술인력의 주된 기술인력으로 소방기술사 1명 이상 기계분야 및 전기분야의 특급, 고급, 중급, 초급 감리원 각 1명이상이 필요하다.

## 011 「소방시설공사업법」상 다음 ( ) 안에 들어갈 말로 옳은 것은?

> 소방시설업자는 등록사항이 변경된 경우에는 변경일부터 ( ㉠ )일 이내에 소방시설업 등록사항 변경신고서에 변경사항별로 서류를 첨부하여 ( ㉡ )에(게) 제출하여야 한다.

|  | ㉠ | ㉡ |
|---|---|---|
| ① | 7 | 시·도지사 |
| ② | 30 | 협회 |
| ③ | 7 | 협회 |
| ④ | 30 | 시·도지사 |

## 012 「소방시설공사업법」상 등록사항의 변경신고에 대한 내용으로 옳지 않은 것은?

① 소방시설업자는 등록사항이 변경된 경우에는 변경일부터 30일 이내에 소방시설업 등록사항 변경신고서(전자문서로 된 소방시설업 등록사항 변경신고서를 포함한다)에 변경사항별로 서류(전자문서를 포함한다)를 첨부하여 협회에 제출하여야 한다.

② 소방시설업자는 상호(명칭) 또는 영업소 소재지, 대표자, 기술인력 변경시 변경신고를 한다.

③ 대표자가 변경된 경우 소방시설업 등록증 및 등록수첩, 변경된 대표자의 성명, 주민등록번호 및 주소지 등의 인적사항이 적힌 서류를 제출한다.

④ 기술인력이 변경된 경우 소방시설업 등록증 및 등록수첩, 기술인력 증빙서류를 제출한다.

## 013 「소방시설공사업법」상 소방시설업의 변경신고에 관한 내용으로 옳은 것은?

① 소방시설업자는 등록사항이 변경된 경우에는 변경일부터 20일 이내에 별지 제7호 서식의 소방시설업 등록사항 변경신고서(전자문서로 된 소방시설업 등록사항 변경신고서를 포함한다)에 변경사항별로 규정된 서류(전자문서를 포함한다)를 첨부하여 협회에 제출하여야 한다.

② 변경신고 서류를 제출받은 협회는 등록사항의 변경신고 내용을 확인하고 7일 이내에 제출된 소방시설업 등록증·등록수첩 및 기술인력 증빙서류에 그 변경된 사항을 기재하여 발급하여야 한다.

③ 영업소 소재지가 등록된 특별시·광역시·특별자치시·도 및 특별자치도(이하 "시·도"라 한다)에서 다른 시·도로 변경된 경우에는 제출받은 변경신고 서류를 접수일로부터 10일 이내에 해당 시·도지사에게 보내야 한다. 이 경우 해당 시·도지사는 소방시설업 등록증 및 등록수첩을 협회를 경유하여 신고인에게 새로 발급하여야 한다.

④ 협회는 등록사항의 변경신고 접수현황을 매월 말일을 기준으로 작성하여 다음 달 10일까지 별지 제7호의2 서식에 따라 시·도지사에게 알려야 한다.

## 014 「소방시설공사업법」상 소방시설업의 지위승계에 대한 내용으로 옳지 않은 것은?

① 소방시설업자가 사망한 경우 그 상속인이 종전의 소방시설업자의 지위를 승계하려는 경우에는 그 상속일, 양수일 또는 합병일부터 30일 이내에 행정안전부령으로 정하는 바에 따라 그 사실을 시·도지사에게 신고하여야 한다.

② 법인인 소방시설업자가 다른 법인과 합병한 경우 합병 후 존속하는 법인이나 합병으로 설립되는 법인이 종전의 소방시설업자의 지위를 승계하려는 경우에는 그 상속일, 양수일 또는 합병일부터 30일 이내에 행정안전부령으로 정하는 바에 따라 그 사실을 시·도지사에게 신고하여야 한다.

③ 소방시설업자 지위 승계를 신고하려는 자는 그 상속일, 양수일, 합병일 또는 인수일부터 30일 이내에 서류(전자문서를 포함한다)를 소방청에 제출해야 한다.

④ 경매나 압류재산의 매각에 따라 소방시설업자의 소방시설의 전부를 인수한 자가 종전의 소방시설업자의 지위를 승계하려는 경우에는 그 인수일부터 30일 이내에 행정안전부령으로 정하는 바에 따라 그 사실을 시·도지사에게 신고하여야 한다.

**015** 「소방시설공사업법」상 소방시설업자는 소방시설업을 휴업·폐업 또는 재개업 신고에 대한 내용
○△× 으로 옳지 않은 것은?

① 소방시설업자는 소방시설업을 휴업·폐업 또는 재개업하는 때에는 행정안전부령으로
정하는 바에 따라 시·도지사에게 신고하여야 한다.

② 소방시설업자는 휴업·폐업 또는 재개업 신고를 하려면 휴업·폐업 또는 재개업일부터
30일 이내에 소방시설업 휴업·폐업·재개업 신고서(전자문서로 된 신고서를 포함한다)
에 서류(전자문서를 포함한다)를 첨부하여 협회를 경유하여 시·도지사에게 제출하여
야 한다.

③ 폐업신고를 받은 시·도지사는 소방시설업 등록을 말소하고 그 사실을 행정안전부령으
로 정하는 바에 따라 공고하여야 한다.

④ 폐업신고를 한 자가 소방시설업 등록이 말소된 후 3개월 이내에 같은 업종의 소방시설
업을 다시 시·도지사에게 등록한 경우 해당 소방시설업자는 폐업신고 전 소방시설업
자의 지위를 승계한다.

**016** 「소방시설공사업법」상 소방시설업자가 관계인에게 지체 없이 알려야 하는 사유로 옳은 것의 개수는?
○△×

> ㄱ. 휴업하거나 폐업하는 경우
> ㄴ. 소방시설업의 영업개시처분 받은 경우
> ㄷ. 소방시설업자의 지위를 승계한 경우
> ㄹ. 소방시설업의 경고처분을 받은 경우

① 1개            ② 2개
③ 3개            ④ 4개

**001** 「소방시설공사업법」상 소방시설설계업 중 전기분야 소방시설로 옳게 짝지어진 것은?

① 단독경보형감지기, 휴대용비상조명등, 제연설비
② 연소방지설비, 통합감시시설, 유도등
③ 비상경보설비, 누전경보기, 비상조명등
④ 상수도소화용수설비, 비상조명등, 비상콘센트설비

**002** 「소방시설공사업법」상 일반 소방시설 기계분야 설계업의 영업범위로 옳지 않은 것은? (단, 제연설비는 제외한다)

① 아파트에 설치되는 기계분야 소방시설의 설계
② 연면적 3만제곱미터 미만의 특정소방대상물에 설치하는 기계분야 소방시설의 설계
③ 연면적 2만제곱미터 미만의 공장에 설치하는 기계분야 소방시설의 설계
④ 위험물제조소등에 설치되는 기계분야 소방시설의 설계

**003** 「소방시설공사업법」상 소방시설설계업 등록 기준으로 옳지 않은 것은?

① 전문 소방시설설계업에서는 모든 설계를 다 할 수 있다.
② 전문 소방시설설계업의 주된 인력으로는 소방기술사 1명 이상이 필요하다.
③ 일반 소방시설설계업 기계분야에서는 연면적 3만제곱미터(공장의 경우에는 1만제곱미터) 미만의 특정소방대상물(제연설비가 설치되는 특정소방대상물은 제외한다)에 설치되는 기계분야 소방시설의 설계를 할 수 있다.
④ 일반 소방시설설계업 전기분야에서는 아파트에 설치되는 전기분야 소방시설(제연설비는 제외)의 설계를 할 수 있다.

**004** 「소방시설공사업법」상 소방기술자의 배치기준으로 옳지 않은 것은?

① 특급 소방기술자(기계분야 및 전기분야): 지하층을 포함한 층수가 40층 이상인 특정소방대상물의 공사현장

② 고급 소방기술자(기계분야 및 전기분야): 연면적 3만제곱미터 이상 20만제곱미터 미만인 특정소방대상물(아파트는 제외한다)의 공사 현장

③ 중급기술자 이상의 소방기술자(기계분야 및 전기분야): 물분무등소화설비(호스릴 방식의 소화설비는 제외한다) 또는 자동화재탐지설비가 설치되는 특정소방대상물의 공사현장

④ 초급기술자 이상의 소방기술자(기계분야 및 전기분야): 지하구의 공사 현장

**005** 「소방시설공사업법」상 착공신고 시 소방본부장 또는 소방서장에게 신고하여야 한다. 첨부하여야 하는 서류가 아닌 것은?

① 해당 소방시설공사의 책임시공 및 기술관리를 하는 기술인력의 기술등급을 증명하는 서류 사본 1부

② 설계업자의 소방시설설계업 등록증 사본 1부 및 등록수첩 사본 1부

③ 설계도서가 변경된 경우 설계도서(설계설명서를 포함) 1부

④ 소방시설공사를 하도급하는 경우 소방시설공사등의 하도급 통지서 사본 1부

**006** 「소방시설공사업법」상 소방시설공사의 착공신고 대상으로 옳지 않은 것은? (단, 소방공사업자가 공사하는 경우만 해당한다)

① 옥내소화전설비(호스릴옥내소화전설비를 포함), 스프링클러설비 등(캐비넷형 간이스프링클러설비 포함)을 신설하는 공사

② 물분무등소화설비, 연결송수관설비, 연결살수설비를 신설하는 공사

③ 자동화재탐지설비, 비상경보설비, 비상방송설비를 신설하는 공사

④ 무선통신보조설비, 비상콘센트 설비, 통합감시시설을 신설하는 공사

**007** 다음 중 「소방시설공사업법」상 착공신고 대상으로 옳은 것을 모두 고른 것은?

> ㄱ. 특정소방대상물에 옥내소화전설비(호스릴옥내소화전설비를 포함한다. 이하 같다) 신설하는 공사
> ㄴ. 특정소방대상물에 자동화재속보설비, 비상경보설비, 비상방송설비(소방용 외의 용도와 겸용되는 비상방송설비를 「정보통신공사업법」에 따른 정보통신공사업자가 공사하는 경우는 제외한다), 비상콘센트설비(비상콘센트설비를 「전기공사업법」에 따른 전기공사업자가 공사하는 경우는 제외)를 신설하는 공사
> ㄷ. 특정소방대상물에 연결살수설비의 살수구역, 연결송수관설비의 송수구역, 비상콘센트설비의 전용회로, 연소방지설비의 살수구역을 증설하는 공사
> ㄹ. 옥내·옥외소화전설비를 증설하는 공사

① ㄱ, ㄴ, ㄹ          ② ㄱ, ㄷ, ㄹ
③ ㄴ, ㄷ, ㄹ          ④ ㄱ, ㄴ, ㄷ, ㄹ

**008** 「소방시설공사업법」상 특정소방대상물에 설치된 소방시설등을 구성하는 것의 전부 또는 일부를 개설, 이전 또는 정비하는 공사의 경우 소방시설공사의 착공신고 대상이 아닌 것은? (단, 고장 또는 파손 등으로 인하여 작동시킬 수 없는 소방시설을 긴급히 교체하거나 보수하여야 하는 경우는 제외한다)

① 수신반          ② 소화펌프
③ 동력(감시)제어반          ④ 화재제어반

**009** 「소방시설공사업법」상 완공검사에 대한 내용으로 옳지 않은 것은?

① 공사업자는 소방시설공사를 완공하면 소방본부장 또는 소방서장의 완공검사를 받아야 한다. 다만, 공사감리자가 지정되어 있는 경우에는 공사감리 결과보고서로 완공검사를 갈음하되, 대통령령으로 정하는 특정소방대상물의 경우에는 소방본부장이나 소방서장이 소방시설공사가 공사감리결과보고서대로 완공되었는지를 현장에서 확인할 수 있다.

② 공사업자가 소방대상물 일부분의 소방시설공사를 마친 경우로서 전체 시설이 준공되기 전에 부분적으로 사용할 필요가 있는 경우에는 그 일부분에 대하여 소방본부장이나 소방서장에게 완공검사(이하 "부분완공검사"라 한다)를 신청할 수 있다. 이 경우 소방본부장이나 소방서장은 그 일부분의 공사가 완공되었는지를 확인하여야 한다.

③ 소방본부장이나 소방서장은 완공검사나 부분완공검사를 하였을 때에는 완공검사증명서나 부분완공검사증명서를 발급하여야 한다.

④ 완공검사 및 부분완공검사의 신청과 검사증명서의 발급, 그 밖에 완공검사 및 부분완공검사에 필요한 사항은 대통령령으로 정한다.

## 010

**010** 「소방시설공사업법」상 완공검사를 위한 현장확인 대상 특정소방대상물의 범위가 옳은 것을 고르면?

○△✕

> ㄱ. 문화 및 집회시설, 종교시설, 판매시설, 노유자시설, 수련시설, 운동시설, 숙박시설, 창고시설, 지하상가 및 「다중이용업소의 안전관리에 관한 특별법」에 따른 다중이용업소
> ㄴ. 스프링클러설비 등, 물분무등 소화설비(호스릴 방식 제외)가 설치된 특정소방대상물
> ㄷ. 연면적 1만제곱미터 이상이거나 11층 이상인 아파트
> ㄹ. 가연성가스를 제조·저장 또는 취급하는 시설 중 지하에 매립된 가연성가스탱크의 저장용량 합계가 1천톤 이상인 시설

① ㄱ
② ㄱ, ㄴ
③ ㄱ, ㄴ, ㄷ
④ ㄱ, ㄴ, ㄷ, ㄹ

**011** 「소방시설공사업법」상 완공검사를 위한 현장 확인 대상 특정소방대상물의 범위 기준에 대한 내용이다. (     ) 안에 알맞은 말로 옳게 짝지어진 것은?

○△✕

> • 문화 및 집회시설, 종교시설, 판매시설, 노유자시설, 수련시설, 운동시설, 숙박시설, 창고시설, 지하상가 및 다중이용업소
> • 다음 각 목의 어느 하나에 해당하는 설비가 설치되는 특정소방대상물
>   - 스프링클러설비등
>   - 물분무등소화설비(호스릴 방식의 소화설비는 제외한다)
> • 연면적 ( ㉠ )제곱미터 이상이거나 ( ㉡ )층 이상인 특정소방대상물(아파트는 제외한다)
> • 가연성가스를 제조·저장 또는 취급하는 시설 중 지상에 노출된 가연성가스탱크의 저장용량 합계가 ( ㉢ )톤 이상인 시설

|   | ㉠ | ㉡ | ㉢ |
|---|-----|-----|-----|
| ① | 1만 | 10 | 3천 |
| ② | 2만 | 10 | 1천 |
| ③ | 1만 | 11 | 1천 |
| ④ | 2만 | 11 | 3천 |

**012** 「소방시설공사업법 시행령」상 소방시설공사가 공사감리 결과보고서대로 완공되었는지를 현장에서 확인할 수 있는 대상으로 옳은 것은?
ㅇ△✕

① 문화 및 집회시설, 운수시설, 판매시설, 노유자 시설
② 옥내소화전이 설치가 되는 소방대상물
③ 연면적 1만제곱미터 이상이거나 11층 이상인 특정소방대상물(아파트 제외)
④ 가연성액체를 제조·저장 또는 취급하는 시설 중 지상에 노출된 가연성액체탱크의 저장용량 합계가 1천톤 이상인 시설

**013** 「소방시설공사업법」상 공사업자가 신고한 사항 가운데 행정안전부령으로 정하는 중요한 사항을 변경하였을 때에는 변경신고를 하여야 한다. 이 때 행정안전부령으로 정하는 중요한 사항이 아닌
ㅇ△✕
것은?

① 시공자
② 설치되는 소방시설의 종류
③ 시공하는 곳의 주소
④ 책임시공 및 기술관리 소방기술자

**014** 소방시설공사업법령상 착공신고 변경시 변경신고를 해야 하는 행정안전부령으로 정하는 중요한
ㅇ△✕
사항으로 옳은 것은?

① 시공자, 설치되는 소방시설의 종류, 책임시공 및 기술관리 소방기술자
② 공사자, 설치되는 소방시설의 규격, 책임시공 및 기술관리 소방감리원
③ 시공자, 설치되는 소방시설의 규격, 책임시공 및 기술관리 소방기술자
④ 공사자, 설치되는 소방시설의 종류, 책임시공 및 기술관리 소방감리원

**015** 소방시설의 하자가 발생한 경우 통보를 받은 공사업자는 며칠 이내에 이를 보수하거나 보수 일정
ㅇ△✕
을 기록한 하자보수 계획을 관계인에게 서면으로 알려야 하는가?

① 3일                        ② 7일
③ 14일                       ④ 30일

**016** 「소방시설공사업법」상 공사의 하자보수 등에 대한 내용으로 옳지 않은 것은?

① 공사업자는 소방시설공사 결과 자동화재탐지설비 등 대통령령으로 정하는 소방시설에 하자가 있을 때에는 대통령령으로 정하는 기간 동안 그 하자를 보수하여야 한다.

② 관계인은 소방시설의 하자가 발생하였을 때에는 공사업자에게 그 사실을 알려야 하며, 통보를 받은 공사업자는 3일 이내에 하자를 보수하거나 보수 일정을 기록한 하자보수 계획을 관계인에게 서면으로 알려야 한다.

③ 관계인은 공사업자가 소방본부장이나 소방서장에게 하자보수를 이행하지 아니한 경우 그 사실을 알릴 수 있다.

④ 소방본부장이나 소방서장은 하자보수를 이행하지 않은 사실을 통보를 받았을 때에는 중앙소방기술심의위원회에 심의를 요청하여야 하며, 그 심의 결과에 따라 하자보수를 이행하지 않았다고 인정할 때에는 시공자에게 기간을 정하여 하자보수를 명하여야 한다.

**017** 특정소방대상물의 소방시설에서 하자보증기간이 같은 것끼리 묶은 것은?

| | |
|---|---|
| ㄱ. 자동화재탐지설비 | ㄴ. 비상경보설비 |
| ㄷ. 무선통신보조설비 | ㄹ. 스프링클러설비 |
| ㅁ. 자동소화장치 | ㅂ. 옥내소화전 |

① ㄱ, ㄴ, ㄹ, ㅁ　　　　② ㄱ, ㄷ, ㄹ, ㅂ
③ ㄱ, ㄹ, ㅁ, ㅂ　　　　④ ㄴ, ㄷ, ㄹ, ㅁ

**018** 「소방시설공사업법 시행령」상 소방시설공사 결과 하자보수 대상과 하자보수 보증기간의 연결이 옳은 것은?

| | 하자보수대상 소방시설 | 하자보수 보증기간 |
|---|---|---|
| ① | 비상조명등, 옥내소화전설비 | 2년 |
| ② | 무선통신보조설비, 비상콘센트설비 | 2년 |
| ③ | 자동소화장치, 물분무등소화설비 | 3년 |
| ④ | 비상방송설비, 자동화재탐지설비 | 3년 |

**019** 「소방시설공사업법」상 공사의 하자보수 등에 관한 내용에서 관계인이 소방본부장이나 소방서장에게 그 사실을 알릴 수 있는 경우가 있다. 그 사유로 옳지 않은 것은?

① 하자보수를 이행하지 아니한 경우
② 하자보수계획을 서면으로 알리지 아니한 경우
③ 하자보수계획을 구두로 알리지 아니한 경우
④ 하자보수계획을 불합리하다고 인정되는 경우


**020** 「소방시설공사업법」상 소방공사감리업에 대한 설명으로 옳지 않은 것은?

① 전문 소방공사감리업의 기술인력에는 소방기술사 1명 이상이 포함되어야 한다.
② 일반 소방공사감리업의 기계분야 기술인력에는 기계분야 중급 또는 초급 감리원 이상의 감리원이 1명 이상이 포함되어야 한다.
③ 일반 소방공사감리업의 전기분야 기술인력에는 특급 감리원 이상의 감리원이 1명 이상이 포함되어야 한다.
④ 일반 소방공사감리업의 기계분야 영업범위는 연면적 3만제곱미터(공장의 경우에는 1만제곱미터) 미만의 특정소방대상물(제연설비가 설치되는 특정소방대상물은 제외한다)에 설치되는 기계분야 소방시설의 감리가 들어간다.


**021** 「소방시설공사업법」상 소방공사를 감리할 때 수행하여야 할 업무에 대한 설명으로 옳지 않은 것은?

① 실내장식물의 난연화와 방염 물품의 적법성 검토
② 소방시설등 설계도서의 적합성 검토
③ 소방시설등의 설치계획표의 적법성 검토
④ 소방용품의 위치·규격 및 사용 자재의 적합성 검토


**022** 「소방시설공사업법」상 소방공사를 감리할 때 수행하여야 할 업무에 대한 설명으로 옳지 않은 것은?

① 소방시설등의 설치계획표의 적정성 검토
② 소방시설등 설계도서의 적합성 검토
③ 소방시설등 설계 변경 사항의 적합성 검토
④ 소방용품의 위치·규격 및 사용 자재의 적합성 검토

**023** 「소방시설공사업법」상 상주공사 감리에 대한 설명으로 옳지 않은 것은?

① 감리원이 행정안전부령으로 정하는 기간 중 부득이한 사유로 1일 이상 현장을 이탈하는 경우에는 감리일지 등에 기록하여 발주청 또는 발주자의 확인을 받아야 한다. 이 경우 감리업자는 감리원의 업무를 대행할 사람을 감리현장에 배치하여 감리업무에 지장이 없도록 해야 한다.

② 감리원은 행정안전부령으로 정하는 기간 동안 공사 현장에 상주하여 감리업자의 업무를 수행하고 공사일지에 기록해야 한다.

③ 연면적 3만제곱미터 이상의 특정소방대상물(아파트는 제외한다)에 대한 소방시설의 공사가 상주공사감리에 해당한다.

④ 지하층을 포함한 층수가 16층 이상으로서 500세대 이상인 아파트에 대한 소방시설의 공사가 상주공사감리에 해당한다.

**024** 「소방시설공사업법」상 상주공사 감리 및 일반공사감리에 대한 설명으로 옳지 않은 것은?

① 아파트를 제외한 3만제곱미터 이상의 특정소방대상물의 소방시설 공사는 상주공사감리에 해당한다.

② 일반공사감리의 감리업자는 감리원이 부득이한 사유로 7일 이내의 범위에서 감리 업무를 수행할 수 없는 경우에는 업무대행자를 지정하여 그 업무를 수행하게 해야 한다.

③ 일반공사감리원은 행정안전부령으로 정하는 기간 중에는 주 1회 이상 공사 현장에 배치되어 감리 업무를 수행하고 감리일지에 기록해야 한다.

④ 지하층을 포함한 층수가 16층 이상으로서 500세대 이상인 아파트에 대한 소방시설 공사는 상주공사감리 대상에 해당한다.

**025** 「소방시설공사업법」상 일반공사감리 배치기준에 관한 내용이다. (    ) 안에 들어갈 알맞은 말은?

> 1명의 감리원이 담당하는 소방공사감리현장은 ( ㉠ )개 이하(자동화재탐지설비 또는 옥내소화전설비 중 어느 하나만 설치하는 2개의 소방공사감리현장이 최단 차량주행거리로 ( ㉡ )킬로미터 이내에 있는 경우에는 1개의 소방공사감리현장으로 본다)로서 감리현장 연면적의 총 합계가 ( ㉢ )만m² 이하일 것. 다만, 일반 공사감리 대상인 아파트의 경우에는 연면적의 합계에 관계없이 1명의 감리원이 ( ㉠ )개 이내의 공사현장을 감리할 수 있다.

| | ㉠ | ㉡ | ㉢ | | ㉠ | ㉡ | ㉢ |
|---|---|---|---|---|---|---|---|
| ① | 5 | 30 | 10 | ② | 5 | 20 | 10 |
| ③ | 3 | 30 | 5 | ④ | 3 | 20 | 10 |

**026** 「소방시설공사업법」상 감리원의 배치기준에 대한 설명으로 옳지 않은 것은?

① 특급 감리원 중 소방기술사: 연면적 20만제곱미터 이상인 특정소방대상물의 공사 현장
② 특급 감리원 이상의 소방공사 감리원: 지하층을 포함한 층수가 16층 이상 40층 미만인 특정소방대상물의 공사 현장
③ 중급 감리원 이상의 소방공사감리원: 연면적 3만제곱미터 이상 20만제곱미터 미만인 아파트의 공사 현장
④ 초급 감리원 이상의 소방공사 감리원: 지하구의 공사 현장

**027** 「소방시설공사업법」상 연면적 25만제곱미터의 소방시설공사 현장에 몇 명의 보조감리원을 추가로 배치하여야 하는가?

① 추가배치할 필요 없다.
② 1명
③ 2명
④ 3명

**028** 「소방시설공사업법」상 소방공사 감리원의 배치에 대한 내용으로 옳은 것은?

① 감리업자는 소방시설공사의 감리를 위하여 소속 감리원을 대통령령으로 정하는 바에 따라 소방시설공사 현장에 배치하여야 한다.
② 감리업자는 소속 감리원을 배치하였을 때에는 행정안전부령으로 정하는 바에 따라 소방본부장이나 소방서장에게 신고하여야 한다. 감리원의 배치를 변경하였을 때에도 또한 같다.
③ 소방시설공사 현장의 연면적 합계가 20만제곱미터 이상인 경우에는 20만제곱미터를 초과하는 연면적에 대하여 20만제곱미터(20만제곱미터를 초과하는 연면적이 10만제곱미터에 미달하는 경우에는 10만제곱미터로 본다)마다 보조감리원 1명 이상을 추가로 배치해야 한다.
④ 소방시설용 배관(전선관은 제외한다. 이하 같다)을 설치하거나 매립하는 때부터 소방시설 완공검사증명서를 발급받을 때까지 소방공사감리현장에 감리원을 배치하여야 한다.

**029** 「소방시설공사업법」상 감리업자를 공사업자로 지정해야 하는 대상이 아닌 것은?

① 제연설비를 신설할 때
② 비상콘센트설비의 전용회로를 증설할 때
③ 연결송수관설비의 송수구역을 증설할 때
④ 물분무등소화설비(호스릴 방식의 소화설비는 제외한다)를 신설·개설하거나 방호·방
  수구역을 증설할 때

**030** 「소방시설공사업법」상 공사감리자 지정 대상 특정소방대상물의 범위가 아닌 것을 고른 것은?

ㄱ. 비상방송설비를 신설 또는 개설 또는 방송구역을 증설할 때
ㄴ. 옥내소화전설비를 신설·개설 또는 증설할 때
ㄷ. 물분무등소화설비(호스릴 방식의 소화설비는 포함한다)를 신설·개설하거나 방호·방수 구
   역을 증설할 때
ㄹ. 제연설비를 신설·개설하거나 제연구역을 증설할 때
ㅁ. 연결살수설비를 신설·개설하거나 살수구역을 증설할 때

① ㄱ, ㄷ, ㄹ          ② ㄱ, ㄷ, ㅁ
③ ㄴ, ㄷ, ㄹ          ④ ㄴ, ㄷ, ㅁ

**031** 「소방시설공사업법」상 소방공사감리자의 지정 등에 대한 내용으로 옳지 않은 것은?

① 관계인이 공사감리자를 변경하였을 때에는 새로 지정된 공사감리자와 종전의 공사감리
  자는 감리 업무 수행에 관한 사항과 관계 서류를 인수·인계하여야 한다.
② 대통령령으로 정하는 특정소방대상물의 관계인이 특정소방대상물에 대하여 자동화재
  탐지설비, 옥내소화전설비 등 대통령령으로 정하는 소방시설을 시공할 때에는 소방시
  설공사의 감리를 위하여 감리업자를 공사감리자로 지정하여야 한다.
③ 관계인은 공사감리자를 지정하였을 때에는 행정안전부령으로 정하는 바에 따라 소방본
  부장이나 소방서장에게 신고하여야 한다. 공사감리자를 변경하였을 때에도 또한 같다
④ 소방본부장 또는 소방서장은 공사감리자 지정신고 또는 변경신고를 받은 날부터 5일
  이내에 신고수리 여부를 신고인에게 통지하여야 한다.

**032** 소방시설공사가 설계도서나 화재안전기준에 맞지 아니할 경우 감리업자가 가장 우선하여 조치하여야 할 사항은?

① 관계인에게 알리고 감리계약을 해지 한다.
② 공사업자 규정위반 사실을 발견 즉시 소방본부장 또는 소방서장에게 보고한다.
③ 관계인에게 알리고 공사업자에게 공사의 시정 또는 보완을 요구하여야 한다.
④ 공사업자의 규정위반사실을 시·도지사에게 신고한다.


**033** 「소방시설공사업법」상 감리업자가 소방공사를 감리할 때 소방시설공사나 설계도서나 화재안전기준에 맞지 아니할 경우 취할 수 있는 조치에 해당하지 아니한 것은?

① 공사감리자를 지정한 특정소방대상물의 관계인에게 알린다.
② 공사업자에게 공사의 시정 또는 보완을 요구한다.
③ 공사업자가 시정 또는 보완을 하지 않을 경우 공사를 중지 시킨다.
④ 공사업자가 시정 또는 보완을 하지 않고 그 공사를 계속할 경우 소방본부장 또는 소방서장에게 그 사실을 보고한다.


**034** 「소방시설공사업법」상 위반사항에 대한 조치에 대한 내용으로 옳지 않은 것은?

① 감리업자는 감리를 할 때 소방시설공사가 설계도서나 화재안전기준에 맞지 아니할 때에는 관계인에게 알리고, 공사업자에게 그 공사의 시정 또는 보완 등을 요구하여야 한다.
② 소방공사감리업자는 공사업자에게 해당 공사의 시정 또는 보완을 요구하였으나 이행하지 아니하고 그 공사를 계속할 때에는 시정 또는 보완을 이행하지 아니하고 공사를 계속하는 날부터 5일 이내에 소방시설공사 위반사항보고서(전자문서로 된 소방시설공사 위반사항보고서를 포함한다)를 소방본부장 또는 소방서장에게 제출하여야 한다.
③ 감리업자는 공사업자가 시정 또는 보완 요구를 이행하지 아니하고 그 공사를 계속할 때에는 행정안전부령으로 정하는 바에 따라 소방본부장이나 소방서장에게 그 사실을 보고하여야 한다.
④ 관계인은 감리업자가 소방본부장이나 소방서장에게 보고한 것을 이유로 감리계약을 해지하거나 감리의 대가 지급을 거부하거나 지연시키거나 그 밖의 불이익을 주어서는 아니 된다.

**035** 「소방시설공사업법」상 감리업자가 소방공사의 감리를 마쳤을 때 공사감리결과의 통보등에 대한 내용으로 옳지 않은 것은?

① 감리업자는 소방공사의 감리를 마쳤을 때에는 행정안전부령으로 정하는 바에 따라 그 감리 결과를 특정소방대상물의 관계인에게 서면으로 알려야 한다.

② 감리업자는 소방공사의 감리를 마쳤을 때에는 행정안전부령으로 정하는 바에 따라 그 감리 결과를 특정소방대상물의 도급인에게 서면으로 알려야 한다.

③ 감리업자는 소방공사의 감리를 마쳤을 때에는 행정안전부령으로 정하는 바에 따라 그 감리 결과를 특정소방대상물의 건축가에게 서면으로 알려야 한다.

④ 감리업자는 소방공사의 감리를 마쳤을 때에는 행정안전부령으로 정하는 바에 따라 소방본부장이나 소방서장에게 공사감리 결과보고서를 7일 이내에 제출하여야 한다.

**036** 「소방시설공사업법」상 감리결과의 통보 등에 대한 설명이다. (    ) 안에 들어갈 내용으로 옳은 것은?

> 감리업자가 소방공사의 감리를 마쳤을 때에는 소방공사감리 결과보고(통보)서에 서류를 첨부하여 공사가 ( ㉠ )부터 ( ㉡ )일 이내에 특정소방대상물의 관계인, 소방시설공사의 도급인 및 특정소방대상물의 공사를 감리한 건축사에게 알리고, 소방본부장 또는 소방서장에게 보고하여야 한다.

|   | ㉠ | ㉡ |
|---|---|---|
| ① | 완료된 날 | 15 |
| ② | 완료된 날 | 7 |
| ③ | 완료된 다음 날 | 15 |
| ④ | 완료된 다음 날 | 7 |

**037** 「소방시설공사업법」상 방염처리업자의 방염처리능력 평가 요청이 있는 경우 해당 방염처리업자의 방염처리 실적 등에 따라 방염처리능력을 평가하여 공시할 수 있는 사람은?

① 소방청장

② 소방본부장

③ 소방서장

④ 시 · 도지사

**038** 「소방시설공사업법 시행규칙」상 방염처리능력 평가 및 공시에 대한 내용으로 옳지 않은 것은?

① 방염처리업자는 방염처리능력을 평가받으려는 경우에는 방염처리능력 평가 신청서를 협회에 매년 2월 15일까지 제출해야 한다.

② 협회는 방염처리업자가 첨부해야 할 서류를 갖추지 못한 경우에는 15일의 보완기간을 부여하여 보완하게 해야 한다.

③ 협회는 제출된 서류가 거짓으로 확인된 경우에는 확인된 날부터 15일 이내에 해당 방염처리업자의 방염처리능력을 새로 평가하고 해당 방염처리업자의 등록수첩에 그 사실을 기재하여 발급해야 한다.

④ 방염처리능력 평가 신청에 필요한 세부규정은 협회가 정하되, 소방청장의 승인을 받아야 한다.

**039** 「소방시설공사업법」상 도급의 원칙에 대한 내용으로 옳지 않은 것은?

① 소방시설공사 등의 도급 또는 하도급의 계약당사자는 서로 대등한 입장에서 합의에 따라 공정하게 계약을 체결하고, 신의에 따라 성실하게 계약을 이행하여야 한다.

② 소방시설공사 등의 도급 또는 하도급의 계약당사자는 그 계약을 체결할 때 도급 또는 하도급 금액, 공사기간, 그 밖에 대통령령으로 정하는 사항을 계약서에 분명히 밝혀야 하며, 서명 날인한 계약서를 서로 내주고 보관하여야 한다.

③ 도급을 받은 자가 해당 소방시설공사 등을 하도급할 때에는 행정안전부령으로 정하는 바에 따라 미리 관계인과 발주자에게 알려야 한다. 하수급인을 변경하거나 하도급 계약을 해지할 때에는 알리지 아니한다.

④ 수급인은 하수급인에게 하도급과 관련하여 자재구입처의 지정 등 하수급인에게 불리하다고 인정되는 행위를 강요하여서는 아니 된다.

**040** 「소방시설공사업법」상 공사의 도급에 관한 사항으로 옳지 않은 것은?

① 특정소방대상물의 관계인 또는 발주자는 소방시설공사 등을 도급할 때에는 해당 소방시설업자에게 도급하여야 한다.

② 공사업자가 도급받은 소방시설공사의 도급금액 중 그 공사(하도급한 공사는 제외한다)의 근로자에게 지급하여야 할 임금에 해당하는 금액은 압류할 수 없다.

③ 도급을 받은 자는 소방시설공사의 일부를 다른 공사업자에게 하도급 할 수 있다.

④ 도급을 받은 자가 해당 소방시설공사등을 하도급할 때에는 행정안전부령으로 정하는 바에 따라 미리 관계인과 발주자에게 알려야 한다.

**041** 「소방시설공사업법」상 입찰로 시행되는 공사 중 분리도급의 예외가 되지 않는 것은?

① 국가를 당사자로 하는 계약에 관한 법률 시행령 또는 지방자치단체를 당사자로 하는 계약에 관한 법률 시행령에 따른 대안입찰

② 국가를 당사자로 하는 계약에 관한 법률 시행령 또는 지방자치단체를 당사자로 하는 계약에 관한 법률 시행령에 따른 일반입찰

③ 국가를 당사자로 하는 계약에 관한 법률 시행령 또는 지방자치단체를 당사자로 하는 계약에 관한 법률 시행령에 따른 실시설계 기술제안입찰

④ 국가를 당사자로 하는 계약에 관한 법률 시행령 또는 지방자치단체를 당사자로 하는 계약에 관한 법률 시행령에 따른 기본설계 기술제안입찰

**042** 「소방시설공사업법」상 소방시설공사는 다른 업종의 공사와 분리하여 도급하여야 한다. 다만, 공사의 성질상 또는 기술관리상 분리하여 도급하는 것이 곤란한 경우로서 대통령령으로 정하는 경우에는 다른 업종의 공사와 분리하지 아니하고 도급할 수 있다. 분리도급의 예외 기준이 아닌 것은?

① 재난의 발생으로 긴급하게 착공해야 하는 공사인 경우
② 연면적이 1천제곱미터 이하인 특정소방대상물에 비상방송설비를 설치하는 공사인 경우
③ 국방 및 국가안보 등과 관련하여 기밀을 유지해야 하는 공사인 경우
④ 문화재수리 및 재개발·재건축 등의 공사로서 공사의 성질상 분리하여 도급하는 것이 곤란하다고 소방청장이 인정하는 경우

**043** 「소방시설공사업법」상 동일한 특정소방대상물의 소방시설에 대한 시공과 감리를 함께 할 수 없는 경우로 옳지 않은 것은?

① 공사업자와 감리업자가 같은 자인 경우
② 법인과 그 법인의 임직원의 관계인 경우
③ 기업진단의 관계인 경우
④ 감리업자와 설계업자가 같은 자인 경우

PART 4

해커스소방 이영철 소방관계법규 단원별 실전문제집

**044** 「소방시설공사업법 시행령」상 시공을 하도급할 수 있는 경우가 아닌 것은? (단, 소방시설공사와
다음에 해당하는 사업을 함께하는 공사업자가 함께 도급받은 경우에 한한다)

① 「주택법」 제4조에 따른 주택건설사업
② 「건설산업기본법」 제9조에 따른 건설업
③ 「건축법」 제4조에 따른 건축공사업
④ 「정보통신공사업법」 제14조에 따른 정보통신공사업

**045** 「소방시설공사업법」상 도급 및 하도급의 내용에 대한 설명으로 옳지 않은 것은?

① 도급을 받은 자는 소방시설의 설계, 시공, 감리를 제3자에게 하도급할 수 없다. 다만,
설계의 경우에는 대통령령으로 정하는 바에 따라 도급받은 소방시설설계의 일부를 다
른 설계업자에게 하도급할 수 있다.
② 하수급인은 하도급받은 소방시설공사를 제3자에게 다시 하도급할 수 없다.
③ 소방시설공사 등의 도급 또는 하도급의 계약당사자는 그 계약을 체결할 때 도급 또는
하도급 금액, 공사기간, 그 밖에 대통령령으로 정하는 사항을 계약서에 분명히 밝혀야
하며, 서명 날인한 계약서를 서로 내주고 보관하여야 한다.
④ 도급을 받은 자가 해당 소방시설공사 등을 하도급할 때에는 행정안전부령으로 정하는
바에 따라 미리 관계인과 발주자에게 알려야 한다. 하수급인을 변경하거나 하도급 계약
을 해지할 때에도 또한 같다.

**046** 「소방시설공사업법」상 특정소방대상물의 관계인 또는 발주자가 수급인에게 도급계약 해지를 할
수 있는 사유로 옳지 않은 것은?

① 소방시설업이 경고를 받은 경우
② 소방시설업을 휴업하거나 폐업한 경우
③ 정당한 사유 없이 30일 이상 소방시설공사를 계속하지 아니하는 경우
④ 소방시설업이 등록취소되거나 영업정지된 경우

**047** 「소방시설공사업법 시행령」상 하도급계약의 적정성 심사 등에 대한 내용으로 옳지 않은 것은?

① 하도급계약금액이 도급금액 중 하도급부분에 상당하는 금액의 100분의 82에 해당하는 금액에 미달하는 경우 하도급계약의 적정성 심사를 할 수 있다.

② 하도급계약금액이 발주자의 예정가격의 100분의 60에 해당하는 금액에 미달하는 경우 하도급계약의 적정성 심사를 할 수 있다.

③ 발주자는 하수급인 또는 하도급계약 내용의 변경을 요구하려는 경우에는 하도급에 관한 사항을 통보받은 날 또는 그 사유가 있었음을 안 날부터 10일 이내에 서면으로 하여야 한다.

④ 하도급계약심사위원회 위원의 임기는 3년으로 하며, 한 차례만 연임할 수 있다.

**048** 「소방시설공사업법」상 하도급계약 심사위원회의 구성 및 운영에 대한 내용으로 옳은 것은?

① 하도급계약심사위원회(이하 "위원회"라 한다)는 위원장 1명과 부위원장 2명을 포함하여 10명 이내의 위원으로 구성한다.

② 하도급계약심사위원회(이하 "위원회"라 한다)는 위원장 1명과 부위원장 1명을 포함하여 10명 이내의 위원으로 구성한다.

③ 하도급계약심사위원회(이하 "위원회"라 한다)는 위원장 1명과 부위원장 1명을 포함하여 20명 이내의 위원으로 구성한다.

④ 하도급계약심사위원회(이하 "위원회"라 한다)는 위원장 1명과 부위원장 2명을 포함하여 20명 이내의 위원으로 구성한다.

**049** 「소방시설공사업법」상 하도급계약 심사위원회의 구성 및 운영에 관한 설명으로 옳은 것은?

① 하도급계약심사위원회는 위원장 1명과 부위원장 1명을 포함한 12명 이내의 위원으로 구성한다.

② 소방 분야의 박사학위를 취득하고 그 분야에서 3년 이상 연구 또는 실무경험이 있는 사람은 위원회의 부위원장으로 위촉될 수 있다

③ 위원회의 회의는 재적위원 과반수의 출석으로 개의하고, 출석위원 3분의 2 이상 찬성으로 의결한다.

④ 위원의 임기는 2년으로 하되, 두 차례까지 연임할 수 있다.

**050** 「소방시설공사업법」상 공사대금의 지급보증 등에 대한 설명으로 옳은 것은?

① 수급인이 국가, 지방자치단체 또는 대통령령으로 정하는 공공기관이 발주하는 공사를 도급받은 경우로서 수급인이 발주자에게 계약의 이행을 보증하는 때에는 발주자도 수급인에게 공사대금의 지급을 보증하거나 담보를 제공하여야 한다.

② 발주자는 공사대금의 지급보증 또는 담보 제공을 하기 곤란한 경우에는 수급인이 그에 상응하는 보험 또는 공제에 가입할 수 있도록 계약의 이행보증을 받은 날부터 14일 이내에 보험료등을 지급하여야 한다.

③ 발주자 및 수급인은 공사 1건의 도급금액이 3천만원 미만인 소규모 소방시설공사의 경우 계약이행의 보증이나 공사대금의 지급보증, 담보의 제공 또는 보험료등의 지급을 아니할 수 있다.

④ 발주자가 공사대금의 지급보증, 담보의 제공 또는 보험료등의 지급을 하지 아니한 때에는 수급인은 10일 이내 기간을 정하여 발주자에게 그 이행을 촉구하고 공사를 중지할 수 있다.

**051** 「소방시설공사업법」상 하도급대금의 지급에 대한 내용이다. (   ) 안에 들어갈 알맞은 숫자는?

> • 수급인은 발주자로부터 도급받은 소방시설공사 등에 대한 준공금(竣工金)을 받은 경우에는 하도급대금의 전부를, 기성금(旣成金)을 받은 경우에는 하수급인이 시공하거나 수행한 부분에 상당한 금액을 각각 지급받은 날(수급인이 발주자로부터 대금을 어음으로 받은 경우에는 그 어음만기일을 말한다)부터 ( ㉠ )일 이내에 하수급인에게 현금으로 지급하여야 한다.
> • 수급인은 발주자로부터 선급금을 받은 경우에는 하수급인이 자재의 구입, 현장근로자의 고용, 그 밖에 하도급 공사 등을 시작할 수 있도록 그가 받은 선급금의 내용과 비율에 따라 하수급인에게 선금을 받은 날(하도급 계약을 체결하기 전에 선급금을 받은 경우에는 하도급 계약을 체결한 날을 말한다)부터 ( ㉡ )일 이내에 선급금을 지급하여야 한다. 이 경우 수급인은 하수급인이 선급금을 반환하여야 할 경우에 대비하여 하수급인에게 보증을 요구할 수 있다.

|  | ㉠ | ㉡ |  |  | ㉠ | ㉡ |
|---|---|---|---|---|---|---|
| ① | 10 | 15 |  | ② | 15 | 15 |
| ③ | 15 | 10 |  | ④ | 10 | 10 |

**052** 「소방시설공사업법」상 시공능력 평가액에 포함되는 항목이 아닌 것은?

① 실무평가액

② 자본금평가액

③ 기술력평가액

④ 경력평가액

**053** 「소방시설공사업법」상 시공능력평가 및 공시에 대한 내용으로 옳지 않은 것은?

① 소방청장은 관계인 또는 발주자가 적절한 공사업자를 선정할 수 있도록 하기 위하여 관계인 또는 발주자의 신청이 있으면 그 공사업자의 소방시설공사 실적, 자본금 등에 따라 시공능력을 평가하여 공시할 수 있다.

② 시공능력 평가신청 절차, 평가방법, 공시방법 및 수수료 등에 관하여 필요한 사항은 행정안전부령으로 정한다.

③ 평가된 시공능력은 공사업자가 도급받을 수 있는 1건의 공사도급금액으로 한다.

④ 시공능력평가액 = 실적평가액 + 자본금평가액 + 기술력평가액 + 경력평가액 ± 신인도평가액

**054** 「소방시설공사업법」상 시공능력 평가의 방법 중 실적평가액 산정 기준으로 옳지 않은 것은?

① 실적평가액은 연평균 공사실적액으로 하며 공사실적액(발주자가 공급하는 자재비를 포함한다)은 해당 업체의 수급금액중 하수급금액은 포함하고 하도급금액은 제외한다.

② 공사업을 한 기간이 산정일을 기준으로 3년 이상인 경우에는 최근 3년간의 공사실적을 합산하여 3으로 나눈 금액을 연평균공사실적액으로 한다.

③ 공사업을 한 기간이 산정일을 기준으로 1년 이상 3년 미만인 경우에는 그 기간의 공사실적을 합산한 금액을 그 기간의 개월수로 나눈 금액에 12를 곱한 금액을 연평균공사실적액으로 한다.

④ 공사업을 한 기간이 산정일을 기준으로 1년 미만인 경우에는 그 기간의 공사실적액을 연평균공사실적액으로 한다.

**055** 「소방시설공사업법 시행규칙」별표 4의 내용으로 옳지 않은 것은?

① 공사업을 한 기간이 산정일을 기준으로 1년 미만인 경우에는 그 기간의 공사실적을 합산한 금액을 그 기간의 개월수로 나눈 금액에 12를 곱한 금액을 연평균 공사실적액으로 한다.

② 자본금평가액 = (실질자본금 × 실질자본금의 평점 + 소방청장이 지정한 금융회사 또는 소방산업공제조합에 출자·예치·담보한 금액) × 70/100

③ 기술력평가액 = 전년도 공사업계의 기술자 1인당 평균생산액 × 보유기술인력 가중치합계 × 30/100 + 전년도 기술개발투자액

④ 경력평가액 = 실적평가액 × 사업 경영기간 평점 × 20/100

**056** 「소방시설공사업법」상 신인도 평가액에 대한 설명으로 옳지 않은 것은?

① 최근 1년간 국가기관·지방자치단체·공공기관으로부터 우수시공업자로 선정된 경우 +3%의 가점을 받는다.

② 국가기관·지방자치단체 및 공공기관으로부터 공사업과 관련한 대통령 표창을 받은 경우 +3%의 가점을 받는다.

③ 최근 1년간 국가기관·지방자치단체·공공기관으로부터 부정당업자로 제재처분을 받은 사실이 있는 경우 -3%의 감점을 받는다.

④ 최근 1년간 부도가 발생한 사실이 있는 경우 -3%의 감점을 받는다.

**057** 「소방시설공사업법」상 소방시설공사업자의 시공능력 평가 및 공시에 대한 내용으로 옳지 않은 것은?

① 소방청장은 관계인 또는 발주자가 적절한 공사업자를 선정할 수 있도록 하기 위하여 공사업자의 신청이 있으면 그 공사업자의 소방시설공사 실적, 자본금 등에 따라 시공능력을 평가하여 공시할 수 있다.

② 시공능력평가를 받으려는 공사업자는 최근 3년간의 소방시설공사 실적, 자본금, 그 밖에 행정안전부령으로 정하는 사항을 소방청장에게 제출하여야 한다.

③ 시공능력 평가신청 절차, 평가방법, 공시방법 및 수수료 등에 관하여 필요한 사항은 행정안전부령으로 정한다.

④ 시공능력 평가액은 시공능력평가액은 실적평가액 + 자본금평가액 + 기술력평가액 + 경력평가액 + 신인도평가액으로 산출한다.

**058** 「소방시설공사업법」상 시·도지사가 감리업자를 선정해야 하는 주택건설공사의 내용으로 옳지 않은 것은?

① 시·도지사가 감리업자를 선정해야 하는 주택건설공사의 규모 및 대상은 공동주택(기숙사는 제외한다)으로서 500세대 이상인 것으로 한다.

② 시·도지사는 감리업자를 선정하려는 경우에는 주택건설사업을 승인한 날부터 7일 이내에 다른 공사와는 별도로 소방시설공사의 감리를 할 감리업자의 모집공고를 해야 한다.

③ 시·도지사는 공사 착수기간의 연장 등 부득이한 사유가 있어 사업주체가 요청하는 경우에는 그 사유가 없어진 날부터 7일 이내에 제2항에 따른 모집공고를 할 수 있다.

④ 모집공고는 일간신문에 싣거나 해당 특별시·광역시·특별자치시·도 또는 특별자치도의 게시판과 인터넷 홈페이지에 7일 이상 게시하는 등의 방법으로 한다.

**059** 「소방시설공사업법」상 소방시설업자의 자본금·기술인력 보유 현황, 소방시설공사등 수행상황, 행정처분 사항 등 소방시설업자에 관한 정보를 종합적이고 체계적으로 관리·제공하기 위해 소방시설업 종합정보시스템을 구축·운영하여야 하는 사람은?

① 시·도지사
② 소방청장
③ 소방본부장
④ 행정안전부장관

**060** 「소방시설공사업법」상 소방시설업 종합정보시스템에 포함되지 않는 정보는?

① 소방시설업자의 자본금·기술인력 보유 현황
② 소방시설공사등 수행상황
③ 소방시설공사등의 착공 및 완공에 관한 사항
④ 소방기술자 및 점검자의 배치 현황

# 04 소방기술자

해설집 p.85

**001** 「소방시설공사업법」상 소방기술 경력 등의 인정에 관한 내용으로 옳지 않은 것은?
☐△✕

① 소방청장은 자격·학력 및 경력을 인정받은 사람에게 소방기술 인정 자격수첩과 경력 수첩을 발급할 수 있다.

② 소방청장은 소방기술의 효율적인 활용과 소방기술의 향상을 위하여 소방기술과 관련된 자격·학력 및 경력을 가진 사람을 소방기술자로 인정할 수 있다.

③ 소방청장은 자격수첩 또는 경력수첩을 발급받은 사람이 거짓이나 그 밖의 부정한 방법 으로 자격수첩 또는 경력수첩을 발급받은 경우 자격을 취소한다.

④ 소방청장은 자격수첩 또는 경력수첩을 발급받은 사람이 동시에 둘 이상의 업체에 취업 한 경우 자격을 취소한다.

**002** 「소방시설공사업법」상 소방기술자의 의무와 소방기술 경력 등의 인정 등에 대한 설명으로 옳은
☐△✕ 것은?

① 소방기술자는 근무시간 외에 다른 소방시설업종에 종사하는 경우에는 동시에 둘 이상 의 업체에 취업할 수 있다.

② 소방기술 인정 자격수첩 또는 경력수첩을 발급받은 사람이 「소방시설공사업법」에 따른 명령을 위반한 경우 그 자격을 취소하거나 6개월 이상 1년 이하의 기간을 정하여 그 자격을 정지시킬 수 있다.

③ 소방기술자가 이중취업금지 규정을 위반하여 동시에 둘 이상의 업체에 취업한 경우 그 자격을 취소하여야 한다.

④ 소방기술자가 자격수첩 또는 경력수첩을 다른사람에게 빌려준 경우 그 자격을 취소하 여야 한다.

**003** 「소방시설공사업법」상 소방기술자의 기술등급 중 기술자격에 따른 기술등급에 대한 내용으로 옳지
☐△✕ 않은 것은?

① 소방설비기사 전기분야의 자격을 취득한 후 8년 이상 소방관련 업무를 수행한 사람은
특급기술자가 될 수 있다.
② 소방설비산업기사 기계분야의 자격을 취득한 후 11년 이상 소방관련 업무를 수행한 사
람은 특급기술자가 될 수 있다.
③ 소방설비기사 기계분야의 자격을 취득한 사람은 중급기술자가 될 수 있다.
④ 소방설비산업기사 기계분야의 자격을 취득한 후 1년 이상 소방관련 업무를 수행한 사람
은 중급기술자가 될 수 있다.

**004** 「소방시설공사업법」상 소방기술 경력 등의 인정 등의 내용에서 특급 감리원이 될 수 없는 사람은?
☐△✕

① 소방설비기사 기계분야 자격을 취득한 후 8년 이상 소방관련 업무를 수행한 사람
② 소방설비산업기사 전기분야 자격을 취득한 후 12년 이상 소방관련 업무를 수행한 사람
③ 소방시설관리사 자격을 취득한 사람
④ 소방기술사 자격을 취득한 사람

**005** 「소방시설공사업법」상 소방기술 경력 등의 인정(학력·경력 기준)에 대한 내용으로 옳지 않은 것은?
☐△✕

① 석사학위를 취득한 후 7년 이상 소방관련 업무를 수행한 사람은 특급기술자 자격을 준다.
② 학사학위를 취득한 후 5년 이상 소방 관련 업무를 수행한 사람은 고급기술자 자격을
준다.
③ 전문학사학위를 취득한 후 8년 이상 소방 관련 업무를 수행한 사람은 중급기술자 자격
을 준다.
④ 석사 또는 학사학위를 취득한 사람은 초급기술자 자격을 준다.

**006** 「소방시설공사업법」상 소방기술자의 의무에 관한 내용으로 옳지 않은 것은?

① 소방기술자는 다른 사람에게 소방기술자 경력수첩을 빌려 주어서는 아니 된다.

② 소방기술자는 동시에 둘 이상의 업체에 취업하여서는 아니 된다(소방기술자 업무에 영향을 미치지 아니하는 범위에서 근무시간 외에 소방시설업이 아닌 다른 업종에 종사하는 경우도 포함한다).

③ 소방기술자는 다른 사람에게 소방기술 경력 등을 인정받은 사람의 경우에는 소방기술인정 자격수첩을 빌려 주어서는 아니 된다.

④ 소방기술자는 이 법과 이 법에 따른 명령과 「소방시설 설치 및 관리에 관한 법률」 및 같은 법에 따른 명령에 따라 업무를 수행하여야 한다.

**007** 「소방시설공사업법」상 소방기술자 양성·인정 교육훈련기관에 대한 내용으로 옳지 않은 것은?

① 전국 2개 이상의 시·도에 이론교육과 실습교육이 가능한 교육·훈련장을 갖출 것

② 소방기술자 양성·인정 교육훈련을 실시할 수 있는 전담인력을 6명 이상 갖출 것

③ 교육과목별 교재 및 강사 매뉴얼을 갖출 것

④ 소방기술자 양성·인정 교육훈련기관은 다음 연도 교육훈련계획을 수립하여 해당 연도 11월 30일까지 소방청장의 승인을 받아야 한다.

**008** 「소방시설공사업법」상 소방기술자의 실무교육에 대한 설명으로 가장 옳지 않은 것은?

① 화재 예방, 안전관리의 효율화, 새로운 기술 등 소방에 관한 지식의 보급을 위하여 소방시설업 또는 소방시설관리업의 기술인력으로 등록된 소방기술자는 행정안전부령으로 정하는 바에 따라 실무교육을 받아야 한다.

② 소방기술자는 실무교육을 2년마다 1회 이상 받아야 하며 소방기술자 실무교육에 관한 업무를 위탁받은 실무교육기관 또는 한국소방안전원의 장은 소방기술자에 대한 실무교육을 실시하려면 교육일정 등 교육에 필요한 계획을 수립하여 소방청장에게 보고한 후 교육 10일 전까지 교육대상자에게 알려야 한다.

③ 실무교육의 시간, 교육과목, 수수료, 그 밖에 실무교육에 관하여 필요한 사항은 한국소방안전원의 장이 정하여 고시한다.

④ 소방기술자가 정하여진 교육을 받지 아니하면 그 교육을 이수할 때까지 그 소방기술자는 소방시설업 또는 「소방시설 설치 및 관리에 관한 법률」 제29조에 따른 소방시설관리업의 기술인력으로 등록된 사람으로 보지 아니한다.

**009** 「소방시설공사업법」상 소방기술자의 실무교육에 대한 내용이다. (    ) 안에 들어갈 내용으로 옳은
○△× 것은?

> • 소방기술자는 실무교육을 ( ㉠ )마다 1회 이상 받아야 한다. 다만, 실무교육을 받아야 할 기간
> 내에 소방기술자 양성·인정 교육훈련을 받은 경우에는 해당 실무교육을 받은 것으로 본다.
> • 소방기술자 실무교육에 관한 업무를 위탁받은 실무교육기관 또는 한국소방안전원의 장(이하
> "실무교육기관 등의 장"이라 한다)은 소방기술자에 대한 실무교육을 실시하려면 교육일정 등
> 교육에 필요한 계획을 수립하여 소방청장에게 보고한 후 교육 ( ㉡ ) 전까지 교육대상자에게
> 알려야 한다.

|   | ㉠ | ㉡ |   |   | ㉠ | ㉡ |
|---|----|----|---|---|----|----|
| ① | 2년 | 10일 | | ② | 1년 | 10일 |
| ③ | 2년 | 5일 | | ④ | 1년 | 5일 |

**010** 「소방시설공사업법」상 실무교육기관의 교육 계획의 수립 및 공고에 관한 내용이다. (    ) 안에
○△× 들어갈 내용으로 옳은 것은?

> • 실무교육기관 등의 장은 매년 ( ㉠ )까지 다음 해 교육계획을 실무교육의 종류별·대상자별·
> 지역별로 수립하여 이를 일간신문에 공고하고 소방본부장 또는 소방서장에게 보고하여야 한다.
> • 교육계획을 변경하는 경우에는 변경한 날부터 ( ㉡ ) 이내에 이를 일간신문에 공고하고 소방
> 본부장 또는 소방서장에게 보고하여야 한다.

|   | ㉠ | ㉡ |   |   | ㉠ | ㉡ |
|---|----|----|---|---|----|----|
| ① | 11월 30일 | 10일 | | ② | 12월 30일 | 10일 |
| ③ | 11월 30일 | 20일 | | ④ | 12월 30일 | 20일 |

**011** 「소방시설공사업법」상 소방기술자 실무교육에 필요한 기술인력 및 시설장비 기준으로 옳지 않은
○△× 것은?

① 실무교육에 필요한 기술인력 기준 중 인원은 강사 4명 및 교무요원 2명 이상을 확보한다.
② 강사는 소방 관련학의 박사학위를 가진사람이나 소방설비기사 및 위험물산업기사 자격
   을 소지한 사람으로서 소방관련 기관(단체)에서 2년 이상 강의경력이 있는 사람이 자격
   요건에 해당한다.
③ 시설 및 장비 기준에서 사무실은 바닥면적이 $60m^2$ 이상으로 한다.
④ 시설 및 장비 기준에서 강의실은 바닥면적이 $60m^2$ 이상이고, 의자·탁자 및 교육용 비
   품을 갖추어야 한다.

**001** 「소방시설공사업법」상 소방시설업자협회에 대한 설명으로 옳지 않은 것은?
○△×

① 협회는 소방청장의 인가를 받아 주된 사무소의 소재지에 설립등기를 함으로써 성립한다.
② 협회의 설립인가 절차, 정관의 기재사항 및 협회에 대한 감독에 관하여 필요한 사항은 행정안전부령으로 정한다.
③ 소방시설업자는 소방시설업자의 권익보호와 소방기술의 개발 등 소방시설업의 건전한 발전을 위하여 소방시설업자협회(이하 "협회"라 한다)를 설립할 수 있다.
④ 협회는 법인으로 한다.

**002** 「소방시설공사업법」상 소방시설업자협회의 설립에 관한 내용으로 옳지 않은 것은?
○△×

① 협회는 법인으로 하며 소방시설업자는 소방시설업자의 권익보호와 소방기술의 개발 등 소방시설업의 건전한 발전을 위하여 소방시설업자협회(이하 "협회"라 한다)를 설립할 수 있다.
② 협회는 소방청장의 인가를 받아 주된 사무소의 소재지에 설립등기를 함으로써 성립한다.
③ 협회를 설립하려면 소방시설업자 20명 이상이 발기하고 창립총회에서 정관을 의결한 후 소방청장에게 인가를 신청하여야 한다.
④ 소방청장은 협회에 대하여 총회 또는 이사회의 중요 의결사항, 회원의 가입·탈퇴와 회비에 관한 사항을 보고하게 할 수 있다.

**003** 「소방시설공사업법」상 소방시설업자 협회의 업무로 옳은 것을 모두 고른 것은?
○△×

> ㄱ. 소방시설업의 기술발전과 소방기술의 진흥을 위한 조사·연구·분석 및 평가
> ㄴ. 소방산업의 발전 및 소방기술의 향상을 위한 지원
> ㄷ. 소방시설업의 기술발전과 관련된 국제교류·활동 및 행사의 유치
> ㄹ. 「소방시설공사업법」에 따른 위탁 업무의 수행

① ㄱ
② ㄱ, ㄴ
③ ㄱ, ㄴ, ㄷ
④ ㄱ, ㄴ, ㄷ, ㄹ

**004** 「소방시설공사업법」상 소방시설업자협회의 업무에 대한 설명으로 옳지 않은 것은?

① 소방시설업의 기술발전과 소방기술의 진흥을 위한 조사
② 소방시설업의 기술발전과 소방기술의 진흥을 위한 연구
③ 소방시설업의 기술발전과 소방기술의 진흥을 위한 교육
④ 소방시설업의 기술발전과 소방기술의 진흥을 위한 분석 및 평가

**005** 「소방시설공사업법」상 소방시설업자협회의 업무로 옳지 않은 것은?

① 소방시설업의 기술발전과 관련된 국제교류·활동 및 행사의 유치
② 소방시설업의 기술발전과 소방기술의 진흥을 위한 조사·연구·분석 및 평가
③ 소방시설업 등록취소 및 영업정지 안건 회의
④ 소방산업의 발전 및 소방기술의 향상을 위한 지원

**001** 「소방시설공사업법」상 행정처분 전에 청문을 하여야 하는 대상으로 옳지 않은 것은?
○△✕
① 소방시설업의 등록취소 처분
② 소방기술 인정 자격취소 처분
③ 소방시설업의 영업정지 처분
④ 소방기술 인정 자격정지 처분

**002** 「소방시설공사업법」상 소방청장이 협회에 위탁할 수 있는 업무가 아닌 것은?
○△✕
① 방염처리능력 평가 및 공시에 관한 업무
② 소방시설업 등록사항 변경신고의 접수 및 신고내용의 확인
③ 소방시설업 종합정보시스템의 구축·운영
④ 시공능력 평가 및 공시에 관한 업무

**003** 「소방시설공사업법」상 권한의 위임 및 위탁에 대한 내용으로 옳지 않은 것은?
○△✕
① 소방청장은 실무교육에 관한 업무를 대통령령으로 정하는 바에 따라 실무교육기관 또는 한국소방안전원에 위탁할 수 있다.
② 소방청장 또는 시·도지사는 소방시설업 휴업·폐업 등 신고의 접수 및 신고내용의 확인을 협회에 위탁할 수 있다.
③ 소방청장 또는 시·도지사는 소방시설업 종합정보시스템의 구축·운영을 협회에 위탁할 수 있다.
④ 소방청장은 소방기술과 관련된 자격·학력·경력의 인정 업무를 실무교육기관 또는 한국소방안전원에 위탁할 수 있다.

**004** 「소방시설공사업법」상 소방청장이 실무교육기관이나 한국소방안전원에 위탁할 수 있는 내용은?
○△✕
① 소방시설업 등록신청의 접수 및 신청내용의 확인
② 소방시설업 등록사항 변경신고의 접수 및 신고내용의 확인
③ 방염처리능력 평가 및 공시
④ 실무교육에 관한 업무

**001** 「소방시설공사업법」상 소방시설업 등록을 하지 아니하고 영업을 한 자에 대한 벌금은?
○△✕

① 3년 이하의 징역 또는 3천만원 이하의 벌금

② 1년 이하의 징역 또는 1천만원 이하의 벌금

③ 300만원 이하의 벌금

④ 100만원 이하의 벌금

**002** 「소방시설공사업법」상 소방시설공사를 다른 업종의 공사와 분리하여 도급하지 아니한 자에 대한
○△✕ 벌금 기준은?

① 100만원 이하의 벌금

② 200만원 이하의 과태료

③ 300만원 이하의 벌금

④ 500만원 이하의 벌금

**003** 「소방시설공사업법」상 벌칙기준이 다른 하나는?
○△✕

① 영업정지 처분을 받고 그 영업정지 기간에 영업을 한 자

② 공사감리자를 지정하지 아니한 자

③ 공사감리 결과의 통보 또는 공사감리 결과보고서의 제출을 거짓으로 한 자

④ 소방기술자를 공사 현장에 배치하지 아니한 자

**004** 「소방시설공사업법」상 벌칙 및 과태료의 내용으로 옳지 않은 것은?

① 부정한 청탁을 받고 재물 또는 재산상의 이익을 취득하거나 부정한 청탁을 하면서 재물 또는 재산상의 이익을 제공한 자는 3년 이하의 징역 또는 3천만원 이하의 벌금에 처한다.

② 소방시설업의 등록증이나 등록수첩을 빌려준 자는 1년 이하의 징역 또는 1천만원 이하의 벌금에 처한다.

③ 완공검사를 받지 아니한 자는 200만원 이하의 과태료를 부과한다.

④ 3일 이내에 하자를 보수하지 아니하거나 하자보수계획을 관계인에게 거짓으로 알린 자는 200만원 이하의 과태료를 부과한다.


**005** 「소방시설공사업법」상 과태료의 부과·징수자는?

① 시·도지사, 소방본부장, 소방서장

② 소방청장, 소방본부장, 소방서장

③ 소방청장, 시·도지사, 소방본부장, 소방서장

④ 소방본부장, 소방서장, 경찰서장

fire.Hackers.com

# PART 5
# 위험물안전관리법

 **총칙**

해설집 p.90

**001** 「위험물안전관리법」상 용어의 정의로 옳게 설명된 것은?

① "위험물"이라 함은 인화성 또는 발화성 등의 성질을 가지는 것으로서 행정안전부령이 정하는 물품을 말한다.

② "지정수량"이라 함은 위험물의 종류별로 위험성을 고려하여 대통령령이 정하는 수량으로서 제조소등의 설치허가 등에 있어서 최대의 기준이 되는 수량을 말한다.

③ "제조소"라 함은 위험물을 제조할 목적으로 지정수량 이상의 위험물을 취급하기 위하여 허가를 받지 못한 장소를 말한다.

④ "저장소"라 함은 지정수량 이상의 위험물을 저장하기 위한 대통령령이 정하는 장소로서 허가를 받은 장소를 말한다.

**002** 「위험물안전관리법」상 위험물에 대한 설명으로 옳지 않은 것은?

① "가연성고체"라 함은 고체로서 화염에 의한 발화의 위험성 또는 인화의 위험성을 판단하기 위하여 고시로 정하는 시험에서 고시로 정하는 성질과 상태를 나타내는 것을 말한다.

② "자연발화성물질 및 금수성물질"이라 함은 고체 또는 액체로서 공기 중에서 발화의 위험성이 있거나 물과 접촉하여 발화하거나 불연성가스를 발생시킬 위험성이 있는 것을 말한다.

③ "자기반응성물질"이라 함은 고체 또는 액체로서 폭발의 위험성 또는 가열분해의 격렬함을 판단하기 위하여 고시로 정하는 시험에서 고시로 정하는 성질과 상태를 나타내는 것을 말한다.

④ "인화성액체"라 함은 액체(제3석유류, 제4석유류 및 동식물유류의 경우 1기압과 섭씨 20도에서 액체인 것만 해당한다)로서 인화의 위험성이 있는 것을 말한다.

## 003 「위험물안전관리법」상 용어에 대한 설명으로 옳지 않은 것은?

□△×

① "제2석유류"라 함은 등유, 경유 그 밖에 1기압에서 인화점이 섭씨 21도 이상 70도 미만인 것을 말한다. 다만, 도료류 그 밖의 물품에 있어서 가연성 액체량이 40중량퍼센트이하이면서 인화점이 섭씨 40도 이상인 동시에 연소점이 섭씨 60도 이상인 것은 제외한다.

② "동식물유류"라 함은 동물의 지육 등 또는 식물의 종자나 과육으로부터 추출한 것으로서 1기압에서 인화점이 섭씨 250도를 초과하는 것을 말한다.

③ "알코올류"라 함은 1분자를 구성하는 탄소원자의 수가 1개부터 3개까지인 포화1가 알코올(변성알코올을 포함한다)을 말한다.

④ "특수인화물"이라 함은 이황화탄소, 디에틸에테르 그 밖에 1기압에서 발화점이 섭씨 100도 이하인 것 또는 인화점이 섭씨 영하 20도 이하이고 비점이 섭씨 40도 이하인 것을 말한다.

## 004 「위험물안전관리법」상 판매취급소의 기준으로 옳은 것은?

□△×

① 점포에서 위험물을 용기에 담아 판매하기 위하여 지정수량의 30배 이하의 위험물을 취급하는 장소

② 점포에서 위험물을 용기에 담아 판매하기 위하여 지정수량의 40배 이하의 위험물을 취급하는 장소

③ 점포에서 위험물을 용기에 담아 판매하기 위하여 지정수량의 50배 이하의 위험물을 취급하는 장소

④ 점포에서 위험물을 용기에 담아 판매하기 위하여 지정수량의 60배 이하의 위험물을 취급하는 장소

## 005 「위험물안전관리법」상 용어의 정의로 옳은 것은?

□△×

① "위험물"이라 함은 연소성 또는 발화성 등의 성질을 가지는 것으로서 대통령령이 정하는 물품을 말한다.

② "지정수량"이라 함은 위험물의 종류별로 위험성을 고려하여 대통령령이 정하는 수량으로서 제조소등의 설치허가 등에 있어서 최고의 기준이 되는 수량을 말한다.

③ "제조소"라 함은 위험물을 제조할 목적으로 지정수량 이상의 위험물을 취급하기 위하여 허가를 받은 장소를 말한다.

④ "저장소"라 함은 지정수량 미만의 위험물을 저장하기 위한 대통령령이 정하는 장소로서 허가를 받은 장소를 말한다.

**006** 「위험물안전관리법」상 산화성 액체에 대한 설명으로 옳지 않은 것은?

① 산화성 액체 중 과산화수소는 농도가 36중량퍼센트 이상인 것에 한한다.

② 질산은 비중이 1.59 이상인 것에 한한다.

③ 제6류 위험물에는 과염소산, 과산화수소, 질산이 있다.

④ 산화성 액체라 함은 액체로서 산화력의 잠재적인 위험성을 판단하기 위하여 고시로 정하는 시험에서 고시로 정하는 성질과 상태를 나타내는 것을 말한다.

**007** 「위험물안전관리법 시행규칙」에서 정의하는 도로에 포함되지 않는 것은?

① 항만시설 중 임항교통시설에 해당하는 도로

② 사도

③ 도로

④ 일반교통에 이용되는 너비 1미터 이상의 도로로서 자동차의 통행이 가능한 것

**008** 「위험물안전관리법」상 제3류 위험물의 지정수량 및 위험등급이 옳게 연결된 것은?

① 알킬알루미늄 - 50kg - Ⅰ 등급

② 황린 - 10kg - Ⅰ 등급

③ 금속의 수소화물 - 300kg - Ⅲ 등급

④ 칼슘 - 100kg - Ⅲ 등급

**009** 「위험물안전관리법」상 제2류 위험물의 지정수량으로 옳지 않은 것은?

① 황화인 - 100kg

② 철분, 마그네슘분, 금속분 - 300kg

③ 인화성고체 - 1,000kg

④ 적린, 황 - 100kg

**010** 「위험물안전관리법」상 이송취급소의 구분에서 제외되는 사업소 기준으로 옳지 않은 것은?

① 사업소와 사업소의 사이에 도로(폭 1미터 이상의 일반교통에 이용되는 도로로서 자동차의 통행이 가능한 것을 말한다)만 있고 사업소와 사업소 사이의 이송배관이 그 도로를 횡단하는 경우

② 송유관에 의해 위험물을 이송하는 경우

③ 제조소등에 관계된 시설(배관을 제외한다) 및 그 부지가 같은 사업소 안에 있고 당해 사업소안에서만 위험물을 이송하는 경우

④ 사업소와 사업소 아이의 이송배관이 제3자(당해 사업소와 관련이 있거나 유사한 사업을 하는 자에 한한다)의 토지만을 통과하는 경우로서 당해 배관의 길이가 100미터 이하인 경우

**011** 「위험물안전관리법」상 적용제외가 되는 대상물이 아닌 것은?

① 철도                          ② 항공기
③ 공장                          ④ 선박

**012** 「위험물안전관리법」에서 국가는 위험물에 의한 사고를 예방하기 위해 시책을 수립 및 시행해야 한다. 이에 포함되는 내용이 아닌 것은?

① 위험물의 유통실태 분석
② 전문인력 양성 및 배치
③ 사고 예방을 위한 안전기술 개발
④ 위험물에 의한 사고 유형의 분석

**013** 「위험물안전관리법」상 지정수량 미만인 위험물의 저장 또는 취급에 관한 기술상의 기준은 무엇으로 정하는가?

① 시·도 조례                    ② 소방청장 고시
③ 행정안전부령                   ④ 대통령령

**014** 「위험물안전관리법」상 제조소등이 아닌 곳에서 지정수량 이상의 위험물을 임시로 저장 또는 취급
하는 경우 어떻게 하여야 하는가?

① 시·도 조례에 따라 관할 소방서장의 승인를 받아야 한다.
② 시·도 조례에 따라 관할 소방서장의 허가을 받아야 한다.
③ 시·도 조례에 따라 관할 소방본부장의 허가를 받아야 한다.
④ 시·도 조례에 따라 관할 소방본부장의 승인을 받아야 한다.

**015** 「위험물안전관리법」상 위험물의 저장 및 취급의 제한에 대한 내용으로 옳지 않은 것은?

① 지정수량 이상의 위험물을 저장소가 아닌 장소에서 저장하거나 제조소등이 아닌 장소
에서 취급하여서는 아니 된다.
② 임시로 저장 또는 취급하는 장소에서의 저장 또는 취급의 기준과 임시로 저장 또는 취
급하는 장소의 위치·구조 및 설비의 기준은 시·도의 조례로 정한다.
③ 시·도의 조례가 정하는 바에 따라 관할소방서장의 승인을 받아 지정수량 이상의 위험
물을 90일 이내의 기간 동안 임시로 저장 또는 취급하는 경우는 제조소등이 아닌 장소
에서 지정수량 이상의 위험물을 취급할 수 있다.
④ 군부대가 지정수량 이상의 위험물을 난방목적으로 임시로 저장 또는 취급하는 경우 제
조소등이 아닌 장소에서 지정수량 이상의 위험물을 취급할 수 있다.

**001** 「위험물안전관리법」상 허가를 받지 아니하고 당해 제조소등을 설치하거나 그 위치·구조 또는 설비를 변경할 수 있으며, 신고를 하지 아니하고 위험물의 품명·수량 또는 지정수량의 배수를 변경할 수 있는 기준으로 옳은 것은?

① 축산용으로 필요한 건조시설을 위한 지정수량 30배 이하의 저장소
② 수산용으로 필요한 건조시설을 위한 지정수량 20배 이하의 취급소
③ 농산용으로 필요한 난방시설을 위한 지정수량 20배 이하의 저장소
④ 주택의 난방시설(공동주택의 중앙난방시설 제외)을 위한 저장소

**002** 「위험물안전관리법」상 위험물의 설치 및 변경에 대한 설명으로 옳지 않은 것은?

① 제조소등을 설치하고자 하는 자는 대통령령이 정하는 바에 따라 그 설치장소를 관할하는 특별시장·광역시장·특별자치시장·도지사 또는 특별자치도지사(이하 "시·도지사"라 한다)의 허가를 받아야 한다. 제조소등의 위치·구조 또는 설비 가운데 행정안전부령이 정하는 사항을 변경하고자 하는 때에도 허가를 받아야 한다.
② 제조소등의 위치·구조 또는 설비의 변경 없이 당해 제조소등에서 저장하거나 취급하는 위험물의 품명·수량 또는 지정수량의 배수를 변경하고자 하는 자는 변경하고자 하는 날의 1일 전까지 행정안전부령이 정하는 바에 따라 시·도지사에게 허가를 받아야 한다.
③ 주택의 난방시설(공동주택의 중앙난방시설을 제외한다)을 위한 저장소 또는 취급소는 허가를 받지 아니하고 당해 제조소등을 설치하거나 그 위치·구조 또는 설비를 변경할 수 있으며, 신고를 하지 아니하고 위험물의 품명·수량 또는 지정수량의 배수를 변경할 수 있다.
④ 농예용·축산용 또는 수산용으로 필요한 난방시설 또는 건조시설을 위한 지정수량 20배 이하의 저장소는 허가를 받지 아니하고 당해 제조소등을 설치하거나 그 위치·구조 또는 설비를 변경할 수 있으며, 신고를 하지 아니하고 위험물의 품명·수량 또는 지정수량의 배수를 변경할 수 있다.

**003** 「위험물안전관리법」상 제조소 또는 일반취급소의 변경허가를 받아야 하는 경우가 아닌 것은?

① 제조소 또는 일반취급소의 위치를 이전하는 경우

② 배출설비를 신설하는 경우

③ 30m(지상에 설치하지 아니하는 배관의 경우에는 300m)를 초과하는 위험물배관을 신설·교체·철거 또는 보수(배관을 절개하는 경우에 한한다)하는 경우

④ 불활성기체의 봉입장치를 신설하는 경우

**004** 「위험물안전관리법」상 옥외탱크저장소의 변경허가를 받아야 하는 경우가 아닌 것은?

① 방유제(간막이 둑을 제외한다)의 높이 또는 방유제 내의 면적을 변경하는 경우

② 옥외저장탱크의 밑판 또는 옆판을 교체하는 경우

③ 옥외저장탱크의 위치를 이전하는 경우

④ 옥외저장탱크의 노즐 또는 맨홀을 신설하는 경우(노즐 또는 맨홀의 직경이 250mm를 초과하는 경우에 한한다)

**005** 「위험물안전관리법」상 위험물시설의 설치 및 변경에 관한 설명으로 옳지 않은 것은? (단, 권한의 위임 등 기타 사항은 고려하지 않는다)

① 제조소등을 설치하고자 하는 자는 그 설치장소를 관할하는 시·도지사의 허가를 받아야 한다.

② 제조소등의 위치·구조 등의 변경 없이 당해 제조소등에서 저장하는 위험물의 품명·수량 등을 변경하고자 하는 자는 변경하고자 하는 날까지 시·도지사의 허가를 받아야 한다.

③ 군사목적으로 제조소등을 설치하고자 하는 군부대의 장이 제조소등의 소재지를 관할하는 시·도지사와 협의한 경우에는 허가를 받은 것으로 본다.

④ 군부대의 장은 국가기밀에 속하는 제조소등의 설비를 변경하고자 하는 경우에는 당해 제조소등의 변경공사를 착수하기 전에 그 공사의 설계도서와 서류제출을 생략할 수 있다.

**006** 「위험물안전관리법」상 군용위험물 시설의 설치 및 변경에 대한 특례사항으로 옳지 않은 것은?
○△✕

① 군사목적 또는 군부대시설을 위한 제조소등을 설치하거나 그 위치·구조 또는 설비를 변경하고자 하는 군부대의 장은 대통령령이 정하는 바에 따라 미리 제조소등의 소재지를 관할하는 시·도지사와 협의하여야 한다.

② 군부대의 장은 협의한 제조소등에 대하여는 탱크안전성능검사와 완공검사를 자체적으로 실시할 수 있다. 이 경우, 완공검사를 자체적으로 실시한 군부대의 장은 지체 없이 행정안전부령이 정하는 사항을 시·도지사에게 통보하여야 한다.

③ 군부대의 장이 제조소등의 소재지를 관할하는 소방본부장·소방서장과 협의한 경우에는 허가를 받은 것으로 본다.

④ 군부대의 장은 군사목적 또는 군부대시설을 위한 제조소등을 설치하거나 그 위치·구조 또는 설비를 변경하고자 하는 경우에는 당해 제조소등의 설치공사 또는 변경공사를 착수하기 전에 그 공사의 설계도서와 행정안전부령이 정하는 서류를 시·도지사에게 제출하여야 한다. 다만, 국가안보상 중요하거나 국가기밀에 속하는 제조소등을 설치 또는 변경하는 경우에는 당해 공사의 설계도서의 제출을 생략할 수 있다.

**007** 「위험물안전관리법」상 군용 위험물 시설에 대한 설치 및 변경 특례에 대한 설명으로 옳지 않은 것은?
○△✕

① 군부대의 장은 협의한 제조소등에 대하여는 탱크안전성능검사와 완공검사를 자체적으로 실시할 수 있다. 이 경우, 완공검사를 자체적으로 실시한 군부대의 장은 지체 없이 행정안전부령이 정하는 사항을 시·도지사에게 통보하여야 한다.

② 군사목적 또는 군부대시설을 위한 제조소등을 설치하거나 그 위치·구조 또는 설비를 변경하고자 하는 군부대의 장은 대통령령이 정하는 바에 따라 미리 제조소등의 소재지를 관할하는 소방본부장 또는 소방서장과 협의하여야 한다.

③ 군부대의 장이 제조소등의 소재지를 관할하는 시·도지사와 협의한 경우에는 허가를 받은 것으로 본다.

④ 군부대의 장은 군사목적 또는 군부대시설을 위한 제조소등을 설치하거나 그 위치·구조 또는 설비를 변경하고자 하는 경우에는 당해 제조소등의 설치공사 또는 변경공사를 착수하기 전에 그 공사의 설계도서와 행정안전부령이 정하는 서류를 시·도지사에게 제출하여야 한다. 다만, 국가안보상 중요하거나 국가기밀에 속하는 제조소등을 설치 또는 변경하는 경우에는 당해 공사의 설계도서의 제출을 생략할 수 있다.

**008** 「위험물안전관리법」상 위험물탱크 안전성능 검사를 받아야 하는 경우 그 신청시기에 관한 설명으로 옳은 것은?
ⓄⓍ

① 기초·지반검사는 위험물탱크의 기초 및 지반에 관한 공사의 개시 후에 한다.
② 용접부 검사는 탱크 본체에 관한 공사의 개시 전에 한다.
③ 충수·수압검사는 탱크에 배관, 그 밖의 부속설비를 부착한 후에 한다.
④ 암반탱크검사는 암반탱크의 본체에 관한 공사의 개시 후에 한다.

**009** 「위험물안전관리법」상 탱크안전성능검사에 대한 설명으로 옳지 않은 것은?
ⓄⓍ

① 위험물을 저장 또는 취급하는 탱크로서 대통령령이 정하는 위험물탱크가 있는 제조소 등의 설치 또는 그 위치·구조 또는 설비의 변경에 관하여 허가를 받은 자가 위험물탱 크의 설치 또는 그 위치·구조 또는 설비의 변경공사를 하는 때에는 완공검사를 받기 전에 기술기준에 적합한지의 여부를 확인하기 위하여 시·도지사가 실시하는 탱크안전 성능검사를 받아야 한다.
② 시·도지사는 허가를 받은 자가 탱크안전성능시험자 또는 한국소방안전원으로부터 탱 크안전성능시험을 받은 경우에는 대통령령이 정하는 바에 따라 당해 탱크안전성능검사 의 전부 또는 일부를 면제할 수 있다.
③ 탱크안전성능검사는 기초·지반검사, 충수·수압검사, 용접부검사 및 암반탱크검사로 구분한다.
④ 위험물탱크에 대한 충수·수압검사를 면제받고자 하는 자는 위험물탱크안전성능시험자 (이하 "탱크시험자"라 한다) 또는 기술원으로부터 충수·수압검사에 관한 탱크안전성능 시험을 받아 완공검사를 받기 전(지하에 매설하는 위험물탱크에 있어서는 지하에 매설 하기 전)에 해당 시험에 합격하였음을 증명하는 서류(이하 "탱크시험합격확인증"이라 한다)를 시·도지사에게 제출해야 한다.

**010** 「위험물안전관리법」상 시·도지사가 면제할 수 있는 탱크안전성능검사는?
ⓄⓍ

① 기초·지반검사                    ② 충수·수압검사
③ 용접부검사                      ④ 암반탱크

**011** 「위험물안전관리법」상 탱크안전성능검사의 구분으로 옳지 않은 것은?

① 기초·지반검사: 옥외탱크저장소의 액체위험물탱크 중 그 용량이 100만ℓ 이상인 탱크
② 암반탱크검사: 액체위험물을 저장 또는 취급하는 암반내의 공간을 이용한 탱크
③ 충수(充水)·수압검사: 액체위험물을 저장 또는 취급하는 탱크
④ 용접부검사: 옥내탱크저장소의 액체위험물탱크 중 그 용량이 100만ℓ 이상인 탱크

**012** 「위험물안전관리법」상 완공검사의 신청 시기 중 전체공사가 완료된 후에 완공검사를 실시하기 곤란한 경우 기술원이 지정하는 부분의 어떤 시험을 실시하는 시기에 완공검사를 실시하는가?

① 비파괴시험                            ② 파괴시험
③ 기밀시험                              ④ 내압시험

**013** 「위험물안전관리법」상 완공검사의 신청에 대한 내용으로 옳지 않은 것은?

① 허가를 받은 자가 제조소등의 설치를 마쳤거나 그 위치·구조 또는 설비의 변경을 마친 때에는 당해 제조소등마다 시·도지사가 행하는 완공검사를 받아 기술기준에 적합하다고 인정받은 후가 아니면 이를 사용하여서는 아니 된다.
② 제조소등에 대한 완공검사를 받고자 하는 자는 이를 시·도지사에게 신청하여야 한다.
③ 완공검사확인증을 교부받은 자는 완공검사확인증을 잃어버리거나 멸실·훼손 또는 파손한 경우에는 이를 교부한 시·도지사에게 재교부를 신청할 수 있다.
④ 완공검사확인증을 잃어버려 재교부를 받은 자는 잃어버린 완공검사확인증을 발견하는 경우에는 이를 7일 이내에 완공검사확인증을 재교부한 시·도지사에게 제출하여야 한다.

**014** 「위험물안전관리법」상 완공검사의 신청시기에 대한 내용으로 옳지 않은 것은?

① 이송취급소의 경우: 이송배관 공사의 전체 또는 일부를 완료한 후. 다만, 지하·하천 등에 매설하는 이송배관의 공사의 경우에는 이송배관을 매설하기 전
② 지하탱크가 있는 제조소등의 경우: 당해 지하탱크를 매설하기 전
③ 전체 공사가 완료된 후에는 완공검사를 실시하기 곤란한 경우: 위험물설비 또는 배관의 설치가 완료되어 기밀시험 또는 내압시험을 실시하는 시기
④ 전체 공사가 완료된 후에는 완공검사를 실시하기 곤란한 경우: 기술원이 지정하는 부분의 파괴시험을 실시하는 시기

## 015

「위험물안전관리법 시행규칙」상 완공검사에 대한 내용이다. (　　) 안에 들어갈 것을 순서대로 고른 것은?

> 기술원은 완공검사를 실시한 경우에는 완공검사결과서를 ( ㉠ )에게 송부하고, 검사대상명·접수일시·검사일·검사번호·검사자·검사결과 및 검사결과서 발송일 등을 기재한 완공검사업무대장을 작성하여 ( ㉡ )년간 보관하여야 한다.

|  | ㉠ | ㉡ |  | ㉠ | ㉡ |
|---|---|---|---|---|---|
| ① | 소방서장 | 5 | ② | 소방서장 | 10 |
| ③ | 시·도지사 | 5 | ④ | 시·도지사 | 10 |

## 016

「위험물안전관리법」상 (　　) 안에 들어갈 말로 옳은 것은?

> - 제조소등의 설치자의 지위를 승계한 자는 행정안전부령이 정하는 바에 따라 승계한 날부터 ( ㉠ )일 이내에 시·도지사에게 그 사실을 신고하여야 한다.
> - 제조소등의 관계인은 당해 제조소등의 용도를 폐지한 때에는 행정안전부령이 정하는 바에 따라 제조소등의 용도를 폐지한 날부터 ( ㉡ )일 이내에 시·도지사에게 신고하여야 한다.

|  | ㉠ | ㉡ |  | ㉠ | ㉡ |
|---|---|---|---|---|---|
| ① | 14 | 30 | ② | 30 | 14 |
| ③ | 14 | 14 | ④ | 30 | 30 |

## 017

「위험물안전관리법 시행규칙」상 제조소등의 폐지에 대한 내용이다. (　　) 안에 들어갈 내용으로 옳은 것은?

> 법 제11조에 따라 제조소등의 용도폐지신고를 하려는 자는 별지 제29호 서식의 신고서(전자문서로 된 신고서를 포함한다)에 제조소등의 완공검사합격확인증을 첨부하여 ( ㉠ ) 또는 ( ㉡ )에게 제출해야 한다.

|  | ㉠ | ㉡ |  | ㉠ | ㉡ |
|---|---|---|---|---|---|
| ① | 소방청장 | 소방본부장 | ② | 소방청장 | 소방서장 |
| ③ | 시·도지사 | 소방본부장 | ④ | 시·도지사 | 소방서장 |

**018** 「위험물안전관리법」상 제조소등의 사용중지에 대한 내용으로 옳지 않은 것은?

[O][△][X]

① 제조소등의 관계인은 제조소등의 사용을 중지하거나 중지한 제조소등의 사용을 재개하려는 경우에는 해당 제조소등의 사용을 중지하려는 날 또는 재개하려는 날의 14일 전까지 행정안전부령으로 정하는 바에 따라 제조소등의 사용 중지 또는 재개를 시·도지사에게 신고하여야 한다.

② 제조소등의 관계인은 제조소등의 사용을 중지(경영상 형편, 대규모 공사 등의 사유로 3개월 이상 위험물을 저장하지 아니하거나 취급하지 아니하는 것을 말한다. 이하 같다) 하려는 경우에는 위험물의 제거 및 제조소등에의 출입통제 등 행정안전부령으로 정하는 안전조치를 하여야 한다. 다만, 제조소등의 사용을 중지하는 기간에도 위험물안전관리자가 계속하여 직무를 수행하는 경우에는 안전조치를 아니할 수 있다.

③ 제조소등의 중지신고를 했을때의 안전조치에는 탱크·배관 등 위험물을 저장 또는 취급하는 설비에서 위험물 및 가연성 증기 등의 제거, 관계인이 아닌 사람에 대한 해당 제조소등에의 출입금지 조치, 해당 제조소등의 사용중지 사실의 게시가 있다.

④ 소방본부장 또는 소방서장은 신고를 받으면 제조소등의 관계인이 법에 따른 안전조치를 적합하게 하였는지 또는 위험물안전관리자가 직무를 적합하게 수행하는지를 확인하고 위해 방지를 위하여 필요한 안전조치의 이행을 명할 수 있다.

**019** 「위험물안전관리법」상 제조소등의 사용 중지에 대한 내용으로 옳지 않은 것은?

[O][△][X]

① 제조소등의 관계인은 제조소등의 사용을 중지하거나 중지한 제조소등의 사용을 재개하려는 경우에는 해당 제조소등의 사용을 중지하려는 날 또는 재개하려는 날의 30일 전까지 행정안전부령으로 정하는 바에 따라 제조소등의 사용 중지 또는 재개를 시·도지사에게 신고하여야 한다.

② 시·도지사는 사용 중지 또는 재개에 대한 신고를 받으면 제조소등의 관계인이 안전조치를 적합하게 하였는지 또는 위험물안전관리자가 직무를 적합하게 수행하는지를 확인하고 위해 방지를 위하여 필요한 안전조치의 이행을 명할 수 있다.

③ 제조소등의 관계인은 제조소등의 사용을 중지(경영상 형편, 대규모 공사 등의 사유로 3개월 이상 위험물을 저장하지 아니하거나 취급하지 아니하는 것을 말한다. 이하 같다) 하려는 경우에는 위험물의 제거 및 제조소등에의 출입통제 등 행정안전부령으로 정하는 안전조치를 하여야 한다. 다만, 제조소등의 사용을 중지하는 기간에도 위험물안전관리자가 계속하여 직무를 수행하는 경우에는 안전조치를 아니할 수 있다.

④ 제조소등의 관계인은사용 중지신고에 따라 제조소등의 사용을 중지하는 기간 동안에는 위험물안전관리자를 선임하지 아니할 수 있다.

**020** 「위험물안전관리법」상 제조소등의 설치허가의 취소와 사용 정지 등에 관한 내용에서 옳지 않은
것은?

① 위험물 안전관리자의 직무 대행자를 지정하지 아니한 때에는 허가를 취소하거나 6개월
이내의 기간을 정하여 제조소등의 전부 또는 일부의 사용정지를 명할 수 있다.

② 완공검사를 받지 아니하고 제조소등을 사용한 때에는 허가를 취소하여야 한다.

③ 정기검사를 받지 아니한 때에는 허가를 취소하거나 6개월 이내의 기간을 정하여 제조
소등의 전부 또는 일부의 사용정지를 명할 수 있다.

④ 위험물의 저장·취급기준 준수명령을 위반한 때에는 허가를 취소하거나 6개월 이내의
기간을 정하여 제조소등의 전부 또는 일부의 사용정지를 명할 수 있다.

**021** 「위험물안전관리법」상 제조소등의 설치허가의 취소와 사용 정지 등에 관한 내용 중 (    ) 안에
들어갈 숫자는?

> 위반행위의 횟수에 따른 행정처분기준은 최근 (    )년간 같은 위반행위로 행정처분을 받은 경
> 우에 적용한다.

① 1                          ② 2
③ 3                          ④ 5

**022** 「위험물안전관리법」상 시·도지사는 제조소등에 대한 사용의 정지가 그 이용자에게 심한 불편을
주거나 그 밖에 공익을 해칠 우려가 있는 때에는 사용정지처분에 갈음하여 얼마 이하의 과징금을
부과할 수 있는가?

① 3천만원                      ② 2억원
③ 1억원                        ④ 5천만원

# 03 위험물시설의 안전관리

## 001
☐△✕

「위험물안전관리법」상 위험물 취급 자격자의 구분에 대한 내용으로 옳지 않은 것은?

① 위험물기능장은 별표 1의 모든 위험물을 취급할 수 있다.

② 소방공무원 경력 3년 이상인 자는 별표 1의 위험물 중 제4류 위험물을 취급할 수 있다.

③ 위험물기능사는 별표 1의 위험물 중 제4류 위험물만 취급할 수 있다.

④ 안전관리자 교육이수자는 별표 1의 위험물 중 제4류 위험물을 취급할 수 있다.

## 002
☐△✕

「위험물안전관리법」상 위험물시설의 안전관리 대한 설명으로 옳지 않은 것은?

① 안전관리자를 선임한 제조소등의 관계인은 그 안전관리자를 해임하거나 안전관리자가 퇴직한 때에는 해임하거나 퇴직한 날부터 30일 이내에 다시 안전관리자를 선임하여야 한다.

② 제조소등의 관계인은 안전관리자를 선임한 경우에는 선임한 날부터 14일 이내에 행정안전부령으로 정하는 바에 따라 소방본부장 또는 소방서장에게 신고하여야 한다.

③ 제조소등의 관계인이 안전관리자를 해임하거나 안전관리자가 퇴직한 경우 그 관계인 또는 안전관리자는 소방본부장이나 소방서장에게 그 사실을 알려 해임되거나 퇴직한 사실을 확인받을 수 있다.

④ 대리자가 안전관리자의 직무를 대행하는 기간은 10일을 초과할 수 없다.

## 003 「위험물안전관리법」상 위험물안전관리자에 대한 설명으로 옳지 않은 것은?

① 안전관리자를 선임한 제조소등의 관계인은 그 안전관리자를 해임하거나 안전관리자가 퇴직한 때에는 해임하거나 퇴직한 날부터 30일 이내에 다시 안전관리자를 선임하여야 한다.

② 안전관리자를 선임한 제조소등의 관계인은 안전관리자가 여행·질병 그 밖의 사유로 인하여 일시적으로 직무를 수행할 수 없거나 안전관리자의 해임 또는 퇴직과 동시에 다른 안전관리자를 선임하지 못하는 경우에는 국가기술자격법에 따른 위험물의 취급에 관한 자격취득자 또는 위험물안전에 관한 기본지식과 경험이 있는 자로서 행정안전부령이 정하는 자를 대리자(代理者)로 지정하여 그 직무를 대행하게 하여야 한다. 이 경우 대리자가 안전관리자의 직무를 대행하는 기간은 30일을 초과할 수 없다.

③ 이동탱크저장소의 관계인은 위험물의 안전관리에 관한 직무를 수행하게 하기 위하여 제조소등마다 대통령령이 정하는 위험물의 취급에 관한 자격이 있는 자(이하 "위험물취급자격자"라 한다)를 위험물안전관리자(이하 "안전관리자"라 한다)로 선임하여야 한다.

④ 안전관리자는 위험물을 취급하는 작업을 하는 때에는 작업자에게 안전관리에 관한 필요한 지시를 하는 등 행정안전부령이 정하는 바에 따라 위험물의 취급에 관한 안전관리와 감독을 하여야 하고, 제조소등의 관계인과 그 종사자는 안전관리자의 위험물 안전관리에 관한 의견을 존중하고 그 권고에 따라야 한다.

## 004 「위험물안전관리법」상 동일구내 있거나 상호 100미터 이내의 거리에 있는 저장소를 동일인이 설치하는 경우 1인의 안전관리자를 중복하여 선임할 수 있다. 중복선임기준에 해당하는 것을 옳게 짝지은 것은?

ㄱ. 10개 이하의 옥내저장소
ㄴ. 10개 이하의 옥외탱크저장소
ㄷ. 이동탱크저장소
ㄹ. 간이탱크저장소

① ㄱ, ㄷ

② ㄱ, ㄹ

③ ㄴ, ㄷ

④ ㄴ, ㄹ

**005** 「위험물안전관리법」상 다수의 제조소등을 설치한 자가 1인의 안전관리자를 중복하여 선임할 수 있는 경우로 옳지 않은 것은?

① 보일러·버너 또는 이와 비슷한 것으로서 위험물을 소비하는 장치로 이루어진 5개 이하의 일반취급소와 그 일반취급소에 공급하기 위한 위험물을 저장하는 저장소를 동일인이 설치한 경우

② 위험물을 차량에 고정된 탱크 또는 운반용기에 옮겨 담기 위한 5개 이하의 일반취급소와 그 일반취급소에 공급하기 위한 위험물을 저장하는 저장소를 동일인이 설치한 경우

③ 동일구내에 있거나 상호 100미터 이내의 거리에 있는 저장소로서 저장소의 규모, 저장하는 위험물의 종류 등을 고려하여 행정안전부령이 정하는 저장소를 동일인이 설치한 경우

④ 제조소등이 동일구내에 위치하거나 상호 100미터 이내의 거리에 있고 각 제조소등에서 저장 또는 취급하는 위험물의 최대수량이 지정수량의 3천배 미만을 만족하는 5개 이하의 제조소등을 동일인이 설치한 경우(다만, 저장소의 경우 제외)

**006** 「위험물안전관리법 시행규칙」상 동일구내에 있거나 상호 100미터 이내의 거리에 있는 저장소를 동일인이 설치한 경우 1인의 안전관리자를 중복하여 선임할 수 있는 저장소의 기준으로 옳지 않은 것은?

① 10개 이하의 옥내저장소
② 30개 이하의 옥외탱크저장소
③ 옥내탱크저장소
④ 암반탱크저장소

**007** 「위험물안전관리법」상 위험물시설의 안전관리에 관한 설명으로 옳지 않은 것은?

① 위험물안전관리자를 선임하여야 하는 제조소등의 경우, 안전관리자를 선임한 제조소등의 관계인은 그 안전관리자를 해임하거나 안전관리자가 퇴직한 때에는 해임하거나 퇴직한 날부터 30일 이내에 다시 안전관리자를 선임하여야 한다.

② 암반탱크저장소는 관계인이 예방규정을 정하여야 하는 제조소등에 포함된다.

③ 정기검사의 대상인 제조소등이라 함은 액체위험물을 저장 또는 취급하는 100만리터 이상의 옥외탱크저장소를 말한다.

④ 탱크안전성능시험자가 되고자 하는 자는 대통령령이 정하는 기술능력·시설 및 장비를 갖추어 시·도지사에게 등록하여야 한다.

**008** 「위험물안전관리법」상 대리자의 자격이 있는 자를 각 제조소등별로 지정하여 안전관리자를 보조
하게 하여야 하는 제조소등이 아닌 것은?

① 제조소                   ② 이송취급소
③ 일반취급소              ④ 옥외탱크저장소

**009** 「위험물안전관리법」상 탱크시험자의 등록에 관한 내용으로 옳지 않은 것은?

① 탱크시험자가 되고자 하는 자는 대통령령이 정하는 기술능력·시설 및 장비를 갖추어
시·도지사에게 등록하여야 한다.
② 피성년후견인은 탱크시험자로 등록하거나 탱크시험자의 업무에 종사할 수 없다.
③ 시·도지사는 탱크시험자가 거짓, 그 밖의 부정한 방법으로 등록한 경우 등록을 취소한다.
④ 등록한 사항 가운데 행정안전부령이 정하는 중요사항을 변경한 경우에는 그 날부터 30
일 이내에 시·도지사에게 변경신고를 하여야 한다.

**010** 「위험물안전관리법」상 시·도지사가 탱크시험자의 등록을 반드시 취소하여야 하는 경우가 아닌
것은?

① 허위, 그 밖의 부정한 방법으로 등록을 한 경우
② 등록증을 다른 자에게 빌려준 경우
③ 등록기준에 미달하게 된 경우
④ 등록의 결격사유에 해당하게 된 경우

**011** 「위험물안전관리법」상 탱크시험자의 기술능력·시설 및 장비 기준에서 필수 인력 기준이 아닌
것은?

① 위험물기능장·위험물산업기사 또는 위험물기능사 중 1명 이상
② 비파괴검사기술사 1명 이상
③ 초음파비파괴검사·자기비파괴검사 및 침투비파괴검사별로 기사
④ 초음파비파괴검사·자기비파괴검사 및 침투비파괴검사별로 기능사

**012** 「위험물안전관리법」상 관계인이 예방규정을 정하여야 하는 제조소등이 아닌 것은?
〇△✕

① 지정수량의 100배의 위험물을 저장하는 옥외저장소
② 지정수량의 10배의 위험물을 취급하는 제조소
③ 지정수량의 100배의 위험물을 저장하는 옥외탱크저장소
④ 지정수량의 150배의 위험물을 저장하는 옥내저장소

**013** 「위험물안전관리법」상 관계인이 예방규정을 정하여야 하는 제조소등이 아닌 것은?
〇△✕

① 지정수량의 100배의 제2석유류를 취급하는 제조소
② 지정수량 10배의 제1석유류를 저장하는 암반탱크저장소
③ 지정수량 150배의 제3석유류를 저장하는 옥내저장소
④ 지정수량 50배의 특수인화물을 저장하는 옥외저장소

**014** 「위험물안전관리법」상 정기점검 대상에 해당하는 제조소등의 개수는?
〇△✕

> ㄱ. 지하탱크저장소
> ㄴ. 위험물을 취급하는 탱크로서 지상에 노출된 탱크가 있는 제조소·주유취급소 또는 일반취급소
> ㄷ. 지정수량 100배 이상의 위험물을 저장하는 옥외저장소
> ㄹ. 지정수량 200배 이상의 위험물을 저장하는 옥외탱크저장소
> ㅁ. 암반탱크저장소

① 2개　　　　　　　　　② 3개
③ 4개　　　　　　　　　④ 5개

**015** 「위험물안전관리법」상 특정·준특정 옥외탱크저장소의 정기점검에 대한 내용이다. (    ) 안에 들어갈 알맞은 숫자는?

> 옥외탱크저장소 중 저장 또는 취급하는 액체위험물의 최대수량이 50만리터 이상인 것에 대해서는 정기점검 외에 다음 각 호의 어느 하나에 해당하는 기간 이내에 1회 이상 특정·준특정옥외저장탱크(특정·준특정옥외탱크저장소의 탱크를 말한다. 이하 같다)의 ( ㉠ )을 해야 한다.
> 1. 특정·준특정옥외탱크저장소의 설치허가에 따른 완공검사필증을 발급받은 날부터 ( ㉡ )
> 2. 최근의 정밀정기검사를 받은 날부터 ( ㉢ )
> 3. 특정·준특정옥외저장탱크에 안전조치를 한 후 ( ㉠ )시기 연장신청을 하여 해당 안전조치가 적정한 것으로 인정받은 경우에는 최근의 정밀정기검사를 받은 날부터 13년

|  | ㉠ | ㉡ | ㉢ |
|---|---|---|---|
| ① | 구조안전진단 | 12년 | 11년 |
| ② | 구조안전진단 | 13년 | 12년 |
| ③ | 구조안전점검 | 12년 | 11년 |
| ④ | 구조안전점검 | 13년 | 12년 |

**016** 「위험물안전관리법」상 정밀정기검사 및 중간정기검사의 시기로 옳지 않은 것은?

① 정밀정기검사: 특정·준특정 옥외탱크저장소의 설치허가에 따른 완공검사확인증을 발급받은 날부터 12년 내에 1회
② 정밀정기검사: 최근의 정밀정기검사를 받은 날부터 11년 내에 1회
③ 중간정기검사: 특정·준특정 옥외탱크저장소의 설치허가에 따른 완공검사확인증을 발급받은 날부터 5년 내에 1회
④ 중간정기검사: 최근의 정밀정기검사 또는 중간정기검사를 받은 날부터 4년 내에 1회

**017** 「위험물안전관리법」상 정기점검의 기록 유지에 대한 내용으로 옳지 않은 것은?

① 제조소등의 관계인은 정기점검 후 점검을 실시한 제조소등의 명칭을 기록하여야 한다.
② 제조소등의 관계인은 정기점검 후 점검연월일을 기록하여야 한다.
③ 정기점검기록은 옥외저장탱크의 구조안전점검에 관한 기록을 20년 동안 보관·유지한다.
④ 옥외저장탱크의 구조안전점검 외의 기록은 3년 동안 보관·유지한다.

**018** 「위험물안전관리법」상 정기검사의 대상이 되는 제조소등은? (단, 법적 대상으로 옳은 것을 의미한다)

① 액체위험물을 저장 또는 취급하는 50만리터 이상의 옥외탱크저장소
② 액체위험물을 저장 또는 취급하는 100만리터 이상의 옥외탱크저장소
③ 액체위험물을 저장 또는 취급하는 150만리터 이상의 옥외탱크저장소
④ 액체위험물을 저장 또는 취급하는 200만리터 이상의 옥외탱크저장소

**019** 「위험물안전관리법」상 정밀 정기검사의 시기로 옳은 것은?

① 특정·준특정옥외탱크저장소의 설치허가에 따른 완공검사확인증을 발급받은 날부터 13년 내에 1회
② 특정·준특정옥외탱크저장소의 설치허가에 따른 완공검사확인증을 발급받은 날부터 12년 내에 1회
③ 최근의 정밀정기검사를 받은 날부터 13년 내에 1회
④ 최근의 정밀정기검사를 받은 날부터 12년 내에 1회

**020** 「위험물안전관리법」상 자체소방대의 설치제외 대상인 일반취급소 기준이 아닌 것은?

① 보일러, 버너 그 밖에 이와 유사한 장치로 위험물을 소비하는 일반취급소
② 유압장치, 윤활유순환장치 그 밖에 이와 유사한 장치로 위험물을 취급하는 일반취급소
③ 이동저장탱크 그 밖에 이와 유사한 것에 위험물을 주입하는 일반취급소
④ 탱크에 위험물을 옮겨 담는 일반취급소

**021** 「위험물안전관리법」상 제조소 또는 일반취급소에서 취급하는 제4류 위험물의 최대수량의 합이 지정수량의 40만배인 사업소의 자체소방대에 두는 화학소방자동차 및 대원의 수는?

① 화학소방자동차 1대, 자체소방대원 5인
② 화학소방자동차 2대, 자체소방대원 10인
③ 화학소방자동차 3대, 자체소방대원 15인
④ 화학소방자동차 4대, 자체소방대원 20인

**022** 「위험물안전관리법」상 화학소방차에 갖추어야 하는 소화능력 및 설비의 기준으로 옳지 않은 것은?

① 포수용액 방사차: 방사능력 매초 2,000ℓ 이상일 것
② 분말 방사차: 방사능력 매초 35kg 이상일 것
③ 할로겐화합물 방사차: 방사능력 매초 40kg 이상일 것
④ 이산화탄소 방사차: 방사능력 매초 40kg 이상일 것

**023** 「위험물안전관리법」상 제조소등에서의 흡연 금지의 내용으로 옳지 않은 것은?

① 누구든지 제조소등에서는 지정된 장소가 아닌 곳에서 흡연을 하여서는 아니 된다.
② 소방서장은 해당 제조소등이 금연구역임을 알리는 표지를 설치하여야 한다.
③ 지정된 장소의 지정 기준·방법 등은 대통령령으로 정한다.
④ 표지를 설치하는 기준·방법 등은 행정안전부령으로 정한다.

**024** 「위험물안전관리법」상 위험물 용기에 표시하는 주의사항으로 옳지 않은 것은?

① 1류 위험물(알칼리 금속의 과산화물 함유): 화기·충격주의, 물기엄금 및 가연물접촉주의
② 2류 위험물(인화성 고체): 화기주의 및 물기엄금
③ 3류 위험물(자연발화성 물질): 화기엄금 및 공기접촉엄금
④ 5류 위험물: 화기엄금 및 충격주의

# 04 위험물의 운반 등

해설집 p.101

**001** 「위험물안전관리법」상 위험물의 운반에 관한 기준으로 옳지 않은 것은?
○△×

① 고체위험물은 운반용기 내용적의 95% 이하의 수납율로 수납할 것
② 액체위험물은 운반용기 내용적의 98% 이하의 수납율로 수납하되, 55도의 온도에서 누설되지 아니하도록 충분한 공간용적을 유지하도록 할 것
③ 하나의 외장용기에는 다른 종류의 위험물을 수납하지 아니할 것
④ 알킬알루미늄등은 운반용기의 내용적의 90% 이하의 수납율로 수납하되, 55도의 온도에서 5% 이상의 공간용적을 유지하도록 할 것

**002** 「위험물안전관리법」상 위험물의 운송을 책임지는 위험물 운송책임자의 자격 조건으로 올바른 것은?
○△×

① 국가기술자격 취득하고 1년 이상 경력자
② 국가기술자격 취득하고 2년 이상 경력자
③ 안전교육을 수료하고 3년 이상 경력자
④ 안전교육을 수료하고 4년 이상 경력자

**003** 「위험물안전관리법」상 위험물 운송책임자의 감독·지원을 받아 운송하여야 하는 위험물을 모두
○△× 고른 것은?

| ㄱ. 칼륨 | ㄴ. 나트륨 |
| ㄷ. 알킬알루미늄 | ㄹ. 알킬리튬 |

① ㄱ, ㄴ　　　　　　　　　　② ㄷ, ㄹ
③ ㄴ, ㄷ, ㄹ　　　　　　　　④ ㄱ, ㄴ, ㄷ, ㄹ

해커스소방 이영철 소방관계법규 단원별 실전문제집

**001** 「위험물안전관리법」상 출입·검사 등의 내용으로 옳지 않은 것은?
◯△✕

① 소방청장, 시·도지사, 소방본부장 또는 소방서장은 위험물의 저장 또는 취급에 따른 화재의 예방 또는 진압대책을 위하여 필요한 때에는 위험물을 저장 또는 취급하고 있다고 인정되는 장소의 관계인에 대하여 필요한 보고 또는 자료제출을 명할 수 있다.

② 출입·검사 등은 그 장소의 공개시간이나 근무시간 내 또는 해가 뜬 후부터 해가 지기 전까지의 시간 내에 행하여야 한다.

③ 출입·검사 등을 행하는 관계공무원은 관계인의 정당한 업무를 방해하거나 출입·검사 등을 수행하면서 알게 된 비밀을 다른 자에게 누설하여서는 아니 된다.

④ 소방청장, 시·도지사, 소방본부장 또는 소방서장은 탱크시험자에게 탱크시험자의 등록 또는 그 업무에 관하여 필요한 보고 또는 자료제출을 명할 수 있다.

**002** 「위험물안전관리법」상 위험물 누출 등의 사고조사에 관한 내용으로 옳지 않은 것은?
◯△✕

① 소방청장, 소방본부장 또는 소방서장은 위험물의 누출·화재·폭발 등의 사고가 발생한 경우 사고의 원인 및 피해 등을 조사하여야 한다.

② 사고조사위원회(이하 "위원회"라 한다)는 위원장 1명을 포함하여 5명 이내의 위원으로 구성한다.

③ 소방청장, 소방본부장 또는 소방서장은 사고조사에 필요한 경우 자문을 하기 위하여 관련 분야에 전문지식이 있는 사람으로 구성된 사고조사위원회를 둘 수 있다.

④ 기술원의 임직원 중 위험물 안전관리 관련 업무에 5년 이상 종사한 사람이 사고조사위원회의 위원으로 임명하거나 위촉할 수 있다.

**003** 「위험물안전관리법」상 사고조사위원회의 구성에 대한 내용으로 옳은 것은?

① 사고조사위원회(이하 "위원회"라 한다)는 위원장 1명을 포함하여 5명 이내의 위원으로 구성한다.

② 위원회의 위원은 소방청장, 소방본부장 또는 소방서장이 임명하거나 위촉하고, 위원장은 위원 중에서 소방청장, 소방본부장 또는 소방서장이 임명하거나 위촉한다.

③ 기술원의 임직원 중 위험물 안전관리 관련 업무에 3년 이상 종사한 사람은 사고조사위원회의 위원이 될 수 있다.

④ 위원회에 출석한 위원에게는 예산의 범위에서 수당, 여비, 그 밖에 필요한 경비를 지급할 수 있다. 공무원인 위원이 그 소관 업무와 직접적으로 관련되어 위원회에 출석하는 경우에도 지급한다.

**001** 「위험물안전관리법」상 권한이 다른 하나는?

① 위험물의 누출·화재·폭발 등의 사고가 발생한 경우 사고의 원인 및 피해 등을 조사하여야 한다.

② 제조소등에서의 위험물의 저장 또는 취급이 규정에 위반된다고 인정하는 때에는 당해 제조소등의 관계인에 대하여 위험물을 저장 또는 취급하도록 명할 수 있다.

③ 탱크시험자에 대하여 당해 업무를 적정하게 실시하게 하기 위하여 필요하다고 인정하는 때에는 감독상 필요한 명령을 할 수 있다.

④ 공공의 안전을 유지하거나 재해의 발생을 방지하기 위하여 긴급한 필요가 있다고 인정하는 때에는 제조소등의 관계인에 대하여 당해 제조소등의 사용을 일시정지하거나 그 사용을 제한할 것을 명할 수 있다.

**002** 「위험물안전관리법」상 청문에 대한 설명으로 옳지 않은 것은?

① 시·도지사, 소방본부장 또는 소방서장이 청문을 실시한다.

② 제조소등 설치허가의 취소는 청문대상이다.

③ 탱크시험자의 등록 취소는 청문대상이다.

④ 위험물안전관리자의 등록 취소는 청문대상이다.

**003** 「위험물안전관리법」상 시·도지사가 소방서장에게 위임하는 사항으로 옳지 않은 것은?

① 제조소등의 설치허가 또는 변경허가

② 제조소등의 설치자의 지위승계신고의 수리

③ 위험물의 품명·수량 또는 지정수량의 배수의 변경신고의 수리

④ 용량이 100만리터 이상인 액체위험물을 저장하는 탱크의 안전성능검사

**004** 「위험물안전관리법」상 소방청장이 한국소방안전원에 위탁한 교육에 해당하지 않는 것은?

① 안전관리자로 선임된 자에 대한 안전교육

② 탱크시험자의 기술인력으로 종사하는 자

③ 위험물운송자로 종사하는 자에 대한 안전교육

④ 소방청장이 실시하는 안전관리자교육을 이수한 자를 위한 안전교육

**001**
◯△✕
업무상 과실로 제조소 등에서 위험물을 유출·방출 또는 확산 시켜 사람의 생명·신체 또는 재산에 대하여 위험을 발생시킨 자에 대한 벌칙은?

① 7년 이하의 징역 또는 7천만원 이하의 벌금
② 7년 이하의 금고 또는 7천만원 이하의 벌금
③ 10년 이하의 징역 또는 1억원 이하의 벌금
④ 10년 이하의 금고 또는 1억원 이하의 벌금

**002**
◯△✕
「위험물안전관리법」상 벌칙기준으로 옳지 않은 것은?

① 제조소등에서 위험물을 유출·방출 또는 확산시켜 사람의 생명·신체 또는 재산에 대하여 위험을 발생시킨 자는 1년 이상 10년 이하의 징역에 처한다.
② 위험물을 유출·방출 또는 확산시켜 사람의 생명·신체 또는 재산에 대하여 위험을 발생시켜 사람을 상해(傷害)에 이르게 한 때에는 무기 또는 3년 이상의 징역에 처하며, 사망에 이르게 한 때에는 무기 또는 5년 이상의 징역에 처한다.
③ 업무상 과실로 제조소등에서 위험물을 유출·방출 또는 확산시켜 사람의 생명·신체 또는 재산에 대하여 위험을 발생시킨 자는 7년 이하의 징역 또는 7천만원 이하의 벌금에 처한다.
④ 업무상 과실로 제조소등에서 위험물을 유출·방출 또는 확산시켜 사람을 사상(死傷)에 이르게 한 자는 10년 이하의 징역 또는 금고나 1억원 이하의 벌금에 처한다.

**003**
◯△✕
「위험물안전관리법」상 제조소등의 설치허가를 받지 아니하고 제조소등을 설치한 자는 얼마의 벌금에 처하게 되는가?

① 5년 이하의 징역 또는 1억원 이하의 벌금
② 5년 이하의 징역 또는 5천만원 이하의 벌금
③ 10년 이하의 징역 또는 1억원 이하의 벌금
④ 10년 이하의 징역 또는 5천만원 이하의 벌금

**004** 「위험물안전관리법」상 제조소등이 아닌 장소에서 지정수량 이상의 위험물을 저장 또는 취급한
자에 대한 벌칙은?

① 1년 이하의 징역 또는 1천만원 이하의 벌금
② 3년 이하의 징역 또는 3천만원 이하의 벌금
③ 5년 이하의 징역 또는 5천만원 이하의 벌금
④ 10년 이하의 징역 또는 1억원 이하의 벌금

**005** 「위험물안전관리법」상 벌칙과 과태료에 대한 내용으로 옳지 않은 것은?

① 위험물의 저장 또는 취급에 관한 중요기준에 따르지 아니한 자는 1천500만원 이하의
벌금에 처한다.
② 위험물 운반에 관한 중요기준에 따르지 아니한 자는 1천500만원 이하의 벌금에 처한다.
③ 위험물의 저장 또는 취급에 관한 세부기준을 위반한 자는 500만원 이하의 과태료를 부
과한다.
④ 위험물의 운반에 관한 세부기준을 위반한 자는 500만원 이하의 과태료를 부과한다.

**001**
⊙△✕

「위험물안전관리법」상 제조소에 설치하는 옥외설비의 바닥 설치기준이다. 설치기준으로 옳게 짝 지어진 것은?

> • 바닥의 최저부에 ( ㉠ )를 하여야 한다.
> • 위험물을 취급하는 설비에 있어서는 당해 위험물이 직접 배수구에 흘러들어가지 아니하도록 ( ㉠ )에 ( ㉡ )를 설치하여야 한다.
> • 바닥의 둘레에 높이 ( ㉢ )m 이상의 턱을 설치하는 등 위험물이 외부로 흘러나가지 아니하도록 하여야 한다.

| | ㉠ | ㉡ | ㉢ |
|---|---|---|---|
| ① | 집유설비 | 유분리장치 | 0.15 |
| ② | 집유설비 | 소화피트장치 | 0.1 |
| ③ | 집수설비 | 유분리장치 | 0.15 |
| ④ | 집수설비 | 소화피트장치 | 0.1 |

**002**
⊙△✕

「위험물안전관리법」상 제조소(제6류 위험물은 제외)에 두는 안전거리 기준으로 옳지 않은 것은?

① 주거용으로 사용되는 것(제조소가 설치된 부지내에 있는 것을 제외): 10m 이상

② 학교·병원·극장·다수인 수용시설: 30m 이상

③ 유형문화재와 기념물 중 지정문화재: 40m 이상

④ 고압가스·액화석유가스 또는 도시가스를 저장 또는 취급하는 시설: 20m 이상

## 003 「위험물안전관리법 시행규칙」상 위험물제조소의 건축물 구조로 옳지 않은 것은?

① 위험물을 취급하는 건축물의 구조는 지하층이 없도록 한다. 다만, 위험물을 취급하지 아니하는 지하층으로서 위험물의 취급장소에서 새어나온 위험물 또는 가연성의 증기가 흘러 들어갈 우려가 없는 구조로 된 경우에는 그러하지 아니하다.

② 출입구와 비상구에는 갑종방화문 또는 을종방화문을 설치하되, 연소의 우려가 있는 외벽에 설치하는 출입구에는 수시로 열 수 있는 자동폐쇄식의 갑종방화문을 설치하여야 한다.

③ 벽·기둥·바닥·보·서까래 및 계단을 불연재료로 하고, 연소(延燒)의 우려가 있는 외벽(소방청장이 정하여 고시하는 것에 한한다. 이하 같다)은 출입구 외의 개구부가 없는 내화구조의 벽으로 하여야 한다. 이 경우 제6류 위험물을 취급하는 건축물에 있어서 위험물이 스며들 우려가 있는 부분에 대하여는 아스팔트 그 밖에 부식되지 아니하는 재료로 피복하여야 한다.

④ 액체의 위험물을 취급하는 건축물의 바닥은 위험물이 스며들지 못하는 재료를 사용하고, 적당한 경사를 두어 그 높은 곳에 집유설비를 하여야 한다.

## 004 「위험물안전관리법 시행규칙」상 제조소등에 설치하는 피난설비 설치기준이 옳게 설명된 것은?

① 옥내주유취급소에 있어서는 당해 사무소 등의 출입구 및 피난구와 당해 피난구로 통하는 통로·계단 출입구에 유도등을 설치하여야 한다.

② 주유취급소 중 건축물의 3층 이상의 부분을 점포·휴게음식점 또는 전시장의 용도로 사용하는 것에 있어서는 당해 건축물의 3층 이상으로부터 주유취급소의 부지 밖으로 통하는 출입구와 당해 출입구로 통하는 통로·계단 및 출입구에 유도등을 설치하여야 한다.

③ 유도등에는 비상전원을 설치할 필요가 없다.

④ 옥내주유취급소에 있어서는 당해 사무소 등의 출입구 및 피난구와 당해 피난구로 통하는 비상구에 유도등을 설치하여야 한다.

**005** 「위험물안전관리법」상 가연성의 증기 또는 미분이 체류할 우려가 있는 건축물에는 그 증기 또는 미분을 옥외의 높은 곳으로 배출할 수 있도록 배출설비를 설치한다. 배출설비 설치기준으로 옳지 않은 것은?

① 배출설비는 국소방식으로 한다. 단, 위험물 취급설비가 배관이음 등으로만 된 경우나 건축물의 구조·작업장소의 분포 등의 조건에 의하여 전역방식이 유효한 경우는 전역 방식으로 할 수 있다.

② 배출능력은 1시간당 배출장소 용적의 20배 이상인 것으로 하여야 한다. 다만, 전역방식 의 경우에는 바닥면적 $1m^2$당 $28m^3$ 이상으로 할 수 있다.

③ 배풍기는 강제배기방식으로 하고, 옥내닥트의 내압이 대기압 이상이 되지 아니하는 위 치에 설치하여야 한다.

④ 급기구는 높은 곳에 설치하고, 가는 눈의 구리망 등으로 인화방지망을 설치하며 배출구 는 지상 2m 이상으로서 연소의 우려가 없는 장소에 설치하고, 배출닥트가 관통하는 벽 부분의 바로 가까이에 화재시 자동으로 폐쇄되는 방화댐퍼를 설치하여야 한다.

**006** 「위험물안전관리법」상 위험물 제조소 옥외에 있는 위험물 취급탱크로서 액체위험물을 취급하는 것 주위에는 방유제를 설치하여야 한다. 다음 중 방유제 기준에서 ( ) 안에 들어갈 알맞은 숫자는?

하나의 취급탱크 주위에 설치하는 방유제의 용량은 당해 탱크용량의 ( ㉠ )% 이상으로 하고, 2 이상의 취급탱크 주위에 하나의 방유제를 설치하는 경우 그 방유제의 용량은 당해 탱크 중 용량이 최대인 것의 ( ㉡ )%에 나머지 탱크용량 합계의 ( ㉢ )%를 가산한 양 이상이 되게 할 것

| | ㉠ | ㉡ | ㉢ |
|---|---|---|---|
| ① | 50 | 70 | 10 |
| ② | 70 | 50 | 5 |
| ③ | 50 | 50 | 10 |
| ④ | 50 | 50 | 5 |

**007** 「위험물안전관리법 시행규칙」상 위험물을 취급하는 건축물에 필요한 채광·조명 설비에 대한 설명이다. (   ) 안에 들어갈 내용으로 옳은 것은?

> - 채광설비는 불연재료로 하고, 연소의 우려가 없는 장소에 설치하되 채광 면적을 ( ㉠ )로 할 것
> - 조명설비가 설치되는 가연성 가스 등의 체류할 우려가 있는 장소의 조명등은 ( ㉡ )으로 할 것
> - 점멸스위치는 출입구 ( ㉢ )부분에 설치할 것(다만, 스위치의 스파크로 인한 화재·폭발의 우려가 없을 경우에는 그러하지 아니하다)
> - 전선은 내화 및 내열 전선으로 할 것

|     | ㉠ | ㉡ | ㉢ |
| --- | --- | --- | --- |
| ① | 최대 | 방열등 | 안쪽 |
| ② | 최소 | 방폭등 | 바깥 |
| ③ | 최대 | 방폭등 | 바깥 |
| ④ | 최소 | 방열등 | 안쪽 |

**008** 제조소등의 위치·구조 및 설비의 기준 중 위험물을 취급하는 건축물의 환기설비 설치 기준이다. (   ) 안에 들어갈 내용으로 옳은 것은?

> 급기구는 당해 급기구가 설치된 실의 바닥면적 ( ㉠ )m²마다 1개 이상으로 하되, 급기구의 크기는 ( ㉡ )cm² 이상으로 할 것

|     | ㉠ | ㉡ |
| --- | --- | --- |
| ① | 100 | 800 |
| ② | 150 | 800 |
| ③ | 100 | 1,000 |
| ④ | 150 | 1,000 |

**009** 「위험물안전관리법」상 위험물을 취급하는 건축물에 필요한 환기설비 기준으로 옳은 것은?

① 환기는 강제배기 방식으로 할 것

② 환기구는 지붕위 또는 1m 이상의 높이에 회전식 고정벤티레이터 또는 루푸팬 방식으로 설치할 것

③ 급기구는 낮은 곳에 설치하고 가는 눈의 구리망 등으로 인화방지망을 설치할 것

④ 급기구는 당해 급기구가 설치된 실의 바닥면적 150m²마다 1개 이상으로 하되, 급기구의 크기는 600cm² 이상으로 할 것


**010** 「위험물안전관리법」상 옥내저장소의 보유공지에 대한 내용으로 옳지 않은 것은? (단, 벽 기둥 및 바닥이 내화구조로 된 건축물이다)

① 지정수량 5배 초과 10배 이하인 것에는 1m 이상

② 지정수량 10배 초과 20배 이하인 것에는 3m 이상

③ 지정수량 100배인 것은 5m 이상

④ 지정수량 200배 초과인 것은 10m 이상


**011** 「위험물안전관리법」상 옥내저장소에서 안전거리 제외 기준으로 옳지 않은 것은?

① 제4석유류 또는 동식물유류의 위험물을 저장 또는 취급하는 옥내저장소로서 그 최대수량이 지정수량의 20배 미만인 것

② 제4류 위험물을 저장 또는 취급하는 옥내저장소

③ 지정수량의 20배(하나의 저장창고의 바닥면적이 150m² 이하인 경우에는 50배) 이하의 위험물을 저장 또는 취급하는 옥내저장소로서 저장창고의 벽·기둥·바닥·보 및 지붕이 내화구조인 것

④ 지정수량의 20배(하나의 저장창고의 바닥면적이 150m² 이하인 경우에는 50배) 이하의 위험물을 저장 또는 취급하는 옥내저장소로서 저장창고의 출입구에 수시로 열 수 있는 자동폐쇄방식의 60분+ 방화문 혹은 60분 방화문이 설치되어 있을 것


**012** 「위험물안전관리법」상 옥내저장소의 바닥면적 적용기준으로 옳지 않은 것은?

① 제1류 위험물 중에 지정수량이 50kg인 위험물: 1,000m²

② 제3류 위험물 중에 지정수량이 10kg인 위험물: 1,000m²

③ 제4류 위험물 중에 제1석유류 및 제2석유류: 1,000m²

④ 제5류 위험물 중에 지정수량이 10kg인 위험물: 1,000m²

## 013 「위험물안전관리법」상 옥외탱크저장소의 보유공지에 대한 내용으로 옳지 않은 것은?

① 지정수량의 500배 이하인 것은 3m 이상

② 지정수량의 500배 초과 1,000배 이하인 것은 6m 이상

③ 지정수량의 1,000배 초과 2,000배 이하인 것은 9m 이상

④ 지정수량의 2,000배 초과 3,000배 이하인 것은 12m 이상

## 014 옥외저장탱크의 보유공지에 대한 내용이다. (    ) 안에 들어갈 숫자는?

제6류 위험물 외의 위험물을 저장 또는 취급하는 옥외저장탱크를 동일한 방유제 안에 2개 이상 인접하여 설치하는 경우 그 인접하는 방향의 보유공지는 제1호의 규정에 의한 보유공지의 ( ㉠ ) 이상의 넓이로 할 수 있다. 이 경우 보유공지의 너비는 ( ㉡ )m 이상이 되어야 한다.

| | ㉠ | ㉡ |
|---|---|---|
| ① | 2분의 1 | 2 |
| ② | 2분의 1 | 3 |
| ③ | 3분의 1 | 2 |
| ④ | 3분의 1 | 3 |

## 015 옥외저장탱크의 외부구조 및 설비에 대한 내용으로 옳지 않은 것은?

① 옥외저장탱크는 두께 3.2mm 이상의 강철판 또는 소방청장이 정하여 고시하는 규격에 적합한 재료로 하여야 한다.

② 압력탱크 외의 탱크는 충수시험, 압력탱크는 최대상용압력의 1.5배의 압력으로 10분간 실시하는 수압시험에서 각각 새거나 변형되지 아니하여야 한다.

③ 밸브없는 통기관은 직경이 30mm 이상일 것, 선단은 수평면보다 45도 이상 구부려 빗물 등의 침투를 막는 구조로 할 것

④ 대기밸브부착 통기관은 10kpa 이하의 압력차이로 작동할 수 있을 것

## 016 옥외저장탱크의 펌프설비에 대한 내용으로 옳은 것은?

○△✕

① 펌프설비 주위에는 너비 3m 이상의 공지를 보유할 것. 다만, 방화상 유효한 격벽을 설치하는 경우와 제6류 위험물 또는 지정수량의 10배 이하 위험물의 옥외저장탱크의 펌프설비에 있어서는 그러하지 아니하다.

② 펌프실의 창 및 출입구에는 60분+ 방화문, 60분 방화문, 30분 방화문을 설치할 것

③ 펌프실의 바닥의 주위에는 높이 0.15m 이상의 턱을 만들고 바닥은 콘크리트 등 위험물이 스며들지 아니하는 재료로 적당히 경사지게 하여 그 최저부에는 집유설비를 설치할 것

④ 펌프실에는 그 증기를 옥외의 높은 곳으로 배출하는 설비를 설치할 것

## 017 「위험물안전관리법」상 옥외탱크저장소의 방유제에 대한 설명으로 옳지 않은 것은?

○△✕

① 방유제는 높이 0.5m 이상 3m 이하, 두께 0.2m 이상, 지하매설깊이가 1m 이상으로 할 것. 다만, 방유제와 옥외저장탱크 사이의 지반면 아래에 불침윤성(不浸潤性) 구조물을 설치하는 경우에는 지하매설깊이를 해당 불침윤성 구조물까지로 할 수 있다.

② 방유제의 용량은 방유제 안에 설치된 탱크가 하나인 때에는 그 탱크 용량의 110% 이상, 2기 이상인 때에는 그 탱크 중 용량이 최대인 것의 용량의 110% 이상으로 할 것. 이 경우 방유제의 용량은 당해 방유제의 내용적에서 용량이 최대인 탱크 외의 탱크의 방유제 높이 이하 부분의 용적, 당해 방유제 내에 있는 모든 탱크의 지반면 이상 부분의 기초의 체적, 간막이 둑의 체적 및 당해 방유제 내에 있는 배관 등의 체적을 더한 것으로 한다.

③ 방유제내의 설치하는 옥외저장탱크의 수는 10(방유제 내에 설치하는 모든 옥외저장탱크의 용량이 20만ℓ 이하이고, 당해 옥외저장탱크에 저장 또는 취급하는 위험물의 인화점이 70℃ 이상 200℃ 미만인 경우에는 20) 이하로 할 것. 다만, 인화점이 200℃ 이상인 위험물을 저장 또는 취급하는 옥외저장탱크에 있어서는 그러하지 아니하다.

④ 방유제 외면의 2분의 1 이상은 자동차 등이 통행할 수 있는 3m 이상의 노면폭을 확보한 구내도로(옥외저장탱크가 있는 부지내의 도로를 말한다. 이하 같다)에 직접 접하도록 할 것. 다만, 방유제 내에 설치하는 옥외저장탱크의 용량합계가 20만ℓ 이하인 경우에는 소화활동에 지장이 없다고 인정되는 3m 이상의 노면폭을 확보한 도로 또는 공지에 접하는 것으로 할 수 있다.

**018** 「위험물안전관리법」상 옥외탱크저장소 방유제에 대한 설치기준이다. (    ) 안에 들어갈 내용으로 옳게 짝지어진 것은?

- 방유제는 높이 0.5m 이상 3m 이하, 두께 ( ㉠ )m 이상, 지하매설깊이 1m 이상으로 할 것. 다만, 방유제와 옥외저장탱크 사이의 지반면 아래에 불침윤성(不浸潤性) 구조물을 설치하는 경우에는 지하매설깊이를 해당 불침윤성 구조물까지로 할 수 있다.
- 방유제 내의 면적은 ( ㉡ )m² 이하로 할 것
- 용량이 ( ㉢ )ℓ 이상인 옥외저장탱크의 주위에 설치하는 방유제에는 당해 탱크마다 간막이 둑을 설치할 것
- 용량이 ( ㉣ )ℓ 이상인 위험물을 저장하는 옥외저장탱크에 있어서는 카목의 밸브 등에 그 개폐상황을 쉽게 확인할 수 있는 장치를 설치할 것
- 높이가 1m를 넘는 방유제 및 간막이 둑의 안팎에는 방유제내에 출입하기 위한 계단 또는 경사로를 약 ( ㉤ )m마다 설치할 것

| | ㉠ | ㉡ | ㉢ | ㉣ | ㉤ |
|---|---|---|---|---|---|
| ① | 0.2 | 8만 | 1,000만 | 100만 | 50 |
| ② | 0.3 | 6만 | 100만 | 1,000만 | 50 |
| ③ | 0.2 | 6만 | 100만 | 1,000만 | 100 |
| ④ | 0.3 | 8만 | 1,000만 | 100만 | 100 |

**019** 옥외저장탱크의 방유제에 대한 설명으로 옳지 않은 것은?

① 방유제는 옥외저장탱크의 지름이 15m 미만인 경우에는 그 탱크의 옆판으로부터 탱크 높이의 3분의 1 이상의 거리를 유지할 것
② 간막이 둑의 높이는 0.3m(방유제 내에 설치되는 옥외저장탱크의 용량의 합계가 2억L를 넘는 방유제에 있어서는 1m) 이상으로 하되 방유제의 높이보다 0.2m 이상 낮게 할 것
③ 간막이 둑은 흙 또는 철근콘크리트로 할 것
④ 간막이 둑의 용량은 간막이 둑안에 설치된 탱크의 용량의 30% 이상일 것

**020** 「위험물안전관리법」상 옥외저장탱크의 외부구조 및 설비에 대한 기준으로 옳지 않은 것은?

○△✕

① 특정옥외저장탱크의 용접부는 소방청장이 정하여 고시하는 바에 따라 실시하는 방사선
투과시험, 진공시험 등의 비파괴시험에 있어서 소방청장이 정하여 고시하는 기준에 적
합한 것이어야 한다.

② 옥외저장탱크는 위험물의 폭발 등에 의하여 탱크내의 압력이 비정상적으로 상승하는
경우에 내부의 가스 또는 증기를 상부로 방출할 수 있는 구조로 하여야 한다.

③ 액체위험물의 옥외저장탱크의 주입구에는 주입호스 또는 주입관과 결합할 수 있고, 결
합하였을 때 위험물이 새지 아니하는 것으로 설치하고 주입구에는 폭발 방지를 위해
밸브 또는 뚜껑을 설치하지 않아야 한다.

④ 옥외저장탱크의 외면에는 녹을 방지하기 위한 도장을 하여야 한다. 다만, 탱크의 재질
이 부식의 우려가 없는 스테인레스 강판 등인 경우에는 그러하지 아니하다.

**021** 「위험물안전관리법 시행규칙」에서 옥내탱크저장소의 위치·구조 및 설비의 기술기준으로 옳지
○△✕ 않은 것은?

① 옥내저장탱크와 탱크전용실의 벽과의 사이 및 옥내저장탱크의 상호간에는 1m 이상의
간격을 유지할 것. 다만, 탱크의 점검 및 보수에 지장이 없는 경우에는 그러하지 아니하다.

② 위험물을 저장 또는 취급하는 옥내탱크(이하 "옥내저장탱크"라 한다)는 단층건축물에
설치된 탱크전용실에 설치할 것

③ 옥내저장탱크의 용량(동일한 탱크전용실에 옥내저장탱크를 2 이상 설치하는 경우에는
각 탱크의 용량의 합계를 말한다)은 지정수량의 40배(제4석유류 및 동식물유류 외의 제
4류 위험물에 있어서 당해 수량이 20,000ℓ를 초과할 때에는 20,000ℓ) 이하일 것

④ 옥내저장탱크의 외면에는 녹을 방지하기 위한 도장을 할 것. 다만, 탱크의 재질이 부식
의 우려가 없는 스테인레스 강판 등인 경우에는 그러하지 아니하다.

**022** 옥내탱크저장소 탱크전용실의 대한 내용으로 옳지 않은 것은?
○△✕

① 지붕을 불연재료로 하고, 천장을 설치하지 아니할 것

② 연소의 우려가 있는 외벽에 두는 출입구에는 수시로 열 수 있는 60+ 방화문, 60분 방화
문 또는 30분 방화문을 설치할 것

③ 창 또는 출입구에 유리를 이용하는 경우에는 망입유리로 할 것

④ 벽·기둥 및 바닥을 내화구조로 하고, 보를 불연재료로 할 것

**023** 지하탱크저장소의 대한 내용으로 옳지 않은 것은?

① 탱크전용실의 벽·바닥 및 뚜껑의 두께는 0.6m 이상일 것

② 탱크전용실의 벽·바닥 및 뚜껑의 내부에는 직경 9mm 부터 13mm까지의 철근을 가로 및 세로로 5cm부터 20cm까지의 간격으로 배치할 것

③ 탱크용량을 초과하는 위험물이 주입될 때 자동으로 그 주입구를 폐쇄하거나 위험물의 공급을 자동으로 차단하는 방법으로 과충전을 방지하는 장치를 설치하여야 한다.

④ 탱크용량의 90%가 찰 때 경보음을 울리는 방법으로 과충전을 방지하는 장치를 설치하여야 한다.

**024** 「위험물안전관리법」상 지하탱크저장소의 기준으로 옳지 않은 것은?

① 탱크전용실은 지하의 가장 가까운 벽·피트·가스관 등의 시설물 및 대지경계선으로부터 0.1m 이상 떨어진 곳에 설치하고, 지하저장탱크와 탱크전용실의 안쪽과의 사이는 0.1m 이상의 간격을 유지하도록 하며, 당해 탱크의 주위에 마른 모래 또는 습기 등에 의하여 응고되지 아니하는 입자지름 5mm 이하의 마른 자갈분을 채워야 한다.

② 지하저장탱크를 2 이상 인접해 설치하는 경우에는 그 상호간에 1m(당해 2 이상의 지하저장탱크의 용량의 합계가 지정수량의 100배 이하인 때에는 0.5m) 이상의 간격을 유지하여야 한다. 다만, 그 사이에 탱크전용실의 벽이나 두께 10cm 이상의 콘크리트 구조물이 있는 경우에는 그러하지 아니하다.

③ 지하저장탱크의 윗부분은 지면으로부터 0.6m 이상 아래에 있어야 한다.

④ 지하탱크저장소에는 보기 쉬운 곳에 "위험물 지하탱크저장소"라는 표시를 한 표지와 방화에 관하여 필요한 사항을 게시한 게시판을 설치하여야 한다.

**025** 「위험물안전관리법」상 지하저장탱크의 주위에 당해 탱크로부터 액체위험물의 누설을 검사하기 위한 관을 설치하여야 하는 기준으로 옳지 않은 것은?

① 이중관으로 할 것. 다만 소공(小功)이 없는 상부는 단관으로 할 수 있다.

② 재료는 금속관 또는 경질합성수지관으로 할 것

③ 관은 탱크전용실의 바닥 또는 탱크의 기초까지 닿게 할 것

④ 관의 윗부분으로부터 탱크의 중심 높이까지의 부분에는 소공이 뚫려 있을 것

**026** 「위험물안전관리법」상 간이탱크저장소의 위치·구조 및 설비의 기준이다. (    ) 안에 들어갈 내용으로 옳은 것은?

---

- 위험물을 저장 또는 취급하는 간이탱크는 ( ㉠ )에 설치하여야 한다.
- 하나의 간이탱크저장소에 설치하는 간이저장탱크는 그 수를 ( ㉡ ) 이하로 하고, 동일한 품질의 위험물의 간이저장탱크를 2 이상 설치하지 아니하여야 한다.
- 간이저장탱크는 움직이거나 넘어지지 아니하도록 지면 또는 가설대에 고정시키되, 옥외에 설치하는 경우에는 그 탱크의 주위에 너비 ( ㉢ )m 이상의 공지를 두고, 전용실 안에 설치하는 경우에는 탱크와 전용실의 벽과의 사이에 0.5m 이상의 간격을 유지하여야 한다.
- 간이저장탱크의 용량은 ( ㉣ )ℓ 이하이어야 한다.
- 간이저장탱크는 두께 3.2mm 이상의 강판으로 흠이 없도록 제작하여야 하며, 70kPa의 압력으로 10분간의 수압시험을 실시하여 새거나 변형되지 아니하여야 한다.

---

|   | ㉠ | ㉡ | ㉢ | ㉣ |
|---|----|----|----|-----|
| ① | 옥외 | 2 | 2 | 800 |
| ② | 옥외 | 3 | 1 | 600 |
| ③ | 옥내 | 2 | 1 | 800 |
| ④ | 옥내 | 3 | 2 | 600 |

**027** 간이저장탱크에 설치하는 밸브 없는 통기관에 대한 내용으로 옳은 것은?

① 통기관의 지름은 30mm 이상으로 할 것
② 통기관은 옥외에 설치하되, 그 선단의 높이는 지상 2m 이상으로 할 것
③ 통기관의 선단은 수평면에 대하여 아래로 45도 이상 구부려 빗물 등이 침투하지 아니하도록 할 것
④ 가는 눈의 구리망 등으로 인화방지장치를 할 것. 다만, 인화점 70℃ 미만의 위험물만을 해당 위험물의 인화점 미만의 온도로 저장 또는 취급하는 탱크에 설치하는 통기관에 있어서는 그러하지 아니하다.

**028** 「위험물안전관리법」상 이동탱크저장소의 위치·구조 및 설비의 상치장소 기준으로 옳은 것은? (단, 하천의 공지나 수면, 내화구조 또는 불연재료의 담 또는 벽 그 밖에 이와 유사한 것에 접하는 경우가 아니다)

① 옥외에 있는 상치장소는 화기를 취급하는 장소 또는 인근의 건축물로부터 3m 이상(인근의 건축물이 1층인 경우에는 2m 이상)의 거리를 확보하여야 한다.

② 옥외에 있는 상치장소는 화기를 취급하는 장소 또는 인근의 건축물로부터 5m 이상(인근의 건축물이 1층인 경우에는 3m 이상)의 거리를 확보하여야 한다.

③ 옥내에 있는 상치장소는 벽·바닥·보·서까래 및 지붕이 내화구조 또는 불연재료로 된 건축물의 2층에 설치하여야 한다.

④ 옥내에 있는 상치장소는 벽·바닥·보·서까래 및 지붕이 내화구조 또는 준불연재료로 된 건축물의 1층에 설치하여야 한다.

**029** 이동탱크저장소에 대한 내용으로 옳지 않은 것은?

① 이동저장탱크는 그 내부에 4,000L 이하마다 3.2mm 이상의 강철판 또는 이와 동등 이상의 강도·내식성 및 내열성이 있다고 인정하여 소방청장이 정하여 고시하는 재료 및 구조로 위험물이 새지 아니하게 제작할 것

② 칸막이로 귀획된 각 부분마다 맨홀과 안전장치 및 방파판을 설치하여야 한다. 다만, 칸막이로 구획된 부분의 용량이 2,000L 미만인 부분에는 안전장치 및 방파판을 설치하지 않을 수 있다.

③ 상용압력이 20kpa이하인 탱크에 있어서는 20kpa 이상 24kpa 이하의 압력에서, 상용압력이 20kpa를 초과하는 탱크에 있어서는 상용압력의 1.1배 이하의 압력에서 작동하는 안전장치를 하여야 한다.

④ 방파판은 뚜께 1.6mm 이상의 강철판 또는 이와 동등 이상의 강도·내열성 및 내식성이 있는 금속성의 것으로 할 것

**030** 이동탱크저장소의 결합금속구 등에 대한 내용이다. (    ) 안에 들어갈 숫자는?

○△✕

> 이동탱크 저장소에 주입설비(주입호스의 선단에 개폐밸브를 설치한 것을 말한다)를 설치하는 경우에는 다음 각 목의 기준에 의하여야 한다.
> 가. 위험물이 샐 우려가 없고 화재예방상 안전한 구조로 할 것
> 나. 주입설비의 길이는 ( ㉠ )m 이내로 하고, 그 선단에 축적되는 정전기를 유효하게 제거할 수 있는 장치를 할 것
> 다. 분당 토출량은 ( ㉡ )L 이하로 할 것

|   | ㉠ | ㉡ |
|---|-----|-----|
| ① | 20  | 200 |
| ② | 30  | 200 |
| ③ | 50  | 200 |
| ④ | 50  | 400 |

**031** 옥외저장소의 보유공지 내용으로 옳지 않은 것은?

○△✕

① 지정수량이 10배인 것은 3m 이상
② 지정수량이 20배인 것은 5m 이상
③ 지정수량이 100배인 것은 12m 이상
④ 지정수량이 200배인 것은 15m 이상

**032** 「위험물안전관리법」상 옥외저장소의 기준으로 옳지 않은 것은?

○△✕

① 선반은 불연재료로 만들고 견고한 지반면에 고정할 것
② 선반의 높이는 10m를 초과하지 아니할 것
③ 옥외저장소는 습기가 없고 배수가 잘 되는 장소에 설치할 것
④ 위험물을 저장 또는 취급하는 장소의 주위에는 경계표시(울타리의 기능이 있는 것에 한한다. 이와 같다)를 하여 명확하게 구분할 것

**033** 옥외저장소 중 덩어리 상태의 황만을 저장 또는 취급하는 것의 위치·구조 및 설비의 기술기준에 대한 내용으로 옳지 않은 것은?

① 하나의 경계표시의 내부의 면적은 100m² 이하일 것

② 2 이상의 경계표시를 설치하는 경우에 있어서는 각각의 경계표시 내부의 면적을 합산한 면적은 1,000m² 이하로 할 것

③ 경계표시의 높이는 2m 이하로 할 것

④ 경계표시에는 유황이 넘치거나 비산하는 것을 방지하기 위한 천막 등을 고정하는 장치를 설치하되, 천막 등을 고정하는 장치는 경계표시의 길이 2m 마다 한 개 이상 설치할 것

**034** 암반탱크저장소에 대한 내용으로 옳지 않은 것은?

① 암반탱크는 암반투수계수가 1초당 10만분의 1m 이하인 천연암반 내에 설치할 것

② 암반탱크는 저장할 위험물의 증기압을 억제할 수 있는 지하수면 하에 설치할 것

③ 암반탱크 내로 유입되는 지하수의 양은 암반 내의 지하수 충전량보다 많을 것

④ 암반탱크에 가해지는 지하수압은 저장소의 최대운영압보다 항상 크게 유지할 것

**035** 주유취급소에 설치해야 하는 표지 및 게시판 중 "주유중엔진정지"라는 표시를 한 게시판의 색은?

① 적색바탕에 흑색문자

② 적색바탕에 백색문자

③ 황색바탕에 백색문자

④ 황색바탕에 흑색문자

**036** 「위험물안전관리법」상 주유취급소의 기준으로 옳지 않은 것은?

① 주유취급소의 고정주유설비의 주위에는 주유를 받으려는 자동차 등이 출입할 수 있도록 너비 15m 이상, 길이 6m 이상의 콘크리트 등으로 포장한 공지(이하 "주유공지"라 한다)를 보유하여야 하고, 고정급유설비를 설치하는 경우에는 고정급유설비의 호스기기의 주위에 필요한 공지(이하 "급유공지"라 한다)를 보유하여야 한다.

② 고정주유설비의 중심선을 기점으로 하여 도로경계선까지 4m 이상, 부지경계선·담 및 건축물의 벽까지 2m(개구부가 없는 벽까지는 1m) 이상의 거리를 유지하고, 고정급유설비의 중심선을 기점으로 하여 도로경계선까지 4m 이상, 부지경계선 및 담까지 2m 이상, 건축물의 벽까지 2m(개구부가 없는 벽까지는 1m) 이상의 거리를 유지며 고정주유설비와 고정급유설비의 사이에는 4m 이상의 거리를 유지한다.

③ 고정주유설비 또는 고정급유설비의 주유관의 길이(선단의 개폐밸브를 포함한다)는 5m (현수식의 경우에는 지면위 0.5m의 수평면에 수직으로 내려 만나는 점을 중심으로 반경 3m) 이내로 하고 그 선단에는 축적된 정전기를 유효하게 제거할 수 있는 장치를 설치하여야 한다.

④ 주유취급소의 주위에는 자동차 등이 출입하는 쪽외의 부분에 높이 2m 이상의 내화구조 또는 불연재료의 담 또는 벽을 설치하되, 주유취급소의 인근에 연소의 우려가 있는 건축물이 있는 경우에는 소방청장이 정하여 고시하는 바에 따라 방화상 유효한 높이로 하여야 한다.

**037** 다음 중 주유취급소에 설치할 수 있는 위험물을 저장 또는 취급하는 탱크의 기준이 아닌 것은?

① 자동차 등에 주유하기 위한 고정주유설비에 직접 접속하는 전용탱크로서 50,000L 이하의 것

② 보일러 등에 직접 접속하는 전용탱크로서 10,000L 이하의 것

③ 자동차 등을 점검·정비하는 작업장 등에서 사용하는 5,000L 이하인 폐유탱크등

④ 고정주유설비 또는 고정급유설비에 직접 접속하는 3기 이하의 간이탱크

**038** 「위험물안전관리법」상 주유취급소에 설치할 수 없는 건축물은?

① 주유취급소에 출입하는 사람을 대상으로 한 점포·휴게음식점 또는 전시장

② 주유취급소의 관계자가 사용하는 편의시설

③ 자동차 등의 세정을 위한 작업장

④ 주유취급소의 업무를 행하기 위한 사무소

**039** 주유취급소에 설치하는 주유원 간이대기실의 기준으로 옳지 않은 것은?

① 불연재료로 할 것
② 바퀴가 부착된 이동식일 것
③ 차량의 출입 및 주유작업에 장애를 주지 아니하는 위치에 설치할 것
④ 바닥면적이 2.5m² 이하일 것. 다만, 주유공지 및 급유공지 외의 장소에 설치하는 것은 그러하지 아니하다.

**040** 주유취급소 셀프용고정주유설비의 기준으로 옳지 않은 것은?

① 주유호스의 끝부분에 수동개폐장치를 부착한 주유노즐을 설치할 것
② 주유호스는 200kg중 이하의 하중에 의하여 깨져 분리되거나 이탈되어야 하고, 깨져 분리되거나 이탈된 부분으로부터의 위험물 누출을 방지할 수 있는 구조일 것
③ 휘발유의 연속주유량은 100L 이하, 주유시간은 4분 이하로 할 것
④ 경유의 연속주유량은 300L 이하, 주유시간은 12분 이하로 할 것

**041** 「위험물안전관리법」상 주유취급소 피난설비의 기준에 관한 내용이다. (     ) 안에 들어갈 내용이 옳은 것은?

> 주유취급소 중 건축물의 ( ㉠ )층 이상의 부분을 점포·( ㉡ ) 음식점 또는 전시장의 용도로 사용하는 것과 ( ㉢ )주유취급소에는 피난설비를 설치하여야 한다.

|   | ㉠ | ㉡ | ㉢ |
|---|---|---|---|
| ① | 2 | 일반 | 옥외 |
| ② | 2 | 휴게 | 옥내 |
| ③ | 3 | 일반 | 옥외 |
| ④ | 3 | 휴게 | 옥내 |

**042** 「위험물안전관리법」상 판매취급소에 설치하는 위험물 배합실 설치기준으로 옳지 않은 것은?

① 바닥은 위험물이 침투하지 아니하는 구조로 하여 적당한 경사를 두고 집유설비를 할 것
② 출입구 문턱의 높이는 바닥면으로부터 0.2m 이상으로 할 것
③ 내부에 체류한 가연성의 증기 또는 가연성의 미분을 지붕 위로 방출하는 설비를 할 것
④ 바닥면적은 6m² 이상 15m² 이하로 할 것

**043** 이송취급소의 설치제외장소가 아닌 것은?

① 철도
② 도로의 터널 안
③ 급경사지역으로서 붕괴의 위험이 있는 지역
④ 호수를 횡단하여 설치하는 경우

**044** 이송취급소의 배관을 지하에 매설하는 경우의 기준으로 옳지 않은 것은?

① 배관은 그 외면으로부터 지하가 내의 건축물까지 1.5m 이상의 안전거리를 둘 것
② 배관은 그 외면으로부터 터널까지 10m 이상의 안전거리를 둘 것
③ 배관은 그 외면으로부터 수도법에 의한 수도시설(위험물의 유입우려가 있는 것에 한한
다)까지 300m 이상의 안전거리를 둘 것
④ 배관은 그 외면으로부터 다른 공작물에 대하여 0.3m 이상의 거리를 보유할 것

**045** 이송취급소의 배관을 지상에 설치하는 경우에 지켜야 하는 안전거리로 옳지 않은 것은?

① 철도(화물수송용으로만 쓰이는 것을 제외한다) 또는 도로(국토의 계획 및 이용에 관한
법률에 의한 공업지역 또는 전용공업지역에 있는 것을 제외한다)의 경계선으로부터
25m 이상
② 「문화재보호법」의 규정에 의한 유형문화재와 기념물 중 지정문화재에 있어서는 50m 이상
③ 「수도법」에 의한 수도시설 중 위험물이 유입될 가능성이 있는 것으로부터 300m 이상
④ 판매시설·숙박시설·위락시설 등 블특정다중을 수용하는 시설 중 연면적 1,000m² 이상
인 것으로부터 45m 이상

**046** 「위험물안전관리법」상 수납하는 위험물에 따른 주의사항으로 옳지 않은 것은?

① 알칼리금속의 과산화물 또는 이를 함유한 것: "화기·충격주의", "물기엄금" 및 "가연물
접촉주의"
② 제3류 위험물 중 자연발화성물질: "화기엄금" 및 "공기접촉엄금"
③ 제5류 위험물: "화기엄금" 및 "물기엄금"
④ 철분·금속분·마그네슘 또는 이들중 어느 하나 이상을 함유한 것: "화기주의" 및 "물기
엄금"

**047** 「위험물안전관리법」상 옥외탱크저장소에 특수인화물, 제1석유류 및 알코올류를 저장 또는 취급하는 탱크의 용량이 1,000만 리터 이상을 저장하는 경우 설치하는 경보설비는?

① 자동화재속보설비, 자동화재탐지설비
② 비상경보설비, 자동화재탐지설비
③ 자동화재속보설비, 비상방송설비
④ 확성장치, 자동화재탐지설비

**048** 「위험물안전관리법」상 제조소등에서의 위험물의 저장 및 취급에 관한 기준으로 옳지 않은 것은?

① 제조소등에서 법 제6조 제1항의 규정에 의한 허가 및 법 제6조 제2항의 규정에 의한 신고와 관련되는 품명 외의 위험물 또는 이러한 허가 및 신고와 관련되는 수량 또는 지정수량의 배수를 초과하는 위험물을 저장 또는 취급하지 아니하여야 한다.
② 제3류 위험물 중 황린 그 밖에 물속에 저장하는 물품과 금수성물질은 동일한 저장소에서 저장하지 아니하여야 한다.
③ 옥내저장소에서 동일 품명의 위험물이더라도 자연발화할 우려가 있는 위험물 또는 재해가 현저하게 증대할 우려가 있는 위험물을 다량 저장하는 경우에는 지정수량의 10배이하마다 구분하여 상호간 0.3m 이상의 간격을 두어 저장하여야 한다. 다만, 제48조의 규정에 의한 위험물 또는 기계에 의하여 하역하는 구조로 된 용기에 수납한 위험물에 있어서는 그러하지 아니하다.
④ 옥내저장소에서는 용기에 수납하여 저장하는 위험물의 온도가 55℃를 넘지 아니하도록 필요한 조치를 강구하여야 한다.

**049** 「위험물안전관리법」상 탱크의 용량을 산정하는 기준식으로 옳은 것은?

① 탱크의 외용적 – 공간 용적
② 탱크의 외용적 + 공간 용적
③ 탱크의 내용적 – 공간 용적
④ 탱크의 내용적 + 공간 용적

fire.Hackers.com

# PART 6
# 소방의 화재조사에 관한 법률

**001** 「소방의 화재조사에 관한 법률」상 관계인등에 해당하지 않는 사람은?

① 소화활동을 행하거나 인명구조활동(유도대피 제외)에 관계된 사람
② 화재 현장을 발견하고 신고한 사람
③ 화재를 발생시키거나 화재발생과 관계된 사람
④ 화재 현장을 목격한 사람

**002** 「소방의 화재조사에 관한 법률」에서 용어의 정의로 옳지 않은 것은?

① "화재"란 사람의 의도에 반하거나 고의 또는 과실에 의하여 발생하는 연소 현상으로서 소화할 필요가 있는 현상 또는 사람의 의도에 반하여 발생하거나 확대된 화학적 폭발현 상을 말한다.
② "관계인등"이란 화재가 발생한 소방대상물의 소유자·관리자 또는 점유자(이하 "관계 인"이라 한다) 및 화재 현장을 목격한 사람을 포함한다.
③ "화재조사"란 소방청장, 소방본부장 또는 소방서장이 화재원인, 피해상황, 대응활동 등 을 파악하기 위하여 자료의 수집, 관계인등에 대한 질문, 현장 확인, 감식, 감정 및 실험 등을 하는 일련의 행위를 말한다.
④ "화재조사관"이란 화재조사에 전문성을 인정받아 화재조사를 수행하는 자를 말한다.

**003** 「소방의 화재조사에 관한 법률」에서 용어의 정의로 옳지 않은 것은?
ㅇ△×

① "화재"란 사람의 의도에 반하거나 고의 또는 과실에 의하여 발생하는 연소 현상으로서 소화할 필요가 있는 현상 또는 사람의 의도에 반하여 발생하거나 확대된 화학적 폭발현 상을 말한다.

② "관계인등"이란 화재가 발생한 소방대상물의 소유자·관리자 또는 점유자(이하 "관계 인"이라 한다) 및 화재 현장을 목격한 사람을 포함한다.

③ "화재안전조사"란 소방청장, 소방본부장 또는 소방서장이 화재원인, 피해상황, 대응활 동 등을 파악하기 위하여 자료의 수집, 관계인등에 대한 질문, 현장 확인, 감식, 감정 및 실험 등을 하는 일련의 행위를 말한다.

④ "화재조사관"이란 화재조사에 전문성을 인정받아 화재조사를 수행하는 소방공무원을 말한다.

**004** 「소방의 화재조사에 관한 법률」상 용어의 정의에서 관계자 등에 해당하지 않는 사람은?
ㅇ△×

① 화재 현장을 발견하고 신고한 사람
② 화재를 발생시키거나 화재발생과 관계된 사람
③ 소화활동을 행하거나 인명구조활동(유도대피 포함)에 관계된 사람
④ 화재 현장 주변을 지나가던 사람

**001** 「소방의 화재조사에 관한 법률」상 화재조사 항목에 포함되지 않는 것은?
◯△✕

① 피난시설 등의 설치·관리 및 작동 여부에 관한 사항
② 대응활동에 관한 사항
③ 화재발생건축물과 구조물, 화재유형별 화재위험성 등에 관한 사항
④ 화재로 인한 인명·재산피해상황

**002** 「소방의 화재조사에 관한 법률」상 화재조사 항목으로 옳지 않은 것은?
◯△✕

① 화재원인에 관한 사항
② 대응활동에 관한 사항
③ 소방시설 등의 설치·관리 및 작동 여부에 관한 사항
④ 화재조사 결과에 관한 사항

**003** 「소방의 화재조사에 관한 법률」상 화재조사전담부서의 업무로 옳지 않은 것은?
◯△✕

① 화재조사의 실시 및 조사결과 분석·관리
② 화재조사 원인 조사 및 피해조사의 자료 수집
③ 화재조사에 필요한 시설·장비의 관리·운영
④ 화재조사 관련 기술개발과 화재조사관의 역량증진

**004** 「소방의 화재조사에 관한 법률」 및 같은 법 시행령상 화재조사전담부서에 대한 설명으로 옳지
◯△✕ 않은 것은?

① 소방관서장은 화재조사전담부서에 화재조사관을 2명 이상 배치해야 한다.
② 소방관서장은 전문성에 기반하는 화재조사를 위하여 화재조사전담부서를 설치·운영
할 수 있다.
③ 전담부서에는 화재조사를 위한 감식·감정 장비 등 행정안전부령으로 정하는 장비와
시설을 갖추어 두어야 한다.
④ 전담부서는 화재조사의 실시 및 조사결과 분석 관리 등의 업무를 수행한다.

**005** 화재조사에 관한 시험에 대한 내용으로 옳은 것은?

　☐△✕

① 소방청장이 자격시험을 실시하는 경우에는 시험의 과목 일시 장소 및 응시 자격 절차 등을 시험 실시 90일 전까지 소방청의 인터넷 홈페이지에 공고해야 한다.

② 화재조사관 양성을 위한 전문교육을 이수한 모든 사람은 자격시험을 응시할 수 있다.

③ 자격시험은 1차 시험과 2차 시험으로 구분하여 실시하며, 1차 시험에 합격한 사람만이 2차 시험에 응시할 수 있다.

④ 한국소방안전원에서 8주 이상 화재조사에 관한 전문교육을 이수한 소방공무원은 자격시험을 응시할 수 있다.

**006** 화재조사에 관한 교육훈련의 내용으로 옳지 않은 것은?

　☐△✕

① 전담부서에 배치된 화재조사관은 의무 보수교육을 2년마다 받아야 한다.

② 전담부서에 배치된 화재조사관의 처음 받는 의무 보수교육은 배치 후 6개월 이내에 받아야 한다.

③ 화재조사관 양성을 위한 전문교육의 내용에는 화재조사 관련 정책 및 법령에 관한 사항이 포함된다.

④ 소방관서장은 의무 보수교육을 이수하지 않은 사람에게 보수교육을 이수할 때까지 화재조사 업무를 수행하게 해서는 안 된다.

**007** 「소방의 화재조사에 관한 법률」상 화재합동조사단의 구성 및 운영에 대한 내용으로 옳지 않은 것은?

　☐△✕

① 소방관서장은 사상자가 많거나 사회적 이목을 끄는 화재 등 대통령령으로 정하는 대형 화재 등이 발생한 경우 종합적이고 정밀한 화재조사를 위하여 유관기관 및 관계 전문가를 포함한 화재합동조사단을 구성·운영할 수 있다

② 사상자가 많거나 사회적 이목을 끄는 화재 등 대통령령으로 정하는 대형화재란 사망자가 10명 이상 발생한 화재를 말한다.

③ 화재합동조사단의 구성과 운영 등에 필요한 사항은 대통령령으로 정한다.

④ 화재조사 업무에 관한 경력이 3년 이상인 소방공무원은 화재합동조사단의 단원이 될 수 있다.

**008** 「소방의 화재조사에 관한 법률」상 소방관서장이나 관할 경찰서장 또는 해양경찰서장은 화재 현장 보존조치를 하거나 통제구역을 설정한다. 통제구역설정 후 표지를 설치한다. 다음 중 표지에 포함되는 내용이 아닌 것은?

① 화재현장 보존조치나 통제구역 설정의 이유 및 주체
② 화재현장 보존조치나 통제구역 설정의 범위
③ 화재현장 보존조치나 통제구역 설정의 기간
④ 화재현장 보존조치나 통제구역 설정자의 성함 및 직책

**009** 「소방의 화재조사에 관한 법률」상 화재현장 보존 등에 관한 설명으로 옳지 않은 것은?

① 화재현장 보존조치, 통제구역의 설정 및 출입 등에 필요한 사항은 대통령령으로 정한다.
② 방화 또는 실화의 혐의로 수사의 대상이 된 경우에는 관할 경찰서장 또는 해양경찰서장이 통제구역을 설정한다.
③ 소방관서장이나 경찰서장은 관계인이 요청하는 경우 통제구역의 설정을 지체 없이 해제해야 한다.
④ 소방관서장이나 경찰서장은 화재조사가 완료된 경우 화재현장 보존조치나 통제구역의 설정을 지체 없이 해제해야 한다.

**010** 「소방의 화재조사에 관한 법률」상 화재조사의 내용으로 옳은 것은?

① 소방관서장이나 경찰서장은 화재조사가 필요한 경우 관계인등을 소방관서에 출석하게 하여 질문할 수 있다.
② 소방관서장은 관계인등의 출석을 요구하려면 출석일 5일 전까지 알려야 한다.
③ 관계인등에게 출석요구 시 알려야 할 사항은 출석 일시와 장소, 출석 요구 사유, 그 밖에 화재조사와 관련하여 필요한 사항이다.
④ 화재조사의 증거물을 수집하는 경우 증거물의 수집과정을 문서 작성 또는 사진 촬영의 방법으로 기록해야 한다.

**001** 「소방의 화재조사에 관한 법률」상 화재조사 결과의 공표에 관한 내용으로 옳지 않은 것은?

① 소방관서장은 국민이 유사한 화재로부터 피해를 입지 않도록 하기 위한 경우 등 필요한 경우 화재조사 결과를 공표할 수 있다.

② 공표의 범위 방법 및 절차 등에 관하여 필요한 사항은 행정안전부령으로 정한다.

③ 화재조사의 결과를 공표할 때에는 대응활동에 관한 사항이 포함되어야 한다.

④ 화재조사의 결과를 공표할 때에는 화재발생 건출물과 구조물에 관한 사항이 포함되어야 한다.

**001** 「소방의 화재조사에 관한 법률」상 화재감정기관에 대한 설명으로 옳지 않은 것은?

① 주된 기술인력은 2명 이상, 보조 기술인력은 4명 이상 보유할 것

② 화재조사관 자격 취득 후 화재조사 관련 분야에서 5년 이상 근무한 사람은 주된 기술인력이 될 수 있다.

③ 이공계 분야의 석사 이상 학위 취득 후 화재조사 관련 분야에서 1년 이상 근무한 사람은 보조 기술인력이 될 수 있다.

④ 거짓이나 그 밖의 부정한 방법으로 감정기관의 지정을 받은 경우 소방청장은 지정을 취소하여야 한다.

**001**
☐△☒

「소방의 화재조사에 관한 법률」상 300만원 이하의 벌금에 해당되는 내용이 아닌 것은?

① 정당한 사유 없이 화재조사관의 출입 또는 조사를 거부·방해 또는 기피한 사람
② 허가 없이 화재현장에 있는 물건 등을 이동시키거나 변경·훼손한 사람
③ 정당한 사유 없이 출석을 거부하거나 질문에 대하여 거짓으로 진술한 사람
④ 관계인의 정당한 업무를 방해하거나 화재조사를 수행하면서 알게 된 비밀을 다른 용도로 사용하거나 다른 사람에게 누설한 사람

**002**
☐△☒

「소방의 화재조사에 관한 법률」상 과태료 부과 징수권자는?

① 시도지사, 소방본부장, 소방서장
② 시도지사, 소방관서장
③ 소방관서장, 경찰서장
④ 소방관서장

# 부록
# 실전동형모의고사

제**1**회 실전동형모의고사

제**2**회 실전동형모의고사

문 1. ~ 문 25.는 공채·경채 대비를 위한 공통 문제로, 문 26. ~ 문 40.은 경채 대비를 위한 추가 문제로 구성되어 있습니다.

소요시간: _____ / 25분, _____ / 40분    맞힌 답의 개수:        / 25,        / 40

**문 1.** 「소방기본법」상 소방박물관등의 설립과 운영에 관한 설명으로 옳지 않은 것은?

① 소방청장은 소방박물관을 설립하여 운영할 수 있다.
② 시·도지사는 소방체험관(화재 현장에서의 피난 등을 체험할 수 있는 체험관을 말한다)을 설립하여 운영할 수 있다.
③ 소방박물관의 설립과 운영에 필요한 사항은 대통령령으로 정한다.
④ 소방체험관의 설립과 운영에 필요한 사항은 행정안전부령으로 정하는 기준에 따라 시·도의 조례로 정한다.

**문 2.** 「소방기본법 시행령」상 소방활동장비와 설비의 구입 및 설치에 대한 국고보조대상사업 범위로 옳지 않은 것은?

① 방화복 등 소방활동에 필요한 소방장비
② 소방관서용 청사의 건축
③ 소방전용통신설비 및 전산설비
④ 소방헬리콥터 및 소방정

**문 3.** 「소방기본법 시행규칙」상 소방체험관의 설립 및 운영에 관한 기준으로 옳은 것은?

① 소방체험관 중 소방안전 체험실로 사용되는 부분의 바닥면적의 합이 100제곱미터 이상이 되어야 한다.
② 소방체험관에는 생활안전, 교통안전, 자연재난안전, 보건안전분야에 대한 체험실별 바닥면적은 900제곱미터 이상이어야 한다.
③ 체험교육을 실시할 때 체험실에는 1명 이상의 교수요원을 배치하고, 조교는 체험교육대상자 30명당 1명 이상이 배치되도록 하여야 한다. 다만, 소방체험관의 장은 체험교육대상자의 연령 등을 고려하여 조교의 배치기준을 달리 정할 수 있다.
④ 소방체험관의 장은 체험교육의 운영결과, 만족도 조사결과 등을 기록하고 이를 2년간 보관하여야 한다.

문 4. 「소방기본법 시행령」상 소방안전교육사시험 응시자격에 대한 설명으로 옳지 않은 것을 모두 고른 것은?

ㄱ. 국가기술자격의 직무분야 중 안전관리 분야의 기술사 자격을 취득한 사람
ㄴ. 소방시설관리사 자격을 취득한 사람
ㄷ. 국가기술자격의 직무분야 중 안전관리 분야의 기사 자격을 취득한 후 안전관리 분야에 1년 이상 종사한 사람
ㄹ. 국가기술자격의 직무분야 중 안전관리 분야의 산업기사 자격을 취득한 후 안전관리 분야에 3년 이상 종사한 사람
ㅁ. 소방공무원으로 5년 이상 근무한 경력이 있는 사람
ㅂ. 국가기술자격의 직무분야 중 위험물 중 직무분야의 기능사 자격을 취득한 사람

① ㅁ, ㅂ  ② ㄱ, ㄴ, ㄷ
③ ㄴ, ㄷ, ㄹ  ④ ㄷ, ㄹ, ㅁ

문 5. 「소방기본법」상 과태료 처분 기준이 다른 것은?

① 소방자동차 전용구역에 차를 주차하거나 전용구역에의 진입을 가로막는 등의 방해행위를 한 자
② 화재진압 구조·구급 활동을 위해 사이렌을 사용하여 출동하는 소방자동차의 출동에 지장을 준 자
③ 소방활동구역을 대통령령으로 정하는 사람 외 출입한 사람
④ 한국소방안전원 또는 이와 유사한 명칭을 사용한 자

문 6. 「소방시설 설치 및 관리에 관한 법률 시행규칙」상 소방본부장 또는 소방서장은 건축허가 등의 동의요구서류를 접수한 날로부터 며칠 이내에 건축허가 등의 동의여부를 회신하여야 하는가? (단, 아파트를 제외한 연면적이 10만제곱미터 이상인 특정소방대상물에 한한다)

① 5일  ② 7일
③ 10일  ④ 30일

문 7. 「소방시설 설치 및 관리에 관한 법률 시행령」상 건축허가 등을 할 때 미리 소방본부장 또는 소방서장의 동의를 받아야 하는 건축물의 범위에 해당하는 것을 <보기>에서 있는대로 모두 고르면?

<보기>
ㄱ. 연면적이 300제곱미터 이상인 정신의료기관(입원실이 없는 정신건강의학과 의원은 제외), 장애인 의료재활시설
ㄴ. 차고·주차장으로 사용되는 바닥면적이 800제곱미터 이상인 층이 있는 건축물이나 주차시설
ㄷ. 공동주택에 설치된 노인주거복지시설, 노인의료복지시설, 재가노인복지시설
ㄹ. 발전시설 중 풍력발전소·전기저장시설
ㅁ. 공동주택에 설치된 학대피해노인 전용쉼터
ㅂ. 가스시설로서 지하에 매설된 탱크의 저장용량의 합계가 100톤 이상인 것

① ㄱ, ㄴ, ㄷ  ② ㄱ, ㄷ, ㄹ
③ ㄴ, ㄷ, ㅁ  ④ ㄷ, ㄹ, ㅂ

문 8. 「소방시설 설치 및 관리에 관한 법률 시행령」상 스프링클러설비를 설치해야 하는 특정소방대상물의 기준으로 옳지 않은 것은? (단, 위험물 저장 및 처리 시설 중 가스시설 및 지하구는 제외한다)

① 한방병원 및 요양병원의 바닥면적의 합계가 1천m² 이상인 것은 모든 층
② 문화 및 집회시설(동·식물원은 제외)로서 수용인원이 100명 이상인 경우에는 모든 층
③ 판매시설, 운수시설 및 창고시설(물류터미널로 한정한다)로서 바닥면적의 합계가 5천m² 이상이거나 수용인원이 500명 이상인 경우에는 모든 층
④ 기숙사(교육연구시설·수련시설 내에 있는 학생 수용을 위한 것을 말한다) 또는 복합건축물로서 연면적 5천m² 이상인 경우에는 모든 층

문 10. 「소방시설 설치 및 관리에 관한 법률」 및 같은 법 시행령상 용어의 뜻으로 옳은 것은?

① 무창층이란 지상층 중 개구부의 면적의 합계가 해당 층의 바닥면적의 30분의 1 이하가 되는 층을 말한다.
② 화재안전 성능기준이란 화재안전 확보를 위하여 재료, 공간 및 설비 등에 요구되는 안전성능으로서 소방청장의 승인을 받은 기준을 말한다.
③ 화재안전 기술기준이란 화재안전 성능기준을 충족하는 상세한 규격, 특정한 수치 및 시험방법 등에 관한 기준으로서 행정안전부령으로 정하는 절차에 따라 소방청장이 고시로 정하는 기준을 말한다.
④ 피난층이란 곧바로 지하 및 지상으로 갈 수 있는 출입구가 있는 층을 말한다.

문 9. 「소방시설 설치 및 관리에 관한 법률」상 지방소방기술심의위원회의 심의사항으로 옳은 것은?

① 소방시설의 구조 및 원리 등에서 공법이 특수한 설계 및 시공에 관한 사항
② 소방본부장 또는 소방서장이 제조소등의 시설기준 또는 화재안전기준의 적용에 관하여 기술검토를 요청하는 사항
③ 소방시설공사의 하자를 판단하는 기준에 관한 사항
④ 새로운 소방시설과 용품 등의 도입여부에 관한 사항

문 11. 「소방시설 설치 및 관리에 관한 법률」 및 같은 법 시행령상 자동차에 설치 또는 비치하는 소화기에 대한 설명으로 옳지 않은 것은?

① 5인승 이상의 승용자동차에는 능력단위 2 이상의 소화기 1개 이상을 사용하기 쉬운 곳에 설치 또는 비치한다.

② 승합자동차의 승차인원 15인 이하인 경우에는 능력단위 2 이상인 소화기 1개 이상 또는 능력단위 1 이상인 소화기 2개 이상을 설치한다. 이 경우 승차정원 11인 이상 승합자동차는 운전석 또는 운전석과 옆으로 나란한 좌석 주위에 1개 이상을 설치한다.

③ 화물자동차(피견인자동차는 제외) 및 특수자동차가 대형이상인 경우에는 능력단위 2 이상인 소화기 1개 이상 또는 능력단위 1 이상인 소화기 2개 이상을 사용하기 쉬운 곳에 설치한다.

④ 국토교통부장관은 자동차검사 시 차량용 소화기의 설치 또는 비치 여부 등을 확인하여야 하며, 그 결과를 매년 12월 31일까지 소방청장에게 통보하여야 한다.

문 12. 「화재의 예방 및 안전관리에 관한 법률 시행령」에서 정하는 대형소화기 또는 살수설비가 설치되어 있는 특수가연물을 저장 및 취급 시 기준으로 옳지 않은 것은?

① 특수가연물을 쌓는 높이가 15미터 이하가 되도록 할 것

② 실내에 쌓아 저장하는 경우 주요구조부는 내화구조이면서 불연재료여야 하고, 다른 종류의 특수가연물과 같은 공간에 보관하지 않을 것. 다만, 방화구조의 벽으로 분리하는 경우는 그렇지 않다.

③ 석탄·목탄류는 쌓는 부분의 바닥면적은 300제곱미터 이하가 되도록 할 것

④ 석탄·목탄류를 제외한 특수가연물의 쌓는 부분의 바닥면적은 200제곱미터 이하가 되도록 할 것

문 13. 「화재의 예방 및 안전관리에 관한 법률」상 시·도지사가 지정하는 화재예방강화지구에 해당하는 것은 모두 몇 개인가?

ㄱ. 시장지역이 밀집한 지역
ㄴ. 공장·창고가 있는 지역
ㄷ. 목조건물이 밀집한 지역
ㄹ. 노후·불량건축물있는 지역
ㅁ. 위험물의 저장 및 처리 시설이 밀집한 지역
ㅂ. 석유화학제품을 생산하는 공장이 있는 지역
ㅅ. 「산업입지 및 개발에 관한 법률」 제2조 제8호에 따른 산업기술단지
ㅇ. 소방시설·소방용수시설 또는 소방출동로가 없는 지역
ㅈ. 「물류시설의 개발 및 운영에 관한 법률」 제2조 제6호에 따른 물류단지

① 2개          ② 3개
③ 4개          ④ 5개

문 14. 「화재의 예방 및 안전관리에 관한 법률」 및 같은 법 시행령상 특정소방대상물의 근무자 및 거주자에 대한 소방훈련 등에 관한 사항으로 옳은 것은 모두 몇 개인가?

ㄱ. 소방안전관리대상물의 관계인은 그 장소에 근무하거나 거주하는 사람 등에게 소화·통보·피난 등의 훈련과 소방안전관리에 필요한 교육을 하여야 하고, 피난훈련은 그 소방대상물에 출입하는 사람을 안전한 장소로 대피시키고 유도하는 훈련을 포함하여야 한다.
ㄴ. 소방본부장 또는 소방서장은 소방안전관리대상물의 관계인이 실시하는 소방훈련과 교육을 지도·감독할 수 있다.
ㄷ. 소방안전관리대상물의 관계인은 소방훈련과 교육을 연 1회 이상 실시해야 한다. 다만, 소방본부장 또는 소방서장이 화재예방을 위하여 필요하다고 인정하여 2회의 범위에서 추가로 실시할 것을 요청하는 경우에는 소방훈련과 교육을 추가로 실시해야 한다.
ㄹ. 소방본부장 또는 소방서장은 소방안전관리대상물 중 불특정 다수인이 이용하는 대통령령으로 정하는 특정소방대상물의 근무자 등에게 불시에 소방훈련과 교육을 실시할 경우 관계인에게 10일 전까지 불시 소방훈련·교육 계획서를 통지해야 한다.
ㅁ. 소방안전관리대상물 중 소방안전관리업무의 전담이 필요한 대통령령으로 정하는 소방안전관리대상물의 관계인은 소방훈련 및 교육을 한 날부터 30일 이내에 소방훈련 및 교육 결과를 행정안전부령으로 정하는 바에 따라 소방본부장 또는 소방서장에게 제출하여야 한다.

① ㄱ, ㄴ
② ㄱ, ㄴ, ㄷ
③ ㄱ, ㄴ, ㄷ, ㄹ
④ ㄱ, ㄴ, ㄷ, ㄹ, ㅁ

문 15. 「화재의 예방 및 안전관리에 관한 법률」상 청문 대한 설녕으로 옳지 않은 것은?

① 청문 실시권자는 소방청장 또는 시·도지사이다.
② 소방안전관리자의 자격 취소는 청문대상이다.
③ 소방안전관리자의 자격 정지는 청문대상이다.
④ 진단기관의 지정 취소는 청문대상이다.

문 16. 「위험물안전관리법 시행규칙」상 제조소의 위치·구조 및 설비의 기준에 대한 설명으로 옳지 않은 것은?

① 학교·병원·극장 등은 30m 이상의 안전거리를 둘 것
② 지정수량의 10배 이하의 위험물을 취급하는 경우에는 3m 이상, 지정수량의 10배 초과는 5m 이상 보유공지를 둘 것
③ 배기구는 당해 배기구가 설치된 실의 바닥면적 $150m^2$마다 1개 이상으로 하되, 배기구의 크기는 $800cm^2$ 이상으로 할 것
④ 제조소에는 보기 쉬운 곳에 "위험물 제조소"라는 표시를 한 표지는 한 변의 길이가 0.3m 이상, 다른 한 변의 길이가 0.6m 이상인 직사각형으로 할 것

문 17. 「위험물안전관리법 시행령」상 위험물 유별 지정수량으로 옳지 않은 것은?

① 제1류 위험물 - 아염소산염류(50kg), 브로민산염류(300kg), 다이크로뮴산염류(1,000kg)
② 제2류 위험물 - 황화인(100kg), 황(100kg), 금속분(500kg)
③ 제3류 위험물 - 알킬리튬(10kg), 황린(20kg), 금속의 수소화물(300kg)
④ 제5류 위험물 - 질산에스터류, 나이트로소화합물, 하이드록실아민염류(제1종: 100kg, 제2종: 200kg)

문 18. 「위험물안전관리법」상 위험물의 저장 및 취급의 제한등에 설명으로 옳지 않은 것은?

① 군부대가 지정수량 이상의 위험물을 군사목적으로 임시로 저장 또는 취급하는 경우에는 관할소방서장의 승인을 받아 제조소등이 아닌 장소에서 지정수량 이상의 위험물을 취급할 수 있다.

② 관할소방서장의 승인을 받아 지정수량 이상의 위험물을 90일 이내의 기간동안 임시로 저장 또는 취급하는 경우에는 제조소등이 아닌 장소에서 지정수량 이상의 위험물을 취급할 수 있다.

③ 둘 이상의 위험물을 같은 장소에서 저장 또는 취급하는 경우에 있어서 당해 장소에서 저장 또는 취급하는 각 위험물의 수량을 그 위험물의 지정수량으로 각각 나누어 얻은 수의 합계가 1 이상인 경우 당해 위험물은 지정수량 이상의 위험물로 본다.

④ 임시로 저장 또는 취급하는 장소에서의 저장 또는 취급의 기준과 임시로 저장 또는 취급하는 장소의 위치·구조 및 설비의 기준은 시·도의 조례로 정한다.

문 20. 「위험물안전관리법령 시행규칙」상 안전교육의 교육대상자·교육시기 및 교육기관의 연결이 옳은 것은?

① 안전관리자가 되려는 사람 - 최초 선임되기 전 - 안전원

② 안전관리자 - 제조소등의 안전관리자로 선임된 날부터 6개월 이내 교육을 받은 후 2년마다 1회 - 안전원

③ 위험물운반자 - 위험물운반자로 종사한 날부터 6개월 이내 교육을 받은 후 3년마다 1회 - 안전원

④ 탱크시험자의 기술인력 - 탱크시험자의 기술인력으로 등록한 날부터 6개월 이내 교육을 받은 후 3년마다 1회 - 기술원

문 19. 「위험물안전관리법령 시행령」상 정기점검대상으로 옳지 않은 것은?

① 지하탱크저장소

② 이동탱크저장소

③ 판매취급소

④ 위험물을 취급하는 탱크로서 지하에 매설된 탱크가 있는 제조소·주유취급소 또는 일반취급소

문 21. 「소방시설공사업 시행령」상 착공신고 대상에 대한 설명으로 옳은 것은?

① 비상방송설비, 자동화재탐지설비 증설하는 공사

② 유도등, 비상조명등을 신설하는 공사

③ 비상콘센트설비, 무선통신보조설비를 증설하는 공사

④ 수신반, 동력제어반을 이전하는 공사

문 22. 「소방시설공사업법」 및 같은 법 시행령상 도급등에 관한 설명으로 옳지 않은 것은?

① 도급을 받은 자는 소방시설의 설계, 시공, 감리를 제3자에게 하도급할 수 있다. 다만, 시공의 경우에는 대통령령으로 정하는 바에 따라 도급받은 소방시설공사의 일부를 다른 공사업자에게 하도급할 수 없다.
② 공사업자가 도급받은 소방시설공사의 도급금액 중 그 공사(하도급한 공사를 포함한다)의 근로자에게 지급하여야 할 임금에 해당하는 금액은 압류할 수 없다.
③ 소방시설공사업과 주택건설사업을 함께 하는 공사업자가 소방시설공사와 해당 사업의 공사를 함께 도급받은 경우에는 도급받은 소방시설공사의 일부를 다른 공사업자에게 하도급할 수 있다.
④ 정당한 사유 없이 30일 이상 소방시설공사를 계속하지 아니하는 경우에는 도급계약을 해지할 수 있다.

문 23. 「소방시설공사업법 시행령」상 소방기술자의 배치기준 및 배치기간으로 옳지 않은 것은?

① 연면적 20만제곱미터 이상인 특정소방대상물의 공사 현장에는 특급기술자인 소방기술자를 배치하여야 한다.
② 지하층을 제외한 층수가 16층 이상 40층 미만인 특정소방대상물의 공사 현장에는 고급기술자 이상의 소방기술자를 배치하여야 한다.
③ 연면적 1만제곱미터 이상 20만제곱미터 미만인 아파트의 공사 현장에는 중급기술자 이상의 소방기술자를 배치하여야 한다.
④ 지하구(地下溝)의 공사 현장에는 초급기술자 이상의 소방기술자를 배치하여야 한다.

문 24. 「소방시설공사업법」상 소방시설업자 등록의 취소사유로 옳지 않은 것은?

① 거짓이나 그 밖의 부정한 방법으로 등록한 경우
② 등록 결격사유에 해당하게 된 경우
③ 소방시설업의 등록증 또는 등록수첩을 빌려준 경우
④ 영업정지 기간 중에 소방시설공사등을 한 경우

문 25. 「소방의 화재조사에 관한 법률」상 용어의 정의에서 말하는 관계인 등을 모두 고른 것은?

ㄱ. 화재 현장을 발견하고 신고한 사람
ㄴ. 화재 현장을 목격한 사람
ㄷ. 화재를 발생시키거나 화재발생과 관계된 사람
ㄹ. 소화활동을 행하거나 인명구조활동(유도대피 제외)에 관계된 사람

① ㄱ
② ㄱ, ㄴ
③ ㄱ, ㄴ, ㄷ
④ ㄱ, ㄴ, ㄷ, ㄹ

문 26. 「소방기본법」상 용어의 정의로 옳은 것은?

① "소방대상물"이란 건축물, 차량, 선박(「선박법」 제1조의2 제1항에 따른 선박으로서 항구에 향해하는 선박만 해당한다), 선박 건조 구조물, 산림, 그 밖의 인공 구조물 또는 물건을 말한다.

② "관계지역"이란 소방대상물이 있는 장소 및 그 이웃 지역으로서 화재의 예방·경계·진압, 구조·구급 등의 활동에 필요한 지역을 말한다.

③ "소방관서장"이란 특별시·광역시·특별자치시·도 또는 특별자치도(이하 "시·도"라 한다)에서 화재의 예방·경계·진압·조사 및 구조·구급 등의 업무를 담당하는 부서의 장을 말한다.

④ "소방대장"이란 소방본부장 또는 소방서장 등 화재, 재난·재해, 그 밖의 위급한 상황이 발생한 소방본부 또는 소방서에서 소방대를 지휘하는 사람을 말한다.

문 27. 「소방기본법」 및 같은 법 시행령상 손실보상에 대한 설명으로 옳지 않은 것은?

① 소방청장 또는 시·도지사는 소방활동 종사로 인하여 사망하거나 부상을 입은 자에게 손실보상심의위원회의 심사·의결에 따라 정당한 보상을 하여야 한다

② 손실보상을 청구할 수 있는 권리는 손실이 있음을 안 날부터 3년, 손실이 발생한 날부터 5년간 행사하지 아니하면 시효의 완성으로 소멸한다.

③ 손실을 입은 물건을 수리할 수 없는 때에는 손실을 입은 당시의 해당 물건의 교환가액으로 보상하여야 한다

④ 소방청장등은 보상금을 지급하기로 결정한 경우 결정일부터 30일 이내에 행정안전부령으로 정하는 바에 따라 결정 내용을 청구인에게 통지하고, 보상금을 지급하기로 결정한 경우에는 특별한 사유가 없으면 통지한 날부터 10일 이내에 보상금을 지급하여야 한다.

문 28. 「소방시설 설치 및 관리에 관한 법률」상 시·도지사는 관리업자에게 영업정지를 명하는 경우로서 그 영업정지가 국민에게 심한 불편을 주거나 그 밖에 공익을 해칠 우려가 있을 때에는 영업정지처분을 갈음하여 최대 얼마 이하의 과징금을 부과할 수 있는가?

① 1천만원　　　　② 3천만원
③ 5천만원　　　　④ 2억원

문 29. 「소방시설 설치 및 관리에 관한 법률 시행령」상 소방시설 종류에 대한 설명으로 옳은 것을 모두 고르면?

ㄱ. 소화기구 중 간이소화용구의 종류는 에어로졸식 소화용구, 투척용 소화용구, 소공간용 소화용구 및 소화약제 외의 것을 이용한 간이소화용구이다.
ㄴ. 스프링클러설비등의 종류는 스프링클러설비, 간이스프링클러설비(캐비닛형 간이스프링클러설비는 제외), 화재조기진압용 스프링클러설비이다.
ㄷ. 인명구조기구의 종류는 방열복, 방화복(안전모, 보호장갑 및 안전화는 제외), 공기호흡기, 인공소생기이다.
ㄹ. 소화용수설비의 종류는 상수도소화용수설비, 소화수조·저수조, 그 밖의 소방용수시설이다.

① ㄱ
② ㄱ, ㄴ
③ ㄱ, ㄴ, ㄷ
④ ㄱ, ㄴ, ㄷ, ㄹ

문 30. 「소방시설 설치 및 관리에 관한 법률 시행규칙」상 종합점검대상으로 옳은 것은?

① 연면적이 1,000m² 이상인 노래연습장
② 소방대가 근무하는 공공기관으로서 3,000m² 이상인 것으로서 옥내소화전설비
③ 제연설비가 설치된 터널
④ 물분무등소화설비(호스릴 방식의 물분무등소화설비만을 설치한 경우는 제외한다)가 설치된 연면적 4,000m² 이상인 특정소방대상물(제조소등은 제외한다)

문 31. 「화재의 예방 및 안전관리에 관한 법률 시행령」상 소방안전관리자 선임할 수 있는 자격자로 옳은 것은?

① 소방설비기사의 자격을 취득한 후 5년 이상 1급 소방안전관리대상물의 소방안전관리자로 근무한 실무경력이 있는 사람은 특급 소방안전관리대상물에 선임될 수 있다.
② 소방공무원으로 3년 이상 근무한 경력이 있는 사람은 1급 소방안전관리대상물에 선임될 수 있다.
③ 위험물기능사 자격이 있는 사람은 2급 소방안전관리대상물에 선임될 수 있다.
④ 소방공무원은 3급 소방안전관리대상물에 선임될 수 있다.

문 32. 「화재의 예방 및 안전관리에 관한 법률 시행령」상 소방안전관리보조자를 두어야 하는 특정소방대상물에 대한 설명이다. (    ) 안에 들어갈 내용으로 옳은 것은?

• 「건축법 시행령」 별표 1 제2호 가목에 따른 아파트 중 ( ㉠ ) 이상인 아파트
• 연면적이 ( ㉡ ) 이상인 특정소방대상물(아파트 및 연립주택은 제외한다)

| | ㉠ | ㉡ |
|---|---|---|
| ① | 100세대 | 8천제곱미터 |
| ② | 100세대 | 1만2천제곱미터 |
| ③ | 300세대 | 1만2천제곱미터 |
| ④ | 300세대 | 1만5천제곱미터 |

문 33. 「화재의 예방 및 안전관리에 관한 법률 시행규칙」상 피난유도 안내정보의 제공 방법으로 옳지 않은 것은?

① 연 2회 피난안내 교육을 실시하는 방법
② 분기별 1회 이상 피난안내방송을 실시하는 방법
③ 피난안내도를 건물마다 보기 쉬운 위치에 게시하는 방법
④ 엘리베이터, 출입구 등 시청이 용이한 장소에 피난안내영상을 제공하는 방법

문 34. 「위험물안전관리법」상 제조소등의 사용 중지등에 대한 설명이다. (    ) 안에 들어갈 내용으로 옳은 것은?

> 제조소등의 관계인은 제조소등의 사용을 중지하거나 중지한 제조소등의 사용을 재개하려는 경우에는 해당 제조소등의 사용을 중지하려는 날 또는 재개하려는 날의 ( ㉠ ) 전까지 ( ㉡ )으로 정하는 바에 따라 제조소등의 사용 중지 또는 재개를 ( ㉢ )에게 신고하여야한다.

|   | ㉠ | ㉡ | ㉢ |
|---|----|----|----|
| ① | 14일 | 대통령령 | 소방청장 |
| ② | 14일 | 행정안전부령 | 시 · 도지사 |
| ③ | 30일 | 대통령령 | 소방청장 |
| ④ | 30일 | 행정안전부령 | 시 · 도지사 |

문 35. 「위험물안전관리법 시행령」상 탱크안전성능검사를 받아야 하는 위험물탱크로 옳은 것은?

① 기초 · 지반검사: 옥외탱크저장소의 액체위험물탱크 중 그 용량이 100만리터 이상인 탱크
② 용접부검사: 옥외탱크저장소의 액체위험물탱크 중 그 용량이 50만리터 이상인 탱크
③ 충수(充水) · 수압검사: 액체위험물을 저장 또는 취급하는 탱크 중 제조소 또는 일반취급소에 설치된 지정수량 미만인 것
④ 이동저장탱크검사: 액체위험물을 저장 또는 취급하는 상치공간을 이용한 탱크

문 36. 「위험물안전관리법」에서 제조소등의 관계인, 위험물운송자, 탱크시험자 및 안전관리자의 업무를 위탁받아 수행할 수 있는 안전관리대행기관으로 소방청장의 지정을 받은 자는 위험물의 안전관리, 사고예방을 위한 안전기술 개발, 그 밖에 위험물 안전관리의 건전한 발전을 도모하기 위하여 위험물 안전관리에 관한 협회(이하 "협회"라 한다)를 설립할 수 있다. 협회에 대한 설명으로 옳지 않은 것은?

① 협회에 관하여 이 법에서 규정한 것 외에는 「민법」 중 재단법인에 관한 규정을 준용한다.
② 협회의 설립인가 절차 및 정관의 기재사항 등에 관하여 필요한 사항은 대통령령으로 정한다.
③ 협회는 소방청장의 인가를 받아 주된 사무소의 소재지에 설립등기를 함으로써 성립한다.
④ 협회의 업무는 정관으로 정한다.

문 37. 「위험물안전관리법 시행규칙」상 위험물의 운반에 관한 기준으로 옳지 않은 것은?

① 운반용기의 재질은 강판·알루미늄판·양철판·유리·금속판·종이·플라스틱·섬유판·고무류·합성섬유·삼·짚 또는 나무할 것
② 고체위험물은 운반용기 내용적의 95% 이하의 수납율로 수납할 것
③ 액체위험물은 운반용기 내용적의 98% 이하의 수납율로 수납하되, 50도의 온도에서 누설되지 아니하도록 충분한 공간용적을 유지하도록 할 것
④ 자연발화성물질 중 알킬알루미늄 등은 운반용기의 내용적의 90% 이하의 수납율로 수납하되, 50℃의 온도에서 5% 이상의 공간용적을 유지하도록 할 것

문 38. 「소방시설공사업법」상 용어의 정의로 옳지 않은 것은?

① "소방시설업"이란 소방시설설계업, 소방시설공사업, 소방공사감리업, 방염처리업으로 구분된다.
② "소방시설공사업"이란 공사도서에 따라 소방시설을 신설, 증설, 개설, 이전 및 정비하는 영업을 말한다.
③ "감리원"이란 소방공사감리업자에 소속된 소방기술자로서 해당 소방시설공사를 감리하는 사람을 말한다.
④ "발주자"란 소방시설의 설계, 시공, 감리 및 방염을 소방시설업자에게 도급하는 자를 말한다. 다만, 수급인으로서 도급받은 공사를 하도급하는 자는 제외한다.

문 39. 「소방시설공사업법 시행령」상 하도급계약심사위원회의 부위원장과 위원의 자격으로 옳지 않은 것은?

① 안전 분야 연구기관의 연구위원급 이상인 사람
② 소방 분야의 박사학위를 취득하고 그 분야에서 3년 이상 연구 또는 실무경험이 있는 사람
③ 소방기술사 자격을 취득한 사람
④ 대학(소방 분야로 한정한다)의 조교수 이상인 사람

문 40. 「소방의 화재조사에 관한 법률 시행규칙」상 전담부서에 갖추어야 할 장비와 시설 중 감식기기(16종)에 해당하지 않는 것은?

① 접점저항계
② 누설전류계
③ 멀티테스터기
④ 절연저항계

소요시간: _____ / 25분, _____ / 40분　　맞힌 답의 개수: 　　　 / 25, 　　 / 40

**문 1.** 「소방기본법」 및 같은 법 시행규칙상 소방청장·소방본부장 또는 소방서장은 공공의 안녕질서 유지 또는 복리증진을 위하여 필요한 경우 소방지원활동 하게 할 수 있다. 소방지원활동으로 옳지 않은 것은?

① 군·경찰 등 유관기관에서 실시하는 훈련지원 활동
② 화재, 재난·재해로 인한 피해복구 지원활동
③ 자연재해에 따른 급수·배수 및 제설 등 지원활동
④ 소방시설 오작동 신고에 따른 지원활동

**문 2.** 「소방기본법」상 벌칙기준으로 옳지 않은 것은?

① 출동한 소방대원에게 폭행 또는 협박을 행사하여 화재진압·인명구조 또는 구급활동을 방해한 자는 5년 이하의 징역 또는 5천만원 이하의 벌금에 처한다.
② 정당한 사유 없이 물의 사용이나 수도의 개폐장치의 사용 또는 조작을 하지 못하게 하거나 방해한 자는 300만원 이하의 벌금에 처한다.
③ 전용구역에 차를 주차하거나 전용구역에의 진입을 가로막는 등의 방해행위를 한 자에게는 100만원 이하의 과태료를 부과한다.
④ 시장 지역에서 연막소독을 하려는 자가 소방본부장 또는 소방서장에게 신고를 하지 아니하여 소방자동차를 출동하게 한 자에게는 20만원 이하의 과태료를 부과한다.

**문 3.** 「소방기본법」상 특정 지역 또는 장소에서 화재로 오인할 만한 우려가 있는 불을 피우거나 연막(煙幕) 소독을 하려는 자는 시·도의 조례로 정하는 바에 따라 관할 소방본부장 또는 소방서장에게 신고하여야 한다. 이 지역에 해당하는 것을 모두 고른 것은?

> ㄱ. 시장지역
> ㄴ. 공장·창고가 밀집한 지역
> ㄷ. 목조건물이 밀집한 지역
> ㄹ. 노후·불량 건축물이 밀집한 지역

① ㄱ
② ㄱ, ㄴ
③ ㄱ, ㄴ, ㄷ
④ ㄱ, ㄴ, ㄷ, ㄹ

**문 4.** 「소방기본법」상 소방기관이 소방업무를 수행하는 데에 필요한 인력과 장비 등에 관한 기준은 어느 것으로 정하는가?

① 대통령령
② 행정안전부령
③ 시·도 조례
④ 소방청장

문 5. 「소방기본법」및 같은 법 시행규칙상 소방용수시설별 설치기준에 대한 내용으로 옳지 않은 것은?

① 시·도지사는 소방활동에 필요한 소화전(消火栓)·급수탑(給水塔)·저수조(貯水槽)를 설치하고 유지·관리하여야 한다. 다만, 「수도법」에 따라 소화전을 설치하는 일반수도사업자는 관할 소방서장과 사전협의를 거친 후 소화전을 설치하여야 하며, 설치 사실을 관할 소방서장에게 통지하고, 그 소화전을 유지·관리할 것
② 주거지역·상업지역 및 공업지역에 설치하는 경우에는 소방대상물과의 수평거리를 100미터 이하가 되도록 할 것
③ 상수도와 연결하여 지하식 또는 지상식의 구조로 하고, 소방용호스와 연결하는 소화전의 연결금속구의 구경은 65밀리미터 이상으로 할 것
④ 저수조는 지면으로부터의 낙차가 4.5미터 이하일 것

문 6. 「소방시설 설치 및 관리에 관한 법률」상 수용인원 산정방법에 따른 다음 수련시설의 수용인원은 총 몇 명인가?

- 수련시설의 종사자수는 5명, 수련시설 내 숙박시설은 2인용 침대이며 침대수량은 100개이다.
- 수련시설 내 강의실 면적 190m²이다.

① 105        ② 155
③ 205        ④ 305

문 7. 「소방시설 설치 및 관리에 관한 법률 시행령」상 특정소방대상물의 소방시설 설치의 면제 기준에 대한 설명으로 옳지 않은 것은?

① 소방본부장 또는 소방서장이 옥내소화전설비의 설치가 곤란하다고 인정하는 경우로서 호스릴 방식의 물분무소화설비 또는 옥외소화전설비를 화재안전기준에 적합하게 설치한 경우에는 옥내소화전설비가 면제된다.
② 특정소방대상물에 스프링클러설비, 물분무소화설비 또는 미분무소화설비를 화재안전기준에 적합하게 설치한 경우에는 간이스프링클러설비가 면제된다.
③ 자동화재탐지설비의 기능(감지·수신·경보 기능을 말한다)과 성능을 가진 화재알림설비, 스프링클러설비 또는 물분무등소화설비를 화재안전기준에 적합하게 설치한 경우에 자동화재탐지설비가 면제된다.
④ 공기조화설비를 화재안전기준의 제연설비기준에 적합하게 설치하고 공기조화설비가 화재 시 제연설비기능으로 자동전환되는 구조로 설치되어 있는 경우에는 제연설비가 면제된다.

문 8. 「소방시설 설치 및 관리에 관한 법률 시행령」상 비상경보설비를 설치해야 하는 특정소방대상물이 아닌 것은? (단, 모래·석재 등 불연재료 공장 및 창고시설, 위험물 저장 및 처리 시설 중 가스시설, 사람이 거주하지 않거나 벽이 없는 축사 등 동물 및 식물 관련 시설 및 지하구는 제외한다)

① 연면적 400m² 이상인 것은 모든 층
② 지하층 또는 무창층의 바닥면적이 100m²(공연장의 경우 150m²) 이상인 것은 모든 층
③ 지하가 중 터널로서 길이가 500m 이상인 것
④ 50명 이상의 근로자가 작업하는 옥내 작업장

문 9. 「소방시설 설치 및 관리에 관한 법률 시행령」상 제조 또는 가공 공정에서 방염처리하는 방염대상물품으로 옳은 것은?

① 창문에 설치하는 커튼류(블라인드를 제외)
② 무대에 설치하는 소파 또는 의자(섬유류 또는 합성수지류 등 원료임)
③ 두께가 2밀리미터 미만인 종이벽지
④ 전시용 합판·목재 또는 섬유판, 무대용 합판·목재 또는 섬유판(합판·목재류의 경우 불가피하게 설치 현장에서 방염처리한 것을 포함)

문 11. 「소방시설 설치 및 관리에 관한 법률」및 같은 법 시행규칙상 자체점검에 대한 설명으로 옳은 것은?

① 표준자체점검비의 공표 방법 등에 관하여 필요한 사항은 소방청장이 정하여 고시한다.
② 특정소방대상물의 소방시설등이 신설·증축 또는 용도변경된 경우에는 건축물을 사용할 수 있게 된 날부터 60일 이내에 자체점검을 하여야 한다.
③ 50층 이상 또는 성능위주설계를 한 특정소방대상물에는 소방시설관리사 경력 3년 이상 1명 이상, 고급점검자 이상 1명 이상 및 중급점검자 이상 1명 이상을 점검인력으로 배치하여야 한다.
④ 점검인력 1단위가 하루 동안 점검할 수 있는 특정소방대상물의 연면적은 작동점검은 8,000㎡이고 종합점검은 10,000㎡이다.

문 10. 「소방시설 설치 및 관리에 관한 법률」상 소방시설기준 적용특례로서 대통령령 또는 화재안전기준이 변경되어 그 기준이 강화되는 경우 기존의 특정소방대상물 중 강화된 기준을 적용하여야 할 소방시설로 옳지 않은 것은?

① 피난구조설비
② 옥내소화전설비
③ 자동화재탐지설비
④ 자동화재속보설비

문 12. 「화재의 예방 및 안전관리에 관한 법률」상 소방청장은 화재예방정책을 체계적·효율적으로 추진하고 이에 필요한 기반 확충을 위하여 화재의 예방 및 안전관리에 관한 기본계획을 5년마다 수립·시행하여야 한다. 기본계획에 포함되는 사항이 아닌 것은?

① 화재예방정책의 기본목표 및 추진방향
② 화재의 예방과 안전관리를 위한 대국민 교육·훈련
③ 화재의 예방과 안전관리 관련 기술의 개발·보급
④ 화재의 예방과 안전관리 관련 산업의 국제경쟁력 향상

문 13. 「화재의 예방 및 안전관리에 관한 법률 시행규칙」상 보일러 등의 설비 또는 기구 등의 위치·구조 및 관리와 화재예방을 위하여 불을 사용할 때 지켜야 하는 사항으로 옳지 않은 것은?

① 보일러는 가연성 벽·바닥 또는 천장과 접촉하는 증기기관 또는 연통의 부분은 규조토 등 난연성 또는 불연성 단열재로 덮어씌워야 한다.
② 난로의 연통은 천장으로부터 0.6미터 이상 떨어지고, 연통의 배출구는 건물 밖으로 0.6미터 이상 나오게 설치해야 한다.
③ 건조설비는 건조설비와 바닥·보 사이의 거리는 0.5미터 이상이어야 한다.
④ 불꽃을 사용하는 용접 또는 용단 작업장 주변 반경 5미터 이내에 소화기를 두어야 한다.

문 14. 「화재의 예방 및 안전관리에 관한 법률 시행령」상 소방관서장은 화재안전조사를 효율적으로 실시하기 위하여 필요한 경우에는 기관의 장과 합동으로 조사반을 편성하여 화재안전조사를 할 수 있다. 이 경우 기관의 장에 해당하는 것을 모두 고른 것은?

```
ㄱ. 관계 중앙행정기관 또는 지방자치단체
ㄴ. 「소방기본법」 제40조에 따른 한국소방안전원
ㄷ. 「소방산업의 진흥에 관한 법률」 제14조에 따른 한국소방산업기술원
ㄹ. 「화재로 인한 재해보상과 보험가입에 관한 법률」 제11조에 따른 한국화재보험협회
```

① ㄱ
② ㄱ, ㄴ
③ ㄱ, ㄴ, ㄷ
④ ㄱ, ㄴ, ㄷ, ㄹ

문 15. 「위험물안전관리법 시행규칙」상 화학소방자동차에 갖추어야 하는 소화능력 및 설비의 기준으로 옳지 않은 것은?

① 포수용액 방사차는 포수용액의 방사능력이 매분 2,000ℓ 이상일 것
② 분말 방사차는 분말탱크 및 가압용가스설비를 비치할 것
③ 할로젠화합물 방사차는 1,000㎏ 이상의 할로젠화합물을 비치할 것
④ 이산화탄소 방사차는 이산화탄소저장용기 및 가압용가스설비를 비치할 것

문 16. 「위험물안전관리법 시행규칙」상 판매취급소의 위치·구조 및 설비의 기준에 관한 설명으로 옳지 않은 것은?

① 저장 또는 취급하는 위험물의 수량이 지정수량의 20배 이하는 제1종 판매취급소에 해당된다.
② 제1종 판매취급소의 용도로 사용되는 건축물의 부분은 내화구조 또는 불연재료로 하고, 판매취급소로 사용되는 부분과 다른 부분과의 격벽은 내화구조로 하여야 한다.
③ 위험물을 배합하는 실의 바닥면적은 $5m^2$ 이상 $12m^2$ 이하로 하여야 한다.
④ 제2종 판매취급소의 용도로 사용하는 부분 중 연소의 우려가 없는 부분에 한하여 창을 두되, 해당 창에는 60분+ 방화문·60분 방화문 또는 30분 방화문을 설치하여야 한다.

문 17. 「위험물안전관리법」상 허가를 받지 아니하고 당해 제조소 등을 설치하거나 그 위치·구조 또는 설비를 변경할 수 있으며, 신고를 하지 아니하고 위험물의 품명·수량 또는 지정수량의 배수를 변경할 수 있는 기준으로 옳지 않은 것은?

① 주택의 난방시설을 위한 저장소 또는 취급소
② 공동주택의 중앙난방시설을 위한 저장소 또는 취급소
③ 축산용으로 필요한 난방시설을 위한 지정수량 20배 이하의 저장소
④ 수산용으로 필요한 건조시설을 위한 지정수량 20배 이하의 저장소

문 18. 「위험물안전관리법」 및 같은 법 시행규칙상 위험물안전관리자 및 위험물운송자에 대한 설명으로 옳지 않은 것은?

① 안전관리자를 선임한 제조소등의 관계인은 그 안전관리자를 해임하거나 안전관리자가 퇴직한 때에는 해임하거나 퇴직한 날부터 30일 이내에 다시 안전관리자를 선임하여 하고, 안전관리자를 선임한 경우에는 선임한 날부터 14일 이내에 행정안전부령으로 정하는 바에 따라 소방본부장 또는 소방서장에게 신고하여야 한다.
② 안전관리자를 선임한 제조소등의 관계인은 안전관리자가 여행·질병 그 밖의 사유로 인하여 일시적으로 직무를 수행할 수 없거나 안전관리자의 해임 또는 퇴직과 동시에 다른 안전관리자를 선임하지 못하는 경우에는 국가기술자격법에 따른 위험물의 취급에 관한 자격취득자 또는 위험물안전에 관한 기본지식과 경험이 있는 자로서 행정안전부령이 정하는 자를 대리자(代理者)로 지정하여 그 직무를 대행하게 하여야 한다. 이 경우 대리자가 안전관리자의 직무를 대행하는 기간은 30일을 초과할 수 없다.
③ 위험물의 취급에 관한 국가기술자격을 취득하고 관련 업무에 2년 이상 종사한 경력이 있는 자는 위험물 운송책임자가 될 수 있다.
④ 위험물운송자는 장거리(고속국도에 있어서는 340㎞ 이상, 그 밖의 도로에 있어서는 200㎞ 이상을 말한다)에 걸치는 운송을 하는 때에는 2명 이상의 운전자로 하여야 한다.

문 19. 「위험물안전관리법 시행규칙」상 특정·준특정옥외탱크저장소의 관계인이 정밀 정기검사 및 중간정기검사를 받아야 하는 기준으로 옳지 않은 것은?

① 특정·준특정옥외탱크저장소의 설치허가에 따른 완공검사합격확인증을 발급받은 날부터 13년 기간 내에 1회 이상 정밀정기검사를 받아야 한다.
② 최근의 정밀정기검사를 받은 날부터 11년 기간 내에 1회 이상 정밀정기검사를 받아야 한다.
③ 특정·준특정옥외탱크저장소의 설치허가에 따른 완공검사합격확인증을 발급받은 날부터 4년 기간 내에 1회 이상 중간정기검사를 받아야 한다.
④ 최근의 정밀정기검사 또는 중간정기검사를 받은 날부터 4년 기간 내에 1회 이상 중간정기검사를 받아야 한다.

문 20. 「소방시설공사업법」 및 같은 법 시행령상 공사의 하자보수에 대한 설명으로 옳지 않은 것은?

① 관계인은 대통령령이 정하는 기간 동안 소방시설의 하자가 발생하였을 때에는 공사업자에게 그 사실을 알려야 하며, 통보를 받은 공사업자는 3일 이내에 하자를 보수하거나 보수 일정을 기록한 하자보수계획을 관계인에게 서면으로 알려야 한다.
② 대통령령이 정하는 기간 동안 하자보수를 이행하지 아니한 경우에는 시·도지사에게 그 사실을 알릴 수 있다.
③ 피난기구, 유도등, 유도표지, 비상경보설비, 비상조명등, 비상방송설비 및 무선통신보조설비의 하자보수 보증기간은 2년이다.
④ 자동소화장치, 옥내소화전설비, 스프링클러설비, 간이스프링클러설비, 물분무등소화설비, 옥외소화전설비, 자동화재탐지설비, 상수도소화용수설비 및 소화활동설비(무선통신보조설비는 제외한다)의 하자보수 보증기간은 3년이다.

문 21. 「소방시설공사업법」상 특정소방대상물의 관계인 또는 발주자로부터 소방시설공사 등을 도급받은 소방시설업자가 제3자에게 소방시설공사 시공을 하도급할 수 없다. 이를 위반하는 경우의 벌칙기준으로 옳은 것은?

① 3년 이하의 징역 또는 3천만원 이하의 벌금
② 1년 이하의 징역 또는 1천만원 이하의 벌금
③ 300만원 이하의 벌금
④ 100만원 이하의 벌금

문 22. 「소방시설공사업법 시행령」상 소방시설업의 업종별 등록기준 및 영업범위로 옳은 것을 모두 고른 것은?

> ㄱ. 전문 소방시설설계업의 기술인력은 주된 기술인력은 소방기술사 1명 이상, 보조기술인력 1명 이상이어야 한다.
> ㄴ. 일반 소방시설설계업은 영업범위는 연면적 3만제곱미터(공장의 경우에는 1만제곱미터) 미만의 특정소방대상물(제연설비가 설치되는 특정소방대상물은 제외한다)에 설치되는 기계분야 소방시설의 설계를 말한다.
> ㄷ. 전문 소방시설공사업 및 일반 소방시설공사업의 자본금은 1억원 이상이어야 하며, 소방청장이 지정하는 금융회사 또는 소방산업공제조합 따른 자본금 기준금액의 100분의 20 이상에 해당하는 금액의 담보를 제공받거나 현금의 예치 또는 출자를 받은 사실을 증명하여 발행하는 확인서를 소방청장에게 제출하여야 한다.
> ㄹ. 방염처리업은 섬유류, 합성수지류, 합판·목재류 방염업으로 구분된다.

① ㄱ, ㄴ, ㄷ
② ㄱ, ㄴ, ㄹ
③ ㄴ, ㄷ, ㄹ
④ ㄱ, ㄴ, ㄷ, ㄹ

문 23. 「소방시설공사업법」상 소방청장이 소방시설업자협회에 위탁하는 업무로 옳은 것은?

① 소방시설업 종합정보시스템의 구축·운영
② 소방시설업자의 지위승계 신고의 접수 및 신고내용의 확인
③ 소방시설업 등록사항 변경신고의 접수 및 신고내용의 확인
④ 소방시설업 등록신청의 접수 및 신청내용의 확인

문 24. 「소방의 화재조사에 관한 법률」상 소방관서장은 전문성에 기반하는 화재조사를 위하여 화재조사전담부서를 설치·운영한다. 화재조사전담부서 업무에 해당하는 것을 모두 고른 것은?

> ㄱ. 화재조사의 실시 및 조사결과 분석·관리
> ㄴ. 화재조사 관련 기술개발과 화재조사관의 역량증진
> ㄷ. 화재조사에 필요한 시설·장비의 관리·운영
> ㄹ. 화재조사 결과의 공표·통보

① ㄱ
② ㄱ, ㄴ
③ ㄱ, ㄴ, ㄷ
④ ㄱ, ㄴ, ㄷ, ㄹ

문 25. 「소방의 화재조사에 관한 법률」상 소방관서장의 화재조사범위로 옳은 것을 모두 고른 것은?

> ㄱ. 소방안전관리자 자격 및 선임여부 사항
> ㄴ. 화재원인에 관한 사항 및 인명·재산피해 상황
> ㄷ. 소방시설 등의 설치·관리 및 작동 여부에 관한 사항
> ㄹ. 화재발생건축물과 구조물, 화재유형별 화재위험성 등에 관한 사항

① ㄱ, ㄴ
② ㄴ, ㄹ
③ ㄴ, ㄷ, ㄹ
④ ㄱ, ㄴ, ㄷ, ㄹ

문 26. 「소방기본법」상 한국소방안전원의 업무가 아닌 것은?

① 소방기술과 안전관리의식 고취를 위한 대국민 홍보
② 소방기술과 안전관리에 관한 각종 간행물 발간
③ 소방기술과 안전관리에 관한 교육 및 조사·연구
④ 소방안전에 관한 국제협력

문 27. 「소방기본법」 및 같은 법 시행령상 소방자동차 전용구역의 설치방법으로 옳지 않은 것은?

① 누구든지 전용구역에 차를 주차하거나 전용구역에의 진입을 가로막는 등의 방해행위를 하여서는 아니 된다.
② 아파트 중 세대수가 100세대 이상인 아파트 또는 기숙사 중 3층 이상의 기숙사에는 소유주가 소방자동차 전용구역를 설치하여야 한다.
③ 전용구역 노면표지의 외곽선은 빗금무늬로 표시하되, 빗금은 두께를 30센티미터로 하여 50센티미터 간격으로 표시하여야 한다.
④ 전용구역 노면표지 도료의 색채는 황색을 기본으로 하되, 문자(P, 소방차 전용)는 백색으로 표시하여야 한다.

문 28. 「소방시설 설치 및 관리에 관한 법률」상 소방시설관리업자가 사망한 경우 그 상속인이 소방시설관리업자의 지위를 승계한 자는 누구에게 신고하여야 하는가?

① 시·도지사, 소방청장
② 소방청장, 소방본부장
③ 소방청장
④ 시·도지사

문 29. 「소방시설 설치 및 관리에 관한 법률 시행규칙」상 성능위주설계 평가단에 대한 설명으로 옳지 않은 것은?

① 위촉된 평가단원의 임기는 2년으로 하되, 1회에 한정하여 연임할 수 있다.
② 평가단은 평가단장을 포함하여 50명 이내의 평가단원으로 성별을 고려하여 구성한다.
③ 소방공무원 중 소방기술사를 평가단원으로 소방청장 또는 관할 소방본부장이 임명할 수 있다.
④ 건축 분야 및 소방방재 분야 전문가 중 특급 감리원 자격을 취득한 사람으로 소방공사 현장 감리업무를 10년 이상 수행한 사람을 평가단원으로 소방청장 또는 관할 소방본부장이 위촉할 수 있다.

문 30. 「소방시설 설치 및 관리에 관한 법률」상 소방용품을 판매하거나 판매 목적으로 진열하거나 소방시설공사에 사용할 수 없는 경우가 아닌 것은?

① 형식승인을 받지 아니한 것
② 성능인증을 받지 아니한 것
③ 형상등을 임의로 변경한 것
④ 제품검사를 받지 아니하거나 합격표시를 하지 아니한 것

문 31. 「화재의 예방 및 안전관리에 관한 법률」
상 「기상법」에 따른 이상 기상의 예보
또는 특보가 있을 때 화재에 관한 경보를
발령하고 그에 따른 조치를 할 수 있는
자가 아닌 사람은?

① 기상청장
② 소방청장
③ 소방본부장
④ 소방서장

문 32. 「화재의 예방 및 안전관리에 관한 법률」
및 그 시행령·시행규칙상 화재의 예방
및 안전관리 기본계획 등의 수립·시행
등에 대한 설명으로 옳지 않은 것은?

① 소방청장은 화재예방정책을 체계적·효율적
으로 추진하고 이에 필요한 기반 확충을 위
하여 화재의 예방 및 안전관리에 관한 기본
계획을 5년마다 수립·시행하여야 한다.
② 소방청장은 기본계획 및 시행계획의 수립·
시행에 필요한 기초자료를 확보하기 위하여
실태조사를 통계조사, 문헌조사 또는 현장조
사의 방법으로 하며, 정보통신망 또는 전자
적인 방식을 사용할 수 있다.
③ 소방청장은 화재의 예방 및 안전관리에 관한
기본계획을 계획 시행 전년도 8월 31일까지
관계 중앙행정기관의 장과 협의한 후 계획
시행 전년도 9월 30일까지 수립해야 한다.
④ 소방청장은 관계 중앙행정기관의 장과 특별
시장·광역시장·특별자치시장·도지사 또는
특별자치도지사(이하 "시·도지사"라 한다)
에게 기본계획 및 시행계획을 각각 계획 시
행 전년도 12월 31일까지 통보해야 한다.

문 33. 「화재의 예방 및 안전관리에 관한 법률」
및 그 시행령·시행규칙상 화재안전조사
에 대한 설명으로 옳지 않은 것은?

① 화재안전조사의 연기를 신청하려는 관계인
은 화재안전조사 시작 3일 전까지 화재안전
조사 연기신청서(전자문서를 포함한다)에 화
재안전조사를 받기 곤란함을 증명할 수 있는
서류(전자문서를 포함한다)를 첨부하여 소방
관서장에게 제출해야 한다.
② 권한 있는 기관에 자체점검기록부, 교육·훈
련일지 등 화재안전조사에 필요한 장부·서
류 등이 압수되거나 영치(領置)되어 있는 경
우에는 화재안전조사 연기를 할 수 있다
③ 화재안전조사는 화재안전조사 항목 전부를
확인하는 전부조사와 화재안전조사 항목 중
일부를 확인하는 일부조사를 실시할 수 있다
④ 소방관서장은 개인의 주거(실제 주거용도로
사용되는 경우에 한정한다)에 대한 화재안전
조사는 관계인의 승낙이 있거나 화재발생의
우려가 뚜렷하여 긴급한 필요가 있는 때에
한정한다.

문 34. 「위험물안전관리법 시행령」상 화재예방
과 화재 등 재해 발생 시 비상조치를 위
하여 관계인에게 예방규정을 정하여 하
는 제조소등의 기준으로 옳지 않은 것은?

① 지정수량의 10배 이상의 위험물을 취급하는
제조소
② 지정수량의 100배 이상의 위험물을 저장하는
옥외저장소
③ 지정수량의 150배 이상의 위험물을 저장하는
옥내탱크저장소
④ 지정수량의 200배 이상의 위험물을 저장하
는 옥외탱크저장소

문 35. 「위험물안전관리법 시행규칙」상 옥외탱크저장소의 방유제 기준으로 옳지 않은 것은?

① 제2류, 제4류 및 제5류 위험물 중 인화성이 있는 액체(이황화탄소를 제외한다)의 옥외탱크저장소의 탱크의 방유제의 용량은 방유제 안에 설치된 탱크가 하나인 때에는 그 탱크 용량의 110% 이상, 2기 이상인 때에는 그 탱크 중 용량이 최대인 것의 용량의 110% 이상으로 할 것. 이 경우 방유제의 용량은 당해 방유제의 내용적에서 용량이 최대인 탱크 외의 탱크의 방유제 높이 이하 부분의 용적, 당해 방유제 내에 있는 모든 탱크의 지반면 이상 부분의 기초의 체적, 간막이 둑의 체적 및 당해 방유제 내에 있는 배관 등의 체적을 뺀 것으로 한다.

② 방유제는 높이 0.5m 이상 3m 이하, 두께 0.2m 이상, 지하매설깊이 1m 이상으로 할 것. 다만, 방유제와 옥외저장탱크 사이의 지반면 아래에 불침윤성 구조물을 설치하는 경우에는 지하매설깊이를 해당 불침윤성 구조물까지로 할 수 있다.

③ 방유제 내의 면적은 8만m² 이하로 할 것

④ 높이가 1m를 넘는 방유제 및 간막이 둑의 안 팎에는 방유제내에 출입하기 위한 계단 또는 경사로를 약 50m마다 설치할 것

문 36. 「위험물안전관리법 시행규칙」상 지정수량 이상의 위험물을 옥외저장소에 저장할 수 있는 것으로 옳지 않은 것은? (단, 「국제해사기구에 관한 협약」에 의하여 설치된 국제해사기구가 채택한 「국제해상위험물규칙」(IMDG Code)에 적합한 용기에 수납된 위험물은 제외한다)

① 제2류 위험물 중 인화점이 섭씨 0도 이상인 인화성고체

② 제4류 위험물 중 인화점이 섭씨 0도 이상인 특수인화물

③ 제6류 위험물 중 과산화수소

④ 제2류 위험물 및 제4류 위험물 중 시·도 조례로 정하는 위험물(「관세법」 제154조에 따른 보세구역 안에 저장하는 경우로 한정한다)

문 37. 「위험물안전관리법 시행령」상 다수의 제
조소등을 설치한 자가 1인의 안전관리자
를 중복하여 선임할 수 있는 경우로 옳지
않은 것은?

① 보일러·버너 또는 이와 비슷한 것으로서 위
험물을 소비하는 장치로 이루어진 7개 이하
의 일반취급소와 그 일반취급소에 공급하기
위한 위험물을 저장하는 저장소[일반취급소
및 저장소가 모두 동일구내(같은 건물 안 또
는 같은 울 안을 말한다)에 있는 경우에 한한
다]를 동일인이 설치한 경우

② 위험물을 차량에 고정된 탱크 또는 운반용기
에 옮겨 담기 위한 5개 이하의 일반취급소[일
반취급소간의 거리(보행거리를 말한다)가
300미터 이내인 경우에 한한다]와 그 일반취
급소에 공급하기 위한 위험물을 저장하는 저
장소를 동일인이 설치한 경우

③ 동일구내에 있거나 상호 100미터 이내의 거
리에 있는 저장소로서 저장소의 규모, 저장
하는 위험물의 종류 등을 고려하여 행정안전
부령이 정하는 저장소를 동일인이 설치한 경우

④ 각 제조소등이 동일구내에 위치하거나 상호
100미터 이내의 거리에 있을 것 또는 각 제
조소등에서 저장 또는 취급하는 위험물의 최
대수량이 지정수량의 3천배 미만일 경우 5개
이하의 제조소등을 동일인이 설치한 경우

문 38. 「소방시설공사업법 시행규칙」상 감리업
자가 소방공사의 감리를 마쳤을 때 소방
공사감리 결과보고(통보)서에 첨부하는
서류가 아닌 것은?

① 소방청장이 정하여 고시하는 소방시설 성능
시험조사표 1부

② 소방공사 감리일지(소방본부장 또는 소방서
장에게 보고하는 경우에만 첨부한다) 1부

③ 특정소방대상물의 사용승인 신청서 등 사용
승인 신청을 증빙할 수 있는 서류 1부

④ 착공신고 전 변경된 소방시설설계도면

문 39. 「소방시설공사업법 시행규칙」상 소방시설
업에 대한 행정처분 시 감경사유로 옳지
않은 것은?

① 위반행위가 고의나 중대한 과실이 아닌 사소
한 부주의나 오류로 인한 것으로 인정되는
경우

② 위반의 내용·정도가 경미하여 관계인에게
미치는 피해가 적다고 인정되는 경우

③ 위반행위자의 위반행위가 처음이며 3년 이상
소방시설업을 모범적으로 해 온 사실이 인정
되는 경우

④ 위반행위자가 그 위반행위로 인하여 검사로
부터 기소유예 처분을 받거나 법원으로부터
선고유예 판결을 받은 경우

문 40. 「소방의 화재조사에 관한 법률」 및 시행령상 소방관서장은 사상자가 많거나 사회적 이목을 끄는 화재 등 대통령령으로 정하는 대형화재 등이 발생한 경우 종합적이고 정밀한 화재조사를 위하여 유관기관 및 관계 전문가를 포함한 화재합동조사단을 구성·운영할 수 있다. 대통령령으로 정하는 대형화재로 옳은 것은?

① 사망자가 5명 이상 발생한 화재
② 사상자가 10명 이상 발생한 화재
③ 재산피해액이 50억 이상 발생한 화재
④ 이재민이 100명 이상 발생한 화재

MEMO

2025 대비 최신판

# 해커스소방
# 이영철
# 소방관계법규 단원별 실전문제집

**초판 1쇄 발행 2024년 11월 8일**

| | |
|---|---|
| **지은이** | 이영철 편저 |
| **펴낸곳** | 해커스패스 |
| **펴낸이** | 해커스소방 출판팀 |

| | |
|---|---|
| **주소** | 서울특별시 강남구 강남대로 428 해커스소방 |
| **고객센터** | 1588-4055 |
| **교재 관련 문의** | gosi@hackerspass.com |
| | 해커스소방 사이트(fire.Hackers.com) 교재 Q&A 게시판 |
| **학원 강의 및 동영상강의** | fire.Hackers.com |

| | |
|---|---|
| **ISBN** | 979-11-7244-443-3 (13350) |
| **Serial Number** | 01-01-01 |

소방공무원 1위,
해커스소방 fire.Hackers.com

**訓 해커스소방**

· 해커스 스타강사의 **소방관계법규 무료 특강**

· **해커스소방 학원 및 인강**(교재 내 인강 할인쿠폰 수록)

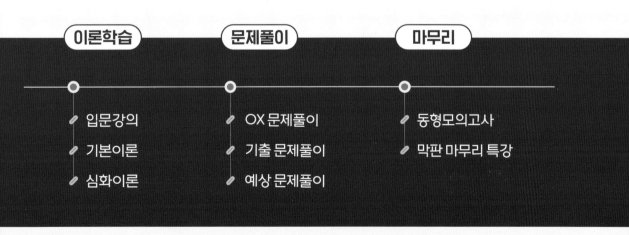

해커스소방

# 이영철
# 소방관계법규 단원별 실전문제집

## 소방 합격의 확실한 해답!

**해커스소방 이영철 소방관계법규/소방학개론 교재**

| 기본 | 기출문제풀이 | 예상문제풀이 | 마무리 |
|---|---|---|---|

| 해커스소방 이영철 소방관계법규 기본서 (세트) | 해커스소방 이영철 소방학개론 기본서 (세트) | 해커스소방 이영철 소방학개론 필기노트+OX·빈칸문제 | 해커스소방 이영철 소방관계법규 단원별 기출문제집 | 해커스소방 이영철 소방학개론 단원별 기출문제집 | 해커스소방 이영철 소방관계법규 단원별 실전문제집 | 해커스소방 이영철 소방학개론 단원별 실전문제집 | 해커스소방 이영철 소방학개론 실전동형모의고사 |

정가 **30,000** 원

13350

9 791172 444433

ISBN 979-11-7244-443-3

2025 대비 최신판

해커스소방
# 이영철
# 소방관계법규 단원별 실전문제집

# 약점 보완 해설집

해커스소방

해커스소방

# 이영철
# 소방관계법규 단원별 실전문제집

# 약점 보완 해설집

**해커스**

# PART 1 소방기본법

## 001 | 목적      답 ④

공공의 안녕 및 질서유지와 복리증진에 이바지한다.

> 「소방기본법」제1조【목적】이 법은 화재를 예방·경계하거나 진압하고 화재, 재난·재해, 그 밖의 위급한 상황에서의 구조·구급 활동 등을 통하여 국민의 생명·신체 및 재산을 보호함으로써 공공의 안녕 및 질서 유지와 복리증진에 이바지함을 목적으로 한다.

## 002 | 용어의 정의      답 ④

선지분석
① "소방대상물"이란 건축물, 차량, 항해중인 선박은 제외, 선박 건조구조물, 산림 그 밖의 인공구조물 또는 물건을 말한다.
② "소방대장"이란 소방본부장 또는 소방서장 등 화재, 재난, 재해 그 밖의 위급한 상황이 발생한 현장에서 소방대를 지휘하는 사람을 말한다.
③ "소방대"란 화재를 진압하고 화재, 재난, 재해 그 밖의 위급한 상황에서 구조·구급 활동 등을 하기 위하여 소방공무원, 의무소방원, 의용소방대원으로 구성된 조직체를 말한다.

## 003 | 용어의 정의      답 ④

"관계지역"이란 소방대상물이 있는 장소 및 그 이웃 지역으로서 화재의 예방·경계·진압, 구조·구급 등의 활동에 필요한 지역을 말한다.

> 「소방기본법」제2조【정의】① "소방대상물"이란 건축물, 차량, 선박(「선박법」제1조의2 제1항에 따른 선박으로서 항구에 매어둔 선박만 해당한다), 선박 건조 구조물, 산림, 그 밖의 인공 구조물 또는 물건을 말한다.
> ② "관계지역"이란 소방대상물이 있는 장소 및 그 이웃 지역으로서 화재의 예방·경계·진압, 구조·구급 등의 활동에 필요한 지역을 말한다.
> ③ "관계인"이란 소방대상물의 소유자·관리자 또는 점유자를 말한다.

④ "소방본부장"이란 특별시·광역시·특별자치시·도 또는 특별자치도(이하 "시·도"라 한다)에서 화재의 예방·경계·진압·조사 및 구조·구급 등의 업무를 담당하는 부서의 장을 말한다.
⑤ "소방대"(消防隊)란 화재를 진압하고 화재, 재난·재해, 그 밖의 위급한 상황에서 구조·구급 활동 등을 하기 위하여 다음 각 목의 사람으로 구성된 조직체를 말한다.
가. 「소방공무원법」에 따른 소방공무원
나. 「의무소방대설치법」제3조에 따라 임용된 의무소방원(義務消防員)
다. 「의용소방대 설치 및 운영에 관한 법률」에 따른 의용소방대원(義勇消防隊員)
⑥ "소방대장"(消防隊長)이란 소방본부장 또는 소방서장 등 화재, 재난·재해, 그 밖의 위급한 상황이 발생한 현장에서 소방대를 지휘하는 사람을 말한다.

## 004 | 소방기관의 설치      답 ②

선지분석
① 시·도의 화재 예방·경계·진압 및 조사, 소방안전교육·홍보와 화재, 재난·재해, 그 밖의 위급한 상황에서의 구조·구급 등의 업무(이하 "소방업무"라 한다)를 수행하는 소방기관의 설치에 필요한 사항은 대통령령으로 정한다.
③ 소방청장은 화재 예방 및 대형 재난 등 필요한 경우 시·도 소방본부장 및 소방서장을 지휘·감독할 수 있다.
④ 시·도에서 소방업무를 수행하기 위하여 시·도지사 직속으로 소방본부를 둔다.

> 「소방기본법」제3조【소방기관의 설치 등】① 시·도의 화재 예방·경계·진압 및 조사, 소방안전교육·홍보와 화재, 재난·재해, 그 밖의 위급한 상황에서의 구조·구급 등의 업무(이하 "소방업무"라 한다)를 수행하는 소방기관의 설치에 필요한 사항은 대통령령으로 정한다.
> ② 소방업무를 수행하는 소방본부장 또는 소방서장은 그 소재지를 관할하는 특별시장·광역시장·특별자치시장·도지사 또는 특별자치도지사(이하 "시·도지사"라 한다)의 지휘와 감독을 받는다.
> ③ 제2항에도 불구하고 소방청장은 화재 예방 및 대형 재난 등 필요한 경우 시·도 소방본부장 및 소방서장을 지휘·감독할 수 있다.
> ④ 시·도에서 소방업무를 수행하기 위하여 시·도지사 직속으로 소방본부를 둔다.

## 005 | 소방공무원의 배치      답 ③

제3조 제1항의 ( ㉠ 소방기관 ) 및 같은 조 제4항의 ( ㉡ 소방본부 )에는 「지방자치단체에 두는 국가공무원의 정원에 관한 법률」에도 불구하고 대통령령으로 정하는 바에 따라 소방공무원을 둘 수 있다.

## 006 | 종합상황실의 설치·운영
답 ④

소방청장, 소방본부장 또는 소방서장은 신속한 소방활동을 위한 정보를 수집·전파하기 위하여 종합상황실에 「소방력 기준에 관한 규칙」에 의한 전산·통신요원을 배치하고, 소방청장이 정하는 유·무선통신시설을 갖추어야 한다.

> 「소방기본법 시행규칙」 제2조 【종합상황실의 설치·운영】 ① 「소방기본법」(이하 "법"이라 한다) 제4조 제2항의 규정에 의한 종합상황실은 소방청과 특별시·광역시 또는 도(이하 "시·도"라 한다)의 소방본부 및 소방서에 각각 설치·운영하여야 한다.
> ② 소방청장, 소방본부장 또는 소방서장은 신속한 소방활동을 위한 정보를 수집·전파하기 위하여 종합상황실에 「소방력 기준에 관한 규칙」에 의한 전산·통신요원을 배치하고, 소방청장이 정하는 유·무선통신시설을 갖추어야 한다.
> ③ 종합상황실은 24시간 운영체제를 유지하여야 한다.

## 007 | 종합상황실의 실장의 업무
답 ④

접수된 재난상황을 검토하여 가까운 관련 소방서에 인력 및 장비의 동원을 요청하는 등의 사고 수습이 해당된다.

> 「소방기본법 시행규칙」 제3조 【종합상황실의 실장의 업무 등】 ① 종합상황실의 실장종합상황실에 근무하는 자 중 최고직위에 있는 자(최고직위에 있는 자가 2인 이상인 경우에는 선임자)를 말한다. 이하 같다]은 다음 각 호의 업무를 행하고, 그에 관한 내용을 기록·관리하여야 한다.
> 1. 화재, 재난·재해 그 밖에 구조·구급이 필요한 상황(이하 "재난상황"이라 한다)의 발생의 신고 접수
> 2. 접수된 재난상황을 검토하여 가까운 소방서에 인력 및 장비의 동원을 요청하는 등의 사고 수습
> 3. 하급소방기관에 대한 출동지령 또는 동급 이상의 소방기관 및 유관기관에 대한 지원요청
> 4. 재난상황의 전파 및 보고
> 5. 재난상황이 발생한 현장에 대한 지휘 및 피해현황의 파악
> 6. 재난상황의 수습에 필요한 정보수집 및 제공

## 008 | 종합상황실의 실장의 업무
답 ③

화재, 재난·재해 그 밖에 구조·구급이 필요한 상황의 발생의 신고 접수만 해당된다.

> 「소방기본법 시행규칙」 제3조 【종합상황실의 실장의 업무 등】 ① 종합상황실의 실장종합상황실에 근무하는 자 중 최고직위에 있는 자(최고직위에 있는 자가 2인 이상인 경우에는 선임자)를 말한다. 이하 같다]은 다음 각 호의 업무를 행하고, 그에 관한 내용을 기록·관리하여야 한다.
> 1. 화재, 재난·재해 그 밖에 구조·구급이 필요한 상황(이하 "재난상황"이라 한다)의 발생의 신고 접수
> 2. 접수된 재난상황을 검토하여 가까운 소방서에 인력 및 장비의 동원을 요청하는 등의 사고 수습
> 3. 하급소방기관에 대한 출동지령 또는 동급 이상의 소방기관 및 유관기관에 대한 지원요청
> 4. 재난상황의 전파 및 보고
> 5. 재난상황이 발생한 현장에 대한 지휘 및 피해현황의 파악
> 6. 재난상황의 수습에 필요한 정보수집 및 제공

## 009 | 종합상황실
답 ②

선지분석
① 종합상황실은 소방청과 특별시·광역시 또는 도의 소방본부 및 119 소방서에 각각 설치·운영하여야 한다.
③ 종합상황실의 실장은 하급소방기관에 대한 출동지령 또는 동급 이상의 소방기관 및 유관기관에 대한 지원요청을 한다.
④ 사망자가 5인 이상 발생하거나 사상자가 10인 이상 발생한 화재에 대해서는 그 사실을 지체 없이 서면·팩스 또는 컴퓨터통신 등으로 소방서의 종합상황실의 경우는 소방본부의 종합상황실에, 소방본부의 종합상황실의 경우는 소방청의 종합상황실에 각각 보고해야 한다.

## 010 | 종합상황실의 실장의 업무
답 ②

- 층수가 ( ㉠ 5 )층 이상이거나 객실이 ( ㉡ 30 )실 이상인 숙박시설
- 연면적 ( ㉢ 15,000 )제곱미터 이상인 공장
- 항구에 메어둔 총 톤수가 ( ㉣ 1,000 )톤 이상인 선박

> 「소방기본법 시행규칙」 제3조 【종합상황실의 실장의 업무 등】 ② 종합상황실의 실장은 다음 각 호의 어느 하나에 해당하는 상황이 발생하는 때에는 그 사실을 지체 없이 서면·팩스 또는 컴퓨터통신 등으로 소방서의 종합상황실의 경우는 소방본부의 종합상황실에, 소방본부의 종합상황실의 경우는 소방청의 종합상황실에 각각 보고해야 한다.
> 1. 다음 각 목의 1에 해당하는 화재
>   가. 사망자가 5인 이상 발생하거나 사상자가 10인 이상 발생한 화재
>   나. 이재민이 100인 이상 발생한 화재
>   다. 재산피해액이 50억원 이상 발생한 화재
>   라. 관공서·학교·정부미도정공장·문화재·지하철 또는 지하구의 화재
>   마. 관광호텔, 지하상가, 시장, 백화점, 층수(「건축법 시행령」 제119조 제1항 제9호의 규정에 의하여 산정한 층수를 말한다. 이하 이 목에서 같다)가 11층 이상인 건축물, 「위험물법」에 의한 지정수량의 3천배 이상의 위험물의 제조소·저장소·취급소, 층수가 5층 이상이거나 객실이 30실 이상인 숙박시설, 층수가 5층 이상이거나 병상이 30개 이상인 종합병원·정신병원·한방병원·요양소, 연면적 1만5천제곱미터 이상인 공장 또는 「화재의 예방 및 안전관리에 관한 법률」 제18조 제1항 각 목에 따른 화재예방강화지구에서 발생한 화재
>   바. 철도차량, 항구에 매어둔 총 톤수가 1천톤 이상인 선박, 항공기, 발전소 또는 변전소에서 발생한 화재
>   사. 가스 및 화약류의 폭발에 의한 화재
>   아. 「소방시설 설치 및 관리에 관한 법률」 제8조의 규정에 의한 다중이용업소의 화재

## 011 | 종합상황실의 실장의 업무
답 ①

ㄱ, ㄷ이 해당한다.

선지분석
ㄴ. 하급소방기관에 대한 출동지령 또는 동급 이상의 소방기관 및 유관기관에 대한 지원요청이다.

ㄹ. 재난상황이 발생한 현장에 대한 지휘 및 피해현황의 파악
이다.

> **📑 관련 개념 | 119종합상황실의 설치와 운영**
>
> 1. **119종합상황실 설치 목적**: 화재, 재난·재해, 그 밖에 구조·구급이 필요한 상황이 발생하였을 때에 신속한 소방활동(소방업무를 위한 모든 활동을 말한다. 이하 같다)을 위한 정보의 수집·분석과 판단·전파, 상황관리, 현장 지휘 및 조정·통제 등의 업무를 수행하기 위하여 119종합상황실을 설치·운영하여야 한다.
> 2. **119종합상황실 실장 업무**
>     ⓐ 화재, 재난·재해 그 밖에 구조·구급이 필요한 상황의 발생의 신고접수
>     ⓑ 접수된 재난상황을 검토하여 가까운 소방서에 인력 및 장비의 동원을 요청하는 등의 사고수습
>     ⓒ 하급소방기관에 대한 출동지령 또는 동급 이상의 소방기관 및 유관기관에 대한 지원요청
>     ⓓ 재난상황의 전파 및 보고
>     ⓔ 재난상황이 발생한 현장에 대한 지휘 및 피해현황의 파악
>     ⓕ 재난상황의 수습에 필요한 정보수집 및 제공

## 012 | 종합상황실의 설치·운영
답 ④

종합상황실에 「소방력 기준에 관한 규칙」에 의한 전산·통신요원을 배치하고, 소방청장이 정하는 유·무선통신시설을 갖추어야 하며, 종합상황실은 24시간 운영체제를 유지하여야 한다.

> **「소방기본법 시행규칙」 제2조 【종합상황실의 설치·운영】** ① 「소방기본법」(이하 "법"이라 한다) 제4조 제2항의 규정에 의한 종합상황실은 소방청과 특별시·광역시 또는 도(이하 "시·도"라 한다)의 소방본부 및 소방서에 각각 설치·운영하여야 한다.
> ② 소방청장, 소방본부장 또는 소방서장은 신속한 소방활동을 위한 정보를 수집·전파하기 위하여 종합상황실에 「소방력 기준에 관한 규칙」에 의한 전산·통신요원을 배치하고, 소방청장이 정하는 유·무선통신시설을 갖추어야 한다.
> ③ 종합상황실은 24시간 운영체제를 유지하여야 한다.

## 013 | 종합상황실의 실장의 업무
답 ②

4개(ㄴ, ㄹ, ㅁ, ㅂ)가 상부보고사항에 해당한다.

**선지분석**
ㄱ. 이재민 100인 이상 발생한 화재가 해당한다.
ㄷ. 재산피해액이 50억원 이상 발생한 화재가 해당한다.
ㅅ. 공동구가 아닌 지하구의 화재가 해당한다.

> **「소방기본법 시행규칙」 제3조 【종합상황실의 실장의 업무 등】** ② 종합상황실의 실장은 다음 각 호의 어느 하나에 해당하는 상황이 발생하는 때에는 그 사실을 지체 없이 서면·팩스 또는 컴퓨터통신 등으로 소방서의 종합상황실의 경우는 소방본부의 종합상황실에, 소방본부의 종합상황실의 경우는 소방청의 종합상황실에 각각 보고해야 한다.
> 1. 다음 각 목의 1에 해당하는 화재
>     가. 사망자가 5인 이상 발생하거나 사상자가 10인 이상 발생한 화재

나. 이재민이 100인 이상 발생한 화재
다. 재산피해액이 50억원 이상 발생한 화재
라. 관공서·학교·정부미도정공장·문화재·지하철 또는 시아구의 화재
마. 관광호텔, 지하상가, 시장, 백화점, 층수(「건축법 시행령」 제119조 제1항 제9호의 규정에 의하여 산정한 층수를 말한다. 이하 이 목에서 같다)가 11층 이상인 건축물, 「위험물법」에 의한 지정수량의 3천배 이상의 위험물의 제조소·저장소·취급소, 층수가 5층 이상이거나 객실이 30실 이상인 숙박시설, 층수가 5층 이상이거나 병상이 30개 이상인 종합병원·정신병원·한방병원·요양소, 연면적이 1만5천제곱미터 이상인 공장 또는 「화재의 예방 및 안전관리에 관한 법률」 제18조 제1항 각 목에 따른 화재예방강화지구에서 발생한 화재
바. 철도차량, 항구에 매어둔 총 톤수가 1천톤 이상인 선박, 항공기, 발전소 또는 변전소에서 발생한 화재
사. 가스 및 화약류의 폭발에 의한 화재
아. 「소방시설 설치 및 관리에 관한 법률」 제8조의 규정에 의한 다중이용업소의 화재

## 014 | 소방기술민원센터
답 ④

모든 보기가 소방기술민원센터의 업무에 해당한다.

> **「소방기본법 시행령」 제1조의2 【소방기술민원센터의 설치·운영】**
> ③ 소방기술민원센터는 다음 각 호의 업무를 수행한다.
> 1. 소방시설, 소방공사와 위험물 안전관리 등과 관련된 법령해석 등의 민원(이하 "소방기술민원"이라 한다)의 처리
> 2. 소방기술민원과 관련된 질의회신집 및 해설서 발간
> 3. 소방기술민원과 관련된 정보시스템의 운영·관리
> 4. 소방기술민원과 관련된 현장 확인 및 처리
> 5. 그 밖에 소방기술민원과 관련된 업무로서 소방청장 또는 소방본부장이 필요하다고 인정하여 지시하는 업무

## 015 | 소방기술민원센터
답 ①

소방청장 또는 소방본부장은 소방시설, 소방공사 및 위험물 안전관리 등과 관련된 법령해석 등의 민원을 종합적으로 접수하여 처리할 수 있는 기구인 ( 소방기술민원센터 )를 설치·운영할 수 있다.

> **「소방기본법」 제4조의3 【소방기술민원센터의 설치·운영】** ① 소방청장 또는 소방본부장은 소방시설, 소방공사 및 위험물 안전관리 등과 관련된 법령해석 등의 민원을 종합적으로 접수하여 처리할 수 있는 기구(이하 이 조에서 "소방기술민원센터"라 한다)를 설치·운영할 수 있다.
> ② 소방기술민원센터의 설치·운영 등에 필요한 사항은 대통령령으로 정한다.

## 016 | 소방박물관
답 ④

규정에 의하여 설립된 소방박물관의 관광업무·조직·운영위원회의 구성 등에 관하여 필요한 사항은 소방청장이 정한다.

> **「소방기본법 시행규칙」 제4조 【소방박물관의 설립과 운영】** ① 소방청장은 법 제5조 제2항의 규정에 의하여 소방박물관을 설립·운영하는 경우에는 소방박물관에 소방박물관장 1인과 부관장 1인을 두되, 소방박물관장은 소방공무원중에서 소방청장이 임명한다.

② 소방박물관은 국내·외의 소방의 역사, 소방공무원의 복장 및 소방장비 등의 변천 및 발전에 관한 자료를 수집·보관 및 전시한다.
③ 소방박물관에는 그 운영에 관한 중요한 사항을 심의하기 위하여 7인 이내의 위원으로 구성된 운영위원회를 둔다.
④ 제항의 규정에 의하여 설립된 소방박물관의 관광업무·조직·운영위원회의 구성 등에 관하여 필요한 사항은 소방청장이 정한다.

## 017 소방박물관
답 ④

소방박물관에는 그 운영에 관한 중요한 사항을 심의하기 위하여 7인 이내의 위원으로 구성된 운영위원회를 둔다.

## 018 소방체험관
답 ②

선지분석
① 체험교육을 실시할 때 체험실에는 1명 이상의 교수요원을 배치하고, 조교는 체험교육대상자 30명당 1명 이상이 배치되도록 한다. 다만, 소방체험관의 장은 체험교육대상자의 연령 등을 고려하여 조교의 배치기준을 달리 정할 수 있다.
③ 시·도지사는 체험교육 운영인력에 대하여 체험교육과 관련된 지식·기술 및 소양 등에 관한 교육훈련을 연간 12시간 이상 이수하도록 하여야 한다.
④ 시·도지사는 체험교육 대상자의 정신적 신체적 능력을 고려하여 체험교육을 운영하여야 한다.

## 019 소방체험관
답 ③

생활안전분야 체험실에는 화재안전 체험실과 시설안전 체험실이 있다.

📑 **관련 개념 | 소방체험관의 설립 및 운영에 관한 기준 (규칙 [별표 1])**

1. **설립 입지 및 규모 기준**
   ⓐ 소방체험관은 도로 등 교통시설을 갖추고, 재해 및 재난 위험 요소가 없는 등 국민의 접근성과 안전성이 확보된 지역에 설립되어야 한다.
   ⓑ 소방체험관 중 제2호의 소방안전 체험실로 사용되는 부분의 바닥면적의 합이 900제곱미터 이상이 되어야 한다.
2. **소방체험관의 시설 기준**: 소방체험관에는 다음 표에 따른 체험실을 모두 갖추어야 한다. 이 경우 체험실별 바닥면적은 100제곱미터 이상이어야 한다.

| 분야 | 체험실 |
|---|---|
| 생활안전 | 화재안전 체험실, 시설안전 체험실 |
| 교통안전 | 보행안전 체험실, 자동차안전 체험실 |
| 자연재난안전 | 기후성 재난 체험실, 지질성 재난 체험실 |
| 보건안전 | 응급처치 체험실 |

## 020 소방체험관
답 ④

소방체험관 중 소방안전체험실로 사용되는 부분의 바닥면적의 합이 900제곱미터 이상이어야 한다.

📑 **관련 개념 | 소방체험관의 설립 및 운영에 관한 기준 (규칙 [별표 1])**

1. **설립 입지 및 규모 기준**
   ⓐ 소방체험관은 도로 등 교통시설을 갖추고, 재해 및 재난 위험 요소가 없는 등 국민의 접근성과 안전성이 확보된 지역에 설립되어야 한다.
   ⓑ 소방체험관 중 제2호의 소방안전 체험실로 사용되는 부분의 바닥면적의 합이 900제곱미터 이상이 되어야 한다.
2. **소방체험관의 시설 기준**: 소방체험관에는 다음 표에 따른 체험실을 모두 갖추어야 한다. 이 경우 체험실별 바닥면적은 100제곱미터 이상이어야 한다.

| 분야 | 체험실 |
|---|---|
| 생활안전 | 화재안전 체험실, 시설안전 체험실 |
| 교통안전 | 보행안전 체험실, 자동차안전 체험실 |
| 자연재난안전 | 기후성 재난 체험실, 지질성 재난 체험실 |
| 보건안전 | 응급처치 체험실 |

## 021 소방체험관
답 ③

소방박물관의 목적이다.

**「소방기본법 시행규칙」 제4조의2 【소방체험관의 설립 및 운영】** ①
법 제5조 제항에 따라 설립된 소방체험관(이하 "소방체험관"이라 한다)은 다음 각 호의 기능을 수행한다.
1. 재난 및 안전사고 유형에 따른 예방, 대처, 대응에 관한 체험교육(이하 "체험교육"이라 한다)의 제공
2. 체험교육 프로그램의 개발 및 국민 안전의식 향상을 위한 홍보·전시
3. 체험교육 인력의 양성 및 유관기관·단체 등과의 협력
4. 그 밖에 체험교육을 위하여 시·도지사가 필요하다고 인정하는 사업의 수행

## 022 소방업무에 관한 종합계획
답 ④

종합계획에는 소방서비스의 질 향상을 위한 정책의 기본방향, 소방업무에 필요한 체계의 구축, 소방기술의 연구·개발 및 보급, 소방업무에 필요한 장비의 구비, 소방전문인력 양성에 대한 내용이 포함된다.

📑 **관련 개념 | 소방업무에 관한 종합계획 포함사항 (법 제6조)**

1. 소방서비스의 질 향상을 위한 정책의 기본방향
2. 소방업무에 필요한 체계의 구축, 소방기술의 연구·개발 및 보급
3. 소방업무에 필요한 장비의 구비
4. 소방전문인력 양성
5. 소방업무에 필요한 기반조성
6. 소방업무의 교육 및 홍보
7. 그 밖에 소방업무의 효율적 수행을 위하여 필요한 사항으로서 대통령령으로 정하는 사항의 수립·시행 등

해커스소방 **이영철 소방관계법규** 단원별 실전문제집

## 023 | 소방업무에 관한 종합계획     답 ③

- 소방청장은 소방업무에 관한 종합계획을 관계 중앙행정기관의 장과의 협의를 거쳐 계획 시행 전년도 ( ㉠ 10월 31일 )까지 수립하여야 한다.
- 특별시장·광역시장·특별자치시장·도지사 또는 특별자치도지사는 종합계획의 시행에 필요한 세부계획을 계획 시행 전년도 ( ㉡ 12월 31일 )까지 수립하여 소방청장에게 제출하여야 한다.

## 024 | 종합계획 포함사항     답 ④

소방자동차의 우선통행 등에 관한 홍보도 포함한다.

> 📝 **관련 개념 | 소방업무에 관한 종합계획 포함사항 (법 제6조)**
> 1. 소방서비스의 질 향상을 위한 정책의 기본방향
> 2. 소방업무에 필요한 체계의 구축, 소방기술의 연구·개발 및 보급
> 3. 소방업무에 필요한 장비의 구비
> 4. 소방전문인력 양성
> 5. 소방업무에 필요한 기반조성
> 6. 소방업무의 교육 및 홍보
> 7. 그 밖에 소방업무의 효율적 수행을 위하여 필요한 사항으로서 대통령령으로 정하는 사항의 수립·시행 등

## 025 | 소방의 날 제정과 운영     답 ②

소방의 날은 11월 9일이다.

> 「소방기본법」 제7조 【소방의 날 제정과 운영 등】 ① 국민의 안전의식과 화재에 대한 경각심을 높이고 안전문화를 정착시키기 위하여 매년 11월 9일을 소방의 날로 정하여 기념행사를 한다.

## 026 | 소방의 날 제정과 운영     답 ③

소방의 날에 필요한 사항은 소방청장 또는 시·도지사가 따로 정하여 시행할 수 있다.

> 「소방기본법」 제7조 【소방의 날 제정과 운영 등】 ① 국민의 안전의식과 화재에 대한 경각심을 높이고 안전문화를 정착시키기 위하여 매년 11월 9일을 소방의 날로 정하여 기념행사를 한다.
> ② 소방의 날 행사에 관하여 필요한 사항은 소방청장 또는 시·도지사가 따로 정하여 시행할 수 있다.
> ③ 소방청장은 다음 각 호에 해당하는 사람을 명예직 소방대원으로 위촉할 수 있다.
> 1. 의사상자(義死傷者)로서 같은 법 제3조 제3호 또는 제4호에 해당하는 사람
> 2. 소방행정 발전에 공로가 있다고 인정되는 사람

---

## 02    소방장비 및 소방용수시설 등      21p

| | | | | |
|---|---|---|---|---|
| 001 ① | 002 ④ | 003 ④ | 004 ② | 005 ① |
| 006 ② | 007 ① | 008 ① | 009 ② | 010 ④ |
| 011 ④ | 012 ④ | 013 ③ | 014 ① | 015 ④ |
| 016 ③ | 017 ① | 018 ④ | | |

## 001 | 소방력의 기준     답 ①

1) 소방기관이 소방업무를 수행하는 데에 필요한 ( ㉠ 인력 )과 ( ㉡ 장비 ) 등[이하 "소방력"(消防力)이라 한다]에 관한 기준은 ( ㉢ 행정안전부령 )으로 정한다.
2) ( ㉣ 시·도지사 )는 1)에 따른 소방력의 기준에 따라 관할구역의 소방력을 확충하기 위하여 필요한 계획을 수립하여 시행하여야 한다.
3) 소방자동차 등 소방장비의 분류·표준화와 그 관리 등에 필요한 사항은 ( ㉤ 따로 법률에서 ) 정한다.

## 002 | 소방활동장비와 설비     답 ④

방화복 등 소방활동에 필요한 소방장비가 해당한다.

> 📝 **관련 개념 | 국고보조 대상사업의 범위 중 소방활동장비와 설비**
> 1. 소방자동차
> 2. 소방헬리콥터 및 소방정
> 3. 소방전용통신설비 및 전산설비
> 4. 방화복 등 소방활동에 필요한 소방장비
> 5. 소방관서용 청사의 건축

## 003 | 소방활동장비와 설비     답 ④

정부고시 가격 또는 조달청에서 조사한 해외시장의 시가가 없는 물품은 2이상의 공신력 있는 물가 조사기관에서 조사한 가격의 평균가격으로 한다.

> 「소방기본법 시행규칙」 제5조 【소방활동장비 및 설비의 규격 및 종류와 기준가격】 ① 국고보조의 대상이 되는 소방활동장비 및 설비의 종류 및 규격은 별표 1의2와 같다.
> ② 영 제2조 제2항의 규정에 의한 국고보조산정을 위한 기준가격은 다음 각 호와 같다.
> 1. 국내조달품: 정부고시가격
> 2. 수입물품: 조달청에서 조사한 해외시장의 시가
> 3. 정부고시가격 또는 조달청에서 조사한 해외시장의 시가가 없는 물품: 2 이상의 공신력 있는 물가조사기관에서 조사한 가격의 평균가격

## 004 | 소방용수시설의 설치 및 관리     답 ②

선지분석

① 시·도지사는 소방자동차의 진입이 곤란한 지역 등 화재발생 시에 초기 대응이 필요한 지역으로서 대통령령으로 정하는 지역에 소방호스 또는 호스 릴 등을 소방용수시설에 연결하여 화재를 진압하는 시설이나 장치(이하 "비상소화장치"라 한다)를 설치하고 유지·관리할 수 있다.
③ 소방용수시설 중 소화전은 상수도와 연결하여 지하식 또는 지상식의 구조로 하고, 소방호스와 연결하는 소화전의 연결금속구의 구경은 65밀리미터로 한다.
④ 소방용수시설 중 저수조는 지면으로부터의 낙차가 4.5미터 이하, 흡수부분의 수심이 0.5미터 이상으로 하고, 흡수관의 투입구가 사각형의 경우에는 한 변의 길이가 60센티미터 이상, 원형의 경우에는 지름이 60센티미터 이상으로 한다.

## 005 | 소방용수시설의 설치 및 관리     답 ①

• 지하에 설치하는 소화전 또는 저수조의 경우 소방용수표지에 맨홀 뚜껑은 지름 ( ㉠ 648 )mm 이상의 것으로 할 것
• 급수탑의 급수배관의 구경은 ( ㉡ 100 )mm 이상으로 하고, 개폐밸브는 지상에서 1.5미터 이상 1.7미터 이하의 위치에 설치하도록 할 것
• 저수조의 지면으로부터의 낙차는 ( ㉢ 4.5 )m 이하로 하고, 흡수부분의 수심은 ( ㉣ 0.5 )m 이상으로 할 것

📝 **관련 개념 | 소방용수표지(규칙 [별표 2])**

지하에 설치하는 소화전 또는 저수조의 경우 소방용수표지는 다음 기준에 따라 설치한다.
1. 맨홀 뚜껑은 지름 648밀리미터 이상의 것으로 할 것. 다만, 승하강식 소화전의 경우에는 이를 적용하지 않는다.
2. 맨홀 뚜껑에는 "소화전·주정차금지" 또는 "저수조·주정차금지"의 표시를 할 것
3. 맨홀뚜껑 부근에는 노란색 반사도료로 폭 15센티미터의 선을 그 둘레를 따라 칠할 것

📝 **관련 개념 | 소방용수시설의 설치기준(규칙 [별표 3])**

1. **공통기준**
   ⓐ 주거지역·상업지역 및 공업지역에 설치하는 경우: 소방대상물과의 수평거리를 100미터 이하
   ⓑ ⓐ 외의 지역에 설치하는 경우: 소방대상물과의 수평거리를 140미터 이하
2. **소방용수시설별 설치기준**
   ⓐ 소화전의 설치기준: 상수도와 연결하여 지하식 또는 지상식의 구조로 하고, 소방호스와 연결하는 소화전의 연결금속구의 구경은 65밀리미터로 할 것
   ⓑ 급수탑의 설치기준: 급수배관의 구경은 100밀리미터 이상으로 하고, 개폐밸브는 지상에서 1.5미터 이상 1.7미터 이하의 위치에 설치하도록 할 것
3. **저수조의 설치기준**
   ⓐ 지면으로부터의 낙차가 4.5미터 이하일 것
   ⓑ 흡수부분의 수심이 0.5미터 이상일 것
   ⓒ 소방펌프자동차가 쉽게 접근할 수 있도록 할 것
   ⓓ 흡수에 지장이 없도록 토사 및 쓰레기 등을 제거할 수 있는 설비를 갖출 것

ⓔ 흡수관의 투입구가 사각형의 경우에는 한 변의 길이가 60센티미터 이상, 원형의 경우에는 지름이 60센티미터 이상일 것
ⓕ 저수조에 물을 공급하는 방법은 상수도에 연결하여 자동으로 급수되는 구조일 것

## 006 | 소방용수시설의 설치기준     답 ②

• 주거지역·상업지역 및 공업지역에 설치하는 경우: 소방대상물과의 수평거리를 ( ㉠ 100 )미터 이하가 되도록 할 것
• 그 외의 지역에 설치하는 경우: 소방대상물과의 수평거리를 ( ㉡ 140 )미터 이하가 되도록 할 것

## 007 | 소방용수표지     답 ①

승하강식 소화전의 경우는 제외한다.

📝 **관련 개념 | 소방용수표지(규칙 [별표 2])**

지하에 설치하는 소화전 또는 저수조의 경우 소방용수표지는 다음의 기준에 따라 설치한다.
1. 맨홀 뚜껑은 지름 648밀리미터 이상의 것으로 할 것. 다만, 승하강식 소화전의 경우에는 이를 적용하지 않는다.
2. 맨홀 뚜껑에는 "소화전·주정차금지" 또는 "저수조·주정차금지"의 표시를 할 것
3. 맨홀뚜껑 부근에는 노란색 반사도료로 폭 15센티미터의 선을 그 둘레를 따라 칠할 것

## 008 | 비상소화장치     답 ①

비상소화장치의 설치대상 지역에는 화재예방강화지구 및 시·도지사가 비상소화장치의 설치가 필요하다고 인정하는 지역이 포함된다.

📝 **관련 개념 | 비상소화장치의 설치기준**

1. 비상소화장치는 비상소화장치함, 소화전, 소방호스(소화전의 방수구에 연결하여 소화용수를 방수하기 위한 도관으로서 호스와 연결금속구로 구성되어 있는 소방용릴호스 또는 소방용고무내장호스를 말한다), 관창(소방호스용 연결금속구 또는 중간연결금속구 등의 끝에 연결하여 소화용수를 방수하기 위한 나사식 또는 차입식 토출기구를 말한다)을 포함하여 구성할 것
2. 소방호스 및 관창은 「소방시설 설치 및 관리에 관한 법률」 제37조 제5항에 따라 소방청장이 정하여 고시하는 형식승인 및 제품검사의 기술기준에 적합한 것으로 설치할 것
3. 비상소화장치함은 「소방시설 설치 및 관리에 관한 법률」 제40조 제4항에 따라 소방청장이 정하여 고시하는 성능인증 및 제품검사의 기술기준에 적합한 것으로 설치할 것

## 009 | 소방용수시설 및 지리조사     답 ②

선지분석

① 소방본부장 또는 소방서장은 원활한 소방활동을 위한 조사를 월 1회 이상 실시하여야 한다.
③ 소방본부장 또는 소방서장은 소방대상물에 인접한 도로의 폭·교통상황을 지리조사로 실시하여야 한다.

④ 소방본부장 또는 소방서장은 지리조사의 결과로 2년간 보관하여야 한다.

## 010 | 소방용수시설 및 지리조사
답 ④

모두 해당한다.

> 「소방기본법 시행규칙」 제7조 【소방용수시설 및 지리조사】 ① 소방본부장 또는 소방서장은 원활한 소방활동을 위하여 다음 각 호의 조사를 월 1회 이상 실시하여야 한다.
>   1. 법 제10조의 규정에 의하여 설치된 소방용수시설에 대한 조사
>   2. 소방대상물에 인접한 도로의 폭·교통상황, 도로주변의 토지의 고저·건축물의 개황 그 밖의 소방활동에 필요한 지리에 대한 조사
> ② 제1항의 조사결과는 전자적 처리가 불가능한 특별한 사유가 없으면 전자적 처리가 가능한 방법으로 작성·관리하여야 한다.
> ③ 제1항 제1호의 조사는 별지 제2호 서식에 의하고, 제1항 제2호의 조사는 별지 제3호 서식에 의하되, 그 조사결과를 2년간 보관하여야 한다.

## 011 | 소방업무의 응원
답 ④

상호응원협정에서 소요경비의 부담에 관한 사항에는 출동대원의 수당·식사 및 의복의 수선, 소방장비 및 기구의 정비와 연료의 사용이 포함된다.

> 「소방기본법 시행규칙」 제8조 【소방업무의 상호응원협정】 법 제11조 제4항의 규정에 의하여 시·도지사는 이웃하는 다른 시·도지사와 소방업무에 관하여 상호응원협정을 체결하고자 하는 때에는 다음 각 호의 사항이 포함되도록 하여야 한다.
>   1. 다음 각 목의 소방 활동에 관한 사항
>     가. 화재의 경계·진압활동
>     나. 구조·구급업무의 지원
>     다. 화재조사활동
>   2. 응원출동대상지역 및 규모
>   3. 다음 각 목의 소요경비의 부담에 관한 사항
>     가. 출동대원의 수당·식사 및 의복의 수선
>     나. 소방장비 및 기구의 정비와 연료의 보급
>     다. 그 밖의 경비
>   4. 응원출동의 요청방법
>   5. 응원출동훈련 및 평가

## 012 | 소방업무의 응원
답 ④

시·도지사는 응원출동대상지역 및 규모, 응원출동의 요청방법, 응원출동훈련 및 평가가 포함되어야 한다.

> 「소방기본법 시행규칙」 제8조 【소방업무의 상호응원협정】 법 제11조 제4항의 규정에 의하여 시·도지사는 이웃하는 다른 시·도지사와 소방업무에 관하여 상호응원협정을 체결하고자 하는 때에는 다음 각 호의 사항이 포함되도록 하여야 한다.
>   1. 다음 각 목의 소방 활동에 관한 사항
>     가. 화재의 경계·진압활동
>     나. 구조·구급업무의 지원
>     다. 화재조사활동
>   2. 응원출동대상지역 및 규모

3. 다음 각 목의 소요경비의 부담에 관한 사항
  가. 출동대원의 수당·식사 및 의복의 수신
  나. 소방장비 및 기구의 정비와 연료의 보급
  다. 그 밖의 경비
4. 응원출동의 요청방법
5. 응원출동훈련 및 평가

## 013 | 소방업무의 응원
답 ③

소방본부장이나 소방서장은 소방활동을 할 때에 긴급한 경우에는 이웃한 소방본부장 또는 소방서장에게 소방업무의 응원을 요청할 수 있다.

> 「소방기본법」 제11조 【소방업무의 응원】 ① 소방본부장이나 소방서장은 소방활동을 할 때에 긴급한 경우에는 이웃한 소방본부장 또는 소방서장에게 소방업무의 응원(應援)을 요청할 수 있다.
> ② 제1항에 따라 소방업무의 응원 요청을 받은 소방본부장 또는 소방서장은 정당한 사유 없이 그 요청을 거절하여서는 아니 된다.
> ③ 제1항에 따라 소방업무의 응원을 위하여 파견된 소방대원은 응원을 요청한 소방본부장 또는 소방서장의 지휘에 따라야 한다.
> ④ 시·도지사는 제1항에 따라 소방업무의 응원을 요청하는 경우를 대비하여 출동 대상지역 및 규모와 필요한 경비의 부담 등에 관하여 필요한 사항을 행정안전부령으로 정하는 바에 따라 이웃하는 시·도지사와 협의하여 미리 규약(規約)으로 정하여야 한다.

## 014 | 소방력의 동원
답 ①

소방력의 동원은 소방청장이 실시한다.

> 「소방기본법」 제11조의2 【소방력의 동원】 ① 소방청장은 해당 시·도의 소방력만으로는 소방활동을 효율적으로 수행하기 어려운 화재, 재난·재해, 그 밖의 구조·구급이 필요한 상황이 발생하거나 특별히 국가적 차원에서 소방활동을 수행할 필요가 인정될 때에는 각 시·도지사에게 행정안전부령으로 정하는 바에 따라 소방력을 동원할 것을 요청할 수 있다.

## 015 | 소방력의 동원
답 ④

④는 통지내용에 해당하지 않는다.

## 016 | 소방력의 동원
답 ③

동원된 소방대원이 다른 시·도에 파견·지원되어 소방활동을 수행할 때에는 특별한 사정이 없으면 화재, 재난·재해 등이 발생한 지역을 관할하는 소방본부장 또는 소방서장의 지휘에 따라야 한다. 다만, 소방청장이 직접 소방대를 편성하여 소방활동을 하게 하는 경우에는 소방청장의 지휘에 따라야 한다.

## 017 | 소방력의 동원    답 ①

소방청장은 해당 시·도의 소방력만으로는 소방활동을 효율적으로 수행하기 어려운 화재, 재난·재해, 그 밖의 구조·구급이 필요한 상황이 발생하거나 특별히 국가적 차원에서 소방활동을 수행할 필요가 인정될 때에는 각 시·도지사에게 행정안전부령으로 정하는 바에 따라 소방력을 동원할 것을 요청할 수 있다.

「소방기본법」제11조의2【소방력의 동원】① 소방청장은 해당 시·도의 소방력만으로는 소방활동을 효율적으로 수행하기 어려운 화재, 재난·재해, 그 밖의 구조·구급이 필요한 상황이 발생하거나 특별히 국가적 차원에서 소방활동을 수행할 필요가 인정될 때에는 각 시·도지사에게 행정안전부령으로 정하는 바에 따라 소방력을 동원할 것을 요청할 수 있다.
② 제1항에 따라 동원 요청을 받은 시·도지사는 정당한 사유 없이 요청을 거절하여서는 아니 된다.
③ 소방청장은 시·도지사에게 제1항에 따라 동원된 소방력을 화재, 재난·재해 등이 발생한 지역에 지원·파견하여 줄 것을 요청하거나 필요한 경우 직접 소방대를 편성하여 화재진압 및 인명구조 등 소방에 필요한 활동을 하게 할 수 있다.
④ 제1항에 따라 동원된 소방력이 다른 시·도에 파견·지원되어 소방활동을 수행할 때에는 특별한 사정이 없으면 화재, 재난·재해 등이 발생한 지역을 관할하는 소방본부장 또는 소방서장의 지휘에 따라야 한다. 다만, 소방청장이 직접 소방대를 편성하여 소방활동을 하게 하는 경우에는 소방청장의 지휘에 따라야 한다.
⑤ 제3항 및 제4항에 따른 소방활동을 수행하는 과정에서 발생하는 경비 부담에 관한 사항, 제3항 및 제4항에 따라 소방활동을 수행한 민간 소방 인력이 사망하거나 부상을 입었을 경우의 보상주체·보상기준 등에 관한 사항, 그 밖에 동원된 소방력의 운용과 관련하여 필요한 사항은 대통령령으로 정한다.

「소방기본법 시행규칙」제8조의2【소방력의 동원 요청】① 소방청장은 법 제11조의2 제1항에 따라 각 시·도지사에게 소방력 동원을 요청하는 경우 동원 요청 사실과 다음 각 호의 사항을 팩스 또는 전화 등의 방법으로 통지하여야 한다. 다만, 긴급을 요하는 경우에는 시·도 소방본부 또는 소방서의 종합상황실장에게 직접 요청할 수 있다.
1. 동원을 요청하는 인력 및 장비의 규모
2. 소방력 이송 수단 및 집결장소
3. 소방활동을 수행하게 될 재난의 규모, 원인 등 소방활동에 필요한 정보

## 018 | 소방력의 동원    답 ④

소방본부장이나 소방서장은 소방활동을 할 때에 긴급한 경우에는 이웃한 소방본부장 또는 소방서장에게 소방업무의 응원 요청이 가능하다(정당한 사유 없이 거절 못함).

| 03 | 소방활동 등 | | | 28p |
|---|---|---|---|---|
| 001 ② | 002 ④ | 003 ③ | 004 ④ | 005 ④ |
| 006 ④ | 007 ③ | 008 ④ | 009 ④ | 010 ④ |
| 011 ② | 012 ④ | 013 ③ | 014 ④ | 015 ③ |
| 016 ③ | 017 ④ | 018 ④ | 019 ② | 020 ② |
| 021 ④ | 022 ④ | 023 ③ | 024 ① | 025 ① |
| 026 ③ | 027 ③ | 028 ② | 029 ① | 030 ② |
| 031 ③ | 032 ④ | 033 ② | 034 ④ | 035 ④ |
| 036 ① | 037 ③ | 038 ② | 039 ③ | 040 ① |
| 041 ④ | 042 ③ | 043 ③ | | |

## 001 | 소방지원활동, 생활안전활동    답 ②

ㄱ. 위해동물, 벌 등의 포획 및 퇴치 활동 – 생활안전활동
ㄴ. 산불에 대한 예방·진압 등 지원활동 – 소방지원활동
ㄷ. 붕괴, 낙하 등이 우려되는 고드름, 나무, 위험 구조물 등의 제거활동 – 생활안전활동
ㄹ. 단전사고 시 비상전원 또는 조명의 공급 – 생활안전활동
ㅁ. 집회·공연 등 각종 행사 시 사고에 대비한 근접대기 등 지원활동 – 소방지원활동
ㅂ. 소방시설 오작동 신고에 따른 조치활동 – 소방지원활동

## 002 | 소방활동    답 ④

선지분석
① 소방청장, 소방본부장 또는 소방서장은 공공의 안녕질서 유지 또는 복리증진을 위하여 필요한 경우 소방활동 외에 소방지원활동을 하게 할 수 있다.
② 소방지원활동 방해는 벌칙조항이 없다.
③ 소방대의 소방활동을 방해한 자는 5년 이하의 징역 또는 5천만원 이하의 벌금에 처한다.

## 003 | 소방지원활동    답 ③

소방청장·소방본부장 또는 소방서장은 공공의 안녕질서 유지 또는 복리증진을 위하여 필요한 경우 소방활동 외에 소방지원활동을 하게 할 수 있다.

「소방기본법」제16조의2【소방지원활동】① 소방청장·소방본부장 또는 소방서장은 공공의 안녕질서 유지 또는 복리증진을 위하여 필요한 경우 소방활동 외에 다음 각 호의 활동(이하 "소방지원활동"이라 한다)을 하게 할 수 있다.
1. 산불에 대한 예방·진압 등 지원활동
2. 자연재해에 따른 급수·배수 및 제설 등 지원활동
3. 집회·공연 등 각종 행사 시 사고에 대비한 근접대기 등 지원활동
4. 화재, 재난·재해로 인한 피해복구 지원활동
5. 삭제
6. 그 밖에 행정안전부령으로 정하는 활동
② 소방지원활동은 제16조의 소방활동 수행에 지장을 주지 아니하는 범위에서 할 수 있다.

## 004 | 소방지원활동

답 ④

모두 옳은 내용이다.

### 📝 관련 개념 | 소방지원활동, 생활안전활동

| 활동 | 권한 | 활동내용 |
|---|---|---|
| 소방활동 | 청·본·서 | 화재, 재난·재해, 그 밖의 위급한 상황이 발생하였을 때에는 소방대를 현장에 신속하게 출동시켜 화재진압과 인명구조·구급 등 소방에 필요한 활동 |
| 소방지원활동 | 청·본·서 | • 산불에 대한 예방·진압 등 지원활동<br>• 자연재해에 따른 급수·배수 및 제설 등 지원활동<br>• 집회·공연 등 각종 행사 시 사고에 대비한 근접대기 등 지원활동<br>• 화재, 재난·재해로 인한 피해복구 지원활동<br>• 군·경찰 등 유관기관에서 실시하는 훈련지원 활동<br>• 소방시설 오작동 신고에 따른 조치활동<br>• 방송제작 또는 촬영 관련 지원활동 |
| 생활안전활동 | 청·본·서 | • 붕괴, 낙하 등이 우려되는 고드름, 나무, 위험 구조물 등의 제거활동<br>• 위해동물, 벌 등의 포획 및 퇴치 활동<br>• 끼임, 고립 등에 따른 위험제거 및 구출활동<br>• 단전사고 시 비상전원 또는 조명의 공급<br>• 그 밖에 방치하면 급박해질 우려가 있는 위험을 예방하기 위한 활동 |
| 소송지원 | 청·본·서 | 소방활동, 소방지원활동, 생활안전활동 소송수행에 필요한 지원 |
| 소방자동차 보험가입 | 시·도 | 국가는 보험 가입비용의 일부를 지원 |

## 005 | 생활안전활동

답 ④

선지분석
④ 생활안전활동에 해당되지 않는 내용이다.

### 📝 관련 개념 | 생활안전활동

소방청장·소방본부장 또는 소방서장은 신고가 접수된 생활안전 및 위험제거 활동(화재, 재난·재해, 그 밖의 위급한 상황에 해당하는 것은 제외한다)에 대응하기 위하여 소방대를 출동시켜 다음 활동(이하 "생활안전활동"이라 한다)을 하게 하여야 한다.
1. 붕괴, 낙하 등이 우려되는 고드름, 나무, 위험 구조물 등의 제거 활동
2. 위해동물, 벌 등의 포획 및 퇴치 활동
3. 끼임, 고립 등에 따른 위험제거 및 구출 활동
4. 단전사고 시 비상전원 또는 조명의 공급
5. 그 밖에 방치하면 급박해질 우려가 있는 위험을 예방하기 위한 활동

## 006 | 보험가입 및 소송지원

답 ④

선지분석
① 시·도지사는 소방자동차의 공무상 운행 중 교통사고가 발생한 경우 그 운전자의 법률상 분쟁에 소요되는 비용을 지원할 수 있는 보험에 가입하여야 하며, 국가는 보험 가입비용의 일부를 지원할 수 있다.
② 소방공무원이 소방활동으로 인하여 타인을 사상(死傷)에 이르게 한 경우 그 소방활동이 불가피하고 소방공무원에게 고의 또는 중대한 과실이 없는 때에는 그 정상을 참작하여 사상에 대한 형사책임을 감경하거나 면제할 수 있다.
③ 소방청장, 소방본부장 또는 소방서장은 소방공무원이 소방활동, 소방지원활동, 생활안전활동으로 인하여 민·형사상 책임과 관련된 소송을 수행할 경우 변호인 선임 등 소송수행에 필요한 지원을 할 수 있다.

## 007 | 소방교육·훈련

답 ③

구급처치훈련이 아닌 응급처치훈련이 훈련의 종류에 포함된다.

### 📝 관련 개념 | 소방대원에게 실시할 교육·훈련의 종류 등 (규칙 [별표 3의2])

| 종류 | 교육·훈련을 받아야 할 대상자 |
|---|---|
| 화재진압훈련 | • 화재진압업무를 담당하는 소방공무원<br>• 의무소방원<br>• 의용소방대원 |
| 인명구조훈련 | • 구조업무를 담당하는 소방공무원<br>• 의무소방원<br>• 의용소방대원 |
| 응급처치훈련 | • 구급업무를 담당하는 소방공무원<br>• 의무소방원<br>• 의용소방대원 |
| 인명대피훈련 | • 소방공무원<br>• 의무소방원<br>• 의용소방대원 |
| 현장지휘훈련 | 소방공무원 중 다음의 계급에 있는 사람<br>• 소방정   • 소방령<br>• 소방경   • 소방위 |

## 008 | 소방교육·훈련

답 ④

소방감은 대상자에 해당하지 않는다.

### 📝 관련 개념 | 현장지휘훈련 대상자

현장지휘훈련 대상자는 소방정, 소방령, 소방경, 소방위이다.

## 009 | 소방교육·훈련

답 ④

구급처치훈련이 아닌 응급처치훈련을 받아야 한다.

### 📝 관련 개념 | 소방대원에게 실시할 교육·훈련의 종류 등 (규칙 [별표 3의2])

**1. 교육·훈련의 종류 및 교육·훈련을 받아야 할 대상자**

| 종류 | 대상자 |
|---|---|
| 화재진압훈련 | • 화재진압업무를 담당하는 소방공무원<br>• 의무소방원<br>• 의용소방대원 |
| 인명구조훈련 | • 구조업무를 담당하는 소방공무원<br>• 의무소방원<br>• 의용소방대원 |
| 응급처치훈련 | • 구급업무를 담당하는 소방공무원<br>• 의무소방원<br>• 의용소방대원 |
| 인명대피훈련 | • 소방공무원<br>• 의무소방원<br>• 의용소방대원 |
| 현장지휘훈련 | 소방공무원 중 다음의 계급에 있는 사람<br>• 소방정 　• 소방령<br>• 소방경 　• 소방위 |

**2. 교육·훈련 횟수 및 기간**
- ⓐ 횟수: 2년마다 1회
- ⓑ 기간: 2주 이상

### 010 ｜ 강사의 자격 기준　　　　　　　　답 ④

소방공무원으로 5년 이상 근무한 경력이 있는 사람이 강사 기준에 해당한다.

### 📝 관련 개념 | 강사 및 보조강사의 자격 기준 (규칙 [별표 3의3])

**1. 강사의 자격 기준**
- ⓐ 소방 관련학과의 석사학위 이상을 취득한 사람
- ⓑ 「소방기본법」 제17조의2에 따른 소방안전교육사, 「소방시설 설치 및 관리에 관한 법률」 제25조에 따른 소방시설관리사, 「국가기술자격법」에 따른 소방기술사 또는 소방설비기사 자격을 취득한 사람
- ⓒ 응급구조사, 인명구조사, 화재대응능력 등 소방청장이 정하는 소방활동 관련 자격을 취득한 사람

**2. 보조강사의 자격 기준**
- ⓐ 1.에 따른 강사의 자격을 갖춘 사람
- ⓑ 소방공무원으로서 3년 이상 근무한 경력이 있는 사람
- ⓒ 그 밖에 보조강사의 능력이 있다고 소방청장, 소방본부장 또는 소방서장이 인정하는 사람

### 011 ｜ 소방안전교육사시험 응시자격　　　　답 ②

옳은 것은 ㄴ, ㄹ, ㅂ이다.

**선지분석**
- ㄱ. 의용소방대원으로 임명된 후 5년 이상 의용소방대 활동을 한 경력이 있는 사람
- ㄷ. 2급 응급구조사 자격을 취득한 후 응급의료 업무분야에 3년 이상 종사한 사람
- ㅁ. 간호사 면허를 취득한 후 3년 이상 근무한 경력이 있는 사람

### 📝 관련 개념 | 소방안전교육사 시험의 응시자격 (영 [별표 2의2])

| 자격 | 필요 경력 |
|---|---|
| 안전관리분야 기사, 간호사 면허 취득자<br>1급 응급구조사 자격 취득자, 1급 소방안전관리자 | 1년 |
| 소방공무원(2주 이상 전문교육), 보육교사 자격 취득자<br>안전관리분야 산업기사, 2급 응급구조사 자격 취득자<br>2급 소방안전관리자 | 3년 |
| 의용소방대원 | 5년 |
| 초등학교·중학교 교원 자격 취득자, 유아 교원 자격 취득자<br>어린이집 원장, 안전관리분야 기술사<br>소방시설관리사, 특급소방안전관리자, 위험물기능장 | 없음 |

### 012 ｜ 소방안전교육사의 시험위원　　　　답 ④

임명 또는 위촉된 응시자격심사위원 및 시험위원과 시험감독 업무에 종사하는 자에 대하여는 예산의 범위에서 수당 및 여비를 지급할 수 있다.

**「소방기본법 시행령」 제7조의5 【시험위원 등】** ① 소방청장은 소방안전교육사시험 응시자격심사, 출제 및 채점을 위하여 다음 각 호의 어느 하나에 해당하는 사람을 응시자격심사위원 및 시험위원으로 임명 또는 위촉하여야 한다.
1. 소방 관련 학과, 교육학과 또는 응급구조학과 박사학위 취득자
2. 「고등교육법」 제2조 제1호부터 제6호까지의 규정 중 어느 하나에 해당하는 학교에서 소방 관련 학과, 교육학과 또는 응급구조학과에서 조교수 이상으로 2년 이상 재직한 자
3. 소방위 이상의 소방공무원
4. 소방안전교육사 자격을 취득한 자
② 제1항에 따른 응시자격심사위원 및 시험위원의 수는 다음 각 호와 같다.
1. 응시자격심사위원: 3인
2. 시험위원 중 출제위원: 시험과목별 3인
3. 시험위원 중 채점위원: 5명
4. 삭제
③ 제1항에 따라 응시자격심사위원 및 시험위원으로 임명 또는 위촉된 자는 소방청장이 정하는 시험문제 등의 작성시 유의사항 및 서약서 등에 따른 준수사항을 성실히 이행해야 한다.
④ 제1항에 따라 임명 또는 위촉된 응시자격심사위원 및 시험위원과 시험감독업무에 종사하는 자에 대하여는 예산의 범위에서 수당 및 여비를 지급할 수 있다.

### 013 ｜ 소방안전교육사의 시험위원　　　　답 ③

소방학개론의 1차 시험 과목은 소방학개론, 구급·응급처치론, 재난관리론 및 교육학개론 중 응시자가 선택하는 3과목으로 한다.

## 014 소방안전교육사

답 ②

소방안전교육사 시험의 응시자격, 시험방법, 시험과목, 시험위원, 그 밖에 소방안전교육사 시험의 실시에 필요한 사항은 대통령령으로 정한다.

> 「소방기본법」 제17조의2 【소방안전교육사】 ① 소방청장은 제17조 제2항에 따른 소방안전교육을 위하여 소방청장이 실시하는 시험에 합격한 사람에게 소방안전교육사 자격을 부여한다.
> ② 소방안전교육사는 소방안전교육의 기획·진행·분석·평가 및 교수업무를 수행한다.
> ③ 제1항에 따른 소방안전교육사 시험의 응시자격, 시험방법, 시험과목, 시험위원, 그 밖에 소방안전교육사 시험의 실시에 필요한 사항은 대통령령으로 정한다.
> ④ 제1항에 따른 소방안전교육사 시험에 응시하려는 사람은 대통령령으로 정하는 바에 따라 수수료를 내야 한다.

## 015 소방안전교육사 배치기준

답 ③

한국소방산업기술원은 2명 이상이다.

> 📝 관련 개념 | 소방안전교육사의 배치대상별 배치기준
> (영 [별표 2의3])

| 배치대상 | 배치기준(단위: 명) |
|---|---|
| 소방청 | 2 이상 |
| 소방본부 | 2 이상 |
| 소방서 | 1 이상 |
| 한국소방안전원 | 본회: 2 이상<br>시·도지부: 1 이상 |
| 한국소방산업기술원 | 2 이상 |

## 016 소방안전교육사 결격사유

답 ③

> 📝 관련 개념 | 소방안전교육사의 결격사유
> 1. 피성년후견인
> 2. 금고 이상의 실형을 선고받고 그 집행이 끝나거나(집행이 끝난 것으로 보는 경우를 포함한다) 집행이 면제된 날부터 2년이 지나지 아니한 사람
> 3. 금고 이상의 형의 집행유예를 선고받고 그 유예기간 중에 있는 사람
> 4. 법원의 판결 또는 다른 법률에 따라 자격이 정지되거나 상실된 사람

## 017 소방안전교육훈련 운영계획

답 ④

12월 31일까지 운영계획을 수립한다.

> 「소방기본법 시행규칙」 제9조 【소방교육·훈련의 종류 등】 ① 법 제17조 제1항에 따라 소방대원에게 실시할 교육·훈련의 종류, 해당 교육·훈련을 받아야 할 대상자 및 교육·훈련기간 등은 별표 3의2와 같다.

> ② 법 제17조 제2항에 따른 소방안전에 관한 교육과 훈련(이하 "소방안전교육훈련"이라 한다)에 필요한 시설, 장비, 강사자격 및 교육방법 등의 기준은 별표 3의3과 같다.
> ③ 소방청장, 소방본부장 또는 소방서장은 소방안전교육훈련을 실시하려는 경우 매년 12월 31일까지 다음 해의 소방안전교육훈련 운영계획을 수립하여야 한다.
> ④ 소방청장은 제3항에 따른 소방안전교육훈련 운영계획의 작성에 필요한 지침을 정하여 소방본부장과 소방서장에게 매년 10월 31일까지 통보하여야 한다.

## 018 한국 119 청소년단

답 ③

한국119청소년단의 활동·체험 프로그램 개발 및 운영이 해당한다.

> 📝 관련 개념 | 한국119청소년단의 사업 범위(규칙 제9조의6)
> 1. 한국119청소년단 단원의 선발·육성과 활동 지원
> 2. 한국119청소년단의 활동·체험 프로그램 개발 및 운영
> 3. 한국119청소년단의 활동과 관련된 학문·기술의 연구·교육 및 홍보
> 4. 한국119청소년단 단원의 교육·지도를 위한 전문인력 양성
> 5. 관련 기관·단체와의 자문 및 협력사업
> 6. 그 밖에 한국119청소년단의 설립목적에 부합하는 사업

## 019 한국119청소년단

답 ②

국가나 지방자치단체는 한국119청소년단에 그 조직 및 활동에 필요한 시설·장비를 지원할 수 있으며, 운영경비와 시설비 및 국내외 행사에 필요한 경비를 보조할 수 있다.

> 「소방기본법」 제17조의6 【한국119청소년단】 ① 청소년에게 소방안전에 관한 올바른 이해와 안전의식을 함양시키기 위하여 한국119청소년단을 설립한다.
> ② 한국119청소년단은 법인으로 하고, 그 주된 사무소의 소재지에 설립등기를 함으로써 성립한다.
> ③ 국가나 지방자치단체는 한국119청소년단에 그 조직 및 활동에 필요한 시설·장비를 지원할 수 있으며, 운영경비와 시설비 및 국내외 행사에 필요한 경비를 보조할 수 있다.
> ④ 개인·법인 또는 단체는 한국119청소년단의 시설 및 운영 등을 지원하기 위하여 금전이나 그 밖의 재산을 기부할 수 있다.
> ⑤ 이 법에 따른 한국119청소년단이 아닌 자는 한국119청소년단 또는 이와 유사한 명칭을 사용할 수 없다.
> ⑥ 한국119청소년단의 정관 또는 사업의 범위·지도·감독 및 지원에 필요한 사항은 행정안전부령으로 정한다.
> ⑦ 한국119청소년단에 관하여 이 법에서 규정한 것을 제외하고는 「민법」 중 사단법인에 관한 규정을 준용한다.

## 020 소방신호의 방법

답 ②

선지분석
① 경계신호의 타종신호는 1타와 연2타를 반복하며, 싸이렌신호는 5초 간격을 두고 30초씩 3회이다.
③ 해제신호의 타종신호는 상당한 간격을 두고 1타씩 반복하며, 싸이렌신호는 1분간 1회이다.
④ 훈련신호의 타종신호는 연3타 반복이며, 싸이렌신호는 10초 간격을 두고 1분씩 3회이다.

📝 **관련 개념 | 소방신호의 방법(규칙 [별표 4])**

| 신호<br>방법<br>종별 | 타종신호 | 싸이렌신호 | 그밖의 신호 | |
|---|---|---|---|---|
| 경계신호 | 1타와 연<br>2타를 반복 | 5초 간격을<br>두고 30초씩<br>3회 | "통풍대" "게시판"<br><br>→적색<br>백색 | 화<br>재<br>경<br>보<br>발<br>령<br>중 |
| 발화신호 | 난타 | 5초 간격을<br>두고 5초씩<br>3회 | | |
| 해제신호 | 상당한<br>간격을 두고<br>1타씩 반복 | 1분간 1회 | "기" | |
| 훈련신호 | 연 3타 반복 | 10초 간격을<br>두고 1분씩<br>3회 | →적색<br>백색 | |

1) 소방신호의 방법은 그 전부 또는 일부를 함께 사용할 수 있다.
2) 게시판을 철거하거나 통풍대 또는 기를 내리는 것으로 소방활동이 해제되었음을 알린다.
3) 소방대의 비상소집을 하는 경우에는 훈련신호를 사용할 수 있다.

## 021 | 소방신호의 종류와 방법

답 ④

소방신호 중 소방활동이 필요없다고 인정되면 해제신호를 발할 수 있으며 타종신호로 상당한 간격을 두고 1타씩 반복으로 신호를 준다.

「소방기본법 시행규칙」 제18조 【소방신호의 종류 및 방법】 ① 법 제18조의 규정에 의한 소방신호의 종류는 다음 각 호와 같다.
1. 경계신호: 화재예방상 필요하다고 인정되거나, 화재위험경보 시 발령
2. 발화신호: 화재가 발생한 때 발령
3. 해제신호: 소화활동이 필요 없다고 인정되는 때 발령
4. 훈련신호: 훈련 상 필요하다고 인정되는 때 발령
② 제1항의 규정에 의한 소방신호의 종류별 소방신호의 방법은 별표 4와 같다.

📝 **관련 개념 | 소방신호의 방법(규칙 [별표 4])**

| 신호<br>방법<br>종별 | 타종신호 | 싸이렌신호 | 그밖의 신호 | |
|---|---|---|---|---|
| 경계신호 | 1타와 연<br>2타를 반복 | 5초 간격을<br>두고 30초씩<br>3회 | "통풍대" "게시판"<br><br>→적색<br>백색 | 화<br>재<br>경<br>보<br>발<br>령<br>중 |
| 발화신호 | 난타 | 5초 간격을<br>두고 5초씩<br>3회 | | |
| 해제신호 | 상당한<br>간격을 두고<br>1타씩 반복 | 1분간 1회 | "기" | |
| 훈련신호 | 연 3타 반복 | 10초 간격을<br>두고 1분씩<br>3회 | →적색<br>백색 | |

1) 소방신호의 방법은 그 전부 또는 일부를 함께 사용할 수 있다.
2) 게시판을 철거하거나 통풍대 또는 기를 내리는 것으로 소방활동이 해제되었음을 알린다.
3) 소방대의 비상소집을 하는 경우에는 훈련신호를 사용할 수 있다.

## 022 | 과태료

답 ④

20만원 이하의 과태료에 해당한다.
• 200만원, 100만원 이하의 과태료: 시·도지사, 소방본부장 또는 소방서장이 부과·징수
• 20만원 이하의 과태료: 관할 소방본부장 또는 소방서장이 부과·징수

## 023 | 화재 등의 통지

답 ③

노후건축물이 밀집한 지역은 해당하지 않는다.

「소방기본법」 제19조 【화재 등의 통지】 ② 다음 각 호의 어느 하나에 해당하는 지역 또는 장소에서 화재로 오인할 만한 우려가 있는 불을 피우거나 연막 소독을 하려는 자는 시·도의 조례로 정하는 바에 따라 관할 소방본부장 또는 소방서장에게 신고하여야 한다.
1. 시장지역
2. 공장 창고가 밀집한 지역
3. 목조건물이 밀집한 지역
4. 위험물의 저장 및 처리시설이 밀집한 지역
5. 석유화학제품을 생산하는 공장이 있는 지역
6. 그 밖에 시·도의 조례로 정하는 지역 또는 장소

## 024 | 자체소방대의 설치 및 운영

답 ①

자체소방대는 소방대가 현장에 도착한 경우 소방대장의 지휘·통제에 따라야 한다.

「소방기본법」 제20조 【자체소방대의 설치·운영 등】 ① 관계인은 화재를 진압하거나 구조·구급 활동을 하기 위하여 상설 조직체(「위험물안전관리법」 제19조 및 그 밖의 다른 법령에 따라 설치된 자체소방대를 포함하며, 이하 이 조에서 "자체소방대"라 한다)를 설치·운영할 수 있다.
② 자체소방대는 소방대가 현장에 도착한 경우 소방대장의 지휘·통제에 따라야 한다.
③ 소방청장, 소방본부장 또는 소방서장은 자체소방대의 역량 향상을 위하여 필요한 교육·훈련 등을 지원할 수 있다.
④ 제3항에 따른 교육·훈련 등의 지원에 필요한 사항은 행정안전부령으로 정한다.

## 025 | 소방자동차의 우선통행

답 ①

모든 차와 사람은 소방자동차(지휘를 위한 자동차와 구조·구급차는 포함한다)가 화재진압 및 구조·구급 활동을 위하여 출동을 할 때에는 이를 방해하여서는 아니 된다.

「소방기본법」 제21조 【소방자동차의 우선 통행 등】 ① 모든 차와 사람은 소방자동차(지휘를 위한 자동차와 구조·구급차를 포함한다. 이하 같다)가 화재진압 및 구조·구급 활동을 위하여 출동을 할 때에는 이를 방해하여서는 아니 된다.
② 소방자동차가 화재진압 및 구조·구급 활동을 위하여 출동하거나 훈련을 위하여 필요할 때에는 사이렌을 사용할 수 있다.
③ 모든 차와 사람은 소방자동차가 화재진압 및 구조·구급 활동을 위하여 제2항에 따라 사이렌을 사용하여 출동하는 경우에는 다음 각 호의 행위를 하여서는 아니 된다.
1. 소방자동차에 진로를 양보하지 아니하는 행위
2. 소방자동차 앞에 끼어들거나 소방자동차를 가로막는 행위
3. 그 밖에 소방자동차의 출동에 지장을 주는 행위
④ 제3항의 경우를 제외하고 소방자동차의 우선 통행에 관하여는 「도로교통법」에서 정하는 바에 따른다.

## 026 | 소방자동차 전용구역    답 ③

공동주택의 건축주는 소방자동차가 접근하기 쉽고 소방활동이 원활하게 수행될 수 있도록 각 동별 전면 또는 후면에 소방자동차 전용구역(이하 "전용구역"이라 한다)을 1개소 이상 설치해야 한다. 다만, 하나의 전용구역에서 여러 동에 접근하여 소방활동이 가능한 경우로서 소방청장이 정하는 경우에는 각 동별로 설치하지 않을 수 있다.

「소방기본법 시행령」 제7조의13 【소방자동차 전용구역의 설치 기준·방법】 ① 제7조의12 각 호 외의 부분 본문에 따른 공동주택의 건축주는 소방자동차가 접근하기 쉽고 소방활동이 원활하게 수행될 수 있도록 각 동별 전면 또는 후면에 소방자동차 전용구역(이하 "전용구역"이라 한다)을 1개소 이상 설치해야 한다. 다만, 하나의 전용구역에서 여러 동에 접근하여 소방활동이 가능한 경우로서 소방청장이 정하는 경우에는 각 동별로 설치하지 않을 수 있다.
② 전용구역의 설치 방법은 별표 2의5와 같다.

관련 개념 | 전용구역의 설치방법(영 [별표 2의5])

1) 전용구역 노면표지의 외곽선은 빗금무늬로 표시하되, 빗금은 두께를 30센티미터로 하여 50센티미터 간격으로 표시한다.
2) 전용구역 노면표지 도료의 색채는 황색을 기본으로 하되, 문자(P, 소방차 전용)는 백색으로 표시한다.

## 027 | 소방자동차 전용구역    답 ③

전용구역 노면표지의 외곽선은 빗금무늬로 표시하되, 빗금은 두께를 30센티미터로 하여 50센티미터 간격으로 표시한다.

관련 개념 | 전용구역의 설치방법(영 [별표 2의5])

1) 전용구역 노면표지의 외곽선은 빗금무늬로 표시하되, 빗금은 두께를 30센티미터로 하여 50센티미터 간격으로 표시한다.
2) 전용구역 노면표지 도료의 색채는 황색을 기본으로 하되, 문자(P, 소방차 전용)는 백색으로 표시한다.

## 028 | 소방자동차 전용구역 방해행위    답 ②

전용구역의 앞면, 뒷면 또는 양 측면에 물건 등을 쌓거나 주차하는 행위. 다만, 「주차장법」 제19조에 따른 부설주차장의 주차구획 내에 주차하는 경우는 제외한다.

## 029 | 운행기록장치 장착 소방자동차    답 ①

이륜차는 해당하지 않는다.

관련 개념 | 운행기록장치 장착 소방자동차의 범위

1. 소방펌프차
2. 소방물탱크차
3. 소방화학차
4. 소방고가차(消防高架車)
5. 무인방수차
6. 구조차
7. 그 밖에 소방청장이 소방자동차의 안전한 운행 및 교통사고 예방을 위하여 운행기록장치 장착이 필요하다고 인정하여 정하는 소방자동차
   ⓐ 화생방 대응차
   ⓑ 소형사다리차
   ⓒ 재난지휘차
   ⓓ 구급차
   ⓔ 화재조사차
   ⓕ 조명배연차

## 030 | 소방활동구역    답 ②

선지분석
① 소방대장은 화재, 재난·재해, 그 밖의 위급한 상황이 발생한 현장에 소방활동구역을 정하여 소방활동에 필요한 사람으로서 대통령령으로 정하는 사람 외에는 그 구역에 출입하는 것을 제한할 수 있다
③ 전기·가스·수도·통신·교통의 업무에 종사하는 자로서 원활한 소방 활동을 위하여 필요한 자는 소방활동구역에 출입할 수 있다.

④ 소방 활동구역 안에 있는 소방대상물의 소유자·관리자 또는 점유자는 소방활동구역에 출입할 수 있다.

> 「소방기본법 시행령」 제8조 【소방활동구역의 출입자】 ① 법 제23조 제1항에서 "대통령령이 정하는 자"라 함은 다음 각 호의 자를 말한다.
> 1. 소방 활동구역 안에 있는 소방대상물의 소유자·관리자 또는 점유자
> 2. 전기·가스·수도·통신·교통의 업무에 종사하는 자로서 원활한 소방 활동을 위하여 필요한 자
> 3. 의사·간호사 그 밖의 구조·구급업무에 종사하는 자
> 4. 취재인력 등 보도업무에 종사하는 자
> 5. 수사업무에 종사하는 자
> 6. 그 밖에 소방대장이 소방 활동을 위하여 출입을 허가한 자

## 031 | 소방활동구역                                    답 ③

옳은 것은 ㄷ, ㄹ이다.

선지분석
ㄱ. 안에 있는 사람만 해당한다.
ㄴ. 원활한 소방활동을 위해 필요한 자만 가능하다.
ㅁ. 보험업무 종사자는 해당하지 않는다.

> 📝 관련 개념 | 소방활동구역의 출입자(100만원 이하의 과태료)
> 1. 소방 활동구역 안에 있는 소방대상물의 소유자·관리자 또는 점유자
> 2. 전기·가스·수도·통신·교통의 업무에 종사하는 자로서 원활한 소방 활동을 위하여 필요한 자
> 3. 의사·간호사 그 밖의 구조·구급업무에 종사하는 자
> 4. 취재인력 등 보도업무에 종사하는 자
> 5. 수사업무에 종사하는 자
> 6. 그 밖에 소방대장이 소방 활동을 위하여 출입을 허가한 자

## 032 | 피난명령                                       답 ④

소방본부장, 소방서장 또는 소방대장은 피난명령시 필요하면 관할 경찰서장 또는 자치경찰단장에게 협조를 요청할 수 있다.

> 「소방기본법」 제26조 【피난 명령】 ① 소방본부장, 소방서장 또는 소방대장은 화재, 재난·재해, 그 밖의 위급한 상황이 발생하여 사람의 생명을 위험하게 할 것으로 인정할 때에는 일정한 구역을 지정하여 그 구역에 있는 사람에게 그 구역 밖으로 피난할 것을 명할 수 있다.
> ② 소방본부장, 소방서장 또는 소방대장은 제1항에 따른 명령을 할 때 필요하면 관할 경찰서장 또는 자치경찰단장에게 협조를 요청할 수 있다.

## 033 | 강제처분                                       답 ②

시·도지사는 견인차량과 인력 등을 지원한 자에게 시·도의 조례로 정하는 바에 따라 비용을 지급할 수 있다.

> 「소방기본법」 제25조 【강제처분 등】 ① 소방본부장, 소방서장 또는 소방대장은 사람을 구출하거나 불이 번지는 것을 막기 위하여 필요할 때에는 화재가 발생하거나 불이 번질 우려가 있는 소방대상물 및 토지를 일시적으로 사용하거나 그 사용의 제한 또는 소방활동에 필요한 처분을 할 수 있다.
> ② 소방본부장, 소방서장 또는 소방대장은 사람을 구출하거나 불이 번지는 것을 막기 위하여 긴급하다고 인정할 때에는 제1항에 따른 소방대상물 또는 토지 외의 소방대상물과 토지에 대하여 제1항에 따른 처분을 할 수 있다.
> ③ 소방본부장, 소방서장 또는 소방대장은 소방활동을 위하여 긴급하게 출동할 때에는 소방자동차의 통행과 소방활동에 방해가 되는 주차 또는 정차된 차량 및 물건 등을 제거하거나 이동시킬 수 있다.
> ④ 소방본부장, 소방서장 또는 소방대장은 제3항에 따른 소방활동에 방해가 되는 주차 또는 정차된 차량의 제거나 이동을 위하여 관할 지방자치단체 등 관련 기관에 견인차량과 인력 등에 대한 지원을 요청할 수 있고, 요청을 받은 관련 기관의 장은 정당한 사유가 없으면 이에 협조하여야 한다.
> ⑤ 시·도지사는 제4항에 따라 견인차량과 인력 등을 지원한 자에게 시·도의 조례로 정하는 바에 따라 비용을 지급할 수 있다.

## 034 | 피난명령                                       답 ④

피난명령을 위반하면 100만원 이하의 벌금에 처한다.

> 📝 관련 개념 | 피난명령
> 1. 소방본부장, 소방서장 또는 소방대장은 화재, 재난·재해, 그 밖의 위급한 상황이 발생하여 사람의 생명을 위험하게 할 것으로 인정할 때에는 일정한 구역을 지정하여 그 구역에 있는 사람에게 그 구역 밖으로 피난할 것을 명할 수 있다.
> 2. 소방본부장, 소방서장 또는 소방대장은 1.에 따른 명령을 할 때 필요하면 관할 경찰서장 또는 자치경찰단장에게 협조를 요청할 수 있다.
> 3. 피난명령을 위반하면 100만원 이하의 벌금에 처한다.

## 035 | 긴급통행                                       답 ④

소방대는 화재, 재난·재해, 그 밖의 위급한 상황이 발생한 현장에 신속하게 출동하기 위하여 긴급할 때에는 일반적인 통행에 쓰이지 아니하는 ( 도로 )·( 빈터 ) 또는 ( 물 위 )로 통행할 수 있다.

## 036 | 위험시설 등에 대한 긴급조치                    답 ①

위험시설 등에 대한 긴급조치에 해당한다.

> 「소방기본법」 제27조 【위험시설 등에 대한 긴급조치】 ① 소방본부장, 소방서장 또는 소방대장은 화재 진압 등 소방활동을 위하여 필요할 때에는 소방용수 외에 댐·저수지 또는 수영장 등의 물을 사용하거나 수도(水道)의 개폐장치 등을 조작할 수 있다.
> ② 소방본부장, 소방서장 또는 소방대장은 화재 발생을 막거나 폭발 등으로 화재가 확대되는 것을 막기 위하여 가스·전기 또는 유류 등의 시설에 대하여 위험물질의 공급을 차단하는 등 필요한 조치를 할 수 있다.

## 037 | 소방용수시설 및 지리조사     답 ③

소방용수시설 및 지리조사에 대한 내용으로 소방본부장 또는 소방서장이 실시한다.

① 소방청장·소방본부장·소방서장이 실시한다.
② 관계인이 실시한다.
④ 소방본부장, 소방서장 또는 소방대장이 실시한다.

## 038 | 소방활동 종사명령, 강제처분, 피난명령     답 ②

소방본부장, 소방서장 또는 소방대장은 소방활동에 방해가 되는 주차 또는 정차된 차량의 제거나 이동을 위하여 관할 지방자치단체 등 관련 기관에 견인차량과 인력 등에 대한 지원을 요청할 수 있고, 요청을 받은 관련 기관의 장은 정당한 사유가 없으면 이에 협조하여야 한다.

## 039 | 소방활동 종사명령     답 ③

> 「소방기본법」 제24조 【소방활동 종사 명령】 ③ 제1항에 따른 명령에 따라 소방활동에 종사한 사람은 시·도지사로부터 소방활동의 비용을 지급받을 수 있다. 다만, 다음 각 호의 어느 하나에 해당하는 사람의 경우에는 그러하지 아니하다.
> 1. 소방대상물에 화재, 재난·재해, 그 밖의 위급한 상황이 발생한 경우 그 관계인
> 2. 고의 또는 과실로 화재 또는 구조·구급 활동이 필요한 상황을 발생시킨 사람
> 3. 화재 또는 구조·구급 현장에서 물건을 가져간 사람

## 040 | 소방대장의 권한     답 ①

응원요청으로 소방본부장 또는 소방서장이 실시한다.

② 종사명령: 소방본부장, 소방서장, 소방대장
③ 강제처분: 소방본부장, 소방서장, 소방대장
④ 피난명령: 소방본부장, 소방서장, 소방대장

## 041 | 소방활동 종사명령     답 ④

고의 또는 과실일 때는 비용지급을 할 필요가 없다.

> 「소방기본법」 제24조 【소방활동 종사 명령】 ① 소방본부장, 소방서장 또는 소방대장은 화재, 재난·재해, 그 밖의 위급한 상황이 발생한 현장에서 소방활동을 위하여 필요할 때에는 그 관할구역에 사는 사람 또는 그 현장에 있는 사람으로 하여금 사람을 구출하는 일 또는 불을 끄거나 불이 번지지 아니하도록 하는 일을 하게 할 수 있다. 이 경우 소방본부장, 소방서장 또는 소방대장은 소방활동에 필요한 보호장구를 지급하는 등 안전을 위한 조치를 하여야 한다.
> ② 삭제
> ③ 제1항에 따른 명령에 따라 소방활동에 종사한 사람은 시·도지사로부터 소방활동의 비용을 지급받을 수 있다. 다만, 다음 각 호의 어느 하나에 해당하는 사람의 경우에는 그러하지 아니하다.

> 1. 소방대상물에 화재, 재난·재해, 그 밖의 위급한 상황이 발생한 경우 그 관계인
> 2. 고의 또는 과실로 화재 또는 구조·구급 활동이 필요한 상황을 발생시킨 사람
> 3. 화재 또는 구조·구급 현장에서 물건을 가져간 사람

## 042 | 소방대의 긴급통행     답 ③

① 강제처분 등에 대한 설명이다.
② 소방활동 종사 명령에 대한 설명이다.
④ 소방활동구역의 설정에 대한 설명이다.

## 043 | 강제처분     답 ③

① 소방청장 또는 시·도지사는 강제처분 2항(긴급하다고 인정) 및 3항(주차 또는 정차된 차량 및 물건 제거하거나 이동)으로 인하여 손실을 입은 자가 있는 경우에는 그 손실을 보상하여야 한다.
② 소방청장 또는 시·도지사는 소방활동에 방해가 되는 불법 주차 차량을 제거하거나 이동시키는 처분으로 인하여 손실을 입은 자에게 보상을 해주지 않아도 된다.
④ 소방본부장, 소방서장 또는 소방대장은 사람을 구출하거나 불이 번지는 것을 막기 위하여 필요할 때에는 화재가 발생하거나 불이 번질 우려가 있는 소방대상물 및 토지를 일시적으로 사용하거나 그 사용의 제한 또는 소방활동에 필요한 처분을 할 수 있다.

---

| 04 | 소방산업의 육성·진흥 및 지원 등 | 44p |
|----|----------------------------|-----|
| 001 ③ | | |

## 001 | 소방산업의 육성·진흥 및 지원     답 ③

국가는 우수소방제품의 전시·홍보를 위하여 무역전시장 등을 설치한 자에게 소방산업전시회 운영에 따른 경비의 일부를 지원해 줄 수 있다.

> 「소방기본법」 제39조의5 【소방산업과 관련된 기술개발 등의 지원】
> ① 국가는 소방산업과 관련된 기술(이하 "소방기술"이라 한다)의 개발을 촉진하기 위하여 기술개발을 실시하는 자에게 그 기술개발에 드는 자금의 전부나 일부를 출연하거나 보조할 수 있다.
> ② 국가는 우수소방제품의 전시·홍보를 위하여 「대외무역법」 제4조 제2항에 따른 무역전시장 등을 설치한 자에게 다음 각 호에서 정한 범위에서 재정적인 지원을 할 수 있다.
> 1. 소방산업전시회 운영에 따른 경비의 일부
> 2. 소방산업전시회 관련 국외 홍보비
> 3. 소방산업전시회 기간 중 국외의 구매자 초청 경비

## 05 한국소방안전원 · 45p

| | | | | |
|---|---|---|---|---|
| 001 ③ | 002 ① | 003 ② | 004 ③ | 005 ③ |

### 001 | 한국소방안전원의 업무 · 답 ③

옳은 것은 ㄱ, ㄴ, ㄷ, ㄹ로 4개이다.

선지분석
ㅁ. 소방안전에 관한 국제협력 업무를 담당한다.

> 관련 개념 | 안전원의 업무
>
> 1. 소방기술과 안전관리에 관한 교육 및 조사·연구
> 2. 소방기술과 안전관리에 관한 각종 간행물 발간
> 3. 화재 예방과 안전관리의식 고취를 위한 대국민 홍보
> 4. 소방업무에 관하여 행정기관이 위탁하는 업무
> 5. 소방안전에 관한 국제협력
> 6. 그 밖에 회원에 대한 기술지원 등 정관으로 정하는 사항

### 002 | 한국소방안전원의 교육계획 수립 및 평가 · 답 ①

안전원장은 교육결과를 객관적이고 정밀하게 분석하기 위하여 필요한 경우 교육 관련 전문가로 구성된 위원회를 운영할 수 있다.

> 「소방기본법」 제40조의2 【교육계획의 수립 및 평가 등】① 안전원의 장(이하 "안전원장"이라 한다)은 소방기술과 안전관리의 기술향상을 위하여 매년 교육 수요조사를 실시하여 교육계획을 수립하고 소방청장의 승인을 받아야 한다.
> ② 안전원장은 소방청장에게 해당 연도 교육결과를 평가·분석하여 보고하여야 하며, 소방청장은 교육평가 결과를 제1항의 교육계획에 반영하게 할 수 있다.
> ③ 안전원장은 제2항의 교육결과를 객관적이고 정밀하게 분석하기 위하여 필요한 경우 교육 관련 전문가로 구성된 위원회를 운영할 수 있다.
> ④ 제3항에 따른 위원회의 구성·운영에 필요한 사항은 대통령령으로 정한다.

### 003 | 한국소방안전원의 임원 · 답 ②

안전원에 임원으로 원장 ( ㉠ 1 )명을 포함한 ( ㉡ 9 )명 이내의 이사와 ( ㉢ 1 )명의 감사를 둔다.

### 004 | 한국소방안전원 · 답 ③

「화재의 예방 및 안전관리에 관한 법률」,「소방시설공사업법」 또는 「위험물안전관리법」에 따라 위험물안전관리자로 선임된 사람이 회원이 될 수 있다.

> 관련 개념 | 한국소방안전원의 회원 자격
>
> 1. 「소방시설 설치 및 관리에 관한 법률」,「소방시설공사업법」 또는 「위험물안전관리법」에 따라 등록을 하거나 허가를 받은 사람으로서 회원이 되려는 사람
> 2. 「화재의 예방 및 안전관리에 관한 법률」,「소방시설공사업법」 또는 「위험물안전관리법」에 따라 소방안전관리자, 소방기술자 또는 위험물안전관리자로 선임되거나 채용된 사람으로서 회원이 되려는 사람
> 3. 그 밖에 소방 분야에 관심이 있거나 학식과 경험이 풍부한 사람으로서 회원이 되려는 사람

### 005 | 한국소방안전원 · 답 ③

재정 및 회계에 관한사항이 해당한다.

> 「소방기본법」 제43조 【안전원의 정관】① 안전원의 정관에는 다음 각 호의 사항이 포함되어야 한다.
> 1. 목적
> 2. 명칭
> 3. 주된 사무소의 소재지
> 4. 사업에 관한 사항
> 5. 이사회에 관한 사항
> 6. 회원과 임원 및 직원에 관한 사항
> 7. 재정 및 회계에 관한 사항
> 8. 정관의 변경에 관한 사항
> ② 안전원은 정관을 변경하려면 소방청장의 인가를 받아야 한다.

## 06 보칙 · 47p

| | | | | |
|---|---|---|---|---|
| 001 ① | 002 ① | 003 ③ | 004 ② | 005 ② |

### 001 | 손실보상의 지급절차 · 답 ①

소방기관 또는 소방대의 적법한 소방업무 또는 소방활동으로 인하여 발생한 손실을 보상받으려는 자는 행정안전부령으로 정하는 보상금 지급 청구서에 손실내용과 손실금액을 증명할 수 있는 서류를 첨부하여 소방청장 또는 시·도지사(이하 "소방청장등"이라 한다)에게 제출하여야 한다.

> 「소방기본법 시행령」 제12조 【손실보상의 지급절차 및 방법】① 법 제49조의2 제1항에 따라 소방기관 또는 소방대의 적법한 소방업무 또는 소방활동으로 인하여 발생한 손실을 보상받으려는 자는 행정안전부령으로 정하는 보상금 지급 청구서에 손실내용과 손실금액을 증명할 수 있는 서류를 첨부하여 소방청장 또는 시·도지사(이하 "소방청장등"이라 한다)에게 제출하여야 한다. 이 경우 소방청장등은 손실보상금의 산정을 위하여 필요하면 손실보상을 청구한 자에게 증빙·보완 자료의 제출을 요구할 수 있다.
> ② 소방청장등은 제13조에 따른 손실보상심의위원회의 심사·의결을 거쳐 특별한 사유가 없으면 보상금 지급 청구서를 받은 날부터 60일 이내에 보상금 지급 여부 및 보상금액을 결정하여야 한다.

③ 소방청장등은 다음 각 호의 어느 하나에 해당하는 경우에는 그 청구를 각하(却下)하는 결정을 하여야 한다.
1. 청구인이 같은 청구 원인으로 보상금 청구를 하여 보상금 지급 여부 결정을 받은 경우. 다만, 기각 결정을 받은 청구인이 손실을 증명할 수 있는 새로운 증거가 발견되었음을 소명(疎明)하는 경우는 제외한다.
2. 손실보상 청구가 요건과 절차를 갖추지 못한 경우. 다만, 그 잘못된 부분을 시정할 수 있는 경우는 제외한다.
④ 소방청장등은 제2항 또는 제3항에 따른 결정일부터 10일 이내에 행정안전부령으로 정하는 바에 따라 결정 내용을 청구인에게 통지하고, 보상금을 지급하기로 결정한 경우에는 특별한 사유가 없으면 통지한 날부터 30일 이내에 보상금을 지급하여야 한다.
⑤ 소방청장등은 보상금을 지급받을 자가 지정하는 예금계좌(「우체국예금·보험에 관한 법률」에 따른 체신관서 또는 「은행법」에 따른 은행의 계좌를 말한다)에 입금하는 방법으로 보상금을 지급한다. 다만, 보상금을 지급받을 자가 체신관서 또는 은행이 없는 지역에 거주하는 등 부득이한 사유가 있는 경우에는 그 보상금을 지급받을 자의 신청에 따라 현금으로 지급할 수 있다.
⑥ 보상금은 일시불로 지급하되, 예산 부족 등의 사유로 일시불로 지급할 수 없는 특별한 사정이 있는 경우에는 청구인의 동의를 받아 분할하여 지급할 수 있다.
⑦ 제1항부터 제6항까지에서 규정한 사항 외에 보상금의 청구 및 지급에 필요한 사항은 소방청장이 정한다.

## 002 | 손실보상 사유

답 ①

소방활동 종사로 인하여 사망하거나 부상입은 자가 해당한다.

### 📝 관련 개념 | 손실보상 사유

1. 법 제16조의3(생활안전활동) 제1항(생활안전활동)에 따른 조치로 인하여 손실을 입은 자
2. 법 제24조(소방활동 종사 명령) 제1항 전단에 따른 소방활동 종사로 인하여 사망하거나 부상을 입은 자
3. 법 제25조(강제처분) 제2항 또는 제3항에 따른 처분으로 인하여 손실을 입은 자. 다만, 같은 조 제3항에 해당하는 경우로서 법령을 위반하여 소방자동차의 통행과 소방활동에 방해가 된 경우는 제외한다.
4. 법 제27조(위험시설에 대한 긴급조치) 제1항 또는 제2항에 따른 조치로 인하여 손실을 입은 자
5. 그 밖에 소방기관 또는 소방대의 적법한 소방업무 또는 소방활동으로 인하여 손실을 입은 자

## 003 | 손실보상

답 ③

손실보상심의위원회의 심사·의결을 거쳐 특별한 사유가 없으면 보상금 지급 청구서를 받은 날부터 60일 이내에 보상금 지급 여부 및 보상금액을 결정하여야 한다.

「소방기본법 시행령」제12조【손실보상의 지급절차 및 방법】① 법 제49조의2 제1항에 따라 소방기관 또는 소방대의 적법한 소방업무 또는 소방활동으로 인하여 발생한 손실을 보상받으려는 자는 행정안전부령으로 정하는 보상금 지급 청구서에 손실내용과 손실금액을 증명할 수 있는 서류를 첨부하여 소방청장 또는 시·도지사(이하 "소방청장등"이라 한다)에게 제출하여야 한다. 이 경우 소방청장등은 손실보상금의 산정을 위하여 필요하면 손실보상을 청구한 자에게 증빙·보완 자료의 제출을 요구할 수 있다.

② 소방청장등은 제13조에 따른 손실보상심의위원회의 심사·의결을 거쳐 특별한 사유가 없으면 보상금 지급 청구서를 받은 날부터 60일 이내에 보상금 지급 여부 및 보상금액을 결정하여야 한다.
③ 소방청장등은 다음 각 호의 어느 하나에 해당하는 경우에는 그 청구를 각하(却下)하는 결정을 하여야 한다.
1. 청구인이 같은 청구 원인으로 보상금 청구를 하여 보상금 지급 여부 결정을 받은 경우. 다만, 기각 결정을 받은 청구인이 손실을 증명할 수 있는 새로운 증거가 발견되었음을 소명(疎明)하는 경우는 제외한다.
2. 손실보상 청구가 요건과 절차를 갖추지 못한 경우. 다만, 그 잘못된 부분을 시정할 수 있는 경우는 제외한다.
④ 소방청장등은 제2항 또는 제3항에 따른 결정일부터 10일 이내에 행정안전부령으로 정하는 바에 따라 결정 내용을 청구인에게 통지하고, 보상금을 지급하기로 결정한 경우에는 특별한 사유가 없으면 통지한 날부터 30일 이내에 보상금을 지급하여야 한다.
⑤ 소방청장등은 보상금을 지급받을 자가 지정하는 예금계좌(「우체국예금·보험에 관한 법률」에 따른 체신관서 또는 「은행법」에 따른 은행의 계좌를 말한다)에 입금하는 방법으로 보상금을 지급한다. 다만, 보상금을 지급받을 자가 체신관서 또는 은행이 없는 지역에 거주하는 등 부득이한 사유가 있는 경우에는 그 보상금을 지급받을 자의 신청에 따라 현금으로 지급할 수 있다.
⑥ 보상금은 일시불로 지급하되, 예산 부족 등의 사유로 일시불로 지급할 수 없는 특별한 사정이 있는 경우에는 청구인의 동의를 받아 분할하여 지급할 수 있다.
⑦ 제1항부터 제6항까지에서 규정한 사항 외에 보상금의 청구 및 지급에 필요한 사항은 소방청장이 정한다.

## 004 | 손실보상

답 ②

### 📝 관련 개념 | 손실보상심의위원회의 구성(영 제13조)

보상위원회의 위원은 다음 어느 하나에 해당하는 사람 중에서 소방청장등이 위촉하거나 임명한다. 이 경우 위원의 과반수는 성별을 고려하여 소방공무원이 아닌 사람으로 하여야 한다.
1. 소속 소방공무원
2. 판사·검사 또는 변호사로 5년 이상 근무한 사람
3. 「고등교육법」제2조에 따른 학교에서 법학 또는 행정학을 가르치는 부교수 이상으로 5년 이상 재직한 사람
4. 「보험업법」제186조에 따른 손해사정사
5. 소방안전 또는 의학 분야에 관한 학식과 경험이 풍부한 사람

## 005 | 손실보상

답 ②

고등교육법에 따른 학교에서 법학 또는 행정학을 가르치는 부교수 이상으로 5년 이상 재직한 사람이 해당한다.

### 📝 관련 개념 | 손실보상심의위원회의 구성(영 제13조)

보상위원회의 위원은 다음 어느 하나에 해당하는 사람 중에서 소방청장등이 위촉하거나 임명한다. 이 경우 위원의 과반수는 성별을 고려하여 소방공무원이 아닌 사람으로 하여야 한다.
1. 소속 소방공무원
2. 판사·검사 또는 변호사로 5년 이상 근무한 사람
3. 「고등교육법」제2조에 따른 학교에서 법학 또는 행정학을 가르치는 부교수 이상으로 5년 이상 재직한 사람
4. 「보험업법」제186조에 따른 손해사정사
5. 소방안전 또는 의학 분야에 관한 학식과 경험이 풍부한 사람

## 001 벌금 답 ④

선지분석
① 100만원 이하의 벌금에 해당한다.
② 5년 이하의 징역 또는 5천만원 이하의 벌금에 해당한다.
③ 100만원 이하의 벌금에 해당한다.

## 002 100만원 이하의 벌금 답 ④

500만원 이하의 과태료에 해당한다.

**관련 개념 | 100만원 이하의 벌금**

1. 제16조의3 제2항을 위반하여 정당한 사유 없이 소방대의 생활안
   전활동을 방해한 자
2. 제20조 제1항을 위반하여 정당한 사유 없이 소방대가 현장에 도착
   할 때까지 사람을 구출하는 조치 또는 불을 끄거나 불이 번지지
   아니하도록 하는 조치를 하지 아니한 사람
3. 제26조 제1항에 따른 피난 명령을 위반한 사람
4. 제27조 제1항을 위반하여 정당한 사유 없이 물의 사용이나 수도의
   개폐장치의 사용 또는 조작을 하지 못하게 하거나 방해한 자
5. 제27조 제2항에 따른 조치를 정당한 사유 없이 방해한 자

## 003 과태료 답 ④

과태료를 체납하고 있는 경우는 제외한다.

**관련 개념 | 과태료의 부과 기준(영 [별표 3])**

부과권자는 다음의 어느 하나에 해당하는 경우에는 개별기준에 따른
과태료의 2분의 1 범위에서 그 금액을 줄여 부과할 수 있다. 다만, 과
태료를 체납하고 있는 위반행위자에 대해서는 그렇지 않다.

1. 위반행위가 사소한 부주의나 오류로 인한 것으로 인정되는 경우
2. 위반행위자가 법 위반상태를 시정하거나 해소하기 위하여 노력한
   사실이 인정되는 경우
3. 위반행위자가 화재 등 재난으로 재산에 현저한 손실을 입거나 사
   업 여건의 악화로 그 사업이 중대한 위기에 처하는 등 사정이 있
   는 경우
4. 그 밖에 위반행위의 정도, 위반행위의 동기와 그 결과 등을 고려하
   여 감경할 필요가 있다고 인정되는 경우

## 004 과태료의 부과 기준 답 ①

1차 50만원, 2차 100만원, 3차 100만원에 해당한다.

**관련 개념 | 과태료의 부과 기준(영 [별표 3]) - 개별기준**

| 위반행위 | 근거 법조문 | 과태료 금액 (만원) | | |
|---|---|---|---|---|
| | | 1회 | 2회 | 3회 이상 |
| 가. 법 제17조의6 제5항을 위반하여 한국119청소년단 또는 이와 유사한 명칭을 사용한 경우 | 법 제56조 제2항 제2호의2 | 100 | 150 | 200 |
| 나. 법 제19조 제1항을 위반하여 화재 또는 구조·구급이 필요한 상황을 거짓으로 알린 경우 | 법 제56조 제1항 제1호 | 200 | 400 | 500 |
| 다. 정당한 사유 없이 법 제20조 제2항을 위반하여 화재, 재난·재해, 그 밖의 위급한 상황을 소방본부, 소방서 또는 관계 행정기관에 알리지 않은 경우 | 법 제56조 제1항 제2호 | 500 | | |
| 라. 법 제21조 제3항을 위반하여 소방자동차의 출동에 지장을 준 경우 | 법 제56조 제2항 제3호의2 | 100 | | |
| 마. 법 제21조의2 제2항을 위반하여 전용구역에 차를 주차하거나 전용구역에의 진입을 가로막는 등의 방해행위를 한 경우 | 법 제56조 제3항 | 50 | 100 | 100 |
| 바. 법 제23조 제1항을 위반하여 소방활동구역을 출입한 경우 | 법 제56조 제2항 제4호 | 100 | | |
| 사. 법 제44조의3을 위반하여 한국소방안전원 또는 이와 유사한 명칭을 사용한 경우 | 법 제56조 제2항 제6호 | 200 | | |

## 005 과태료의 부과권자 답 ①

「소방기본법」 제56조【과태료】④ 제1항부터 제3항까지에 따른 과
태료는 대통령령으로 정하는 바에 따라 관할 시·도지사, 소방본부
장 또는 소방서장이 부과·징수한다.

# PART 2 소방시설 설치 및 관리에 관한 법률

## 001 | 용어의 정의
답 ④

선지분석
① 특정소방대상물이란 건축물 등의 규모·용도 및 수용인원 등을 고려하여 소방시설을 설치하여야 하는 소방대상물로서 대통령령으로 정하는 것을 말한다.
② 무창층이란 지상층 중 개구부의 면적의 합계가 해당층의 바닥면적의 30분의 1 이하가 되는 층을 말한다.
③ 피난층이란 곧바로 지상으로 갈 수 있는 출입구가 있는 층을 말한다.

> 「소방시설 설치 및 관리에 관한 법률」 제2조【정의】① 이 법에서 사용하는 용어의 뜻은 다음과 같다.
> 1. "소방시설"이란 소화설비, 경보설비, 피난구조설비, 소화용수설비, 그 밖에 소화활동설비로서 대통령령으로 정하는 것을 말한다.
> 2. "소방시설등"이란 소방시설과 비상구(非常□), 그 밖에 소방 관련 시설로서대통령령으로 정하는 것을 말한다.
> 3. "특정소방대상물"이란 건축물 등의 규모·용도 및 수용인원 등을 고려하여 소방시설을 설치하여야 하는 소방대상물로서 대통령령으로 정하는 것을 말한다.
> 4. "화재안전성능"이란 화재를 예방하고 화재발생 시 피해를 최소화하기 위하여 소방대상물의 재료, 공간 및 설비 등에 요구되는 안전성능을 말한다.
> 5. "성능위주설계"란 건축물 등의 재료, 공간, 이용자, 화재 특성 등을 종합적으로 고려하여 공학적 방법으로 화재 위험성을 평가하고 그 결과에 따라 화재안전성능이 확보될 수 있도록 특정소방대상물을 설계하는 것을 말한다.
> 6. "화재안전기준"이란 소방시설 설치 및 관리를 위한 다음 각 목의 기준을 말한다.
>    가. 성능기준: 화재안전 확보를 위하여 재료, 공간 및 설비 등에 요구되는 안전성능으로서소방청장이 고시로 정하는기준
>    나. 기술기준: 가목에 따른 성능기준을 충족하는 상세한 규격, 특정한 수치 및 시험방법 등에 관한 기준으로서행정안전부령으로 정하는 절차에 따라 소방청장의 승인을 받은 기준
> 7. "소방용품"이란 소방시설등을 구성하거나 소방용으로 사용되는 제품 또는 기기로서대통령령으로 정하는 것을 말한다.
> ② 이 법에서 사용하는 용어의 뜻은 제1항에서 규정하는 것을 제외하고는 「소방기본법」, 「화재의 예방 및 안전관리에 관한 법률」, 「소방시설공사업법」, 「위험물안전관리법」 및 「건축법」에서 정하는 바에 따른다.

## 002 | 목적
답 ③

이 법은 특정소방대상물 등에 설치하여야 하는 ( ㉠ 소방시설 등 )의 설치·관리와 ( ㉡ 소방용품 ) 성능관리에 필요한 사항을 규정함으로써 국민의 생명·신체 및 재산을 보호하고 공공의 안전과 복리 증진에 이바지함을 목적으로 한다.

## 003 | 용어의 정의
답 ②

• ( ㉠ 화재안전성능 ): 화재를 예방하고 화재발생 시 피해를 최소화하기 위하여 소방대상물의 재료, 공간 및 설비 등에 요구되는 안전성능을 말한다.
• ( ㉡ 성능기준 ): 화재안전 확보를 위하여 재료, 공간 및 설비 등에 요구되는 안전성능으로서 소방청장이 고시로 정하는 기준을 말한다.

## 004 | 지하구
답 ③

㉠은 1.8 ㉡은 2 ㉢은 50이다.

> 📝 관련 개념 | 지하구
> 1. 전력·통신용의 전선이나 가스·냉난방용의 배관 또는 이와 비슷한 것을 집합수용하기 위하여 설치한 지하 인공구조물로서 사람이 점검 또는 보수를 하기 위하여 출입이 가능한 것 중 다음의 어느 하나에 해당하는 것
>    ⓐ 전력 또는 통신사업용 지하 인공구조물로서 전력구(케이블 접속부가 없는 경우는 제외한다) 또는 통신구 방식으로 설치된 것
>    ⓑ ⓐ 외의 지하 인공구조물로서 폭이 1.8m 이상이고 높이가 2m 이상이며 길이가 50m 이상인 것
> 2. 「국토의 계획 및 이용에 관한 법률」 제2조 제9호에 따른 공동구

## 005 | 용어의 정의
답 ④

모두 포함된다.

> 📝 관련 개념 | 소방시설등
> 소방시설과 비상구(非常□), 그 밖에 소방 관련 시설로서 대통령령으로 정하는 것을 말한다.
> 참고
> 대통령령으로 정하는 것: 방화문 및 자동방화셔터

## 006 | 경보설비
답 ①

비상조명등은 피난구조설비이다.

> **관련 개념 | 경보설비**
>
> 화재발생 사실을 통보하는 기계·기구 또는 설비로서 다음에 해당하는 것
> 1. 단독경보형감지기
> 2. 비상경보설비(비상벨, 자동식 사이렌)
> 3. 시각경보기
> 4. 자동화재탐지설비
> 5. 비상방송설비
> 6. 자동화재속보설비
> 7. 경보설비통합감시시설
> 8. 누전경보기
> 9. 가스누설경보기
> 10. 화재알림설비

## 007 | 피난구조설비                                  답 ④

피난기구 및 인명구조기구가 해당한다.

선지분석
① 방열복, 제연설비(소화활동)
② 유도등, 비상방송설비(경보)
③ 비상경보설비(경보), 유도표지

> **관련 개념 | 피난구조설비**
>
> 화재가 발생할 경우 피난하기 위하여 사용하는 기구 또는 설비로서 다음에 해당하는 것
> 1. **피난기구**: 피난사다리, 구조대, 완강기, 화재안전기준으로 정하는 것
> 2. **인명구조기구**: 방열복, 방화복(안전모, 보호장갑 및 안전화를 포함한다), 공기호흡기, 인공소생기
> 3. **유도등**: 피난유도선, 피난구유도등, 통로유도등, 객석유도등, 유도표지
> 4. 비상조명등 및 휴대용비상조명등

## 008 | 소화활동설비                                  답 ②

통합감시시설(경보설비), 비상경보설비(경보설비)이다.

> **관련 개념 | 소화활동설비**
>
> 화재를 진압하거나 인명구조활동을 위하여 사용하는 설비로서 다음에 해당하는 것
> 1. 제연설비
> 2. 연결송수관설비
> 3. 연결살수설비
> 4. 비상콘센트설비
> 5. 무선통신보조설비
> 6. 연소방지설비

## 009 | 무창층                                         답 ②

"무창층"(無窓層)이란 지상층 중 다음 각 목의 요건을 모두 갖춘 개구부(건축물에서 채광·환기·통풍 또는 출입 등을 위하여 만든 창·출입구, 그 밖에 이와 비슷한 것을 말한다. 이하 같다)의 면적의 합계가 해당 층의 바닥면적의 ( ㉠ 30분의 1 ) 이하가 되는 층을 말한다.

가. 크기는 지름 ( ㉡ 50 )센티미터 이상의 원이 통과할 수 있을 것
나. 해당 층의 바닥면으로부터 개구부 밑부분까지의 높이가 ( ㉢ 1.2 )미터 이내일 것
다. 도로 또는 차량이 진입할 수 있는 빈터를 향할 것
라. 화재 시 건축물로부터 쉽게 피난할 수 있도록 창살이나 그 밖의 장애물이 설치되지 않을 것
마. 내부 또는 외부에서 쉽게 부수거나 열 수 있을 것

## 010 | 물분무등소화설비                              답 ④

스프링클러설비는 물분무등 소화설비에 해당하지 않는다.

> **관련 개념 | 물분무등소화설비**
>
> 1. 물분무소화설비
> 2. 미분무소화설비
> 3. 포소화설비
> 4. 이산화탄소소화설비
> 5. 할론소화설비
> 6. 할로겐화합물 및 불활성기체 소화설비
> 7. 분말소화설비
> 8. 강화액소화설비
> 9. 고체에어로졸소화설비

## 011 | 물분무등소화설비                              답 ③

청소년게임제공업 및 일반게임제공업의 시설, 인터넷컴퓨터게임시설제공업의 시설 및 복합유통게임제공업의 시설로서 같은 건축물에 해당 용도로 쓰는 바닥면적의 합계가 500m² 미만인 것이 해당한다.

## 012 | 특정소방대상물의 분류                         답 ③

500m² 이상인 고시원은 숙박시설로 분류한다.

> **관련 개념 | 숙박시설**
>
> 1. **일반형 숙박시설**: 「공중위생관리법 시행령」 제4조 제1호에 따른 숙박업의 시설
> 2. **생활형 숙박시설**: 「공중위생관리법 시행령」 제4조 제2호에 따른 숙박업의 시설
> 3. 고시원(근린생활시설에 해당하지 않는 것을 말한다)
> 4. 그 밖에 가목부터 다목까지의 시설과 비슷한 것

## 013 | 특정소방대상물의 분류                         답 ①

조산원 및 산후조리원은 바닥면적 상관없이 근린생활시설로 분류한다.

해커스소방 이영철 소방관계법규 단원별 실전문제집

PART 2 소방시설 설치 및 관리에 관한 법률   **21**

## 관련 개념 | 근린생활시설

| 바닥면적 | 용도 |
|---|---|
| – | 휴게음식점, 제과점, 일반음식점, 기원, 노래연습장, 이용원, 미용원, 의원, 치과의원, 한의원, 침술원, 접골원, 조산원, 안마원, 산후조리원 등 |
| 150m² 미만 | 단란주점 |
| 300m² 미만 | 공연장 또는 종교집회장 |
| 500m² 미만 | 학원(자동차학원 및 무도학원 제외), 체육도장, 체력단련장, 금융업소, 사무소, 제조업소, 게임제공업, 독서실, 고시원 등 |
| 1,000m² 미만 | 슈퍼마켓과 일용품 등의 소매점, 의약품 판매소, 의료기기 판매소 및 자동차영업소 |

### 014 | 특정소방대상물의 분류   답 ③

노래연습장 및 바닥면적이 150m² 미만인 단란주점은 근린생활시설에 포함된다.

## 관련 개념 | 근린생활시설

| 바닥면적 | 용도 |
|---|---|
| – | 휴게음식점, 제과점, 일반음식점, 기원, 노래연습장, 이용원, 미용원, 의원, 치과의원, 한의원, 침술원, 접골원, 조산원, 안마원, 산후조리원 등 |
| 150m² 미만 | 단란주점 |
| 300m² 미만 | 공연장 또는 종교집회장 |
| 500m² 미만 | 학원(자동차학원 및 무도학원 제외), 체육도장, 체력단련장, 금융업소, 사무소, 제조업소, 게임제공업, 독서실, 고시원 등 |
| 1,000m² 미만 | 슈퍼마켓과 일용품 등의 소매점, 의약품 판매소, 의료기기 판매소 및 자동차영업소 |

### 015 | 근린생활시설   답 ②

- 슈퍼마켓과 일용품(식품, 잡화, 의류, 완구, 서적, 건축자재, 의약품, 의료기기 등) 등의 소매점으로서 같은 건축물(하나의 대지에 두 동 이상의 건축물이 있는 경우에는 이를 같은 건축물로 본다. 이하 같다)에 해당 용도로 쓰는 바닥면적의 합계가 ( ㉠ 1,000 )m² 미만인 것은 근린생활시설로 분류한다.
- 공연장(극장, 영화상영관, 연예장, 음악당, 서커스장, 비디오물감상실업의 시설, 비디오물소극장업의 시설, 그 밖에 이와 비슷한 것을 말한다. 이하 같다) 또는 종교집회장[교회, 성당, 사찰, 기도원, 수도원, 수녀원, 제실(祭室), 사당, 그 밖에 이와 비슷한 것을 말한다. 이하 같다]으로서 같은 건축물에 해당 용도로 쓰는 바닥면적의 합계가 ( ㉡ 300 )m² 미만인 것은 근린생활시설로 분류한다.
- 단란주점으로서 바닥면적의 합계가 ( ㉢ 150 )m² 미만인 것만 근린생활시설로 분류한다.

### 016 | 업무시설   답 ①

①은 공공업무시설이고 나머지는 일반 업무시설이다.

## 관련 개념 | 업무시설

1. **공공업무시설**: 국가 또는 지방자치단체의 청사와 외국공관의 건축물로서 근린생활시설에 해당하지 않는 것
2. **일반업무시설**: 금융업소, 사무소, 신문사, 오피스텔[업무를 주로 하며, 분양하거나 임대하는 구획 중 일부의 구획에서 숙식을 할 수 있도록 한 건축물로서 「건축법 시행령」 별표 1 제14호 나목 2)에 따라 국토교통부장관이 고시하는 기준에 적합한 것을 말한다], 그 밖에 이와 비슷한 것으로서 근린생활시설에 해당하지 않는 것
3. 주민자치센터(동사무소), 경찰서, 지구대, 파출소, 소방서, 119안전센터, 우체국, 보건소, 공공도서관, 국민건강보험공단, 그 밖에 이와 비슷한 용도로 사용하는 것
4. 마을회관, 마을공동작업소, 마을공동구판장, 그 밖에 이와 유사한 용도로 사용하는 것
5. 변전소, 양수장, 정수장, 대피소, 공중화장실, 그 밖에 이와 유사한 용도로 사용되는 것

### 017 | 특정소방대상물의 분류   답 ③

자동차학원은 항공기 및 자동차 관련시설로 분류한다.

## 관련 개념 | 근린생활시설

| 바닥면적 | 용도 |
|---|---|
| – | 휴게음식점, 제과점, 일반음식점, 기원, 노래연습장, 이용원, 미용원, 의원, 치과의원, 한의원, 침술원, 접골원, 조산원, 안마원, 산후조리원 등 |
| 150m² 미만 | 단란주점 |
| 300m² 미만 | 공연장 또는 종교집회장 |
| 500m² 미만 | 학원(자동차학원 및 무도학원 제외), 체육도장, 체력단련장, 금융업소, 사무소, 제조업소, 게임제공업, 독서실, 고시원 등 |
| 1,000m² 미만 | 슈퍼마켓과 일용품 등의 소매점, 의약품 판매소, 의료기기 판매소 및 자동차영업소 |

### 018 | 문화 및 집회시설   답 ①

선지분석
② 의료시설에 해당한다.
③ 노유자시설에 해당한다.
④ 수련시설에 해당한다.

## 관련 개념 | 문화 및 집회시설

1. **공연장**으로서 근린생활시설에 해당하지 않는 것
2. **집회장**: 예식장, 공회당, 회의장, 마권(馬券) 장외 발매소, 마권 전화투표소, 그 밖에 이와 비슷한 것으로서 근린생활시설에 해당하지 않는 것
3. **관람장**: 경마장, 경륜장, 경정장, 자동차 경기장, 그 밖에 이와 비슷한 것과 체육관 및 운동장으로서 관람석의 바닥면적의 합계가 1천m² 이상인 것
4. **전시장**: 박물관, 미술관, 과학관, 문화관, 체험관, 기념관, 산업전시장, 박람회장, 견본주택, 그 밖에 이와 비슷한 것
5. **동·식물원**: 동물원, 식물원, 수족관, 그 밖에 이와 비슷한 것

### 019 | 특정소방대상물의 용도    답 ②

방송통신시설에 해당한다.

## 관련 개념 | 방송통신시설

1. 방송국(방송프로그램 제작시설 및 송신·수신·중계시설을 포함한다)
2. 전신전화국
3. 촬영소
4. 통신용 시설
5. 그 밖에 1.부터 4.까지의 시설과 비슷한 것

### 020 | 운수시설    답 ③

항공관제탑도 공항시설에 같이 포함하여 운수시설에 포함시킨다.

## 관련 개념 | 운수시설(영 [별표 2])

1. 여객자동차터미널
2. 철도 및 도시철도 시설(정비창 등 관련 시설을 포함한다)
3. 공항시설(항공관제탑을 포함한다)
4. 항만시설 및 종합여객시설

### 021 | 특정소방시설의 분류    답 ③

전통시장에는 노점형 시장은 제외한다.

## 관련 개념 | 판매시설

1. **도매시장**: 「농수산물 유통 및 가격안정에 관한 법률」 제2조 제2호에 따른 농수산물도매시장, 같은 조 제5호에 따른 농수산물공판장, 그 밖에 이와 비슷한 것(그 안에 있는 근린생활시설을 포함한다)
2. **소매시장**: 시장, 「유통산업발전법」 제2조 제3호에 따른 대규모점포, 그 밖에 이와 비슷한 것(그 안에 있는 근린생활시설을 포함한다)
3. **전통시장**: 「전통시장 및 상점가 육성을 위한 특별법」 제2조 제1호에 따른 전통시장(그 안에 있는 근린생활시설을 포함하며, 노점형 시장은 제외한다)
4. **상점**: 다음의 어느 하나에 해당하는 것(그 안에 있는 근린생활시설을 포함한다)

ⓐ 제2호 가목에 해당하는 용도로서 같은 건축물에 해당 용도로 쓰는 바닥면적 합계가 1천m² 이상인 것
ⓑ 제2호 자목에 해당하는 용도로서 같은 건축물에 해당 용도로 쓰는 바닥면적 합계가 500m² 이상인 것

### 022 | 복합건축물    답 ③

• 수련시설은 해당하지 않는다.
• **복합건축물**: 하나의 건축물이 근린생활시설, 판매시설, 업무시설, 숙박시설 또는 위락시설의 용도와 주택의 용도로 함께 사용되는 것

### 023 | 특정소방대상물    답 ①

특정소방대상물의 지하층이 지하가와 연결되어 있는 경우 해당 지하층의 부분을 지하가로 본다. 다만, 다음 지하가와 연결되는 지하층에 지하층 또는 지하가에 설치된 자동방화셔터 또는 60분+ 방화문이 화재 시 경보설비 또는 자동소화설비의 작동과 연동하여 자동으로 닫히는 구조이거나 그 윗부분에 드렌처설비가 설치된 경우에는 지하가로 보지 않는다.

---

「소방시설 설치 및 관리에 관한 법률 시행령」 [별표 2] 특정소방대상물 비고

1. 내화구조로 된 하나의 특정소방대상물이 개구부 및 연소 확대 우려가 없는 내화구조의 바닥과 벽으로 구획되어 있는 경우에는 그 구획된 부분을 각각 별개의 특정소방대상물로 본다. 다만, 제9조에 따라 성능위주설계를 해야 하는 범위를 정할 때에는 하나의 특정소방대상물로 본다.
2. 둘 이상의 특정소방대상물이 다음 각 목의 어느 하나에 해당되는 구조의 복도 또는 통로(이하 이 표에서 "연결통로"라 한다)로 연결된 경우에는 이를 하나의 특정소방대상물로 본다.
   가. 내화구조로 된 연결통로가 다음의 어느 하나에 해당되는 경우
      1) 벽이 없는 구조로서 그 길이가 6m 이하인 경우
      2) 벽이 있는 구조로서 그 길이가 10m 이하인 경우. 다만, 벽 높이가 바닥에서 천장까지의 높이의 2분의 1 이상인 경우에는 벽이 있는 구조로 보고, 벽 높이가 바닥에서 천장까지의 높이의 2분의 1 미만인 경우에는 벽이 없는 구조로 본다.
   나. 내화구조가 아닌 연결통로로 연결된 경우
   다. 컨베이어로 연결되거나 플랜트설비의 배관 등으로 연결되어 있는 경우
   라. 지하보도, 지하상가, 지하가로 연결된 경우
   마. 자동방화셔터 또는 60분+ 방화문이 설치되지 않은 피트(전기설비 또는 배관설비 등이 설치되는 공간을 말한다)로 연결된 경우
   바. 지하구로 연결된 경우
3. 제2호에도 불구하고 연결통로 또는 지하구와 특정소방대상물의 양쪽에 다음 각 목의 어느 하나에 해당하는 시설이 적합하게 설치된 경우에는 각각 별개의 특정소방대상물로 본다.
   가. 화재 시 경보설비 또는 자동소화설비의 작동과 연동하여 자동으로 닫히는 자동방화셔터 또는 60분+ 방화문이 설치된 경우
   나. 화재 시 자동으로 방수되는 방식의 드렌처설비 또는 개방형 스프링클러헤드가 설치된 경우

4. 위 제1호부터 제30호까지의 특정소방대상물의 지하층이 지하가와 연결되어 있는 경우 해당 지하층의 부분을 지하가로 본다. 다만, 다음 지하가와 연결되는 지하층에 지하층 또는 지하가에 설치된 자동방화셔터 또는 60분+ 방화문이 화재 시 경보설비 또는 자동소화설비의 작동과 연동하여 자동으로 닫히는 구조이거나 그 윗부분에 드렌처설비가 설치된 경우에는 지하가로 보지 않는다.

---

## 024 | 소방용품 답 ①

옳은 것은 ㄱ, ㄹ, ㅁ으로 3개이다.

선지분석
ㄴ. 소화설비를 구성하는 소화전, 관창(菅槍), 소방호스, 스프링클러헤드, 기동용 수압개폐장치, 유수제어밸브 및 가스관선택밸브
ㄷ. 피난사다리, 구조대, 완강기(지지대를 포함한다) 및 간이완강기(지지대를 포함한다)
ㅂ. 피난구유도등, 통로유도등, 객석유도등 및 예비 전원이 내장된 비상조명등

「소방시설 설치 및 관리에 관한 법률 시행령」 [별표 3] 소방용품
1. 소화설비를 구성하는 제품 또는 기기
   가. 별표 1 제호 가목의 소화기구(소화약제 외의 것을 이용한 간이소화용구는 제외한다)
   나. 별표 1 제호 나목의 자동소화장치
   다. 소화설비를 구성하는 소화전, 관창(菅槍), 소방호스, 스프링클러헤드, 기동용 수압개폐장치, 유수제어밸브 및 가스관선택밸브
2. 경보설비를 구성하는 제품 또는 기기
   가. 누전경보기 및 가스누설경보기
   나. 경보설비를 구성하는 발신기, 수신기, 중계기, 감지기 및 음향장치(경종만 해당한다)
3. 피난구조설비를 구성하는 제품 또는 기기
   가. 피난사다리, 구조대, 완강기(지지대를 포함한다) 및 간이완강기(지지대를 포함한다)
   나. 공기호흡기(충전기를 포함한다)
   다. 피난구유도등, 통로유도등, 객석유도등 및 예비 전원이 내장된 비상조명등
4. 소화용으로 사용하는 제품 또는 기기
   가. 소화약제[별표 1 제호 나목 2) 및 3)의 자동소화장치와 같은 호 마목 3)부터 9)까지의 소화설비용만 해당한다]
   나. 방염제(방염액·방염도료 및 방염성물질을 말한다)
5. 그 밖에 행정안전부령으로 정하는 소방 관련 제품 또는 기기

---

## 025 | 소방용품 답 ③

선지분석
① 완강기(간이완강기 및 지지대를 포함한다)
② 예비전원이 내장된 비상조명등
④ 공기호흡기(충전기를 포함한다)

「소방시설 설치 및 관리에 관한 법률 시행령」 [별표 3] 소방용품
1. 소화설비를 구성하는 제품 또는 기기
   가. 별표 1 제호 가목의 소화기구(소화약제 외의 것을 이용한 간이소화용구는 제외한다)
   나. 별표 1 제호 나목의 자동소화장치

---

다. 소화설비를 구성하는 소화전, 관창(菅槍), 소방호스, 스프링클러헤드, 기동용 수압개폐장치, 유수제어밸브 및 가스관선택밸브
2. 경보설비를 구성하는 제품 또는 기기
   가. 누전경보기 및 가스누설경보기
   나. 경보설비를 구성하는 발신기, 수신기, 중계기, 감지기 및 음향장치(경종만 해당한다)
3. 피난구조설비를 구성하는 제품 또는 기기
   가. 피난사다리, 구조대, 완강기(지지대를 포함한다) 및 간이완강기(지지대를 포함한다)
   나. 공기호흡기(충전기를 포함한다)
   다. 피난구유도등, 통로유도등, 객석유도등 및 예비 전원이 내장된 비상조명등

---

| 02 | 소방시설등의 설치·관리 및 방염 | | | 64p |
|---|---|---|---|---|
| 001 ④ | 002 ① | 003 ④ | 004 ① | 005 ③ |
| 006 ③ | 007 ③ | 008 ③ | 009 ② | 010 ④ |
| 011 ④ | 012 ③ | 013 ② | 014 ① | 015 ③ |
| 016 ② | 017 ④ | 018 ② | 019 ① | 020 ① |
| 021 ④ | 022 ② | 023 ④ | 024 ④ | 025 ① |
| 026 ① | 027 ③ | 028 ② | 029 ③ | 030 ③ |
| 031 ② | 032 ④ | 033 ② | 034 ③ | 035 ③ |
| 036 ③ | 037 ② | 038 ② | 039 ③ | 040 ④ |
| 041 ④ | 042 ③ | 043 ② | 044 ④ | 045 ③ |
| 046 ④ | 047 ① | 048 ② | 049 ③ | 050 ② |
| 051 ③ | 052 ③ | 053 ② | 054 ③ | 055 ④ |
| 056 ④ | 057 ① | 058 ① | 059 ② | 060 ① |
| 061 ④ | 062 ① | 063 ② | 064 ② | 065 ③ |
| 066 ④ | | | | |

---

## 001 | 건축허가등의 동의 대상 답 ④

층수가 6층 이상인 건축물, 항공기 격납고, 관망탑, 항공관제탑, 방송용 송수신탑

「소방시설 설치 및 관리에 관한 법률 시행령」 제7조 【건축허가등의 동의대상물의 범위 등】 ① 법 제6조 제항에 따라 건축물 등의 신축·증축·개축·재축·이전·용도변경 또는 대수선의 허가·협의 및 사용승인(「주택법」 제15조에 따른 승인 및 같은 법 제49조에 따른 사용검사, 「학교시설사업 촉진법」 제4조에 따른 승인 및 같은 법 제13조에 따른 사용승인을 포함하며, 이하 "건축허가등"이라 한다)을 할 때 미리 소방본부장 또는 소방서장의 동의를 받아야 하는 건축물 등의 범위는 다음 각 호와 같다.
1. 연면적(「건축법 시행령」 제19조 제1항 제4호에 따라 산정된 면적을 말한다. 이하 같다)이 400제곱미터 이상인 건축물이나 시설. 다만, 다음 각 목의 어느 하나에 해당하는 건축물이나 시설은 해당 목에서 정한 기준 이상인 건축물이나 시설로 한다.
   가. 「학교시설사업 촉진법」 제5조의2 제1항에 따라 건축등을 하려는 학교시설: 100제곱미터
   나. 별표 2의 특정소방대상물 중 노유자(老幼者) 시설 및 수련시설: 200제곱미터

다. 「정신건강증진 및 정신질환자 복지서비스 지원에 관한 법률」 제3조 제5호에 따른 정신의료기관(입원실이 없는 정신건강의학과 의원은 제외하며, 이하 "정신의료기관"이라 한다): 300제곱미터

라. 「장애인복지법」 제58조 제1항 제4호에 따른 장애인 의료재활시설(이하 "의료재활시설"이라 한다): 300제곱미터

## 002 | 건축허가등의 동의 범위     답 ①

옳은 것은 ㄱ, ㄴ, ㄷ이다.

선지분석

ㄹ. 지하층 또는 무창층이 있는 건축물로서 바닥면적이 150제곱미터(공연장의 경우에는 100제곱미터) 이상인 층이 있는 것

**📝 관련 개념 | 건축허가등의 동의 대상물 범위**

| 대상 | 면적 |
|---|---|
| 학교시설 | 연면적 100m² 이상 |
| 노유자시설 및 수련시설 | 연면적 200m² 이상 |
| 장애인 의료재활시설, 정신의료기관 (입원실이 없는 정신건강의학과 의원 제외) | 연면적 300m² 이상 |
| – | 연면적 400m² 이상 |
| 지하층, 무창층이 있는 건축물 | 바닥면적 150m²(공연장 100m²) 이상인 층이 있는 것 |
| 차고, 주차장 또는 주차용도 | 바닥면적 200m² 이상, 기계장치에 의한 주차시설 20대 이상 |
| 층수 6층 이상 건축물, 의원(입원실 있는 것 한정), 조산원, 산후조리원, 위험물 저장 및 처리시설, 풍력발전소, 전기저장시설, 지하구 | – |
| 공장 또는 창고시설 중 특수가연물 750배 이상 저장·취급 | – |
| 가스시설(지상노출)로 저장용량 합계 100t 이상 | – |

## 003 | 건축허가등의 동의 범위     답 ④

노인의료 복지시설은 단독주택에 설치하더라도 건축허가등의 동의를 받아야한다.

「소방시설 설치 및 관리에 관한 법률」 연면적 200m² 미만의 노유자시설 중 다음 각 목의 어느 하나에 해당하는 시설. 다만, 가목 2) 및 나목부터 바목까지의 시설 중 「건축법 시행령」 별표 1의 단독주택 또는 공동주택에 설치되는 시설은 제외한다.

가. 별표 2 제9호 가목에 따른 노인 관련 시설 중 다음의 어느 하나에 해당하는 시설
1) 「노인복지법」 제31조 제1호에 따른 노인주거복지시설, 같은 조 제2호에 따른 노인의료복지시설 및 같은 조 제4호에 따른 재가노인복지시설
2) 「노인복지법」 제31조 제7호에 따른 학대피해노인 전용쉼터

나. 「아동복지법」 제52조에 따른 아동복지시설(아동상담소, 아동전용시설 및 지역아동센터는 제외한다)

다. 「장애인복지법」 제58조 제1항 제1호에 따른 장애인 거주시설

라. 정신질환자 관련 시설(「정신건강증진 및 정신질환자 복지서비스 지원에 관한 법률」 제27조 제1항 제2호에 따른 공동생활가정을 제외한 재활훈련시설과 같은 법 시행령 제16조 제3호에 따른 종합시설 중 24시간 주거를 제공하지 않는 시설은 제외한다)

마. 별표 2 제9호 마목에 따른 노인 관련 시설 중 노숙인자활시설, 노숙인재활시설 및 노숙인요양시설

바. 결핵환자나 한센인이 24시간 생활하는 노유자 시설

## 004 | 건축허가등의 동의 요구     답 ①

소방본부장 또는 소방서장은 건축허가등의 동의 요구서류를 접수한 날부터 ( ㉠ 5 )일(허가를 신청한 건축물 등이 특급소방안전관리대상물의 경우는 10일) 이내에 건축허가등의 동의 여부를 회신하여야 하고, 동의 요구서 및 첨부서류의 보완이 필요한 경우에는 ( ㉡ 4 )일 이내의 기간을 정하여 보완을 요구할 수 있다. 건축허가등의 동의를 요구한 기관이 그 건축허가등을 취소하였을 때에는 취소한 날부터 ( ㉢ 7 )일 이내에 건축물 등의 시공지 또는 소재지를 관할하는 소방본부장 또는 소방서장에게 그 사실을 통보하여야 한다.

## 005 | 건축허가등의 동의     답 ③

건축허가등의 권한이 있는 행정기관과 신고를 수리할 권한이 있는 행정기관은 건축허가등의 동의를 받거나 신고를 수리한 사실을 알릴 때 관할 소방본부장이나 소방서장에게 건축허가등을 하거나 신고를 수리할 때 건축허가등을 받으려는 자 또는 신고를 한 자가 제출한 설계도서 중 건축물의 내부구조를 알 수 있는 설계도면을 제출하여야 한다.

「소방시설 설치 및 관리에 관한 법률」 제6조 【건축허가등의 동의 등】 ① 건축물 등의 신축·증축·개축·재축(再築)·이전·용도변경 또는 대수선(大修繕)의 허가·협의 및 사용승인(「주택법」 제15조에 따른 승인 및 같은 법 제49조에 따른 사용검사, 「학교시설사업 촉진법」 제4조에 따른 승인 및 같은 법 제13조에 따른 사용승인을 포함하며, 이하 "건축허가등"이라 한다)의 권한이 있는 행정기관은 건축허가등을 할 때 미리 그 건축물 등의 시공지(施工地) 또는 소재지를 관할하는 소방본부장이나 소방서장의 동의를 받아야 한다.
② 건축물 등의 증축·개축·재축·용도변경 또는 대수선의 신고를 수리(受理)할 권한이 있는 행정기관은 그 신고를 수리하면 그 건축물 등의 시공지 또는 소재지를 관할하는 소방본부장이나 소방서장에게 지체 없이 그 사실을 알려야 한다.
③ 제1항에 따른 건축허가등의 권한이 있는 행정기관과 제2항에 따른 신고를 수리할 권한이 있는 행정기관은 제1항에 따라 건축허가등의 동의를 받거나 제2항에 따른 신고를 수리한 사실을 알릴 때 관할 소방본부장이나 소방서장에게 건축허가등을 하거나 신고를 수리할 때 건축허가등을 받으려는 자 또는 신고를 한 자가 제출한 설계도서 중 건축물의 내부구조를 알 수 있는 설계도면을 제출하여야 한다. 다만, 국가안보상 중요하거나 국가기밀에 속하는 건축물을 건축하는 경우로서 관계 법령에 따라 행정기관이 설계도면을 확보할 수 없는 경우에는 그러하지 아니하다.

④ 소방본부장 또는 소방서장은 제1항에 따른 동의를 요구받은 경우 해당 건축물 등이 다음 각 호의 사항을 따르고 있는지를 검토하여 행정안전부령으로 정하는 기간 내에 해당 행정기관에 동의 여부를 알려야 한다.
1. 이 법 또는 이 법에 따른 명령
2. 「소방기본법」 제21조의2에 따른 소방자동차 전용구역의 설치

## 006 | 건축허가등의 동의     답 ③

소방관 진입창에 대한 내용이다.

> 「소방시설 설치 및 관리에 관한 법률」 제6조【건축허가등의 동의 등】 ⑤ 소방본부장 또는 소방서장은 제4항에 따른 건축허가등의 동의 여부를 알릴 경우에는 원활한 소방활동 및 건축물 등의 화재안전성능을 확보하기 위하여 필요한 다음 각 호의 사항에 대한 검토 자료 또는 의견서를 첨부할 수 있다.
> 1. 「건축법」 제49조 제1항 및 제2항에 따른 피난시설, 방화구획
> 2. 「건축법」 제49조 제3항에 따른 소방관 진입창
> 3. 「건축법」 제50조, 제50조의2, 제51조, 제52조, 제52조의2 및 제53조에 따른 방화벽, 마감재료 등(이하 "방화시설"이라 한다)
> 4. 그 밖에 소방자동차의 접근이 가능한 통로의 설치 등 대통령령으로 정하는 사항

참고 소방관 진입창

## 007 | 건축허가 등의 동의에서 제외되는 소방시설     답 ③

피난구조설비에서 비상조명등은 제외대상에 해당되지 않는다.

> 📑 관련 개념ㅣ 건축허가등의 동의 제외
> 1. 별표 4에 따라 특정소방대상물에 설치되는 소화기구, 자동소화장치, 누전경보기, 단독경보형감지기, 가스누설경보기 및 피난구조설비(비상조명등은 제외한다)가 화재안전기준에 적합한 경우 해당 특정소방대상물
> 2. 건축물의 증축 또는 용도변경으로 인하여 해당 특정소방대상물에 추가로 소방시설이 설치되지 않는 경우 해당 특정소방대상물
> 3. 「소방시설공사업법 시행령」 제4조에 따른 소방시설공사의 착공신고 대상에 해당하지 않는 경우 해당 특정소방대상물

## 008 | 내진설계기준     답 ③

물분무등소화설비만 해당한다.

> 📑 관련 개념ㅣ 내진설계기준(영 제8조)
> 소방시설 중 옥내소화전설비, 스프링클러설비, 물분무등소화설비를 말한다.

## 009 | 내진설계기준     답 ②

ㄱ, ㄹ이 해당한다.

> 「소방시설 설치 및 관리에 관한 법률 시행령」 제8조【소방시설의 내진설계】 ② 법 제7조에서 "대통령령으로 정하는 소방시설"이란 소방시설 중 옥내소화전설비, 스프링클러설비 및 물분무등소화설비를 말한다.

## 010 | 성능위주설계를 하여야 하는 장소     답 ④

해당하는 것은 ㄷ, ㄹ이다.

선지분석
ㄱ. 연면적 20만제곱미터 이상인 특정소방대상물(아파트 등 제외)
ㄴ. 50층 이상(지하층 제외)이거나 지상으로부터 높이가 200미터 이상인 아파트 등

> 「소방시설 설치 및 관리에 관한 법률 시행령」 제9조【성능위주설계를 해야 하는 특정소방대상물의 범위】법 제8조 제1항에서 "대통령령으로 정하는 특정소방대상물"이란 다음 각 호의 어느 하나에 해당하는 특정소방대상물(신축하는 것만 해당한다)을 말한다.
> 1. 연면적 20만제곱미터 이상인 특정소방대상물. 다만, 별표 2 제1호 가목에 따른 아파트등(이하 "아파트등"이라 한다)은 제외한다.
> 2. 50층 이상(지하층은 제외한다)이거나 지상으로부터 높이가 200미터 이상인 아파트등
> 3. 30층 이상(지하층을 포함한다)이거나 지상으로부터 높이가 120미터 이상인 특정소방대상물(아파트등은 제외한다)
> 4. 연면적 3만제곱미터 이상인 특정소방대상물로서 다음 각 목의 어느 하나에 해당하는 특정소방대상물
>    가. 별표 2 제6호 나목의 철도 및 도시철도 시설
>    나. 별표 2 제6호 다목의 공항시설
> 5. 별표 2 제16호의 창고시설 중 연면적 10만제곱미터 이상인 것 또는 지하층의 층수가 2개 층 이상이고 지하층의 바닥면적의 합계가 3만제곱미터 이상인 것
> 6. 하나의 건축물에 「영화 및 비디오물의 진흥에 관한 법률」 제2조 제10호에 따른 영화상영관이 10개 이상인 특정소방대상물
> 7. 「초고층 및 지하연계 복합건축물 재난관리에 관한 특별법」 제2조 제2호에 따른 지하연계 복합건축물에 해당하는 특정소방대상물
> 8. 별표 2 제27호의 터널 중 수저(水底)터널 또는 길이가 5천미터 이상인 것

## 011 | 성능위주설계 대상     답 ④

ㄴ, ㄷ, ㅁ이 해당한다.

선지분석
ㄱ. 연면적 20만제곱미터 이상인 아파트 등(아파트 등 제외)
ㄹ. 30층 이상(지하층 포함)이거나 지상으로부터 높이가 120미터 이상인 특정소방대상물(아파트등 제외)

## 012 ｜ 성능위주설계　　　　답 ③

소방서장은 성능위주설계의 신고, 변경신고 또는 사전검토 신청을 받은 경우에는 소방청 또는 관할 소방본부에 설치된 성능위주설계평가단의 검토·평가를 거쳐야 한다. 다만, 소방서장은 신기술·신공법 등 검토·평가에 고도의 기술이 필요한 경우에는 중앙소방기술심의위원회에 심의를 요청할 수 있다.

## 013 ｜ 성능위주설계 대상　　　　답 ②

창고시설 중 지하층의 층수가 2개 층 이상이고 지하층의 바닥면적의 합계가 3만제곱미터 이상인 것

> 「소방시설 설치 및 관리에 관한 법률 시행령」 제9조 【성능위주설계를 해야 하는 특정소방대상물의 범위】 법 제8조 제1항에서 "대통령령으로 정하는 특정소방대상물"이란 다음 각 호의 어느 하나에 해당하는 특정소방대상물(신축하는 것만 해당한다)을 말한다.
> 1. 연면적 20만제곱미터 이상인 특정소방대상물. 다만, 별표 2 제1호 가목에 따른 아파트등(이하 "아파트등"이라 한다)은 제외한다.
> 2. 50층 이상(지하층은 제외한다)이거나 지상으로부터 높이가 200미터 이상인 아파트등
> 3. 30층 이상(지하층을 포함한다)이거나 지상으로부터 높이가 120미터 이상인 특정소방대상물(아파트등은 제외한다)
> 4. 연면적 3만제곱미터 이상인 특정소방대상물로서 다음 각 목의 어느 하나에 해당하는 특정소방대상물
>    가. 별표 2 제6호 나목의 철도 및 도시철도 시설
>    나. 별표 2 제6호 다목의 공항시설
> 5. 별표 2 제16호의 창고시설 중 연면적 10만제곱미터 이상인 것 또는 지하층의 층수가 2개 층 이상이고 지하층의 바닥면적의 합계가 3만제곱미터 이상인 것
> 6. 하나의 건축물에 「영화 및 비디오물의 진흥에 관한 법률」 제2조 제10호에 따른 영화상영관이 10개 이상인 특정소방대상물
> 7. 「초고층 및 지하연계 복합건축물 재난관리에 관한 특별법」 제2조 제2호에 따른 지하연계 복합건축물에 해당하는 특정소방대상물
> 8. 별표 2 제27호의 터널 중 수저(水底)터널 또는 길이가 5천미터 이상인 것

## 014 ｜ 성능위주설계평가단　　　　답 ④

평가단은 평가단장을 포함하여 50명 이내의 평가단원으로 성별을 고려하여 구성한다.

> 「소방시설 설치 및 관리에 관한 법률」 제9조 【성능위주설계평가단】
> ① 성능위주설계에 대한 전문적·기술적인 검토 및 평가를 위하여 소방청 또는 소방본부에 성능위주설계 평가단(이하 "평가단"이라 한다)을 둔다.
> ② 평가단에 소속되거나 소속되었던 사람은 평가단의 업무를 수행하면서 알게 된 비밀을 이 법에서 정한 목적 외의 용도로 사용하거나 다른 사람 또는 기관에 제공하거나 누설하여서는 아니 된다.
> ③ 평가단의 구성 및 운영 등에 필요한 사항은 행정안전부령으로 정한다.

> 「소방시설 설치 및 관리에 관한 법률 시행규칙」 제10조 【평가단의 구성】 ① 평가단은 평가단장을 포함하여 50명 이내의 평가단원으로 성별을 고려하여 구성한다.
> ② 평가단장은 화재예방 업무를 담당하는 부서의 장 또는 제3항에 따라 임명 또는 위촉된 평가단원 중에서 학식·경험·전문성 등을 종합적으로 고려하여 소방청장 또는 소방본부장이 임명하거나 위촉한다.
> ③ 평가단원은 다음 각 호의 어느 하나에 해당하는 사람 중에서 소방청장 또는 관할 소방본부장이 임명하거나 위촉한다. 다만, 관할 소방서의 해당 업무 담당 과장은 당연직 평가단원으로 한다. (생략)
> ④ 위촉된 평가단원의 임기는 2년으로 하되, 2회에 한정하여 연임할 수 있다.
> ⑤ 평가단장은 평가단을 대표하고 평가단의 업무를 총괄한다.
> ⑥ 평가단장이 부득이한 사유로 직무를 수행할 수 없을 때에는 평가단장이 미리 지정한 평가단원이 그 직무를 대리한다.

## 015 ｜ 성능위주설계평가단의 운영　　　　답 ③

5명 이상의 평가단원을 구성·운영할 수 있다.

> 「소방시설 설치 및 관리에 관한 법률 시행규칙」 제11조 【평가단의 운영】 ① 평가단의 회의는 평가단장과 평가단장이 회의마다 지명하는 6명 이상 8명 이하의 평가단원으로 구성·운영하며, 과반수의 출석으로 개의(開議)하고 출석 평가단원 과반수의 찬성으로 의결한다. 다만, 제6조 제2항에 따른 성능위주설계의 변경신고에 대한 심의·의결을 하는 경우에는 제5조 제2항에 따라 건축물의 성능위주설계를 검토·평가한 평가단원 중 5명 이상으로 평가단을 구성·운영할 수 있다.
> ② 평가단의 회의에 참석한 평가단원에게는 예산의 범위에서 수당, 여비, 그 밖에 필요한 경비를 지급할 수 있다. 다만, 소방공무원인 평가단원이 소관 업무와 관련하여 평가단의 회의에 참석하는 경우에는 그렇지 않다.
> ③ 제1항 및 제2항에서 규정한 사항 외에 평가단의 운영에 필요한 세부적인 사항은 소방청장 또는 관할 소방본부장이 정한다.

## 016 ｜ 주택에 설치하는 소방시설　　　　답 ②

시·도의 조례로 정한다.

> 「소방시설 설치 및 관리에 관한 법률」 제10조 【주택에 설치하는 소방시설】 ① 다음 각 호의 주택의 소유자는 소화기 등 대통령령으로 정하는 소방시설(이하 "주택용소방시설"이라 한다)을 설치하여야 한다.
> 1. 「건축법」 제2조 제2항 제1호의 단독주택
> 2. 「건축법」 제2조 제2항 제2호의 공동주택(아파트 및 기숙사는 제외한다)
> ② 국가 및 지방자치단체는 주택용소방시설의 설치 및 국민의 자율적인 안전관리를 촉진하기 위하여 필요한 시책을 마련하여야 한다.
> ③ 주택용소방시설의 설치기준 및 자율적인 안전관리 등에 관한 사항은 특별시·광역시·특별자치시·도 또는 특별자치도(이하 "시·도"라 한다)의 조례로 정한다.

## 017 ｜ 주택에 설치하는 소방시설　　　　답 ④

공동주택에서 아파트 및 기숙사는 제외한다.

「소방시설 설치 및 관리에 관한 법률」제10조【주택에 설치하는 소방시설】① 다음 각 호의 주택의 소유자는 소화기 등 대통령령으로 정하는 소방시설(이하 "주택용소방시설"이라 한다)을 설치하여야 한다.
1. 「건축법」제2조 제2항 제1호의 단독주택
2. 「건축법」제2조 제2항 제2호의 공동주택(아파트 및 기숙사는 제외한다)
② 국가 및 지방자치단체는 주택용소방시설의 설치 및 국민의 자율적인 안전관리를 촉진하기 위하여 필요한 시책을 마련하여야 한다.
③ 주택용소방시설의 설치기준 및 자율적인 안전관리 등에 관한 사항은 특별시·광역시·특별자치시·도 또는 특별자치도(이하 "시·도"라 한다)의 조례로 정한다.

「소방시설 설치 및 관리에 관한 법률 시행령」제10조【주택용소방시설】법 제10조 제1항 각 호 외의 부분에서 "소화기 등 대통령령으로 정하는 소방시설"이란 소화기 및 단독경보형 감지기를 말한다.

## 018 | 자동차에 설치 또는 비치하는 소화기    답 ③

화학자동차는 해당하지 않는다.

### 📝 관련 개념 | 소화기를 설치 또는 비치해야 하는 차량

1. 5인승 이상의 승용자동차
2. 승합자동차
3. 화물자동차
4. 특수자동차

## 019 | 자동차에 설치 또는 비치하는 소화기    답 ①

국토교통부장관은 「자동차관리법」제43조 제1항에 따른 자동차검사 시 차량용 소화기의 설치 또는 비치 여부 등을 확인하여야 하며, 그 결과를 매년 12월 31일까지 소방청장에게 통보하여야 한다.

「소방시설 설치 및 관리에 관한 법률」시행규칙 [별표 2] 차량용 소화기의 설치 또는 비치 기준
자동차에는 법 제37조 제5항에 따라 형식승인을 받은 차량용 소화기를 다음 각 호의 기준에 따라 설치 또는 비치해야 한다.
1. 승용자동차: 법 제37조 제5항에 따른 능력단위(이하 "능력단위"라 한다) 1 이상의 소화기 1개 이상을 사용하기 쉬운 곳에 설치 또는 비치한다.
2. 승합자동차
가. 경형승합자동차: 능력단위 1 이상의 소화기 1개 이상을 사용하기 쉬운 곳에 설치 또는 비치한다.
나. 승차정원 15인 이하: 능력단위 2 이상인 소화기 1개 이상 또는 능력단위 1 이상인 소화기 2개 이상을 설치한다. 이 경우 승차정원 11인 이상 승합자동차는 운전석 또는 운전석과 옆으로 나란한 좌석 주위에 1개 이상을 설치한다.
다. 승차정원 16인 이상 35인 이하: 능력단위 2 이상인 소화기 2개 이상을 설치한다. 이 경우 승차정원 23인을 초과하는 승합자동차로서 너비 2.3미터를 초과하는 경우에는 운전자 좌석 부근에 가로 600밀리미터, 세로 200밀리미터 이상의 공간을 확보하고 1개 이상의 소화기를 설치한다.

라. 승차정원 36인 이상: 능력단위 3 이상인 소화기 1개 이상 및 능력단위 2 이상인 소화기 1개 이상을 설치한다. 다만, 2층 대형승합자동차의 경우에는 위층 객실에 능력단위 3 이상인 소화기 1개 이상을 추가 설치한다.
3. 화물자동차(피견인자동차는 제외한다) 및 특수자동차
가. 중형 이하: 능력단위 1 이상인 소화기 1개 이상을 사용하기 쉬운 곳에 설치한다.
나. 대형 이상: 능력단위 2 이상인 소화기 1개 이상 또는 능력단위 1 이상인 소화기 2개 이상을 사용하기 쉬운 곳에 설치한다.
4. 「위험물안전관리법 시행령」제3조에 따른 지정수량 이상의 위험물 또는 「고압가스 안전관리법 시행령」제2조에 따라 고압가스를 운송하는 특수자동차(피견인자동차를 연결한 경우에는 이를 연결한 견인자동차를 포함한다): 「위험물안전관리법 시행규칙」제41조 및 별표 17 제3호 나목 중 이동탱크저장소 자동차용 소화기의 설치기준란에 해당하는 능력단위와 수량 이상을 설치한다.

## 020 | 특정소방대상물에 설치하는 소방시설의 관리    답 ①

소방청장은 해당하지 않는다. 소방본부장, 소방서장이 조치명령한다.

「소방시설 설치 및 관리에 관한 법률」제12조【특정소방대상물에 설치하는 소방시설의 관리 등】① 특정소방대상물의 관계인은 대통령령으로 정하는 소방시설을 화재안전기준에 따라 설치·관리하여야 한다. 이 경우 「장애인·노인·임산부 등의 편의증진 보장에 관한 법률」제2조 제1호에 따른 장애인등이 사용하는 소방시설(경보설비 및 피난구조설비를 말한다)은 대통령령으로 정하는 바에 따라 장애인등에 적합하게 설치·관리하여야 한다.
② 소방본부장이나 소방서장은 제1항에 따른 소방시설이 화재안전기준에 따라 설치·관리되고 있지 아니할 때에는 해당 특정소방대상물의 관계인에게 필요한 조치를 명할 수 있다.
③ 특정소방대상물의 관계인은 제1항에 따라 소방시설을 설치·관리하는 경우 화재 시 소방시설의 기능과 성능에 지장을 줄 수 있는 폐쇄(잠금을 포함한다)·차단 등의 행위를 하여서는 아니 된다. 다만, 소방시설의 점검·정비를 위하여 필요한 경우 폐쇄·차단은 할 수 있다.
④ 소방청장은 제3항 단서에 따라 특정소방대상물의 관계인이 소방시설의 점검·정비를 위하여 폐쇄·차단을 하는 경우 안전을 확보하기 위하여 필요한 행동요령에 관한 지침을 마련하여 고시하여야 한다.
⑤ 소방청장, 소방본부장 또는 소방서장은 제1항에 따른 소방시설의 작동정보 등을 실시간으로 수집·분석할 수 있는 시스템(이하 "소방시설정보관리시스템"이라 한다)을 구축·운영할 수 있다.
⑥ 소방청장, 소방본부장 또는 소방서장은 제5항에 따른 작동정보를 해당 특정소방대상물의 관계인에게 통보하여야 한다.
⑦ 소방시설정보관리시스템 구축·운영의 대상은 「화재의 예방 및 안전관리에 관한 법률」제24조 제1항 전단에 따른 소방안전관리대상물 중 소방안전관리의 취약성 등을 고려하여 대통령령으로 정하고, 그 밖에 운영방법 및 통보 절차 등에 필요한 사항은 행정안전부령으로 정한다.

## 021 소화기구를 설치해야 하는 특정소방대상물    답 ④

지하가가 아닌 지하구이다.

> **관련 개념 | 화재안전기준에 따라 소화기구를 설치해야 하는 특정소방대상물**
>
> 1. 연면적 33m² 이상인 것. 다만, 노유자 시설의 경우에는 투척용 소화용구 등화재안전기준에 따라 산정된 소화기 수량의 2분의 1 이상으로 설치할 수 있다.
> 2. 1.에 해당하지 않는 시설로서 가스시설, 발전시설 중 전기저장시설 및 국가유산
> 3. 터널
> 4. 지하구

## 022 소화설비를 설치해야 하는 특정소방대상물    답 ②

기숙사(교육연구시설·수련시설 내에 있는 학생 수용을 위한 것을 말한다) 또는 복합건축물로서 연면적 5천m² 이상인 경우에는 모든 층에 스프링클러를 설치한다.

> **관련 개념 | 스프링클러설비(가스시설 또는 지하구 제외) 설치대상**

| 시설 | 기준 |
|---|---|
| · 문화·집회(동·식물 제외)<br>· 종교(주요구조부 목조 제외)<br>· 운동(물놀이형 시설 및 바닥 불연재료이고 관람석 없는 운동시설 제외)<br>→ 괄호 안 내용 해당 시 전층에 설치 | · 수용인원 100명 이상<br>· 영화상영관<br>  - 지하 또는 무창층: 바닥면적 500m² 이상<br>  - 그 밖의 층: 바닥면적 1천m² 이상<br>· 무대부<br>  - 지하·무창 또는 4층 이상: 무대 300m² 이상<br>  - 그 밖의 층: 무대 500m² 이상 |
| 판매, 운수, 창고(물류 한정) | 바닥면적 5천m² 이상 or 수용인원 500명 이상<br>→ 전층에 설치 |
| 층수 6층 이상 | 전층 |
| 근생 중 조산 및 산후<br>정신의료, ~병원<br>노유자, 숙박가능 수련, 숙박 | 바닥면적 600m² 이상<br>→ 전층에 설치 |
| 창고(물류 제외) | 바닥면적 5천m² 이상<br>→ 전층에 설치 |
| 지하가(터널 제외) | 연면적 1천m² 이상 |
| 기숙사(수련교육연구시설내) 또는 복합 | 연면적 5천m² 이상<br>→ 전층에 설치 |
| · 특수가연물(공장 또는 창고):<br>  1,000배 이상<br>· 전기저장시설 | - |

## 023 옥외소화전설비를 설치하여야 하는 특정소방대상물    답 ①

옥내소화전 설치대상이다.

> **관련 개념 | 옥외소화전설비를 설치하여야 하는 특정소방대상물(영 [별표 5])**
>
> 1. 지상 1층 및 2층의 바닥면적의 합계가 9천m² 이상인 것. 이 경우 같은 구(區) 내의 둘 이상의 특정소방대상물이 행정안전부령으로 정하는 연소(延燒) 우려가 있는 구조인 경우에는 이를 하나의 특정소방대상물로 본다.
> 2. 「문화재보호법」 제23조에 따라 보물 또는 국보로 지정된 목조건축물
> 3. 1.에 해당하지 않는 공장 또는 창고시설로서 「소방기본법 시행령」 별표 2에서 정하는 수량의 750배 이상의 특수가연물을 저장·취급하는 것
> * 아파트등, 위험물 저장 및 처리 시설 중 가스시설, 지하구 또는 지하가 중 터널은 제외한다.

## 024 스프링클러설비의 설치대상    답 ④

- 층수가 ( ㉠ 6 )층 이상인 특정소방대상물의 경우에는 모든 층
- 근린생활시설 중 조산원 및 산후조리원, 종합병원, 병원, 치과병원, 한방병원 및 요양병원으로 사용되는 바닥면적의 합계가 ( ㉡ 600 )m² 이상인 것은 모든 층
- 기숙사(교육연구시설·수련시설 내에 있는 학생 수용을 위한 것을 말한다) 또는 복합건축물로서 연면적 ( ㉢ 5,000 )m² 이상인 경우에는 모든 층
- 창고시설(물류터미널은 제외한다)로서 바닥면적 합계가 ( ㉣ 5,000 )m² 이상인 경우에는 모든 층

> **관련 개념 | 스프링클러설비(가스시설 또는 지하구 제외) 설치대상**

| 시설 | 기준 |
|---|---|
| · 문화·집회(동·식물 제외)<br>· 종교(주요구조부 목조 제외)<br>· 운동(물놀이형 시설 및 바닥 불연재료이고 관람석 없는 운동시설 제외)<br>→ 괄호 안 내용 해당 시 전층에 설치 | · 수용인원 100명 이상<br>· 영화상영관<br>  - 지하 또는 무창층: 바닥면적 500m² 이상<br>  - 그 밖의 층: 바닥면적 1천m² 이상<br>· 무대부<br>  - 지하·무창 또는 4층 이상: 무대 300m² 이상<br>  - 그 밖의 층: 무대 500m² 이상 |
| 판매, 운수, 창고(물류 한정) | 바닥면적 5천m² 이상 or 수용인원 500명 이상<br>→ 전층에 설치 |
| 층수 6층 이상 | 전층 |
| 근생 중 조산 및 산후<br>정신의료, ~병원<br>노유자, 숙박가능 수련, 숙박 | 바닥면적 600m² 이상<br>→ 전층에 설치 |
| 창고(물류 제외) | 바닥면적 5천m² 이상<br>→ 전층에 설치 |
| 지하가(터널 제외) | 연면적 1천m² 이상 |

| 기숙사(수련교육연구시설내) 또는 복합 | 연면적 5천m² 이상 → 전층에 설치 |
|---|---|
| • 특수가연물(공장 또는 창고): 1,000배 이상 <br> • 전기저장시설 | – |

## 025 | 간이스프링클러설비를 설치해야 하는 특정소방대상물  답 ①

근린생활시설로 사용하는 부분의 바닥면적 합계가 1천m² 이상인 것이 해당한다.

> 「소방시설 설치 및 관리에 관한 법률 시행령」 [별표 4] 특정소방대상물의 관계인이 특정소방대상물에 설치·관리해야 하는 소방시설의 종류 – 간이스프링클러설비를 설치해야 하는 특정소방대상물
> 1) 공동주택 중 연립주택 및 다세대주택(연립주택 및 다세대주택에 설치하는 간이스프링클러설비는 화재안전기준에 따른 주택전용 간이스프링클러설비를 설치한다)
> 2) 근린생활시설 중 다음의 어느 하나에 해당하는 것
>   가) 근린생활시설로 사용하는 부분의 바닥면적 합계가 1천m² 이상인 것은 모든 층
>   나) 의원, 치과의원 및 한의원으로서 입원실이 있는 시설다) 조산원 및 산후조리원으로서 연면적 600m² 미만인 시설
> 3) 의료시설 중 다음의 어느 하나에 해당하는 시설
>   가) 종합병원, 병원, 치과병원, 한방병원 및 요양병원(의료재활시설은 제외한다)으로 사용되는 바닥면적의 합계가 600m² 미만인 시설
>   나) 정신의료기관 또는 의료재활시설로 사용되는 바닥면적의 합계가 300m² 이상 600m² 미만인 시설
>   다) 정신의료기관 또는 의료재활시설로 사용되는 바닥면적의 합계가 300m² 미만이고, 창살(철재·플라스틱 또는 목재 등으로 사람의 탈출 등을 막기위하여 설치한 것을 말하며, 화재 시 자동으로 열리는 구조로 되어 있는 창살은 제외한다)이 설치된 시설
> 4) 교육연구시설 내에 합숙소로서 연면적 100m² 이상인 경우에는 모든 층
> 5) 노유자 시설로서 다음의 어느 하나에 해당하는 시설
>   가) 제7조 제1항 제7호 각 목에 따른 시설[같은 호 가목2) 및 같은 호 나목부터 바목까지의 시설 중 단독주택 또는 공동주택에 설치되는 시설은 제외하며, 이하 "노유자 생활시설"이라 한다]
>   나) 가)에 해당하지 않는 노유자 시설로 해당 시설로 사용하는 바닥면적의 합계가 300m² 이상 600m² 미만인 시설
>   다) 가)에 해당하지 않는 노유자 시설로 해당 시설로 사용하는 바닥면적의 합계가 300m² 미만이고, 창살(철재·플라스틱 또는 목재 등으로 사람의 탈출 등을 막기 위하여 설치한 것을 말하며, 화재 시 자동으로 열리는 구조로 되어 있는 창살은 제외한다)이 설치된 시설
> 6) 숙박시설로 사용되는 바닥면적의 합계가 300m² 이상 600m² 미만인 시설
> 7) 건물을 임차하여 「출입국관리법」 제52조 제2항에 따른 보호시설로 사용하는 부분
> 8) 복합건축물(별표 2 제30호 나목의 복합건축물만 해당한다)로서 연면적 1천m² 이상인 것은 모든 층

## 026 | 물분무등소화설비  답 ①

• 항공기 및 자동차 관련 시설 중 항공기격납고
• 차고, 주차용 건축물 또는 철골 조립식 주차시설. 이 경우 연면적 ( ㉠ 800 )m² 이상인 것만 해당한다.

• 건축물 내부에 설치된 차고 또는 주차장으로서 차고 또는 주차의 용도로 사용되는 부분의 바닥면적이 ( ㉡ 200 )m² 이상인 층
• 기계장치에 의한 주차시설을 이용하여 ( ㉢ 20 )대 이상의 차량을 주차할 수 있는 것
• 특정소방대상물에 설치된 전기실·발전실·변전실·축전지실·통신기기실 또는 전산실, 그 밖에 이와 비슷한 것으로서 바닥면적이 ( ㉣ 300 )m² 이상인 것. 다만, 내화구조로 된 공정제어실 내에 설치된 주조정실로서 양압시설이 설치되고 전기기기에 220볼트 이하인 저전압이 사용되며 종업원이 24시간 상주하는 곳은 제외한다.

## 027 | 단독경보형 감지기를 설치해야 하는 특정소방대상물  답 ③

• 자동화재탐지설비가 없는 수련시설[( ㉠ 숙박 )시설이 있는 것만 해당]
• 연면적 ( ㉡ 400 )m² 미만 유치원
• 연면적 ( ㉢ 2,000 )m² 미만 교육연구시설 또는 수련시설 내의 합숙소 또는 기숙사

> 📝 **관련 개념 | 단독경보형 감지기를 설치해야 하는 특정소방대상물**
> 1. 교육연구시설 내에 있는 기숙사 또는 합숙소로서 연면적 2천m² 미만인 것
> 2. 수련시설 내에 있는 기숙사 또는 합숙소로서 연면적 2천m² 미만인 것
> 3. 자동화재탐지설비 설치대상에 해당하지 않는 수련시설(숙박시설이 있는 것만 해당한다)
> 4. 연면적 400m² 미만의 유치원
> 5. 공동주택 중 연립주택 및 다세대주택(연동형으로 설치해야 한다)

## 028 | 비상경보설비를 설치하여야 할 특정소방대상물  답 ③

• 연면적 ( ㉠ 400 )m² 이상인 것은 모든 층
• 지하층 또는 무창층의 바닥면적이 ( ㉡ 150 )m²(공연장의 경우 100m²) 이상인 것은 모든 층
• 지하가 중 터널로서 길이가 500m 이상인 것
• ( ㉢ 50 ) 명 이상의 근로자가 작업하는 옥내 작업장

## 029 | 자동화재탐지설비의 설치대상  답 ③

근린생활시설(목욕장은 제외한다), 의료시설(정신의료기관 및 요양병원은 제외한다), 위락시설, 장례시설 및 복합건축물로서 연면적 600m² 이상인 경우에는 모든 층

> 📝 **관련 개념 | 자동화재탐지설비를 설치해야 하는 특정소방대상물**
> 1. 공동주택 중 아파트등·기숙사 및 숙박시설의 경우에는 모든 층
> 2. 층수가 6층 이상인 건축물의 경우에는 모든 층
> 3. 근린생활시설(목욕장은 제외한다), 의료시설(정신의료기관 및 요양병원은 제외한다), 위락시설, 장례시설 및 복합건축물로서 연면적 600m² 이상인 경우에는 모든 층

4. 근린생활시설 중 목욕장, 문화 및 집회시설, 종교시설, 판매시설, 운수시설, 운동시설, 업무시설, 공장, 창고시설, 위험물 저장 및 처리 시설, 항공기 및 자동차 관련 시설, 교정 및 군사시설 중 국방·군사시설, 방송통신시설, 발전시설, 관광 휴게시설, 지하가(터널은 제외한다)로서 연면적 1천m² 이상인 경우에는 모든 층
5. 교육연구시설(교육시설 내에 있는 기숙사 및 합숙소를 포함한다), 수련시설(수련시설 내에 있는 기숙사 및 합숙소를 포함하며, 숙박시설이 있는 수련시설은 제외한다), 동물 및 식물 관련 시설(기둥과 지붕만으로 구성되어 외부와 기류가 통하는 장소는 제외한다), 자원순환 관련 시설, 교정 및 군사시설(국방·군사시설은 제외한다) 또는 묘지 관련 시설로서 연면적 2천m² 이상인 경우에는 모든 층
6. 노유자 생활시설의 경우에는 모든 층
7. 6.에 해당하지 않는 노유자 시설로서 연면적 400m² 이상인 노유자 시설 및 숙박시설이 있는 수련시설로서 수용인원 100명 이상인 경우에는 모든 층
8. **의료시설 중 정신의료기관 또는 요양병원으로서 다음의 어느 하나에 해당하는 시설**
   ⓐ 요양병원(의료재활시설은 제외한다)
   ⓑ 정신의료기관 또는 의료재활시설로 사용되는 바닥면적의 합계가 300m² 이상인 시설
   ⓒ 정신의료기관 또는 의료재활시설로 사용되는 바닥면적의 합계가 300m² 미만이고, 창살(철재·플라스틱 또는 목재 등으로 사람의 탈출 등을 막기 위하여 설치한 것을 말하며, 화재 시 자동으로 열리는 구조로 되어 있는 창살은 제외한다)이 설치된 시설
9. 판매시설 중 전통시장
10. 지하가 중 터널로서 길이가 1천m 이상인 것
11. 지하구
12. 3.에 해당하지 않는 근린생활시설 중 조산원 및 산후조리원
13. 4.에 해당하지 않는 공장 및 창고시설로서 「화재의 예방 및 안전관리에 관한 법률 시행령」 별표 2에서 정하는 수량의 500배 이상의 특수가연물을 저장·취급하는 것
14. 4.에 해당하지 않는 발전시설 중 전기저장시설

### 030 | 인명구조기구를 설치해야 하는 소방대상물    답 ③

• 방열복 또는 방화복, 인공소생기 및 공기호흡기: 지하층 포함 층수 ( ㉠ 7 )층 이상 ( ㉡ 관광호텔 )
• 방열복 또는 방화복, 공기호흡기: 지하층 포함 층수 ( ㉢ 5 )층 이상 ( ㉣ 병원 )

> **관련 개념 | 인명구조기구 설치대상**

| 방열복 또는 방화복 인공소생기 및 공기호흡기 | 지하층 포함 층수 7층 이상 관광호텔 |
|---|---|
| 방열복 또는 방화복 공기호흡기 | 지하층 포함 층수 5층 이상 병원 |
| 공기호흡기 | 수용인원 100명 이상 영화상영관, 대규모점포, 지하역사, 지하상가 이산화탄소 설치 소방대상물(호스릴 제외) |

### 031 | 공기호흡기를 설치해야 하는 소방대상물    답 ②

판매시설 중 대규모 점포가 해당한다.

> **관련 개념 | 공기호흡기를 설치해야 하는 특정소방대상물**
>
> 1. 수용인원 100명 이상인 문화 및 집회시설 중 영화상영관
> 2. 판매시설 중 대규모점포
> 3. 운수시설 중 지하역사
> 4. 지하가 중 지하상가
> 5. 이산화탄소소화설비(호스릴이산화탄소소화설비는 제외한다)를 설치해야 하는 특정소방대상물

### 032 | 객석유도등을 설치해야 하는 소방대상물    답 ④

위락시설은 해당하지 않는다.

> **관련 개념 | 객석유도등을 설치해야 하는 특정소방대상물**
>
> 1. 유흥주점영업시설(「식품위생법 시행령」 제21조 제8호 라목의 유흥주점영업 중 손님이 춤을 출 수 있는 무대가 설치된 카바레, 나이트클럽 또는 그 밖에 이와 비슷한 영업시설만 해당한다)
> 2. 문화 및 집회시설
> 3. 종교시설
> 4. 운동시설

### 033 | 휴대용 비상조명등을 설치해야 하는 소방대상물    답 ②

수련시설은 해당하지 않는다.

> **관련 개념 | 휴대용 비상조명등을 설치해야 하는 특정소방대상물**
>
> 1. 숙박시설
> 2. 수용인원 100명 이상의 영화상영관, 판매시설 중 대규모점포, 철도 및 도시철도 시설 중 지하역사, 지하가 중 지하상가

### 034 | 연결살수설비를 설치해야 하는 소방대상물    답 ③

연결살수설비를 설치해야 하는 특정소방대상물(지하구는 제외한다)은 다음의 어느 하나에 해당하는 것으로 한다.
• 판매시설, 운수시설, 창고시설 중 물류터미널로서 해당 용도로 사용되는 부분의 바닥면적의 합계가 ( ㉠ 1천 )m² 이상인 경우에는 해당 시설
• 지하층(피난층으로 주된 출입구가 도로와 접한 경우는 제외한다)으로서 바닥면적의 합계가 ( ㉡ 150 )m² 이상인 경우에는 지하층의 모든 층. 다만, 「주택법 시행령」 제46조 제1항에 따른 국민주택규모 이하인 아파트등의 지하층(대피시설로 사용하는 것만 해당한다)과 교육연구시설 중 학교의 지하층의 경우에는 ( ㉢ 700 )m² 이상인 것으로 한다.
• 가스시설 중 지상에 노출된 탱크의 용량이 30톤 이상인 탱크시설

### 035 | 소화활동설비를 설치해야 하는 소방대상물    답 ③

무선통신보조설비는 층수가 30층 이상인 것으로서 16층 이상의 모든 층에 설치한다.

## 036 | 터널의 길이에 따른 소방시설 설치기준　답 ②

비상방송설비는 터널에 설치하는 소방시설이 아니다.

> 📋 **관련 개념 | 터널길이에 따른 소방시설의 설치기준**
>
> 1. 500m 이상: 비상경보설비, 비상콘센트설비, 무선통신보조설비, 비상조명등
> 2. 1,000m 이상: 옥내소화전설비, 자동화재탐지설비, 연결송수관설비

## 037 | 연소우려가 있는 건축물의 구조에 대한 기준　답 ②

건축물대장의 건축물 현황도에 표시된 대지경계선 안에 둘 이상의 건축물이 있는 경우, 각각의 건축물이 다른 건축물의 외벽으로부터 수평거리가 1층에 있어서는 ( ㉠ 6 )m 이하, 2층 이상의 층의 경우에는 ( ㉡ 10 )m 이하인 경우, 개구부가 다른 건축물을 향하여 설치되어 있는 경우 모두 해당하는 구조이다.

## 038 | 강화된 기준을 적용하여야 하는 소방시설　답 ②

해당하는 것은 ㄱ, ㄷ, ㄹ으로 3개이다.

> 「소방시설 설치 및 관리에 관한 법률」 제13조 【소방시설기준 적용의 특례】 ① 소방본부장이나 소방서장은 제12조 제1항 전단에 따른 대통령령 또는 화재안전기준이 변경되어 그 기준이 강화되는 경우 기존의 특정소방대상물(건축물의 신축·개축·재축·이전 및 대수선 중인 특정소방대상물을 포함한다)의 소방시설에 대하여는 변경 전의 대통령령 또는 화재안전기준을 적용한다. 다만, 다음 각 호의 어느 하나에 해당하는 소방시설의 경우에는 대통령령 또는 화재안전기준의 변경으로 강화된 기준을 적용할 수 있다.
> 1. 다음 각 목의 소방시설 중 대통령령 또는 화재안전기준으로 정하는 것
>    가. 소화기구
>    나. 비상경보설비
>    다. 자동화재탐지설비
>    라. 자동화재속보설비
>    마. 피난구조설비
> 2. 다음 각 목의 특정소방대상물에 설치하는 소방시설 중 대통령령 또는 화재안전기준으로 정하는 것
>    가. 「국토의 계획 및 이용에 관한 법률」 제2조 제9호에 따른 공동구
>    나. 전력 및 통신사업용 지하구
>    다. 노유자(老幼者) 시설
>    라. 의료시설

## 039 | 특정소방대상물의 증축 또는 용도변경　답 ③

선지분석
① 기존 부분과 증축 부분이 내화구조로 된 바닥과 천장으로 구획되어 있는 경우
② 기존 부분과 증축 부분이 60분+ 방화문 또는 자동방화셔터로 구획되어 있는 경우
④ 자동차 생산공장 등 화재 위험이 낮은 특정소방대상물에 캐노피(기둥으로 받치거나 매달아 놓은 덮개를 말하며, 3면 이상에 벽이 없는 구조의 것을 말한다)를 설치하는 경우

> 「소방시설 설치 및 관리에 관한 법률 시행령」 제15조 【특정소방대상물의 증축 또는 용도변경 시의 소방시설기준 적용의 특례】 ① 법 제13조 제3항에 따라 소방본부장 또는 소방서장은 특정소방대상물이 증축되는 경우에는 기존 부분을 포함한 특정소방대상물의 전체에 대하여 증축 당시의 소방시설의 설치에 관한 대통령령 또는 화재안전기준을 적용해야 한다. 다만, 다음 각 호의 어느 하나에 해당하는 경우에는 기존 부분에 대해서는 증축 당시의 소방시설의 설치에 관한 대통령령 또는 화재안전기준을 적용하지 않는다.
> 1. 기존 부분과 증축 부분이 내화구조(耐火構造)로 된 바닥과 벽으로 구획된 경우
> 2. 기존 부분과 증축 부분이 「건축법 시행령」 제46조 제1항 제2호에 따른 자동방화셔터(이하 "자동방화셔터"라 한다) 또는 같은 영 제64조 제1항 제1호에 따른 60분+ 방화문(이하 "60분+ 방화문"이라 한다)으로 구획되어 있는 경우
> 3. 자동차 생산공장 등 화재 위험이 낮은 특정소방대상물 내부에 연면적 33제곱미터 이하의 직원 휴게실을 증축하는 경우
> 4. 자동차 생산공장 등 화재 위험이 낮은 특정소방대상물에 캐노피(기둥으로 받치거나 매달아 놓은 덮개를 말하며, 3면 이상에 벽이 없는 구조의 것을 말한다)를 설치하는 경우

## 040 | 강화된 소방시설기준의 적용대상　답 ②

노유자 시설에 설치하는 간이스프링클러설비, 자동화재탐지설비 및 단독경보형 감지기

> 「소방시설 설치 및 관리에 관한 법률 시행령」 제13조 【강화된 소방시설기준의 적용대상】 법 제13조 제1항 제2호 각 목 외의 부분에서 "대통령령으로 정하는 것"이란 다음 각 호의 소방시설을 말한다.
> 1. 「국토의 계획 및 이용에 관한 법률」 제2조 제9호에 따른 공동구에 설치하는 소화기, 자동소화장치, 자동화재탐지설비, 통합감시시설, 유도등 및 연소방지설비
> 2. 전력 및 통신사업용 지하구에 설치하는 소화기, 자동소화장치, 자동화재탐지설비, 통합감시시설, 유도등 및 연소방지설비
> 3. 노유자 시설에 설치하는 간이스프링클러설비, 자동화재탐지설비 및 단독경보형 감지기
> 4. 의료시설에 설치하는 스프링클러설비, 간이스프링클러설비, 자동화재탐지설비 및 자동화재속보설비

## 041 | 소방시설기준 적용의 특례　답 ④

자체소방대가 설치된 특정소방대상물이 해당한다.

> 📋 **관련 개념 | 소방시설기준 적용의 특례**
>
> 다음 어느 하나에 해당하는 특정소방대상물 가운데 대통령령으로 정하는 특정소방대상물에는 제12조 제1항 전단에도 불구하고 대통령령으로 정하는 소방시설을 설치하지 아니할 수 있다.
> 1. 화재 위험도가 낮은 특정소방대상물
> 2. 화재안전기준을 적용하기 어려운 특정소방대상물
> 3. 화재안전기준을 다르게 적용하여야 하는 특수한 용도 또는 구조를 가진 특정소방대상물
> 4. 「위험물안전관리법」 제19조에 따른 자체소방대가 설치된 특정소방대상물

## 042 | 소방시설을 설치하지 아니할 수 있는 특정소방대상물  답 ②

화재안전기준을 적용하기 어려운 특정소방대상물에 해당한다.

> **📖 관련 개념 | 소방시설을 설치하지 않을 수 있는 특정소방대상물 및 소방시설의 범위(영 [별표 6])**

| 구분 | 특정소방대상물 | 설치하지 않을 수 있는 소방시설 |
|---|---|---|
| 1. 화재 위험도가 낮은 특정소방대상물 | 석재, 불연성금속, 불연성 건축재료 등의 가공공장·기계조립공장 또는 불연성 물품을 저장하는 창고 | 옥외소화전 및 연결살수설비 |
| 2. 화재안전기준을 적용하기 어려운 특정소방대상물 | 펄프공장의 작업장, 음료수 공장의 세정 또는 충전을 하는 작업장, 그 밖에 이와 비슷한 용도로 사용하는 것 | 스프링클러설비, 상수도소화용수설비, 연결살수설비 |
| | 정수장, 수영장, 목욕장, 농예·축산·어류양식용 시설, 그 밖에 이와 비슷한 용도로 사용되는 것 | 자동화재탐지설비, 상수도소화용수설비, 연결살수설비 |
| 3. 화재안전기준을 달리 적용해야 하는 특수한 용도 또는 구조를 가진 특정소방대상물 | 원자력발전소, 중·저준위방사성폐기물의 저장시설 | 연결송수관설비 및 연결살수설비 |
| 4. 「위험물안전관리법」 제19조에 따른 자체소방대가 설치된 특정소방대상물 | 자체소방대가 설치된 제조소등에 부속된 사무실 | 옥내소화전설비, 소화용수설비, 연결살수설비, 연결송수관설비 |

## 043 | 소방시설을 설치하지 아니할 수 있는 특정소방대상물  답 ③

[선지분석]
① 화재 위험도가 낮은 특정소방대상물인 석재, 불연성금속, 불연성 건축재료 등의 가공공장·기계조립공장 또는 불연성 물품을 저장하는 창고에는 옥외소화전 및 연결살수설비를 설치하지 않을 수 있다.
② 화재안전기준을 적용하기 어려운 특정소방대상물인 정수장, 수영장, 목욕장, 농예·축산·어류양식용 시설, 그 밖에 이와 비슷한 용도로 사용되는 것에는 자동화재탐지설비, 상수도소화용수설비, 연결살수설비를 설치하지 않을 수 있다.
④ 자체소방대가 설치된 특정소방대상물 중 제조소등에 부속된 사무실에는 옥내소화전설비, 소화용수설비, 연결살수설비, 연결송수관설비를 설치하지 않을 수 있다.

> **📖 관련 개념 | 소방시설을 설치하지 않을 수 있는 특정소방대상물 및 소방시설의 범위(영 [별표 6])**

| 구분 | 특정소방대상물 | 설치하지 않을 수 있는 소방시설 |
|---|---|---|
| 화재안전기준을 적용하기 어려운 특정소방대상물 | 펄프공장의 작업장, 음료수 공장의 세정 또는 충전을 하는 작업장, 그 밖에 이와 비슷한 용도로 사용하는 것 | 스프링클러설비, 상수도소화용수설비, 연결살수설비 |
| | 정수장, 수영장, 목욕장, 농예·축산·어류양식용 시설, 그 밖에 이와 비슷한 용도로 사용되는 것 | 자동화재탐지설비, 상수도소화용수설비, 연결살수설비 |

## 044 | 강화된 기준을 적용하여야 하는 소방시설  답 ④

모두 옳은 내용이다.

> **「소방시설 설치 및 관리에 관한 법률」 제13조【소방시설기준 적용의 특례】** ① 소방본부장이나 소방서장은 제12조 제1항 전단에 따른 대통령령 또는 화재안전기준이 변경되어 그 기준이 강화되는 경우 기존의 특정소방대상물(건축물의 신축·개축·재축·이전 및 대수선 중인 특정소방대상물을 포함한다)의 소방시설에 대하여는 변경 전의 대통령령 또는 화재안전기준을 적용한다. 다만, 다음 각 호의 어느 하나에 해당하는 소방시설의 경우에는 대통령령 또는 화재안전기준의 변경으로 강화된 기준을 적용할 수 있다.
> 1. 다음 각 목의 소방시설 중 대통령령 또는 화재안전기준으로 정하는 것
>    가. 소화기구
>    나. 비상경보설비
>    다. 자동화재탐지설비
>    라. 자동화재속보설비
>    마. 피난구조설비
> 2. 다음 각 목의 특정소방대상물에 설치하는 소방시설 중 대통령령 또는 화재안전기준으로 정하는 것
>    가. 「국토의 계획 및 이용에 관한 법률」 제2조 제9호에 따른 공동구(에 설치하는 소화기, 자동소화장치, 자동화재탐지설비, 통합감시시설, 유도등 및 연소방지설비)
>    나. 전력 및 통신사업용 지하구(에 설치하는 소화기, 자동소화장치, 자동화재탐지설비, 통합감시시설, 유도등 및 연소방지설비)
>    다. 노유자 시설(에 설치하는 간이스프링클러설비, 자동화재탐지설비 및 단독경보형 감지기)
>    라. 의료시설(에 설치하는 스프링클러설비, 간이스프링클러설비, 자동화재탐지설비 및 자동화재속보설비)

## 045 | 특정소방대상물의 소방시설 설치 면제기준  답 ③

차고·주차장만 한정한다.

## 046 | 특정소방대상물의 소방시설 설치 면제기준    답 ④

비상조명등을 설치해야 하는 특정소방대상물에 피난구유도등 또는 통로유도등을 화재안전기준에 적합하게 설치한 경우에는 그 유도등의 유효범위에서 설치가 면제된다.

### 📝 관련 개념 | 설치가 면제되는 소방시설

| 소방시설 | 설치가 면제되는 기준 |
|---|---|
| 비상경보설비 또는 단독경보형 감지기 | 비상경보설비 또는 단독경보형 감지기를 설치해야 하는 특정소방대상물에 자동화재탐지설비 또는 화재알림설비를 화재안전기준에 적합하게 설치한 경우에는 그 설비의 유효범위에서 설치가 면제된다. |
| 비상조명등 | 비상조명등을 설치해야 하는 특정소방대상물에 피난구유도등 또는 통로유도등을 화재안전기준에 적합하게 설치한 경우에는 그 유도등의 유효범위에서 설치가 면제된다. |

## 047 | 소방시설의 정비 등    답 ①

- ( ㉠ 대통령령 )으로 소방시설을 정할 때에는 특정소방대상물의 규모·용도·수용인원 및 이용자 특성 등을 고려하여야 한다.
- ( ㉡ 소방청장 )은 건축 환경 및 화재위험특성 변화사항을 효과적으로 반영할 수 있도록 제1항에 따른 소방시설 규정을 ( ㉢ 3 )년에 1회 이상 정비하여야 한다.
- ( ㉡ 소방청장 )은 건축 환경 및 화재위험특성 변화 추세를 체계적으로 연구하여 제2항에 따른 정비를 위한 개선방안을 마련하여야 한다.

## 048 | 수용인원의 산정방법    답 ④

강당, 문화 및 집회시설, 운동시설, 종교시설: 당해 용도로 사용하는 바닥면적의 합계를 4.6m²로 나누어 얻은 수 (관람석이 있는 경우 고정식 의자를 설치한 부분에 있어서는 당해 부분의 의자수로 하고, 긴 의자의 경우에는 의자의 정면너비를 0.45m로 나누어 얻은 수로 한다)

### 📝 관련 개념 | 수용인원의 산정방법(영 [별표 7])

| 대상 | 용도 | 수용인원의 산정 |
|---|---|---|
| 숙박시설 | 침대가 있는 숙박시설 | 종사자 수+침대 수 (2인용 2명 산정) |
| | 침대가 없는 숙박시설 | 종사자 수+바닥면적의 합계[m²] / 3[m²] |
| 그 외 | 강의실·교무실·상담실·실습실·휴게실 용도 | 바닥면적의 합계[m²] / 1.9[m²] |
| | 강당, 문화 및 집회시설, 운동시설, 종교시설 | 바닥면적의 합계[m²] / 4.6[m²] |
| | | 고정식 의자 수 |
| | | 고정식 긴의자 정면너비[m] / 0.45[m] |
| | 그 밖의 특정소방대상물 | 바닥면적의 합계[m²] / 3[m²] |

1) 위 표에서 바닥면적을 산정할 때에는 복도, 계단 및 화장실의 바닥면적을 포함하지 않는다.
2) 계산 결과 소수점 이하의 수는 반올림한다.

## 049 | 수용인원의 산정    답 ③

수용인원 = 20 + (2×20) + 5 = 65명이다.

### 📝 관련 개념 | 수용인원의 산정방법(영 [별표 7])

| 대상 | 용도 | 수용인원의 산정 |
|---|---|---|
| 숙박시설 | 침대가 있는 숙박시설 | 종사자 수+침대 수 (2인용 2명 산정) |
| | 침대가 없는 숙박시설 | 종사자 수+바닥면적의 합계[m²] / 3[m²] |
| 그 외 | 강의실·교무실·상담실·실습실·휴게실 용도 | 바닥면적의 합계[m²] / 1.9[m²] |
| | 강당, 문화 및 집회시설, 운동시설, 종교시설 | 바닥면적의 합계[m²] / 4.6[m²] |
| | | 고정식 의자 수 |
| | | 고정식 긴의자 정면너비[m] / 0.45[m] |
| | 그 밖의 특정소방대상물 | 바닥면적의 합계[m²] / 3[m²] |

1) 위 표에서 바닥면적을 산정할 때에는 복도, 계단 및 화장실의 바닥면적을 포함하지 않는다.
2) 계산 결과 소수점 이하의 수는 반올림한다.

## 050 | 수용인원의 산정    답 ②

- $\dfrac{\text{바닥면적의 합계}}{4.6[m^2]} = \dfrac{500}{4.6} = 108.69 = 109명$
- 숙박시설 일 때만 종사자수를 더한다.

## 051 | 수용인원의 산정    답 ③

선지분석

① 3명(종사자수)+160명(2인용×80) + 20명(1인용 × 20) = 183명
② 3명(종사자수)+580/3m² = 196명
③ 400/1.9m² = 210.52 = 211명
④ 900/4.6m² = 195.65 = 196명

## 052 | 임시소방시설의 종류      답 ③

임시소방시설에는 소화기, 간이소화장치, 간이피난유도선, 비상경보장치, 가스누설경보기, 비상조명등, 방화포가 있다.

## 053 | 화재위험작업      답 ②

전열기구, 가열전선 등 열을 발생시키는 기구를 취급하는 작업이 해당한다.

> 📋 **관련 개념 | 인화성(引火性) 물품을 취급하는 작업 등 대통령령으로 정하는 작업**
>
> 1. 인화성·가연성·폭발성 물질을 취급하거나 가연성 가스를 발생시키는 작업
> 2. 용접·용단(금속·유리·플라스틱 따위를 녹여서 절단하는 일을 말한다) 등 불꽃을 발생시키거나 화기(火氣)를 취급하는 작업
> 3. 전열기구, 가열전선 등 열을 발생시키는 기구를 취급하는 작업
> 4. 알루미늄, 마그네슘 등을 취급하여 폭발성 부유분진(공기 중에 떠다니는 미세한 입자를 말한다)을 발생시킬 수 있는 작업
> 5. 그 밖에 1.부터 4.까지와 비슷한 작업으로 소방청장이 정하여 고시하는 작업

## 054 | 임시소방시설의 설치기준      답 ③

- 연면적 ( ㉠ 3천 )m² 이상
- 지하층, 무창층 또는 ( ㉡ 4 )층 이상의 층의 경우 해당층의 바닥면적이 ( ㉢ 600 )m² 이상인 경우만 해당

> **「소방시설 설치 및 관리에 관한 법률 시행령」[별표 8] 임시소방시설의 종류와 설치기준 등**
>
> 가. 소화기: 제12조 제1항에 따라 건축허가등을 할 때 소방본부장 또는 소방서장의 동의를 받아야 하는 특정소방대상물의 건축·대수선·용도변경 또는 설치 등을 위한 공사 중 제15조의5 제1항 각 호에 따른 작업을 하는 현장(이하 "작업현장"이라 한다)에 설치한다.
> 나. 간이소화장치: 다음의 어느 하나에 해당하는 공사의 작업현장에 설치한다.
>    1) 연면적 3천m² 이상
>    2) 지하층, 무창층 또는 4층 이상의 층. 이 경우 해당 층의 바닥면적이 600m² 이상인 경우만 해당한다.
> 다. 비상경보장치: 다음의 어느 하나에 해당하는 공사의 작업현장에 설치한다.
>    1) 연면적 400m² 이상
>    2) 지하층 또는 무창층. 이 경우 해당 층의 바닥면적이 150m² 이상인 경우만 해당한다.
> 라. 간이피난유도선: 바닥면적이 150m² 이상인 지하층 또는 무창층의 작업현장에 설치한다.

## 055 | 임시소방시설      답 ④

비상경보장치는 지하층 또는 무창층. 이 경우 해당 층의 바닥면적이 150m² 이상인 경우 화재위험작업현장에 설치한다.

> **「소방시설 설치 및 관리에 관한 법률 시행령」[별표 8] 임시소방시설의 종류와 설치기준 등**
>
> 1. 임시소방시설의 종류
> 가. 소화기
> 나. 간이소화장치: 물을 방사(放射)하여 화재를 진화할 수 있는 장치로서 소방청장이 정하는 성능을 갖추고 있을 것
> 다. 비상경보장치: 화재가 발생한 경우 주변에 있는 작업자에게 화재사실을 알릴 수 있는 장치로서 소방청장이 정하는 성능을 갖추고 있을 것
> 라. 가스누설경보기: 가연성 가스가 누설되거나 발생된 경우 이를 탐지하여 경보하는 장치로서 법 제37조에 따른 형식승인 및 제품검사를 받은 것
> 마. 간이피난유도선: 화재가 발생한 경우 피난구 방향을 안내할 수 있는 장치로서 소방청장이 정하는 성능을 갖추고 있을 것
> 바. 비상조명등: 화재가 발생한 경우 안전하고 원활한 피난활동을 할 수 있도록 자동 점등되는 조명장치로서 소방청장이 정하는 성능을 갖추고 있을 것
> 사. 방화포: 용접·용단 등의 작업 시 발생하는 불티로부터 가연물이 점화되는 것을 방지해주는 천 또는 불연성 물품으로서 소방청장이 정하는 성능을 갖추고 있을 것
> 2. 임시소방시설을 설치해야 하는 공사의 종류와 규모
> 가. 소화기: 법 제6조 제1항에 따라 소방본부장 또는 소방서장의 동의를 받아야 하는 특정소방대상물의 신축·증축·개축·재축·이전·용도변경 또는 대수선 등을 위한 공사 중 법 제15조 제1항에 따른 화재위험작업의 현장(이하 이 표에서 "화재위험작업현장"이라 한다)에 설치한다.
> 나. 간이소화장치: 다음의 어느 하나에 해당하는 공사의 화재위험작업현장에 설치한다.
>    1) 연면적 3천m² 이상
>    2) 지하층, 무창층 또는 4층 이상의 층. 이 경우 해당 층의 바닥면적이 600m² 이상인 경우만 해당한다.
> 다. 비상경보장치: 다음의 어느 하나에 해당하는 공사의 화재위험작업현장에 설치한다.
>    1) 연면적 400m² 이상
>    2) 지하층 또는 무창층. 이 경우 해당 층의 바닥면적이 150m² 이상인 경우만 해당한다.
> 라. 가스누설경보기: 바닥면적이 150m² 이상인 지하층 또는 무창층의 화재위험작업현장에 설치한다.
> 마. 간이피난유도선: 바닥면적이 150m² 이상인 지하층 또는 무창층의 화재위험작업현장에 설치한다.
> 바. 비상조명등: 바닥면적이 150m² 이상인 지하층 또는 무창층의 화재위험작업현장에 설치한다.
> 사. 방화포: 용접·용단 작업이 진행되는 화재위험작업현장에 설치한다.
> 3. 임시소방시설과 기능 및 성능이 유사한 소방시설로서 임시소방시설을 설치한 것으로 보는 소방시설
> 가. 간이소화장치를 설치한 것으로 보는 소방시설: 소방청장이 정하여 고시하는 기준에 맞는 소화기(연결송수관설비의 방수구 인근에 설치한 경우로 한정한다) 또는 옥내소화전설비
> 나. 비상경보장치를 설치한 것으로 보는 소방시설: 비상방송설비 또는 자동화재탐지설비
> 다. 간이피난유도선을 설치한 것으로 보는 소방시설: 피난유도선, 피난구유도등, 통로유도등 또는 비상조명등

## 056 | 임시소방시설      답 ④

300만원 이하의 과태료에 처한다.

## 057 | 임시소방시설

답 ①

공사시공자는 특정소방대상물의 신축·증축·개축·재축·이전·용도변경·대수선 또는 설비 설치 등을 위한 공사 현장에서 인화성(引火性) 물품을 취급하는 작업 등 대통령령으로 정하는 작업(이하 "화재위험작업"이라 한다)을 하기 전에 설치 및 철거가 쉬운 화재대비시설(이하 "임시소방시설"이라 한다)을 설치하고 관리하여야 한다.

> 「소방시설 설치 및 관리에 관한 법률」 제15조 【건설현장의 임시소방시설 설치 및 관리】 ① 「건설산업기본법」 제2조 제4호에 따른 건설공사를 하는 자(이하 "공사시공자"라 한다)는 특정소방대상물의 신축·증축·개축·재축·이전·용도변경·대수선 또는 설비 설치 등을 위한 공사 현장에서 인화성(引火性) 물품을 취급하는 작업 등 대통령령으로 정하는 작업(이하 "화재위험작업"이라 한다)을 하기 전에 설치 및 철거가 쉬운 화재대비시설(이하 "임시소방시설"이라 한다)을 설치하고 관리하여야 한다.
> ② 제1항에도 불구하고 소방시설공사업자가 화재위험작업 현장에 소방시설 중 임시소방시설과 기능 및 성능이 유사한 것으로서 대통령령으로 정하는 소방시설을 화재안전기준에 맞게 설치 및 관리하고 있는 경우에는 공사시공자가 임시소방시설을 설치하고 관리한 것으로 본다.
> ③ 소방본부장 또는 소방서장은 제1항이나 제2항에 따라 임시소방시설 또는 소방시설이 설치 및 관리되지 아니할 때에는 해당 공사시공자에게 필요한 조치를 명할 수 있다.
> ④ 제1항에 따라 임시소방시설을 설치하여야 하는 공사의 종류와 규모, 임시소방시설의 종류 등에 필요한 사항은 대통령령으로 정하고, 임시소방시설의 설치 및 관리 기준은 소방청장이 정하여 고시한다.

## 058 | 피난시설, 방화구획 및 방화시설

답 ①

300만원 이하의 과태료를 부과한다.

> 「소방시설 설치 및 관리에 관한 법률」 제16조 【피난시설, 방화구획 및 방화시설】 ① 특정소방대상물의 관계인은 「건축법」 제49조에 따른 피난시설, 방화구획 및 방화시설에 대하여 정당한 사유가 없는 한 다음 각 호의 행위를 하여서는 아니 된다.
> 1. 피난시설, 방화구획 및 방화시설을 폐쇄하거나 훼손하는 등의 행위
> 2. 피난시설, 방화구획 및 방화시설의 주위에 물건을 쌓아두거나 장애물을 설치하는 행위
> 3. 피난시설, 방화구획 및 방화시설의 용도에 장애를 주거나 「소방기본법」 제16조에 따른 소방활동에 지장을 주는 행위
> 4. 그 밖에 피난시설, 방화구획 및 방화시설을 변경하는 행위
> ② 소방본부장이나 소방서장은 특정소방대상물의 관계인이 제1항 각 호의 어느 하나에 해당하는 행위를 한 경우에는 피난시설, 방화구획 및 방화시설의 관리를 위하여 필요한 조치를 명할 수 있다.

## 059 | 소화기의 내용연수

답 ①

10년으로 정해져 있다.

> 「소방시설 설치 및 관리에 관한 법률 시행령」 제19조 【내용연수 설정대상 소방용품】 ① 법 제17조 제1항 후단에 따라 내용연수를 설정해야 하는 소방용품은 분말형태의 소화약제를 사용하는 소화기로 한다.
> ② 제1항에 따른 소방용품의 내용연수는 10년으로 한다.

## 060 | 소방기술심의위원회

답 ①

② 지방소방기술심의위원회(이하 "지방위원회"라 한다)는 위원장을 포함하여 5명 이상 10명 이하(5명 이상 9명 이하)의 위원으로 구성한다.
③ 중앙위원회의 회의는 위원장과 위원장이 회의마다 지정하는 7명 이상 13명 이하(6명 이상 12명 이하)의 위원으로 구성하고, 중앙위원회는 분야별 소위원회를 구성·운영할 수 있다.
④ 지방위원회(중앙위원회)는 소방청에 지방위원회는 시·도에 설치한다.

### 관련 개념 | 소방기술심의위원회

| 구분 | 중앙위원회 | 지방위원회 |
|---|---|---|
| 설치 | 소방청 | 시·도 |
| 심의사항 | • 화재안전기준에 관한 사항<br>• 소방시설의 구조 및 원리 등에서 공법이 특수한 설계 및 시공에 관한 사항<br>• 소방시설의 설계 및 공사감리의 방법에 관한 사항<br>• 소방시설공사의 하자를 판단하는 기준에 관한 사항<br>• 연면적 10만제곱미터 이상의 특정소방대상물에 설치된 소방시설의 설계·시공·감리의 하자 유무에 관한 사항<br>• 새로운 소방시설과 소방용품 등의 도입 여부에 관한 사항<br>• 소방청장이 심의에 부치는 사항 | • 소방시설에 하자가 있는지의 판단에 관한 사항<br>• 연면적 10만제곱미터 미만의 특정소방대상물에 설치된 소방시설의 설계·시공·감리의 하자 유무에 관한 사항<br>• 소방본부장 또는 소방서장이 화재안전기준 또는 위험물 제조소등의 시설기준의 적용에 관하여 기술검토를 요청하는 사항<br>• 시·도지사가 심의에 부치는 사항 |
| 위원 구성 등 | • 성별을 고려하여 위원장을 포함한 60명 이내의 위원으로 구성<br>• 회의는 위원장과 위원장이 회의마다 지정하는 6명 이상 12명 이하의 위원으로 구성<br>• 소위원회를 구성·운영할 수 있다. | 위원장 포함 5명 이상 9명 이하 |

## 061 | 소방기술심의위원회

답 ④

소방시설에 하자가 있는지의 판단에 관한 사항은 지방기술심의위원회 심의사항이다.

> 「소방시설 설치 및 관리에 관한 법률」 제18조 【소방기술심의위원회】 ① 다음 각 호의 사항을 심의하기 위하여 소방청에 중앙소방기술심의위원회(이하 "중앙위원회"라 한다)를 둔다.
> 1. 화재안전기준에 관한 사항

2. 소방시설의 구조 및 원리 등에서 공법이 특수한 설계 및 시공에 관한 사항
3. 소방시설의 설계 및 공사감리의 방법에 관한 사항
4. 소방시설공사의 하자를 판단하는 기준에 관한 사항
5. 제8조 제5항 단서에 따라 신기술·신공법 등 검토·평가에 고도의 기술이 필요한 경우로서 중앙위원회에 심의를 요청한 사항
6. 그 밖에 소방기술 등에 관하여 대통령령으로 정하는 사항
② 다음 각 호의 사항을 심의하기 위하여 시·도에 지방소방기술심의위원회(이하 "지방위원회"라 한다)를 둔다.
1. 소방시설에 하자가 있는지의 판단에 관한 사항
2. 그 밖에 소방기술 등에 관하여 대통령령으로 정하는 사항
③ 중앙위원회 및 지방위원회의 구성·운영 등에 필요한 사항은 대통령령으로 정한다.

## 062 | 중앙소방기술심의위원회　　　　　답 ①

ㄴ, ㄷ가 해당한다.

선지분석
ㄱ, ㄹ. 지방소방기술심의위원회의 심의사항이다.

## 063 | 방염을 처리해야 하는 물품　　　　답 ③

암막·무대막(영화상영관에 설치하는 스크린과 가상체험 체육시설업에 설치하는 스크린을 포함한다)

「소방시설 설치 및 관리에 관한 법률 시행령」 제31조 【방염대상물품 및 방염성능기준】 ① 법 제20조 제1항에서 "대통령령으로 정하는 물품"이란 다음 각 호의 것을 말한다.
1. 제조 또는 가공 공정에서 방염처리를 한 다음 각 목의 물품
   가. 창문에 설치하는 커튼류(블라인드를 포함한다)
   나. 카펫
   다. 벽지류(두께가 2밀리미터 미만인 종이벽지는 제외한다)
   라. 전시용 합판·목재 또는 섬유판, 무대용 합판·목재 또는 섬유판(합판·목재류의 경우 불가피하게 설치 현장에서 방염처리한 것을 포함한다)
   마. 암막·무대막(「영화 및 비디오물의 진흥에 관한 법률」 제2조 제10호에 따른 영화상영관에 설치하는 스크린과 「다중이용업소의 안전관리에 관한 특별법 시행령」 제2조 제7호의4에 따른 가상체험 체육시설업에 설치하는 스크린을 포함한다)
   바. 섬유류 또는 합성수지류 등을 원료로 하여 제작된 소파·의자(「다중이용업소의 안전관리에 관한 특별법 시행령」 제2조 제1호 나목 및 같은 조 제6호에 따른 단란주점영업, 유흥주점영업 및 노래연습장업의 영업장에 설치하는 것으로 한정한다)
2. 건축물 내부의 천장이나 벽에 부착하거나 설치하는 다음 각 목의 것. 다만, 가구류(옷장, 찬장, 식탁, 식탁용 의자, 사무용 책상, 사무용 의자, 계산대, 그 밖에 이와 비슷한 것을 말한다. 이하 이 조에서 같다)와 너비 10센티미터 이하인 반자돌림대 등과 「건축법」 제52조에 따른 내부 마감재료는 제외한다.
   가. 종이류(두께 2밀리미터 이상인 것을 말한다)·합성수지류 또는 섬유류를 주원료로 한 물품
   나. 합판이나 목재
   다. 공간을 구획하기 위하여 설치하는 간이 칸막이(접이식 등 이동 가능한 벽체나 천장 또는 반자가 실내에 접하는 부분까지 구획하지 않는 벽체를 말한다)
   라. 흡음(吸音)을 위하여 설치하는 흡음재(흡음용 커튼을 포함한다)
   마. 방음(防音)을 위하여 설치하는 방음재(방음용 커튼을 포함한다)

## 064 | 방염성능기준 이상의 실내장식물 등을 설치해야 하는 특정소방대상물　답 ②

선지분석
① 숙박이 가능한 수련시설만 해당한다.
③ 옥내에 있는 수영장은 해당하지 않는다.
④ 아파트 등은 제외한다.

「소방시설 설치 및 관리에 관한 법률 시행령」 제30조 【방염성능기준 이상의 실내장식물 등을 설치해야 하는 특정소방대상물】 법 제20조 제1항에서 "대통령령으로 정하는 특정소방대상물"이란 다음 각 호의 것을 말한다.
1. 근린생활시설 중 의원, 조산원, 산후조리원, 체력단련장, 공연장 및 종교집회장
2. 건축물의 옥내에 있는 다음 각 목의 시설
   가. 문화 및 집회시설
   나. 종교시설
   다. 운동시설(수영장은 제외한다)
3. 의료시설
4. 교육연구시설 중 합숙소
5. 노유자 시설
6. 숙박이 가능한 수련시설
7. 숙박시설
8. 방송통신시설 중 방송국 및 촬영소
9. 「다중이용업소의 안전관리에 관한 특별법」 제2조 제1항 제1호에 따른 다중이용업의 영업소(이하 "다중이용업소"라 한다)
10. 제1호부터 제9호까지의 시설에 해당하지 않는 것으로서 층수가 11층 이상인 것(아파트등은 제외한다)

## 065 | 방염물품의 권장　　　　　　　　답 ③

숙박시설에 사용하는 소파 및 의자가 해당한다.

📑 **관련 개념 | 방염물품의 권장**
1. 다중이용업소, 의료시설, 노유자 시설, 숙박시설 또는 장례식장에서 사용하는 침구류·소파 및 의자
2. 건축물 내부의 천장 또는 벽에 부착하거나 설치하는 가구류

## 066 | 방염성능기준　　　　　　　　　답 ④

- 버너에 불꽃을 제거한 때부터 불꽃을 올리며 연소하는 상태가 그칠 때까지 시간은 ( ㉠ 20초 ) 이내
- 버너에 불꽃을 제거한 때부터 불꽃을 올리지 아니하고 연소하는 상태가 그칠 때까지 시간은 ( ㉡ 30초 ) 이내
- 탄화한 면적은 ( ㉢ 50cm² ) 이내, 탄화된 길이는 ( ㉣ 20cm ) 이내
- 소방청장이 정하여 고시하는 방법으로 발연량을 측정하는 경우 최대연기밀도는 ( ㉤ 400 ) 이하

📑 **관련 개념 | 방염성능기준(영 제31조)**
1. 버너의 불꽃을 제거한 때부터 불꽃을 올리며 연소하는 상태가 그칠 때까지 시간은 20초 이내일 것
2. 버너의 불꽃을 제거한 때부터 불꽃을 올리지 않고 연소하는 상태가 그칠 때까지 시간은 30초 이내일 것

3. 탄화(炭化)한 면적은 50제곱센티미터 이내, 탄화한 길이는 20센티미터 이내일 것
4. 불꽃에 의하여 완전히 녹을 때까지 불꽃의 접촉 횟수는 3회 이상일 것
5. 소방청장이 정하여 고시한 방법으로 발연량(發煙量)을 측정하는 경우 최대연기밀도는 400 이하일 것

---

## 03 소방시설등의 자체점검
87p

| 001 ④ | 002 ③ | 003 ③ | 004 ① | 005 ④ |
| 006 ① | 007 ③ | 008 ③ | 009 ④ | 010 ④ |
| 011 ③ | 012 ③ | | | |

### 001 소방시설등의 자체점검
답 ④

관계인은 천재지변이나 그 밖에 대통령령으로 정하는 사유로 자체점검을 실시하기 곤란한 경우에는 대통령령으로 정하는 바에 따라 소방본부장 또는 소방서장에게 면제 또는 연기 신청을 할 수 있다. 이 경우 소방본부장 또는 소방서장은 그 면제 또는 연기 신청 승인 여부를 결정하고 그 결과를 관계인에게 알려주어야 한다.

> 「소방시설 설치 및 관리에 관한 법률」제22조【소방시설등의 자체점검】① 특정소방대상물의 관계인은 그 대상물에 설치되어 있는 소방시설등이 이 법이나 이 법에 따른 명령 등에 적합하게 설치·관리되고 있는지에 대하여 다음 각 호의 구분에 따른 기간 내에 스스로 점검하거나 제34조에 따른 점검능력 평가를 받은 관리업자 또는 행정안전부령으로 정하는 기술자격자(이하 "관리업자등"이라 한다)로 하여금 정기적으로 점검(이하 "자체점검"이라 한다)하게 하여야 한다. 이 경우 관리업자등이 점검한 경우에는 그 점검 결과를 행정안전부령으로 정하는 바에 따라 관계인에게 제출하여야 한다.
> 1. 해당 특정소방대상물의 소방시설등이 신설된 경우:「건축법」제22조에 따라 건축물을 사용할 수 있게 된 날부터 60일
> 2. 제1호 외의 경우: 행정안전부령으로 정하는 기간
> ② 자체점검의 구분 및 대상, 점검인력의 배치기준, 점검자의 자격, 점검 장비, 점검 방법 및 횟수 등 자체점검 시 준수하여야 할 사항은 행정안전부령으로 정한다.
> ③ 제1항에 따라 관리업자등으로 하여금 자체점검하게 하는 경우의 점검 대가는 「엔지니어링산업 진흥법」제31조에 따른 엔지니어링사업의 대가 기준 가운데 행정안전부령으로 정하는 방식에 따라 산정한다.
> ④ 제3항에도 불구하고 소방청장은 소방시설등 자체점검에 대한 품질확보를 위하여 필요하다고 인정하는 경우에는 특정소방대상물의 규모, 소방시설등의 종류 및 점검인력 등에 따라 관계인이 부담하여야 할 자체점검 비용의 표준이 될 금액(이하 "표준자체점검비"라 한다)을 정하여 공표하거나 관리업자등에게 이를 소방시설등 자체점검에 관한 표준가격으로 활용하도록 권고할 수 있다.
> ⑤ 표준자체점검비의 공표 방법 등에 관하여 필요한 사항은 소방청장이 정하여 고시한다.
> ⑥ 관계인은 천재지변이나 그 밖에 대통령령으로 정하는 사유로 자체점검을 실시하기 곤란한 경우에는 대통령령으로 정하는 바에 따라 소방본부장 또는 소방서장에게 면제 또는 연기 신청을 할 수 있다. 이 경우 소방본부장 또는 소방서장은 그 면제 또는 연기 신청 승인 여부를 결정하고 그 결과를 관계인에게 알려주어야 한다.

### 002 소방시설등의 자체점검
답 ③

제조소등은 작동점검의 제외 대상에 해당한다.

> 「소방시설 설치 및 관리에 관한 법률 시행규칙」[별표 3] 소방시설등 자체점검의 구분 및 대상, 점검자의 자격, 점검 장비, 점검 방법 및 횟수 등 자체점검 시 준수해야할 사항
> 2. 작동점검은 다음의 구분에 따라 실시한다.
>   가. 작동점검은 영 제5조에 따른 특정소방대상물을 대상으로 한다. 다만, 다음의 어느 하나에 해당하는 특정소방대상물은 제외한다.
>     1) 특정소방대상물 중「화재의 예방 및 안전관리에 관한 법률」제24조 제1항에 해당하지 않는 특정소방대상물(소방안전관리자를 선임하지 않는 대상을 말한다)
>     2)「위험물안전관리법」제2조 제6호에 따른 제조소등(이하 "제조소등"이라 한다)
>     3)「화재의 예방 및 안전관리에 관한 법률 시행령」별표 4 제1호 가목의 특급소방안전관리대상물
>   나. 작동점검은 다음의 분류에 따른 기술인력이 점검할 수 있다. 이 경우 별표 4에 따른 점검인력 배치기준을 준수해야 한다.
>     1) 영 별표 4 제1호 마목의 간이스프링클러설비(주택전용 간이스프링클러설비는 제외한다) 또는 같은 표 제2호 다목의 자동화재탐지설비가 설치된 특정소방대상물
>       가) 관계인
>       나) 관리업에 등록된 기술인력 중 소방시설관리사
>       다)「소방시설공사업법 시행규칙」별표 4의2에 따른 특급점검자
>       라) 소방안전관리자로 선임된 소방시설관리사 및 소방기술사
>     2) 1)에 해당하지 않는 특정소방대상물
>       가) 관리업에 등록된 소방시설관리사
>       나) 소방안전관리자로 선임된 소방시설관리사 및 소방기술사
>   다. 작동점검은 연 1회 이상 실시한다.
>   라. 작동점검의 점검 시기는 다음과 같다.
>     1) 종합점검 대상은 종합점검을 받은 달부터 6개월이 되는 달에 실시한다.
>     2) 1)에 해당하지 않는 특정소방대상물은 특정소방대상물의 사용승인일(건축물의 경우에는 건축물관리대장 또는 건물 등기사항증명서에 기재되어 있는 날, 시설물의 경우에는 「시설물의 안전 및 유지관리에 관한 특별법」제55조 제1항에 따른 시설물통합정보관리체계에 저장·관리되고 있는 날을 말하며, 건축물관리대장, 건물 등기사항증명서 및 시설물통합정보관리체계를 통해 확인되지 않는 경우에는 소방시설완공검사증명서에 기재된 날을 말한다)이 속하는 달의 말일까지 실시한다. 다만, 건축물관리대장 또는 건물 등기사항증명서 등에 기입된 날이 서로 다른 경우에는 건축물관리대장에 기재되어 있는 날을 기준으로 점검한다.

### 003 자체점검 면제 또는 연기 사유
답 ③

관계인의 질병, 사고, 장기출장의 경우

> 「소방시설 설치 및 관리에 관한 법률 시행령」제33조【소방시설등의 자체점검 면제 또는 연기】① 법 제22조 제6항 전단에서 "대통령령으로 정하는 사유"란 다음 각 호의 어느 하나에 해당하는 사유를 말한다.
> 1.「재난 및 안전관리 기본법」제3조 제1호에 해당하는 재난이 발생한 경우

2. 경매 등의 사유로 소유권이 변동 중이거나 변동된 경우
3. 관계인의 질병, 사고, 장기출장의 경우
4. 그 밖에 관계인이 운영하는 사업에 부도 또는 도산 등 중대한 위기가 발생하여 자체점검을 실시하기 곤란한 경우
② 법 제22조 제1항에 따른 자체점검(이하 "자체점검"이라 한다)의 면제 또는 연기를 신청하려는 관계인은 행정안전부령으로 정하는 면제 또는 연기신청서에 면제 또는 연기의 사유 및 기간 등을 적어 소방본부장 또는 소방서장에게 제출해야 한다. 이 경우 제1항 제1호에 해당하는 경우에만 면제를 신청할 수 있다.
③ 제2항에 따른 면제 또는 연기의 신청 및 신청서의 처리에 필요한 사항은 행정안전부령으로 정한다.

## 004 | 소방시설등의 자체점검    답 ①

관리업자는 자체점검을 실시하는 경우 점검 인력 배치상황을 점검인력을 배치한 날 이후 자체점검이 끝난 날부터 5일 이내에 평가기관에 통보해야 한다.

> 「소방시설 설치 및 관리에 관한 법률 시행규칙」 제20조 【소방시설등 자체점검의 구분 및 대상 등】 ① 법 제22조 제1항에 따른 자체점검(이하 "자체점검"이라 한다)의 구분 및 대상, 점검자의 자격, 점검 장비, 점검 방법 및 횟수 등 자체점검 시 준수해야 할 사항은 별표 3과 같고, 점검인력의 배치기준은 별표 4와 같다.
> ② 법 제29조에 따라 소방시설관리업을 등록한 자(이하 "관리업자"라 한다)는 제1항에 따라 자체점검을 실시하는 경우 점검 대상과 점검 인력 배치상황을 점검인력을 배치한 날 이후 자체점검이 끝난 날부터 5일 이내에법 제50조 제5항에 따라 관리업자에 대한 점검능력 평가 등에 관한 업무를 위탁받은 법인 또는 단체(이하 "평가기관"이라 한다)에 통보해야 한다.
> ③ 제1항의 자체점검 구분에 따른 점검사항, 소방시설등점검표, 점검인원 배치상황 통보 및 세부 점검방법 등 자체점검에 필요한 사항은 소방청장이 정하여 고시한다.
> 제23조 【소방시설등의 자체점검 결과의 조치 등】 ① 관리업자 또는 소방안전관리자로 선임된 소방시설관리사 및 소방기술사(이하 "관리업자등"이라 한다)는 자체점검을 실시한 경우에는법 제22조 제1항 각 호 외의 부분 후단에 따라 그 점검이 끝난 날부터 10일 이내에 별지 제9호 서식의 소방시설등 자체점검 실시결과 보고서(전자문서로 된 보고서를 포함한다)에 소방청장이 정하여 고시하는 소방시설등 점검표를 첨부하여 관계인에게 제출해야 한다.
> ② 제1항에 따른 자체점검 실시결과 보고서를 제출받거나 스스로 자체점검을 실시한 관계인은 법 제23조 제3항에 따라 자체점검이 끝난 날부터 15일 이내에 별지 제9호 서식의 소방시설등 자체점검 실시결과 보고서(전자문서로 된 보고서를 포함한다)에 다음 각 호의 서류를 첨부하여 소방본부장 또는 소방서장에게 서면이나 소방청장이 지정하는 전산망을 통하여 보고해야 한다.
> 1. 점검인력 배치확인서(관리업자가 점검한 경우만 해당한다)
> 2. 별지 제10호 서식의 소방시설등의 자체점검 결과 이행계획서
> ③ 제1항 및 제2항에 따른 자체점검 실시결과의 보고기간에는 공휴일 및 토요일은 산입하지 않는다.
> ④ 제2항에 따라 소방본부장 또는 소방서장에게 자체점검 실시결과 보고를 마친 관계인은 소방시설등 자체점검 실시결과 보고서(소방시설등점검표를 포함한다)를 점검이 끝난 날부터 2년간 자체 보관해야 한다.

## 005 | 점검인력 배치기준    답 ④

① 50층 이상의 특정소방대상물에는 주된 기술인력으로 소방시설관리사 경력 5년 이상인 자를 1명 이상 배치한다.
② 1급 소방안전관리대상물에는 주된 기술인력으로 소방시설관리사를 1명 이상 배치한다.
③ 2급 소방안전관리대상물에는 보조 기술인력으로 중급점검자 이상인 자 1명, 초급점검자 이상인 자 1명 이상 배치한다.

> **관련 개념 | 점검인력 배치기준**
>
> | 구분 | 주된 기술인력 | 보조 기술인력 |
> | --- | --- | --- |
> | 가. 50층 이상 또는 성능위주설계를 한 특정소방대상물 | 소방시설관리사 경력 5년 이상 1명 이상 | 고급점검자 이상 1명 이상 및 중급점검자 이상 1명 이상 |
> | 나. 「화재의 예방 및 안전관리에 관한 법률 시행령」 별표 4 제1호에 따른 특급 소방안전관리대상물 (가목의 특정소방대상물은 제외한다) | 소방시설관리사 경력 3년 이상 1명 이상 | 고급점검자 이상 1명 이상 및 초급점검자 이상 1명 이상 |
> | 다. 「화재의 예방 및 안전관리에 관한 법률 시행령」 별표 4 제2호 및 제3호에 따른 1급 또는 2급 소방안전관리대상물 | 소방시설관리사 1명 이상 | 중급점검자 이상 1명 이상 및 초급점검자 이상 1명 이상 |
> | 라. 「화재의 예방 및 안전관리에 관한 법률 시행령」 별표 4 제4호에 따른 3급 소방안전관리대상물 | 소방시설관리사 1명 이상 | 초급점검자 이상의 기술인력 2명 이상 |

## 006 | 점검인력 배치기준    답 ①

- 종합점검: 연면적 ( ㉠ 8,000 )m², 세대수 ( ㉡ 250 ) 세대
- 작동점검: 연면적 ( ㉢ 10,000 )m², 세대수 ( ㉣ 250 ) 세대

> 「소방시설 설치 및 관리에 관한 법률 시행규칙」 [별표 4] 소방시설등의 자체점검 시 점검인력의 배치기준
> 1. 점검인력 1단위는 다음과 같다.
>   가. 관리업자가 점검하는 경우에는 소방시설관리사 또는 특급점검자 1명과 영 별표 9에 따른 보조 기술인력 2명을 점검인력 1단위로 하되, 점검인력 1단위에 2명(같은 건축물을 점검할 때는 4명) 이내의 보조 기술인력을 추가할 수 있다.
>   나. 소방안전관리자로 선임된 소방시설관리사 및 소방기술사가 점검하는 경우에는 소방시설관리사 또는 소방기술사 중 1명과 보조 기술인력 2명을 점검인력 1단위로 하되, 점검인력 1단위에 2명 이내의 보조 기술인력을 추가할 수 있다. 다만, 보조 기술인력은 해당 특정소방대상물의 관계인 또는 소방안전관리보조자로 할 수 있다.

다. 관계인 또는 소방안전관리자가 점검하는 경우에는 관계인 또는 소방안전관리자 1명과 보조 기술인력 2명을 점검인력 1단위로 하되, 보조 기술인력은 해당 특정소방대상물의 관리자, 점유자 또는 소방안전관리보조자로 할 수 있다.

2. 관리업자가 점검하는 경우 특정소방대상물의 규모 등에 따른 점검인력의 배치기준은 다음과 같다.

| 구분 | 주된 기술인력 | 보조 기술인력 |
|---|---|---|
| 가. 50층 이상 또는 성능위주설계를 한 특정소방대상물 | 소방시설관리사 경력 5년 이상 1명 이상 | 고급점검자 이상 1명 이상 및 중급점검자 이상 1명 이상 |
| 나. 「화재의 예방 및 안전관리에 관한 법률 시행령」 별표 4 제1호에 따른 특급 소방안전관리대상물 (가목의 특정소방대상물은 제외한다) | 소방시설관리사 경력 3년 이상 1명 이상 | 고급점검자 이상 1명 이상 및 초급점검자 이상 1명 이상 |
| 다. 「화재의 예방 및 안전관리에 관한 법률 시행령」 별표 4 제2호 및 제3호에 따른 1급 또는 2급 소방안전관리대상물 | 소방시설관리사 1명 이상 | 중급점검자 이상 1명 이상 및 초급점검자 이상 1명 이상 |
| 라. 「화재의 예방 및 안전관리에 관한 법률 시행령」 별표 4 제4호에 따른 3급 소방안전관리대상물 | 소방시설관리사 1명 이상 | 초급점검자 이상의 기술인력 2명 이상 |

3. 점검인력 1단위가 하루 동안 점검할 수 있는 특정소방대상물의 연면적(이하 "점검한도 면적"이라 한다)은 다음 각 목과 같다.
   가. 종합점검: 8,000㎡
   나. 작동점검: 10,000㎡
4. 점검인력 1단위에 보조 기술인력을 1명씩 추가할 때마다 종합점검의 경우에는 2,000㎡, 작동점검의 경우에는 2,500㎡씩을 점검한도 면적에 더한다. 다만, 하루에 2개 이상의 특정소방대상물을 배치할 경우 1일 점검 한도면적은 특정소방대상물별로 투입된 점검인력에 따른 점검 한도면적의 평균값으로 적용하여 계산한다.

-중략-

7. 제3호부터 제6호까지의 규정에도 불구하고 아파트등(공용시설, 부대시설 또는 복리시설은 포함하고, 아파트등이 포함된 복합건축물의 아파트등 외의 부분은 제외한다. 이하 이 표에서 같다)를 점검할 때에는 다음 각 목의 기준에 따른다.
   가. 점검인력 1단위가 하루 동안 점검할 수 있는 아파트등의 세대수(이하 "점검한도 세대수"라 한다)는 종합점검 및 작동점검에 관계없이 250세대로 한다.
   나. 점검인력 1단위에 보조 기술인력을 1명씩 추가할 때마다 60세대씩을 점검한도 세대수에 더한다.

## 007 점검 장비　　　　　　　　　　　답 ④

풍속 풍압계는 제연설비 점검시 필요한 장비이다.

### 📑 관련 개념 | 소방시설 점검 장비

| 소방시설 | 점검 장비 |
|---|---|
| 모든 소방시설 | 방수압력측정계, 절연저항계(절연저항측정기), 전류전압측정계 |
| 소화기구 | 저울 |
| 옥내소화전설비, 옥외소화전설비 | 소화전밸브압력계 |
| 스프링클러설비, 포소화설비 | 헤드결합렌치(볼트, 너트, 나사 등을 죄거나 푸는 공구) |
| 이산화탄소소화설비, 분말소화설비, 할론소화설비, 할로겐화합물 및 불활성기체 소화설비 | 검량계, 기동관누설시험기, 그 밖에 소화약제의 저장량을 측정할 수 있는 점검기구 |
| 자동화재탐지설비, 시각경보기 | 열감지기시험기, 연(煙)감지기시험기, 공기주입시험기, 감지기시험기연결막대, 음량계 |
| 누전경보기 | 누전계(누전전류 측정용) |
| 무선통신보조설비 | 무선기(통화시험용) |
| 제연설비 | 풍속풍압계, 폐쇄력측정기, 차압계(압력차 측정기) |
| 통로유도등, 비상조명등 | 조도계(밝기 측정기)(최소눈금이 0.1럭스 이하인 것) |

## 008 자체점검 결과　　　　　　　　　　답 ③

화재 수신기의 고장으로 화재경보음이 자동으로 울리지 않거나 화재 수신기와 연동된 소방시설의 작동이 불가능한 경우

### 📑 관련 개념 | 소화펌프 고장 등 대통령령으로 정하는 중대 위반사항

1. 소화펌프(가압송수장치를 포함한다. 이하 같다), 동력·감시 제어반 또는 소방시설용 전원(비상전원을 포함한다)의 고장으로 소방시설이 작동되지 않는 경우
2. 화재 수신기의 고장으로 화재경보음이 자동으로 울리지 않거나 화재 수신기와 연동된 소방시설의 작동이 불가능한 경우
3. 소화배관 등이 폐쇄·차단되어 소화수(消火水) 또는 소화약제가 자동 방출되지 않는 경우
4. 방화문 또는 자동방화셔터가 훼손되거나 철거되어 본래의 기능을 못하는 경우

## 009 | 자체점검 결과 공개  답 ④

자체점검 결과의 공개가 제3자의 법익을 침해하는 경우에는 제3자와 관련된 사실을 제외하고 공개해야 한다.

> 「소방시설 설치 및 관리에 관한 법률 시행령」 제36조 【자체점검 결과 공개】 ① 소방본부장 또는 소방서장은 법 제24조 제2항에 따라 자체점검 결과를 공개하는 경우 30일 이상 법 제48조에 따른 전산시스템 또는 인터넷 홈페이지 등을 통해 공개해야 한다.
> ② 소방본부장 또는 소방서장은 제1항에 따라 자체점검 결과를 공개하려는 경우 공개 기간, 공개 내용 및 공개 방법을 해당 특정소방대상물의 관계인에게 미리 알려야 한다.
> ③ 특정소방대상물의 관계인은 제2항에 따라 공개 내용 등을 통보받은 날부터 10일 이내에 관할 소방본부장 또는 소방서장에게 이의신청을 할 수 있다.
> ④ 소방본부장 또는 소방서장은 제3항에 따라 이의신청을 받은 날부터 10일 이내에 심사·결정하여 그 결과를 지체 없이 신청인에게 알려야 한다.
> ⑤ 자체점검 결과의 공개가 제3자의 법익을 침해하는 경우에는 제3자와 관련된 사실을 제외하고 공개해야 한다.

## 010 | 자체점검 결과의 조치  답 ④

자체점검결과 소방시설등을 구성하고 있는 기계·기구를 수리하거나 정비하는 경우 보고일로부터 10일 이내를 이행계획의 완료기간으로 정한다.

## 011 | 점검기록표  답 ③

자체점검 결과 보고를 마친 관계인은 ( ㉠ 관리업자 등 ), ( ㉡ 점검일시 ), ( ㉢ 점검자 ) 등 자체점검과 관련된 사항을 점검기록표에 기록하여 특정소방대상물의 출입자가 쉽게 볼 수 있는 장소에 게시하여야 한다.

> 「소방시설 설치 및 관리에 관한 법률」 제24조 【점검기록표 게시 등】 ① 제23조 제3항에 따라 자체점검 결과 보고를 마친 관계인은 관리업자등, 점검일시, 점검자 등 자체점검과 관련된 사항을 점검기록표에 기록하여 특정소방대상물의 출입자가 쉽게 볼 수 있는 장소에 게시하여야 한다. 이 경우 점검기록표의 기록 등에 필요한 사항은 행정안전부령으로 정한다.
> ② 소방본부장 또는 소방서장은 다음 각 호의 사항을 제48조에 따른 전산시스템 또는 인터넷 홈페이지 등을 통하여 국민에게 공개할 수 있다. 이 경우 공개 절차, 공개 기간 및 공개 방법 등 필요한 사항은 대통령령으로 정한다.
> 1. 자체점검 기간 및 점검자
> 2. 특정소방대상물의 정보 및 자체점검 결과
> 3. 그 밖에 소방본부장 또는 소방서장이 특정소방대상물을 이용하는 불특정다수인의 안전을 위하여 공개가 필요하다고 인정하는 사항

## 012 | 종합점검  답 ③

선지분석

① 소방시설등의 작동점검을 포함하여 소방시설등의 설비별 주요 구성 부품의 구조기준이 화재안전기준과 「건축법」 등 관련 법령에서 정하는 기준에 적합한 지 여부를 소방청장이 정하여 고시하는 소방시설등 종합점검표에 따라 점검하는 것을 종합점검이라 말하며, 소방시설이 새로 설치되는 경우 건축물을 사용하게 된 날부터 60일 이내에 점검하는 최초점검이라 한다.

② 물분무등소화설비[호스릴(hose reel) 방식의 물분무등소화설비만을 설치한 경우는 제외한다]가 설치된 연면적 5,000m² 이상인 특정소방대상물(제조소등은 제외한다)에서는 종합점검을 실시한다.

④ 종합점검의 대상에는 공공기관 중 연면적(터널·지하구의 경우 그 길이와 평균 폭을 곱하여 계산된 값을 말한다)이 1,000m² 이상인 것으로서 옥내소화전설비 또는 자동화재탐지설비가 설치된 것이 해당한다. 다만, 「소방기본법」 제2조 제5호에 따른 소방대가 근무하는 공공기관은 제외한다.

> **관련 개념 | 종합점검대상**
> 1. 스프링클러설비가 설치된 특정소방대상물
> 2. 물분무등소화설비[호스릴(Hose Reel) 방식의 물분무등소화설비만을 설치한 경우는 제외한다]가 설치된 연면적 5,000m² 이상인 특정소방대상물(위험물 제조소등은 제외한다)
> 3. 다중이용업의 영업장이 설치된 특정소방대상물로서 연면적이 2,000m² 이상인 것
> 4. 제연설비가 설치된 터널
> 5. 공공기관 중 연면적이 1,000m² 이상인 것으로서 옥내소화전설비 또는 자동화재탐지설비가 설치된 것. 다만, 「소방기본법」 제2조 제5호에 따른 소방대가 근무하는 공공기관은 제외한다.

| 04 | 소방시설관리사 및 소방시설관리업 | | | 92p |
|---|---|---|---|---|
| 001 ④ | 002 ② | 003 ② | 004 ③ | 005 ③ |
| 006 ④ | 007 ③ | 008 ② | 009 ④ | 010 ③ |
| 011 ① | 012 ② | 013 ① | | |

## 001 | 소방시설관리사  답 ④

시험위원 중 채점위원은 시험 과목별 5명 이내로 한다(제2차 시험의 경우로 한정한다).

> 「소방시설 설치 및 관리에 관한 법률 시행령」 제40조 【시험위원의 임명·위촉】 ① 소방청장은 법 제25조 제2항에 따라 관리사시험의 출제 및 채점을 위하여 다음 각 호의 어느 하나에 해당하는 사람 중에서 시험위원을 임명하거나 위촉해야 한다.
> 1. 소방 관련 분야의 박사학위를 취득한 사람
> 2. 대학에서 소방안전 관련 학과 조교수 이상으로 2년 이상 재직한 사람
> 3. 소방위 이상의 소방공무원

4. 소방시설관리사
5. 소방기술사
② 제1항에 따른 시험위원의 수는 다음 각 호의 구분에 따른다.
1. 출제위원: 시험 과목별 3명
2. 채점위원: 시험 과목별 5명 이내(제2차시험의 경우로 한정한다)
③ 제1항에 따라 시험위원으로 임명되거나 위촉된 사람은 소방청장이 정하는 시험문제 등의 출제 시 유의사항 및 서약서 등에 따른 준수사항을 성실히 이행해야 한다.
④ 제1항에 따라 임명되거나 위촉된 시험위원과 시험감독 업무에 종사하는 사람에게는 예산의 범위에서 수당과 여비를 지급할 수 있다.

## 002 | 소방시설관리사시험

답 ②

관리사 시험은 90일 전에 공고한다.

「소방시설 설치 및 관리에 관한 법률 시행령」제42조【시험의 시행 및 공고】① 관리사시험은 매년 1회 시행하는 것을 원칙으로 하되, 소방청장이 필요하다고 인정하는 경우에는 그 횟수를 늘리거나 줄일 수 있다.
② 소방청장은 관리사시험을 시행하려면 응시자격, 시험 과목, 일시·장소 및 응시절차 등을 모든 응시 희망자가 알 수 있도록 관리사시험 시행일 90일 전까지 인터넷 홈페이지에 공고해야 한다.
제44조【시험의 합격자 결정 등】① 제1차시험에서는 과목당 100점을 만점으로 하여 모든 과목의 점수가 40점 이상이고, 전 과목 평균 점수가 60점 이상인 사람을 합격자로 한다.
② 제2차시험에서는 과목당 100점을 만점으로 하되, 시험위원의 채점점수 중 최고점수와 최저점수를 제외한 점수가 모든 과목에서 40점 이상, 전 과목에서 평균 60점 이상인 사람을 합격자로 한다.
③ 소방청장은 제1항과 제2항에 따라 관리사시험 합격자를 결정했을 때에는 이를 인터넷 홈페이지에 공고해야 한다.

## 003 | 소방시설관리사 자격의 취소·정지

답 ②

소방시설관리증을 다른 사람에게 빌려주는 것은 취소 사유이다.

「소방시설 설치 및 관리에 관한 법률」제28조【자격의 취소·정지】소방청장은 관리사가 다음 각 호의 어느 하나에 해당할 때에는 행정안전부령으로 정하는 바에 따라 그 자격을 취소하거나 1년 이내의 기간을 정하여 그 자격의 정지를 명할 수 있다. 다만, 제1호, 제4호, 제5호 또는 제7호에 해당하면 그 자격을 취소하여야 한다.
1. 거짓이나 그 밖의 부정한 방법으로 시험에 합격한 경우
2. 「화재의 예방 및 안전관리에 관한 법률」제25조 제2항에 따른 대행인력의 배치기준·자격·방법 등 준수사항을 지키지 아니한 경우
3. 제22조에 따른 점검을 하지 아니하거나 거짓으로 한 경우
4. 제25조 제7항을 위반하여 소방시설관리사증을 다른 사람에게 빌려준 경우
5. 제25조 제8항을 위반하여 동시에 둘 이상의 업체에 취업한 경우
6. 제25조 제9항을 위반하여 성실하게 자체점검 업무를 수행하지 아니한 경우
7. 제27조 각 호의 어느 하나에 따른 결격사유에 해당하게 된 경우

## 004 | 소방시설관리업

답 ③

전문 소방시설관리업의 주된인력은 소방시설관리사 자격을 취득한 후 소방관련 실무경력이 5년 이상인 사람 1명 이상과 3년 이상인 사람 1명 이상이 주인력으로 필요하다.

관련 개념 | 소방시설관리업의 업종별 등록기준 및 영업범위

| 기술인력 등<br>업종별 | 기술인력 | 영업범위 |
|---|---|---|
| 전문<br>소방시설관리업 | • 주된 기술인력<br>　- 소방시설관리사 자격을 취득한 후 소방 관련 실무경력이 5년 이상인 사람 1명 이상<br>　- 소방시설관리사 자격을 취득한 후 소방 관련 실무경력이 3년 이상인 사람 1명 이상<br>• 보조 기술인력<br>　- 고급점검자 이상의 기술인력: 2명 이상<br>　- 중급점검자 이상의 기술인력: 2명 이상<br>　- 초급점검자 이상의 기술인력: 2명 이상 | 모든 특정소방대상물 |
| 일반<br>소방시설관리업 | • 주된 기술인력: 소방시설관리사 자격을 취득한 후 소방 관련 실무경력이 1년 이상인 사람 1명 이상<br>• 보조 기술인력<br>　- 중급점검자 이상의 기술인력: 1명 이상<br>　- 초급점검자 이상의 기술인력: 1명 이상 | 특정소방대상물 중 「화재의 예방 및 안전관리에 관한 법률 시행령」별표 4에 따른 1급, 2급, 3급 소방안전관리대상물 |

## 005 | 소방시설관리업의 등록기준 및 영업범위

답 ③

일반 소방시설관리업의 보조 기술인력은 중급점검자 이상의 기술인력 1명 이상, 초급점검자 이상의 기술인력 1명 이상이다.

## 006 | 소방시설관리업 등록사항의 변경신고

답 ④

변경신고에 따른 발급기한은 5일이다.

「소방시설 설치 및 관리에 관한 법률 시행규칙」제33조【등록사항의 변경신고 사항】법 제31조에서 "행정안전부령으로 정하는 중요사항"이란 다음 각 호의 어느 하나에 해당하는 사항을 말한다.
1. 명칭·상호 또는 영업소 소재지
2. 대표자
3. 기술인력

제34조【등록사항의 변경신고 등】① 관리업자는 등록사항 중 제33조 각 호의 사항이 변경됐을 때에는법 제31조에 따라 변경일부터 30일 이내에 별지 제26호 서식의 소방시설관리업 등록사항 변경신고서(전자문서로 된 신고서를 포함한다)에 그 변경사항별로 다음 각 호의 구분에 따른 서류(전자문서를 포함한다)를 첨부하여 시·도지사에게 제출해야 한다.
1. 명칭·상호 또는 영업소 소재지가 변경된 경우: 소방시설관리업 등록증 및 등록수첩
2. 대표자가 변경된 경우: 소방시설관리업 등록증 및 등록수첩
3. 기술인력이 변경된 경우
    가. 소방시설관리업 등록수첩
    나. 변경된 기술인력의 기술자격증(경력수첩을 포함한다)
    다. 별지 제21호 서식의 소방기술인력대장
② 제1항에 따라 신고서를 제출받은 담당 공무원은「전자정부법」제36조 제1항에 따라 법인등기부 등본(법인인 경우만 해당한다), 사업자등록증(개인인 경우만 해당한다) 및 국가기술자격증을 확인해야 한다. 다만, 신고인이 확인에 동의하지 않는 경우에는 이를 첨부하도록 해야 한다.
③ 시·도지사는 제1항에 따라 변경신고를 받은 경우 5일 이내에 소방시설관리업 등록증 및 등록수첩을 새로 발급하거나 제1항에 따라 제출된 소방시설관리업 등록증 및 등록수첩과 기술인력의 기술자격증(경력수첩을 포함한다)에 그 변경된 사항을 적은 후 내주어야 한다. 이 경우별지 제24호 서식의 소방시설관리 등록대장에 변경사항을 기록하고 관리해야 한다.

## 007 | 소방시설관리업의 운영        답 ③

등록취소는 해당하지 않는다.

「소방시설 설치 및 관리에 관한 법률」제33조【관리업의 운영】① 관리업자는 이 법이나 이 법에 따른 명령 등에 맞게 소방시설등을 점검하거나 관리하여야 한다.
② 관리업자는 관리업의 등록증이나 등록수첩을 다른 자에게 빌려주거나 빌려서는 아니 되며, 이를 알선하여서도 아니 된다.
③ 관리업자는 다음 각 호의 어느 하나에 해당하는 경우에는「화재의 예방 및 안전관리에 관한 법률」제25조에 따라 소방안전관리업무를 대행하게 하거나 제22조 제1항에 따라 소방시설등의 점검업무를 수행하게 한 특정소방대상물의 관계인에게 지체 없이 그 사실을 알려야 한다.
1. 제32조에 따라 관리업자의 지위를 승계한 경우
2. 제35조 제1항에 따라 관리업의 등록취소 또는 영업정지 처분을 받은 경우
3. 휴업 또는 폐업을 한 경우
④ 관리업자는 제22조 제1항 및 제2항에 따라 자체점검을 하거나「화재의 예방 및 안전관리에 관한 법률」제25조에 따른 소방안전관리업무를 하는 때에는 행정안전부령으로 정하는 바에 따라 소속 기술인력을 참여시켜야 한다.
⑤ 제35조 제1항에 따라 등록취소 또는 영업정지 처분을 받은 관리업자는 그 날부터 소방안전관리업무를 대행하거나 소방시설등에 대한 점검을 하여서는 아니 된다. 다만, 영업정지처분의 경우 도급계약이 해지되지 아니한 때에는 대행 또는 점검 중에 있는 특정소방대상물의 소방안전관리업무 대행과 자체점검은 할 수 있다.

## 008 | 소방시설관리업의 등록 취소        답 ②

ㄱ, ㄹ은 즉시 취소사유에 해당한다.

선지분석
ㄴ, ㄷ. 6개월 이내의 기간을 정하여 이의 시정이나 그 영업의 정지를 명할 수 있는 사유이다.

「소방시설 설치 및 관리에 관한 법률」제35조【등록의 취소와 영업정지 등】① 시·도지사는 관리업자가 다음 각 호의 어느 하나에 해당하는 경우에는 행정안전부령으로 정하는 바에 따라 그 등록을 취소하거나 6개월 이내의 기간을 정하여 이의 시정이나 그 영업의 정지를 명할 수 있다. 다만, 제1호·제4호 또는 제5호에 해당할 때에는 등록을 취소하여야 한다.
1. 거짓이나 그 밖의 부정한 방법으로 등록을 한 경우
2. 제22조에 따른 점검을 하지 아니하거나 거짓으로 한 경우
3. 제29조 제2항에 따른 등록기준에 미달하게 된 경우
4. 결격사유에 해당하게 된 경우. 다만, 제30조 제5호에 해당하는 법인으로서 결격사유에 해당하게 된 날부터 2개월 이내에 그 임원을 결격사유가 없는 임원으로 바꾸어 선임한 경우는 제외한다.
5. 제33조 제2항을 위반하여 등록증 또는 등록수첩을 빌려준 경우
6. 제34조 제1항에 따른 점검능력 평가를 받지 아니하고 자체점검을 한 경우

## 009 | 소방시설관리업 등록증 및 등록수첩 반납        답 ④

관리업의 소재지를 옮겼을때는 변경신고를 해야 한다

「소방시설 설치 및 관리에 관한 법률 시행규칙」제32조【소방시설관리업의 등록증·등록수첩의 재발급 및 반납】① 관리업자는 소방시설관리업 등록증 또는 등록수첩을 잃어버렸거나 소방시설관리업등록증 또는 등록수첩이 헐어 못 쓰게 된 경우에는 법 제29조 제3항에 따라 시·도지사에게 소방시설관리업 등록증 또는 등록수첩의 재발급을 신청할 수 있다.
② 관리업자는 제1항에 따라 재발급을 신청하는 경우에는 별지 제25호 서식의 소방시설관리업 등록증(등록수첩) 재발급 신청서(전자문서로 된 신청서를 포함한다)에 못 쓰게 된 소방시설관리업 등록증 또는 등록수첩(잃어버린 경우는 제외한다)을 첨부하여 시·도지사에게 제출해야 한다.
③ 시·도지사는 제2항에 따른 재발급 신청서를 제출받은 경우에는 3일 이내에 소방시설관리업 등록증 또는 등록수첩을 재발급해야 한다.
④ 관리업자는 다음 각 호의 어느 하나에 해당하는 경우에는 지체 없이 시·도지사에게 그 소방시설관리업 등록증 및 등록수첩을 반납해야 한다.
1. 법 제35조에 따라 등록이 취소된 경우
2. 소방시설관리업을 폐업한 경우
3. 제1항에 따라 재발급을 받은 경우. 다만, 등록증 또는 등록수첩을 잃어버리고 재발급을 받은 경우에는 이를 다시 찾은 경우로 한정한다.

## 010 | 점검능력의 평가 및 공시        답 ③

자본금은 소방시설업에서 나오고 관리업에서는 실적, 기술력, 경력, 신인도로 평가한다.

📋 관련 개념 | 검점능력 평가의 항목
1. 실적
    ⓐ 점검실적(법 제22조 제1항에 따른 소방시설등에 대한 자체점검 실적을 말한다). 이 경우 점검실적(제37조 제1항 제1호 나목 및 다목에 따른 점검실적은 제외한다)은 제20조 제1항 및 별표 4에 따른 점검인력 배치기준에 적합한 것으로 확인된 것만 인정한다.
    ⓑ 대행실적(「화재의 예방 및 안전관리에 관한 법률」제25조 제1항에 따라 소방안전관리 업무를 대행하여 수행한 실적을 말한다)
2. 기술력
3. 경력
4. 신인도

## 011 | 점검능력의 평가 및 공시
답 ①

점검능력 평가 및 공시방법, 수수료 등 필요한 사항은 행정안전부령으로 정한다.

> **「소방시설 설치 및 관리에 관한 법률」 제34조【점검능력 평가 및 공시 등】** ① 소방청장은 특정소방대상물의 관계인이 적정한 관리업자를 선정할 수 있도록 하기 위하여 관리업자의 신청이 있는 경우 해당 관리업자의 점검능력을 종합적으로 평가하여 공시하여야 한다.
> ② 제1항에 따라 점검능력 평가를 신청하려는 관리업자는 소방시설등의 점검실적을 증명하는 서류 등을 행정안전부령으로 정하는 바에 따라 소방청장에게 제출하여야 한다.
> ③ 제1항에 따른 점검능력 평가 및 공시방법, 수수료 등 필요한 사항은 행정안전부령으로 정한다.
> ④ 소방청장은 제1항에 따른 점검능력을 평가하기 위하여 관리업자의 기술인력, 장비 보유현황, 점검실적 및 행정처분 이력 등 필요한 사항에 대하여 데이터베이스를 구축·운영할 수 있다.

## 012 | 소방시설관리업의 행정처분 기준
답 ②

소상공인에 대한 감경은 영업취소인 경우 3개월의 영업정지 처분으로 감경할 수 있다.

> 📝 **관련 개념 | 감경사유**
> 1. 위반행위가 사소한 부주의나 오류 등 과실로 인한 것으로 인정되는 경우
> 2. 위반의 내용·정도가 경미하여 관계인에게 미치는 피해가 적다고 인정되는 경우
> 3. 위반 행위자가 처음 해당 위반행위를 한 경우로서 5년 이상 소방시설관리사의 업무, 소방시설관리업 등을 모범적으로 해 온 사실이 인정되는 경우
> 4. 그 밖에 다음의 경미한 위반사항에 해당되는 경우
>    ⓐ 스프링클러설비 헤드가 살수반경에 미치지 못하는 경우
>    ⓑ 자동화재탐지설비 감지기 2개 이하가 설치되지 않은 경우
>    ⓒ 유도등이 일시적으로 점등되지 않는 경우
>    ⓓ 유도표지가 정해진 위치에 붙어 있지 않은 경우

> 📝 **관련 개념 | 행정처분기준(일반기준)**
> 처분권자는 고의 또는 중과실이 없는 위반행위자가 「소상공인기본법」 제2조에 따른 소상공인인 경우에는 다음의 사항을 고려하여 개별기준에 따른 처분을 감경할 수 있다. 이 경우 그 처분이 영업정지인 경우에는 그 처분기준의 100분의 70 범위에서 감경할 수 있고, 그 처분이 등록취소(법 제35조 제1항 제1호·제4호·제5호를 위반하여 등록취소된 경우는 제외한다)인 경우에는 3개월의 영업정지 처분으로 감경할 수 있다. 다만, 감경과 중복하여 적용하지 않는다.
> 1. 해당 행정처분으로 위반행위자가 더 이상 영업을 영위하기 어렵다고 객관적으로 인정되는지 여부
> 2. 경제위기 등으로 위반행위자가 속한 시장·산업 여건이 현저하게 변동되거나 지속적으로 악화된 상태인지 여부

## 013 | 과징금 처분
답 ①

과징금처분은 영업정지처분에 갈음하여 하는 처분이다. 관리업자가 등록증 또는 등록수첩을 빌려준 경우는 취소해야 하는 사유기 때문에 과징금 처분으로 갈음할 수 없다.

---

## 05 | 소방용품의 품질관리
97p

| 001 ④ | 002 ④ | 003 ① | 004 ② | 005 ① |
|---|---|---|---|---|
| 006 ① | | | | |

## 001 | 소방용품의 형식승인
답 ④

> **「소방시설 설치 및 관리에 관한 법률」 제37조【소방용품의 형식승인 등】** ② 제1항에 따른 형식승인을 받으려는 자는 행정안전부령으로 정하는 기준에 따라 형식승인을 위한 시험시설을 갖추고 소방청장의 심사를 받아야 한다. 다만, 소방용품을 수입하는 자가 판매를 목적으로 하지 아니하고 자신의 건축물에 직접 설치하거나 사용하려는 경우 등행정안전부령으로 정하는 경우에는 시험시설을 갖추지 아니할 수 있다.
> ③ 제1항과 제2항에 따라 형식승인을 받은 자는 그 소방용품에 대하여 소방청장이 실시하는 제품검사를 받아야 한다.
> ⑦ 소방청장, 소방본부장 또는 소방서장은 제6항을 위반한 소방용품에 대하여는 그 제조자·수입자·판매자 또는 시공자에게 수거·폐기 또는 교체 등행정안전부령으로 정하는 필요한 조치를 명할 수 있다.
>
> -중략-
>
> ⑧ 소방청장은 소방용품의 작동기능, 제조방법, 부품 등이 제5항에 따라소방청장이 고시하는형식승인 및 제품검사의 기술기준에서 정하고 있는 방법이 아닌 새로운 기술이 적용된 제품의 경우에는 관련 전문가의 평가를 거쳐행정안전부령으로 정하는 바에 따라 제4항에 따른 방법 및 절차와 다른 방법 및 절차로 형식승인을 할 수 있으며, 외국의 공인기관으로부터 인정받은 신기술 제품은 형식승인을 위한 시험 중 일부를 생략하여 형식승인을 할 수 있다.

## 002 | 소방용품의 형식승인
답 ④

대통령령으로 정하는 소방용품을 제조하거나 수입하려는 자는 소방청장의 형식승인을 받아야 한다. 다만, 연구개발 목적으로 제조하거나 수입하는 소방용품은 그러하지 아니하다.

> **「소방시설 설치 및 관리에 관한 법률」 제37조【소방용품의 형식승인 등】** ① 대통령령으로 정하는 소방용품을 제조하거나 수입하려는 자는 소방청장의 형식승인을 받아야 한다. 다만, 연구개발 목적으로 제조하거나 수입하는 소방용품은 그러하지 아니하다.
> ② 제1항에 따른 형식승인을 받으려는 자는 행정안전부령으로 정하는 기준에 따라 형식승인을 위한 시험시설을 갖추고 소방청장의 심사를 받아야 한다. 다만, 소방용품을 수입하는 자가 판매를 목적으로 하지 아니하고 자신의 건축물에 직접 설치하거나 사용하려는 경우 등 행정안전부령으로 정하는 경우에는 시험시설을 갖추지 아니할 수 있다.
> ③ 제1항과 제2항에 따라 형식승인을 받은 자는 그 소방용품에 대하여 소방청장이 실시하는 제품검사를 받아야 한다.
> ④ 제1항에 따른 형식승인의 방법·절차 등과 제3항에 따른 제품검사의 구분·방법·순서·합격표시 등에 관한 사항은 행정안전부령으로 정한다.
> ⑤ 소방용품의 형상·구조·재질·성분·성능 등 (이하 "형상 등"이라 한다)의 형식승인 및 제품검사의 기술기준 등에 관한 사항은 소방청장이 정하여 고시한다.
> ⑥ 누구든지 다음 각 호의 어느 하나에 해당하는 소방용품을 판매하거나 판매 목적으로 진열하거나 소방시설공사에 사용할 수 없다
> 1. 형식승인을 받지 아니한 것
> 2. 형상 등을 임의로 변경한 것
> 3. 제품검사를 받지 아니하거나 합격표시를 하지 아니한 것

## 003 | 소방용품의 형식승인과 성능인증    답 ①

- 하나의 형식승인에 두 가지 이상의 형식승인 사항 또는 성능인증 사항이 결합된 경우에는 두 가지 이상의 형식승인 또는 형식승인과 성능인증 시험을 함께 실시하고 하나의 형식승인 또는 성능인증을 할 수 있다.
- 하나의 소방용품에 두 가지 이상의 형식승인 사항 또는 형식승인과 성능인증 사항이 결합된 경우에는 두 가지 이상의 형식승인 또는 형식승인과 성능인증 시험을 함께 실시하고 하나의 형식승인을 할 수 있다.
- 하나의 소방용품에 성능인증 사항이 두 가지 이상 결합된 경우에는 해당 성능인증 시험을 모두 실시하고 하나의 성능인증을 할 수 있다.

## 004 | 우수품질 제품에 대한 인증    답 ②

우수품질인증의 유효기간은 5년의 범위에서 행정안전부령으로 정한다.

> 「소방시설 설치 및 관리에 관한 법률」 제43조 【우수품질 제품에 대한 인증】 ① 소방청장은 제37조에 따른 형식승인의 대상이 되는 소방용품 중 품질이 우수하다고 인정하는 소방용품에 대하여 인증(이하 "우수품질인증"이라 한다)을 할 수 있다.
> ② 우수품질인증을 받으려는 자는 행정안전부령으로 정하는 바에 따라 소방청장에게 신청하여야 한다.
> ③ 우수품질인증을 받은 소방용품에는 우수품질인증 표시를 할 수 있다.
> ④ 우수품질인증의 유효기간은 5년의 범위에서 행정안전부령으로 정한다.
> ⑤ 소방청장은 다음 각 호의 어느 하나에 해당하는 경우에는 우수품질인증을 취소할 수 있다. 다만, 제1호에 해당하는 경우에는 우수품질인증을 취소하여야 한다.
> 1. 거짓이나 그 밖의 부정한 방법으로 우수품질인증을 받은 경우
> 2. 우수품질인증을 받은 제품이 「발명진흥법」 제2조 제4호에 따른 산업재산권 등 타인의 권리를 침해하였다고 판단되는 경우
> ⑥ 제1항부터 제5항까지에서 규정한 사항 외에 우수품질인증을 위한 기술기준, 제품의 품질관리 평가, 우수품질인증의 갱신, 수수료, 인증표시 등 우수품질인증에 필요한 사항은 행정안전부령으로 정한다.

## 005 | 우수품질 제품에 대한 인증    답 ①

ㄱ. 중앙행정기관과 ㄴ. 지방자치단체가 해당한다.

> 「소방시설 설치 및 관리에 관한 법률」 제44조 【우수품질인증 소방용품에 대한 지원 등】 다음 각 호의 어느 하나에 해당하는 기관 및 단체는 건축물의 신축·증축 및 개축 등으로 소방용품을 변경 또는 신규 비치하여야 하는 경우 우수품질인증 소방용품을 우선 구매·사용하도록 노력하여야 한다.
> 1. 중앙행정기관
> 2. 지방자치단체
> 3. 「공공기관의 운영에 관한 법률」 제4조에 따른 공공기관(이하 "공공기관"이라 한다)
> 4. 그 밖에 대통령령으로 정하는 기관

## 006 | 소방용품의 수집검사    답 ①

소방용품의 품질관리를 위하여 필요하다고 인정할 때에는 유통 중인 소방용품을 수집하여 검사할 수 있는 자는 소방청장이다.

> 「소방시설 설치 및 관리에 관한 법률」 제45조 【소방용품의 제품검사 후 수집검사 등】 ① 소방청장은 소방용품의 품질관리를 위하여 필요하다고 인정할 때에는 유통 중인 소방용품을 수집하여 검사할 수 있다.
> ② 소방청장은 제1항에 따른 수집검사 결과 행정안전부령으로 정하는 중대한 결함이 있다고 인정되는 소방용품에 대하여는 그 제조자 및 수입자에게 행정안전부령으로 정하는 바에 따라 회수·교환·폐기 또는 판매중지를 명하고, 형식승인 또는 성능인증을 취소할 수 있다.
> ③ 제2항에 따라 소방용품의 회수·교환·폐기 또는 판매중지 명령을 받은 제조자 및 수입자는 해당 소방용품이 이미 판매되어 사용 중인 경우 행정안전부령으로 정하는 바에 따라 구매자에게 그 사실을 알리고 회수 또는 교환 등 필요한 조치를 하여야 한다.
> ④ 소방청장은 제2항에 따라 회수·교환·폐기 또는 판매중지를 명하거나 형식승인 또는 성능인증을 취소한 때에는 행정안전부령으로 정하는 바에 따라 그 사실을 소방청 홈페이지 등에 공표하여야 한다.

---

| 06 | 보칙 | | | 99p |
|---|---|---|---|---|
| 001 ③ | 002 ④ | 003 ② | 004 ③ | 005 ③ |
| 006 ② | | | | |

## 001 | 청문    답 ③

옳은 것은 ㄴ, ㄷ, ㅁ이다.

> 📖 관련 개념 | 청문을 실시하는 사유
> 1. 관리사 자격의 취소 및 정지
> 2. 관리업의 등록취소 및 영업정지
> 3. 소방용품의 형식승인 취소 및 제품검사 중지
> 4. 성능인증의 취소
> 5. 우수품질인증의 취소
> 6. 전문기관의 지정취소 및 업무정지

## 002 | 권한 및 업무의 위임·위탁    답 ④

소방시설관리사증의 발급·재발급은 소방청장이 소방기술과 관련된 법인 또는 단체에 위탁할 수 있다.

> 「소방시설 설치 및 관리에 관한 법률」 제50조 【권한 또는 업무의 위임·위탁 등】 ① 이 법에 따른 소방청장 또는 시·도지사의 권한은 대통령령으로 정하는 바에 따라 그 일부를 소속 기관의 장, 시·도지사, 소방본부장 또는 소방서장에게 위임할 수 있다.
> ② 소방청장은 다음 각 호의 업무를 「소방산업의 진흥에 관한 법률」 제14조에 따른 한국소방산업기술원(이하 "기술원"이라 한다)에 위탁할 수 있다. 이 경우 소방청장은 기술원에 소방시설 및 소방용품에 관한 기술개발·연구 등에 필요한 경비의 일부를 보조할 수 있다.

1. 제21조에 따른 방염성능검사 중 대통령령으로 정하는 검사
2. 제37조 제1항·제2항 및 제8항부터 제10항까지의 규정에 따른 소방용품의 형식승인
3. 제38조에 따른 형식승인의 변경승인
4. 제39조 제1항에 따른 형식승인의 취소
5. 제40조 제1항·제6항에 따른 성능인증 및 제42조에 따른 성능인증의 취소
6. 제41조에 따른 성능인증의 변경인증
7. 제43조에 따른 우수품질인증 및 그 취소
③ 소방청장은 제37조 제3항 및 제40조 제2항에 따른 제품검사 업무를 기술원 또는 전문기관에 위탁할 수 있다.
④ 제2항 및 제3항에 따라 위탁받은 업무를 수행하는 기술원 및 전문기관이 갖추어야 하는 시설기준 등에 관하여 필요한 사항은 행정안전부령으로 정한다.
⑤ 소방청장은 다음 각 호의 업무를 대통령령으로 정하는 바에 따라 소방기술과 관련된 법인 또는 단체에 위탁할 수 있다.
1. 표준자체점검비의 산정 및 공표
2. 제25조 제5항 및 제6항에 따른 소방시설관리사증의 발급·재발급
3. 제34조 제1항에 따른 점검능력 평가 및 공시
4. 제34조 제4항에 따른 데이터베이스 구축·운영

## 003 | 권한 및 업무의 위임·위탁　　답 ②

설치 현장 방염성능검사는 시·도지사의 업무이다.

## 004 | 조치명령등의 연기신청　　답 ③

연기신청은 보통 3일인데 「소방시설 설치 및 관리에 관한 법률」상 조치명령등의 연기신청은 5일 전 신청 및 3일 이내 통지이다.

> 「소방시설 설치 및 관리에 관한 법률 시행규칙」 제42조 【조치명령 등의 연기 신청】 ① 법 제54조 제1항에 따라 조치명령 또는 이행명령(이하 "조치명령등"이라 한다)의 연기를 신청하려는 관계인 등은 영 제49조 제2항에 따라 조치명령등의 이행기간 만료일 5일 전까지 별지 제33호 서식에 따른 조치명령등의 연기신청서(전자문서로 된 신청서를 포함한다)에 조치명령등을 그 기간 내에 이행할 수 없음을 증명할 수 있는 서류(전자문서를 포함한다)를 첨부하여 소방청장, 소방본부장 또는 소방서장에게 제출해야 한다.
> ② 제1항에 따른 신청서를 제출받은 소방청장, 소방본부장 또는 소방서장은 신청받은 날부터 3일 이내에 조치명령등의 연기 신청 승인 여부를 결정하여 별지 제34호 서식의 조치명령등의 연기 통지서를 관계인 등에게 통지해야 한다.

## 005 | 규제의 재검토　　답 ③

소방청장은 3년마다 타당성을 검토하여 개선 등의 조치를 해야 한다.

> 「소방시설 설치 및 관리에 관한 법률 시행령」 제51조 【규제의 재검토】 소방청장은 다음 각 호의 사항에 대하여 해당 호에서 정하는 날을 기준일로 하여 3년마다(매 3년이 되는 해의 기준일과 같은 날 전까지를 말한다) 그 타당성을 검토하여 개선 등의 조치를 해야 한다.

## 006 | 위반행위의 신고 및 신고포상금의 지급　　답 ②

신고포상금의 지급은 소방본부장, 소방서장이 한다.

> 「소방시설 설치 및 관리에 관한 법률」 제55조 【위반행위의 신고 및 신고포상금의 지급】 ① 누구든지 소방본부장 또는 소방서장에게 다음 각 호의 어느 하나에 해당하는 행위를 한 자를 신고할 수 있다.
> 1. 제12조 제1항을 위반하여 소방시설을 설치 또는 관리한 자
> 2. 제12조 제3항을 위반하여 폐쇄·차단 등의 행위를 한 자
> 3. 제16조 제1항 각 호의 어느 하나에 해당하는 행위를 한 자
> ② 소방본부장 또는 소방서장은 제1항에 따른 신고를 받은 경우 신고 내용을 확인하여 이를 신속하게 처리하고, 그 처리결과를 행정안전부령으로 정하는 방법 및 절차에 따라 신고자에게 통지하여야 한다.
> ③ 소방본부장 또는 소방서장은 제1항에 따른 신고를 한 사람에게 예산의 범위에서 포상금을 지급할 수 있다.
> ④ 제3항에 따른 신고포상금의 지급대상, 지급기준, 지급절차 등에 필요한 사항은 시·도의 조례로 정한다.

| 07 | 벌칙 | | | 101p |
|---|---|---|---|---|
| 001 ④ | 002 ④ | 003 ③ | 004 ④ | |

## 001 | 벌칙　　답 ④

소방시설관리사증을 대여한 경우 1년 이하의 징역 또는 1천만원 이하의 벌금에 처한다.

## 002 | 과태료 부과대상　　답 ④

방염성능검사 거짓시료 제출은 300만원 벌금에 처한다.

## 003 | 벌칙의 기준　　답 ③

**선지분석**
①②④ 1년 이하의 징역 또는 1천만원 이하의 벌금에 해당한다.
③ 300만원 이하의 벌금에 해당한다.

## 004 | 과태료 부과권자　　답 ④

「소방시설 설치 및 관리에 관한 법률」상 과태료는 대통령령으로 정하는 바에 따라 소방청장, 시·도지사, 소방본부장 또는 소방서장이 부과·징수한다.

# PART 3 화재의 예방 및 안전관리에 관한 법률

## 01 총칙 104p

001 ②    002 ③    003 ④

### 001 용어의 정의 답 ②

화재예방안전진단에 대한 내용이다.

### 002 용어의 정의 답 ③

화재안전조사에 대한 설명이다.

> **📒 관련 개념 | 화재예방안전진단(법 제1조)**
>
> "화재예방안전진단"이란 화재가 발생할 경우 사회·경제적으로 피해
> 규모가 클 것으로 예상되는 소방대상물에 대하여 화재위험요인을 조
> 사하고 그 위험성을 평가하여 개선대책을 수립하는 것을 말한다.

### 003 용어의 정의 답 ④

**선지분석**
① "안전관리"란 화재로 인한 피해를 최소화하기 위한 예방, 대
비, 복구(대응) 등의 활동을 말한다.
② "화재예방강화지구"란 소방관서장(시·도지사)이 화재발생
우려가 크거나 화재가 발생할 경우 피해가 클 것으로 예상
되는 지역에 대하여 화재의 예방 및 안전관리를 강화하기
위해 지정·관리하는 지역을 말한다.
③ "화재안전조사"란 시·도지사(소방관서장)가 소방대상물, 관
계지역 또는 관계인에 대하여 소방시설등이 소방 관계 법령
에 적합하게 설치·관리되고 있는지, 소방대상물에 화재의
발생 위험이 있는지 등을 확인하기 위하여 실시하는 현장조
사·문서열람·보고요구 등을 하는 활동을 말한다.

## 02 화재의 예방 및 안전관리 기본계획의 수립·시행 106p

001 ②    002 ③    003 ②    004 ④

### 001 화재의 예방 및 안전관리 기본계획 답 ②

기본계획은 대통령령으로 정하는 바에 따라 소방청장이 관계
중앙행정기관의 장과 협의하여 수립한다.

---

「화재의 예방 및 안전관리에 관한 법률」 제4조 【화재의 예방 및 안
전관리 기본계획 등의 수립·시행】 ① 소방청장은 화재예방정책
을 체계적·효율적으로 추진하고 이에 필요한 기반 확충을 위하여
화재의 예방 및 안전관리에 관한 기본계획(이하 "기본계획"이라 한
다)을 5년마다 수립·시행하여야 한다.
② 기본계획은 대통령령으로 정하는 바에 따라 소방청장이 관계
중앙행정기관의 장과 협의하여 수립한다.
③ 기본계획에는 다음 각 호의 사항이 포함되어야 한다.
1. 화재예방정책의 기본목표 및 추진방향
2. 화재의 예방과 안전관리를 위한 법령·제도의 마련 등 기반 조성
3. 화재의 예방과 안전관리를 위한 대국민 교육·홍보
4. 화재의 예방과 안전관리 관련 기술의 개발·보급
5. 화재의 예방과 안전관리 관련 전문인력의 육성·지원 및 관리
6. 화재의 예방과 안전관리 관련 산업의 국제경쟁력 향상
7. 그 밖에 대통령령으로 정하는 화재의 예방과 안전관리에 필요한
   사항
④ 소방청장은 기본계획을 시행하기 위하여 매년 시행계획을 수
립·시행하여야 한다.
⑤ 소방청장은 제1항 및 제4항에 따라 수립된 기본계획과 시행계획
을 관계 중앙행정기관의 장과 시·도지사에게 통보하여야 한다.

### 002 화재의 예방 및 안전관리 기본계획 답 ③

옳은 것은 ㄱ, ㄴ, ㄷ이다.

**선지분석**
ㄹ. 소방기본법의 종합계획 포함사항이다.

---

「화재의 예방 및 안전관리에 관한 법률」 제4조 【화재의 예방 및 안
전관리 기본계획 등의 수립·시행】 ① 소방청장은 화재예방정책
을 체계적·효율적으로 추진하고 이에 필요한 기반 확충을 위하여
화재의 예방 및 안전관리에 관한 기본계획(이하 "기본계획"이라 한
다)을 5년마다 수립·시행하여야 한다.
② 기본계획은 대통령령으로 정하는 바에 따라 소방청장이 관계
중앙행정기관의 장과 협의하여 수립한다.
③ 기본계획에는 다음 각 호의 사항이 포함되어야 한다.
1. 화재예방정책의 기본목표 및 추진방향
2. 화재의 예방과 안전관리를 위한 법령·제도의 마련 등 기반 조성
3. 화재의 예방과 안전관리를 위한 대국민 교육·홍보
4. 화재의 예방과 안전관리 관련 기술의 개발·보급
5. 화재의 예방과 안전관리 관련 전문인력의 육성·지원 및 관리
6. 화재의 예방과 안전관리 관련 산업의 국제경쟁력 향상
7. 그 밖에 대통령령으로 정하는 화재의 예방과 안전관리에 필요한
   사항

## 003 실태조사　　　답 ②

실태조사는 조사 실시 7일전까지 조사대상자에게 알려야 한다.

> 「화재의 예방 및 안전관리에 관한 법률 시행규칙」 제2조 【실태조사의 방법 및 절차 등】 ① 「화재의 예방 및 안전관리에 관한 법률」 (이하 "법"이라 한다) 제5조 제항에 따른 실태조사는 통계조사, 문헌조사 또는 현장조사의 방법으로 하며, 정보통신망 또는 전자적인 방식을 사용할 수 있다.
> ② 소방청장은 제1항에 따른 실태조사를 실시하려는 경우 실태조사 시작 7일 전까지 조사 일시, 조사 사유 및 조사 내용 등을 포함한 조사계획을 조사대상자에게 서면 또는 전자우편 등의 방법으로 미리 알려야 한다.
> ③ 관계 공무원 및 제4항에 따라 실태조사를 의뢰받은 관계 전문가 등이 실태조사를 위하여 소방대상물에 출입할 때에는 그 권한 또는 자격을 표시하는 증표를 지니고 이를 관계인에게 내보여야 한다.
> ④ 소방청장은 실태조사를 전문연구기관·단체나 관계 전문가에게 의뢰하여 실시할 수 있다.
> ⑤ 소방청장은 실태조사의 결과를 인터넷 홈페이지 등에 공표할 수 있다.
> ⑥ 제1항부터 제5항까지에서 규정한 사항 외에 실태조사 방법 및 절차 등에 관하여 필요한 사항은 소방청장이 정한다.

## 004 실태조사　　　답 ④

소방대상물의 개구부 설치현황은 포함되지 않는다.

> 「화재의 예방 및 안전관리에 관한 법률」 제5조 【실태조사】 ① 소방청장은 기본계획 및 시행계획의 수립·시행에 필요한 기초자료를 확보하기 위하여 다음 각 호의 사항에 대하여 실태조사를 할 수 있다. 이 경우 관계 중앙행정기관의 장의 요청이 있는 때에는 합동으로 실태조사를 할 수 있다.
> 1. 소방대상물의 용도별·규모별 현황
> 2. 소방대상물의 화재의 예방 및 안전관리 현황
> 3. 소방대상물의 소방시설등 설치·관리 현황
> 4. 그 밖에 기본계획 및 시행계획의 수립·시행을 위하여 필요한 사항
> ② 소방청장은 소방대상물의 현황 등 관련 정보를 보유·운용하고 있는 관계 중앙행정기관의 장, 지방자치단체의 장, 「공공기관의 운영에 관한 법률」 제4조에 따른 공공기관(이하 "공공기관"이라 한다)의 장 또는 관계인 등에게 제항에 따른 실태조사에 필요한 자료의 제출을 요청할 수 있다. 이 경우 자료 제출을 요청받은 자는 특별한 사유가 없으면 이에 따라야 한다.
> ③ 제항에 따른 실태조사의 방법 및 절차 등에 필요한 사항은 행정안전부령으로 정한다.

| 03 | 화재안전조사 | | | 108p |
|---|---|---|---|---|
| 001 ② | 002 ② | 003 ③ | 004 ③ | 005 ④ |
| 006 ③ | 007 ④ | 008 ① | 009 ① | 010 ④ |
| 011 ② | | | | |

## 001 화재안전조사의 방법 및 절차　　　답 ②

긴급하게 조사할 필요가 있거나 조사목적을 달성 할 수 없는 경우는 공개하지 않아도 된다.

> 「화재의 예방 및 안전관리에 관한 법률」 제8조 【화재안전조사의 방법·절차 등】 ① 소방관서장은 화재안전조사를 조사의 목적에 따라 제7조 제2항에 따른 화재안전조사의 항목 전체에 대하여 종합적으로 실시하거나 특정 항목에 한정하여 실시할 수 있다.
> ② 소방관서장은 화재안전조사를 실시하려는 경우 사전에 관계인에게 조사대상, 조사기간 및 조사사유 등을 우편, 전화, 전자메일 또는 문자전송 등을 통하여 통지하고 이를 대통령령으로 정하는 바에 따라 인터넷 홈페이지나 제16조 제3항의 전산시스템 등을 통하여 공개하여야 한다. 다만, 다음 각 호의 어느 하나에 해당하는 경우에는 그러하지 아니하다.
> 1. 화재가 발생할 우려가 뚜렷하여 긴급하게 조사할 필요가 있는 경우
> 2. 제1호 외에 화재안전조사의 실시를 사전에 통지하거나 공개하면 조사목적을 달성할 수 없다고 인정되는 경우
> ③ 화재안전조사는 관계인의 승낙 없이 소방대상물의 공개시간 또는 근무시간 이외에는 할 수 없다. 다만, 제2항 제1호에 해당하는 경우에는 그러하지 아니하다.
> ④ 제2항에 따른 통지를 받은 관계인은 천재지변이나 그 밖에 대통령령으로 정하는 사유로 화재안전조사를 받기 곤란한 경우에는 화재안전조사를 통지한 소방관서장에게 대통령령으로 정하는 바에 따라 화재안전조사를 연기하여 줄 것을 신청할 수 있다. 이 경우 소방관서장은 연기신청 승인 여부를 결정하고 그 결과를 조사 시작 전까지 관계인에게 알려 주어야 한다.
> ⑤ 제1항부터 제4항까지에서 규정한 사항 외에 화재안전조사의 방법 및 절차 등에 필요한 사항은 대통령령으로 정한다.

## 002 화재안전조사의 방법 및 절차　　　답 ②

소방관서장은 화재안전조사를 실시하려는 경우 사전에 법 본문에 따라 조사대상, 조사기간 및 조사사유 등 조사계획을 소방청, 소방본부 또는 소방서(이하 "소방관서"라 한다)의 인터넷 홈페이지나 전산시스템을 통해 7일 이상 공개해야 한다.

> 「화재의 예방 및 안전관리에 관한 법률 시행령」 제8조 【화재안전조사의 방법·절차 등】 ① 소방관서장은 화재안전조사의 목적에 따라 다음 각 호의 어느 하나에 해당하는 방법으로 화재안전조사를 실시할 수 있다.
> 1. 종합조사: 제7조의 화재안전조사 항목 전부를 확인하는 조사
> 2. 부분조사: 제7조의 화재안전조사 항목 중 일부를 확인하는 조사
> ② 소방관서장은 화재안전조사를 실시하려는 경우 사전에 법 제8조 제2항 각 호 외의 부분 본문에 따라 조사대상, 조사기간 및 조사사유 등 조사계획을 소방청, 소방본부 또는 소방서(이하 "소방관서"라 한다)의 인터넷 홈페이지나 법 제16조 제3항에 따른 전산시스템을 통해 7일 이상 공개해야 한다.

③ 소방관서장은 법 제8조 제2항 각 호 외의 부분 단서에 따라 사전 통지 없이 화재안전조사를 실시하는 경우에는 화재안전조사를 실시하기 전에 관계인에게 조사사유 및 조사범위 등을 현장에서 설명해야 한다.

④ 소방관서장은 화재안전조사를 위하여 소속 공무원으로 하여금 관계인에게 보고 또는 자료의 제출을 요구하거나 소방대상물의 위치·구조·설비 또는 관리 상황에 대한 조사·질문을 하게 할 수 있다.

⑤ 소방관서장은 화재안전조사를 효율적으로 실시하기 위하여 필요한 경우 다음 각 호의 기관의 장과 합동으로 조사반을 편성하여 화재안전조사를 할 수 있다.
1. 관계 중앙행정기관 또는 지방자치단체
2. 「소방기본법」 제40조에 따른 한국소방안전원(이하 "안전원"이라 한다)
3. 「소방산업의 진흥에 관한 법률」 제14조에 따른 한국소방산업기술원(이하 "기술원"이라 한다)
4. 「화재로 인한 재해보상과 보험가입에 관한 법률」 제11조에 따른 한국화재보험협회(이하 "화재보험협회"라 한다)
5. 「고압가스 안전관리법」 제28조에 따른 한국가스안전공사(이하 "가스안전공사"라 한다)
6. 「전기안전관리법」 제30조에 따른 한국전기안전공사(이하 "전기안전공사"라 한다)
7. 그 밖에 소방청장이 정하여 고시하는 소방 관련 법인 또는 단체
⑥ 제1항부터 제5항까지에서 규정한 사항 외에 화재안전조사 계획의 수립 등 화재안전조사에 필요한 사항은 소방청장이 정한다.

---

## 003 ｜ 화재안전조사 실시사유　　　답 ③

화재가 자주 발생하였거나 발생할 우려가 뚜렷한 곳에 대한 조사가 필요한 경우이다.

> **「화재의 예방 및 안전관리에 관한 법률」 제7조【화재안전조사】** ①
> 소방관서장은 다음 각 호의 어느 하나에 해당하는 경우 화재안전조사를 실시할 수 있다. 다만, 개인의 주거(실제 주거용도로 사용되는 경우에 한정한다)에 대한 화재안전조사는 관계인의 승낙이 있거나 화재발생의 우려가 뚜렷하여 긴급한 필요가 있는 때에 한정한다.
> 1. 「소방시설 설치 및 관리에 관한 법률」 제22조에 따른 자체점검이 불성실하거나 불완전하다고 인정되는 경우
> 2. 화재예방강화지구 등 법령에서 화재안전조사를 하도록 규정되어 있는 경우
> 3. 화재예방안전진단이 불성실하거나 불완전하다고 인정되는 경우
> 4. 국가적 행사 등 주요 행사가 개최되는 장소 및 그 주변의 관계지역에 대하여 소방안전관리 실태를 조사할 필요가 있는 경우
> 5. 화재가 자주 발생하였거나 발생할 우려가 뚜렷한 곳에 대한 조사가 필요한 경우
> 6. 재난예측정보, 기상예보 등을 분석한 결과 소방대상물에 화재의 발생 위험이 크다고 판단되는 경우
> 7. 제1호부터 제6호까지에서 규정한 경우 외에 화재, 그 밖의 긴급한 상황이 발생할 경우 인명 또는 재산 피해의 우려가 현저하다고 판단되는 경우
> ② 화재안전조사의 항목은 대통령령으로 정한다. 이 경우 화재안전조사의 항목에는 화재의 예방조치 상황, 소방시설등의 관리 상황 및 소방대상물의 화재 등의 발생 위험과 관련된 사항이 포함되어야 한다.
> ③ 소방관서장은 화재안전조사를 실시하는 경우 다른 목적을 위하여 조사권을 남용하여서는 아니 된다.

---

## 004 ｜ 화재안전조사의 연기　　　답 ③

소방관서장은 화재안전조사의 연기를 승인한 경우라도 연기기간이 끝나기 전에 연기사유가 없어졌거나 긴급히 조사를 해야 할 사유가 발생하였을 때는 관계인에게 미리 알리고 화재안전조사를 할 수 있다.

> **「화재의 예방 및 안전관리에 관한 법률 시행령」 제9조【화재안전조사의 연기】** ① 법 제8조 제4항 전단에서 "대통령령으로 정하는 사유"란 다음 각 호의 어느 하나에 해당하는 사유를 말한다.
> 1. 「재난 및 안전관리 기본법」 제3조 제1호에 해당하는 재난이 발생한 경우
> 2. 관계인의 질병, 사고, 장기출장의 경우
> 3. 권한 있는 기관에 자체점검기록부, 교육·훈련일지 등 화재안전조사에 필요한 장부·서류 등이 압수되거나 영치(領置)되어 있는 경우
> 4. 소방대상물의 증축·용도변경 또는 대수선 등의 공사로 화재안전조사를 실시하기 어려운 경우
> ② 법 제8조 제4항 전단에 따라 화재안전조사의 연기를 신청하려는 관계인은 행정안전부령으로 정하는 바에 따라 연기신청서에 연기의 사유 및 기간 등을 적어 소방관서장에게 제출해야 한다.
> ③ 소방관서장은 법 제8조 제4항 후단에 따라 화재안전조사의 연기를 승인한 경우라도 연기기간이 끝나기 전에 연기사유가 없어졌거나 긴급히 조사를 해야 할 사유가 발생하였을 때는 관계인에게 미리 알리고 화재안전조사를 할 수 있다.

---

## 005 ｜ 화재안전조사 항목　　　답 ④

모두 옳은 내용이다.

> **「화재의 예방 및 안전관리에 관한 법률 시행령」 제7조【화재안전조사의 항목】** 소방청장, 소방본부장 또는 소방서장(이하 "소방관서장"이라 한다)은 법 제7조 제1항에 따라 다음 각 호의 항목에 대하여 화재안전조사를 실시한다.
> 1. 법 제17조에 따른 화재의 예방조치 등에 관한 사항
> 2. 법 제24조, 제25조, 제27조 및 제29조에 따른 소방안전관리 업무 수행에 관한 사항
> 3. 법 제36조에 따른 피난계획의 수립 및 시행에 관한 사항
> 4. 법 제37조에 따른 소화·통보·피난 등의 훈련 및 소방안전관리에 필요한 교육(이하 "소방훈련·교육"이라 한다)에 관한 사항
> 5. 「소방기본법」 제21조의2에 따른 소방자동차 전용구역의 설치에 관한 사항
> 6. 「소방시설공사업법」 제12조에 따른 시공, 같은 법 제16조에 따른 감리 및 같은 법 제18조에 따른 감리원의 배치에 관한 사항
> 7. 「소방시설 설치 및 관리에 관한 법률」 제12조에 따른 소방시설의 설치 및 관리에 관한 사항
> 8. 「소방시설 설치 및 관리에 관한 법률」 제15조에 따른 건설현장 임시소방시설의 설치 및 관리에 관한 사항
> 9. 「소방시설 설치 및 관리에 관한 법률」 제16조에 따른 피난시설, 방화구획(防火區劃) 및 방화시설의 관리에 관한 사항
> 10. 「소방시설 설치 및 관리에 관한 법률」 제20조에 따른 방염(防炎)에 관한 사항
> 11. 「소방시설 설치 및 관리에 관한 법률」 제22조에 따른 소방시설 등의 자체점검에 관한 사항
> 12. 「다중이용업소의 안전관리에 관한 특별법」 제8조, 제9조, 제9조의2, 제10조, 제10조의2 및 제11조부터 제13조까지의 규정에 따른 안전관리에 관한 사항
> 13. 「위험물안전관리법」 제5조, 제6조, 제14조, 제15조 및 제18조에 따른 위험물 안전관리에 관한 사항

14. 「초고층 및 지하연계 복합건축물 재난관리에 관한 특별법」 제9조, 제11조, 제12조, 제14조, 제16조 및 제22조에 따른 초고층 및 지하연계 복합건축물의 안전관리에 관한 사항
15. 그 밖에 소방대상물에 화재의 발생 위험이 있는지 등을 확인하기 위해 소방관서장이 화재안전조사가 필요하다고 인정하는 사항

## 006 | 합동 화재안전조사          답 ③

한국소방시설협회는 속하지 않는다.

> 「화재의 예방 및 안전관리에 관한 법률 시행령」 제8조 【화재안전조사의 방법·절차 등】 ① 소방관서장은 화재안전조사의 목적에 따라 다음 각 호의 어느 하나에 해당하는 방법으로 화재안전조사를 실시할 수 있다.
> 1. 종합조사: 제7조의 화재안전조사 항목 전부를 확인하는 조사
> 2. 부분조사: 제7조의 화재안전조사 항목 중 일부를 확인하는 조사
> ② 소방관서장은 화재안전조사를 실시하려는 경우 사전에 법 제8조 제2항 각 호 외의 부분 본문에 따라 조사대상, 조사기간 및 조사사유 등 조사계획을 소방청, 소방본부 또는 소방서(이하 "소방관서"라 한다)의 인터넷 홈페이지나 법 제16조 제3항에 따른 전산시스템을 통해 7일 이상 공개해야 한다.
> ③ 소방관서장은 법 제8조 제2항 각 호 외의 부분 단서에 따라 사전 통지 없이 화재안전조사를 실시하는 경우에는 화재안전조사를 실시하기 전에 관계인에게 조사사유 및 조사범위 등을 현장에서 설명해야 한다.
> ④ 소방관서장은 화재안전조사를 위하여 소속 공무원으로 하여금 관계인에게 보고 또는 자료의 제출을 요구하거나 소방대상물의 위치·구조·설비 또는 관리 상황에 대한 조사·질문을 하게 할 수 있다.
> ⑤ 소방관서장은 화재안전조사를 효율적으로 실시하기 위하여 필요한 경우 다음 각 호의 기관의 장과 합동으로 조사반을 편성하여 화재안전조사를 할 수 있다.
> 1. 관계 중앙행정기관 또는 지방자치단체
> 2. 「소방기본법」 제40조에 따른 한국소방안전원(이하 "안전원"이라 한다)
> 3. 「소방산업의 진흥에 관한 법률」 제14조에 따른 한국소방산업기술원(이하 "기술원"이라 한다)
> 4. 「화재로 인한 재해보상과 보험가입에 관한 법률」 제11조에 따른 한국화재보험협회(이하 "화재보험협회"라 한다)
> 5. 「고압가스 안전관리법」 제28조에 따른 한국가스안전공사(이하 "가스안전공사"라 한다)
> 6. 「전기안전관리법」 제30조에 따른 한국전기안전공사(이하 "전기안전공사"라 한다)
> 7. 그 밖에 소방청장이 정하여 고시하는 소방 관련 법인 또는 단체

## 007 | 화재안전조사단의 편성·운영          답 ④

모두 옳은 내용이다.

> 「화재의 예방 및 안전관리에 관한 법률」 제9조 【화재안전조사단 편성 및 운영】 ① 소방관서장은 화재안전조사를 효율적으로 수행하기 위하여 대통령령으로 정하는 바에 따라 소방청에는 중앙화재안전조사단을, 소방본부 및 소방서에는 지방화재안전조사단을 편성하여 운영할 수 있다.
> ② 소방관서장은 제1항에 따른 중앙화재안전조사단 및 지방화재안전조사단의 업무 수행을 위하여 필요한 경우에는 관계 기관의 장에게 그 소속 공무원 또는 직원의 파견을 요청할 수 있다. 이 경우 공무원 또는 직원의 파견 요청을 받은 관계 기관의 장은 특별한 사유가 없으면 이에 협조하여야 한다.

> 「화재의 예방 및 안전관리에 관한 법률 시행령」 제10조 【화재안전조사단 편성·운영】 ① 법 제9조 제1항에 따른 중앙화재안전조사단 및 지방화재안전조사단(이하 "조사단"이라 한다)은 각각 단장을 포함하여 50명 이내의 단원으로 성별을 고려하여 구성한다.
> ② 조사단의 단원은 다음 각 호의 어느 하나에 해당하는 사람 중에서 소방관서장이 임명하거나 위촉하고, 단장은 단원 중에서 소방관서장이 임명하거나 위촉한다.
> 1. 소방공무원
> 2. 소방업무와 관련된 단체 또는 연구기관 등의 임직원
> 3. 소방 관련 분야에서 전문적인 지식이나 경험이 풍부한 사람

## 008 | 화재안전조사위원회의 구성 및 운영          답 ①

**선지분석**
② 화재안전조사위원회의 구성·운영 등에 필요한 사항은 대통령령으로 정한다.
③ 화재안전조사위원회(이하 "위원회"라 한다)는 위원장 1명을 포함하여 7명 이내의 위원으로 성별을 고려하여 구성한다.
④ 위원회의 위원장은 소방관서장이 된다.

> 「화재의 예방 및 안전관리에 관한 법률」 제10조 【화재안전조사위원회 구성·운영】 ① 소방관서장은 화재안전조사의 대상을 객관적이고 공정하게 선정하기 위하여 필요한 경우 화재안전조사위원회를 구성하여 화재안전조사의 대상을 선정할 수 있다.
> ② 화재안전조사위원회의 구성·운영 등에 필요한 사항은 대통령령으로 정한다.

> 「화재의 예방 및 안전관리에 관한 법률 시행령」 제11조 【화재안전조사위원회의 구성·운영 등】 ① 법 제10조 제1항에 따른 화재안전조사위원회(이하 "위원회"라 한다)는 위원장 1명을 포함하여 7명 이내의 위원으로 성별을 고려하여 구성한다.
> ② 위원회의 위원장은 소방관서장이 된다.

## 009 | 화재안전조사위원회의 위원          답 ①

과장급 직위 이상의 소방공무원만 위원이 될 수 있다.

> 「화재의 예방 및 안전관리에 관한 법률 시행령」 제11조 【화재안전조사위원회의 구성·운영 등】 ① 법 제10조 제1항에 따른 화재안전조사위원회(이하 "위원회"라 한다)는 위원장 1명을 포함하여 7명 이내의 위원으로 성별을 고려하여 구성한다.
> ② 위원회의 위원장은 소방관서장이 된다.
> ③ 위원회의 위원은 다음 각 호의 어느 하나에 해당하는 사람 중에서 소방관서장이 임명하거나 위촉한다.
> 1. 과장급 직위 이상의 소방공무원
> 2. 소방기술사
> 3. 소방시설관리사
> 4. 소방 관련 분야의 석사 이상 학위를 취득한 사람
> ④ 위촉위원의 임기는 2년으로 하며, 한 차례만 연임할 수 있다.

## 010 | 화재안전조사 결과 공개     답 ④

소방안전관리자 선임 현황은 해당하지 않는다.

> 「화재의 예방 및 안전관리에 관한 법률」 제16조 【화재안전조사 결과 공개】 ① 소방관서장은 화재안전조사를 실시한 경우 다음 각 호의 전부 또는 일부를 인터넷 홈페이지나 제3항의 전산시스템 등을 통하여 공개할 수 있다.
> 1. 소방대상물의 위치, 연면적, 용도 등 현황
> 2. 소방시설등의 설치 및 관리 현황
> 3. 피난시설, 방화구획 및 방화시설의 설치 및 관리 현황
> 4. 그 밖에 대통령령으로 정하는 사항

> 「화재의 예방 및 안전관리에 관한 법률 시행령」 제15조 【화재안전조사 결과 공개】 ① 법 제16조 제1항 제4호에서 "대통령령으로 정하는 사항"이란 다음 각 호의 사항을 말한다.
> 1. 제조소등 설치 현황
> 2. 소방안전관리자 선임 현황
> 3. 화재예방안전진단 실시 결과

## 011 | 화재안전조사의 손실보상     답 ②

보상금의 지급 또는 공탁의 통지에 불복하는 자는 지급 또는 공탁의 통지를 받은 날부터 30일 이내에 「공익사업을 위한 토지 등의 취득 및 보상에 관한 법률」 제49조에 따른 중앙토지수용위원회 또는 관할 지방토지수용위원회에 재결(裁決)을 신청할 수 있다.

> 「화재의 예방 및 안전관리에 관한 법률」 제15조 【손실보상】 소방청장 또는 시·도지사는 제14조 제1항에 따른 명령으로 인하여 손실을 입은 자가 있는 경우에는 대통령령으로 정하는 바에 따라 보상하여야 한다.

> 「화재의 예방 및 안전관리에 관한 법률 시행령」 제14조 【손실보상】
> ① 법 제15조에 따라 소방청장 또는 시·도지사가 손실을 보상하는 경우에는 시가(時價)로 보상해야 한다.
> ② 제1항에 따른 손실보상에 관하여는 소방청장 또는 시·도지사와 손실을 입은 자가 협의해야 한다.
> ③ 소방청장 또는 시·도지사는 제2항에 따른 보상금액에 관한 협의가 성립되지 않은 경우에는 그 보상금액을 지급하거나 공탁하고 이를 상대방에게 알려야 한다.
> ④ 제3항에 따른 보상금의 지급 또는 공탁의 통지에 불복하는 자는 지급 또는 공탁의 통지를 받은 날부터 30일 이내에 「공익사업을 위한 토지 등의 취득 및 보상에 관한 법률」 제49조에 따른 중앙토지수용위원회 또는 관할 지방토지수용위원회에 재결(裁決)을 신청할 수 있다.

| 04 | 화재의 예방조치 등 | | | 112p |
|---|---|---|---|---|
| 001 ③ | 002 ④ | 003 ② | 004 ② | 005 ① |
| 006 ③ | 007 ④ | 008 ② | 009 ④ | 010 ① |
| 011 ① | 012 ① | 013 ① | 014 ② | 015 ① |
| 016 ③ | 017 ④ | 018 ① | 019 ③ | 020 ③ |
| 021 ① | 022 ② | 023 ② | 024 ① | |

## 001 | 제한행위     답 ③

옳은 것은 ㄱ, ㄴ, ㄹ이다.

선지분석
ㄷ. 가연물을 방치하는 행위가 아닌 위험물을 방치하는 행위가 해당한다.

> 「화재의 예방 및 안전관리에 관한 법률」 제17조 【화재의 예방조치 등】 ① 누구든지 화재예방강화지구 및 이에 준하는 대통령령으로 정하는 장소에서는 다음 각 호의 어느 하나에 해당하는 행위를 하여서는 아니 된다. 다만, 행정안전부령으로 정하는 바에 따라 안전조치를 한 경우에는 그러하지 아니하다.
> 1. 모닥불, 흡연 등 화기의 취급
> 2. 풍등 등 소형열기구 날리기
> 3. 용접·용단 등 불꽃을 발생시키는 행위
> 4. 그 밖에 대통령령으로 정하는 화재 발생 위험이 있는 행위 ("대통령령으로 정하는 화재 발생 위험이 있는 행위"란 「위험물안전관리법」 제2조 제1항 제1호에 따른 위험물을 방치하는 행위를 말한다)

## 002 | 불을 사용하는 설비의 관리기준     답 ④

전열기구는 포함되지 않는다.

> 「화재의 예방 및 안전관리에 관한 법률 시행령」 제18조 【불을 사용하는 설비의 관리기준 등】 ① 법 제17조 제4항에서 "대통령령으로 정하는 설비 또는 기구 등"이란 다음 각 호의 설비 또는 기구를 말한다.
> 1. 보일러
> 2. 난로
> 3. 건조설비
> 4. 가스·전기시설
> 5. 불꽃을 사용하는 용접·용단 기구
> 6. 노(爐)·화덕설비
> 7. 음식조리를 위하여 설치하는 설비
> ② 제1항 각 호에 따른 설비 또는 기구의 위치·구조 및 관리와 화재예방을 위하여 불을 사용할 때 지켜야 하는 사항은 별표 1과 같다.
> ③ 제1항 및 제2항에서 규정한 사항 외에 화재 발생 우려가 있는 설비 또는 기구의 종류, 해당 설비 또는 기구의 위치·구조 및 관리와 화재 예방을 위하여 불을 사용할 때 지켜야 하는 사항은 시·도의 조례로 정한다.

## 003 | 옮긴물건등에 대한 보관기간      답 ②

옮긴물건등의 보관기간은 공고기간의 종료일 다음날부터 7일까지로 한다.

> **「화재의 예방 및 안전관리에 관한 법률 시행령」제17조 【옮긴 물건 등의 보관기간 및 보관기간 경과 후 처리】** ① 소방관서장은 법 제17조 제2항 각 호 외의 부분 단서에 따라 옮긴 물건 등(이하 "옮긴물건등"이라 한다)을 보관하는 경우에는 그날부터 14일 동안 해당 소방관서의 인터넷 홈페이지에 그 사실을 공고해야 한다.
> ② 옮긴물건등의 보관기간은 제1항에 따른 공고기간의 종료일 다음 날부터 7일까지로 한다.
> ③ 소방관서장은 제2항에 따른 보관기간이 종료된 때에는 보관하고 있는 옮긴물건등을 매각해야 한다. 다만, 보관하고 있는 옮긴물건등이 부패·파손 또는 이와 유사한 사유로 정해진 용도로 계속 사용할 수 없는 경우에는 폐기할 수 있다.
> ④ 소방관서장은 보관하던 옮긴물건등을 제3항 본문에 따라 매각한 경우에는 지체 없이 「국가재정법」에 따라 세입조치를 해야 한다.
> ⑤ 소방관서장은 제3항에 따라 매각되거나 폐기된 옮긴물건등의 소유자가 보상을 요구하는 경우에는 보상금액에 대하여 소유자와의 협의를 거쳐 이를 보상해야 한다.
> ⑥ 제5항의 손실보상의 방법 및 절차 등에 관하여는 제14조를 준용한다.

## 004 | 옮긴물건등에 대한 보관기간      답 ②

- 소방관서장은 옮긴 물건 등(이하 "옮긴물건등"이라 한다)을 보관하는 경우에는 그날부터 ( ㉠ 14 )일 동안 해당 소방관서의 인터넷 홈페이지에 그 사실을 공고해야 한다.
- 옮긴물건등의 보관기간은 공고기간의 종료일 다음 날부터 ( ㉡ 7 )일까지로 한다.
- 소방관서장은 보관기간이 종료된 때에는 보관하고 있는 옮긴물건등을 매각해야 한다. 다만, 보관하고 있는 옮긴물건등이 부패·파손 또는 이와 유사한 사유로 정해진 용도로 계속 사용할 수 없는 경우에는 폐기할 수 있다.
- 소방관서장은 보관하던 옮긴물건등을 매각한 경우에는 지체 없이 「국가재정법」에 따라 세입조치를 해야 한다.
- 소방관서장은 매각되거나 폐기된 옮긴물건등의 소유자가 보상을 요구하는 경우에는 보상금액에 대하여 소유자와의 협의를 거쳐 이를 보상해야 한다.

## 005 | 화재의 예방조치      답 ①

누구든지 화재예방강화지구 및 이에 준하는 대통령령으로 정하는 장소에서는 모닥불, 흡연 등 화기의 취급, 풍등 등 소형열기구 날리기, 용접·용단 등 불꽃을 발생시키는 행위를 하여서는 아니 된다. 다만, 행정안전부령으로 정하는 바에 따라 안전조치한 경우에는 그러하지 아니하다.

## 006 | 난로      답 ③

> **📑 관련 개념 | 난로**
> 1. 연통은 천장으로부터 0.6미터 이상 떨어지고, 연통의 배출구는 건물 밖으로 0.6미터 이상 나오게 설치해야 한다.
> 2. 가연성 벽·바닥 또는 천장과 접촉하는 연통의 부분은 규조토 등 난연성 또는 불연성의 단열재로 덮어씌워야 한다.
> 3. 이동식난로는 다음의 장소에서 사용해서는 안 된다. 다만, 난로가 쓰러지지 않도록 받침대를 두어 고정시키거나 쓰러지는 경우 즉시 소화되고 연료의 누출을 차단할 수 있는 장치가 부착된 경우에는 그렇지 않다.
>    ⓐ 「다중이용업소의 안전관리에 관한 특별법」제2조 제1항 제4호에 따른 다중이용업소
>    ⓑ 「학원의 설립·운영 및 과외교습에 관한 법률」제2조 제1호에 따른 학원
>    ⓒ 「학원의 설립·운영 및 과외교습에 관한 법률 시행령」제2조 제1항 제4호에 따른 독서실
>    ⓓ 「공중위생관리법」제2조 제1항 제2호에 따른 숙박업, 같은 항 제3호에 따른 목욕장업 및 같은 항 제6호에 따른 세탁업의 영업장
>    ⓔ 「의료법」제3조 제2항 제1호에 따른 의원·치과의원·한의원, 같은 항 제2호에 따른 조산원 및 같은 항 제3호에 따른 병원·치과병원·한방병원·요양병원·정신병원·종합병원
>    ⓕ 「식품위생법 시행령」제21조 제8호에 따른 식품접객업의 영업장
>    ⓖ 「영화 및 비디오물의 진흥에 관한 법률」제2조 제10호에 따른 영화상영관
>    ⓗ 「공연법」제2조 제4호에 따른 공연장
>    ⓘ 「박물관 및 미술관 진흥법」제2조 제1호에 따른 박물관 및 같은 조 제2호에 따른 미술관
>    ⓙ 「유통산업발전법」제2조 제7호에 따른 상점가
>    ⓚ 「건축법」제20조에 따른 가설건축물
>    ⓛ 역·터미널

## 007 | 노·화덕설비      답 ④

시간당 열량이 30만 킬로칼로리 이상인 노를 설치하는 경우 노 주위에는 1m 이상 공간을 확보하여야 한다.

> **📑 관련 개념 | 노·화덕설비**
> 1. 실내에 설치하는 경우에는 흙바닥 또는 금속 외의 불연재료로 된 바닥에 설치해야 한다.
> 2. 노 또는 화덕을 설치하는 장소의 벽·천장은 불연재료로 된 것이어야 한다.
> 3. 노 또는 화덕의 주위에는 녹는 물질이 확산되지 않도록 높이 0.1미터 이상의 턱을 설치해야 한다.
> 4. 시간당 열량이 30만킬로칼로리 이상인 노를 설치하는 경우에는 다음의 사항을 지켜야 한다.
>    ⓐ 「건축법」제2조 제1항 제7호에 따른 주요구조부(이하 "주요구조부"라 한다)는 불연재료 이상으로 할 것
>    ⓑ 창문과 출입구는 「건축법 시행령」제64조에 따른 60분+ 방화문 또는 60분 방화문으로 설치할 것
>    ⓒ 노 주위에는 1미터 이상 공간을 확보할 것

## 008 | 불을 사용하는 설비 등      답 ②

- 화목 등 고체연료는 보일러 본체와 ( ㉠ 수평 )거리 ( ㉡ 2 )m 이상 간격을 두어 보관하거나 불연재료로된 별도의 구획된 공간에 보관할 것
- 노 또는 화덕의 주위에는 녹는 물질이 확산되지 않도록 높이 ( ㉢ 0.1 )m 미터 이상의 턱을 설치
- 특수가연물을 실외에 쌓아 저장하는 경우 쌓는 부분이 대지 경계선, 도로 및 인접 건축물과 최소 ( ㉣ 6 )m 이상 간격을 둘 것. 다만, 쌓는 높이보다 ( ㉤ 0.9 )m 이상 높은 「건축법 시행령」 제2조 제7호에 따른 내화구조(이하 "내화구조"라 한 다) 벽체를 설치한 경우는 그렇지 않다.

## 009 | 보일러      답 ④

화목(火木) 등 고체연료를 사용할 때 연통은 천장으로부터 0.6 미터 떨어지고, 연통의 배출구는 건물 밖으로 0.6미터 이상 나 오도록 설치할 것

> **📝 관련 개념 | 보일러**
>
> 화목(火木) 등 고체연료를 사용할 때에는 다음 사항을 지켜야 한다.
> 1. 고체연료는 보일러 본체와 수평거리 2미터 이상 간격을 두어 보관 하거나 불연재료로 된 별도의 구획된 공간에 보관할 것
> 2. 연통은 천장으로부터 0.6미터 떨어지고, 연통의 배출구는 건물 밖 으로 0.6미터 이상 나오도록 설치할 것
> 3. 연통의 배출구는 보일러 본체보다 2미터 이상 높게 설치할 것
> 4. 연통이 관통하는 벽면, 지붕 등은 불연재료로 처리할 것
> 5. 연통재질은 불연재료로 사용하고 연결부에 청소구를 설치할 것

## 010 | 일반음식점에서 조리를 위하여 불을 사용하는 설비 답 ①

- 주방설비에 부속된 배출덕트는 ( ㉠ 0.5 )mm 이상의 아연도 금 강판 또는 이와 동등 이상의 내식성 불연재료로 설치 할 것
- 열을 발생하는 조리기구로부터 ( ㉡ 0.15 )m 이내의 거리에 있는 가연성 주요구조부는 단열성이 있는 불연재료로 덮어씌 울 것
- 열을 발생하는 조리기구는 반자 또는 선반으로부터 ( ㉢ 0.6 )m 이상 떨어지게 할 것

> **📝 관련 개념 | 음식조리를 위하여 설치하는 설비**
>
> 1. 주방설비에 부속된 배출덕트(공기 배출통로)는 0.5밀리미터 이상 의 아연도금강판 또는 이와 같거나 그 이상의 내식성 불연재료로 설치할 것
> 2. 주방시설에는 동물 또는 식물의 기름을 제거할 수 있는 필터 등을 설치할 것
> 3. 열을 발생하는 조리기구는 반자 또는 선반으로부터 0.6미터 이상 떨어지게 할 것
> 4. 열을 발생하는 조리기구로부터 0.15미터 이내의 거리에 있는 가연 성 주요구조부는 단열성이 있는 불연재료로 덮어 씌울 것

## 011 | 특수가연물의 저장 및 취급      답 ①

- 실외에 쌓아 저장하는 경우 쌓는 부분이 대지경계선, 도로 및 인접 건축물과 최소 ( ㉠ 6 )미터 이상 간격을 둘 것. 다만, 쌓는 높이보다 0.9미터 이상 높은 「건축법 시행령」 제2조 제 7호에 따른 내화구조(이하 "내화구조"라 한다) 벽체를 설치한 경우는 그렇지 않다.
- 실내에 쌓아 저장하는 경우 주요구조부는 ( ㉡ 내화 )구조이 면서 ( ㉢ 불연 )재료여야 하고, 다른 종류의 특수가연물과 같 은 공간에 보관하지 않을 것. 다만, 내화구조의 벽으로 분리하 는 경우는 그렇지 않다.
- 쌓는 부분 바닥면적의 사이는 실내의 경우 ( ㉣ 1.2 )미터 또 는 쌓는 높이의 ( ㉤ 1/2 ) 중 큰 값 이상으로 간격을 두어야 하며, 실외의 경우 3미터 또는 쌓는 높이 중 큰 값 이상으로 간격을 둘 것

## 012 | 특수가연물의 저장 기준      답 ①

쌓는 높이는 10m 이하가 되도록 하고, 쌓는 부분의 바닥면적은 ( ㉠ 50 )m² 이하가 되도록 할 것. 다만, 살수설비를 설치하거 나, 방사 능력 범위에 해당 특수가연물이 포함되도록 대형수동 식 소화기를 설치하는 경우에는 쌓는 높이를 ( ㉡ 15 )m 이하, 쌓는 부분의 바닥면적을 ( ㉢ 200 )m² 이하로 한다.

## 013 | 특수가연물의 저장 및 취급      답 ③

쌓는 부분 바닥면적의 사이는 실내의 경우 1.2미터 또는 쌓는 높이의 1/2 중 큰 값 이상으로 간격을 두어야 하며, 실외의 경우 3미터 또는 쌓는 높이 중 큰 값 이상으로 간격을 둘 것

> **📝 관련 개념 | 특수가연물의 저장 및 취급 기준**
>
> 1. 품명·최대수량·단위체적당 질량·관리책임자 성명·직책, 화기취 급의 금지표시: 표지 설치
> 2. **설치기준(석탄·목탄류 발전용으로 저장하는 경우 제외)**
>    ⓐ 품명별로 구분하여 쌓을 것
>    ⓑ 일반적인 경우
>    - 쌓는 높이: 10m 이하
>    - 쌓는 부분 바닥면적: 50m² 이하(석탄·목탄 200m² 이하)
>    ⓒ 살수설비나 대형소화기 설치시
>    - 쌓는 높이: 15m 이하
>    - 쌓는 부분 바닥면적 200m² 이하(석탄·목탄 300m² 이하)
>    ⓓ 실외에 쌓아 저장하는 경우: 쌓는부분과 대지경계선 또는 도 로, 인접건축물: 6m 이상 이격(다만, 쌓는 높이보다 0.9m 이상 높은 내화구조 벽체 설치시 제외)
>    ⓔ 실내에 쌓아 저장하는 경우: 주요구조부는 내화구조 건축물이 면서 불연재료, 다른 종류의 특수가연물 동일공간 보관 불가 (다만, 내화구조 벽 분리하는 경우 제외)
>    ⓕ 쌓는 부분 바닥면적 사이
>    - 실내: 1.2m 또는 쌓는 높이 1/2 중 큰 값 이상으로 이격
>    - 실외: 3m 또는 쌓는 높이 중 큰 값 이상으로 이격

## 014 | 특수가연물 표지 기준    답 ②

화기 엄금 표시부분은 제외한다.

> **📝 관련 개념 | 특수가연물 표지**
>
> 1. 특수가연물을 저장 또는 취급하는 장소에는 품명, 최대저장수량, 단위부피당 질량 또는 단위체적당 질량, 관리책임자 성명·직책, 연락처 및 화기취급의 금지표시가 포함된 특수가연물 표지를 설치해야 한다.
> 2. **특수가연물 표지의 규격**
>
> | 특수가연물 | |
> | --- | --- |
> | 화기엄금 | |
> | 품    명 | 합성수지류 |
> | 최대저장수량(배수) | 000톤(00배) |
> | 단위부피당 질량(단위체적당 질량) | 000kg/m³ |
> | 관리책임자(직책) | 홍길동 팀장 |
> | 연락처 | 02-000-0000 |
>
> ⓐ 한 변의 길이가 0.3미터 이상, 다른 한 변의 길이가 0.6미터 이상인 직사각형
> ⓑ 바탕은 흰색, 문자는 검은색. 다만, "화기엄금" 표시 부분은 제외
> ⓒ 화기엄금 표시 부분의 바탕은 붉은색, 문자는 백색
> 3. 특수가연물 표지는 특수가연물을 저장하거나 취급하는 장소 중 보기 쉬운 곳에 설치해야 한다.

## 015 | 특수가연물의 수량    답 ①

㉠은 3,000, ㉡은 10, ㉢은 2이다.

> **📝 관련 개념 | 특수가연물의 수량**
>
> | 품명 | 수량 |
> | --- | --- |
> | 면화류 | 200킬로그램 이상 |
> | 나무껍질 및 대팻밥 | 400킬로그램 이상 |
> | 넝마 및 종이부스러기 | 1,000킬로그램 이상 |
> | 사류(絲類) | 1,000킬로그램 이상 |
> | 볏짚류 | 1,000킬로그램 이상 |
> | 가연성 고체류 | 3,000킬로그램 이상 |
> | 석탄·목탄류 | 10,000킬로그램 이상 |
> | 가연성 액체류 | 2세제곱미터 이상 |
> | 목재가공품 및 나무부스러기 | 10세제곱미터 이상 |
> | 고무류· 플라스틱류 | 발포시킨 것 | 20세제곱미터 이상 |
> | | 그 밖의 것 | 3,000킬로그램 이상 |

## 016 | 특수가연물의 수량    답 ③

가연성액체류의 수량은 2세제곱미터 이상으로 한다.

> **📝 관련 개념 | 특수가연물의 수량**
>
> | 품명 | 수량 |
> | --- | --- |
> | 면화류 | 200킬로그램 이상 |
> | 나무껍질 및 대팻밥 | 400킬로그램 이상 |
> | 넝마 및 종이부스러기 | 1,000킬로그램 이상 |
> | 사류(絲類) | 1,000킬로그램 이상 |
> | 볏짚류 | 1,000킬로그램 이상 |
> | 가연성 고체류 | 3,000킬로그램 이상 |
> | 석탄·목탄류 | 10,000킬로그램 이상 |
> | 가연성 액체류 | 2세제곱미터 이상 |
> | 목재가공품 및 나무부스러기 | 10세제곱미터 이상 |
> | 고무류· 플라스틱류 | 발포시킨 것 | 20세제곱미터 이상 |
> | | 그 밖의 것 | 3,000킬로그램 이상 |

## 017 | 화재예방강화지구    답 ④

소방시설·소방용수시설 또는 소방출동로가 없는 지역이 해당한다.

> **📝 관련 개념 | 화재예방강화지구로 지정할 수 있는 지역(법 제18조)**
>
> 1. 시장지역
> 2. 공장·창고가 밀집한 지역
> 3. 목조건물이 밀집한 지역
> 4. 노후·불량건축물이 밀집한 지역
> 5. 위험물의 저장 및 처리 시설이 밀집한 지역
> 6. 석유화학제품을 생산하는 공장이 있는 지역
> 7. 「산업입지 및 개발에 관한 법률」 제2조 제8호에 따른 산업단지
> 8. 소방시설·소방용수시설 또는 소방출동로가 없는 지역
> 9. 「물류시설의 개발 및 운영에 관한 법률」 제2조 제6호에 따른 물류단지
> 10. 그 밖에 1.부터 9.까지에 준하는 지역으로서 소방관서장이 화재예방강화지구로 지정할 필요가 있다고 인정하는 지역

## 018 | 화재예방강화지구 관리    답 ①

소방관서장은 화재예방강화지구 안의 소방대상물의 위치·구조 및 설비 등에 대한 화재안전조사를 연 1회 이상 실시해야 한다.

## 019 | 화재예방강화지구 관리대장     답 ③

모두 옳은 내용이다.

> 「화재의 예방 및 안전관리에 관한 법률 시행령」 제20조 【화재예방
> 강화지구의 관리】 ① 소방관서장은 법 제18조 제3항에 따라 화재
> 예방강화지구 안의 소방대상물의 위치·구조 및 설비 등에 대한 화
> 재안전조사를 연 1회 이상 실시해야 한다.
> ② 소방관서장은 법 제18조 제5항에 따라 화재예방강화지구 안의
> 관계인에 대하여 소방에 필요한 훈련 및 교육을 연 1회 이상 실시할
> 수 있다.
> ③ 소방관서장은 제2항에 따라 훈련 및 교육을 실시하려는 경우에
> 는 화재예방강화지구 안의 관계인에게 훈련 또는 교육 10일 전까지
> 그 사실을 통보해야 한다.
> ④ 시·도지사는 법 제18조 제6항에 따라 다음 각 호의 사항을 행
> 정안전부령으로 정하는 화재예방강화지구 관리대장에 작성하고 관
> 리해야 한다.
> 1. 화재예방강화지구의 지정 현황
> 2. 화재안전조사의 결과
> 3. 법 제18조 제4항에 따른 소화기구, 소방용수시설 또는 그 밖에
>    소방에 필요한 설비(이하 "소방설비등"이라 한다)의 설치(보수,
>    보강을 포함한다) 명령 현황
> 4. 법 제18조 제5항에 따른 소방훈련 및 교육의 실시 현황
> 5. 그 밖에 화재예방 강화를 위하여 필요한 사항

## 020 | 화재예방강화지구 관리대장     답 ③

화재안전조사의 조치명령 현황은 해당하지 않는다.

> 「화재의 예방 및 안전관리에 관한 법률 시행령」 제20조 【화재예방
> 강화지구의 관리】 ① 소방관서장은 법 제18조 제3항에 따라 화재
> 예방강화지구 안의 소방대상물의 위치·구조 및 설비 등에 대한 화
> 재안전조사를 연 1회 이상 실시해야 한다.
> ② 소방관서장은 법 제18조 제5항에 따라 화재예방강화지구 안의
> 관계인에 대하여 소방에 필요한 훈련 및 교육을 연 1회 이상 실시할
> 수 있다.
> ③ 소방관서장은 제2항에 따라 훈련 및 교육을 실시하려는 경우에
> 는 화재예방강화지구 안의 관계인에게 훈련 또는 교육 10일 전까지
> 그 사실을 통보해야 한다.
> ④ 시·도지사는 법 제18조 제6항에 따라 다음 각 호의 사항을 행
> 정안전부령으로 정하는 화재예방강화지구 관리대장에 작성하고 관
> 리해야 한다.
> 1. 화재예방강화지구의 지정 현황
> 2. 화재안전조사의 결과
> 3. 법 제18조 제4항에 따른 소화기구, 소방용수시설 또는 그 밖에
>    소방에 필요한 설비(이하 "소방설비등"이라 한다)의 설치(보수,
>    보강을 포함한다) 명령 현황
> 4. 법 제18조 제5항에 따른 소방훈련 및 교육의 실시 현황
> 5. 그 밖에 화재예방 강화를 위하여 필요한 사항

## 021 | 화재 위험경보     답 ①

소방관서장이 실시한다.

> 「화재의 예방 및 안전관리에 관한 법률」 제20조 【화재 위험경보】
> 소방관서장은 「기상법」 제13조에 따른 기상현상 및 기상영향에 대
> 한 예보·특보에 따라 화재의 발생 위험이 높다고 분석·판단되는
> 경우에는 행정안전부령으로 정하는 바에 따라 화재에 관한 위험경
> 보를 발령하고 그에 따른 필요한 조치를 할 수 있다.

## 022 | 화재 위험경보     답 ②

소방관서장이 위험경보를 내린다.

> 「화재의 예방 및 안전관리에 관한 법률」 제20조 【화재 위험경보】
> 소방관서장은 「기상법」 제13조에 따른 기상현상 및 기상영향에 대
> 한 예보·특보에 따라 화재의 발생 위험이 높다고 분석·판단되는
> 경우에는 행정안전부령으로 정하는 바에 따라 화재에 관한 위험경
> 보를 발령하고 그에 따른 필요한 조치를 할 수 있다.

## 023 | 화재안전영향평가     답 ②

소방청장은 화재안전영향평가를 실시한 경우 그 결과를 해당
법령이나 정책의 소관 기관의 장에게 통보하여야 한다.

> 「화재의 예방 및 안전관리에 관한 법률」 제21조 【화재안전영향평
> 가】 ① 소방청장은 화재발생 원인 및 연소과정을 조사·분석하는
> 등의 과정에서 법령이나 정책의 개선이 필요하다고 인정되는 경우
> 그 법령이나 정책에 대한 화재 위험성의 유발요인 및 완화 방안에
> 대한 평가(이하 "화재안전영향평가"라 한다)를 실시할 수 있다.
> ② 소방청장은 제1항에 따라 화재안전영향평가를 실시한 경우 그 결
> 과를 해당 법령이나 정책의 소관 기관의 장에게 통보하여야 한다.
> ③ 제2항에 따라 결과를 통보받은 소관 기관의 장은 특별한 사정이
> 없는 한 이를 해당 법령이나 정책에 반영하도록 노력하여야 한다.
> ④ 화재안전영향평가의 방법·절차·기준 등에 필요한 사항은 대통
> 령령으로 정한다.
> 제22조 【화재안전영향평가심의회】 ① 소방청장은 화재안전영향평
> 가에 관한 업무를 수행하기 위하여 화재안전영향평가심의회(이하
> "심의회"라 한다)를 구성·운영할 수 있다.
> ② 심의회는 위원장 1명을 포함한 12명 이내의 위원으로 구성한다.
> ③ 위원장은 위원 중에서 호선하고, 위원은 다음 각 호의 사람으로
> 한다.
> 1. 화재안전과 관련되는 법령이나 정책을 담당하는 관계 기관의 소
>    속 직원으로서 대통령령으로 정하는 사람
> 2. 소방기술 등 대통령령으로 정하는 화재안전과 관련된 분야의
>    학식과 경험이 풍부한 전문가로서 소방청장이 위촉한 사람
> ④ 제2항 및 제3항에서 규정한 사항 외에 심의회의 구성·운영 등
> 에 필요한 사항은 대통령령으로 정한다.

## 024 | 화재안전취약자     답 ①

소방관서장이 노력하여야 한다.

> 「화재의 예방 및 안전관리에 관한 법률」 제23조 【화재안전취약자
> 에 대한 지원】 ① 소방관서장은 어린이, 노인, 장애인 등 화재의
> 예방 및 안전관리에 취약한 자(이하 "화재안전취약자"라 한다)의
> 안전한 생활환경을 조성하기 위하여 소방용품의 제공 및 소방시설
> 의 개선 등 필요한 사항을 지원하기 위하여 노력하여야 한다.
> ② 제1항에 따른 화재안전취약자에 대한 지원의 대상·범위·방법
> 및 절차 등에 필요한 사항은 대통령령으로 정한다.
> ③ 소방관서장은 관계 행정기관의 장에게 제1항에 따른 지원이 원
> 활히 수행되는 데 필요한 협력을 요청할 수 있다. 이 경우 요청받은
> 관계 행정기관의 장은 특별한 사정이 없으면 요청에 따라야 한다.

| | | | | |
|---|---|---|---|---|
| 001 ③ | 002 ② | 003 ① | 004 ③ | 005 ④ |
| 006 ③ | 007 ② | 008 ③ | 009 ① | 010 ③ |
| 011 ③ | 012 ② | 013 ① | 014 ④ | 015 ④ |
| 016 ④ | 017 ④ | 018 ④ | 019 ① | 020 ② |
| 021 ④ | 022 ① | 023 ② | 024 ① | 025 ② |
| 026 ① | 027 ① | 028 ① | 029 ② | 030 ① |
| 031 ② | 032 ② | 033 ① | 034 ④ | 035 ② |
| 036 ③ | 037 ② | 038 ④ | 039 ③ | 040 ② |
| 041 ② | 042 ① | 043 ② | 044 ② | 045 ④ |
| 046 ① | | | | |

---

**001 | 소방안전관리자의 고유업무**　　　　답 ③

옳은 것은 ㄴ, ㄷ, ㄹ이다.

> **「화재의 예방 및 안전관리에 관한 법률」 제25조【특정소방대상물의 소방안전관리】** ⑤ 특정소방대상물(소방안전관리대상물은 제외한다)의 관계인과 소방안전관리대상물의 소방안전관리자는 다음 각 호의 업무를 수행한다. 다만, 제1호·제2호·제5호 및 제7호의 업무는 소방안전관리대상물의 경우에만 해당한다.
> 1. 제36조에 따른 피난계획에 관한 사항과 대통령령으로 정하는 사항이 포함된 소방계획서의 작성 및 시행
> 2. 자위소방대(自衛消防隊) 및 초기대응체계의 구성, 운영 및 교육
> 3. 「소방시설 설치 및 관리에 관한 법률」 제16조에 따른 피난시설, 방화구획 및 방화시설의 관리
> 4. 소방시설이나 그 밖의 소방 관련 시설의 관리
> 5. 제37조에 따른 소방훈련 및 교육
> 6. 화기(火氣) 취급의 감독
> 7. 행정안전부령으로 정하는 바에 따른 소방안전관리에 관한 업무수행에 관한 기록·유지(제3호·제4호 및 제6호의 업무를 말한다)
> 8. 화재발생 시 초기대응
> 9. 그 밖에 소방안전관리에 필요한 업무

---

**002 | 특급소방안전관리 대상물**　　　　답 ②

소방기술사 또는 소방시설관리사의 자격이 있는 사람이나 소방설비기사의 자격을 취득한 후 5년 이상 1급 소방안전관리 대상물의 소방안전관리자로 근무한 경력이 있는 사람 중 특급 소방안전관리자 자격증을 받은사람은 특급소방안전관리자로 선임이 가능하다.

> **「화재의 예방 및 안전관리에 관한 법률 시행령」 [별표 4] 소방안전관리자를 선임해야 하는 소방안전관리대상물의 범위와 소방안전관리자의 선임 대상별 자격 및 인원기준**
> 1. 특급 소방안전관리대상물
>    가. 특급 소방안전관리대상물의 범위
>       「소방시설 설치 및 관리에 관한 법률 시행령」 별표 2의 특정소방대상물 중 다음의 어느 하나에 해당하는 것
>       1) 50층 이상(지하층은 제외한다)이거나 지상으로부터 높이가 200미터 이상인 아파트
>       2) 30층 이상(지하층을 포함한다)이거나 지상으로부터 높이가 120미터 이상인 특정소방대상물(아파트는 제외한다)
>       3) 2)에 해당하지 않는 특정소방대상물로서 연면적이 10만제곱미터 이상인 특정소방대상물(아파트는 제외한다)

>    나. 특급 소방안전관리대상물에 선임해야 하는 소방안전관리자의 지격
>       다음의 어느 하나에 해당하는 사람으로서 특급 소방안전관리자 자격증을 발급받은 사람
>       1) 소방기술사 또는 소방시설관리사의 자격이 있는 사람
>       2) 소방설비기사의 자격을 취득한 후 5년 이상 1급 소방안전관리대상물의 소방안전관리자로 근무한 실무경력(법 제24조 제3항에 따라 소방안전관리자로 선임되어 근무한 경력은 제외한다. 이하 이 표에서 같다)이 있는 사람
>       3) 소방설비산업기사의 자격을 취득한 후 7년 이상 1급 소방안전관리대상물의 소방안전관리자로 근무한 실무경력이 있는 사람
>       4) 소방공무원으로 20년 이상 근무한 경력이 있는 사람
>       5) 소방청장이 실시하는 특급 소방안전관리대상물의 소방안전관리에 관한 시험에 합격한 사람
>    다. 선임인원: 1명 이상

---

**003 | 1급 소방안전관리대상물의 범위**　　　　답 ①

옳은 것은 ㄱ, ㄹ이다.

[선지분석]
ㄴ. 연면적 1만5천제곱미터 이상인 특정소방대상물(아파트는 제외)이 해당한다.
ㄷ. 지상층의 층수가 11층 이상인 특정소방대상물(아파트는 제외)이 해당한다.

> 📖 **관련 개념 | 1급 소방안전관리대상물**
> 「소방시설 설치 및 관리에 관한 법률 시행령」 별표 2의 특정소방대상물 중 다음의 어느 하나에 해당하는 것(단, 특급 소방안전관리대상물은 제외한다)
> 1. 30층 이상(지하층은 제외한다)이거나 지상으로부터 높이가 120미터 이상인 아파트
> 2. 연면적 1만5천제곱미터 이상인 특정소방대상물(아파트 및 연립주택은 제외한다)
> 3. 2.에 해당하지 않는 특정소방대상물로서 지상층의 층수가 11층 이상인 특정소방대상물(아파트는 제외한다)
> 4. 가연성 가스를 1천톤 이상 저장·취급하는 시설

---

**004 | 1급 소방안전관리대상물의 범위**　　　　답 ③

[선지분석]
① 2급 소방안전관리대상물이 해당한다.
② 특급 소방안전관리대상물이 해당한다.
④ 아파트를 포함한다.

> 📖 **관련 개념 | 1급 소방안전관리대상물**
>
> | 구분 | 층수 | 지상으로부터의 높이 | 연면적 |
> |---|---|---|---|
> | 아파트 | 30층 이상<br>(지하층 제외) | 120m 이상 | – |
> | 그 외 | 지상층의 층수가<br>11층 이상<br>(연면적 해당<br>안 될 때) | – | 1만 5천m² 이상 |
> | | 가연성 가스: 1천톤 이상 저장·취급 시설 | | |
>
> * 동·식물원, 철강 등 불연성 물품을 저장·취급하는 창고, 위험물 저장 및 처리 시설 중 위험물 제조소등, 지하구를 제외

## 005 | 2급 소방안전관리대상물　답 ④

옳은 것은 ㄷ, ㄹ이다.

[선지분석]
ㄱ. 간이스프링클러는 해당되지 않는다. 호스릴은 제외한다.
ㄴ. 보물 또는 국보로 지정된 목조건축물만 해당한다.

> **「화재의 예방 및 안전관리에 관한 법률 시행령」 [별표 4] 소방안전관리자를 선임해야 하는 소방안전관리대상물의 범위와 소방안전관리자의 선임 대상별 자격 및 인원기준**
> 1. 특급 소방안전관리대상물
>    가. 특급 소방안전관리대상물의 범위
>    「소방시설 설치 및 관리에 관한 법률 시행령」 별표 2의 특정소방대상물 중 다음의 어느 하나에 해당하는 것
>    1) 50층 이상(지하층은 제외한다)이거나 지상으로부터 높이가 200미터 이상인 아파트
>    2) 30층 이상(지하층을 포함한다)이거나 지상으로부터 높이가 120미터 이상인 특정소방대상물(아파트는 제외한다)
>    3) 2)에 해당하지 않는 특정소방대상물로서 연면적이 10만제곱미터 이상인 특정소방대상물(아파트는 제외한다)
>    나. 특급 소방안전관리대상물에 선임해야 하는 소방안전관리자의 자격
>    다음의 어느 하나에 해당하는 사람으로서 특급 소방안전관리자 자격증을 발급받은 사람
>    1) 소방기술사 또는 소방시설관리사의 자격이 있는 사람
>    2) 소방설비기사의 자격을 취득한 후 5년 이상 1급 소방안전관리대상물의 소방안전관리자로 근무한 실무경력(법 제24조 제3항에 따라 소방안전관리자로 선임되어 근무한 경력은 제외한다. 이하 이 표에서 같다)이 있는 사람
>    3) 소방설비산업기사의 자격을 취득한 후 7년 이상 1급 소방안전관리대상물의 소방안전관리자로 근무한 실무경력이 있는 사람
>    4) 소방공무원으로 20년 이상 근무한 경력이 있는 사람
>    5) 소방청장이 실시하는 특급 소방안전관리대상물의 소방안전관리에 관한 시험에 합격한 사람
>    다. 선임인원: 1명 이상

## 006 | 2급 소방안전관리대상물　답 ③

[선지분석]
① 호스릴 방식은 제외한다.
② 100톤 이상일 때 해당한다.
④ 옥내소화전설비 또는 스프링클러가 설치된 공동주책이 해당한다.

> **📝 관련 개념 | 2급 소방안전관리대상물**
> 「소방시설 설치 및 관리에 관한 법률 시행령」 별표 2의 특정소방대상물 중 다음의 어느 하나에 해당하는 것(제1호에 따른 특급 소방안전관리대상물 및 제2호에 따른 1급 소방안전관리대상물은 제외한다)
> 1. 「소방시설 설치 및 관리에 관한 법률 시행령」 별표 4 제1호 다목에 따라 옥내소화전설비를 설치해야 하는 특정소방대상물, 같은 호 라목에 따라 스프링클러설비를 설치해야 하는 특정소방대상물 또는 같은 호 바목에 따라 물분무등소화설비[화재안전기준에 따라 호스릴(hose reel) 방식의 물분무등소화설비만을 설치할 수 있는 특정소방대상물은 제외한다]를 설치해야 하는 특정소방대상물
> 2. 가스 제조설비를 갖추고 도시가스사업의 허가를 받아야 하는 시설 또는 가연성 가스를 100톤 이상 1천톤 미만 저장·취급하는 시설
> 3. 지하구

---

4. 「공동주택관리법」 제2조 제1항 제2호의 어느 하나에 해당하는 공동주택(「소방시설 설치 및 관리에 관한 법률 시행령」 별표 4 제1호 다목 또는 라목에 따른 옥내소화전설비 또는 스프링클러설비가 설치된 공동주택으로 한정한다)
5. 「문화재보호법」 제23조에 따라 보물 또는 국보로 지정된 목조건축물

## 007 | 소방안전관리보조자의 선임　답 ②

수련시설이 해당한다.

> **📝 관련 개념 | 소방안전관리보조자의 선임(영 [별표 5])**
> 1. 「건축법 시행령」 별표 1 제2호 가목에 따른 아파트 중 300세대 이상인 아파트
> 2. 연면적이 1만5천제곱미터 이상인 특정소방대상물(아파트 및 연립주택은 제외한다)
> 3. 1. 및 2.에 따른 특정소방대상물을 제외한 특정소방대상물 중 다음의 어느 하나에 해당하는 특정소방대상물
>    ⓐ 공동주택 중 기숙사
>    ⓑ 의료시설
>    ⓒ 노유자 시설
>    ⓓ 수련시설
>    ⓔ 숙박시설(숙박시설로 사용되는 바닥면적의 합계가 1천500제곱미터 미만이고 관계인이 24시간 상시 근무하고 있는 숙박시설은 제외한다)

## 008 | 소방안전관리보조자의 선임　답 ③

공동주택 중에 기숙사만 해당한다.

> **📝 관련 개념 | 소방안전관리보조자의 선임(영 [별표 5])**
> 1. 「건축법 시행령」 별표 1 제2호 가목에 따른 아파트 중 300세대 이상인 아파트
> 2. 연면적이 1만5천제곱미터 이상인 특정소방대상물(아파트 및 연립주택은 제외한다)
> 3. 1. 및 2.에 따른 특정소방대상물을 제외한 특정소방대상물 중 다음의 어느 하나에 해당하는 특정소방대상물
>    ⓐ 공동주택 중 기숙사
>    ⓑ 의료시설
>    ⓒ 노유자 시설
>    ⓓ 수련시설
>    ⓔ 숙박시설(숙박시설로 사용되는 바닥면적의 합계가 1천500제곱미터 미만이고 관계인이 24시간 상시 근무하고 있는 숙박시설은 제외한다)

## 009 | 소방안전관리업무 전담 대상물  답 ①

특급 및 1급 소방안전관리대상물이 해당한다.

> **「화재의 예방 및 안전관리에 관한 법률」 제24조【특정소방대상물의 소방안전관리】** ① 특정소방대상물 중 전문적인 안전관리가 요구되는 대통령령으로 정하는 특정소방대상물(이하 "소방안전관리대상물"이라 한다)의 관계인은 소방안전관리업무를 수행하기 위하여 제30조 제1항에 따른 소방안전관리자 자격증을 발급받은 사람을 소방안전관리자로 선임하여야 한다. 이 경우 소방안전관리자의 업무에 대하여 보조가 필요한 대통령령으로 정하는 소방안전관리대상물의 경우에는 소방안전관리자 외에 소방안전관리보조자를 추가로 선임하여야 한다.
> ② 다른 안전관리자(다른 법령에 따라 전기·가스·위험물 등의 안전관리 업무에 종사하는 자를 말한다. 이하 같다)는 소방안전관리대상물 중 소방안전관리업무의 전담이 필요한 대통령령으로 정하는 소방안전관리대상물의 소방안전관리자를 겸할 수 없다.

> **「화재의 예방 및 안전관리에 관한 법률 시행령」 제26조【소방안전관리업무 전담 대상물】** 법 제24조 제2항 본문에서 "대통령령으로 정하는 소방안전관리대상물"이란 다음 각 호의 소방안전관리대상물을 말한다.
> 1. 별표 4 제1호에 따른 특급 소방안전관리대상물
> 2. 별표 4 제2호에 따른 1급 소방안전관리대상물

## 010 | 소방안전관리자 정보의 게시  답 ③

주소는 해당하지 않는다.

> **📝 관련 개념 | 게시하는 소방안전관리자 정보**
> 1. 소방안전관리대상물의 명칭 및 등급
> 2. 소방안전관리자의 성명 및 선임일자
> 3. 소방안전관리자의 연락처
> 4. 소방안전관리자의 근무 위치(화재 수신기 또는 종합방재실을 말한다)

## 011 | 소방계획서  답 ③

예방규정을 정한 제조소등은 소방계획서에 포함되지 않아도 된다.

> **📝 관련 개념 | 소방계획서에 작성하는 사항**
> 1. 소방안전관리대상물의 위치·구조·연면적(「건축법 시행령」 제119조 제1항 제4호에 따라 산정된 면적을 말한다. 이하 같다)·용도 및 수용인원 등 일반 현황
> 2. 소방안전관리대상물에 설치한 소방시설, 방화시설, 전기시설, 가스시설 및 위험물시설의 현황
> 3. 화재 예방을 위한 자체점검계획 및 대응대책
> 4. 소방시설·피난시설 및 방화시설의 점검·정비계획
> 5. 피난층 및 피난시설의 위치와 피난경로의 설정, 화재안전취약자의 피난계획 등을 포함한 피난계획
> 6. 방화구획, 제연구획(除煙區劃), 건축물의 내부 마감재료 및 방염대상물품의 사용 현황과 그 밖의 방화구조 및 설비의 유지·관리계획
> 7. 법 제35조 제1항에 따른 관리의 권원이 분리된 특정소방대상물의 소방안전관리에 관한 사항
> 8. 소방훈련·교육에 관한 계획

9. 법 제37조를 적용받는 소방안전관리대상물의 근무자 및 거주자의 자위소방대 조직과 대원의 임무(화재안전취약자의 피난 보조 임무를 포함한다)에 관한 사항
10. 화기 취급 작업에 대한 사전 안전조치 및 감독 등 공사 중 소방안전관리에 관한 사항
11. 소화에 관한 사항과 연소 방지에 관한 사항
12. 위험물의 저장·취급에 관한 사항(「위험물안전관리법」 제17조에 따라 예방규정을 정하는 제조소등은 제외한다)
13. 소방안전관리에 대한 업무수행에 관한 기록 및 유지에 관한 사항
14. 화재발생 시 화재경보, 초기소화 및 피난유도 등 초기대응에 관한 사항
15. 그 밖에 소방본부장 또는 소방서장이 소방안전관리대상물의 위치·구조·설비 또는 관리 상황 등을 고려하여 소방안전관리에 필요하여 요청하는 사항

## 012 | 소방계획서  답 ③

소방안전관리대상물의 근무자 및 거주자의 자위소방대 조직과 대원의 임무(화재안전취약자의 피난 보조 임무는 포함한다)에 관한 사항이 포함된다.

> **「화재의 예방 및 안전관리에 관한 법률 시행령」 제27조【소방안전관리대상물의 소방계획서 작성 등】** ① 법 제24조 제5항 제1호에서 "대통령령으로 정하는 사항"이란 다음 각 호의 사항을 말한다.
> 1. 소방안전관리대상물의 위치·구조·연면적(「건축법 시행령」 제119조 제1항 제4호에 따라 산정된 면적을 말한다. 이하 같다)·용도 및 수용인원 등 일반 현황
> 2. 소방안전관리대상물에 설치한 소방시설, 방화시설, 전기시설, 가스시설 및 위험물시설의 현황
> 3. 화재 예방을 위한 자체점검계획 및 대응대책
> 4. 소방시설·피난시설 및 방화시설의 점검·정비계획
> 5. 피난층 및 피난시설의 위치와 피난경로의 설정, 화재안전취약자의 피난계획 등을 포함한 피난계획
> 6. 방화구획, 제연구획(除煙區劃), 건축물의 내부 마감재료 및 방염대상물품의 사용 현황과 그 밖의 방화구조 및 설비의 유지·관리계획
> 7. 법 제35조 제1항에 따른 관리의 권원이 분리된 특정소방대상물의 소방안전관리에 관한 사항
> 8. 소방훈련·교육에 관한 계획
> 9. 법 제37조를 적용받는 소방안전관리대상물의 근무자 및 거주자의 자위소방대 조직과 대원의 임무(화재안전취약자의 피난 보조 임무를 포함한다)에 관한 사항
> 10. 화기 취급 작업에 대한 사전 안전조치 및 감독 등 공사 중 소방안전관리에 관한 사항
> 11. 소화에 관한 사항과 연소 방지에 관한 사항
> 12. 위험물의 저장·취급에 관한 사항(「위험물안전관리법」 제17조에 따라 예방규정을 정하는 제조소등은 제외한다)
> 13. 소방안전관리에 대한 업무수행에 관한 기록 및 유지에 관한 사항
> 14. 화재발생 시 화재경보, 초기소화 및 피난유도 등 초기대응에 관한 사항
> 15. 그 밖에 소방본부장 또는 소방서장이 소방안전관리대상물의 위치·구조·설비 또는 관리 상황 등을 고려하여 소방안전관리에 필요하여 요청하는 사항
> ② 소방본부장 또는 소방서장은 소방안전관리대상물의 소방계획서의 작성 및 그 실시에 관하여 지도·감독한다.

## 013 | 자위소방대의 소방교육                    답 ①

연 1회 이상 실시한다.

> **📝 관련 개념 | 자위소방대에 실시하는 소방교육**
>
> 소방안전관리대상물의 소방안전관리자는 연 1회 이상 자위소방대를 소집하여 그 편성 상태 및 초기대응체계를 점검하고, 편성된 근무자에 대한 소방교육을 실시해야 한다. 이 경우 초기대응체계에 편성된 근무자 등에 대해서는 화재 발생 초기대응에 필요한 기본 요령을 숙지할 수 있도록 소방교육을 실시해야 한다.

## 014 | 자위소방대의 기능                         답 ④

화재발생시 화재 진압 및 화재 원인조사는 일반적으로 소방공무원이 실시한다.

> **「화재의 예방 및 안전관리에 관한 법률 시행규칙」 제11조 【자위소방대 및 초기대응체계의 구성·운영 및 교육 등】** ① 소방안전관리대상물의 소방안전관리자는 법 제24조 제5항 제2호에 따른 자위소방대를 다음 각 호의 기능을 효율적으로 수행할 수 있도록 편성·운영하되, 소방안전관리대상물의 규모·용도 등의 특성을 고려하여 응급구조 및 방호안전기능 등을 추가하여 수행할 수 있도록 편성할 수 있다.
> 1. 화재 발생 시 비상연락, 초기소화 및 피난유도
> 2. 화재 발생 시 인명·재산피해 최소화를 위한 조치
> ② 제1항에 따른 자위소방대에는 대장과 부대장 1명을 각각 두며, 편성 조직의 인원은 해당 소방안전관리대상물의 수용인원 등을 고려하여 구성한다. 이 경우 자위소방대의 대장·부대장 및 편성조직의 임무는 다음 각 호와 같다.
> 1. 대장은 자위소방대를 총괄 지휘한다.
> 2. 부대장은 대장을 보좌하고 대장이 부득이한 사유로 임무를 수행할 수 없는 때에는 그 임무를 대행한다.
> 3. 비상연락팀은 화재사실의 전파 및 신고 업무를 수행한다.
> 4. 초기소화팀은 화재 발생 시 초기화재 진압 활동을 수행한다.
> 5. 피난유도팀은 재실자(在室者) 및 장애인, 노인, 임산부, 영유아 및 어린이 등 이동이 어려운 사람(이하 "피난약자"라 한다)을 안전한 장소로 대피시키는 업무를 수행한다.
> 6. 응급구조팀은 인명을 구조하고, 부상자에 대한 응급조치를 수행한다.
> 7. 방호안전팀은 화재확산방지 및 위험시설의 비상정지 등 방호안전 업무를 수행한다.

## 015 | 소방안전관리 업무의 대행                  답 ④

소방안전관리대상물 중 연면적 등이 일정규모 미만인 대통령령으로 정하는 소방안전관리대상물의 관계인은 관리업자로 하여금 소방안전관리업무 중 대통령령으로 정하는 업무를 대행하게 할 수 있다.

> **「화재의 예방 및 안전관리에 관한 법률」 제25조 【소방안전관리 업무의 대행】** ① 소방안전관리대상물 중 연면적 등이 일정규모 미만인 대통령령으로 정하는 소방안전관리대상물의 관계인은 제24조 제1항에도 불구하고 관리업자로 하여금 같은 조 제5항에 따른 소방안전관리업무 중 대통령령으로 정하는 업무를 대행하게 할 수 있다. 이 경우 제24조 제3항에 따라 선임된 소방안전관리자는 관리업자의 대행업무 수행을 감독하고 대행업무 외의 소방안전관리업무는 직접 수행하여야 한다.

② 제1항 전단에 따라 소방안전관리업무를 대행하는 자는 대행인력의 배치기준·자격·방법 등 행정안전부령으로 정하는 준수사항을 지켜야 한다.
③ 제1항에 따라 소방안전관리업무를 관리업자에게 대행하게 하는 경우의 대가(代價)는 「엔지니어링산업 진흥법」 제31조에 따른 엔지니어링사업의 대가 기준 가운데 행정안전부령으로 정하는 방식에 따라 산정한다.

## 016 | 소방안전관리 업무의 대행                  답 ④

소방안전관리업무 대행의 업무는 피난시설, 방화구획 및 방화시설의 관리와 소방시설이나 그 밖의 소방 관련 시설의 관리가 해당한다.

> **📝 관련 개념 | 소방안전관리 업무의 대행 대상 및 업무 (영 제28조)**
>
> 1. 업무의 대행 대상
>    ⓐ 별표 4 제2호 가목 3)에 따른 지상층의 층수가 11층 이상인 1급 소방안전관리대상물(연면적 1만5천제곱미터 이상인 특정소방대상물과 아파트는 제외한다)
>    ⓑ 별표 4 제3호에 따른 2급 소방안전관리대상물
>    ⓒ 별표 4 제4호에 따른 3급 소방안전관리대상물
> 2. 대행 업무
>    ⓐ 법 제24조 제5항 제3호에 따른 피난시설, 방화구획 및 방화시설의 관리
>    ⓑ 법 제24조 제5항 제4호에 따른 소방시설이나 그 밖의 소방 관련 시설의 관리

## 017 | 소방안전관리업무 대행인력의 배치기준       답 ④

연면적 5천제곱미터 미만으로서 스프링클러설비가 설치된 1급 또는 2급 소방안전관리 대상물의 경우에는 초급점검자를 배치할 수 있다. 다만, 스프링클러설비 외에 제연설비 또는 물분무 등 소화설비가 설치된 경우에는 그렇지 않다.

> **「화재의 예방 및 안전관리에 관한 법률 시행규칙」 [별표 1] 소방안전관리업무 대행인력의 배치기준·자격 및 방법 등 준수사항**
> 1. 업무대행 인력의 배치기준
>    「소방시설 설치 및 관리에 관한 법률」 제29조에 따라 소방시설관리업을 등록한 소방시설관리업자가 법 제25조 제1항에 따라 영 제28조 제2항 각 호의 소방안전관리업무를 대행하는 경우에는 다음 각 목에 따른 소방안전관리업무 대행인력(이하 "대행인력"이라 한다)을 배치해야 한다.
>    가. 소방안전관리대상물의 등급 및 소방시설의 종류에 따른 대행인력의 배치기준
>    [표 1] 소방안전관리등급 및 설치된 소방시설에 따른 대행인력의 배치 등급

| 소방안전관리 대상물의 등급 | 설치된 소방시설의 종류 | 대행인력의 기술등급 |
|---|---|---|
| 1급 또는 2급 | 스프링클러설비, 물분무등소화설비 또는 제연설비 | 중급점검자 이상 1명 이상 |
| | 옥내소화전설비 또는 옥외소화전설비 | 초급점검자 이상 1명 이상 |
| 3급 | 자동화재탐지설비 또는 간이스프링클러설비 | 초급점검자 이상 1명 이상 |

비고
1. 소방안전관리대상물의 등급은 영 별표 4에 따른 소방안전관리대상물의 등급을 말한다.
2. 대행인력의 기술등급은 「소방시설공사업법 시행규칙」별표 4의2에 따른 소방기술자의 자격 등급에 따른다.
3. 연면적 5천제곱미터 미만으로서 스프링클러설비가 설치된 1급 또는 2급 소방안전관리대상물의 경우에는 초급점검자를 배치할 수 있다. 다만, 스프링클러설비 외에 제연설비 또는 물분무등소화설비가 설치된 경우에는 그렇지 않다
4. 스프링클러설비에는 화재조기진압용 스프링클러설비를 포함하고, 물분무등소화설비에는 호스릴(hose reel)방식은 제외한다.

나. 대행인력 1명의 1일 소방안전관리업무 대행 업무량은 [표 2] 및 [표 3]에 따라 산정한 배점을 합산하여 산정하며, 이 합산점수는 8점(이하 "1일 한도점수"라 한다)을 초과할 수 없다.

## 018 | 소방안전관리자 선임신고  답 ④

소방안전관리대상물의 관계인이 소방안전관리자를 선임한 경우에는 행정안전부령으로 정하는 바에 따라 선임한 날부터 14일 이내에 소방본부장 또는 소방서장에게 신고하여야 한다.

## 019 | 소방안전관리자 선임신고  답 ①

소방안전관리대상물의 관계인이 제24조에 따라 소방안전관리자 또는 소방안전관리보조자를 선임한 경우에는 행정안전부령으로 정하는 바에 따라 선임한 날부터 ( ㉠ 14 )일 이내에 소방본부장 또는 소방서장에게 신고하고, 소방안전관리대상물의 출입자가 쉽게 알 수 있도록 소방안전관리자의 ( ㉡ 성명 )과 그 밖에 ( ㉢ 행정안전부령 )으로 정하는 사항을 게시하여야 한다.

> 「화재의 예방 및 안전관리에 관한 법률」 제26조 【소방안전관리자 선임신고 등】 ① 소방안전관리대상물의 관계인이 제24조에 따라 소방안전관리자 또는 소방안전관리보조자를 선임한 경우에는 행정안전부령으로 정하는 바에 따라 선임한 날부터 14일 이내에 소방본부장 또는 소방서장에게 신고하고, 소방안전관리대상물의 출입자가 쉽게 알 수 있도록 소방안전관리자의 성명과 그 밖에 행정안전부령으로 정하는 사항을 게시하여야 한다.
> ② 소방안전관리대상물의 관계인이 소방안전관리자 또는 소방안전관리보조자를 해임한 경우에는 그 관계인 또는 해임된 소방안전관리자 또는 소방안전관리보조자는 소방본부장이나 소방서장에게 그 사실을 알려 해임한 사실의 확인을 받을 수 있다.

> 「화재의 예방 및 안전관리에 관한 법률 시행규칙」 제15조 【소방안전관리자 정보의 게시】 ① 법 제26조 제1항에서 "행정안전부령으로 정하는 사항"이란 다음 각 호의 사항을 말한다.
> 1. 소방안전관리대상물의 명칭 및 등급
> 2. 소방안전관리자의 성명 및 선임일자
> 3. 소방안전관리자의 연락처
> 4. 소방안전관리자의 근무 위치(화재 수신기 또는 종합방재실을 말한다)

## 020 | 소방안전관리자를 선임하는 상황  답 ③

소방안전관리자의 해임으로 소방안전관리자의 업무가 종료된 경우: 소방본부장이나 소방서장에게 해임한 사실을 확인받은 날(소방안전관리자가 해임된 날 등 근무를 종료한 날)

## 021 | 관계인 등의 의무  답 ④

소방안전관리자로부터 조치요구 등을 받은 소방안전관리대상물의 관계인은 지체 없이 이에 따라야 하며, 이를 이유로 소방안전관리자를 해임하거나 보수(報酬)의 지급을 거부하는 등 불이익한 처우를 하여서는 아니 된다.

> 「화재의 예방 및 안전관리에 관한 법률」 제27조 【관계인 등의 의무】 ① 특정소방대상물의 관계인은 그 특정소방대상물에 대하여 제24조 제5항에 따른 소방안전관리업무를 수행하여야 한다.
> ② 소방안전관리대상물의 관계인은 소방안전관리자가 소방안전관리업무를 성실하게 수행할 수 있도록 지도·감독하여야 한다.
> ③ 소방안전관리자는 인명과 재산을 보호하기 위하여 소방시설·피난시설·방화시설 및 방화구획 등이 법령에 위반된 것을 발견한 때에는 지체 없이 소방안전관리대상물의 관계인에게 소방대상물의 개수·이전·제거·수리 등 필요한 조치를 할 것을 요구하여야 하며, 관계인이 시정하지 아니하는 경우 소방본부장 또는 소방서장에게 그 사실을 알려야 한다. 이 경우 소방안전관리자는 공정하고 객관적으로 그 업무를 수행하여야 한다.
> ④ 소방안전관리자로부터 제3항에 따른 조치요구 등을 받은 소방안전관리대상물의 관계인은 지체 없이 이에 따라야 하며, 이를 이유로 소방안전관리자를 해임하거나 보수(報酬)의 지급을 거부하는 등 불이익한 처우를 하여서는 아니 된다.

## 022 | 소방안전관리자 선임명령  답 ①

소방본부장 또는 소방서장은 선임명령을 내릴 수 있다.

> 「화재의 예방 및 안전관리에 관한 법률」 제28조 【소방안전관리자 선임명령 등】 ① 소방본부장 또는 소방서장은 제24조 제1항에 따른 소방안전관리자 또는 소방안전관리보조자를 선임하지 아니한 소방안전관리대상물의 관계인에게 소방안전관리자 또는 소방안전관리보조자를 선임하도록 명할 수 있다.
> ② 소방본부장 또는 소방서장은 제24조 제5항에 따른 업무를 다하지 아니하는 특정소방대상물의 관계인 또는 소방안전관리자에게 그 업무의 이행을 명할 수 있다.

## 023 | 건설현장 소방안전관리  답 ②

> 「화재의 예방 및 안전관리에 관한 법률」 제29조 【건설현장 소방안전관리】 ① 「소방시설 설치 및 관리에 관한 법률」 제15조 제1항에 따른 공사시공자가 화재발생 및 화재피해의 우려가 큰 대통령령으로 정하는 특정소방대상물(이하 "건설현장 소방안전관리대상물"이라 한다)을 신축·증축·개축·재축·이전·용도변경 또는 대수선 하는 경우에는 제24조 제1항에 따른 소방안전관리자로서 제34조에 따른 교육을 받은 사람을 소방시설공사 착공 신고일부터 건축물 사용승인일(「건축법」 제22조에 따라 건축물을 사용할 수 있게 된 날을 말한다)까지 소방안전관리자로 선임하고 행정안전부령으로 정하는 바에 따라 소방본부장 또는 소방서장에게 신고하여야 한다.

## 024 | 건설현장 소방안전관리대상물의 범위    답 ①

신축·증축·개축·재축·이전·용도변경 또는 대수선을 하려는 부분의 연면적의 합계가 1만5천제곱미터 이상인 것이 해당한다.

> **「화재의 예방 및 안전관리에 관한 법률 시행령」제29조【건설현장 소방안전관리대상물】** 법 제29조 제1항에서 "대통령령으로 정하는 특정소방대상물"이란 다음 각 호의 어느 하나에 해당하는 특정소방대상물을 말한다.
> 1. 신축·증축·개축·재축·이전·용도변경 또는 대수선을 하려는 부분의 연면적의 합계가 1만5천제곱미터 이상인 것
> 2. 신축·증축·개축·재축·이전·용도변경 또는 대수선을 하려는 부분의 연면적이 5천제곱미터 이상인 것으로서 다음 각 목의 어느 하나에 해당하는 것
>    가. 지하층의 층수가 2개 층 이상인 것
>    나. 지상층의 층수가 11층 이상인 것
>    다. 냉동창고, 냉장창고 또는 냉동·냉장창고

> 📝 **관련 개념ㅣ건설현장 소방안전관리자 업무**
> 1. 건설현장의 소방계획서의 작성
> 2. 「소방시설 설치 및 관리에 관한 법률」제15조 제1항에 따른 임시소방시설의 설치 및 관리에 대한 감독
> 3. 공사진행 단계별 피난안전구역, 피난로 등의 확보와 관리
> 4. 건설현장의 작업자에 대한 소방안전 교육 및 훈련
> 5. 초기대응체계의 구성·운영 및 교육
> 6. 화기취급의 감독, 화재위험작업의 허가 및 관리
> 7. 그 밖에 건설현장의 소방안전관리와 관련하여 소방청장이 고시하는 업무

## 025 | 건설현장 소방안전관리대상물의 범위    답 ②

신축·증축·개축·재축·이전·용도변경 또는 대수선을 하려는 부분의 연면적이 5천제곱미터 이상인 것으로서 지하층의 층수가 2개층 이상인 것이 해당한다.

> **「화재의 예방 및 안전관리에 관한 법률 시행령」제29조【건설현장 소방안전관리대상물】** 법 제29조 제1항에서 "대통령령으로 정하는 특정소방대상물"이란 다음 각 호의 어느 하나에 해당하는 특정소방대상물을 말한다.
> 1. 신축·증축·개축·재축·이전·용도변경 또는 대수선을 하려는 부분의 연면적의 합계가 1만5천제곱미터 이상인 것
> 2. 신축·증축·개축·재축·이전·용도변경 또는 대수선을 하려는 부분의 연면적이 5천제곱미터 이상인 것으로서 다음 각 목의 어느 하나에 해당하는 것
>    가. 지하층의 층수가 2개 층 이상인 것
>    나. 지상층의 층수가 11층 이상인 것
>    다. 냉동창고, 냉장창고 또는 냉동·냉장창고

## 026 | 건설현장 소방안전관리자의 업무    답 ①

임시소방시설의 설치 및 관리에 대한 감독이 해당한다.

> **「화재의 예방 및 안전관리에 관한 법률」제29조【건설현장 소방안전관리】** ① 「소방시설 설치 및 관리에 관한 법률」제15조 제1항에 따른 공사시공자가 화재발생 및 화재피해의 우려가 큰 대통령령으로 정하는 특정소방대상물(이하 "건설현장 소방안전관리대상물"이라 한다)을 신축·증축·개축·재축·이전·용도변경 또는 대수선 하는 경우에는 제24조 제1항에 따른 소방안전관리자로서 제34조에 따른 교육을 받은 사람을 소방시설공사 착공 신고일부터 건축물 사용승인일(「건축법」제22조에 따라 건축물을 사용할 수 있게 된 날을 말한다)까지 소방안전관리자로 선임하고 행정안전부령으로 정하는 바에 따라 소방본부장 또는 소방서장에게 신고하여야 한다.
> ② 제1항에 따른 건설현장 소방안전관리대상물의 소방안전관리자의 업무는 다음 각 호와 같다.
> 1. 건설현장의 소방계획서의 작성
> 2. 「소방시설 설치 및 관리에 관한 법률」제15조 제1항에 따른 임시소방시설의 설치 및 관리에 대한 감독
> 3. 공사진행 단계별 피난안전구역, 피난로 등의 확보와 관리
> 4. 건설현장의 작업자에 대한 소방안전 교육 및 훈련
> 5. 초기대응체계의 구성·운영 및 교육
> 6. 화기취급의 감독, 화재위험작업의 허가 및 관리
> 7. 그 밖에 건설현장의 소방안전관리와 관련하여 소방청장이 고시하는 업무

## 027 | 소방안전관리자 자격의 정지 및 취소    답 ①

선지분석
② 소방안전관리자 자격증을 다른 사람에게 빌려준 경우 소방청장은 그 자격을 취소하여야 한다.
③ 거짓이나 그 밖의 부정한 방법으로 소방안전관리자 자격증을 발급받은 경우 소방청장은 그 자격을 취소하여야 한다.
④ 위반행위의 횟수에 따른 행정처분 기준은 최근 3년간 같은 위반행위로 행정처분을 받은 경우에 적용한다.

## 028 | 소방안전관리자 자격시험    답 ①

특급 소방안전관리자 자격시험은 연 2회 이상 실시한다.

## 029 | 소방안전관리자 자격시험    답 ②

소방안전관리자 자격시험은 매과목을 100점 만점으로 하여 매과목 40점 이상, 전과목 평균 70점 이상 득점한 사람을 합격자로 한다.

## 030 | 자격시험의 시험위원    답 ①

소방 관련 분야에서 석사 이상의 학위를 취득한 사람이 해당한다.

## 031 | 자격시험 응시 자격    답 ②

- 소방공무원 20년 이상 경력을 가지고 있을 경우, 특급소방안전관리자 자격을 바로 받을 수 있다.
- 기준: 소방공무원으로 10년 이상 근무한 경력이 있는 사람

## 032 | 자격시험 응시 자격    답 ③

대통령 등의 경호에 관한 법률에 따른 경호공무원으로서 2년 이상 안전검측 업무에 종사한 경력이 있는 사람

## 033 | 자격시험 응시 자격    답 ①

경찰공무원으로 2년 이상 근무한 경력이 있는 사람

📝 **관련 개념 | 2급, 3급 소방안전관리자 자격기준 비교**

| 구분 | 2급 | 3급 |
|---|---|---|
| 소방안전관리보조자 | 2년 | 3년 |
| 의용소방대원 | 2년 | 3년 |
| 경찰공무원 | 2년 | 3년 |
| 자체소방대 | 1년 | 3년 |
| 경호공무원 | 1년 | 2년 |
| 군부대, 의무소방원 | – | 1년 |

## 034 | 강습교육    답 ④

선임된 소방안전관리자 및 소방안전관리 보조자는 실무교육을 받는다.

📝 **관련 개념 | 강습교육 대상자**

1. 소방안전관리자의 자격을 인정받으려는 사람으로서 대통령령으로 정하는 사람
2. 제24조 제3항에 따른 소방안전관리자로 선임되고자 하는 사람
3. 제29조에 따른 소방안전관리자로 선임되고자 하는 사람

📝 **관련 개념 | 실무교육 대상자**

1. 제24조 제1항에 따라 선임된 소방안전관리자 및 소방안전관리보조자
2. 제24조 제3항에 따라 선임된 소방안전관리자

## 035 | 강습교육의 공고    답 ②

20일 전까지 공고한다.

> 「화재의 예방 및 안전관리에 관한 법률 시행규칙」 제25조 【강습교육의 실시】 ① 소방청장은 법 제34조 제1항 제1호에 따른 강습교육(이하 "강습교육"이라 한다)의 대상·일정·횟수 등을 포함한 강습교육의 실시계획을 매년 수립·시행해야 한다.
> ② 소방청장은 강습교육을 실시하려는 경우에는 강습교육 실시 20일 전까지 일시·장소, 그 밖에 강습교육 실시에 필요한 사항을 인터넷 홈페이지에 공고해야 한다.

## 036 | 강습교육 시간    답 ③

① 특급 소방안전관리자: 160시간
② 1급 소방안전관리자: 80시간
④ 3급 소방안전관리자: 24시간

## 037 | 실무교육    답 ④

소방안전관리 강습교육 또는 실무교육을 받은 후 1년 이내에 소방안전관리자로 선임된 사람은 해당 강습교육을 수료하거나 실무교육을 이수한 날에 실무교육을 이수한 것으로 본다.

## 038 | 실무교육    답 ④

소방청장은 해당 연도의 실무교육이 끝난 날부터 30일 이내에 그 결과를 소방본부장 또는 소방서장에게 통보해야 한다.

## 039 | 관리의 권원이 분리된 특정소방대상물    답 ③

① 판매시설 중 도매시장, 소매시장, 전통시장
② 복합건축물로서 지하층을 제외한 층수가 11층 이상인 것
④ 지하가

## 040 | 관리의 권원이 분리된 특정소방대상물    답 ②

관리의 권원분리되어 있는 특정소방대상물에는 복합건축물(지하층을 제외한 층수가 11층 이상 또는 연면적 3만제곱미터 이상인 건축물), 지하가, 판매시설 중 도매시장, 소매시장 및 전통시장을 말한다.

> 「화재의 예방 및 안전관리에 관한 법률」 제35조 【관리의 권원이 분리된 특정소방대상물의 소방안전관리】 ① 다음 각 호의 어느 하나에 해당하는 특정소방대상물로서 그 관리의 권원(權原)이 분리되어 있는 특정소방대상물의 경우 그 관리의 권원별 관계인은 대통령령으로 정하는 바에 따라 제24조 제1항에 따른 소방안전관리자를 선임하여야 한다. 다만, 소방본부장 또는 소방서장은 관리의 권원이 많아 효율적인 소방안전관리가 이루어지지 아니한다고 판단되는 경우 대통령령으로 정하는 바에 따라 관리의 권원을 조정하여 소방안전관리자를 선임하도록 할 수 있다.
> 1. 복합건축물(지하층을 제외한 층수가 11층 이상 또는 연면적 3만제곱미터 이상인 건축물)
> 2. 지하가(지하의 인공구조물 안에 설치된 상점 및 사무실, 그 밖에 이와 비슷한 시설이 연속하여 지하도에 접하여 설치된 것과 그 지하도를 합한 것을 말한다)
> 3. 그 밖에 대통령령으로 정하는 특정소방대상물
> ② 제1항에 따른 관리의 권원별 관계인은 상호 협의하여 특정소방대상물의 전체에 걸쳐 소방안전관리상 필요한 업무를 총괄하는 소방안전관리자(이하 "총괄소방안전관리자"라 한다)를 제1항에 따라 선임된 소방안전관리자 중에서 선임하거나 별도로 선임하여야 한다. 이 경우 총괄소방안전관리자의 자격은 대통령령으로 정하고 업무수행 등에 필요한 사항은 행정안전부령으로 정한다.
> ③ 제2항에 따른 총괄소방안전관리자에 대하여는 제24조, 제26조부터 제28조까지 및 제30조부터 제34조까지에서 규정한 사항 중 소방안전관리자에 관한 사항을 준용한다.
> ④ 제1항 및 제2항에 따라 선임된 소방안전관리자 및 총괄소방안전관리자는 해당 특정소방대상물의 소방안전관리를 효율적으로 수행하기 위하여 공동소방안전관리협의회를 구성하고, 해당 특정소방대상물에 대한 소방안전관리를 공동으로 수행하여야 한다. 이 경우 공동소방안전관리협의회의 구성·운영 및 공동소방안전관리의 수행 등에 필요한 사항은 대통령령으로 정한다.

## 041 | 피난계획의 수립 및 시행  답 ②

피난계획에는 그 소방안전관리대상물의 구조, 피난시설 등을 고려하여 설정한 피난경로가 포함되어야 한다.

> **「화재의 예방 및 안전관리에 관한 법률」 제36조 【피난계획의 수립 및 시행】** ① 소방안전관리대상물의 관계인은 그 장소에 근무하거나 거주 또는 출입하는 사람들이 화재가 발생한 경우에 안전하게 피난할 수 있도록 피난계획을 수립·시행하여야 한다.
> ② 제1항의 피난계획에는 그 소방안전관리대상물의 구조, 피난시설 등을 고려하여 설정한 피난경로가 포함되어야 한다.
> ③ 소방안전관리대상물의 관계인은 피난시설의 위치, 피난경로 또는 대피요령이 포함된 피난유도 안내정보를 근무자 또는 거주자에게 정기적으로 제공하여야 한다.
> ④ 제1항에 따른 피난계획의 수립·시행, 제3항에 따른 피난유도 안내정보 제공에 필요한 사항은 행정안전부령으로 정한다.

## 042 | 피난계획의 수립 및 시행  답 ①

각 거실에서 옥외(옥상 또는 피난안전구역은 포함한다)로 이르는 피난경로

> 📋 **관련 개념 | 피난계획 포함사항(규칙 제34조)**
> 1. 화재경보의 수단 및 방식
> 2. 층별, 구역별 피난대상 인원의 연령별·성별 현황
> 3. 피난약자의 현황
> 4. 각 거실에서 옥외(옥상 또는 피난안전구역을 포함한다)로 이르는 피난경로
> 5. 피난약자 및 피난약자를 동반한 사람의 피난동선과 피난방법
> 6. 피난시설, 방화구획, 그 밖에 피난에 영향을 줄 수 있는 제반 사항

## 043 | 근무자 및 거주자 등에 대한 소방훈련  답 ②

소방안전관리대상물의 관계인은 그 장소에 근무하거나 거주하는 사람 등(이하 "근무자등"이라 한다)에게 소화·통보·피난 등의 훈련(이하 "소방훈련"이라 한다)과 소방안전관리에 필요한 교육을 하여야 하고, 피난훈련은 그 소방대상물에 출입하는 사람을 안전한 장소로 대피시키고 유도하는 훈련을 포함하여야 한다. 이 경우 소방훈련과 교육의 횟수 및 방법 등에 관하여 필요한 사항은 행정안전부령으로 정한다.

## 044 | 불시 소방훈련·교육의 대상  답 ②

판매시설은 해당하지 않는다.

> 📋 **관련 개념 | 불시 소방훈련·교육의 대상(영 제39조)**
> 1. 「소방시설 설치 및 관리에 관한 법률 시행령」 별표 2 제7호에 따른 의료시설
> 2. 「소방시설 설치 및 관리에 관한 법률 시행령」 별표 2 제8호에 따른 교육연구시설
> 3. 「소방시설 설치 및 관리에 관한 법률 시행령」 별표 2 제9호에 따른 노유자 시설
> 4. 그 밖에 화재 발생 시 불특정 다수의 인명피해가 예상되어 소방본부장 또는 소방서장이 소방훈련·교육이 필요하다고 인정하는 특정소방대상물

## 045 | 소방안전교육 대상자  답 ④

비상방송설비가 설치된 공장·창고 등의 특정소방대상물에는 대상자에 해당하지 않는다.

> **「화재의 예방 및 안전관리에 관한 법률」 제38조 【특정소방대상물의 관계인에 대한 소방안전교육】** ① 소방본부장이나 소방서장은 제37조를 적용받지 아니하는 특정소방대상물의 관계인에 대하여 특정소방대상물의 화재예방과 소방안전을 위하여 행정안전부령으로 정하는 바에 따라 소방안전교육을 할 수 있다.
> ② 제1항에 따른 교육대상 및 특정소방대상물의 범위 등에 필요한 사항은 행정안전부령으로 정한다.

> **「화재의 예방 및 안전관리에 관한 법률 시행규칙」 제40조 【소방안전교육 대상자 등】** ① 법 제38조 제1항에 따른 소방안전교육의 교육대상자는 법 제37조를 적용받지 않는 특정소방대상물 중 다음 각 호의 어느 하나에 해당하는 특정소방대상물의 관계인으로서 관할 소방서장이 소방안전교육이 필요하다고 인정하는 사람으로 한다.
> 1. 소화기 또는 비상경보설비가 설치된 공장·창고 등의 특정소방 대상물
> 2. 그 밖에 관할 소방본부장 또는 소방서장이 화재에 대한 취약성이 높다고 인정하는 특정소방대상물
> ② 소방본부장 또는 소방서장은 법 제38조 제1항에 따른 소방안전교육을 실시하려는 경우에는 교육일 10일 전까지 별지 제32호 서식의 특정소방대상물 관계인 소방안전교육 계획서를 작성하여 통보해야 한다.

## 046 | 화재예방강화지구의 관리  답 ①

- 소방관서장은 화재예방강화지구 안의 소방대상물의 위치·구조 및 설비 등에 대한 화재안전조사를 ( ㉠ 연 1회 ) 이상 실시하여야 한다.
- 소방관서장은 화재예방강화지구 안의 관계인에 대하여 소방상 필요한 훈련 및 교육을 ( ㉡ 연 1회 ) 이상 실시할 수 있다.
- 소방관서장은 훈련 및 교육을 실시하고자 하는 때에는 화재예방강화지구 안의 관계인에게 훈련 또는 교육 ( ㉢ 10일 ) 전까지 그 사실을 통보하여야 한다.

| 001 ④ | 002 ② | 003 ① | 004 ④ | 005 ③ |
| 006 ② | 007 ① | 008 ④ | 009 ③ | 010 ② |

## 001 | 소방안전 특별관리시설물의 종류    답 ④

천연가스 인수기지 및 공급망, 영화상영관 중 수용인원 1,000명 이상인 영화상영관

> 📝 **관련 개념 | 소방안전 특별관리시설물(법 제40조)**
>
> 1. 「공항시설법」 제2조 제7호의 공항시설
> 2. 「철도산업발전기본법」 제3조 제2호의 철도시설
> 3. 「도시철도법」 제2조 제3호의 도시철도시설
> 4. 「항만법」 제2조 제5호의 항만시설
> 5. 「문화재보호법」 제2조 제3항의 지정문화재인 시설(시설이 아닌 지정문화재를 보호하거나 소장하고 있는 시설을 포함한다)
> 6. 「산업기술단지 지원에 관한 특례법」 제2조 제1호의 산업기술단지
> 7. 「산업입지 및 개발에 관한 법률」 제2조 제8호의 산업단지
> 8. 「초고층 및 지하연계 복합건축물 재난관리에 관한 특별법」 제2조 제1호·제2호의 초고층 건축물 및 지하연계 복합건축물
> 9. 「영화 및 비디오물의 진흥에 관한 법률」 제2조 제10호의 영화상영관 중 수용인원 1천명 이상의 영화상영관
> 10. 전력용 및 통신용 지하구
> 11. 「한국석유공사법」 제10조 제1항 제3호의 석유비축시설
> 12. 「한국가스공사법」 제11조 제1항 제2호의 천연가스 인수기지 및 공급망
> 13. 「전기사업법」 제2조 제4호에 따른 발전사업자가 가동 중인 발전소(「발전소주변지역 지원에 관한 법률 시행령」 제2조 제2항에 따른 발전소는 제외한다)
> 14. 「물류시설의 개발 및 운영에 관한 법률」 제2조 제5호의2에 따른 물류창고로서 연면적 10만제곱미터 이상인 것
> 15. 「도시가스사업법」 제2조 제5호에 따른 가스공급시설
> 16. 500개 이상 점포 전통시장

## 002 | 화재예방안전진단 대상    답 ②

도시철도시설 중 역사 및 역 시설의 연면적이 5천제곱미터 이상인 도시철도시설

> 📝 **관련 개념 | 화재예방안전진단 대상(영 제43조)**
>
> 1. 법 제40조 제1항 제1호에 따른 공항시설 중 여객터미널의 연면적이 1천제곱미터 이상인 공항시설
> 2. 법 제40조 제1항 제2호에 따른 철도시설 중 역 시설의 연면적이 5천제곱미터 이상인 철도시설
> 3. 법 제40조 제1항 제3호에 따른 도시철도시설 중 역사 및 역 시설의 연면적이 5천제곱미터 이상인 도시철도시설
> 4. 법 제40조 제1항 제4호에 따른 항만시설 중 여객이용시설 및 지원시설의 연면적이 5천제곱미터 이상인 항만시설
> 5. 법 제40조 제1항 제10호에 따른 전력용 및 통신용 지하구 중 「국토의 계획 및 이용에 관한 법률」 제2조 제9호에 따른 공동구
> 6. 법 제40조 제1항 제12호에 따른 천연가스 인수기지 및 공급망 중 「소방시설 설치 및 관리에 관한 법률 시행령」 별표 2 제17호 나목에 따른 가스시설
> 7. 제41조 제2항 제1호에 따른 발전소 중 연면적이 5천제곱미터 이상인 발전소
> 8. 제41조 제2항 제3호에 따른 가스공급시설 중 가연성 가스 탱크의 저장용량의 합계가 100톤 이상이거나 저장용량이 30톤 이상인 가연성 가스 탱크가 있는 가스공급시설

## 003 | 소방안전 특별관리시설물    답 ①

항구시설이 아닌 항만시설이 특별관리 시설물에 해당한다.

## 004 | 소방안전 특별관리시설물의 안전관리    답 ④

시·도지사는 특별관리기본계획을 시행하기 위하여 매년 소방안전 특별관리시행계획(이하 "특별관리시행계획"이라 한다)을 계획 시행 전년도 12월 31일까지 수립하여야 하고, 시행 결과를 계획 시행 다음 연도 1월 31일까지 소방청장에게 통보하여야 한다.

> 📝 **관련 개념 | 소방안전 특별관리시설물의 안전관리**
>
> 1. **특별관리시설물 지정자:** 소방청장
> 2. **종류:** 공항시설, 철도시설, 도시철도시설, 항만시설, 지정문화재인 시설, 산업기술단지, 산업단지, 초고층 건축물 및 지하연계 복합건축물, 영화상영관 중 수용인원 1,000명 이상인 영화상영관, 전력용 및 통신용 지하구, 석유비축시설, 천연가스 인수기지 및 공급망, 점포 500개 이상의 전통시장 등
> 3. **특별관리 기본계획 수립 시행자:** 소방청장(시·도지사와 협의하여 수립하여 시행)[5년마다 수립 시행하고 전년도 10월 31일까지 수립하여 시·도에 통보]
> 4. **특별관리 시행계획 수립 시행자:** 시·도지사(매년 수립 하고 전년도 12월 31일까지 수립 후, 시행 결과를 계획 시행 다음 연도 1월 31일까지 소방청장에게 통보)

## 005 | 특별관리기본계획·시행계획의 수립 및 시행    답 ③

소방청장 및 시·도지사는 특별관리기본계획 또는 특별관리시행계획을 수립하는 경우 성별, 연령별, 화재안전취약자별 화재피해현황 및 실태 등을 고려해야 한다.

> 「**화재의 예방 및 안전관리에 관한 법률 시행령」 제42조 【소방안전 특별관리기본계획·시행계획의 수립·시행】** ① 소방청장은 법 제40조 제2항에 따른 소방안전 특별관리기본계획(이하 "특별관리기본계획"이라 한다)을 5년마다 수립하여 시·도에 통보해야 한다.
> ② 특별관리기본계획에는 다음 각 호의 사항이 포함되어야 한다.
> 1. 화재예방을 위한 중기·장기 안전관리정책
> 2. 화재예방을 위한 교육·홍보 및 점검·진단
> 3. 화재대응을 위한 훈련
> 4. 화재대응과 사후 조치에 관한 역할 및 공조체계
> 5. 그 밖에 화재 등의 안전관리를 위하여 필요한 사항
> ③ 시·도지사는 특별관리기본계획을 시행하기 위하여 매년 법 제40조 제3항에 따른 소방안전 특별관리시행계획(이하 "특별관리시행계획"이라 한다)을 수립·시행하고, 그 결과를 다음 연도 1월 31일까지 소방청장에게 통보해야 한다.
> ④ 특별관리시행계획에는 다음 각 호의 사항이 포함되어야 한다.
> 1. 특별관리기본계획의 집행을 위하여 필요한 사항
> 2. 시·도에서 화재 등의 안전관리를 위하여 필요한 사항
> ⑤ 소방청장 및 시·도지사는 특별관리기본계획 또는 특별관리시행계획을 수립하는 경우 성별, 연령별, 화재안전취약자별 화재 피해 현황 및 실태 등을 고려해야 한다.

## 006 | 화재예방안전진단의 대상    답 ②

도시철도시설 중 역사 및 역 시설의 연면적이 5천제곱미터 이상인 도시철도시설

## 007 | 화재예방안전진단의 실시    답 ①

**선지분석**

② 화재예방안전진단을 받은 소방안전 특별관리시설물의 관계인은 안전등급이 우수인 경우 안전등급을 통보받은 날부터 6년이 경과한 날이 속하는 해에 받아야 한다.

③ 화재예방안전진단을 받은 소방안전 특별관리시설물의 관계인은 안전등급이 양호인 경우 안전등급을 통보받은 날부터 5년이 경과한 날이 속하는 해에 받아야 한다.

④ 화재예방안전진단을 받은 소방안전 특별관리시설물의 관계인은 안전등급이 미흡인 경우 안전등급을 통보받은 날부터 4년이 경과한 날이 속하는 해에 받아야 한다.

「화재의 예방 및 안전관리에 관한 법률 시행령」 제44조 【화재예방안전진단의 실시 절차 등】 ① 소방안전관리대상물이 건축되어 제43조 각 호의 소방안전 특별관리시설물에 해당하게 된 경우 해당 소방안전 특별관리시설물의 관계인은 「건축법」 제22조에 따른 사용승인 또는 「소방시설공사업법」 제14조에 따른 완공검사를 받은 날부터 5년이 경과한 날이 속하는 해에 법 제41조 제1항에 따라 최초의 화재예방안전진단을 받아야 한다.
② 화재예방안전진단을 받은 소방안전 특별관리시설물의 관계인은 제3항에 따른 안전등급(이하 "안전등급"이라 한다)에 따라 정기적으로 다음 각 호의 기간에 법 제41조 제1항에 따라 화재예방안전진단을 받아야 한다.
1. 안전등급이 우수인 경우: 안전등급을 통보받은 날부터 6년이 경과한 날이 속하는 해
2. 안전등급이 양호·보통인 경우: 안전등급을 통보받은 날부터 5년이 경과한 날이 속하는 해
3. 안전등급이 미흡·불량인 경우: 안전등급을 통보받은 날부터 4년이 경과한 날이 속하는 해
③ 화재예방안전진단 결과는 우수, 양호, 보통, 미흡 및 불량의 안전등급으로 구분하며, 안전등급의 기준은 별표 7과 같다.
④ 제1항부터 제3항까지에서 규정한 사항 외에 화재예방안전진단 절차 및 방법 등에 관하여 필요한 사항은 행정안전부령으로 정한다.

## 008 | 화재예방안전진단의 범위    답 ④

피난시설, 방화구획 및 방화시설의 관리에 관한 사항은 「소방시설 설치 및 관리에 관한 법률」에서 다루는 내용이다.

## 009 | 화재예방안전진단    답 ③

「화재의 예방 및 안전관리에 관한 법률 시행규칙」 제42조 【화재예방안전진단 결과 제출】 화재예방안전진단을 실시한 안전원 또는 진단기관은 법 제41조 제4항에 따라 화재예방안전진단이 완료된 날부터 60일 이내에 소방본부장 또는 소방서장, 관계인에게 별지 제34호 서식의 화재예방안전진단 결과보고서(전자문서를 포함한다)에 다음 각 호의 서류(전자문서를 포함한다)를 첨부하여 제출해야 한다.
1. 화재예방안전진단 결과 세부 보고서
2. 화재예방안전진단기관 지정서

## 010 | 전문인력    답 ②

소방설비기사(산업기사를 포함한다) 자격 취득 후 소방관련 업무경력이 3년(소방설비산업기사의 경우 5년) 이상인 사람

「화재의 예방 및 안전관리에 관한 법률 시행령」 [별표 8] 화재예방안전진단기관의 시설, 전문인력 등 지정기준
1. 시설화재예방안전진단을 목적으로 설립된 비영리법인·단체로서 제2호에 따른 전문인력이 근무할 수 있는 사무실과 제3호에 따른 장비를 보관할 수 있는 창고를 갖출 것. 이 경우 사무실과 창고를 임차하여 사용하는 경우도 사무실과 창고를 갖춘 것으로 본다.
2. 전문인력
다음 각 목의 전문인력을 모두 갖출 것. 이 경우 전문인력은 해당 화재예방안전진단기관의 상근 직원이어야 하며, 한 사람이 다음 각 목의 자격 요건 중 둘 이상을 충족하는 경우에도 한 명의 전문인력으로 본다.
가. 다음에 해당하는 사람
1) 소방기술사: 1명 이상
2) 소방시설관리사: 1명 이상
3) 전기안전기술사·화공안전기술사·가스기술사·위험물기능장 또는 건축사: 1명 이상
나. 다음의 분야별로 각 1명 이상 분야 자격 요건

| 분야 | 자격 요건 |
|------|-----------|
| 소방 | 1) 소방기술사<br>2) 소방시설관리사<br>3) 소방설비기사(산업기사를 포함한다) 자격 취득 후 소방 관련 업무경력이 3년(소방설비산업기사의 경우 5년) 이상인 사람 |
| 전기 | 1) 전기안전기술사<br>2) 전기기사(산업기사를 포함한다) 자격 취득 후 소방 관련 업무 경력이 3년(전기산업기사의 경우 5년) 이상인 사람 |
| 화공 | 1) 화공안전기술사<br>2) 화공기사(산업기사를 포함한다) 자격 취득 후 소방 관련 업무 경력이 3년(화공산업기사의 경우 5년) 이상인 사람 |

| 가스 | 1) 가스기술사 |
| | 2) 가스기사(산업기사를 포함한다) 자격 취득 후 소방 관련 업무 경력이 3년(가스산업기사의 경우 5년) 이상인 사람 |
| 위험물 | 1) 위험물기능장 |
| | 2) 위험물산업기사 자격 취득 후 소방 관련 업무 경력이 5년 이상인 사람 |
| 건축 | 1) 건축사 |
| | 2) 건축기사(산업기사를 포함한다) 자격 취득 후 소방 관련 업무 경력이 3년(건축산업기사의 경우 5년) 이상인 사람 |
| 교육훈련 | 소방안전교육사 |

## 07 보칙 140p

001 ②  002 ④

### 001 | 관계인에 대한 포상  답 ②

우수 소방대상물의 선정 방법, 평가 대상물의 범위 및 평가 절차 등에 필요한 사항은 행정안전부령으로 정한다.

「화재의 예방 및 안전관리에 관한 법률 시행규칙」 제47조【우수 소방대상물의 선정 등】① 소방청장은 법 제44조 제1항에 따른 우수 소방대상물의 선정 및 관계인에 대한 포상을 위하여 우수 소방대상물의 선정방법, 평가 대상물의 범위 및 평가 절차 등에 관한 내용이 포함된 시행계획(이하 "시행계획"이라 한다)을 매년 수립·시행해야 한다.
② 소방청장은 우수 소방대상물 선정을 위하여 필요한 경우에는 소방대상물을 직접 방문하여 필요한 사항을 확인할 수 있다.
③ 소방청장은 우수 소방대상물 선정의 객관성 및 전문성을 확보하기 위하여 필요한 경우에는 다음 각 호의 어느 하나에 해당하는 사람이 2명 이상 포함된 평가위원회(이하 이 조에서 "평가위원회"라 한다)를 성별을 고려하여 구성·운영할 수 있다. 이 경우 평가위원회의 위원에게는 예산의 범위에서 수당, 여비 등 필요한 경비를 지급할 수 있다.
1. 소방기술사(소방안전관리자로 선임된 사람은 제외한다)
2. 소방시설관리사
3. 소방 관련 석사 이상의 학위를 취득한 사람
4. 소방 관련 법인 또는 단체에서 소방 관련 업무에 5년 이상 종사한 사람
5. 소방공무원 교육기관, 대학 또는 연구소에서 소방과 관련한 교육 또는 연구에 5년 이상 종사한 사람
④ 제1항부터 제3항까지에서 규정한 사항 외에 우수 소방대상물의 평가, 평가위원회 구성·운영, 포상의 종류·명칭 및 우수 소방대상물 표지 등에 관하여 필요한 사항은 소방청장이 정하여 고시한다.

### 002 | 업무의 위탁  답 ④

소방안전관리자 자격의 정지 및 취소는 소방청장이 소방서장에게 위임하는 업무이다.

## 08 벌칙 141p

001 ③  002 ③  003 ④  004 ④  005 ③

### 001 | 벌금  답 ③

300만원 이하의 벌금에 해당한다.

📝 관련 개념 | 300만원 이하의 벌금
1. 제7조 제1항에 따른 화재안전조사를 정당한 사유 없이 거부·방해 또는 기피한 자
2. 제17조 제2항 각 호의 어느 하나에 따른 명령을 정당한 사유 없이 따르지 아니하거나 방해한 자
3. 제24조 제1항·제3항, 제29조 제1항 및 제35조 제1항·제2항을 위반하여 소방안전관리자, 총괄소방안전관리자 또는 소방안전관리보조자를 선임하지 아니한 자
4. 제27조 제3항을 위반하여 소방시설·피난시설·방화시설 및 방화구획 등이 법령에 위반된 것을 발견하였음에도 필요한 조치를 할 것을 요구하지 아니한 소방안전관리자
5. 제27조 제4항을 위반하여 소방안전관리자에게 불이익한 처우를 한 관계인
6. 제41조 제6항 및 제48조 제3항을 위반하여 업무를 수행하면서 알게 된 비밀을 이 법에서 정한 목적 외의 용도로 사용하거나 다른 사람 또는 기관에 제공하거나 누설한 자

### 002 | 벌금  답 ③

선지분석
①②④ 3년 이하의 징역 또는 3천만원 이하의 벌금에 해당한다.
③ 1년 이하의 징역 또는 1천만원 이하의 벌금에 해당한다.

「화재의 예방 및 안전관리에 관한 법률」 제50조【벌칙】① 다음 각 호의 어느 하나에 해당하는 자는 3년 이하의 징역 또는 3천만원 이하의 벌금에 처한다.
1. 제14조 제1항 및 제2항(화재안전조사 결과 조치명령)에 따른 조치명령을 정당한 사유 없이 위반한 자
2. 제28조 제1항 및 제2항에 따른 명령(소방안전관리자 선임 명령이나 업무 이행 명령)을 정당한 사유 없이 위반한 자
3. 제41조 제5항에 따른 보수·보강 등의 조치명령(화재예방안전진단 결과에 따른 조치명령)을 정당한 사유 없이 위반한 자
4. 거짓이나 그 밖의 부정한 방법으로 제42조 제1항에 따른 진단기관으로 지정을 받은 자
② 다음 각 호의 어느 하나에 해당하는 자는 1년 이하의 징역 또는 1천만원 이하의 벌금에 처한다.
1. 제12조 제2항(화재안전조사)을 위반하여 관계인의 정당한 업무를 방해하거나, 조사업무를 수행하면서 취득한 자료나 알게 된 비밀을 다른 사람 또는 기관에게 제공 또는 누설하거나 목적 외의 용도로 사용한 자
2. 제30조 제4항을 위반하여 자격증(소방안전관리자 자격증)을 다른 사람에게 빌려 주거나 빌리거나 이를 알선한 자
3. 제41조 제1항을 위반하여 진단기관으로부터 화재예방안전진단을 받지 아니한 자

## 003 | 과태료 답 ④

**선지분석**

①② 300만원 이하의 과태료에 해당한다.

③ 200만원 이하의 과태료에 해당한다.

> **「화재의 예방 및 안전관리에 관한 법률」 제52조 【과태료】** ① 다음 각 호의 어느 하나에 해당하는 자에게는 300만원 이하의 과태료를 부과한다.
> 1. 정당한 사유 없이 제17조 제1항 각 호의 어느 하나에 해당하는 행위를 한 자
> 2. 제24조 제2항을 위반하여 소방안전관리자를 겸한 자
> 3. 제24조 제5항에 따른 소방안전관리업무를 하지 아니한 특정소방대상물의 관계인 또는 소방안전관리대상물의 소방안전관리자
> 4. 제27조 제2항을 위반하여 소방안전관리업무의 지도·감독을 하지 아니한 자
> 5. 제29조 제2항에 따른 건설현장 소방안전관리대상물의 소방안전관리자의 업무를 하지 아니한 소방안전관리자
> 6. 제36조 제3항을 위반하여 피난유도 안내정보를 제공하지 아니한 자
> 7. 제37조 제1항을 위반하여 소방훈련 및 교육을 하지 아니한 자
> 8. 제41조 제4항을 위반하여 화재예방안전진단 결과를 제출하지 아니한 자
> ② 다음 각 호의 어느 하나에 해당하는 자에게는 200만원 이하의 과태료를 부과한다.
> 1. 제17조 제4항에 따른 불을 사용할 때 지켜야 하는 사항 및 같은 조 제5항에 따른 특수가연물의 저장 및 취급 기준을 위반한 자
> 2. 제18조 제4항에 따른 소방설비등의 설치 명령을 정당한 사유 없이 따르지 아니한 자
> 3. 제26조 제1항을 위반하여 기간 내에 선임신고를 하지 아니하거나 소방안전관리자의 성명 등을 게시하지 아니한 자
> 4. 제29조 제1항을 위반하여 기간 내에 선임신고를 하지 아니한 자
> 5. 제37조 제2항을 위반하여 기간 내에 소방훈련 및 교육 결과를 제출하지 아니한 자
> ③ 제34조 제1항 제2호를 위반하여 실무교육을 받지 아니한 소방안전관리자 및 소방안전관리보조자에게는 100만원 이하의 과태료를 부과한다.

## 004 | 벌칙의 기준 답 ④

**선지분석**

①②③ 300만원 이하의 벌금에 해당한다.

④ 3년 이하의 징역 또는 3천만원 이하의 벌금에 해당한다.

## 005 | 300만원 이하의 과태료 답 ③

**선지분석**

①②④ 300만원 이하의 과태료에 해당한다.

③ 200만원 이하의 과태료에 해당한다.

> **「화재의 예방 및 안전관리에 관한 법률」 제52조 【과태료】** ① 다음 각 호의 어느 하나에 해당하는 자에게는 300만원 이하의 과태료를 부과한다.
> 1. 정당한 사유 없이 제17조 제1항 각 호의 어느 하나에 해당하는 행위를 한 자
> 2. 제24조 제2항을 위반하여 소방안전관리자를 겸한 자
> 3. 제24조 제5항에 따른 소방안전관리업무를 하지 아니한 특정소방대상물의 관계인 또는 소방안전관리대상물의 소방안전관리자

# PART 4 소방시설공사업법

<table>
<tr><td>01</td><td>총칙</td><td>146p</td></tr>
</table>

**001** ②　**002** ①　**003** ③　**004** ③　**005** ③

## 001 | 목적
답 ②

이 법은 소방시설공사 및 소방기술의 관리에 필요한 사항을 규정함으로써 소방시설업을 건전하게 발전시키고 소방기술을 ( ㉠ 진흥 )시켜 화재로부터 공공의 ( ㉡ 안전 )을 확보하고 국민경제에 ( ㉢ 이바지함 )을 목적으로 한다.

## 002 | 용어의 정의
답 ①

"개설"이란 이미 특정소방대상물에 설치된 소방시설등의 전부 또는 일부를 철거하고 설치하는 것을 말한다.

### 📝 관련 개념 | 용어의 정의
1. "개설"이란 이미 특정소방대상물에 설치된 소방시설등의 전부 또는 일부를 철거하고 새로 설치하는 것을 말한다.
2. "이전"이란 이미 설치된 소방시설등을 현재 설치된 장소에서 다른 장소로 옮겨 설치하는 것을 말한다.
3. "정비"란 이미 설치된 소방시설등을 구성하고 있는 기계·기구를 교체하거나 보수하는 것을 말한다.

## 003 | 용어의 정의
답 ③

**선지분석**
① 소방시설업의 종류로는 소방시설설계업, 소방시설공사업, 소방공사감리업, 방염처리업이 있다.
② 소방기술자에는 소방시설관리사, 소방기술사, 위험물기능장이 포함된다.
④ 감리원이란 소방공사감리업자에 소속된 소방기술자로서 해당 소방시설공사를 감리하는 사람을 말한다.

## 004 | 소방시설업의 종류
답 ③

소방공사감리업에 대한 내용이다.

### 📝 관련 개념 | 소방시설업의 정의(법 제2조)
1. **소방시설설계업**: 소방시설공사에 기본이 되는 공사계획, 설계도면, 설계 설명서, 기술계산서 및 이와 관련된 서류(이하 "설계도서"라 한다)를 작성(이하 "설계"라 한다)하는 영업
2. **소방시설공사업**: 설계도서에 따라 소방시설을 신설, 증설, 개설, 이전 및 정비(이하 "시공"이라 한다)하는 영업

3. **소방공사감리업**: 소방시설공사에 관한 발주자의 권한을 대행하여 소방시설공사가 설계도서와 관계 법령에 따라 적법하게 시공되는지를 확인하고, 품질·시공 관리에 대한 기술지도를 하는(이하 "감리"라 한다) 영업
4. **방염처리업**: 「소방시설 설치 및 관리에 관한 법률」 제20조 제1항에 따른 방염대상물품에 대하여 방염처리(이하 "방염"이라 한다)하는 영업

## 005 | 방염처리업의 종류
답 ③

방염처리업의 종류에는 섬유류 방염업, 합성수지류 방염업, 합판·목재류 방염업이 있다.

### 📝 관련 개념 | 방염처리업

| 항목<br>업종별 | 실험실 | 방염처리시설 및 시험기기 | 영업범위 |
|---|---|---|---|
| 섬유류 방염업 | 1개 이상 갖출 것 | 부표에 따른 섬유류 방염업의 방염처리시설 및 시험기기를 모두 갖추어야 한다. | 커튼·카펫 등 섬유류를 주된 원료로 하는 방염대상물품을 제조 또는 가공 공정에서 방염처리 |
| 합성수지류 방염업 | | 부표에 따른 합성수지류 방염업의 방염처리시설 및 시험기기를 모두 갖추어야 한다. | 합성수지류를 주된 원료로 하는 방염대상물품을 제조 또는 가공 공정에서 방염처리 |
| 합판·목재류 방염업 | | 부표에 따른 합판·목재류 방염업의 방염처리시설 및 시험기기를 모두 갖추어야 한다. | 합판 또는 목재류를 제조·가공 공정 또는 설치 현장에서 방염처리 |

<table>
<tr><td>02</td><td>소방시설업</td><td>148p</td></tr>
</table>

**001** ②　**002** ③　**003** ④　**004** ①　**005** ②
**006** ④　**007** ③　**008** ①　**009** ②　**010** ③
**011** ②　**012** ④　**013** ④　**014** ③　**015** ④
**016** ②

## 001 | 소방시설업의 등록기준
답 ②

소방공무원으로 재직한 경력이 3년 이상인 사람으로서 자격수첩을 발급받은 사람은 소방시설 설계업의 보조인력이 될 수 있다.

1. 소방기술사, 소방설비기사 또는 소방설비산업기사 자격을 취득한 사람
2. 소방공무원으로 재직한 경력이 3년 이상인 사람으로서 자격수첩을 발급받은 사람
3. 법 제28조 제3항에 따라 행정안전부령으로 정하는 소방기술과 관련된 자격·경력 및 학력을 갖춘 사람으로서 자격수첩을 발급받은 사람

## 002 | 보조기술인력                                    답 ③

소방시설관리사는 해당하지 않는다.

1. 소방기술사, 소방설비기사 또는 소방설비산업기사 자격을 취득한 사람
2. 소방공무원으로 재직한 경력이 3년 이상인 사람으로서 자격수첩을 발급받은 사람
3. 법 제28조 제3항에 따라 행정안전부령으로 정하는 소방기술과 관련된 자격·경력 및 학력을 갖춘 사람으로서 자격수첩을 발급받은 사람

## 003 | 보조기술인력                                    답 ④

소방시설업자는 재발급을 신청하는 경우에는 소방시설업등록증(등록수첩)재발급신청서[전자문서로 된 소방시설업 등록증(등록수첩) 재발급신청서를 포함한다]를 협회를 경유하여 시·도지사에게 제출하여야 한다.

「소방시설공사업법 시행규칙」 제4조 【소방시설업 등록증 또는 등록수첩의 재발급 및 반납】 ① 소방시설업자는 소방시설업 등록증 또는 등록수첩을 잃어버리거나, 소방시설업 등록증 또는 등록수첩이 헐어 못 쓰게 된 경우에는 시·도지사에게 소방시설업 등록증 또는 등록수첩의 재발급을 신청할 수 있다.
② 소방시설업자는 재발급을 신청하는 경우에는 소방시설업등록증(등록수첩)재발급신청서[전자문서로 된 소방시설업 등록증(등록수첩) 재발급신청서를 포함한다]를 협회를 경유하여 시·도지사에게 제출하여야 한다.
③ 시·도지사는 재발급신청서[전자문서로 된 소방시설업 등록증(등록수첩) 재발급신청서를 포함한다]를 제출받은 경우에는 3일 이내에 협회를 경유하여 소방시설업 등록증 또는 등록수첩을 재발급하여야 한다.
④ 소방시설업자는 다음 각 호의 어느 하나에 해당하는 경우에는 지체 없이 협회를 경유하여 시·도지사에게 그 소방시설업 등록증 및 등록수첩을 반납하여야 한다.
1. 법 제9조에 따라 소방시설업 등록이 취소된 경우
2. 삭제
3. 제1항에 따라 재발급을 받은 경우(다만, 소방시설업 등록증 또는 등록수첩을 잃어버리고 재발급을 받은 경우에는 이를 다시 찾은 경우에만 해당한다)

## 004 | 소방시설업의 등록                                답 ①

재건축 목적으로 설립된 경우는 요건에 해당하지 않는다.

「소방시설공사업법」 제4조 【소방시설업의 등록】 ① 특정소방대상물의 소방시설공사 등을 하려는 자는 업종별로 자본금(개인인 경우에는 자산 평가액을 말한다), 기술인력 등 대통령령으로 정하는 요건을 갖추어 특별시장·광역시장·특별자치시장·도지사 또는 도지사(이하 "시·도지사"라 한다)에게 소방시설업을 등록하여야 한다.
② 제1항에 따른 소방시설업의 업종별 영업범위는 대통령령으로 정한다.
③ 제1항에 따른 소방시설업의 등록신청과 등록증·등록수첩의 발급·재발급 신청, 그 밖에 소방시설업 등록에 필요한 사항은 행정안전부령으로 정한다.
④ 제1항에도 불구하고 「공공기관의 운영에 관한 법률」 제5조에 따른 공기업·준정부기관 및 「지방공기업법」 제49조에 따라 설립된 지방공사나 같은 법 제76조에 따라 설립된 지방공단이 다음 각 호의 요건을 모두 갖춘 경우에는 시·도지사에게 등록을 하지 아니하고 자체 기술인력을 활용하여 설계·감리를 할 수 있다. 이 경우 대통령령으로 정하는 기술인력을 보유하여야 한다.
1. 주택의 건설·공급을 목적으로 설립되었을 것
2. 설계·감리 업무를 주요 업무로 규정하고 있을 것

## 005 | 등록기준 및 영업범위                              답 ②

소방시설공사업의 등록을 하려는 자는 별표 1의 기준을 갖추어 소방청장이 지정하는 금융회사 또는 「소방산업의 진흥에 관한 법률」 제23조에 따른 소방산업공제조합이 별표 1에 따른 자본금 기준금액의 ( 100분의 20 ) 이상에 해당하는 금액의 담보를 제공받거나 현금의 예치 또는 출자를 받은 사실을 증명하여 발행하는 확인서를 특별시장·광역시장·특별자치시장·도지사 또는 특별자치도지사(이하 "시·도지사"라 한다)에게 제출하여야 한다.

「소방시설공사업법 시행령」 제2조 【소방시설업의 등록기준 및 영업범위】 ① 「소방시설공사업법」(이하 "법"이라 한다) 제4조 제1항 및 제2항에 따른 소방시설업의 업종별 등록기준 및 영업범위는 별표 1과 같다.
② 소방시설업의 등록을 하려는 자는 별표 1의 기준을 갖추어 소방청장이 지정하는 금융회사 또는 「소방산업의 진흥에 관한 법률」 제23조에 따른 소방산업공제조합이 별표 1에 따른 자본금 기준금액의 100분의 20 이상에 해당하는 금액의 담보를 제공받거나 현금의 예치 또는 출자를 받은 사실을 증명하여 발행하는 확인서를 특별시장·광역시장·특별자치시장·도지사 또는 특별자치도지사(이하 "시·도지사"라 한다)에게 제출하여야 한다.
③ 시·도지사는 법 제4조 제1항에 따른 등록신청이 다음 각 호의 어느 하나에 해당되는 경우를 제외하고는 등록을 해주어야 한다.
1. 제1항에 따른 등록기준을 갖추지 못한 경우
2. 제2항에 따른 확인서를 제출하지 아니한 경우
3. 등록을 신청한 자가 법 제5조 등록의 결격사유에 해당하는 경우
4. 그 밖에 법, 이 영 또는 다른 법령에 따른 제한에 위반되는 경우

## 006 | 소방시설업의 등록                                답 ④

소방시설공사업의 등록을 하려는 자는 별표 1의 기준을 갖추어 소방청장이 지정하는 금융회사 또는 「소방산업의 진흥에 관한 법률」 제23조에 따른 소방산업공제조합이 별표 1에 따른 자본금 기준금액의 100분의 20 이상에 해당하는 금액의 담보를 제공받거나 현금의 예치 또는 출자를 받은 사실을 증명하여 발행하는 확인서를 특별시장·광역시장·특별자치시장·도지사 또는 특별자치도지사(이하 "시·도지사"라 한다)에게 제출하여야 한다.

## 007 과징금 처분  답 ③

시·도지사는 2억원 이하의 과징금을 부과할 수 있다.

> 「소방시설공사업법」 제10조 【과징금처분】 ① 시·도지사는 제9조 제1항 각 호의 어느 하나에 해당하는 경우로서 영업정지가 그 이용자에게 불편을 주거나 그 밖에 공익을 해칠 우려가 있을 때에는 영업정지처분을 갈음하여 2억원 이하의 과징금을 부과할 수 있다.
> ② 제1항에 따른 과징금을 부과하는 위반행위의 종류와 위반 정도 등에 따른 과징금과 그 밖에 필요한 사항은 행정안전부령으로 정한다.
> ③ 시·도지사는 제1항에 따른 과징금을 내야 할 자가 납부기한까지 과징금을 내지 아니하면 「지방행정제재·부과금의 징수 등에 관한 법률」에 따라 징수한다.

## 008 기술인력 기준  답 ①

주인력은 소방기술사 1명 이상, 보조인력은 1명 이상이다.

**관련 개념 | 소방시설설계업의 기술인력 및 영업범위**

| 업종별 / 항목 | | 기술인력 | 영업범위 |
|---|---|---|---|
| 전문 소방시설 설계업 | | • 주된 기술인력: 소방기술사 1명 이상<br>• 보조기술인력 1명 이상 | 모든 특정소방대상물에 설치되는 소방시설의 설계 |
| 일반 소방 시설 설계업 | 기계 분야 | • 주된 기술인력: 소방기술사 또는 기계분야 소방설비기사 1명 이상<br>• 보조기술인력 1명 이상 | • 아파트에 설치되는 기계분야 소방시설(제연설비는 제외한다)의 설계<br>• 연면적 3만제곱미터(공장의 경우에는 1만제곱미터) 미만의 특정소방대상물(제연설비가 설치되는 특정소방대상물은 제외한다)에 설치되는 기계분야 소방시설의 설계<br>• 위험물제조소등에 설치되는 기계분야 소방시설의 설계 |
| | 전기 분야 | • 주된 기술인력: 소방기술사 또는 전기분야 소방설비기사 1명 이상<br>• 보조기술인력 1명 이상 | • 아파트에 설치되는 전기분야 소방시설의 설계<br>• 연면적 3만제곱미터(공장의 경우에는 1만제곱미터) 미만의 특정소방대상물에 설치되는 전기분야 소방시설의 설계<br>• 위험물제조소등에 설치되는 전기분야 소방시설의 설계 |

## 009 전문 소방시설공사업의 법인의 자본금  답 ②

**관련 개념 | 전문 소방시설공사업**

| 기술인력 | • 주된 기술인력: 소방기술사 또는 기계분야와 전기분야의 소방설비기사 각 1명(기계분야 및 전기분야의 자격을 함께 취득한 사람 1명) 이상<br>• 보조기술인력: 2명 이상 |
|---|---|
| 자본금 (자산평가액) | • 법인: 1억원 이상<br>• 개인: 자산평가액 1억원 이상 |
| 영업범위 | 특정소방대상물에 설치되는 기계분야 및 전기분야 소방시설의 공사·개설·이전 및 정비 |

## 010 등록기준 및 영업범위  답 ③

전문 소방시설설계업의 기술인력의 주된 기술인력으로 소방기술사 1명 이상, 보조 기술인력으로 1명 이상이 필요하다.

**관련 개념 | 소방시설설계업의 기술인력 및 영업범위**

| 업종별 / 항목 | | 기술인력 | 영업범위 |
|---|---|---|---|
| 전문 소방시설 설계업 | | • 주된 기술인력: 소방기술사 1명 이상<br>• 보조기술인력 1명 이상 | 모든 특정소방대상물에 설치되는 소방시설의 설계 |
| 일반 소방 시설 설계업 | 기계 분야 | • 주된 기술인력: 소방기술사 또는 기계분야 소방설비기사 1명 이상<br>• 보조기술인력 1명 이상 | • 아파트에 설치되는 기계분야 소방시설(제연설비는 제외한다)의 설계<br>• 연면적 3만제곱미터(공장의 경우에는 1만제곱미터) 미만의 특정소방대상물(제연설비가 설치되는 특정소방대상물은 제외한다)에 설치되는 기계분야 소방시설의 설계<br>• 위험물제조소등에 설치되는 기계분야 소방시설의 설계 |
| | 전기 분야 | • 주된 기술인력: 소방기술사 또는 전기분야 소방설비기사 1명 이상<br>• 보조기술인력 1명 이상 | • 아파트에 설치되는 전기분야 소방시설의 설계<br>• 연면적 3만제곱미터(공장의 경우에는 1만제곱미터) 미만의 특정소방대상물에 설치되는 전기분야 소방시설의 설계<br>• 위험물제조소등에 설치되는 전기분야 소방시설의 설계 |

## 011 등록사항의 변경신고  답 ②

소방시설업자는 등록사항이 변경된 경우에는 변경일부터 ( ㉠ 30 )일 이내에 소방시설업 등록사항 변경신고서에 변경사항별로 서류를 첨부하여 ( ㉡ 협회 )에 제출하여야 한다.

## 012 | 등록사항의 변경신고  답 ④

등록증은 제출할 필요가 없다.

## 013 | 등록사항의 변경신고  답 ④

선지분석

① 소방시설업자는 등록사항이 변경된 경우에는 변경일부터 30
   일 이내에 별지 제7호 서식의 소방시설업 등록사항 변경신
   고서(전자문서로 된 소방시설업 등록사항 변경신고서를 포
   함한다)에 변경사항별로 규정된 서류(전자문서를 포함한다)
   를 첨부하여 협회에 제출하여야 한다.
② 변경신고 서류를 제출받은 협회는 등록사항의 변경신고 내용
   을 확인하고 5일 이내에 제출된 소방시설업 등록증·등록수
   첩 및 기술인력 증빙서류에 그 변경된 사항을 기재하여 발급
   하여야 한다.
③ 영업소 소재지가 등록된 특별시·광역시·특별자치시·도 및
   특별자치도(이하 "시·도"라 한다)에서 다른 시·도로 변경
   된 경우에는 제출받은 변경신고 서류를 접수일로부터 7일 이
   내에 해당 시·도지사에게 보내야 한다. 이 경우 해당 시·도
   지사는 소방시설업 등록증 및 등록수첩을 협회를 경유하여
   신고인에게 새로 발급하여야 한다.

## 014 | 소방시설업의 지위승계  답 ③

소방시설업자 지위 승계를 신고하려는 자는 그 상속일, 양수일,
합병일 또는 인수일부터 30일 이내에 서류(전자문서를 포함한
다)를 협회에 제출해야 한다.

## 015 | 휴업·폐업 또는 재개업 신고  답 ④

폐업신고를 한 자가 소방시설업 등록이 말소된 후 6개월 이내
에 같은 업종의 소방시설업을 다시 시·도지사에게 등록한 경우
해당 소방시설업자는 폐업신고 전 소방시설업자의 지위를 승계
한다.

해커스소방 이영철 소방관계법규 단원별 실전문제집

## 016 | 소방시설업 운영
y

답 ②

지체 없이 알려야 하는 사유는 ㄱ, ㄷ으로 2개이다.

> 「소방시설공사업법」 제8조 【소방시설업의 운영】 ① 소방시설업자
> 는 다른 자에게 자기의 성명이나 상호를 사용하여 소방시설공사등
> 을 수급 또는 시공하게 하거나 소방시설업의 등록증 또는 등록수첩
> 을 빌려 주어서는 아니 된다.
> ② 제9조 제1항에 따라 영업정지처분이나 등록취소 처분을 받은 소
> 방시설업자는 그 날부터 소방시설공사 등을 하여서는 아니 된다.
> 다만, 소방시설의 착공신고가 수리(受理)되어 공사를 하고 있는 자
> 로서 도급계약이 해지되지 아니한 소방시설공사업자 또는 소방공
> 사감리업자가 그 공사를 하는 동안이나 방염처리업자가 도급을 받
> 아 방염 중인 것으로서 도급계약이 해지되지 아니한 상태에서 그
> 방염을 하는 동안에는 그러하지 아니하다.
> ③ 소방시설업자는 다음 각 호의 어느 하나에 해당하는 경우에는
> 소방시설공사 등을 맡긴 특정소방대상물의 관계인에게 지체 없이
> 그 사실을 알려야 한다.
> 1. 제7조에 따라 소방시설업자의 지위를 승계한 경우
> 2. 제9조 제1항에 따라 소방시설업의 등록취소처분 또는 영업정지
>    처분을 받은 경우
> 3. 휴업하거나 폐업한 경우

| 03 | 소방시설공사등 | | | 154p |
|---|---|---|---|---|
| 001 ③ | 002 ③ | 003 ④ | 004 ③ | 005 ② |
| 006 ④ | 007 ② | 008 ④ | 009 ④ | 010 ② |
| 011 ③ | 012 ③ | 013 ④ | 014 ① | 015 ① |
| 016 ④ | 017 ③ | 018 ② | 019 ③ | 020 ② |
| 021 ① | 022 ① | 023 ② | 024 ② | 025 ① |
| 026 ③ | 027 ② | 028 ① | 029 ③ | 030 ② |
| 031 ④ | 032 ③ | 033 ③ | 034 ② | 035 ③ |
| 036 ② | 037 ① | 038 ② | 039 ② | 040 ③ |
| 041 ② | 042 ② | 043 ② | 044 ④ | 045 ② |
| 046 ① | 047 ③ | 048 ② | 049 ② | 050 ④ |
| 051 ② | 052 ① | 053 ① | 054 ① | 055 ① |
| 056 ④ | 057 ② | 058 ① | 059 ② | 060 ④ |

## 001 | 전기분야 소방시설

답 ③

[선지분석]
① 단독경보형감지기, 휴대용비상조명등, 제연설비(기계)
② 연소방지설비(기계), 통합감시시설, 유도등
④ 상수도소화용수설비(기계), 비상조명등, 비상콘센트설비

> [관련 개념 | 업종별 등록기준 및 영업범위]
> 1. 기계분야
>    ⓐ 소화기구, 자동소화장치, 옥내소화전설비, 스프링클러설비등,
>      물분무등소화설비, 옥외소화전설비, 피난기구, 인명구조기구,
>      상수도소화용수설비, 소화수조·저수조, 그 밖의 소화용수설비,
>      제연설비, 연결송수관설비, 연결살수설비 및 연소방지설비

>    ⓑ 기계분야 소방시설에 부설되는 전기시설. 다만, 비상전원, 동력
>      회로, 제어회로, 기계분야 소방시설을 자동화하기 위하여 설치하
>      는 화재감지기에 의한 화재감지장치 및 전기신호에 의한 소방
>      시설의 작동장치는 제외한다.
> 2. 전기분야
>    ⓐ 단독경보형감지기, 비상경보설비, 비상방송설비, 누전경보기,
>      자동화재탐지설비, 시각경보기, 자동화재속보설비, 가스누설경
>      보기, 통합감시시설, 화재알림설비, 유도등, 비상조명등, 휴대
>      용비상조명등, 비상콘센트설비 및 무선통신보조설비
>    ⓑ 1.에 부설되는 전기시설 중 ⓑ 단서의 전기시설

## 002 | 설계업의 영업범위

답 ③

공장의 경우에는 연면적 1만제곱미터 미만일 경우 기계분야 소
방시설 설계가 가능하다.

> [관련 개념 | 소방시설설계업의 기술인력 및 영업범위]

| 업종별 \ 항목 | | 기술인력 | 영업범위 |
|---|---|---|---|
| 전문<br>소방시설<br>설계업 | | • 주된 기술인력: 소방기<br>술사 1명 이상<br>• 보조기술인력 1명 이상 | 모든 특정소방대상물에 설<br>치되는 소방시설의 설계 |
| 일반<br>소방<br>시설<br>설계업 | 기계<br>분야 | • 주된 기술인력: 소방기<br>술사 또는 기계분야 소<br>방설비기사 1명 이상<br>• 보조기술인력 1명 이상 | • 아파트에 설치되는 기계<br>분야 소방시설(제연설비<br>는 제외한다)의 설계<br>• 연면적 3만제곱미터(공<br>장의 경우에는 1만제곱<br>미터) 미만의 특정소방<br>대상물(제연설비가 설<br>치되는 특정소방대상<br>물은 제외한다)에 설<br>치되는 기계분야 소방<br>시설의 설계<br>• 위험물제조소등에 설<br>치되는 기계분야 소방<br>시설의 설계 |
| | 전기<br>분야 | • 주된 기술인력: 소방기<br>술사 또는 전기분야 소<br>방설비기사 1명 이상<br>• 보조기술인력 1명 이상 | • 아파트에 설치되는 전기<br>분야 소방시설의 설계<br>• 연면적 3만제곱미터(공<br>장의 경우에는 1만제곱<br>미터) 미만의 특정소방<br>대상물에 설치되는 전기<br>분야 소방시설의 설계<br>• 위험물제조소등에 설<br>치되는 전기분야 소방<br>시설의 설계 |

## 003 | 설계업의 등록기준

답 ④

전기분야에는 제연설비가 제외되는 기준이 없다.

## 📌 관련 개념 | 소방시설설계업의 기술인력 및 영업범위

| 업종별＼항목 | 기술인력 | 영업범위 |
|---|---|---|
| 전문<br>소방시설<br>설계업 | • 주된 기술인력: 소방기술사 1명 이상<br>• 보조기술인력: 1명 이상 | 모든 특정소방대상물에 설치되는 소방시설의 설계 |
| 일반<br>소방<br>시설<br>설계업<br><br>기계<br>분야 | • 주된 기술인력: 소방기술사 또는 기계분야 소방설비기사 1명 이상<br>• 보조기술인력: 1명 이상 | • 아파트에 설치되는 기계분야 소방시설(제연설비는 제외한다)의 설계<br>• 연면적 3만제곱미터(공장의 경우에는 1만제곱미터) 미만의 특정소방대상물(제연설비가 설치되는 특정소방대상물은 제외한다)에 설치되는 기계분야 소방시설의 설계<br>• 위험물제조소등에 설치되는 기계분야 소방시설의 설계 |
| 전기<br>분야 | • 주된 기술인력: 소방기술사 또는 전기분야 소방설비기사 1명 이상<br>• 보조기술인력: 1명 이상 | • 아파트에 설치되는 전기분야 소방시설의 설계<br>• 연면적 3만제곱미터(공장의 경우에는 1만제곱미터) 미만의 특정소방대상물에 설치되는 전기분야 소방시설의 설계<br>• 위험물제조소등에 설치되는 전기분야 소방시설의 설계 |

## 004 ｜ 소방기술자의 배치기준　　답 ③

중급기술자 이상의 소방기술자(기계분야 및 전기분야): 물분무 등소화설비(호스릴 방식의 소화설비는 제외한다) 또는 제연설비가 설치되는 특정소방대상물의 공사 현장

## 📌 관련 개념 | 소방기술자 배치기준

| 소방기술자의<br>배치기준 | 소방시설공사 현장의 기준 |
|---|---|
| 특급소방기술자<br>(기계 및 전기) | • 연면적 20만m² 이상<br>• 지하 포함 층수 40층 이상 |
| 고급소방기술자<br>(기계 및 전기) | • 연면적 3만m² 이상 20만m² 미만(아파트 제외)<br>• 지하 포함 층수 16층 이상 40층 미만 |
| 중급소방기술자<br>(기계 및 전기) | • 물분무등 소화설비(호스릴 제외) 또는 제연설비 설치<br>• 연면적 5천m² 이상 3만m² 미만(아파트 제외)<br>• 연면적 1만m² 이상 20만m² 미만 아파트 |
| 초급소방기술자<br>(기계 및 전기) | • 연면적 1천m² 이상 5천m² 미만(아파트 제외)<br>• 연면적 1천m² 이상 1만m² 미만 아파트<br>• 지하구 |
| 자격수첩을<br>발급받은<br>소방기술자 | 연면적 1천m² 미만 |

## 005 ｜ 착공신고　　답 ②

공사업자의 소방시설공사업 등록증 사본이 해당한다.

> 「소방시설공사업법 시행규칙」 제12조 【착공신고 등】 ① 법 제4조 제1항에 따라 소방시설공사업을 등록한 자(이하 "공사업자"라 한다)는 소방시설공사를 하려면 법 제13조 제1항에 따라 해당 소방시설공사의 착공 전까지 별지 제14호 서식의 소방시설공사 착공(변경)신고서[전자문서로 된 소방시설공사 착공(변경)신고서를 포함한다]에 다음 각 호의 서류(전자문서를 포함한다)를 첨부하여 소방본부장 또는 소방서장에게 신고해야 한다. 다만, 「전자정부법」 제36조 제1항에 따른 행정정보의 공동이용을 통하여 첨부서류에 대한 정보를 확인할 수 있는 경우에는 그 확인으로 첨부서류를 갈음할 수 있다.
> 1. 공사업자의 소방시설공사업 등록증 사본 1부 및 등록수첩 사본 1부
> 2. 해당 소방시설공사의 책임시공 및 기술관리를 하는 기술인력의 기술등급을 증명하는 서류 사본 1부
> 3. 법 제21조의3 제2항에 따라 체결한 소방시설공사 계약서 사본 1부
> 4. 설계도서(설계설명서를 포함한다) 1부. 다만, 영 제4조 제3호에 해당하는 소방시설공사인 경우 또는 「소방시설 설치 및 관리에 관한 법률 시행규칙」 제3조 제2항에 따라 건축허가등의 동의요구서에 첨부된 서류 중 설계도서가 변경되지 않은 경우에는 설계도서를 첨부하지 않을 수 있다.
> 5. 소방시설공사를 하도급하는 경우 다음 각 목의 서류
>   가. 제20조 제1항 및 별지 제31호 서식에 따른 소방시설공사등의 하도급통지서 사본 1부
>   나. 하도급대금 지급에 관한 다음의 어느 하나에 해당하는 서류
>     1) 「하도급거래 공정화에 관한 법률」 제13조의2에 따라 공사대금 지급을 보증한 경우에는 하도급대금 지급보증서 사본 1부
>     2) 「하도급거래 공정화에 관한 법률」 제13조의2 제1항 각 호 외의 부분 단서 및 같은 법 시행령 제8조 제1항에 따라 보증이 필요하지 않거나 보증이 적합하지 않다고 인정되는 경우에는 이를 증명하는 서류 사본 1부

## 006 ｜ 착공신고 대상　　답 ④

통합감시시설은 착공신고 대상에 해당하지 않는다.

> 「소방시설공사업법 시행령」 제4조 【착공신고 대상】 법 제13조 제1항에서 "대통령령으로 정하는 소방시설공사"란 다음 각 호의 어느 하나에 해당하는 소방시설공사를 말한다. 다만, 「위험물안전관리법」 제2조 제1항 제6호에 따른 제조소등 또는 「다중이용업소의 안전관리에 관한 특별법」 제2조 제1항 제4호에 따른 다중이용업소에서의 소방시설공사는 제외한다.
> 1. 특정소방대상물(「위험물안전관리법」 제2조 제1항 제6호에 따른 제조소등은 제외한다. 이하 제2호 및 제3호에서 같다)에 다음 각 목의 어느 하나에 해당하는 설비를 신설하는 공사
>   가. 옥내소화전설비(호스릴옥내소화전설비를 포함한다. 이하 같다), 옥외소화전설비, 스프링클러설비·간이스프링클러설비(캐비닛형 간이스프링클러설비를 포함한다. 이하 같다) 및 화재조기진압용 스프링클러설비(이하 "스프링클러설비등"이라 한다), 물분무소화설비·포소화설비·이산화탄소소화설비·할론소화설비·할로겐화합물 및 불활성기체 소화설비·미분무소화설비·강화액소화설비 및 분말소화설비(이하 "물분무등소화설비"라 한다), 연결송수관설비, 연결살수설비, 제연설비(소방용 외의 용도와 겸용되는 제연설비를 「건설산업기본법 시행령」 별표 1에 따른 기계가스설비공사업자가 공사하는 경우는 제외한다), 소화용수설비(소화용수설비

를 「건설산업기본법 시행령」 별표 1에 따른 기계가스설비공사업자 또는 상·하수도설비공사업지기 공시하는 경우는 제외한다) 또는 연소방지설비

나. 자동화재탐지설비, 비상경보설비, 비상방송설비(소방용 외의 용도와 겸용되는 비상방송설비를 「정보통신공사업법」에 따른 정보통신공사업자가 공사하는 경우는 제외한다), 비상콘센트설비(비상콘센트설비를 「전기공사업법」에 따른 전기공사업자가 공사하는 경우는 제외한다) 또는 무선통신보조설비(소방용 외의 용도와 겸용되는 무선통신보조설비를 「정보통신공사업법」에 따른 정보통신공사업자가 공사하는 경우는 제외한다)

## 007 ┃ 착공신고 대상
답 ②

옳은 것은 ㄱ, ㄷ, ㄹ이다.

선지분석

ㄴ. 특정소방대상물에 자동화재탐지설비, 비상경보설비, 비상방송설비(소방용 외의 용도와 겸용되는 비상방송설비를 「정보통신공사업법」에 따른 정보통신공사업자가 공사하는 경우는 제외한다), 비상콘센트설비(비상콘센트설비를 「전기공사업법」에 따른 전기공사업자가 공사하는 경우는 제외)를 신설하는 공사

「소방시설공사업법 시행령」 제4조 【착공신고 대상】 법 제13조 제1항에서 "대통령령으로 정하는 소방시설공사"란 다음 각 호의 어느하나에 해당하는 소방시설공사를 말한다. 다만, 「위험물안전관리법」 제2조 제1항 제6호에 따른 제조소등 또는 「다중이용업소의 안전관리에 관한 특별법」 제2조 제1항 제4호에 따른 다중이용업소에서의 소방시설공사는 제외한다.
1. 특정소방대상물(「위험물안전관리법」 제2조 제1항 제6호에 따른 제조소등은 제외한다. 이하 제2호 및 제3호에서 같다)에 다음 각 목의 어느 하나에 해당하는 설비를 신설하는 공사
가. 옥내소화전설비(호스릴옥내소화전설비를 포함한다. 이하 같다), 옥외소화전설비, 스프링클러설비·간이스프링클러설비(캐비닛형 간이스프링클러설비를 포함한다. 이하 같다) 및 화재조기진압용 스프링클러설비(이하 "스프링클러설비등"이라 한다), 물분무소화설비·포소화설비·이산화탄소소화설비·할론소화설비·할로겐화합물 및 불활성기체 소화설비·미분무소화설비·강화액소화설비 및 분말소화설비(이하 "물분무등소화설비"라 한다), 연결송수관설비, 연결살수설비, 제연설비(소방용 외의 용도와 겸용되는 제연설비를 「건설산업기본법 시행령」 별표 1에 따른 기계가스설비공사업자가 공사하는 경우는 제외한다), 소화용수설비(소화용수설비를 「건설산업기본법 시행령」 별표 1에 따른 기계가스설비공사업자 또는 상·하수도설비공사업자가 공사하는 경우는 제외한다) 또는 연소방지설비
나. 자동화재탐지설비, 비상경보설비, 비상방송설비(소방용 외의 용도와 겸용되는 비상방송설비를 「정보통신공사업법」에 따른 정보통신공사업자가 공사하는 경우는 제외한다), 비상콘센트설비(비상콘센트설비를 「전기공사업법」에 따른 전기공사업자가 공사하는 경우는 제외한다) 또는 무선통신보조설비(소방용 외의 용도와 겸용되는 무선통신보조설비를 「정보통신공사업법」에 따른 정보통신공사업자가 공사하는 경우는 제외한다)
2. 특정소방대상물에 다음 각 목의 어느 하나에 해당하는 설비 또는 구역 등을 증설하는 공사
가. 옥내·옥외소화전설비

나. 스프링클러설비·간이스프링클러설비 또는 물분무등소화설비의 방호구역, 자동화재탐지설비이 경계구역, 제연설비의 제연구역(소방용 외의 용도와 겸용되는 제연설비를 「건설산업기본법 시행령」 별표 1에 따른 기계설비·가스공사업자가 공사하는 경우는 제외한다), 연결살수설비의 살수구역, 연결송수관설비의 송수구역, 비상콘센트설비의 전용회로, 연소방지설비의 살수구역

## 008 ┃ 착공신고 대상
답 ④

화재제어반은 해당하지 않는다.

📝 관련 개념 ┃ 착공신고 대상

특정소방대상물에 설치된 소방시설등을 구성하는 다음의 어느 하나에 해당하는 것의 전부 또는 일부를 개설(改設), 이전(移轉) 또는 정비(整備)하는 공사. 다만, 고장 또는 파손 등으로 인하여 작동시킬 수 없는 소방시설을 긴급히 교체하거나 보수하여야 하는 경우에는 신고하지 않을 수 있다.
1. 수신반(受信盤)
2. 소화펌프
3. 동력(감시)제어반

## 009 ┃ 완공검사
답 ④

완공검사 및 부분완공검사의 신청과 검사증명서의 발급, 그 밖에 완공검사 및 부분완공검사에 필요한 사항은 행정안전부령으로 정한다.

「소방시설공사업법」 제14조 【완공검사】 ① 공사업자는 소방시설공사를 완공하면 소방본부장 또는 소방서장의 완공검사를 받아야 한다. 다만, 제17조 제1항에 따라 공사감리자가 지정되어 있는 경우에는 공사감리 결과보고서로완공검사를 갈음하되, 대통령령으로 정하는 특정소방대상물의 경우에는 소방본부장이나 소방서장이 소방시설공사가 공사감리 결과보고서대로 완공되었는지를 현장에서 확인할 수 있다.
② 공사업자가 소방대상물 일부분의 소방시설공사를 마친 경우로서 전체 시설이 준공되기 전에 부분적으로 사용할 필요가 있는 경우에는 그 일부분에 대하여 소방본부장이나 소방서장에게 완공검사(이하 "부분완공검사"라 한다)를 신청할 수 있다. 이 경우 소방본부장이나 소방서장은 그 일부분의 공사가 완공되었는지를 확인하여야 한다.
③ 소방본부장이나 소방서장은 제1항에 따른 완공검사나 제2항에 따른 부분완공검사를 하였을 때에는 완공검사증명서나 부분완공검사증명서를 발급하여야 한다.
④ 제1항부터 제3항까지의 규정에 따른 완공검사 및 부분완공검사의 신청과 검사증명서의 발급, 그 밖에 완공검사 및 부분완공검사에 필요한 사항은 행정안전부령으로 정한다.

## 010 ┃ 완공검사를 위한 현장확인 대상
답 ②

옳은 것은 ㄱ, ㄴ이다.

선지분석
ㄷ. 아파트는 제외한다.
ㄹ. 지상에 노출된 가연성가스탱크만 해당한다.

「소방시설공사업법 시행령」 제5조 【완공검사를 위한 현장 확인대상 특정소방대상물의 범위】 법 제14조 제1항 단서에서 "대통령령으로 정하는 특정소방대상물"이란 특정소방대상물 중 다음 각 호의 대상물을 말한다.

1. 문화 및 집회시설, 종교시설, 판매시설, 노유자(老幼者)시설, 수련시설, 운동시설, 숙박시설, 창고시설, 지하상가 및 「다중이용업소의 안전관리에 관한 특별법」에 따른 다중이용업소
2. 다음 각 목의 어느 하나에 해당하는 설비가 설치되는 특정소방대상물
   가. 스프링클러설비등
   나. 물분무등소화설비(호스릴 방식의 소화설비는 제외한다)
3. 연면적 1만제곱미터 이상이거나 11층 이상인 특정소방대상물(아파트는 제외한다)
4. 가연성가스를 제조·저장 또는 취급하는 시설 중 지상에 노출된 가연성가스탱크의 저장용량 합계가 1천톤 이상인 시설

## 011 | 완공검사를 위한 현장확인 대상          답 ③

㉠ 1만, ㉡ 11, ㉢ 1천이다.

### 📝 관련 개념 | 완공검사를 위한 현장 확인대상 특정소방대상물의 범위(영 제5조)

1. 문화 및 집회시설, 종교시설, 판매시설, 노유자(老幼者)시설, 수련시설, 운동시설, 숙박시설, 창고시설, 지하상가 및 「다중이용업소의 안전관리에 관한 특별법」에 따른 다중이용업소
2. **다음 어느 하나에 해당하는 설비가 설치되는 특정소방대상물**
   ⓐ 스프링클러설비등
   ⓑ 물분무등소화설비(호스릴 방식의 소화설비는 제외한다)
3. 연면적 1만제곱미터 이상이거나 11층 이상인 특정소방대상물(아파트는 제외한다)
4. 가연성가스를 제조·저장 또는 취급하는 시설 중 지상에 노출된 가연성가스탱크의 저장용량 합계가 1천톤 이상인 시설

## 012 | 완공검사를 위한 현장확인 대상          답 ③

선지분석
① 문화 및 집회시설, 판매시설, 노유자 시설
② 옥내소화전은 해당하지 않는다.
④ 가연성가스를 제조·저장 또는 취급하는 시설 중 지상에 노출된 가연성가스탱크의 저장용량 합계가 1천톤 이상인 시설

### 📝 관련 개념 | 완공검사를 위한 현장 확인대상 특정소방대상물의 범위(영 제5조)

1. 문화 및 집회시설, 종교시설, 판매시설, 노유자(老幼者)시설, 수련시설, 운동시설, 숙박시설, 창고시설, 지하상가 및 「다중이용업소의 안전관리에 관한 특별법」에 따른 다중이용업소
2. **다음 어느 하나에 해당하는 설비가 설치되는 특정소방대상물**
   ⓐ 스프링클러설비등
   ⓑ 물분무등소화설비(호스릴 방식의 소화설비는 제외한다)
3. 연면적 1만제곱미터 이상이거나 11층 이상인 특정소방대상물(아파트는 제외한다)
4. 가연성가스를 제조·저장 또는 취급하는 시설 중 지상에 노출된 가연성가스탱크의 저장용량 합계가 1천톤 이상인 시설

## 013 | 행정안전부령으로 정하는 중요한 사항          답 ③

시공하는 곳의 주소는 해당하지 않는다.

「소방시설공사업법 시행규칙」 제12조 【착공신고 등】 ① 법 제4조 제1항에 따라 소방시설공사업을 등록한 자(이하 "공사업자"라 한다)는 소방시설공사를 하려면 법 제13조 제1항에 따라 해당 소방시설공사의 착공 전까지 별지 제14호 서식의 소방시설공사 착공(변경)신고서[전자문서로 된 소방시설공사 착공(변경)신고서를 포함한다]에 다음 각 호의 서류(전자문서를 포함한다)를 첨부하여 소방본부장 또는 소방서장에게 신고하여야 한다. 다만, 「전자정부법」 제36조 제1항에 따른 행정정보의 공동이용을 통하여 첨부서류에 대한 정보를 확인할 수 있는 경우에는 그 확인으로 첨부서류를 갈음할 수 있다.

1. 공사업자의 소방시설공사업 등록증 사본 1부 및 등록수첩 사본 1부
2. 해당 소방시설공사의 책임시공 및 기술관리를 하는 기술인력의 기술등급을 증명하는 서류 사본 1부
3. 법 제21조의3 제2항에 따라 체결한 소방시설공사 계약서 사본 1부
4. 설계도서(설계설명서를 포함한다) 1부 다만, 영 제4조 제3호에 해당하는 소방시설공사인 경우 또는 「소방시설 설치 및 관리에 관한 법률 시행규칙」 제3조 제2항에 따라 건축허가 등의 동의요구서에 첨부된 서류 중 설계도서가 변경되지 않은 경우에는 설계도서를 첨부하지 않을 수 있다.
5. 소방시설공사를 하도급하는 경우 다음 각 목의 서류
   가. 제20조 제1항 및 별지 제31호 서식에 따른 소방시설공사등의 하도급통지서 사본 1부
   나. 하도급대금 지급에 관한 다음의 어느 하나에 해당하는 서류
      1) 「하도급거래 공정화에 관한 법률」 제13조의2에 따라 공사대금 지급을 보증한 경우에는 하도급대금 지급보증서 사본 1부
      2) 「하도급거래 공정화에 관한 법률」 제13조의2 제1항 각 호 외의 부분 단서 및 같은 법 시행령 제8조 제1항에 따라 보증이 필요하지 않거나 보증이 적합하지 않다고 인정되는 경우에는 이를 증빙하는 서류 사본 1부
② 법 제13조 제2항에서 "행정안전부령으로 정하는 중요한 사항"이란 다음 각 호의 어느 하나에 해당하는 사항을 말한다.
1. 시공자
2. 설치되는 소방시설의 종류
3. 책임시공 및 기술관리 소방기술자
③ 법 제13조 제2항에 따라 공사업자는 제2항 각 호의 어느 하나에 해당하는 사항이 변경된 경우에는 변경일부터 30일 이내에 별지 제14호 서식의 소방시설공사 착공(변경)신고서[전자문서로 된 소방시설공사 착공(변경)신고서를 포함한다]에 제항 각 호의 서류(전자문서를 포함한다) 중 변경된 해당 서류를 첨부하여 소방본부장 또는 소방서장에게 신고하여야 한다.
④ 소방본부장 또는 소방서장은 소방시설공사 착공신고 또는 변경신고를 받은 경우에는 2일 이내에 처리하고 그 결과를 신고인에게 통보하며, 소방시설공사현장에 배치되는 소방기술자의 성명, 자격증 번호·등급, 시공현장의 명칭·소재지·면적 및 현장 배치기간을 법 제26조의3 제1항에 따른 소방시설업 종합정보시스템에 입력해야 한다. 이 경우 소방본부장 또는 소방서장은 별지 제15호 서식의 소방시설 착공 및 완공대장에 필요한 사항을 기록하여 관리하여야 한다.

## 014 | 변경신고 답 ①

행정안전부령으로 정하는 중요한 사항에는 시공자, 설치되는 소방시설의 종류, 책임시공 및 기술관리 소방기술자가 해당한다.

> **「소방시설공사업법」 제13조【착공신고】** ② 공사업자가 제1항에 따라 신고한 사항 가운데 행정안전부령으로 정하는 중요한 사항을 변경하였을 때에는 행정안전부령으로 정하는 바에 따라 변경신고를 하여야 한다. 이 경우 중요한 사항에 해당하지 아니하는 변경 사항은 다음 각 호의 어느 하나에 해당하는 서류에 포함하여 소방본부장이나 소방서장에게 보고하여야 한다.
> 1. 제14조 제1항 또는 제2항에 따른 완공검사 또는 부분완공검사를 신청하는 서류
> 2. 제20조에 따른 공사감리 결과보고서

> **관련 개념 | 행정안전부령으로 정하는 중요한 사항**
> 1. 시공자
> 2. 설치되는 소방시설의 종류
> 3. 책임시공 및 기술관리 소방기술자

## 015 | 하자보수 계획 답 ①

관계인은 소방시설의 하자가 발생하였을 때에는 공사업자에게 그 사실을 알려야 하며, 통보를 받은 공사업자는 3일 이내에 하자를 보수하거나 보수 일정을 기록한 하자보수 계획을 관계인에게 서면으로 알려야 한다.

## 016 | 공사의 하자보수 답 ④

소방본부장이나 소방서장은 하자보수를 이행하지 않은 사실을 통보를 받았을 때에는 지방소방기술심의위원회에 심의를 요청하여야 하며, 그 심의 결과에 따라 하자보수를 이행하지 않았다고 인정할 때에는 시공자에게 기간을 정하여 하자보수를 명하여야 한다.

> **「소방시설공사업법」 제15조【공사의 하자보수 등】** ① 공사업자는 소방시설공사 결과 자동화재탐지설비 등 대통령령으로 정하는 소방시설에 하자가 있을 때에는 대통령령으로 정하는 기간 동안 그 하자를 보수하여야 한다.
> ② 삭제
> ③ 관계인은 제1항에 따른 기간에 소방시설의 하자가 발생하였을 때에는 공사업자에게 그 사실을 알려야 하며, 통보를 받은 공사업자는 3일 이내에 하자를 보수하거나 보수 일정을 기록한 하자보수 계획을 관계인에게 서면으로 알려야 한다.
> ④ 관계인은 공사업자가 다음 각 호의 어느 하나에 해당하는 경우에는 소방본부장이나 소방서장에게 그 사실을 알릴 수 있다.
> 1. 제3항에 따른 기간에 하자보수를 이행하지 아니한 경우
> 2. 제3항에 따른 기간에 하자보수계획을 서면으로 알리지 아니한 경우
> 3. 하자보수계획이 불합리하다고 인정되는 경우
> ⑤ 소방본부장이나 소방서장은 제4항에 따른 통보를 받았을 때에는 지방소방기술심의위원회에 심의를 요청하여야 하며, 그 심의 결과 제4항 각 호의 어느 하나에 해당하는 것으로 인정할 때에는 시공자에게 기간을 정하여 하자보수를 명하여야 한다.

## 017 | 하자보증기간 답 ③

ㄱ, ㄹ, ㅁ, ㅂ이 3년으로 같다.

> **선지분석**
> ㄴ. 비상경보설비: 2년
> ㄷ. 무선통신보조설비: 2년

## 018 | 하자보수 대상과 보증기간 답 ③

> **선지분석**
> ① 비상조명등(2년), 옥내소화전설비(3년)
> ② 무선통신보조설비(2년), 비상콘센트설비(3년)
> ④ 비상방송설비(2년), 자동화재탐지설비(3년)

> **관련 개념 | 하자보수 대상, 보증기간(영 제6조)**
>
> | 2년 | 피난기구, 유도등, 유도표지, 비상경보설비, 비상조명등, 비상방송설비 및 무선통신보조설비 |
> |---|---|
> | 3년 | 자동소화장치, 옥내소화전설비, 스프링클러설비, 간이스프링클러설비, 물분무등소화설비, 옥외소화전설비, 자동화재탐지설비, 상수도소화용수설비 및 소화활동설비(무선통신보조설비는 제외한다) |

## 019 | 공사의 하자보수 답 ③

하자보수계획을 구두로 알리지 아니한 경우는 사유에 해당하지 않는다.

> **관련 개념 | 하자보수의 통지**
>
> 관계인은 공사업자가 다음 어느 하나에 해당하는 경우에는 소방본부장이나 소방서장에게 그 사실을 알릴 수 있다.
> 1. 제3항에 따른 기간에 하자보수를 이행하지 아니한 경우
> 2. 제3항에 따른 기간에 하자보수 계획을 서면으로 알리지 아니한 경우
> 3. 하자보수 계획이 불합리하다고 인정되는 경우

## 020 | 소방공사감리업 답 ②

고급 또는 중급 감리원 이상의 감리원이 1명 이상 포함되어야 한다.

## 📑 관련 개념 | 소방공사감리업 업종별 등록기준 및 영업범위(영 [별표 1])

| 업종별 \ 항목 | | 기술인력 | 영업범위 |
|---|---|---|---|
| 일반 소방 공사 감리업 | 기계 분야 | • 기계분야 특급 감리원 1명 이상<br>• 기계분야 고급 감리원 또는 중급 감리원 이상의 감리원 1명 이상<br>• 기계분야 초급 감리원 이상의 감리원 1명 이상 | • 연면적 3만제곱미터(공장의 경우에는 1만제곱미터) 미만의 특정소방대상물(제연설비가 설치되는 특정소방대상물은 제외한다)에 설치되는 기계분야 소방시설의 감리<br>• 아파트에 설치되는 기계분야 소방시설(제연설비는 제외한다)의 감리<br>• 위험물제조소등에 설치되는 기계분야 소방시설의 감리 |
| | 전기 분야 | • 전기분야 특급 감리원 1명 이상<br>• 전기분야 고급 감리원 또는 중급 감리원 이상의 감리원 1명 이상<br>• 전기분야 초급 감리원 이상의 감리원 1명 이상 | • 연면적 3만제곱미터(공장의 경우에는 1만제곱미터) 미만의 특정소방대상물에 설치되는 전기분야 소방시설의 감리<br>• 아파트에 설치되는 전기분야 소방시설의 감리<br>• 위험물제조소등에 설치되는 전기분야 소방시설의 감리 |

## 021 | 감리업자의 업무　　　　　　답 ①

실내장식물의 불연화와 방염 물품의 적법성 검토가 감리업자의 업무이다.

### 📑 관련 개념 | 감리업자의 업무

1. 소방시설등의 설치계획표의 적법성 검토
2. 소방시설등 설계도서의 적합성(적법성과 기술상의 합리성을 말한다. 이하 같다) 검토
3. 소방시설등 설계 변경 사항의 적합성 검토
4. 「소방시설 설치 및 관리에 관한 법률」 제2조 제1항 제7호의 소방용품의 위치·규격 및 사용 자재의 적합성 검토
5. 공사업자가 한 소방시설등의 시공이 설계도서와 화재안전기준에 맞는지에 대한 지도·감독
6. 완공된 소방시설등의 성능시험
7. 공사업자가 작성한 시공 상세 도면의 적합성 검토
8. 피난시설 및 방화시설의 적법성 검토
9. 실내장식물의 불연화(不燃化)와 방염 물품의 적법성 검토

## 022 | 감리업자의 업무　　　　　　답 ①

소방시설등의 설치계획표의 적법성 검토가 해당한다.

### 📑 관련 개념 | 감리업자의 업무

1. 소방시설등의 설치계획표의 적법성 검토
2. 소방시설등 설계도서의 적합성(적법성과 기술상의 합리성을 말한다. 이하 같다) 검토
3. 소방시설등 설계 변경 사항의 적합성 검토
4. 「소방시설 설치 및 관리에 관한 법률」 제2조 제1항 제7호의 소방용품의 위치·규격 및 사용 자재의 적합성 검토
5. 공사업자가 한 소방시설등의 시공이 설계도서와 화재안전기준에 맞는지에 대한 지도·감독
6. 완공된 소방시설등의 성능시험
7. 공사업자가 작성한 시공 상세 도면의 적합성 검토
8. 피난시설 및 방화시설의 적법성 검토
9. 실내장식물의 불연화(不燃化)와 방염 물품의 적법성 검토

## 023 | 상주공사 감리　　　　　　답 ②

감리원은 행정안전부령으로 정하는 기간 동안 공사 현장에 상주하여 감리업자의 업무를 수행하고 감리일지에 기록해야 한다.

### 📑 관련 개념 | 상주공사감리의 대상 및 방법

| 대상 | • 연면적 3만제곱미터 이상의 특정소방대상물(아파트는 제외한다)에 대한 소방시설의 공사<br>• 지하층을 포함한 층수가 16층 이상으로서 500세대 이상인 아파트에 대한 소방시설의 공사 |
|---|---|
| 방법 | • 감리원은 행정안전부령으로 정하는 기간 동안 공사 현장에 상주하여 법 제16조 제1항 각 호에 따른 업무를 수행하고 감리일지에 기록해야 한다. 다만, 법 제16조 제1항 제9호에 따른 업무는 행정안전부령으로 정하는 기간 동안 공사가 이루어지는 경우만 해당한다.<br>• 감리원이 행정안전부령으로 정하는 기간 중 부득이한 사유로 1일 이상 현장을 이탈하는 경우에는 감리일지 등에 기록하여 발주청 또는 발주자의 확인을 받아야 한다. 이 경우 감리업자는 감리원의 업무를 대행할 사람을 감리현장에 배치하여 감리업무에 지장이 없도록 해야 한다.<br>• 감리업자는 감리원이 행정안전부령으로 정하는 기간 중 법에 따른 교육이나 「민방위기본법」 또는 「예비군법」에 따른 교육을 받는 경우나 「근로기준법」에 따른 유급휴가로 현장을 이탈하게 되는 경우에는 감리업무에 지장이 없도록 감리원의 업무를 대행할 사람을 감리현장에 배치해야 한다. 이 경우 감리원은 새로 배치되는 업무대행자에게 업무 인수·인계 등의 필요한 조치를 해야 한다. |

## 024 | 상주공사 감리 및 일반공사감리　　　　　　답 ②

일반공사감리의 감리업자는 감리원이 부득이한 사유로 14일 이내의 범위에서 감리 업무를 수행할 수 없는 경우에는 업무대행자를 지정하여 그 업무를 수행하게 해야 한다.

## 📝 관련 개념 | 소방공사감리의 종류별 대상 및 방법

| 종류 | 대상 | 방법 |
|---|---|---|
| 상주 공사 감리 | 1. 연면적 3만제곱미터 이상의 특정소방대상물(아파트는 제외한다)에 대한 소방시설의 공사<br>2. 지하층을 포함한 층수가 16층 이상으로서 500세대 이상인 아파트에 대한 소방시설의 공사 | 1. 감리원은 행정안전부령으로 정하는 기간 동안 공사 현장에 상주하여 법 제16조 제1항 각 호에 따른 업무를 수행하고 감리일지에 기록해야 한다. 다만, 법 제16조 제1항 제9호에 따른 업무는 행정안전부령으로 정하는 기간 동안 공사가 이루어지는 경우만 해당한다.<br>2. 감리원이 행정안전부령으로 정하는 기간 중 부득이한 사유로 1일 이상 현장을 이탈하는 경우에는 감리일지 등에 기록하여 발주청 또는 발주자의 확인을 받아야 한다. 이 경우 감리업자는 감리원의 업무를 대행할 사람을 감리현장에 배치하여 감리업무에 지장이 없도록 해야 한다.<br>3. 감리업자는 감리원이 행정안전부령으로 정하는 기간 중 법에 따른 교육이나 「민방위기본법」 또는 「예비군법」에 따른 교육을 받는 경우나 「근로기준법」에 따른 유급휴가로 현장을 이탈하게 되는 경우에는 감리업무에 지장이 없도록 감리원의 업무를 대행할 사람을 감리현장에 배치해야 한다. 이 경우 감리원은 새로 배치되는 업무대행자에게 업무 인수·인계 등의 필요한 조치를 해야 한다. |
| 일반 공사 감리 | 상주 공사감리에 해당하지 않는 소방시설의 공사 | 1. 감리원은 공사 현장에 배치되어 법 제16조 제1항 각 호에 따른 업무를 수행한다. 다만, 법 제16조 제1항 제9호에 따른 업무는 행정안전부령으로 정하는 기간 동안 공사가 이루어지는 경우만 해당한다.<br>2. 감리원은 행정안전부령으로 정하는 기간 중에는 주 1회 이상 공사 현장에 배치되어 제1호의 업무를 수행하고 감리일지에 기록해야 한다.<br>3. 감리업자는 감리원이 부득이한 사유로 14일 이내의 범위에서 2.의 업무를 수행할 수 없는 경우에는 업무대행자를 지정하여 그 업무를 수행하게 해야 한다.<br>4. 3.에 따라 지정된 업무대행자는 주 2회 이상 공사 현장에 배치되어 제1호의 업무를 수행하며, 그 업무수행 내용을 감리원에게 통보하고 감리일지에 기록해야 한다. |

## 025 | 일반공사감리 배치기준      답 ①

1명의 감리원이 담당하는 소방공사감리현장은 ( ㉠ 5 )개 이하(자동화재탐지설비 또는 옥내소화전설비 중 어느 하나만 설치하는 2개의 소방공사감리현장이 최단 차량주행거리로 ( ㉡ 30 )킬로미터 이내에 있는 경우에는 1개의 소방공사감리현장으로 본다)로서 감리현장 연면적의 총 합계가 ( ㉢ 10 )만m² 이하일 것. 다만, 일반 공사감리 대상인 아파트의 경우에는 연면적의 합계에 관계없이 1명의 감리원이 ( ㉠ 5 )개 이내의 공사현장을 감리할 수 있다.

## 026 | 감리원의 배치기준      답 ③

③은 고급 감리원 배치기준에 해당한다.

## 📝 관련 개념 | 소방공사 감리원의 배치기준(영 [별표 4])

| 감리원의 배치기준 | | 소방시설공사 현장의 기준 |
|---|---|---|
| 책임감리원 | 보조감리원 | |
| 가. 행정안전부령으로 정하는 특급 감리원 중 소방기술사 | 행정안전부령으로 정하는 초급 감리원 이상의 소방공사 감리원(기계분야 및 전기분야) | 1) 연면적 20만제곱미터 이상인 특정소방대상물의 공사 현장<br>2) 지하층을 포함한 층수가 40층 이상인 특정소방대상물의 공사 현장 |
| 나. 행정안전부령으로 정하는 특급 감리원 이상의 소방공사 감리원(기계분야 및 전기분야) | 행정안전부령으로 정하는 초급 감리원 이상의 소방공사 감리원(기계분야 및 전기분야) | 1) 연면적 3만제곱미터 이상 20만제곱미터 미만인 특정소방대상물(아파트는 제외한다)의 공사 현장<br>2) 지하층을 포함한 층수가 16층 이상 40층 미만인 특정소방대상물의 공사 현장 |
| 다. 행정안전부령으로 정하는 고급 감리원 이상의 소방공사 감리원(기계분야 및 전기분야) | 행정안전부령으로 정하는 초급 감리원 이상의 소방공사 감리원(기계분야 및 전기분야) | 1) 물분무등소화설비(호스릴 방식의 소화설비는 제외한다) 또는 제연설비가 설치되는 특정소방대상물의 공사 현장<br>2) 연면적 3만제곱미터 이상 20만제곱미터 미만인 아파트의 공사 현장 |
| 라. 행정안전부령으로 정하는 중급 감리원 이상의 소방공사 감리원(기계분야 및 전기분야) | | 연면적 5천제곱미터 이상 3만제곱미터 미만인 특정소방대상물의 공사 현장 |
| 마. 행정안전부령으로 정하는 초급 감리원 이상의 소방공사 감리원(기계분야 및 전기분야) | | 1) 연면적 5천제곱미터 미만인 특정소방대상물의 공사 현장<br>2) 지하구의 공사 현장 |

1) "책임감리원"이란 해당 공사 전반에 관한 감리업무를 총괄하는 사람을 말한다.
2) "보조감리원"이란 책임감리원을 보좌하고 책임감리원의 지시를 받아 감리업무를 수행하는 사람을 말한다.

3) 소방시설공사 현장의 연면적 합계가 20만제곱미터 이상인 경우에는 20만제곱미터를 초과하는 연면적에 대하여 10만제곱미터(20만제곱미터를 초과하는 연면적이 10만제곱미터에 미달하는 경우에는 10만제곱미터로 본다)마다 보조감리원 1명 이상을 추가로 배치해야 한다.
4) 위 표에도 불구하고 상주 공사감리에 해당하지 않는 소방시설의 공사에는 보조감리원을 배치하지 않을 수 있다.
5) 특정 공사 현장이 2개 이상의 공사 현장 기준에 해당하는 경우에는 해당 공사현장 기준에 따라 배치해야 하는 감리원을 각각 배치하지 않고 그 중 상위 등급이상의 감리원을 배치할 수 있다.

## 027 | 보조감리원의 배치  답 ②

소방시설공사 현장의 연면적 합계가 20만제곱미터 이상인 경우에는 20만제곱미터를 초과하는 연면적에 대하여 10만제곱미터(20만제곱미터를 초과하는 연면적이 10만제곱미터에 미달하는 경우에는 10만제곱미터로 본다)마다 보조감리원 1명 이상을 추가로 배치해야 한다.

## 028 | 감리원의 배치기준  답 ①

선지분석
② 감리업자는 소속 감리원을 배치하였을 때에는 행정안전부령으로 정하는 바에 따라 소방본부장이나 소방서장에게 통보하여야 한다. 감리원의 배치를 변경하였을 때에도 또한 같다.
③ 소방시설공사 현장의 연면적 합계가 20만제곱미터 이상인 경우에는 20만제곱미터를 초과하는 연면적에 대하여 10만제곱미터(20만제곱미터를 초과하는 연면적이 10만제곱미터에 미달하는 경우에는 10만제곱미터로 본다)마다 보조감리원 1명 이상을 추가로 배치해야 한다.
④ 소방시설용 배관(전선관을 포함한다. 이하 같다)을 설치하거나 매립하는 때부터 소방시설 완공검사증명서를 발급받을 때까지 소방공사감리현장에 감리원을 배치하여야 한다.

## 029 | 감리업자를 공사업자로 지정해야 하는 대상  답 ③

연결송수관설비는 신설 또는 개설할 때만 해당한다.

「소방시설공사업법 시행령」 제10조 【공사감리자 지정대상 특정소방대상물의 범위】 ① 법 제17조 제1항에서 "대통령령으로 정하는 특정소방대상물"이란 「소방시설 설치 및 관리에 관한 법률」 제2조 제1항 제3호의 특정소방대상물을 말한다.
② 법 제17조 제1항에서 "자동화재탐지설비, 옥내소화전설비 등 대통령령으로 정하는 소방시설을 시공할 때"란 다음 각 호의 어느 하나에 해당하는 소방시설을 시공할 때를 말한다.
1. 옥내소화전설비를 신설·개설 또는 증설할 때
2. 스프링클러설비등(캐비닛형 간이스프링클러설비는 제외한다)을 신설·개설하거나 방호·방수 구역을 증설할 때
3. 물분무등소화설비(호스릴 방식의 소화설비는 제외한다)를 신설·개설하거나 방호·방수 구역을 증설할 때
4. 옥외소화전설비를 신설·개설 또는 증설할 때
5. 자동화재탐지설비를 신설 또는 개설할 때
5의2. 비상방송설비를 신설 또는 개설할 때

6. 통합감시시설을 신설 또는 개설할 때
6의2. 삭제
7. 소화용수설비를 신설 또는 개설할 때
8. 다음 각 목에 따른 소화활동설비에 대하여 각 목에 따른 시공을 할 때
  가. 제연설비를 신설·개설하거나 제연구역을 증설할 때
  나. 연결송수관설비를 신설 또는 개설할 때
  다. 연결살수설비를 신설·개설하거나 송수구역을 증설할 때
  라. 비상콘센트설비를 신설·개설하거나 전용회로를 증설할 때
  마. 무선통신보조설비를 신설 또는 개설할 때
  바. 연소방지설비를 신설·개설하거나 살수구역을 증설할 때

## 030 | 공사감리자 지정 대상 특정소방대상물  답 ②

해당하지 않는 것은 ㄱ, ㄷ, ㅁ이다.
ㄱ. 증설은 해당하지 않는다.
ㄷ. 물분무등소화설비(호스릴 방식의 소화설비는 제외한다)를 신설·개설하거나 방호·방수 구역을 증설
ㅁ. 연결살수설비를 신설·개설하거나 송수구역을 증설할 때

「소방시설공사업법 시행령」 제10조 【공사감리자 지정대상 특정소방대상물의 범위】 ① 법 제17조 제1항에서 "대통령령으로 정하는 특정소방대상물"이란 「소방시설 설치 및 관리에 관한 법률」 제2조 제1항 제3호의 특정소방대상물을 말한다.
② 법 제17조 제1항에서 "자동화재탐지설비, 옥내소화전설비 등 대통령령으로 정하는 소방시설을 시공할 때"란 다음 각 호의 어느 하나에 해당하는 소방시설을 시공할 때를 말한다.
1. 옥내소화전설비를 신설·개설 또는 증설할 때
2. 스프링클러설비등(캐비닛형 간이스프링클러설비는 제외한다)을 신설·개설하거나 방호·방수 구역을 증설할 때
3. 물분무등소화설비(호스릴 방식의 소화설비는 제외한다)를 신설·개설하거나 방호·방수 구역을 증설할 때
4. 옥외소화전설비를 신설·개설 또는 증설할 때
5. 자동화재탐지설비를 신설 또는 개설할 때
5의2. 비상방송설비를 신설 또는 개설할 때
6. 통합감시시설을 신설 또는 개설할 때
6의2. 삭제
7. 소화용수설비를 신설 또는 개설할 때
8. 다음 각 목에 따른 소화활동설비에 대하여 각 목에 따른 시공을 할 때
  가. 제연설비를 신설·개설하거나 제연구역을 증설할 때
  나. 연결송수관설비를 신설 또는 개설할 때
  다. 연결살수설비를 신설·개설하거나 송수구역을 증설할 때
  라. 비상콘센트설비를 신설·개설하거나 전용회로를 증설할 때
  마. 무선통신보조설비를 신설 또는 개설할 때
  바. 연소방지설비를 신설·개설하거나 살수구역을 증설할 때

## 031 | 소방공사감리자의 지정  답 ④

소방본부장 또는 소방서장은 공사감리자 지정신고 또는 변경신고를 받은 날부터 2일 이내에 신고수리 여부를 신고인에게 통지하여야 한다.

「소방시설공사업법」 제17조 【공사감리자의 지정 등】 ① 대통령령으로 정하는 특정소방대상물의 관계인이 특정소방대상물에 대하여 자동화재탐지설비, 옥내소화전설비 등 대통령령으로 정하는 소방시설을 시공할 때에는 소방시설공사의 감리를 위하여 감리업자를 공사감리자로 지정하여야 한다. 다만, 제26조의2 제2항에 따라 시·도지사가 감리업자를 선정한 경우에는 그 감리업자를 공사감리자로 지정한다.
② 관계인은 제1항에 따라 공사감리자를 지정하였을 때에는 행정안전부령으로 정하는 바에 따라 소방본부장이나 소방서장에게 신고하여야 한다. 공사감리자를 변경하였을 때에도 또한 같다.
③ 관계인이 공사감리자를 변경하였을 때에는 새로 지정된 공사감리자와 종전의 공사감리자는 감리 업무 수행에 관한 사항과 관계 서류를 인수·인계하여야 한다.
④ 소방본부장 또는 소방서장은 제2항에 따른 공사감리자 지정신고 또는 변경신고를 받은 날부터 2일 이내에 신고수리 여부를 신고인에게 통지하여야 한다.
⑤ 소방본부장 또는 소방서장이 제4항에서 정한 기간 내에 신고수리 여부 또는 민원 처리 관련 법령에 따른 처리기간의 연장을 신고인에게 통지하지 아니하면 그 기간(민원처리 관련 법령에 따라 처리기간이 연장 또는 재연장된 경우에는 해당 처리기간을 말한다)이 끝난 날의 다음 날에 신고를 수리한 것으로 본다.

## 032 | 감리업자의 우선 조치 사항
답 ③

감리업자는 감리를 할 때 소방시설공사가 설계도서나 화재안전기준에 맞지 아니할 때에는 관계인에게 알리고, 공사업자에게 그 공사의 시정 또는 보완 등을 요구하여야 한다.

## 033 | 감리업자의 조치 사항
답 ③

공사 중지는 하지 못한다.

「소방시설공사업법」 제19조 【위반사항에 대한 조치】 ① 감리업자는 감리를 할 때 소방시설공사가 설계도서나 화재안전기준에 맞지 아니할 때에는 관계인에게 알리고, 공사업자에게 그 공사의 시정 또는 보완 등을 요구하여야 한다.
② 공사업자가 제1항에 따른 요구를 받았을 때에는 그 요구에 따라야 한다.
③ 감리업자는 공사업자가 제1항에 따른 요구를 이행하지 아니하고 그 공사를 계속할 때에는 행정안전부령으로 정하는 바에 따라 소방본부장이나 소방서장에게 그 사실을 보고하여야 한다.

## 034 | 위반사항에 대한 조치
답 ②

소방공사감리업자는 공사업자에게 해당 공사의 시정 또는 보완을 요구하였으나 이행하지 아니하고 그 공사를 계속할 때에는 시정 또는 보완을 이행하지 아니하고 공사를 계속하는 날부터 3일 이내에 소방시설공사 위반사항보고서(전자문서로 된 소방시설공사 위반사항보고서를 포함한다)를 소방본부장 또는 소방서장에게 제출하여야 한다.

「소방시설공사업법」 제19조 【위반사항에 대한 조치】 ① 감리업자는 감리를 할 때 소방시설공사가 설계도서나 화재안전기준에 맞지 아니할 때에는 관계인에게 알리고, 공사업자에게 그 공사의 시정 또는 보완 등을 요구하여야 한다.
② 공사업자가 제1항에 따른 요구를 받았을 때에는 그 요구에 따라야 한다.

③ 감리업자는 공사업자가 제1항에 따른 요구를 이행하지 아니하고 그 공사를 계속할 때에는 행정안전부령으로 정하는 바에 따라 소방본부장이나 소방서장에게 그 사실을 보고하여야 한다.
④ 관계인은 감리업자가 제3항에 따라 소방본부장이나 소방서장에게 보고한 것을 이유로 감리계약을 해지하거나 감리의 대가 지급을 거부하거나 지연시키거나 그 밖의 불이익을 주어서는 아니 된다.

「소방시설공사업법 시행규칙」 제18조 【위반사항의 보고 등】 소방공사감리업자는 법 제19조 제1항에 따라 공사업자에게 해당 공사의 시정 또는 보완을 요구하였으나 이행하지 아니하고 그 공사를 계속할 때에는 법 제19조 제3항에 따라 시정 또는 보완을 이행하지 아니하고 공사를 계속하는 날부터 3일 이내에 소방시설공사 위반사항보고서(전자문서로 된 소방시설공사 위반사항보고서를 포함한다)를 소방본부장 또는 소방서장에게 제출하여야 한다.

## 035 | 공사감리결과의 통보
답 ③

• 건축가가 아닌 건축사에게 서면으로 알린다.
• 감리업자는 소방공사의 감리를 마쳤을 때에는 행정안전부령으로 정하는 바에 따라 그 감리 결과를 그 특정소방대상물의 관계인, 소방시설공사의 도급인, 그 특정소방대상물의 공사를 감리한 건축사에게 서면으로 알리고, 소방본부장이나 소방서장에게 공사감리 결과보고서를 제출하여야 한다.

「소방시설공사업법」 제20조 【공사감리결과의 통보 등】 감리업자는 소방공사의 감리를 마쳤을 때에는 행정안전부령으로 정하는 바에 따라 그 감리 결과를 그 특정소방대상물의 관계인, 소방시설공사의 도급인, 그 특정소방대상물의 공사를 감리한 건축사에게 서면으로 알리고, 소방본부장이나 소방서장에게 공사감리 결과보고서를 제출하여야 한다.

「소방시설공사업법 시행규칙」 제19조 【감리결과의 통보 등】 감리업자가 소방공사의 감리를 마쳤을 때에는 소방공사감리 결과보고(통보)서[전자문서로 된 소방공사감리 결과보고(통보)서를 포함한다]에 서류(전자문서를 포함한다)를 첨부하여 공사가 완료된 날부터 7일 이내에 특정소방대상물의 관계인, 소방시설공사의 도급인 및 특정소방대상물의 공사를 감리한 건축사에게 알리고, 소방본부장 또는 소방서장에게 보고하여야 한다.

## 036 | 공사감리결과의 통보
답 ②

감리업자가 소방공사의 감리를 마쳤을 때에는 소방공사감리 결과보고(통보)서에 서류를 첨부하여 공사가 ( ㉠ 완료된 날 )부터 ( ㉡ 7 )일 이내에 특정소방대상물의 관계인, 소방시설공사의 도급인 및 특정소방대상물의 공사를 감리한 건축사에게 알리고, 소방본부장 또는 소방서장에게 보고하여야 한다.

## 037 | 방염처리능력의 평가 및 공시
답 ①

소방청장이 공시한다.

「소방시설공사업법」 제20조의3 【방염처리능력 평가 및 공시】 ① 소방청장은 방염처리업자의 방염처리능력 평가 요청이 있는 경우 해당 방염처리업자의 방염처리 실적 등에 따라 방염처리능력을 평가하여 공시할 수 있다.

② 제1항에 따른 평가를 받으려는 방염처리업자는 전년도 방염처리 실적이나 그 밖에 행정안전부령으로 정하는 서류를 소방청장에게 제출하여야 한다.
③ 제1항 및 제2항에 따른 방염처리능력 평가신청 절차, 평가방법 및 공시방법 등에 필요한 사항은 행정안전부령으로 정한다.

⑤ 하도급에 관하여 이 법에서 규정하는 것을 제외하고는 그 성질에 반하지 아니하는 범위에서 「하도급거래 공정화에 관한 법률」의 해당 규정을 준용한다.

## 038 방염처리능력의 평가 및 공시    답 ③

협회는 제출된 서류가 거짓으로 확인된 경우에는 확인된 날부터 10일 이내에 해당 방염처리업자의 방염처리능력을 새로 평가하고 해당 방염처리업자의 등록수첩에 그 사실을 기재하여 발급해야 한다.

> 「소방시설공사업법 시행규칙」 제19조의2 【방염처리능력 평가의 신청】 ① 법 제4조 제1항에 따라 방염처리업을 등록한 자(이하 "방염처리업자"라 한다)는 법 제20조의3 제2항에 따라 방염처리능력을 평가받으려는 경우에는 별지 제30호의2 서식의 방염처리능력 평가 신청서(전자문서를 포함한다)를 협회에 매년 2월 15일까지 제출해야 한다. 다만, 제2항 제4호의 서류의 경우에는 법인은 매년 4월 15일, 개인은 매년 6월 10일(「소득세법」 제70조의2 제1항에 따른 성실신고확인대상사업자는 매년 7월 10일)까지 제출해야 한다.
> ② 별지 제30호의2 서식의 방염처리능력 평가 신청서에는 다음 각 호의 서류(전자문서를 포함한다)를 첨부해야 하며, 협회는 방염처리업자가 첨부해야 할 서류를 갖추지 못한 경우에는 15일의 보완기간을 부여하여 보완하게 해야 한다. 이 경우 「전자정부법」 제36조 제1항에 따른 행정정보의 공동이용을 통하여 첨부서류에 대한 정보를 확인할 수 있는 경우에는 그 확인으로 첨부서류를 갈음할 수 있다.
> ─중략─
> ④ 제1항부터 제3항까지에서 규정한 사항 외에 방염처리능력 평가 신청에 필요한 세부규정은 협회가 정하되, 소방청장의 승인을 받아야 한다.
> 제19조의3 【방염처리능력의 평가 및 공시 등】 ③ 협회는 제19조의2에 따라 제출된 서류가 거짓으로 확인된 경우에는 확인된 날부터 10일 이내에 해당 방염처리업자의 방염처리능력을 새로 평가하고 해당 방염처리업자의 등록수첩에 그 사실을 기재하여 발급해야 한다.

## 039 도급의 원칙    답 ③

하수급인을 변경하거나 하도급 계약을 해지할 때에도 관계인과 발주자에게 알려야 한다.

> 「소방시설공사업법」 제21조의3 【도급의 원칙 등】 ① 소방시설공사 등의 도급 또는 하도급의 계약당사자는 서로 대등한 입장에서 합의에 따라 공정하게 계약을 체결하고, 신의에 따라 성실하게 계약을 이행하여야 한다.
> ② 소방시설공사 등의 도급 또는 하도급의 계약당사자는 그 계약을 체결할 때 도급 또는 하도급 금액, 공사기간, 그 밖에 대통령령으로 정하는 사항을 계약서에 분명히 밝혀야 하며, 서명 날인한 계약서를 서로 내주고 보관하여야 한다.
> ③ 수급인은 하수급인에게 하도급과 관련하여 자재구입처의 지정 등 하수급인에게 불리하다고 인정되는 행위를 강요하여서는 아니 된다.
> ④ 제21조에 따라 도급을 받은 자가 해당 소방시설공사 등을 하도급할 때에는 행정안전부령으로 정하는 바에 따라 미리 관계인과 발주자에게 알려야 한다. 하수급인을 변경하거나 하도급 계약을 해지할 때에도 또한 같다.

## 040 공사의 도급    답 ②

공사업자가 도급받은 소방시설공사의 도급금액 중 그공사(하도급한 공사는 제외(포함)한다)의 근로자에게 지급하여야 할 임금에 해당하는 금액은 압류할 수 없다.

> 「소방시설공사업법」 제21조의2 【임금에 대한 압류의 금지】 ① 공사업자가 도급받은 소방시설공사의 도급금액 중 그 공사(하도급한 공사를 포함한다)의 근로자에게 지급하여야 할 임금에 해당하는 금액은 압류할 수 없다.
> ② 제1항의 임금에 해당하는 금액의 범위와 산정방법은 대통령령으로 정한다.

## 041 분리도급의 예외    답 ②

일반입찰이 아닌 일괄입찰이다.

> 📖 관련 개념 | 소방시설공사 분리도급의 예외
> 1. 「국가를 당사자로 하는 계약에 관한 법률 시행령」 제79조 제1항 제4호 또는 제5호 및 「지방자치단체를 당사자로 하는 계약에 관한 법률 시행령」 제95조 제1항 제4호 또는 제5호에 따른 대안입찰 또는 일괄입찰
> 2. 「국가를 당사자로 하는 계약에 관한 법률 시행령」 제98조 제2호 또는 제3호 및 「지방자치단체를 당사자로 하는 계약에 관한 법률 시행령」 제27조 제2호 또는 제3호에 따른 실시설계 기술제안입찰 또는 기본설계 기술제안입찰
> 3. 「국가첨단전략산업 경쟁력 강화 및 보호에 관한 특별조치법」 제2조 제1호에 따른 국가첨단전략기술 관련 연구시설 · 개발시설 또는 그 기술을 이용하여 제품을 생산하는 시설 공사인 경우

## 042 분리도급의 예외    답 ②

연면적이 1천제곱미터 이하인 특정소방대상물에 비상경보설비를 설치하는 공사인 경우 분리도급의 예외기준에 해당한다.

> 📖 관련 개념 | 소방시설공사 분리도급의 예외
> 1. 「재난 및 안전관리 기본법」 제3조 제1호에 따른 재난의 발생으로 긴급하게 착공해야 하는 공사인 경우
> 2. 국방 및 국가안보 등과 관련하여 기밀을 유지해야 하는 공사인 경우
> 3. 착공신고 대상인 소방시설공사에 해당하지 않는 공사인 경우
> 4. 연면적이 1천제곱미터 이하인 특정소방대상물에 비상경보설비를 설치하는 공사인 경우
> 5. 그 밖에 문화재수리 및 재개발 · 재건축 등의 공사로서 공사의 성질상 분리하여 도급하는 것이 곤란하다고 소방청장이 인정하는 경우

해커스소방 이영철 소방관계법규 단원별 실전문제집

## 043 | 시공과 감리를 함께 할 수 없는 경우　　답 ④

감리업자와 설계업자가 같은 자인 경우는 해당하지 않는다.

> **📝 관련 개념 | 공사업자의 감리 제한(법 제24조)**
> 1. 공사업자와 감리업자가 같은 자인 경우
> 2. 「독점규제 및 공정거래에 관한 법률」 제2조 제11호에 따른 기업집단의 관계인 경우
> 3. 법인과 그 법인의 임직원의 관계인 경우
> 4. 「민법」 제777조에 따른 친족관계인 경우

## 044 | 시공을 하도급할 수 있는 경우　　답 ③

> **📝 관련 개념 | 소방시설공사의 시공을 하도급할 수 있는 경우(영 제12조)**
> 1. 「주택법」 제4조에 따른 주택건설사업
> 2. 「건설산업기본법」 제9조에 따른 건설업
> 3. 「전기공사업법」 제4조에 따른 전기공사업
> 4. 「정보통신공사업법」 제4조에 따른 정보통신사업
> * 소방시설공사업과 위에 해당하는 사업을 함께 하는 공사업자가 소방시설공사와 해당 사업의 공사를 함께 도급받은 경우

## 045 | 도급 및 하도급　　답 ①

도급을 받은 자는 소방시설의 설계, 시공, 감리를 제3자에게 하도급할 수 없다. 다만, 시공의 경우에는 대통령령으로 정하는 바에 따라 도급받은 소방시설공사의 일부를 다른 설계업자에게 하도급할 수 있다.

> **「소방시설공사업법」 제22조 【하도급의 제한】** ① 제21조에 따라 도급을 받은 자는 소방시설의 설계, 시공, 감리를 제3자에게 하도급할 수 없다. 다만, 시공의 경우에는 대통령령으로 정하는 바에 따라 도급받은 소방시설공사의 일부를 다른 공사업자에게 하도급할 수 있다.
> ② 하수급인은 제1항 단서에 따라 하도급받은 소방시설공사를 제3자에게 다시 하도급할 수 없다.
> **시행령 제12조 【소방시설공사의 시공을 하도급할 수 있는 경우】** ① 법 제22조 제1항 단서에서 "대통령령으로 정하는 경우"란 소방시설공사업과 다음 각 호의 어느 하나에 해당하는 사업을 함께 하는 공사업자가 소방시설공사와 해당 사업의 공사를 함께 도급받은 경우를 말한다.
> 1. 주택건설사업
> 2. 건설업
> 3. 전기공사업
> 4. 정보통신공사업

## 046 | 도급계약 해지를 할 수 있는 사유　　답 ①

경고를 받은 경우는 해당하지 않는다.

> **📝 관련 개념 | 도급계약 해지를 할 수 있는 사유**
> 1. 소방시설업이 등록취소되거나 영업정지된 경우
> 2. 소방시설업을 휴업하거나 폐업한 경우

---

> 3. 정당한 사유 없이 30일 이상 소방시설공사를 계속하지 아니하는 경우
> 4. 법 제22조의2 제2항에 따른 요구에 정당한 사유 없이 따르지 아니하는 경우

## 047 | 하도급계약의 적정성 심사　　답 ③

안 날부터 30일 이내에 서면으로 하여야 한다.

> **「소방시설공사업법 시행령」 제12조의2 【하도급계약의 적정성 심사 등】** ① 법 제22조의2 제1항 전단에서 "하도급계약금액이 대통령령으로 정하는 비율에 따른 금액에 미달하는 경우"란 다음 각 호의 어느 하나에 해당하는 경우를 말한다.
> 1. 하도급계약금액이 도급금액 중 하도급부분에 상당하는 금액[하도급하려는 소방시설공사등에 대하여 수급인의 도급금액 산출내역서의 계약단가(직접·간접 노무비, 재료비 및 경비를 포함한다)를 기준으로 산출한 금액에 일반관리비, 이윤 및 부가가치세를 포함한 금액을 말하며, 수급인이 하수급인에게 직접 지급하는 자재의 비용 등 관계 법령에 따라 수급인이 부담하는 금액은 제외한다]의 100분의 82에 해당하는 금액에 미달하는 경우
> 2. 하도급계약금액이 소방시설공사등에 대한 발주자의 예정가격의 100분의 60에 해당하는 금액에 미달하는 경우
> ② 법 제22조의2 제1항 후단에서 "대통령령으로 정하는 공공기관"이란 제11조의5 각 호의 공공기관을 말한다.
> 1. 삭제
> 2. 삭제
> ③ 소방청장은 법 제22조의2 제1항에 따라 하수급인의 시공 및 수행능력, 하도급계약 내용의 적정성 등을 심사하는 경우에 활용할 수 있는 기준을 정하여 고시하여야 한다.
> ④ 발주자는 법 제22조의2 제2항에 따라 하수급인 또는 하도급계약 내용의 변경을 요구하려는 경우에는 법 제21조의3 제4항에 따라 하도급에 관한 사항을 통보받은 날 또는 그 사유가 있음을 안 날부터 30일 이내에 서면으로 하여야 한다.

## 048 | 하도급계약 심사위원회의 구성 및 운영　　답 ②

하도급계약심사위원회(이하 "위원회"라 한다)는 위원장 1명과 부위원장 1명을 포함하여 10명 이내의 위원으로 구성한다.

## 049 | 하도급계약 심사위원회의 구성 및 운영　　답 ②

**선지분석**
① 하도급계약심사위원회는 위원장 1명과 부위원장 1명을 포함한 10명 이내의 위원으로 구성한다.
③ 위원회의 회의는 재적위원 과반수의 출석으로 개의하고, 출석위원 2분의 1 이상 찬성으로 의결한다.
④ 위원의 임기는 3년으로 하되, 한차례만 연임할 수 있다.

> **📝 관련 개념 | 부원장과 위원의 자격(영 제12조의3)**
> 1. 해당 발주기관의 과장급 이상 공무원(제12조의2 제2항에 따른 공공기관의 경우에는 2급 이상의 임직원을 말한다)
> 2. 소방 분야 연구기관의 연구위원급 이상인 사람
> 3. 소방 분야의 박사학위를 취득하고 그 분야에서 3년 이상 연구 또는 실무경험이 있는 사람
> 4. 대학(소방 분야로 한정한다)의 조교수 이상인 사람
> 5. 「국가기술자격법」에 따른 소방기술사 자격을 취득한 사람

## 050 | 공사대금의 지급보증 답 ④

> **「소방시설공사업법」 제21조의4 【공사대금의 지급보증 등】** ① 수급인이 국가, 지방자치단체 또는 대통령령으로 정하는 공공기관 외의 자가 발주하는 공사를 도급받은 경우로서 수급인이 발주자에게 계약의 이행을 보증하는 때에는 발주자도 수급인에게 공사대금의 지급을 보증하거나 담보를 제공하여야 한다. 다만, 발주자는 공사대금의 지급보증 또는 담보 제공을 하기 곤란한 경우에는 수급인이 그에 상응하는 보험 또는 공제에 가입할 수 있도록 계약의 이행보증을 받은 날부터 30일 이내에 보험료 또는 공제료(이하 "보험료등"이라 한다)를 지급하여야 한다.
> ② 발주자 및 수급인은 소규모공사 등 대통령령으로 정하는 소방시설공사의 경우 제1항에 따른 계약이행의 보증이나 공사대금의 지급보증, 담보의 제공 또는 보험료등의 지급을 아니할 수 있다.
> ③ 발주자가 제1항에 따른 공사대금의 지급보증, 담보의 제공 또는 보험료등의 지급을 하지 아니한 때에는 수급인은 10일 이내 기간을 정하여 발주자에게 그 이행을 촉구하고 공사를 중지할 수 있다. 발주자가 촉구한 기간 내에 그 이행을 하지 아니한 때에는 수급인은 도급계약을 해지할 수 있다.
> ④ 제3항에 따라 수급인이 공사를 중지하거나 도급계약을 해지한 경우에는 발주자는 수급인에게 공사 중지나 도급계약의 해지에 따라 발생하는 손해배상을 청구하지 못한다.
> ⑤ 제1항에 따른 공사대금의 지급보증, 담보의 제공 또는 보험료등의 지급 방법이나 절차 및 제3항에 따른 촉구의 방법 등에 필요한 사항은 행정안전부령으로 정한다.

> **「소방시설공사업법 시행령」 제11조의6 【공사대금의 지급보증 등의 예외가 되는 소방시설공사의 범위】** 법 제21조의4 제2항에서 "소규모공사 등 대통령령으로 정하는 소방시설공사"란 다음 각 호의 소방시설공사를 말한다.
> 1. 공사 1건의 도급금액이 1천만원 미만인 소규모 소방시설공사
> 2. 공사기간이 3개월 이내인 단기의 소방시설공사

## 051 | 하도급대금의 지급 답 ②

- 수급인은 발주자로부터 도급받은 소방시설공사 등에 대한 준공금(竣工金)을 받은 경우에는 하도급대금의 전부를, 기성금(旣成金)을 받은 경우에는 하수급인이 시공하거나 수행한 부분에 상당한 금액을 각각 지급받은 날(수급인이 발주자로부터 대금을 어음으로 받은 경우에는 그 어음만기일을 말한다)부터 ( ㉠ 15 )일 이내에 하수급인에게 현금으로 지급하여야 한다.
- 수급인은 발주자로부터 선급금을 받은 경우에는 하수급인이 자재의 구입, 현장근로자의 고용, 그 밖에 하도급 공사 등을 시작할 수 있도록 그가 받은 선급금의 내용과 비율에 따라 하수급인에게 선금을 받은 날(하도급 계약을 체결하기 전에 선급금을 받은 경우에는 하도급 계약을 체결한 날을 말한다)부터 ( ㉡ 15 )일 이내에 선급금을 지급하여야 한다. 이 경우 수급인은 하수급인이 선급금을 반환하여야 할 경우에 대비하여 하수급인에게 보증을 요구할 수 있다.

## 052 | 시공능력 평가액 답 ①

시공능력 평가액에는 실무평가액이 아닌 실적평가액이 포함된다.

> **📖 관련 개념 | 시공능력평가액**
>
> 시공능력평가액 = 실적평가액 + 자본금평가액 + 기술력평가액 + 경력평가액 ± 신인도평가액

## 053 | 시공능력평가 및 공시 답 ①

공사업자가 신청한다.

> **「소방시설공사업법」 제26조 【시공능력 평가 및 공시】** ① 소방청장은 관계인 또는 발주자가 적절한 공사업자를 선정할 수 있도록 하기 위하여 공사업자의 신청이 있으면 그 공사업자의 소방시설공사 실적, 자본금 등에 따라 시공능력을 평가하여 공시할 수 있다.
> ② 제1항에 따른 평가를 받으려는 공사업자는 전년도 소방시설공사 실적, 자본금, 그 밖에 행정안전부령으로 정하는 사항을 소방청장에게 제출하여야 한다.
> ③ 제1항 및 제2항에 따른 시공능력 평가신청 절차, 평가방법 및 공시방법 등에 필요한 사항은 행정안전부령으로 정한다.

> **「소방시설공사업법 시행규칙」 제23조 【시공능력의 평가】** ① 법 제26조 제3항에 따른 시공능력 평가의 방법은 별표 4와 같다.
> ② 제1항에 따라 평가된 시공능력은 공사업자가 도급받을 수 있는 1건의 공사도급금액으로 하고, 시공능력 평가의 유효기간은 공시일부터 1년간으로 한다. 다만, 다음 각 호의 어느 하나에 해당하는 사유로 평가된 시공능력의 유효기간은 그 시공능력 평가 결과의 공시일부터 다음 해의 정기 공시일(제3항 본문에 따라 공시한 날을 말한다)의 전날까지로 한다.

## 054 | 실적평가액 산정 기준 답 ①

실적평가액은 연평균 공사실적액으로 하며 공사실적액(발주자가 공급하는 자재비를 제외한다)은 해당 업체의 수급금액중 하수급금액은 포함하고 하도급금액은 제외한다

> **「소방시설공사업법 시행규칙」 [별표 4] 시공능력 평가의 방법**
>
> 시공능력평가액 = 실적평가액 + 자본금평가액 + 기술력평가액 + 경력평가액 ± 신인도평가액
>
> 1. 실적평가액은 다음 계산식으로 산정한다.
>
> 실적평가액 = 연평균공사실적액
>
> 가. 공사실적액(발주자가 공급하는 자재비를 제외한다)은 해당 업체의 수급금액중 하수급금액은 포함하고 하도급금액은 제외한다.
> 나. 공사업을 한 기간이 산정일을 기준으로 3년 이상인 경우에는 최근 3년간의 공사실적을 합산하여 3으로 나눈 금액을 연평균공사실적액으로 한다.
> 다. 공사업을 한 기간이 산정일을 기준으로 1년 이상 3년 미만인 경우에는 그 기간의 공사실적을 합산한 금액을 그 기간의 개월수로 나눈 금액에 12를 곱한 금액을 연평균공사실적액으로 한다.
> 라. 공사업을 한 기간이 산정일을 기준으로 1년 미만인 경우에는 그 기간의 공사실적액을 연평균공사실적액으로 한다.

## 055 | 연평균 공사실적액　　　답 ①

공사업을 한 기간이 1년 이상 3년 미만인 경우에 대한 내용이다. 1년 미만인 경우에는 그 기간의 공사실적액을 연평균공사실적액으로 한다

## 056 | 신인도 평가액　　　답 ④

최근 1년간 부도가 발생한 사실이 있는 경우 –2%의 감점을 받는다.

> **「소방시설공사업법 시행규칙」 [별표 4] 시공능력 평가의 방법**
> 5. 신인도평가액은 다음 계산식으로 산정하되, 신인도평가액은 실적평가액·자본금평가액·기술력평가액·경력평가액을 합친 금액의 ±10%의 범위를 초과할 수 없으며, 가점요소와 감점요소가 있는 경우에는 이를 상계한다.
>
> > 신인도평가액 = (실적평가액 + 자본금평가액 + 기술력평가액 + 경력평가액) × 신인도 반영비율 합계
>
> 가. 신인도 반영비율 가점요소는 다음과 같다.
> 　　1) 최근 1년간 국가기관·지방자치단체·공공기관으로부터 우수시공업자로 선정된 경우(+3%)
> 　　2) 최근 1년간 국가기관·지방자치단체 및 공공기관으로부터 공사업과 관련한 표창을 받은 경우
> 　　　– 대통령 표창(+3%)
> 　　　– 그 밖의 표창(+2%)
> 　　3) 공사업자의 공사 시공 상 환경관리 및 공사폐기물의 처리실태가 우수하여 환경부장관으로부터 시공능력의 증액 요청이 있는 경우(+2%)
> 　　4) 소방시설공사업에 관한 국제품질경영인증(ISO)을 받은 경우(+2%)
> 나. 신인도 반영비율 감점요소는 아래와 같다.
> 　　1) 최근 1년간 국가기관·지방자치단체·공공기관으로부터 부정당업자로 제재처분을 받은 사실이 있는 경우(-3%)
> 　　2) 최근 1년간 부도가 발생한 사실이 있는 경우(-2%)
> 　　3) 근 1년간 법 제9조 또는 제10조에 따라 영업정지처분 및 과징금처분을 받은 사실이 있는 경우
> 　　　– 1개월 이상 3개월 이하(-2%)
> 　　　– 3개월 초과(-3%)
> 　　4) 최근 1년간 법 제40조에 따라 사유로 과태료처분을 받은 사실이 있는 경우(-2%)
> 　　5) 최근 1년간 환경관리법령에 따른 과태료 처분, 영업정지 처분 및 과징금 처분을 받은 사실이 있는 경우(-2%)

## 057 | 시공능력 평가 및 공시　　　답 ②

시공능력평가를 받으려는 공사업자는 전년도의 소방시설공사 실적, 자본금, 그 밖에 행정안전부령으로 정하는 사항을 소방청장에게 제출하여야 한다.

> **「소방시설공사업법」 제26조【시공능력평가 및 공시】** ① 소방청장은 관계인 또는 발주자가 적절한 공사업자를 선정할 수 있도록 하기 위하여 공사업자의 신청이 있으면 그 공사업자의 소방시설공사 실적, 자본금 등에 따라 시공능력을 평가하여 공시할 수 있다.
> ② 시공능력평가를 받으려는 공사업자는 전년도 소방시설공사 실적, 자본금, 그 밖에 행정안전부령으로 정하는 사항을 소방청장에게 제출하여야 한다.
> ③ 제1항 및 제2항에 따른 시공능력 평가신청 절차, 평가방법, 공시방법 및 수수료 등에 관하여 필요한 사항은 행정안전부령으로 정한다.

## 058 | 시공능력 평가 및 공시　　　답 ①

300세대이다.

> **「소방시설공사업법 시행령」 제12조의9【감리업자를 선정하는 주택건설공사의 규모 및 대상 등】** ① 법 제26조의2 제2항 전단에 따라 시·도지사가 감리업자를 선정해야 하는 주택건설공사의 규모 및 대상은 「주택법」에 따른 공동주택(기숙사는 제외한다)으로서 300세대 이상인 것으로 한다.
> ② 시·도지사는 법 제26조의2 제2항 전단에 따라 감리업자를 선정하려는 경우에는 주택건설사업계획을 승인한 날부터 7일 이내에 다른 공사와는 별도로 소방시설공사의 감리를 할 감리업자의 모집공고를 해야 한다.
> ③ 시·도지사는 제2항에도 불구하고 「주택법 시행령」 제31조에 따른 공사 착수기간의 연장 등 부득이한 사유가 있어 사업주체가 요청하는 경우에는 그 사유가 없어진 날부터 7일 이내에 제2항에 따른 모집공고를 할 수 있다.
> ④ 제2항에 따른 모집공고에는 다음 각 호의 사항이 포함되어야 한다.

## 059 | 소방시설업 종합정보시스템　　　답 ②

소방청장이 구축 및 운영하여야 한다.

> **「소방시설공사업법」 제26조의3【소방시설업 종합정보시스템의 구축 등】** ① 소방청장은 다음 각 호의 정보를 종합적이고 체계적으로 관리·제공하기 위하여 소방시설업 종합정보시스템을 구축·운영할 수 있다.
> 1. 소방시설업자의 자본금·기술인력 보유 현황, 소방시설공사등 수행상황, 행정처분 사항 등 소방시설업자에 관한 정보
> 2. 소방시설공사등의 착공 및 완공에 관한 사항, 소방기술자 및 감리원의 배치 현황 등 소방시설공사등과 관련된 정보
> ② 소방청장은 제1항에 따른 정보의 종합관리를 위하여 소방시설업자, 발주자, 관련 기관 및 단체 등에게 필요한 자료의 제출을 요청할 수 있다. 이 경우 요청을 받은 자는 특별한 사유가 없으면 이에 따라야 한다.
> ③ 소방청장은 제1항에 따른 정보를 필요로 하는 관련 기관 또는 단체에 해당 정보를 제공할 수 있다.
> ④ 제1항에 따른 소방시설업 종합정보시스템의 구축 및 운영 등에 필요한 사항은 행정안전부령으로 정한다.

## 060 | 소방시설업 종합정보시스템　　　답 ④

소방기술자 및 점검자의 배치 현황은 포함되지 않는다.

> **「소방시설공사업법」 제26조의3【소방시설업 종합정보시스템의 구축 등】** ① 소방청장은 다음 각 호의 정보를 종합적이고 체계적으로 관리·제공하기 위하여 소방시설업 종합정보시스템을 구축·운영할 수 있다.
> 1. 소방시설업자의 자본금·기술인력 보유 현황, 소방시설공사등 수행상황, 행정처분 사항 등 소방시설업자에 관한 정보
> 2. 소방시설공사등의 착공 및 완공에 관한 사항, 소방기술자 및 감리원의 배치 현황 등 소방시설공사등과 관련된 정보
> ② 소방청장은 제1항에 따른 정보의 종합관리를 위하여 소방시설업자, 발주자, 관련 기관 및 단체 등에게 필요한 자료의 제출을 요청할 수 있다. 이 경우 요청을 받은 자는 특별한 사유가 없으면 이에 따라야 한다.

| 04 | 소방기술자 | | | 174p |
|---|---|---|---|---|
| 001 ④ | 002 ④ | 003 ④ | 004 ③ | 005 ② |
| 006 ② | 007 ① | 008 ③ | 009 ① | 010 ① |
| 011 ④ | | | | |

## 001 | 소방기술 경력 등의 인정　　답 ④

이중취업은 자격취소 사항이 아니다.

> 「소방시설공사업법」 제28조 【소방기술경력 등의 인정 등】 ④ 소방
> 청장은 자격수첩 또는 경력수첩을 발급받은 사람이 다음 각 호의
> 어느 하나에 해당하는 경우에는 행정안전부령으로 정하는 바에 따
> 라 그 자격을 취소하거나 6개월 이상 2년 이하의 기간을 정하여 그
> 자격을 정지시킬 수 있다. 다만, 제1호와 제2호에 해당하는 경우에
> 는 그 자격을 취소하여야 한다.
> 1. 거짓이나 그 밖의 부정한 방법으로 자격수첩 또는 경력수첩을
> 　발급받은 경우
> 2. 제27조 제2항을 위반하여 자격수첩 또는 경력수첩을 다른 사람
> 　에게 빌려준 경우
> 3. 제27조 제3항을 위반하여 동시에 둘 이상의 업체에 취업한 경우
> 4. 이 법 또는 이 법에 따른 명령을 위반한 경우

## 002 | 소방기술자의 의무와 소방기술 경력 등의 인정　답 ④

소방기술자가 수첩을 대여한 경우 취소하여야 한다.

> 「소방시설공사업법」 제27조 【소방기술자의 의무】 ① 소방기술자는
> 이 법과 이 법에 따른 명령과 「소방시설 설치 및 관리에 관한 법
> 률」 및 같은 법에 따른 명령에 따라 업무를 수행하여야 한다.
> ② 소방기술자는 다른 사람에게 자격증[제28조에 따라 소방기술
> 경력 등을 인정받은 사람의 경우에는 소방기술 인정 자격수첩(이하
> "자격수첩"이라 한다)과 소방기술자 경력수첩(이하 "경력수첩"이라
> 한다)을 말한다]을 빌려 주어서는 아니 된다.
> ③ 소방기술자는 동시에 둘 이상의 업체에 취업하여서는 아니 된
> 다. 다만, 제1항에 따른 소방기술자 업무에 영향을 미치지 아니하는
> 범위에서 근무시간 외에 소방시설업이 아닌 다른 업종에 종사하는
> 경우는 제외한다.
>
> 제28조 【소방기술경력 등의 인정 등】 ④ 소방청장은 자격수첩 또는
> 경력수첩을 발급받은 사람이 다음 각 호의 어느 하나에 해당하는
> 경우에는 행정안전부령으로 정하는 바에 따라 그 자격을 취소하거
> 나 6개월 이상 2년 이하의 기간을 정하여 그 자격을 정지시킬 수
> 있다. 다만, 제1호와 제2호에 해당하는 경우에는 그 자격을 취소하
> 여야 한다.
> 1. 거짓이나 그 밖의 부정한 방법으로 자격수첩 또는 경력수첩을
> 　발급받은 경우
> 2. 제27조 제2항을 위반하여 자격수첩 또는 경력수첩을 다른 사람
> 　에게 빌려준 경우
> 3. 제27조 제3항을 위반하여 동시에 둘 이상의 업체에 취업한 경우
> 4. 이 법 또는 이 법에 따른 명령을 위반한 경우

## 003 | 기술자격에 따른 기술등급　　답 ④

소방설비산업기사 기계분야의 자격을 취득한 후 3년 이상 소방
관련 업무를 수행한 사람이 중급기술자가 될 수 있다.

## 004 | 소방기술 경력 등의 인정　　답 ③

소방시설관리사는 해당하지 않는다.

## 005 | 소방기술 경력 등의 인정　　답 ②

학사학위를 취득한 후 7년 이상 소방 관련 업무를 수행한 사람
은 고급기술자 자격을 준다.

> **관련 개념 | 학력·경력 등에 따른 기술등급**
> **(규칙 [별표 4의2])**
>
> | 구분 | 학력·경력자 |
> |---|---|
> | 특급<br>기술자 | • 박사학위를 취득한 후 3년 이상 소방 관련 업무를 수행한 사람<br>• 석사학위를 취득한 후 7년 이상 소방 관련 업무를 수행한 사람<br>• 학사학위를 취득한 후 11년 이상 소방 관련 업무를 수행한 사람<br>• 전문학사학위를 취득한 후 15년 이상 소방 관련 업무를 수행한 사람 |
> | 고급<br>기술자 | • 박사학위를 취득한 후 1년 이상 소방 관련 업무를 수행한 사람<br>• 석사학위를 취득한 후 4년 이상 소방 관련 업무를 수행한 사람<br>• 학사학위를 취득한 후 7년 이상 소방 관련 업무를 수행한 사람<br>• 전문학사학위를 취득한 후 10년 이상 소방 관련 업무를 수행한 사람<br>• 고등학교 소방학과를 졸업한 후 13년 이상 소방 관련 업무를 수행한 사람<br>• 고등학교(규정된 학과)를 졸업한 후 15년 이상 소방 관련 업무를 수행한 사람 |
> | 중급<br>기술자 | • 박사학위를 취득한 사람<br>• 석사학위를 취득한 후 2년 이상 소방 관련 업무를 수행한 사람<br>• 학사학위를 취득한 후 5년 이상 소방 관련 업무를 수행한 사람<br>• 전문학사학위를 취득한 후 8년 이상 소방 관련 업무를 수행한 사람<br>• 고등학교 소방학과를 졸업한 후 10년 이상 소방 관련 업무를 수행한 사람<br>• 고등학교(규정된 학과)를 졸업한 후 12년 이상 소방 관련 업무를 수행한 사람 |
> | 초급<br>기술자 | • 석사 또는 학사학위를 취득한 사람<br>• 「고등교육법」 제2조 제1호부터 제6호까지에 해당하는 학교에서 규정된 학과를 졸업한 사람<br>• 전문학사학위를 취득한 후 2년 이상 소방 관련 업무를 수행한 사람<br>• 고등학교 소방학과를 졸업 후 3년 이상 소방 관련 업무를 수행한 사람<br>• 고등학교(규정된 학과)를 졸업한 후 5년 이상 소방 관련 업무를 수행한 사람 |

## 006 소방기술자의 의무  답 ②

영향을 미치지 아니하는 범위에서 다른 업종에 종사하는 경우는 제외한다.

> **「소방시설공사업법」 제27조【소방기술자의 의무】** ① 소방기술자는 이 법과 이 법에 따른 명령과 「소방시설 설치 및 관리에 관한 법률」 및 같은 법에 따른 명령에 따라 업무를 수행하여야 한다.
> ② 소방기술자는 다른 사람에게 자격증[제28조에 따라 소방기술 경력 등을 인정받은 사람의 경우에는 소방기술 인정 자격수첩(이하 "자격수첩"이라 한다)과 소방기술자 경력수첩(이하 "경력수첩"이라 한다)을 말한다]을 빌려 주어서는 아니 된다.
> ③ 소방기술자는 동시에 둘 이상의 업체에 취업하여서는 아니 된다. 다만, 제1항에 따른 소방기술자 업무에 영향을 미치지 아니하는 범위에서 근무시간 외에 소방시설업이 아닌 다른 업종에 종사하는 경우는 제외한다.

## 007 소방기술자 교육훈련기관  답 ①

전국 4개 이상의 시·도에 이론교육과 실습교육이 가능한 교육·훈련장을 갖출 것

> **「소방시설공사업법 시행규칙」 제25조의2【소방기술자 양성·인정 교육훈련의 실시 등】** ① 법 제28조의2 제2항에 따른 소방기술자 양성·인정 교육훈련기관(이하 "소방기술자 양성·인정 교육훈련기관"이라 한다)의 지정 요건은 다음 각 호와 같다.
> 1. 전국 4개 이상의 시·도에 이론교육과 실습교육이 가능한 교육·훈련장을 갖출 것
> 2. 소방기술자 양성·인정 교육훈련을 실시할 수 있는 전담인력을 6명 이상 갖출 것
> 3. 교육과목별 교재 및 강사 매뉴얼을 갖출 것
> 4. 교육훈련의 신청·수료, 성과측정, 경력관리 등에 필요한 교육훈련 관리시스템을 구축·운영할 것
> ② 소방기술자 양성·인정 교육훈련기관은 다음 각 호의 사항이 포함된 다음 연도 교육훈련계획을 수립하여 해당 연도 11월 30일까지 소방청장의 승인을 받아야 한다.
> 1. 교육운영계획
> 2. 교육 과정 및 과목
> 3. 교육방법
> 4. 그 밖에 소방기술자 양성·인정 교육훈련의 실시에 필요한 사항
> ③ 소방기술자 양성·인정 교육훈련기관은 교육 이수 사항을 기록·관리해야 한다.

## 008 소방기술자의 실무교육  답 ③

실무교육의 시간, 교육과목, 수수료, 그 밖에 실무교육에 관하여 필요한 사항은 소방청장이 정하여 고시한다.

> **「소방시설공사업법 시행규칙」 제26조【소방기술자의 실무교육】** ① 소방기술자는 법 제29조 제1항에 따라 실무교육을 2년마다 1회 이상 받아야 한다.
> ② 영 제20조 제1항에 따라 소방기술자 실무교육에 관한 업무를 위탁받은 실무교육기관 또는 한국소방안전원의 장(이하 "실무교육기관 등의 장"이라 한다)은 소방기술자에 대한 실무교육을 실시하려면 교육일정 등 교육에 필요한 계획을 수립하여 소방청장에게 보고한 후 교육 10일 전까지 교육대상자에게 알려야 한다.
> ③ 제1항에 따른 실무교육의 시간, 교육과목, 수수료, 그 밖에 실무교육에 관하여 필요한 사항은 소방청장이 정하여 고시한다.

## 009 소방기술자의 실무교육  답 ①

- 소방기술자는 실무교육을 ( ㉠ 2년 )마다 1회 이상 받아야 한다. 다만, 실무교육을 받아야 할 기간 내에 소방기술자 양성·인정 교육훈련을 받은 경우에는 해당 실무교육을 받은 것으로 본다.
- 소방기술자 실무교육에 관한 업무를 위탁받은 실무교육기관 또는 한국소방안전원의 장(이하 "실무교육기관 등의 장"이라 한다)은 소방기술자에 대한 실무교육을 실시하려면 교육일정 등 교육에 필요한 계획을 수립하여 소방청장에게 보고한 후 교육 ( ㉡ 10일 ) 전까지 교육대상자에게 알려야 한다.

## 010 교육 계획의 수립 및 공고  답 ①

- 실무교육기관 등의 장은 매년 ( ㉠ 11월 30일 )까지 다음 해 교육계획을 실무교육의 종류별·대상자별·지역별로 수립하여 이를 일간신문에 공고하고 소방본부장 또는 소방서장에게 보고하여야 한다.
- 교육계획을 변경하는 경우에는 변경한 날부터 ( ㉡ 10일 ) 이내에 이를 일간신문에 공고하고 소방본부장 또는 소방서장에게 보고하여야 한다.

## 011 기술인력 및 시설장비 기준  답 ④

바닥면적을 100m² 이상으로 한다.

> **「소방시설공사업법 시행규칙」 [별표 6] 소방기술자 실무교육에 필요한 기술인력 및 시설장비**
> 1. 조직구성
>    가. 수도권(서울, 인천, 경기), 중부권(대전, 세종, 강원, 충남, 충북), 호남권(광주, 전남, 전북, 제주), 영남권(부산, 대구, 울산, 경남, 경북) 등 권역별로 1개 이상의 지부를 설치할 것
>    나. 각 지부에는 법인에 선임된 임원 1명 이상을 책임자로 지정할 것
>    다. 각 지부에는 기술인력 및 시설·장비 등 교육에 필요한 시설을 갖출 것
> 2. 기술인력
>    가. 인원: 강사 4명 및 교무요원 2명 이상을 확보할 것
>    나. 자격요건
>       1) 강사
>          가) 소방 관련학의 박사학위를 가진 사람
>          나) 전문대학 또는 이와 같은 수준 이상의 교육기관에서 소방안전 관련학과 전임 강사 이상으로 재직한 사람
>          다) 소방기술사, 소방시설관리사, 위험물기능장 자격을 소지한 사람
>          라) 소방설비기사 및 위험물산업기사 자격을 소지한 사람으로서 소방 관련 기관(단체)에서 2년 이상 강의 경력이 있는 사람
>          마) 소방설비산업기사 및 위험물기능사 자격을 소지한 사람으로서 소방 관련 기관(단체)에서 5년 이상 강의경력이 있는 사람
>          바) 대학 또는 이와 같은 수준 이상의 교육기관에서 소방안전 관련학과를 졸업하고 소방 관련 기관(단체)에서 5년 이상 강의경력이 있는 사람
>          사) 소방 관련 기관(단체)에서 10년 이상 실무경력이 있는 사람으로서 5년 이상 강의 경력이 있는 사람
>          아) 소방경 이상의 소방공무원이나 소방설비기사 자격을 소지한 소방위 이상의 소방공무원
>       2) 외래 초빙강사: 강사의 자격요건에 해당하는 사람일 것

3. 시설 및 장비
   가. 사무실: 바닥면적이 60m² 이상일 것
   나. 강의실: 바닥면적이 100m² 이상이고, 의자·탁자 및 교육용
      비품을 갖출 것
   다. 실습실·실험실·제도실: 각 바닥면적이 100m² 이상(실습실
      은 소방안전관리자만 해당되고, 실험실은 위험물안전관리자
      만 해당되며, 제도실은 설계 및 시공자만 해당된다)
   라. 교육용 기자재

| 05 | 소방시설업자협회 | | | 178p |
|---|---|---|---|---|
| 001 ② | 002 ③ | 003 ④ | 004 ③ | 005 ③ |

## 001 | 소방시설업자협회 답 ②

협회의 설립인가 절차, 정관의 기재사항 및 협회에 대한 감독에
관하여 필요한 사항은 대통령령으로 정한다.

> 「소방시설공사업법」 제30조의2 【소방시설업자협회의 설립】 ① 소
> 방시설업자는 소방시설업자의 권익보호와 소방기술의 개발 등 소
> 방시설업의 건전한 발전을 위하여 소방시설업자협회(이하 "협회"라
> 한다)를 설립할 수 있다.
> ② 협회는 법인으로 한다.
> ③ 협회는 소방청장의 인가를 받아 주된 사무소의 소재지에 설립
> 등기를 함으로써 성립한다.
> ④ 협회의 설립인가 절차, 정관의 기재사항 및 협회에 대한 감독에
> 관하여 필요한 사항은 대통령령으로 정한다.

## 002 | 소방시설업자협회 답 ③

소방시설업자협회(이하 "협회"라 한다)를 설립하려면 소방시설
업자 10명 이상이 발기하고 창립총회에서 정관을 의결한 후 소
방청장에게 인가를 신청하여야 한다.

> 「소방시설공사업법 시행령」 제19조의2 【소방시설업자협회의 설립
> 인가 절차 등】 ① 법 제30조의2 제1항에 따라 소방시설업자협회
> (이하 "협회"라 한다)를 설립하려면 법 제2조 제1항 제2호에 따른
> 소방시설업자 10명 이상이 발기하고 창립총회에서 정관을 의결한
> 후 소방청장에게 인가를 신청하여야 한다.
> ② 소방청장은 제1항에 따른 인가를 하였을 때에는 그 사실을 공고
> 하여야 한다.

## 003 | 소방시설업자협회의 업무 답 ④

모두 옳은 내용이다.

> 📝 관련 개념 | 협회의 업무(법 제30조의3)
> 1. 소방시설업의 기술발전과 소방기술의 진흥을 위한 조사·연구·분
>    석 및 평가
> 2. 소방산업의 발전 및 소방기술의 향상을 위한 지원
> 3. 소방시설업의 기술발전과 관련된 국제교류·활동 및 행사의 유치
> 4. 「소방시설공사업법」에 따른 위탁 업무의 수행

## 004 | 소방시설업자협회의 업무 답 ③

소방시설업자 협회는 소방시설업의 기술발전과 소방기술의 진
흥을 위한 조사·연구·분석 및 평가를 한다.

> 📝 관련 개념 | 소방시설업자협회의 구성
> 1. 법인
> 2. 소방청장의 인가
> 3. 필요한 사항은 대통령령
> 4. 「민법」 중 사단법인

> 📝 관련 개념 | 소방시설업자협회의 업무
> 1. 소방시설업의 기술발전과 소방기술의 진흥을 위한 조사·연구·분
>    석 및 평가
> 2. 소방산업의 발전 및 소방기술의 향상을 위한 지원
> 3. 소방시설업의 기술발전과 관련된 국제교류·활동 및 행사의 유치
> 4. 「소방시설공사업법」에 따른 위탁 업무의 수행

## 005 | 소방시설업자협회의 업무답 답 ③

소방시설업 등록취소 및 영업정지의 안건회의는 해당하지 않
는다.

> 📝 관련 개념 | 소방시설업자협회의 업무
> 1. 소방시설업의 기술발전과 소방기술의 진흥을 위한 조사·연구·분
>    석 및 평가
> 2. 소방산업의 발전 및 소방기술의 향상을 위한 지원
> 3. 소방시설업의 기술발전과 관련된 국제교류·활동 및 행사의 유치
> 4. 「소방시설공사업법」에 따른 위탁 업무의 수행

| 06 | 보칙 | | | 180p |
|---|---|---|---|---|
| 001 ④ | 002 ② | 003 ④ | 004 ④ | |

## 001 | 청문의 대상 답 ④

소방기술 인정 자격정지 처분은 청문대상이 아니다.

> 「소방시설공사업법」 제32조 【청문】 제9조 제1항에 따른 소방시설업
> 등록취소처분이나 영업정지처분 또는 제28조 제4항에 따른 소방기
> 술 인정 자격취소처분을 하려면 청문을 하여야 한다.

## 002 | 협회에 위탁할 수 있는 업무 답 ②

②는 시·도지사가 협회에 위탁하는 업무에 해당한다.

> 📝 관련 개념 | 소방청장이 협회에 위탁하는 업무
> 1. 방염처리능력 평가 및 공시에 관한 업무
> 2. 시공능력 평가 및 공시에 관한 업무
> 3. 소방시설업 종합정보시스템의 구축·운영

## 003 ㅣ 권한의 위임 및 위탁     답 ④

협회, 소방기술과 관련된 법인 또는 단체에 위탁할 수 있다.

「소방시설공사업법」 제33조【권한의 위임·위탁 등】① 소방청장은 이 법에 따른 권한의 일부를 대통령령으로 정하는 바에 따라 시·도지사에게 위임할 수 있다.
② 소방청장은 제29조에 따른 실무교육에 관한 업무를 대통령령으로 정하는 바에 따라 실무교육기관 또는 한국소방안전원에 위탁할 수 있다.
③ 소방청장 또는 시·도지사는 다음 각 호의 업무를 대통령령으로 정하는 바에 따라 협회에 위탁할 수 있다.
1. 제4조 제1항에 따른 소방시설업 등록신청의 접수 및 신청내용의 확인
2. 제6조에 따른 소방시설업 등록사항 변경신고의 접수 및 신고내용의 확인
2의2. 제6조의2에 따른 소방시설업 휴업·폐업 등 신고의 접수 및 신고내용의 확인
3. 제7조 제3항에 따른 소방시설업자의 지위승계 신고의 접수 및 신고내용의 확인
4. 제20조의3에 따른 방염처리능력 평가 및 공시
5. 제26조에 따른 시공능력 평가 및 공시
6. 제26조의3 제1항에 따른 소방시설업 종합정보시스템의 구축·운영
④ 소방청장은 제28조에 따른 소방기술과 관련된 자격·학력·경력의 인정 업무를 대통령령으로 정하는 바에 따라 협회, 소방기술과 관련된 법인 또는 단체에 위탁할 수 있다.
1. 제28조에 따른 소방기술과 관련된 자격·학력 및 경력의 인정 업무
2. 제28조의2에 따른 소방기술자 양성·인정 교육훈련 업무

## 004 ㅣ 권한의 위임 및 위탁     답 ④

소방청장은 실무교육에 관한 업무를 대통령령으로 정하는 바에 따라 실무교육기관 또는 한국소방안전원에 위탁할 수 있다.

---

| 07 | 벌칙 | | | 181p |
|---|---|---|---|---|
| 001 ① | 002 ③ | 003 ④ | 004 ② | 005 ① |

## 001 ㅣ 벌금     답 ①

소방시설업 등록을 하지 아니하고 영업을 한 자는 3년 이하의 징역 또는 3천만원 이하의 벌금에 처한다.

## 002 ㅣ 벌금     답 ③

300만원 이하의 벌금에 해당한다.

## 003 ㅣ 벌칙 기준     답 ④

선지분석

①②③ 1년이하의 징역 또는 1천만원 이하의 벌금에 해당한다.
④ 200만원 이하의 과태료에 해당한다.

7. 방염성능기준 미만으로 방염을 한 자
8. 방염처리능력 평가에 관한 서류를 거짓으로 제출한 자
9. 도급계약 체결 시 의무를 이행하지 아니한 자(하도급 계약의 경우에는 하도급 받은 소방시설업자 제외)
10. 하도급 등의 통지를 하지 아니한 자
11. 시공능력 평가에 관한 서류를 거짓으로 제출한 자

## 004 | 벌칙 및 과태료    답 ②

소방시설업의 등록증이나 등록수첩을 빌려준 자는 300만원 이하의 벌금에 처한다. 보통, 증 대여는 1년 이하의 징역 또는 1천만원 이하의 벌금인 경우가 많은데, 소방시설업은 300만원 이하의 벌금이다.

## 005 | 부과권자    답 ①

과태료는 대통령령으로 정하는 바에 따라 관할 시·도지사, 소방본부장 또는 소방서장이 부과·징수한다.

# PART 5 위험물안전관리법

## 001 ┃ 용어의 정의
답 ④

선지분석

① "위험물"이라 함은 인화성 또는 발화성 등의 성질을 가지는 것으로서 대통령령이 정하는 물품을 말한다.
② "지정수량"이라 함은 위험물의 종류별로 위험성을 고려하여 대통령령이 정하는 수량으로서 제조소등의 설치허가 등에 있어서 최저의 기준이 되는 수량을 말한다.
③ "제조소"라 함은 위험물을 제조할 목적으로 지정수량 이상의 위험물을 취급하기 위하여 허가를 받은 장소를 말한다.

「위험물안전관리법」 제2조【정의】① 이 법에서 사용하는 용어의 정의는 다음과 같다.
1. "위험물"이라 함은 인화성 또는 발화성 등의 성질을 가지는 것으로서 대통령령이 정하는 물품을 말한다.
2. "지정수량"이라 함은 위험물의 종류별로 위험성을 고려하여 대통령령이 정하는 수량으로서 제조소등의 설치허가 등에 있어서 최저의 기준이 되는 수량을 말한다.
3. "제조소"라 함은 위험물을 제조할 목적으로 지정수량 이상의 위험물을 취급하기 위하여 허가를 받은 장소를 말한다.
4. "저장소"라 함은 지정수량 이상의 위험물을 저장하기 위한 대통령령이 정하는 장소로서 허가를 받은 장소를 말한다.
5. "취급소"라 함은 지정수량 이상의 위험물을 제조외의 목적으로 취급하기 위한 대통령령이 정하는 장소로서 허가를 받은 장소를 말한다.
6. "제조소등"이라 함은 제조소·저장소 및 취급소를 말한다.

## 002 ┃ 용어의 정의
답 ②

"자연발화성물질 및 금수성물질"이라 함은 고체 또는 액체로서 공기 중에서 발화의 위험성이 있거나 물과 접촉하여 발화하거나 가연성가스를 발생시킬 위험성이 있는 것을 말한다.

참고

"산화성액체"라 함은 액체로서 산화력의 잠재적인 위험성을 판단하기 위하여 고시로 정하는 시험에서 고시로 정하는 성질과 상태를 나타내는 것을 말한다.

## 003 ┃ 용어의 정의
답 ②

"동식물유류"라 함은 동물의 지육 등 또는 식물의 종자나 과육으로부터 추출한 것으로서 1기압에서 인화점이 섭씨 250도 미만인 것을 말한다.

📑 관련 개념┃ 용어의 정의

1. **인화성액체**: 액체(제3석유류, 제4석유류 및 동식물유류에 있어서는 1기압과 섭씨 20도에서 액상인 것에 한한다)로서 인화의 위험성이 있는 것을 말한다.
2. **특수인화물**: 이황화탄소, 디에틸에테르 그 밖에 1기압에서 발화점이 섭씨 100도 이하인 것 또는 인화점이 섭씨 영하 20도 이하이고 비점이 섭씨 40도 이하인 것을 말한다.
3. **제1석유류**: 아세톤, 휘발유 그 밖에 1기압에서 인화점이 섭씨 21도 미만인 것을 말한다.
4. **알코올류**: 1분자를 구성하는 탄소원자의 수가 1개부터 3개까지인 포화1가 알코올(변성알코올을 포함한다)을 말한다. 다만, 다음 어느 하나에 해당하는 것은 제외한다.
   ⓐ 1분자를 구성하는 탄소원자의 수가 1개 내지 3개의 포화1가 알코올의 함유량이 60중량퍼센트 미만인 수용액
   ⓑ 가연성액체량이 60중량퍼센트 미만이고 인화점 및 연소점(태그개방식인화점측정기에 의한 연소점을 말한다. 이하 같다)이 에틸알코올 60중량퍼센트 수용액의 인화점 및 연소점을 초과하는 것
5. **제2석유류**: 등유, 경유 그 밖에 1기압에서 인화점이 섭씨 21도 이상 70도 미만인 것을 말한다. 다만, 도료류 그 밖의 물품에 있어서 가연성 액체량이 40중량퍼센트 이하이면서 인화점이 섭씨 40도 이상인 동시에 연소점이 섭씨 60도 이상인 것은 제외한다.
6. **제3석유류**: 중유, 클레오소트유 그 밖에 1기압에서 인화점이 섭씨 70도 이상 섭씨 200도 미만인 것을 말한다. 다만, 도료류 그 밖의 물품은 가연성 액체량이 40중량퍼센트 이하인 것은 제외한다.
7. **제4석유류**: 기어유, 실린더유 그 밖에 1기압에서 인화점이 섭씨 200도 이상 섭씨 250도 미만의 것을 말한다. 다만 도료류 그 밖의 물품은 가연성 액체량이 40중량퍼센트 이하인 것은 제외한다.
8. **동식물유류**: 동물의 지육 등 또는 식물의 종자나 과육으로부터 추출한 것으로서 1기압에서 인화점이 섭씨 250도 미만인 것을 말한다. 다만, 법 제20조 제1항의 규정에 의하여 행정안전부령으로 정하는 용기기준과 수납·저장기준에 따라 수납되어 저장·보관되고 용기의 외부에 물품의 통칭명, 수량 및 화기엄금(화기엄금과 동일한 의미를 갖는 표시를 포함한다)의 표시가 있는 경우를 제외한다.

## 004 ┃ 판매취급소의 기준
답 ②

점포에서 위험물을 용기에 담아 판매하기 위하여 지정수량의 40배 이하의 위험물을 취급하는 장소를 판매취급소이다.

## 005 용어의 정의

답 ③

선지분석
① "위험물"이라 함은 인화성 또는 발화성 등의 성질을 가지는 것으로서 대통령령이 정하는 물품을 말한다.
② "지정수량"이라 함은 위험물의 종류별로 위험성을 고려하여 대통령령이 정하는 수량으로서 제조소등의 설치허가 등에 있어서 최저의 기준이 되는 수량을 말한다.
④ "저장소"라 함은 지정수량 이상의 위험물을 저장하기 위한 대통령령이 정하는 장소로서 허가를 받은 장소를 말한다.

> **「위험물안전관리법」 제2조 【정의】** ① 이 법에서 사용하는 용어의 정의는 다음과 같다.
> 1. "위험물"이라 함은 인화성 또는 발화성 등의 성질을 가지는 것으로서 대통령령이 정하는 물품을 말한다.
> 2. "지정수량"이라 함은 위험물의 종류별로 위험성을 고려하여 대통령령이 정하는 수량으로서 제조소등의 설치허가 등에 있어서 최저의 기준이 되는 수량을 말한다.
> 3. "제조소"라 함은 위험물을 제조할 목적으로 지정수량 이상의 위험물을 취급하기 위하여 허가를 받은 장소를 말한다.
> 4. "저장소"라 함은 지정수량 이상의 위험물을 저장하기 위한 대통령령이 정하는 장소로서 허가를 받은 장소를 말한다.
> 5. "취급소"라 함은 지정수량 이상의 위험물을 제조외의 목적으로 취급하기 위한 대통령령이 정하는 장소로서 허가를 받은 장소를 말한다.
> 6. "제조소등"이라 함은 제조소·저장소 및 취급소를 말한다.

## 006 산화성 액체

답 ②

질산은 비중이 1.49 이상인 것에 한한다.

> **「위험물안전관리법 시행령」 [별표 1] 위험물 및 지정수량**
> 비고
> 21. "산화성액체"라 함은 액체로서 산화력의 잠재적인 위험성을 판단하기 위하여 고시로 정하는 시험에서 고시로 정하는 성질과 상태를 나타내는 것을 말한다.
> 22. 과산화수소는 그 농도가 36중량퍼센트 이상인 것에 한하며, 제21호의 성상이 있는 것으로 본다.
> 23. 질산은 그 비중이 1.49 이상인 것에 한하며, 제21호의 성상이 있는 것으로 본다.

## 007 도로

답 ④

일반교통에 이용되는 너비 2미터 이상의 도로로서 자동차의 통행이 가능한 것

> **「위험물안전관리법 시행규칙」 제2조 【정의】** 이 규칙에서 사용하는 용어의 뜻은 다음과 같다.
> 1. "고속국도"란 「도로법」 제10조 제1호에 따른 고속국도를 말한다.
> 2. "도로"란 다음 각 목의 어느 하나에 해당하는 것을 말한다.
>   가. 「도로법」 제2조 제1호에 따른 도로
>   나. 「항만법」 제2조 제5호에 따른 항만시설 중 임항교통시설에 해당하는 도로
>   다. 「사도법」 제2조의 규정에 의한 사도
>   라. 그 밖에 일반교통에 이용되는 너비 2미터 이상의 도로로서 자동차의 통행이 가능한 것
> 3. "하천"이란 「하천법」 제2조 제1호에 따른 하천을 말한다.

> 4. "내화구조"란 「건축법 시행령」 제2조 제7호에 따른 내화구조를 말한다.
> 5. "불연재료"란 「건축법 시행령」 제2조 제10호에 따른 불연재료 중 유리 외의 것을 말한다.

## 008 위험물의 지정수량 및 위험등급

답 ③

선지분석
① 알킬알루미늄 - 10kg - Ⅰ 등급
② 황린 - 20kg - Ⅰ 등급
④ 칼슘 - 100kg - Ⅱ 등급

> **관련 개념 | 제3류 위험물(자연발화성 및 금수성물질)**
>
> | 품 명 | 지정수량 |
> |---|---|
> | 칼륨, 나트륨, 알킬알루미늄, 알킬리튬 [Ⅰ등급] | 10kg |
> | 황린 [Ⅰ등급] | 20kg |
> | 알칼리 금속 및 알칼리 토금속, 유기금속화합물 [Ⅱ등급] | 50kg |
> | 금속의 수소화물, 금속의 인화물 칼슘 또는 알루미늄의 탄화물[Ⅲ등급] | 300kg |

## 009 위험물의 지정수량

답 ②

철분, 마그네슘분, 금속분은 지정수량이 500kg이다.

> **관련 개념 | 제2류 위험물(가연성 고체)**
>
> | 품 명 | 지정수량 |
> |---|---|
> | 황화인, 적린, 황 | 100kg |
> | 철분, 마그네슘분, 금속분 | 500kg |
> | 인화성고체 | 1,000kg |

## 010 이송취급소의 구분에서 제외되는 사업소

답 ①

폭 2미터 이상 도로를 말한다.

> **관련 개념 | 위험물을 제조 외의 목적으로 취급하기 위한 장소와 그에 따른 취급소의 구분**
>
> | 위험물을 제조외의 목적으로 취급하기 위한 장소 | 취급소의 구분 |
> |---|---|
> | 1. 고정된 주유설비(항공기에 주유하는 경우에는 차량에 설치된 주유설비를 포함한다)에 의하여 자동차·항공기 또는 선박 등의 연료탱크에 직접 주유하기 위하여 위험물(「석유 및 석유대체연료 사업법」 제29조의 규정에 의한 가짜석유제품에 해당하는 물품을 제외한다. 이하 제2호에서 같다)을 취급하는 장소(위험물을 용기에 옮겨 담거나 차량에 고정된 5천리터 이하의 탱크에 주입하기 위하여 고정된 급유설비를 병설한 장소를 포함한다) | 주유취급소 |
> | 2. 점포에서 위험물을 용기에 담아 판매하기 위하여 지정수량의 40배 이하의 위험물을 취급하는 장소 | 판매취급소 |

3. 배관 및 이에 부속된 설비에 의하여 위험물을 이송하는 장소. 다만, 다음 각 목의 1에 해당하는 경우의 장소를 제외한다.
  가. 「송유관 안전관리법」에 의한 송유관에 의하여 위험물을 이송하는 경우
  나. 제조소등에 관계된 시설(배관을 제외한다) 및 그 부지가 같은 사업소안에 있고 당해 사업소안에서만 위험물을 이송하는 경우
  다. 사업소와 사업소의 사이에 도로(폭 2미터 이상의 일반교통에 이용되는 도로로서 자동차의 통행이 가능한 것을 말한다)만 있고 사업소와 사업소 사이의 이송배관이 그 도로를 횡단하는 경우
  라. 사업소와 사업소 사이의 이송배관이 제3자(당해 사업소와 관련이 있거나 유사한 사업을 하는 자에 한한다)의 토지만을 통과하는 경우로서 당해 배관의 길이가 100미터 이하인 경우
  마. 해상구조물에 설치된 배관(이송되는 위험물이 별표 1의 제4류 위험물중 제1석유류인 경우에는 배관의 안지름이 30센티미터 미만인 것에 한한다)으로서 해당 해상구조물에 설치된 배관이 길이가 30미터 이하인 경우
  바. 사업소와 사업소 사이의 이송배관이 다목 내지 마목의 규정에 의한 경우중 2이상에 해당하는 경우
  사. 「농어촌 전기공급사업 촉진법」에 따라 설치된 자가발전시설에 사용되는 위험물을 이송하는 경우 … **이송취급소**

4. 제1호 내지 제3호 외의 장소(「석유 및 석유대체연료 사업법」제29조의 규정에 의한 가짜석유제품에 해당하는 위험물을 취급하는 경우의 장소를 제외한다) … **일반취급소**

## 011 | 적용제외      답 ③

공장은 제외되지 않는다.

> 「위험물안전관리법」 제3조 【적용제외】 이 법은 항공기·선박·철도 및 궤도에 의한 위험물의 저장·취급 및 운반에 있어서는 이를 적용하지 아니한다.

## 012 | 시책의 수립 및 시행      답 ②

전문인력 양성에 대한 시책이 포함된다.

> 「위험물안전관리법」 제3조의2 【국가의 책무】 ① 국가는 위험물에 의한 사고를 예방하기 위하여 다음 각 호의 사항을 포함하는 시책을 수립·시행하여야 한다.
> 1. 위험물의 유통실태 분석
> 2. 위험물에 의한 사고 유형의 분석
> 3. 사고 예방을 위한 안전기술 개발
> 4. 전문인력 양성
> 5. 그 밖에 사고 예방을 위하여 필요한 사항
> ② 국가는 지방자치단체가 위험물에 의한 사고의 예방·대비 및 대응을 위한 시책을 추진하는 데에 필요한 행정적·재정적 지원을 하여야 한다.

## 013 | 지정수량 미만 위험물의 저장 또는 취급    답 ①

지정수량 미만인 위험물의 저장 또는 취급에 관한 기술상의 기준은 특별시·광역시·특별자치시·도 및 특별자치도(이하 "시·도"라 한다)의 조례로 정한다.

## 014 | 지정수량 이상 위험물의 임시 저장 또는 취급   답 ①

시·도 조례에 따라 관할 소방서장의 승인를 받아야 한다.

> 「위험물안전관리법」 제5조 【위험물의 저장 및 취급의 제한】 ① 지정수량 이상의 위험물을 저장소가 아닌 장소에서 저장하거나 제조소등이 아닌 장소에서 취급하여서는 아니 된다.
> ② 제1항의 규정에 불구하고 다음 각 호의 1에 해당하는 경우에는 제조소등이 아닌 장소에서 지정수량 이상의 위험물을 취급할 수 있다. 이 경우, 임시로 저장 또는 취급하는 장소에서의 저장 또는 취급의 기준과 임시로 저장 또는 취급하는 장소의 위치·구조 및 설비의 기준은 시·도의 조례로 정한다.
> 1. 시·도의 조례가 정하는 바에 따라 관할소방서장의 승인을 받아 지정수량 이상의 위험물을 90일 이내의 기간 동안 임시로 저장 또는 취급하는 경우
> 2. 군부대가 지정수량 이상의 위험물을 군사목적으로 임시로 저장 또는 취급하는 경우
> ③ 제조소등에서의 위험물의 저장 또는 취급에 관하여는 다음 각 호의 중요기준 및 세부기준에 따라야 한다.

## 015 | 위험물의 저장 및 취급의 제한      답 ④

난방목적이 아닌 군사목적으로 임시 저장 또는 취급하는 경우 임시저장이 가능하다.

> 「위험물안전관리법」 제5조 【위험물의 저장 및 취급의 제한】 ① 지정수량 이상의 위험물을 저장소가 아닌 장소에서 저장하거나 제조소등이 아닌 장소에서 취급하여서는 아니 된다.
> ② 제1항의 규정에 불구하고 다음 각 호의 1에 해당하는 경우에는 제조소등이 아닌 장소에서 지정수량 이상의 위험물을 취급할 수 있다. 이 경우, 임시로 저장 또는 취급하는 장소에서의 저장 또는 취급의 기준과 임시로 저장 또는 취급하는 장소의 위치·구조 및 설비의 기준은 시·도의 조례로 정한다.
> 1. 시·도의 조례가 정하는 바에 따라 관할소방서장의 승인을 받아 지정수량 이상의 위험물을 90일 이내의 기간 동안 임시로 저장 또는 취급하는 경우
> 2. 군부대가 지정수량 이상의 위험물을 군사목적으로 임시로 저장 또는 취급하는 경우

| 02 | 위험물시설의 설치 및 변경 | | | 191p |
|---|---|---|---|---|
| 001 ④ | 002 ② | 003 ③ | 004 ① | 005 ② |
| 006 ③ | 007 ② | 008 ② | 009 ② | 010 ② |
| 011 ④ | 012 ① | 013 ④ | 014 ④ | 015 ② |
| 016 ② | 017 ④ | 018 ④ | 019 ① | 020 ④ |
| 021 ② | 022 ② | | | |

## 001 | 위험물시설의 설치 및 변경　　　답 ④

선지분석
① 축산용으로 필요한 건조시설을 위한 지정수량 20배 이하의 저장소
② 수산용으로 필요한 건조시설을 위한 지정수량 20배 이하의 저장소
③ 농예용으로 필요한 난방시설을 위한 지정수량 20배 이하의 저장소

> 「위험물안전관리법」 제6조 【위험물시설의 설치 및 변경】 ③ 다음 각 호의 어느 하나에 해당하는 제조소등의 경우에는 허가를 받지 아니하고 당해 제조소등을 설치하거나 그 위치·구조 또는 설비를 변경할 수 있으며, 신고를 하지 아니하고 위험물의 품명·수량 또는 지정수량의 배수를 변경할 수 있다.
> 1. 주택의 난방시설(공동주택의 중앙난방시설을 제외한다)을 위한 저장소 또는 취급소
> 2. 농예용·축산용 또는 수산용으로 필요한 난방시설 또는 건조시설을 위한 지정수량 20배 이하의 저장소

## 002 | 위험물시설의 설치 및 변경　　　답 ②

제조소등의 위치·구조 또는 설비의 변경 없이 당해 제조소등에서 저장하거나 취급하는 위험물의 품명·수량 또는 지정수량의 배수를 변경하고자 하는 자는 변경하고자 하는 날의 1일 전까지 행정안전부령이 정하는 바에 따라 시·도지사에게 신고하여야 한다.

> 「위험물안전관리법」 제6조 【위험물시설의 설치 및 변경】 ① 제조소등을 설치하고자 하는 자는 대통령령이 정하는 바에 따라 그 설치장소를 관할하는 특별시장·광역시장·특별자치시장·도지사 또는 특별자치도지사(이하 "시·도지사"라 한다)의 허가를 받아야 한다. 제조소등의 위치·구조 또는 설비 가운데 행정안전부령이 정하는 사항을 변경하고자 하는 때에도 허가를 받아야 한다.
> ② 제조소등의 위치·구조 또는 설비의 변경 없이 당해 제조소등에서 저장하거나 취급하는 위험물의 품명·수량 또는 지정수량의 배수를 변경하고자 하는 자는 변경하고자 하는 날의 1일 전까지 행정안전부령이 정하는 바에 따라 시·도지사에게 신고하여야 한다.
> ③ 제1항 및 제2항의 규정에 불구하고 다음 각 호의 1에 해당하는 제조소등의 경우에는 허가를 받지 아니하고 당해 제조소등을 설치하거나 그 위치·구조 또는 설비를 변경할 수 있으며, 신고를 하지 아니하고 위험물의 품명·수량 또는 지정수량의 배수를 변경할 수 있다.
> 1. 주택의 난방시설(공동주택의 중앙난방시설을 제외한다)을 위한 저장소 또는 취급소
> 2. 농예용·축산용 또는 수산용으로 필요한 난방시설 또는 건조시설을 위한 지정수량 20배 이하의 저장소

## 003 | 제조소 또는 일반취급소의 변경허가　　　답 ③

300m(지상에 설치하지 아니하는 배관의 경우에는 30m)를 초과하는 위험물배관을 신설·교체·철거 또는 보수(배관을 절개하는 경우에 한한다)하는 경우이다.

## 004 | 옥외탱크저장소의 변경허가　　　답 ①

방유제(간막이 둑을 포함한다)의 높이 또는 방유제 내의 면적을 변경하는 경우 변경허가를 받아야 한다.

## 005 | 위험물시설의 설치 및 변경　　　답 ②

제조소등의 위치·구조 등의 변경 없이 당해 제조소등에서 저장하는 위험물의 품명·수량 등을 변경하고자 하는 자는 변경하고자 하는 날 1일 전까지 시·도지사에게 신고하여야 한다.

> 「위험물안전관리법」 제6조 【위험물시설의 설치 및 변경】 ① 제조소등을 설치하고자 하는 자는 대통령령이 정하는 바에 따라 그 설치장소를 관할하는 특별시장·광역시장·특별자치시장·도지사 또는 특별자치도지사(이하 "시·도지사"라 한다)의 허가를 받아야 한다. 제조소등의 위치·구조 또는 설비 가운데 행정안전부령이 정하는 사항을 변경하고자 하는 때에도 허가를 받아야 한다.
> ② 제조소등의 위치·구조 또는 설비의 변경 없이 당해 제조소등에서 저장하거나 취급하는 위험물의 품명·수량 또는 지정수량의 배수를 변경하고자 하는 자는 변경하고자 하는 날의 1일 전까지 행정안전부령이 정하는 바에 따라 시·도지사에게 신고하여야 한다.
> ③ 제1항 및 제2항의 규정에 불구하고 다음 각 호의 1에 해당하는 제조소등의 경우에는 허가를 받지 아니하고 당해 제조소등을 설치하거나 그 위치·구조 또는 설비를 변경할 수 있으며, 신고를 하지 아니하고 위험물의 품명·수량 또는 지정수량의 배수를 변경할 수 있다.
> 1. 주택의 난방시설(공동주택의 중앙난방시설을 제외한다)을 위한 저장소 또는 취급소
> 2. 농예용·축산용 또는 수산용으로 필요한 난방시설 또는 건조시설을 위한 지정수량 20배 이하의 저장소

## 006 | 군용위험물 시설의 설치 몇 변경　　　답 ③

군부대의 장이 제조소등의 소재지를 관할하는 시·도지사와 협의한 경우에는 허가를 받은 것으로 본다.

> 「위험물안전관리법」 제7조 【군용위험물시설의 설치 및 변경에 대한 특례】 ① 군사목적 또는 군부대시설을 위한 제조소등을 설치하거나 그 위치·구조 또는 설비를 변경하고자 하는 군부대의 장은 대통령령이 정하는 바에 따라 미리 제조소등의 소재지를 관할하는 시·도지사와 협의하여야 한다.
> ② 군부대의 장이 제조소등의 소재지를 관할하는 시·도지사와 협의한 경우에는 허가를 받은 것으로 본다.
> ③ 군부대의 장은 협의한 제조소등에 대하여는 탱크안전성능검사와 완공검사를 자체적으로 실시할 수 있다. 이 경우, 완공검사를 자체적으로 실시한 군부대의 장은 지체 없이 행정안전부령이 정하는 사항을 시·도지사에게 통보하여야 한다.

해커스소방 이영철 소방관계법규 단원별 실전문제집

## 007 군용위험물 시설의 설치 몇 변경   답 ②

군사목적 또는 군부대시설을 위한 제조소등을 설치하거나 그 위치·구조 또는 설비를 변경하고자 하는 군부대의 장은 대통령령이 정하는 바에 따라 미리 제조소등의 소재지를 관할하는 시·도지사와 협의하여야 한다.

> 「위험물안전관리법」제7조【군용위험물시설의 설치 및 변경에 대한 특례】① 군사목적 또는 군부대시설을 위한 제조소등을 설치하거나 그 위치·구조 또는 설비를 변경하고자 하는 군부대의 장은 대통령령이 정하는 바에 따라 미리 제조소등의 소재지를 관할하는 시·도지사와 협의하여야 한다.
> ② 군부대의 장이 제조소등의 소재지를 관할하는 시·도지사와 협의한 경우에는 허가를 받은 것으로 본다.
> ③ 군부대의 장은 협의한 제조소등에 대하여는 탱크안전성능검사와 완공검사를 자체적으로 실시할 수 있다. 이 경우, 완공검사를 자체적으로 실시한 군부대의 장은 지체 없이 행정안전부령이 정하는 사항을 시·도지사에게 통보하여야 한다.

## 008 안전성능검사 신청시기   답 ②

선지분석
① 기초·지반검사는 위험물탱크의 기초 및 지반에 관한 공사의 개시 전에 한다.
③ 충수·수압검사는 탱크에 배관, 그 밖의 부속설비를 부착하기 전에 한다.
④ 암반탱크검사는 암반탱크의 본체에 관한 공사의 개시 전에 한다.

### 📖 관련 개념 | 탱크안전성능검사의 내용(규칙 제18조)

| 구분 | 대상 | 비고 |
|---|---|---|
| 1. 기초·지반검사 | 옥외탱크저장소의 액체위험물탱크 중 용량이 100만 리터 이상인 탱크 | 위험물탱크 기초 및 지반에 관한 공사개시 전 실시 |
| 2. 충수·수압검사 | 액체위험물을 저장 또는 취급 | • 배관이나 그 밖의 부속설비를 부착하기 전<br>• 면제 가능 시험(탱크시험자나 기술원으로부터 받은 서류를 시·도지사에게 제출) |
| 3. 용접부검사 | 옥외탱크저장소의 액체위험물탱크 중 용량이 100만 리터 이상인 탱크 | 탱크본체에 관한 공사 개시 전 |
| 4. 암반탱크검사 | 암반내의 공간 이용한 탱크 | 암반탱크의 본체에 관한 공사의 개시 전 |

## 009 탱크안전성능검사   답 ②

시·도지사는 허가를 받은 자가 탱크안전성능시험자 또는 한국소방산업기술원으로부터 탱크안전성능시험을 받은 경우에는 대통령령이 정하는 바에 따라 당해 탱크안전성능검사의 전부 또는 일부를 면제할 수 있다.

> 「위험물안전관리법 시행령」제8조【탱크안전성능검사의 대상이 되는 탱크 등】① 탱그안전성능검사를 받아아 하는 위험물탱크는 탱크안전성능검사별로 다음 각 호의 어느 하나에 해당하는 탱크로 한다.
> 1. 기초·지반검사: 옥외탱크저장소의 액체위험물탱크 중 그 용량이 100만ℓ 이상인 탱크
> 2. 충수(充水)·수압검사: 액체위험물을 저장 또는 취급하는 탱크. 다만, 다음 각 목의 1에 해당하는 탱크를 제외한다.
>    가. 제조소 또는 일반취급소에 설치된 탱크로서 용량이 지정수량 미만인 것
>    나. 고압가스안전관리법의 규정에 의한 특정설비에 관한 검사에 합격한 탱크
>    다. 산업안전보건법의 규정에 의한 성능검사에 합격한 탱크
> 3. 용접부검사: 옥외탱크저장소의 액체위험물탱크 중 그 용량이 100만ℓ 이상인 탱크
> 4. 암반탱크검사: 액체위험물을 저장 또는 취급하는 암반내의 공간을 이용한 탱크
> ② 탱크안전성능검사는 기초·지반검사, 충수·수압검사, 용접부검사 및 암반탱크검사로 구분한다.

## 010 탱크안전성능검사   답 ②

충수·수압검사는 면제가 가능하다.

> 「위험물안전관리법 시행령」제9조【탱크안전성능검사의 면제】① 시·도지사가 면제할 수 있는 탱크안전성능검사는 충수·수압검사로 한다.
> ② 위험물탱크에 대한 충수·수압검사를 면제받고자 하는 자는 위험물탱크안전성능시험자 (이하 "탱크시험자"라 한다) 또는 기술원으로부터 충수·수압검사에 관한 탱크안전성능시험을 받아 완공검사를 받기 전(지하에 매설하는 위험물탱크에 있어서는 지하에 매설하기 전)에 당해 시험에 합격하였음을 증명하는 서류(이하 "탱크시험필증"이라 한다)를 시·도지사에게 제출하여야 한다.

## 011 탱크안전성능검사   답 ④

용접부검사: 옥외탱크저장소의 액체위험물탱크 중 그 용량이 100만ℓ 이상인 탱크

> 「위험물안전관리법 시행령」제8조【탱크안전성능검사의 대상이 되는 탱크 등】① 탱크안전성능검사를 받아야 하는 위험물탱크는 탱크안전성능검사별로 다음 각 호의 어느 하나에 해당하는 탱크로 한다.
> 1. 기초·지반검사: 옥외탱크저장소의 액체위험물탱크 중 그 용량이 100만ℓ 이상인 탱크
> 2. 충수(充水)·수압검사: 액체위험물을 저장 또는 취급하는 탱크. 다만, 다음 각 목의 1에 해당하는 탱크를 제외한다.
>    가. 제조소 또는 일반취급소에 설치된 탱크로서 용량이 지정수량 미만인 것
>    나. 고압가스안전관리법의 규정에 의한 특정설비에 관한 검사에 합격한 탱크
>    다. 산업안전보건법의 규정에 의한 성능검사에 합격한 탱크
> 3. 용접부검사: 옥외탱크저장소의 액체위험물탱크 중 그 용량이 100만ℓ 이상인 탱크
> 4. 암반탱크검사: 액체위험물을 저장 또는 취급하는 암반내의 공간을 이용한 탱크
> ② 탱크안전성능검사는 기초·지반검사, 충수·수압검사, 용접부검사 및 암반탱크검사로 구분한다.

## 012 | 완공검사 시기 답 ①

비파괴시험을 실시하는 시기에 완공검사를 실시한다.

> **「위험물안전관리법 시행규칙」 제20조【완공검사의 신청시기】** 법
> 제9조 제1항의 규정에 의한 제조소등의 완공검사 신청시기는 다음
> 각 호의 구분에 의한다.
> 1. 지하탱크가 있는 제조소등의 경우: 당해 지하탱크를 매설하기 전
> 2. 이동탱크저장소의 경우: 이동저장탱크를 완공하고 상치장소를
>    확보한 후
> 3. 이송취급소의 경우: 이송배관 공사의 전체 또는 일부를 완료한
>    후. 다만, 지하·하천 등에 매설하는 이송배관의 공사의 경우에
>    는 이송배관을 매설하기 전
> 4. 전체 공사가 완료된 후에는 완공검사를 실시하기 곤란한 경우:
>    다음 각 목에서 정하는 시기
>    가. 위험물설비 또는 배관의 설치가 완료되어 기밀시험 또는 내
>        압시험을 실시하는 시기
>    나. 배관을 지하에 설치하는 경우에는 시·도지사, 소방서장 또
>        는 기술원이 지정하는 부분을 매몰하기 직전
>    다. 기술원이 지정하는 부분의 비파괴시험을 실시하는 시기
> 5. 제1호 내지 제4호에 해당하지 아니하는 제조소등의 경우: 제조
>    소등의 공사를 완료한 후

## 013 | 완공검사 신청 답 ④

완공검사확인증을 잃어버려 재교부를 받은 자는 잃어버린 완공
검사확인증을 발견하는 경우에는 이를 10일 이내에 완공검사확
인증을 재교부한 시·도지사에게 제출하여야 한다.

> **「위험물안전관리법 시행령」 제10조【완공검사의 신청 등】** ① 제조
> 소등에 대한 완공검사를 받고자 하는 자는 이를 시·도지사에게 신
> 청하여야 한다.
> ② 제1항에 따른 신청을 받은 시·도지사는 제조소등에 대하여 완
> 공검사를 실시하고, 완공검사를 실시한 결과 해당 제조소등이 법
> 제5조 제4항에 따른 기술기준(탱크안전성능검사에 관련된 것을 제
> 외한다)에 적합하다고 인정하는 때에는 완공검사합격확인증을 교
> 부해야 한다.
> ③ 제2항의 완공검사합격확인증을 교부받은 자는 완공검사합격확
> 인증을 잃어버리거나 멸실·훼손 또는 파손한 경우에는 이를 교부
> 한 시·도지사에게 재교부를 신청할 수 있다.
> ④ 완공검사합격확인증을 훼손 또는 파손하여 제3항에 따른 신청
> 을 하는 경우에는 신청서에 해당 완공검사합격확인증을 첨부하여
> 제출해야 한다.
> ⑤ 제2항의 완공검사합격확인증을 잃어버려 재교부를 받은 자는
> 잃어버린 완공검사합격확인증을 발견하는 경우에는 이를 10일 이
> 내에 완공검사합격확인증을 재교부한 시·도지사에게 제출해야
> 한다.

## 014 | 완공검사 신청시기 답 ④

전체 공사가 완료된 후에는 완공검사를 실시하기 곤란한 경우:
기술원이 지정하는 부분의 비파괴시험을 실시하는 시기

> **「위험물안전관리법 시행규칙」 제20조【완공검사의 신청시기】** 법
> 제9조 제1항의 규정에 의한 제조소등의 완공검사 신청시기는 다음
> 각 호의 구분에 의한다.
> 1. 지하탱크가 있는 제조소등의 경우: 당해 지하탱크를 매설하기 전
> 2. 이동탱크저장소의 경우: 이동저장탱크를 완공하고 상치장소를
>    확보한 후

> 3. 이송취급소의 경우: 이송배관 공사의 전체 또는 일부를 완료한
>    후. 다만, 지하·하천 등에 매설하는 이송배관의 공사의 경우에
>    는 이송배관을 매설하기 전
> 4. 전체 공사가 완료된 후에는 완공검사를 실시하기 곤란한 경우:
>    다음 각 목에서 정하는 시기
>    가. 위험물설비 또는 배관의 설치가 완료되어 기밀시험 또는 내
>        압시험을 실시하는 시기
>    나. 배관을 지하에 설치하는 경우에는 시·도지사, 소방서장 또
>        는 기술원이 지정하는 부분을 매몰하기 직전
>    다. 기술원이 지정하는 부분의 비파괴시험을 실시하는 시기
> 5. 제1호 내지 제4호에 해당하지 아니하는 제조소등의 경우: 제조
>    소등의 공사를 완료한 후

## 015 | 완공검사 답 ②

기술원은 완공검사를 실시한 경우에는 완공검사결과서를 ( ㉠
소방서장 )에게 송부하고, 검사대상명·접수일시·검사일·검사
번호·검사자·검사결과 및 검사결과서 발송일 등을 기재한 완
공검사업무대장을 작성하여 ( ㉡ 10 )년간 보관하여야 한다.

## 016 | 지위승계, 용도폐지 답 ②

- 제조소등의 설치자의 지위를 승계한 자는 행정안전부령이 정
  하는 바에 따라 승계한 날부터 ( ㉠ 30 )일 이내에 시·도지
  사에게 그 사실을 신고하여야 한다.
- 제조소등의 관계인은 당해 제조소등의 용도를 폐지한 때에는
  행정안전부령이 정하는 바에 따라 제조소등의 용도를 폐지한
  날부터 ( ㉡ 14 )일 이내에 시·도지사에게 신고하여야 한다.

## 017 | 제조소등의 폐지 답 ④

법 제11조에 따라 제조소등의 용도폐지신고를 하려는 자는 별지
제29호 서식의 신고서(전자문서로 된 신고서를 포함한다)에 제
조소등의 완공검사합격확인증을 첨부하여 ( ㉠ 시·도지사 ) 또
는 ( ㉡ 소방서장 )에게 제출해야 한다.

> **「위험물안전관리법 시행규칙」 제23조【용도폐지의 신고】** ① 법 제
> 11조의 규정에 의하여 제조소등의 용도폐지신고를 하고자 하는 자
> 는 별지 제29호서식의 신고서(전자문서로 된 신고서를 포함한다)
> 에 제조소등의 완공검사필증을 첨부하여 시·도지사 또는 소방서장
> 에게 제출하여야 한다.
> ② 제1항의 규정에 의한 신고서를 접수한 시·도지사 또는 소방서
> 장은 당해 제조소 등을 확인하여 위험물시설의 철거 등 용도폐지에
> 필요한 안전조치를 한 것으로 인정하는 경우에는 당해 신고서의 사
> 본에 수리사실을 표시하여 용도폐지신고를 한 자에게 통보하여야
> 한다.

## 018 | 제조소등의 사용중지 답 ④

시·도지사는 신고를 받으면 제조소등의 관계인이 법에 따른 안
전조치를 적합하게 하였는지 또는 위험물안전관리자가 직무를
적합하게 수행하는지를 확인하고 위해 방지를 위하여 필요한
안전조치의 이행을 명할 수 있다.

「위험물안전관리법 시행규칙」제23조의2 【사용 중지신고 또는 재개신고 등】① 법 제11조의2 세항에서 "위험물의 제거 및 제조소등에의 출입통제 등 행정안전부령으로 정하는 안전조치"란 다음 각 호의 조치를 말한다.
1. 탱크·배관 등 위험물을 저장 또는 취급하는 설비에서 위험물 및 가연성 증기 등의 제거
2. 관계인이 아닌 사람에 대한 해당 제조소등에의 출입금지 조치
3. 해당 제조소등의 사용중지 사실의 게시
4. 그 밖에 위험물의 사고 예방에 필요한 조치

## 019 | 제조소등의 사용중지　　　　　답 ①

제조소등의 관계인은 제조소등의 사용을 중지하거나 중지한 제조소등의 사용을 재개하려는 경우에는 해당 제조소등의 사용을 중지하려는 날 또는 재개하려는 날의 14일 전까지 행정안전부령으로 정하는 바에 따라 제조소등의 사용 중지 또는 재개를 시·도지사에게 신고하여야 한다.

「위험물안전관리법」제11조의2 【제조소등의 사용 중지 등】① 제조소등의 관계인은 제조소등의 사용을 중지(경영상 형편, 대규모 공사 등의 사유로 3개월 이상 위험물을 저장하지 아니하거나 취급하지 아니하는 것을 말한다. 이하 같다)하려는 경우에는 위험물의 제거 및 제조소등에의 출입통제 등 행정안전부령으로 정하는 안전조치를 하여야 한다. 다만, 제조소등의 사용을 중지하는 기간에도 제15조 제1항 본문에 따른 위험물안전관리자가 계속하여 직무를 수행하는 경우에는 안전조치를 아니할 수 있다.
② 제조소등의 관계인은 제조소등의 사용을 중지하거나 중지한 제조소등의 사용을 재개하려는 경우에는 해당 제조소등의 사용을 중지하려는 날 또는 재개하려는 날의 14일 전까지 행정안전부령으로 정하는 바에 따라 제조소등의 사용 중지 또는 재개를 시·도지사에게 신고하여야 한다.
③ 시·도지사는 제2항에 따라 신고를 받으면 제조소등의 관계인이 제1항 본문에 따른 안전조치를 적합하게 하였는지 또는 제15조 제1항 본문에 따른 위험물안전관리자가 직무를 적합하게 수행하는지를 확인하고 위해 방지를 위하여 필요한 안전조치의 이행을 명할 수 있다.
④ 제조소등의 관계인은 제2항의 사용 중지신고에 따라 제조소등의 사용을 중지하는 기간 동안에는 제15조 제1항 본문에도 불구하고 위험물안전관리자를 선임하지 아니할 수 있다.
**시행규칙 제23조의2 【사용 중지신고 또는 재개신고 등】**① 법 제11조의2 제1항에서 "위험물의 제거 및 제조소등에의 출입통제 등 행정안전부령으로 정하는 안전조치"란 다음 각 호의 조치를 말한다.
1. 탱크·배관 등 위험물을 저장 또는 취급하는 설비에서 위험물 및 가연성 증기 등의 제거
2. 관계인이 아닌 사람에 대한 해당 제조소등에의 출입금지 조치
3. 해당 제조소등의 사용중지 사실의 게시
4. 그 밖에 위험물의 사고 예방에 필요한 조치
② 법 제11조의2 제2항에 따라 제조소등의 사용 중지신고 또는 재개신고를 하려는 자는 별지 제29호의2 서식의 신고서(전자문서로 된 신고서를 포함한다)에 해당 제조소등의 완공검사합격확인증을 첨부하여 시·도지사 또는 소방서장에게 제출해야 한다.
③ 제2항에 따라 사용중지 신고서를 접수한 시·도지사 또는 소방서장은 해당 제조소등에 대한 법 제11조의2 제1항 본문에 따른 안전조치 또는 같은 항 단서에 따른 위험물안전관리자의 직무수행이 적합하다고 인정되면 해당 신고서의 사본에 수리사실을 표시하여 신고를 한 자에게 통보해야 한다.

## 020 | 제조소등의 설치허가의 취소와 사용 정지　　답 ④

허가를 취소해야 한다는 규정은 없다.

「위험물안전관리법」제12조 【제조소등 설치허가의 취소와 사용정지 등】시·도지사는 제조소등의 관계인이 다음 각 호의 어느 하나에 해당하는 때에는 행정안전부령이 정하는 바에 따라 제6조 제1항에 따른 허가를 취소하거나 6월 이내의 기간을 정하여 제조소등의 전부 또는 일부의 사용정지를 명할 수 있다.
1. 제6조 제1항 후단의 규정에 따른 변경허가를 받지 아니하고 제조소등의 위치·구조 또는 설비를 변경한 때
2. 제9조의 규정에 따른 완공검사를 받지 아니하고 제조소등을 사용한 때
2의2. 제11조의2 제3항에 따른 안전조치 이행명령을 따르지 아니한 때
3. 제14조 제2항의 규정에 따른 수리·개조 또는 이전의 명령을 위반한 때
4. 제15조 제1항 및 제2항의 규정에 따른 위험물안전관리자를 선임하지 아니한 때
5. 제15조 제5항을 위반하여 대리자를 지정하지 아니한 때
6. 제18조 제1항의 규정에 따른 정기점검을 하지 아니한 때
7. 제18조 제3항에 따른 정기검사를 받지 아니한 때
8. 제26조의 규정에 따른 저장·취급기준 준수명령을 위반한 때

## 021 | 제조소등의 설치허가의 취소와 사용 정지　　답 ②

위반행위의 횟수에 따른 행정처분기준은 최근 ( 2 )년간 같은 위반행위로 행정처분을 받은 경우에 적용한다.

## 022 | 과징금 처분　　　　　答 ②

2억원 이하의 과징금을 부과한다.

「위험물안전관리법」제13조 【과징금처분】① 시·도지사는 제12조 각 호의 어느 하나에 해당하는 경우로서 제조소등에 대한 사용의 정지가 그 이용자에게 심한 불편을 주거나 그 밖에 공익을 해칠 우려가 있는 때에는 사용정지처분에 갈음하여 2억원 이하의 과징금을 부과할 수 있다.
② 제1항의 규정에 따른 과징금을 부과하는 위반행위의 종별·정도 등에 따른 과징금의 금액 그 밖의 필요한 사항은 행정안전부령으로 정한다.
③ 시·도지사는 제1항의 규정에 따른 과징금을 납부하여야 하는 자가 납부기한까지 이를 납부하지 아니한 때에는 「지방행정제재·부과금의 징수 등에 관한 법률」에 따라 징수한다.

| 03 | 위험물시설의 안전관리 | | | 199p |
|---|---|---|---|---|
| 001 ③ | 002 ④ | 003 ③ | 004 ② | 005 ① |
| 006 ④ | 007 ③ | 008 ④ | 009 ③ | 010 ③ |
| 011 ④ | 012 ③ | 013 ④ | 014 ① | 015 ③ |
| 016 ③ | 017 ③ | 018 ① | 019 ② | 020 ④ |
| 021 ③ | 022 ① | 023 ② | 024 ② | |

---

## 001 위험물 취급 자격자

답 ③

위험물기능사는 모든위험물을 취급할 수 있다.

**📑 관련 개념 | 위험물 취급자의 자격(영 [별표 5])**

| 위험물취급자격자의 구분 | 취급할 수 있는 위험물 |
|---|---|
| 위험물기능장, 위험물산업기사, 위험물기능사 | 모든 위험물(제1~6류) |
| 안전관리자교육이수자 | 제4류 위험물 |
| 소방공무원으로 경력이 3년 이상 | 제4류 위험물 |

---

## 002 위험물시설의 안전관리

답 ④

대리자가 안전관리자 의 직무를 대행하는 기간은 30일을 초과할 수 없다.

---

## 003 위험물안전관리자

답 ③

제조소등 중 허가를 받지 아니하는 제조소등과 이동탱크저장소(차량에 고정된 탱크에 위험물을 저장 또는 취급하는 저장소를 말한다)를 제외한다.

「위험물안전관리법」 제15조 【위험물안전관리자】 ① 제조소등[제6조 제3항의 규정에 따라 허가를 받지 아니하는 제조소등과 이동탱크저장소(차량에 고정된 탱크에 위험물을 저장 또는 취급하는 저장소를 말한다)를 제외한다. 이하 이 조에서 같다]의 관계인은 위험물의 안전관리에 관한 직무를 수행하게 하기 위하여 제조소등마다 대통령령이 정하는 위험물의 취급에 관한 자격이 있는 자(이하 "위험물취급자격자"라 한다)를 위험물안전관리자(이하 "안전관리자"라 한다)로 선임하여야 한다. 다만, 제조소등에서 저장·취급하는 위험물이 「화학물질관리법」에 따른 유독물질에 해당하는 경우 등 대통령령이 정하는 경우에는 당해 제조소등을 설치한 자는 다른 법률에 의하여 안전관리업무를 하는 자로 선임된 자 가운데 대통령령이 정하는 자를 안전관리자로 선임할 수 있다.
② 제1항의 규정에 따라 안전관리자를 선임한 제조소등의 관계인은 그 안전관리자를 해임하거나 안전관리자가 퇴직한 때에는 해임하거나 퇴직한 날부터 30일 이내에 다시 안전관리자를 선임하여야 한다.
③ 제조소등의 관계인은 제1항 및 제2항에 따라 안전관리자를 선임한 경우에는 선임한 날부터 14일 이내에 행정안전부령으로 정하는 바에 따라 소방본부장 또는 소방서장에게 신고하여야 한다.

④ 제조소등의 관계인이 안전관리자를 해임하거나 안전관리자가 퇴직한 경우 그 관계인 또는 안전관리자는 소방본부장이나 소방서장에게 그 사실을 알려 해임되거나 퇴직한 사실을 확인받을 수 있다.
⑤ 제1항의 규정에 따라 안전관리자를 선임한 제조소등의 관계인은 안전관리자가 여행·질병 그 밖의 사유로 인하여 일시적으로 직무를 수행할 수 없거나 안전관리자의 해임 또는 퇴직과 동시에 다른 안전관리자를 선임하지 못하는 경우에는 국가기술자격법에 따른 위험물의 취급에 관한 자격취득자 또는 위험물안전에 관한 기본지식과 경험이 있는 자로서 행정안전부령이 정하는 자를 대리(代理者)로 지정하여 그 직무를 대행하게 하여야 한다. 이 경우 대리자가 안전관리자의 직무를 대행하는 기간은 30일을 초과할 수 없다.
⑥ 안전관리자는 위험물을 취급하는 작업을 하는 때에는 작업자에게 안전관리에 관한 필요한 지시를 하는 등 행정안전부령이 정하는 바에 따라 위험물의 취급에 관한 안전관리와 감독을 하여야 하고, 제조소등의 관계인과 그 종사자는 안전관리자의 위험물 안전관리에 관한 의견을 존중하고 그 권고에 따라야 한다.
⑦ 제조소등에 있어서 위험물취급자격자가 아닌 자는 안전관리자 또는 제5항에 따른 대리자가 참여한 상태에서 위험물을 취급하여야 한다.
⑧ 다수의 제조소등을 동일인이 설치한 경우에는 제1항의 규정에 불구하고 관계인은 대통령령이 정하는 바에 따라 1인의 안전관리자를 중복하여 선임할 수 있다. 이 경우 대통령령이 정하는 제조소등의 관계인은 제5항에 따른 대리자의 자격이 있는 자를 각 제조소등별로 지정하여 안전관리자를 보조하게 하여야 한다.
⑨ 제조소등의 종류 및 규모에 따라 선임하여야 하는 안전관리자의 자격은 대통령령으로 정한다.

---

## 004 위험물안전관리자 중복선임기준

답 ②

옳은 것은 ㄱ, ㄹ이다.

**선지분석**
ㄴ. 10개 이하의 옥외탱크저장소는 해당하지 않는다.
ㄷ. 이동탱크저장소는 해당하지 않는다.

**📑 관련 개념 | 1인의 안전관리자를 중복하여 선임할 수 있는 저장소(규칙 제56조)**

1. 10개 이하의 옥내저장소
2. 30개 이하의 옥외탱크저장소
3. 옥내탱크저장소
4. 지하탱크저장소
5. 간이탱크저장소
6. 10개 이하의 옥외저장소
7. 10개 이하의 암반탱크저장소

---

## 005 위험물안전관리자 중복선임기준

답 ①

보일러·버너 또는 이와 비슷한 것으로서 위험물을 소비하는 장치로 이루어진 7개 이하의 일반취급소와 그 일반취급소에 공급하기 위한 위험물을 저장하는 저장소를 동일인이 설치한 경우

PART 5

해커스소방 **이영철 소방관계법규** 단원별 실전문제집

## 006 | 위험물안전관리자 중복선임기준　　답 ④

> 「위험물안전관리법 시행규칙」제56조【1인의 안전관리자를 중복하여 선임할 수 있는 저장소 등】① 영 제12조 제1항 제3호에서 "행정안전부령이 정하는 저장소"라 함은 다음 각 호의 1에 해당하는 저장소를 말한다.
> 1. 10개 이하의 옥내저장소
> 2. 30개 이하의 옥외탱크저장소
> 3. 옥내탱크저장소
> 4. 지하탱크저장소
> 5. 간이탱크저장소
> 6. 10개 이하의 옥외저장소
> 7. 10개 이하의 암반탱크저장소

## 007 | 위험물시설의 안전관리　　답 ③

정기검사의 대상인 제조소등이라 함은 액체위험물을 저장 또는 취급하는 50만리터 이상의 옥외탱크저장소를 말한다.

## 008 | 위험물안전관리자의 중복선임　　답 ④

옥외탱크저장소는 해당하지 않는다.

> 「위험물안전관리법 시행령」제12조【1인의 안전관리자를 중복하여 선임할 수 있는 경우 등】② 법 제15조 제8항 후단에서 "대통령령이 정하는 제조소등"이란 다음 각 호의 어느 하나에 해당하는 제조소등을 말한다.
> 1. 제조소
> 2. 이송취급소
> 3. 일반취급소. 다만, 인화점이 38도 이상인 제4류 위험물만을 지정수량의 30배 이하로 취급하는 일반취급소로서 다음 각 목의 1에 해당하는 일반취급소를 제외한다.
> 　가. 보일러·버너 또는 이와 비슷한 것으로서 위험물을 소비하는 장치로 이루어진 일반취급소
> 　나. 위험물을 용기에 옮겨 담거나 차량에 고정된 탱크에 주입하는 일반취급소

## 009 | 탱크시험자의 등록　　답 ③

시·도지사는 탱크시험자가 허위, 그 밖의 부정한 방법으로 등록한 경우 등록을 취소한다.

> 「위험물안전관리법」제16조【탱크시험자의 등록 등】⑤ 시·도지사는 탱크시험자가 다음 각 호의 어느 하나에 해당하는 경우에는 행정안전부령으로 정하는 바에 따라 그 등록을 취소하거나 6월 이내의 기간을 정하여 업무의 정지를 명할 수 있다. 다만, 제1호 내지 제3호에 해당하는 경우에는 그 등록을 취소하여야 한다.
> 1. 허위 그 밖의 부정한 방법으로 등록을 한 경우
> 2. 제4항 각 호의 어느 하나의 등록의 결격사유에 해당하게 된 경우
> 3. 등록증을 다른 자에게 빌려준 경우
> 4. 등록기준에 미달하게 된 경우
> 5. 탱크안전성능시험 또는 점검을 허위로 하거나 이 법에 의한 기준에 맞지 아니하게 탱크안전성능시험 또는 점검을 실시하는 경우 등 탱크시험자로서 적합하지 아니하다고 인정하는 경우

## 010 | 탱크시험자의 등록 취소　　답 ③

> 「위험물안전관리법」제16조【탱크시험자의 등록 등】⑤ 시·도지사는 탱크시험자가 다음 각 호의 어느 하나에 해당하는 경우에는 행정안전부령으로 정하는 바에 따라 그 등록을 취소하거나 6월 이내의 기간을 정하여 업무의 정지를 명할 수 있다. 다만, 제1호 내지 제3호에 해당하는 경우에는 그 등록을 취소하여야 한다.
> 1. 허위, 그 밖의 부정한 방법으로 등록을 한 경우
> 2. 제4항 각 호의 어느 하나의 등록의 결격사유에 해당하게 된 경우
> 3. 등록증을 다른 자에게 빌려준 경우
> 4. 등록기준에 미달하게 된 경우
> 5. 탱크안전성능시험 또는 점검을 허위로 하거나 이 법에 의한 기준에 맞지 아니하게 탱크안전성능시험 또는 점검을 실시하는 경우 등 탱크시험자로서 적합하지 아니하다고 인정하는 경우

## 011 | 탱크시험자의 기술능력·시설 및 장비　　답 ④

기능사는 해당하지 않는다.

> 📋 **관련 개념 | 탱크시험자의 기술능력(영 [별표 7])**
> 1. 필수능력
> 　ⓐ 위험물기능장·위험물산업기사 또는 위험물기능사 중 1명 이상
> 　ⓑ 비파괴검사기술사 1명 이상 또는 초음파비파괴검사·자기비파괴검사 및 침투비파괴검사별로 기사 또는 산업기사 각 1명 이상
> 2. 필요한 경우 두는 인력
> 　ⓐ 충·수압시험, 진공시험, 기밀시험 또는 내압시험의 경우: 누설비파괴검사 기사, 산업기사 또는 기능사
> 　ⓑ 수직·수평도시험의 경우: 측량 및 지형공간정보 기술사, 기사, 산업기사 또는 측량기능사
> 　ⓒ 방사선투과시험의 경우: 방사선비파괴검사 기사 또는 산업기사
> 　ⓓ 필수 인력의 보조: 방사선비파괴검사·초음파비파괴검사·자기비파괴검사 또는 침투비파괴검사 기능사

## 012 | 예방규정　　답 ③

지정수량의 200배의 위험물을 저장하는 옥외탱크저장소가 해당된다.

> 📋 **관련 개념 | 예방규정을 정해야 하는 제조소등**
> 1. 지정수량의 10배 이상의 위험물을 취급하는 제조소
> 2. 지정수량의 100배 이상의 위험물을 저장하는 옥외저장소
> 3. 지정수량의 150배 이상의 위험물을 저장하는 옥내저장소
> 4. 지정수량의 200배 이상의 위험물을 저장하는 옥외탱크저장소
> 5. 암반탱크저장소
> 6. 이송취급소
> 7. 지정수량의 10배 이상의 위험물을 취급하는 일반취급소. 다만, 제4류 위험물(특수인화물을 제외한다)만을 지정수량의 50배 이하로 취급하는 일반취급소(제1석유류·알코올류의 취급량이 지정수량의 10배 이하인 경우에 한한다)로서 다음의 어느 하나에 해당하는 것을 제외한다.
> 　ⓐ 보일러·버너 또는 이와 비슷한 것으로서 위험물을 소비하는 장치로 이루어진 일반취급소
> 　ⓑ 위험물을 용기에 옮겨 담거나 차량에 고정된 탱크에 주입하는 일반취급소

## 013 | 예방규정      답 ④

지정수량 50배의 특수인화물을 저장하는 옥외저장소는 해당하지 않는다.

> **📑 관련 개념 | 예방규정을 정해야 하는 제조소등**
>
> 1. 지정수량의 10배 이상의 위험물을 취급하는 제조소
> 2. 지정수량의 100배 이상의 위험물을 저장하는 옥외저장소
> 3. 지정수량의 150배 이상의 위험물을 저장하는 옥내저장소
> 4. 지정수량의 200배 이상의 위험물을 저장하는 옥외탱크저장소
> 5. 암반탱크저장소
> 6. 이송취급소
> 7. 지정수량의 10배 이상의 위험물을 취급하는 일반취급소. 다만, 제4류 위험물(특수인화물을 제외한다)만을 지정수량의 50배 이하로 취급하는 일반취급소(제1석유류·알코올류의 취급량이 지정수량의 10배 이하인 경우에 한한다)로서 다음 어느 하나에 해당하는 것을 제외한다.
>    ⓐ 보일러·버너 또는 이와 비슷한 것으로서 위험물을 소비하는 장치로 이루어진 일반취급소
>    ⓑ 위험물을 용기에 옮겨 담거나 차량에 고정된 탱크에 주입하는 일반취급소

## 014 | 정기점검 대상      답 ③

해당하는 것은 ㄱ, ㄷ, ㄹ, ㅁ으로 4개이다.

**선지분석**

ㄴ. 위험물을 취급하는 탱크로서 지하에 매설된 탱크가 있는 제조소·주유취급소 또는 일반취급소

> **📑 관련 개념 | 정기점검의 대상(관계인)**
>
> 1. 지하탱크저장소
> 2. 이동탱크저장소
> 3. 위험물을 취급하는 탱크로서 지하에 매설된 탱크가 있는 제조소·주유취급소 또는 일반취급소
> 4. 예방규정 대상 제조소등
>    ⓐ 지정수량 10배 이상의 위험물을 취급하는 제조소 및 일반취급소
>    ⓑ 지정수량 100배 이상의 위험물을 저장하는 옥외저장소
>    ⓒ 지정수량 150배 이상의 위험물을 저장하는 옥내저장소
>    ⓓ 지정수량 200배 이상의 위험물을 저장하는 옥외탱크저장소
>    ⓔ 암반탱크저장소, 이송취급소

## 015 | 옥외탱크저장소의 정기점검      답 ③

옥외탱크저장소 중 저장 또는 취급하는 액체위험물의 최대수량이 50만리터 이상인 것에 대해서는 정기점검 외에 다음 각 호의 어느 하나에 해당하는 기간 이내에 1회 이상 특정·준특정옥외저장탱크(특정·준특정옥외탱크저장소의 탱크를 말한다. 이하 같다)의 ( ㉠ 구조안전점검 )을 해야 한다.
1. 특정·준특정옥외저장탱크의 설치허가에 따른 완공검사필증을 발급받은 날부터 ( ㉡ 12년 )
2. 최근의 정밀정기검사를 받은 날부터 ( ㉢ 11년 )
3. 특정·준특정옥외저장탱크에 안전조치를 한 후 ( ㉠ 구조안전점검 )시기 연장신청을 하여 해당 안전조치가 적정한 것으로 인정받은 경우에는 최근의 정밀정기검사를 받은 날부터 13년

## 016 | 정밀정기검사 및 중간정기검사의 시기      답 ③

중간정기검사는 특정·준특정 옥외탱크저장소의 설치허가에 따른 완공검사필증을 발급받은 날부터 4년 내에 1회

> **📑 관련 개념 | 정기검사의 시기(규칙 제70조)**
>
> 1. 정밀정기검사: 다음 어느 하나에 해당하는 기간 내에 1회
>    ⓐ 특정·준특정 옥외탱크저장소의 설치허가에 따른 완공검사확인증을 발급받은 날부터 12년
>    ⓑ 최근의 정밀정기검사를 받은 날부터 11년
> 2. 중간정기검사: 다음 어느 하나에 해당하는 기간 내에 1회
>    ⓐ 특정·준특정 옥외탱크저장소의 설치허가에 따른 완공검사확인증을 발급받은 날부터 4년
>    ⓑ 최근의 정밀정기검사 또는 중간정기검사를 받은 날부터 4년

## 017 | 정기점검의 기록 유지      답 ③

정기점검기록은 옥외저장탱크의 구조안전점검에 관한 기록을 25년 동안 보관 유지한다.

> **「위험물안전관리법 시행규칙」 제68조 【정기점검의 기록·유지】** ① 법 제18조 제1항의 규정에 의하여 제조소등의 관계인은 정기점검 후 다음 각 호의 사항을 기록하여야 한다.
> 1. 점검을 실시한 제조소등의 명칭
> 2. 점검의 방법 및 결과
> 3. 점검연월일
> 4. 점검을 한 안전관리자 또는 점검을 한 탱크시험자와 점검에 입회한 안전관리자의 성명
> ② 제1항의 규정에 의한 정기점검기록은 다음 각 호의 구분에 의한 기간 동안 이를 보존하여야 한다.
> 1. 옥외저장탱크의 구조안전점검에 관한 기록: 25년
> 2. 제1호에 해당하지 아니하는 정기점검의 기록: 3년

## 018 | 정기검사의 대상      답 ①

액체위험물을 저장 또는 취급하는 50만리터 이상의 옥외탱크저장소는 정기검사를 한다.

> **「위험물안전관리법 시행령」 제17조 【정기검사의 대상인 제조소등】** 법 제18조 제2항에서 "대통령령이 정하는 제조소등"이라 함은 액체위험물을 저장 또는 취급하는 50만리터 이상의 옥외탱크저장소를 말한다.

## 019 | 정밀 정기검사의 시기      답 ②

특정·준특정옥외탱크저장소의 설치허가에 따른 완공검사확인증을 발급받은 날부터 12년 내에 1회 이상 실시한다.

> **「위험물안전관리법 시행규칙」 제70조 【정기검사의 시기】** ① 법 제18조 제2항에 따른 정기검사(이하 "정기검사"라 한다)를 받아야 하는 특정·준특정옥외탱크저장소의 관계인은 다음 각 호의 구분에 따라 정밀정기검사 및 중간정기검사를 받아야 한다. 다만, 재난 그 밖의 비상사태의 발생, 안전유지상의 필요 또는 사용상황 등의 변경으로 해당 시기에 정기검사를 실시하는 것이 적당하지 않다고 인정되는 때에는 소방서장의 직권 또는 관계인의 신청에 따라 소방서장이 따로 지정하는 시기에 정기검사를 받을 수 있다.

1. 정밀정기검사: 다음 각 목의 어느 하나에 해당하는 기간 내에 1회
   가. 특정·준특정옥외탱크저장소의 설치허가에 따른 완공검사 확인증을 발급받은 날부터 12년
   나. 최근의 정밀정기검사를 받은 날부터 11년
2. 중간정기검사: 다음 각 목의 어느 하나에 해당하는 기간 내에 1회
   가. 특정·준특정옥외탱크저장소의 설치허가에 따른 완공검사 인증을 발급받은 날부터 4년
   나. 최근의 정밀정기검사 또는 중간정기검사를 받은 날부터 4년

| 제조소 또는 일반취급소에서 취급하는 제4류 위험물의 최대수량의 합이 지정수량의 48만배 이상인 사업소 | 4대 | 20인 |
| 옥외탱크저장소에 저장하는 제4류 위험물의 최대수량이 지정수량의 50만배 이상인 사업소 | 2대 | 10인 |

비고: 화학소방자동차에는 행정안전부령으로 정하는 소화능력 및 설비를 갖추어야 하고, 소화활동에 필요한 소화약제 및 기구(방열복 등 개인장구를 포함한다)를 비치하여야 한다.

## 020 | 자체소방대의 설치제외 대상  답 ④

용기에 위험물을 옮겨 담는 일반취급소가 제외대상이다.

**관련 개념 | 자체소방대의 설치 제외대상인 일반취급소**

1. 보일러, 버너 그 밖에 이와 유사한 장치로 위험물을 소비하는 일반취급소
2. 이동저장탱크 그 밖에 이와 유사한 것에 위험물을 주입하는 일반취급소
3. 용기에 위험물을 옮겨 담는 일반취급소
4. 유입장치, 윤활유순환장치 그 밖에 이와 유사한 장치로 위험물을 취급하는 일반취급소
5. 「광산안전법」의 적용을 받는 일반취급소

**관련 개념 | 자체소방대의 설치해야 하는 사업소**

1. 제4류 위험물을 취급하는 제조소 또는 일반취급소(단, 취급하는 제4류 위험물의 최대수량의 합이 지정수량의 3천배 이상인 경우). 다만, 보일러로 위험물을 소비하는 일반취급소 등 행정안전부령으로 정하는 일반취급소는 제외한다.
2. 제4류 위험물을 저장하는 옥외탱크저장소(단, 저장하는 제4류 위험물의 최대수량이 지정수량의 50만배 이상인 경우)

## 021 | 자체소방대에 두는 화학소방자동차 및 인원  답 ③

지정수량 24만배 이상 48만배 미만의 제조소 또는 일반취급소에는 화학소방자동차 3대, 자체소방대원 15인을 둔다.

**관련 개념 | 자체소방대에 두는 화학소방자동차 및 인원 (영 [별표 8])**

| 사업소의 구분 | 화학소방자동차 | 자체소방대원의 수 |
|---|---|---|
| 제조소 또는 일반취급소에서 취급하는 제4류 위험물의 최대수량의 합이 지정수량의 3천배 이상 12만배 미만인 사업소 | 1대 | 5인 |
| 제조소 또는 일반취급소에서 취급하는 제4류 위험물의 최대수량의 합이 지정수량의 12만배 이상 24만배 미만인 사업소 | 2대 | 10인 |
| 제조소 또는 일반취급소에서 취급하는 제4류 위험물의 최대수량의 합이 지정수량의 24만배 이상 48만배 미만인 사업소 | 3대 | 15인 |

## 022 | 화학소방차에 갖추어야 하는 소화능력  답 ①

포수용액 방사차: 방사능력 매분 2,000ℓ 이상일 것

**관련 개념 | 화학소방차 소화능력 기준**

| 포수용액 방사차 | • 포수용액의 방사능력이 매분 2,000ℓ 이상일 것<br>• 소화약액탱크 및 소화약제혼합장치를 비치할 것<br>• 10만ℓ 이상의 포수용액을 방사할 수 있는 양의 소화약제를 비치할 것 |
|---|---|
| 분말 방사차 | • 분말의 방사능력이 매초 35kg 이상일 것<br>• 분말탱크 및 가압용가스설비를 비치할 것<br>• 1,400kg 이상의 분말을 비치할 것 |
| 할로겐화합물 방사차 | • 할로겐화합물의 방사능력이 매초 40kg 이상일 것<br>• 할로겐화합물탱크 및 가압용가스설비를 비치할 것<br>• 1,000kg 이상의 할로겐화합물을 비치할 것 |
| 이산화탄소 방사차 | • 이산화탄소의 방사능력이 매초 40kg 이상일 것<br>• 이산화탄소저장용기를 비치할 것<br>• 3,000kg 이상의 이산화탄소를 비치할 것 |
| 제독차 | 가성소오다 및 규조토를 각각 50kg 이상 비치할 것 |

## 023 | 제조소등에서의 흡연 금지  답 ②

관계인의 의무이다.

「위험물안전관리법」 제19조의2 【제조소등에서의 흡연 금지】 ① 누구든지 제조소등에서는 지정된 장소가 아닌 곳에서 흡연을 하여서는 아니 된다.
② 제조소등의 관계인은 해당 제조소등이 금연구역임을 알리는 표지를 설치하여야 한다.
③ 시·도지사는 제조소등의 관계인이 제2항을 위반하여 금연구역임을 알리는 표지를 설치하지 아니하거나 보완이 필요한 경우 일정한 기간을 정하여 그 시정을 명할 수 있다.
④ 제1항에 따른 지정 기준·방법 등은 대통령령으로 정하고, 제2항에 따른 표지를 설치하는 기준·방법 등은 행정안전부령으로 정한다.

## 024 | 위험물 용기에 표시하는 주의사항  답 ②

제2류 위험물 중 인화성 고체에는 화기엄금의 표시를 한다.

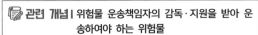

## 📋 관련 개념 | 위험물용기에 표시하는 주의사항

| 유별 | 품명 | 주의사항 |
|---|---|---|
| 제1류 | 알칼리금속의 과산화물 | 화기주의, 충격주의, 가연물접촉주의, 물기엄금 |
| | 그 밖의 것 | 화기주의, 충격주의, 가연물접촉주의 |
| 제2류 | 철분, 금속분, 마그네슘 | 화기주의, 물기엄금 |
| | 인화성고체 | 화기엄금 |
| | 그 밖의 것 | 화기주의 |
| 제3류 | 자연발화성물질(황린, 알킬리튬, 알킬알루미늄) | 화기엄금, 공기접촉엄금 |
| | 금수성물질 | 물기엄금 |
| 제4류 | 인화성 액체 | 화기엄금 |
| 제5류 | 자기반응성 물질 | 화기엄금, 충격주의 |
| 제6류 | 산화성 액체 | 가연물접촉주의 |

## 04 위험물의 운반 등
207p

001 ④　　　002 ①　　　003 ②

### 001 | 위험물의 운반에 관한 기준
답 ④

알킬알루미늄등은 운반용기의 내용적의 90% 이하의 수납율로 수납하되, 50도의 온도에서 5% 이상의 공간용적을 유지하도록 할 것

### 002 | 위험물 운송책임자의 자격
답 ①

국가기술자격 취득하고 1년 이상 경력자가 해당한다.

#### 📋 관련 개념 | 운송책임자의 자격조건
1. 국가기술자격 취득하고 1년 이상 경력자
2. 안전교육을 수료하고 2년 이상 경력자

### 003 | 위험물 운송책임자의 감독·지원을 받아 운송하여야 하는 위험물
답 ②

해당하는 것은 ㄷ, ㄹ이다.

#### 📋 관련 개념 | 위험물 운송책임자의 감독·지원을 받아 운송하여야 하는 위험물
1. 알킬알루미늄
2. 알킬리튬
3. 1. 또는 2.의 물질을 함유하는 위험물

## 05 감독 및 조치명령
208p

001 ④　　　002 ②　　　003 ②

### 001 | 출입·검사
답 ④

- 소방청장은 해당하지 않는다.
- 시·도지사, 소방본부장 또는 소방서장은 탱크시험자에게 탱크시험자의 등록 또는 그 업무에 관하여 필요한 보고 또는 자료제출을 명할 수 있다.

> 「위험물안전관리법」 제22조【출입·검사 등】① 소방청장(중앙119구조본부장 및 그 소속 기관의 장을 포함한다. 이하 제22조의2에서 같다), 시·도지사, 소방본부장 또는 소방서장은 위험물의 저장 또는 취급에 따른 화재의 예방 또는 진압대책을 위하여 필요한 때에는 위험물을 저장 또는 취급하고 있다고 인정되는 장소의 관계인에 대하여 필요한 보고 또는 자료제출을 명할 수 있으며, 관계공무원으로 하여금 당해 장소에 출입하여 그 장소의 위치·구조·설비 및 위험물의 저장·취급상황에 대하여 검사하게 하거나 관계인에게 질문하게 하고 시험에 필요한 최소한의 위험물 또는 위험물로 의심되는 물품을 수거하게 할 수 있다. 다만, 개인의 주거는 관계인의 승낙을 얻은 경우 또는 화재발생의 우려가 커서 긴급한 필요가 있는 경우가 아니면 출입할 수 없다.
> ② 소방공무원 또는 경찰공무원은 위험물운반자 또는 위험물운송자의 요건을 확인하기 위하여 필요하다고 인정하는 경우에는 주행 중인 위험물 운반 차량 또는 이동탱크저장소를 정지시켜 해당 위험물운반자 또는 위험물운송자에게 그 자격을 증명할 수 있는 국가기술자격증 또는 교육수료증의 제시를 요구할 수 있으며, 이를 제시하지 아니한 경우에는 주민등록증(모바일 주민등록증을 포함한다), 여권, 운전면허증 등 신원확인을 위한 증명서를 제시할 것을 요구하거나 신원확인을 위한 질문을 할 수 있다. 이 직무를 수행하는 경우에 있어서 소방공무원과 경찰공무원은 긴밀히 협력하여야 한다.
> ③ 제1항의 규정에 따른 출입·검사 등은 그 장소의 공개시간이나 근무시간 내 또는 해가 뜬 후부터 해가 지기 전까지의 시간 내에 행하여야 한다. 다만, 건축물 그 밖의 공작물의 관계인의 승낙을 얻은 경우 또는 화재발생의 우려가 커서 긴급한 필요가 있는 경우에는 그러하지 아니하다.
> ④ 제1항 및 제2항의 규정에 의하여 출입·검사 등을 행하는 관계공무원은 관계인의 정당한 업무를 방해하거나 출입·검사 등을 수행하면서 알게 된 비밀을 다른 자에게 누설하여서는 아니 된다.
> ⑤ 시·도지사, 소방본부장 또는 소방서장은 탱크시험자에게 탱크시험자의 등록 또는 그 업무에 관하여 필요한 보고 또는 자료제출을 명하거나 관계공무원으로 하여금 당해 사무소에 출입하여 업무의 상황·시험기구·장부·서류와 그 밖의 물건을 검사하게 하거나 관계인에게 질문하게 할 수 있다.
> ⑥ 제1항·제2항 및 제5항의 규정에 따라 출입·검사 등을 하는 관계공무원은 그 권한을 표시하는 증표를 지니고 관계인에게 이를 내보여야 한다.

### 002 | 위험물 누출 등의 사고조사
답 ②

사고조사위원회는 위원장 1명을 포함하여 7명 이내의 위원으로 구성한다.

> 「위험물안전관리법 시행령」 제19조의2 【사고조사위원회의 구성 등】① 법 제22조의2 제3항에 따른 사고조사위원회(이하 이 조에서 "위원회"라 한다)는 위원장 1명을 포함하여 7명 이내의 위원으로 구성한다.

② 위원회의 위원은 다음 각 호의 어느 하나에 해당하는 사람 중에서 소방청장, 소방본부장 또는 소방서장이 임명하거나 위촉하고, 위원장은 위원 중에서 소방청장, 소방본부장 또는 소방서장이 임명하거나 위촉한다.
1. 소속 소방공무원
2. 기술원의 임직원 중 위험물 안전관리 관련 업무에 5년 이상 종사한 사람
3. 「소방기본법」 제40조에 따른 한국소방안전원의 임직원 중 위험물 안전관리 관련 업무에 5년 이상 종사한 사람
4. 위험물로 인한 사고의 원인·피해 조사 및 위험물 안전관리 관련 업무 등에 관한 학식과 경험이 풍부한 사람
③ 제2항 제2호부터 제4호까지의 규정에 따라 위촉되는 민간위원의 임기는 2년으로 하며, 한 차례만 연임할 수 있다.
④ 위원회에 출석한 위원에게는 예산의 범위에서 수당, 여비, 그 밖에 필요한 경비를 지급할 수 있다. 다만, 공무원인 위원이 그 소관 업무와 직접적으로 관련되어 위원회에 출석하는 경우에는 지급하지 않는다.
⑤ 제1항부터 제4항까지에서 규정한 사항 외에 위원회의 구성 및 운영에 필요한 사항은 소방청장이 정하여 고시할 수 있다.

## 003 | 사고조사위원회의 구성  답 ②

선지분석
① 사고조사위원회는 위원장 1명을 포함하여 7명 이내의 위원으로 구성한다.
③ 기술원의 임직원 중 위험물 안전관리 관련 업무에 5년 이상 종사한 사람은 사고조사위원회의 위원이 될 수 있다.
④ 위원회에 출석한 위원에게는 예산의 범위에서 수당, 여비, 그 밖에 필요한 경비를 지급할 수 있다. 공무원인 위원이 그 소관 업무와 직접적으로 관련되어 위원회에 출석시는 경비 지급하지 않는다.

「위험물안전관리법 시행령」 제19조의2 【사고조사위원회의 구성 등】① 법 제22조의2 제3항에 따른 사고조사위원회(이하 이 조에서 "위원회"라 한다)는 위원장 1명을 포함하여 7명 이내의 위원으로 구성한다.
② 위원회의 위원은 다음 각 호의 어느 하나에 해당하는 사람 중에서 소방청장, 소방본부장 또는 소방서장이 임명하거나 위촉하고, 위원장은 위원 중에서 소방청장, 소방본부장 또는 소방서장이 임명하거나 위촉한다.
1. 소속 소방공무원
2. 기술원의 임직원 중 위험물 안전관리 관련 업무에 5년 이상 종사한 사람
3. 「소방기본법」 제40조에 따른 한국소방안전원의 임직원 중 위험물 안전관리 관련 업무에 5년 이상 종사한 사람
4. 위험물로 인한 사고의 원인·피해 조사 및 위험물 안전관리 관련 업무 등에 관한 학식과 경험이 풍부한 사람
③ 제2항 제2호부터 제4호까지의 규정에 따라 위촉되는 민간위원의 임기는 2년으로 하며, 한 차례만 연임할 수 있다.
④ 위원회에 출석한 위원에게는 예산의 범위에서 수당, 여비, 그 밖에 필요한 경비를 지급할 수 있다. 다만, 공무원인 위원이 그 소관 업무와 직접적으로 관련되어 위원회에 출석하는 경우에는 지급하지 않는다.
⑤ 제1항부터 제4항까지에서 규정한 사항 외에 위원회의 구성 및 운영에 필요한 사항은 소방청장이 정하여 고시할 수 있다.

## 001 | 권한  답 ①

선지분석
① 소방청장, 소방본부장 또는 소방서장이다.
②③④ 시·도지사, 소방본부장 또는 소방서장이다.

📝 **관련 개념 | 감독 및 조치 명령**

| 명령내용 | 권한 |
| --- | --- |
| 출입·검사 등 | 소방청장, 시·도지사, 소방본부장 또는 소방서장 |
| 위험물누출 등의 사고조사 | 소방청장, 소방본부장 또는 소방서장 |
| 탱크시험자에 대한 명령 | 시·도지사, 소방본부장 또는 소방서장 |
| 무허가장소의 위험물에 대한 조치명령 | |
| 제조소등에 대한 긴급 사용정지명령 등 | 시·도지사, 소방본부장 또는 소방서장 |
| 저장·취급기준 준수명령 등 | |

## 002 | 청문  답 ④

위험물안전관리자의 등록취소는 청문대상이 아니다.

📝 **관련 개념 | 청문(시·도지사, 소방본부장 또는 소방서장이 실시)**

1. 제조소등 설치허가의 취소
2. 탱크시험자의 등록취소

## 003 | 권한의 위임  답 ④

④는 기술원에 위탁하는 사항이다.

📝 **관련 개념 | 권한의 위임(시·도지사 → 소방서장)**

1. 제조소등의 설치허가 또는 변경허가
2. 위험물의 품명·수량 또는 지정수량의 배수의 변경신고의 수리
3. 군사목적 또는 군부대시설을 위한 제조소등을 설치하거나 그 위치·구조 또는 설비의 변경에 관한 군부대의 장과의 협의
4. 탱크안전성능검사(기술원에 위탁하는 것을 제외)
5. 완공검사(기술원에 위탁하는 것을 제외)
6. 제조소등의 설치자의 지위승계신고의 수리
7. 제조소등의 용도폐지신고의 수리
8. 제조소등의 설치허가의 취소와 사용정지
9. 영업정지 처분에 따른 과징금처분
10. 예방규정의 수리·반려 및 변경명령

> 📖 **관련 개념 | 업무의 위탁(시·도지사 → 기술원)**
>
> 1. 시·도지사의 탱크안전성능검사 중 다음의 하나에 해당하는 탱크에 대한 탱크안전성능검사
>     ⓐ 용량이 100만리터 이상인 액체위험물을 저장하는 탱크
>     ⓑ 암반탱크
>     ⓒ 지하탱크저장소의 위험물탱크 중 행정안전부령이 정하는 액체위험물탱크
> 2. 시·도지사의 완공검사에 관한 권한 중 다음의 하나에 해당하는 완공검사
>     ⓐ 지정수량의 3천배 이상의 위험물을 취급하는 제조소 또는 일반취급소의 설치 또는 변경(사용 중인 제조소 또는 일반취급소의 보수 또는 부분적인 증설은 제외한다)에 따른 완공검사
>     ⓑ 옥외탱크저장소(저장용량이 50만 리터 이상인 것만 해당한다) 또는 암반탱크저장소의 설치 또는 변경에 따른 완공검사
> 3. 소방본부장 또는 소방서장의 정기검사
> 4. 시·도지사의 운반용기 검사

---

## 004 | 업무의 위탁　　　　　　　답 ②

**선지분석**
② 기술원에 위탁한다.

> 📖 **관련 개념 | 업무의 위탁(소방청장 → 안전원 또는 기술원)**
>
> 1. **안전원:** 안전관리자로 선임된 자, 위험물운반자로 종사하는 자, 위험물운송자로 종사하는 자에 대한 안전교육
> 2. **기술원:** 탱크시험자의 기술인력으로 종사하는 자에 대한 안전교육

---

| 07 | 벌칙 | | | 211p |
|---|---|---|---|---|
| 001 ② | 002 ③ | 003 ① | 004 ② | 005 ② |

## 001 | 벌칙　　　　　　　答 ②

- 업무상 과실로 제조소등에서 위험물을 유출·방출 또는 확산시켜 사람의 생명·신체 또는 재산에 대하여 위험을 발생시킨 자는 7년 이하의 금고 또는 7천만원 이하의 벌금에 처한다.
- 제1항의 죄를 범하여 사람을 사상(死傷)에 이르게 한 자는 10년 이하의 징역 또는 금고나 1억원 이하의 벌금에 처한다.

## 002 | 벌칙　　　　　　　答 ③

업무상 과실로 제조소등에서 위험물을 유출·방출 또는 확산시켜 사람의 생명·신체 또는 재산에 대하여 위험을 발생시킨 자는 7년 이하의 금고 또는 7천만원 이하의 벌금에 처한다.

> 「위험물안전관리법」 제33조【벌칙】① 제조소등에서 위험물을 유출·방출 또는 확산시켜 사람의 생명·신체 또는 재산에 대하여 위험을 발생시킨 자는 1년 이상 10년 이하의 징역에 처한다.
> ② 제1항의 규정에 따른 죄를 범하여 사람을 상해(傷害)에 이르게 한 때에는 무기 또는 3년 이상의 징역에 처하며, 사망에 이르게 한 때에는 무기 또는 5년 이상의 징역에 처한다.
> 제34조【벌칙】① 업무상 과실로 제조소등에서 위험물을 유출·방출 또는 확산시켜 사람의 생명·신체 또는 재산에 대하여 위험을 발생시킨 자는 7년 이하의 금고 또는 7천만원 이하의 벌금에 처한다.
> ② 제1항의 죄를 범하여 사람을 사상(死傷)에 이르게 한 자는 10년 이하의 징역 또는 금고나 1억원 이하의 벌금에 처한다.

## 003 | 벌칙　　　　　　　答 ①

제조소등의 설치허가를 받지 아니하고 제조소등을 설치한 자는 5년 이하의 징역 또는 1억원 이하의 벌금에 처한다.

## 004 | 벌칙　　　　　　　答 ②

3년 이하의 징역 또는 3천만원 이하의 벌금에 처한다.

> 「위험물안전관리법」 제34조의2【벌칙】제조소등의 설치허가를 받지 아니하고 제조소등을 설치한 자는 5년 이하의 징역 또는 1억원 이하의 벌금에 처한다.
> 제34조의3【벌칙】저장소 또는 제조소등이 아닌 장소에서 지정수량 이상의 위험물을 저장 또는 취급한 자는 3년 이하의 징역 또는 3천만원 이하의 벌금에 처한다.

## 005 | 벌칙 및 과태료　　　　　　　答 ②

- 위험물 운반에 관한 중요기준에 따르지 아니한 자는 1천만원 이하의 벌금에 처한다.
- 위험물의 운송에 관한 기준을 따르지 아니한 자는 500만원 이하의 과태료를 부과한다.

---

| 08 | 시행규칙 별표 4~별표 25 | | | 213p |
|---|---|---|---|---|
| 001 ① | 002 ③ | 003 ④ | 004 ① | 005 ② |
| 006 ③ | 007 ② | 008 ② | 009 ③ | 010 ② |
| 011 ② | 012 ③ | 013 ② | 014 ④ | 015 ④ |
| 016 ③ | 017 ② | 018 ① | 019 ④ | 020 ② |
| 021 ① | 022 ③ | 023 ① | 024 ② | 025 ④ |
| 026 ② | 027 ③ | 028 ② | 029 ② | 030 ③ |
| 031 ④ | 032 ② | 033 ② | 034 ③ | 035 ④ |
| 036 ② | 037 ③ | 038 ② | 039 ② | 040 ④ |
| 041 ② | 042 ② | 043 ④ | 044 ① | 045 ② |
| 046 ③ | 047 ① | 048 ③ | 049 ③ | |

PART 5 위험물안전관리법 **103**

## 001 | 옥외설비의 바닥 설치기준    답 ①

- 바닥의 최저부에 ( ㉠ 집유설비 )를 하여야 한다.
- 위험물을 취급하는 설비에 있어서는 당해 위험물이 직접 배수구에 흘러들어가지 아니하도록 ( ㉠ 집유설비 )에 ( ㉡ 유분리장치 )를 설치하여야 한다.
- 바닥의 둘레에 높이 ( ㉢ 0.15 )m 이상의 턱을 설치하는 등 위험물이 외부로 흘러나가지 아니하도록 하여야 한다.

## 002 | 안전거리 기준    답 ③

지정문화재의 안전거리는 50m 이상이다.

### 📖 관련 개념 | 안전거리

1. 주거용으로 사용되는 것(제조소가 설치된 부지내에 있는 것을 제외): 10m 이상
2. 학교·병원·극장 그 밖에 다수인을 수용하는 시설: 30m 이상
   ⓐ 학교
   ⓑ 병원급 의료기관
   ⓒ 공연장, 영화상영관 및 그 밖에 이와 유사한 시설: 3백명 이상의 인원을 수용
   ⓓ 아동복지시설, 노인복지시설, 장애인복지시설, 한부모가족복지시설, 어린이집, 성매매피해자등을 위한 지원시설, 정신건강증진시설, 보호시설 및 그 밖에 이와 유사한 시설: 20명 이상의 인원을 수용할 수 있는 것
3. 유형문화재와 기념물 중 지정문화재: 50m 이상
4. 고압가스, 액화석유가스 또는 도시가스를 저장 또는 취급하는 시설: 20m 이상
5. 사용전압이 7,000V 초과 35,000V 이하의 특고압가공전선: 3m 이상
6. 사용전압이 35,000V를 초과하는 특고압가공전선: 5m 이상

## 003 | 위험물제조소의 건축물 구조    답 ④

액체의 위험물을 취급하는 건축물의 바닥은 위험물이 스며들지 못하는 재료를 사용하고, 적당한 경사를 두어 그 낮은 곳에 집유설비를 하여야 한다.

## 004 | 피난설비 설치기준    답 ①

선지분석
② 주유취급소 중 건축물의 2층 이상의 부분을 점포·휴게음식점 또는 전시장의 용도로 사용하는 것에 있어서는 당해 건축물의 2층 이상으로부터 주유취급소의 부지 밖으로 통하는 출입구와 당해 출입구로 통하는 통로·계단 및 출입구에 유도등을 설치하여야 한다.
③ 비상전원을 설치하여야 한다.
④ 옥내주유취급소에 있어서는 당해 사무소 등의 출입구 및 피난구와 당해 피난구로 통하는 통로·계단 및 출입구에 유도등을 설치하여야 한다.

### 「위험물안전관리법 시행규칙」 [별표 17] 소화설비, 경보설비 및 피난설비의 기준

Ⅲ. 피난설비
1. 주유취급소 중 건축물의 2층 이상의 부분을 점포·휴게음식점 또는 전시장의 용도로 사용하는 것에 있어서는 당해 건축물의 2층 이상으로부터 주유취급소의 부지 밖으로 통하는 출입구와 당해 출입구로 통하는 통로·계단 및 출입구에 유도등을 설치하여야 한다.
2. 옥내주유취급소에 있어서는 당해 사무소 등의 출입구 및 피난구와 당해 피난구로 통하는 통로·계단 및 출입구에 유도등을 설치하여야 한다.
3. 유도등에는 비상전원을 설치하여야 한다.

## 005 | 배출설비    답 ②

배출능력은 1시간당 배출장소 용적의 20배 이상인 것으로 하여야 한다. 다만, 전역방식의 경우에는 바닥면적 1m²당 18m³ 이상으로 할 수 있다.

### 「위험물안전관리법 시행규칙」 [별표 4] 제조소의 위치·구조 및 설비의 기준

Ⅵ. 배출설비
1. 배출설비는 국소방식으로 하여야 한다. 다만, 다음 각 목의 1에 해당하는 경우에는 전역방식으로 할 수 있다.
   가. 위험물취급설비가 배관이음 등으로만 된 경우
   나. 건축물의 구조·작업장소의 분포 등의 조건에 의하여 전역방식이 유효한 경우
2. 배출설비는 배풍기·배출닥트·후드 등을 이용하여 강제적으로 배출하는 것으로 하여야 한다.
3. 배출능력은 1시간당 배출장소 용적의 20배 이상인 것으로 하여야 한다. 다만, 전역방식의 경우에는 바닥면적 1m²당 18m³ 이상으로 할 수 있다.
4. 배출설비의 급기구 및 배출구는 다음 각 목의 기준에 의하여야 한다.
   가. 급기구는 높은 곳에 설치하고, 가는 눈의 구리망 등으로 인화방지망을 설치할 것
   나. 배출구는 지상 2m 이상으로서 연소의 우려가 없는 장소에 설치하고, 배출닥트가 관통하는 벽부분의 바로 가까이에 화재시 자동으로 폐쇄되는 방화댐퍼를 설치할 것
5. 배풍기는 강제배기방식으로 하고, 옥내닥트의 내압이 대기압 이상이 되지 아니하는 위치에 설치하여야 한다.

## 006 | 방유제 설치기준    답 ③

하나의 취급탱크 주위에 설치하는 방유제의 용량은 당해 탱크 용량의 ( ㉠ 50 )% 이상으로 하고, 2 이상의 취급탱크 주위에 하나의 방유제를 설치하는 경우 그 방유제의 용량은 당해 탱크 중 용량이 최대인 것의 ( ㉡ 50 )%에 나머지 탱크용량 합계의 ( ㉢ 10 )%를 가산한 양 이상이 되게 할 것

「위험물안전관리법 시행규칙」 [별표 4] 제조소의 위치·구조 및 설비의 기준

IX. 위험물 취급탱크

1. 위험물제조소의 옥외에 있는 위험물취급탱크(용량이 지정수량의 5분의 1 미만인 것을 제외한다)는 다음 각 목의 기준에 의하여 설치하여야 한다.

   가. 옥외에 있는 위험물취급탱크의 구조 및 설비는 별표 6 VI제1호(특정옥외저장탱크 및 준특정옥외저장탱크와 관련되는 부분을 제외한다)·제3호 내지 제9호·제11호 내지 제14호 및 XIV의 규정에 의한 옥외탱크저장소의 탱크의 구조 및 설비의 기준을 준용할 것

   나. 옥외에 있는 위험물취급탱크로서 액체위험물(이황화탄소를 제외한다)을 취급하는 것의 주위에는 다음의 기준에 의하여 방유제를 설치할 것

   1) 하나의 취급탱크 주위에 설치하는 방유제의 용량은 당해 탱크용량의 50% 이상으로 하고, 2 이상의 취급탱크 주위에 하나의 방유제를 설치하는 경우 그 방유제의 용량은 당해 탱크 중 용량이 최대인 것의 50%에 나머지 탱크용량 합계의 10%를 가산한 양 이상이 되게 할 것. 이 경우 방유제의 용량은 당해 방유제의 내용적에서 용량이 최대인 탱크 외의 탱크의 방유제 높이 이하 부분의 용적, 당해 방유제 내에 있는 모든 탱크의 지반면 이상 부분의 기초의 체적, 간막이 둑의 체적 및 당해 방유제 내에 있는 배관 등의 체적을 뺀 것으로 한다.

## 007 | 채광·조명 설비  답 ②

• 채광설비는 불연재료로 하고, 연소의 우려가 없는 장소에 설치하되 채광 면적을 ( ㉠ 최소 )로 할 것
• 조명설비가 설치되는 가연성 가스 등의 체류할 우려가 있는 장소의 조명등은 ( ㉡ 방폭등 )으로 할 것
• 점멸스위치는 출입구 ( ㉢ 바깥 )부분에 설치할 것(다만, 스위치의 스파크로 인한 화재·폭발의 우려가 없을 경우에는 그러하지 아니하다)
• 전선은 내화 및 내열 전선으로 할 것

## 008 | 환기설비 설치기준  답 ②

급기구는 당해 급기구가 설치된 실의 바닥면적 ( ㉠ 150 )m²마다 1개 이상으로 하되, 급기구의 크기는 ( ㉡ 800 )cm² 이상으로 할 것

## 009 | 환기설비 설치기준  답 ③

선지분석

① 환기는 자연배기 방식으로 할 것
② 환기구는 지붕위 또는 2m 이상의 높이에 회전식 고정벤티레이터 또는 루푸팬 방식으로 설치할 것
④ 급기구는 당해 급기구가 설치된 실의 바닥면적 150m²마다 1개 이상으로 하되, 급기구의 크기는 800cm² 이상으로 할 것

### 📝 관련 개념 | 환기설비의 설치 기준

1. 환기는 자연배기방식으로 할 것
2. 급기구는 당해 급기구가 설치된 실의 바닥면적 150m²마다 1개 이상으로 하되, 급기구의 크기는 800cm² 이상으로 할 것. 다만 바닥면적이 150m² 미만인 경우에는 다음의 크기로 하여야 한다.

| 바닥면적 | 급기구의 면적 |
| --- | --- |
| 60m² 미만 | 150cm² 이상 |
| 60m² 이상 90m² 미만 | 300cm² 이상 |
| 90m² 이상 120m² 미만 | 450cm² 이상 |
| 120m² 이상 150m² 미만 | 600cm² 이상 |

3. 급기구는 낮은 곳에 설치하고 가는 눈의 구리망 등으로 인화방지망을 설치할 것
4. 환기구는 지붕위 또는 지상 2m 이상의 높이에 회전식 고정벤티레이터 또는 루푸팬 방식으로 설치할 것

## 010 | 옥내저장소의 보유공지  답 ②

지정수량 10배 초과 20배 이하인 것은 2m 이상이다.

### 📝 관련 개념 | 옥내저장소 보유공지

옥내저장소의 주위에는 그 저장 또는 취급하는 위험물의 최대수량에 따라 다음 표에 의한 너비의 공지를 보유하여야 한다. 다만, 지정수량의 20배를 초과하는 옥내저장소와 동일한 부지 내에 있는 다른 옥내저장소와의 사이에는 동표에 정하는 공지의 너비의 3분의 1(당해 수치가 3m 미만인 경우에는 3m)의 공지를 보유할 수 있다.

| 저장 또는 취급하는 위험물의 최대수량 | 공지의 너비 | |
| --- | --- | --- |
| | 벽·기둥 및 바닥이 내화구조로 된 건축물 | 그 밖의 건축물 |
| 지정수량의 5배 이하 | – | 0.5m 이상 |
| 지정수량의 5배 초과 10배 이하 | 1m 이상 | 1.5m 이상 |
| 지정수량의 10배 초과 20배 이하 | 2m 이상 | 3m 이상 |
| 지정수량의 20배 초과 50배 이하 | 3m 이상 | 5m 이상 |
| 지정수량의 50배 초과 200배 이하 | 5m 이상 | 10m 이상 |
| 지정수량의 200배 초과 | 10m 이상 | 15m 이상 |

해커스소방 이영철 소방관계법규 단원별 실전문제집

## 011 | 안전거리 제외기준　　답 ②

제6류 위험물을 저장 또는 취급하는 옥내저장소가 해당한다.

> **📚 관련 개념 | 옥내저장소 안전거리 제외기준**
>
> 1. 제4석유류 또는 동식물유류의 위험물을 저장 또는 취급하는 옥내 저장소로서 그 최대수량이 지정수량의 20배 미만인 것
> 2. 제6류 위험물을 저장 또는 취급하는 옥내저장소
> 3. 지정수량의 20배(하나의 저장창고의 바닥면적이 150m² 이하인 경우에는 50배) 이하의 위험물을 저장 또는 취급하는 옥내저장 소로서 다음의 기준에 적합한 것
>     ⓐ 저장창고의 벽·기둥·바닥·보 및 지붕이 내화구조인 것
>     ⓑ 저장창고의 출입구에 수시로 열 수 있는 자동폐쇄방식의 60분+ 방화문 혹은 60분 방화문이 설치되어 있을 것
>     ⓒ 저장창고에 창을 설치하지 아니할 것

## 012 | 옥내저장소의 바닥면적　　답 ③

제2석유류는 해당하지 않는다.

> **📚 관련 개념 | 옥내저장소 바닥면적**
>
> | 위험물 종류 | 바닥면적 |
> | --- | --- |
> | 제1류 위험물: 아염소산염류, 염소산염류, 과 염소산염류, 무기과산화물 그 밖에 지정수량 이 50kg인 위험물 | |
> | 제3류 위험물: 칼륨, 나트륨, 알킬알루미늄, 알킬리튬 그 밖에 지정수량이 10kg인 위험물 및 황린 | 1,000m² |
> | 제4류 위험물: 특수인화물, 제석유류 및 알 코올류 | |
> | 제5류 위험물: 유기과산화물, 질산에스테르 류 그 밖에 지정수량이 10kg인 위험물 | |
> | 제6류 위험물 | |
> | 그 외 | 2,000m² |
> | 1,000m² 위험물과 2,000m²에 저장하는 위험 물을 내화구조의 격벽으로 완전히 구획된 실 에 각각 저장하는 창고 | 1,500m² (1,000m²의 위험물은 실 면적을 500m² 초과할 수 없다) |

## 013 | 옥외탱크저장소의 보유공지　　답 ②

지정수량 500배 초과 1,000배 이하인 것은 5m 이상이다.

> **📚 관련 개념 | 옥외저장소 보유공지**
>
> | 저장 또는 취급하는 위험물의 최대수량 | 공지의 너비 |
> | --- | --- |
> | 지정수량 500배 이하 | 3m 이상 |
> | 지정수량 500배 초과 1,000배 이하 | 5m 이상 |
> | 지정수량 1,000배 초과 2,000배 이하 | 9m 이상 |
> | 지정수량 2,000배 초과 3,000배 이하 | 12m 이상 |
> | 지정수량 3,000배 초과 4,000배 이하 | 15m 이상 |
> | 지정수량 4,000배 초과 | 당해 탱크의 수평단면의 최대지름(가 로형인 경우에는 긴 변)과 높이 중 큰 것과 같은 거리 이상. 다만, 30m 초과 의 경우에는 30m 이상으로 할 수 있 고, 15m 미만의 경우에는 15m 이상으 로 하여야 한다. |

## 014 | 옥외저장탱크 보유공지　　답 ④

제6류 위험물 외의 위험물을 저장 또는 취급하는 옥외저장탱크 를 동일한 방유제 안에 2개 이상 인접하여 설치하는 경우 그 인접하는 방향의 보유공지는 제1호의 규정에 의한 보유공지의 ( ㉠ 3분의 1 ) 이상의 넓이로 할 수 있다. 이 경우 보유공지의 너비는 ( ㉡ 3 )m 이상이 되어야 한다.

## 015 | 옥외저장탱크의 외부구조 및 설비　　답 ④

대기밸브부착 통기관은 5kpa 이하의 압력차이로 작동할 수 있 을 것

## 016 | 옥외저장탱크의 펌프설비　　답 ③

펌프실의 바닥의 주위에는 높이 0.2m 이상의 턱을 만들어야 한 다. 펌프실 외의 장소에 설치하는 펌프설비 주위에 높이 0.15m 이상의 턱을 만들어야 한다.

## 017 | 옥외탱크저장소의 방유제　　답 ②

방유제의 용량은 방유제 안에 설치된 탱크가 하나인 때에는 그 탱크 용량의 110% 이상, 2기 이상인 때에는 그 탱크 중 용량이 최대인 것의 용량의 110% 이상으로 할 것. 이 경우 방유제의 용 량은 당해 방유제의 내용적에서 용량이 최대인 탱크 외의 탱크 의 방유제 높이 이하 부분의 용적, 당해 방유제 내에 있는 모든 탱크의 지반면 이상 부분의 기초의 체적, 간막이 둑의 체적 및 당해 방유제 내에 있는 배관 등의 체적을 뺀 것으로 한다.

## 018 옥외탱크저장소의 방유제  답 ①

- 방유제는 높이 0.5m 이상 3m 이하, 두께 ( ㉠ 0.2 )m 이상, 지하매설깊이 1m 이상으로 할 것. 다만, 방유제와 옥외저장탱크 사이의 지반면 아래에 불침윤성(不浸潤性) 구조물을 설치하는 경우에는 지하매설깊이를 해당 불침윤성 구조물까지로 할 수 있다.
- 방유제 내의 면적은 ( ㉡ 8만 ) m² 이하로 할 것
- 용량이 ( ㉢ 1,000만 )ℓ 이상인 옥외저장탱크의 주위에 설치하는 방유제에는 당해 탱크마다 간막이 둑을 설치할 것
- 용량이 ( ㉣ 100만 )ℓ 이상인 위험물을 저장하는 옥외저장탱크에 있어서는 카목의 밸브 등에 그 개폐상황을 쉽게 확인할 수 있는 장치를 설치할 것
- 높이가 1m를 넘는 방유제 및 간막이 둑의 안팎에는 방유제내에 출입하기 위한 계단 또는 경사로를 약 ( ㉤ 50 )m마다 설치할 것

## 019 옥외탱크저장소의 방유제  답 ④

간막이 둑의 용량은 간막이 둑안에 설치된 탱크의 용량의 10% 이상일 것

## 020 옥외저장탱크의 외부구조 및 설비  답 ③

액체위험물의 옥외저장탱크의 주입구에는 주입호스 또는 주입관과 결합할 수 있고, 결합하였을 때 위험물이 새지 아니하는 것으로 설치하고 주입구에는 폭발 방지를 위해 밸브 또는 뚜껑을 설치해야 한다.

> **📝 관련 개념 l 액체위험물의 옥외저장탱크의 주입구(규칙 [별표 6])**
>
> 1. 화재예방상 지장이 없는 장소에 설치할 것
> 2. 주입호스 또는 주입관과 결합할 수 있고, 결합하였을 때 위험물이 새지 아니할 것
> 3. 주입구에는 밸브 또는 뚜껑을 설치할 것
> 4. 휘발유, 벤젠 그 밖에 정전기에 의한 재해가 발생할 우려가 있는 액체위험물의 옥외저장탱크의 주입구 부근에는 정전기를 유효하게 제거하기 위한 접지전극을 설치할 것
> 5. 인화점이 21℃ 미만인 위험물의 옥외저장탱크의 주입구에는 보기 쉬운 곳에 다음의 기준에 의한 게시판을 설치할 것. 다만, 소방본부장 또는 소방서장이 화재예방상 당해 게시판을 설치할 필요가 없다고 인정하는 경우에는 그러하지 아니하다.
>     ⓐ 게시판은 한 변이 0.3m 이상, 다른 한 변이 0.6m 이상인 직사각형으로 할 것
>     ⓑ 게시판에는 "옥외저장탱크 주입구"라고 표시하는 것 외에 취급하는 위험물의 유별, 품명 및 별표 4 Ⅲ 제2호 라목의 규정에 준하여 주의사항을 표시할 것
>     ⓒ 게시판은 백색바탕에 흑색문자(별표 4 Ⅲ 제2호 라목의 주의사항은 적색문자)로 할 것
> 6. 주입구 주위에는 새어나온 기름 등 액체가 외부로 유출되지 아니하도록 방유턱을 설치하거나 집유설비 등의 장치를 설치할 것

## 021 옥내탱크저장소의 위치·구조 및 설비의 기술기준  답 ①

옥내저장탱크와 탱크전용실의 벽과의 사이 및 옥내저장탱크의 상호간에는 0.5m 이상의 간격을 유지할 것. 다만, 탱크의 점검 및 보수에 지장이 없는 경우에는 그러하지 아니하다.

> **📝 관련 개념 l 옥내탱크저장소의 위치·구조 및 설비의 기술기준(규칙 [별표 7])**
>
> 1. 옥내저장탱크는 단층건축물에 설치된 탱크전용실에 설치할 것
> 2. 옥내저장탱크와 탱크전용실의 벽과의 사이 및 옥내저장탱크의 상호간에는 0.5m 이상의 간격을 유지할 것. 다만, 탱크의 점검 및 보수에 지장이 없는 경우에는 그러하지 아니하다.
> 3. 옥내탱크저장소에는 별표 4 Ⅲ 제1호의 기준에 따라 보기 쉬운 곳에 "위험물 옥내탱크저장소"라는 표시를 한 표지와 동표 Ⅲ 제2호의 기준에 따라 방화에 관하여 필요한 사항을 게시한 게시판을 설치하여야 한다.
> 4. 옥내저장탱크의 용량(동일한 탱크전용실에 옥내저장탱크를 2 이상 설치하는 경우에는 각 탱크의 용량의 합계를 말한다)은 지정수량의 40배(제4석유류 및 동식물유류 외의 제4류 위험물에 있어서 당해 수량이 20,000ℓ를 초과할 때에는 20,000ℓ) 이하일 것
> 5. 옥내저장탱크의 구조는 별표 6 Ⅵ 제1호 및 Ⅻ의 규정에 의한 옥외저장탱크의 구조의 기준을 준용할 것
> 6. 옥내저장탱크의 외면에는 녹을 방지하기 위한 도장을 할 것. 다만, 탱크의 재질이 부식의 우려가 없는 스테인레스 강판 등인 경우에는 그러하지 아니하다.

## 022 옥내탱크저장소 탱크전용실  답 ②

연소의 우려가 있는 외벽에 두는 출입구에는 수시로 열 수 있는 자동폐쇄식의 60분+ 방화문, 60분 방화문을 설치할 것

## 023 지하탱크저장소  답 ①

탱크전용실의 벽·바닥 및 뚜껑의 두께는 0.3m 이상일 것

## 024 지하탱크저장소  답 ②

지하저장탱크를 2 이상 인접해 설치하는 경우에는 그 상호간에 1m(당해 2 이상의 지하저장탱크의 용량의 합계가 지정수량의 100배 이하인 때에는 0.5m) 이상의 간격을 유지하여야 한다. 다만, 그 사이에 탱크전용실의 벽이나 두께 20cm 이상의 콘크리트 구조물이 있는 경우에는 그러하지 아니하다.

> **📝 관련 개념 l 탱크 전용실 기준**
>
> 1. 탱크전용실은 지하의 가장 가까운 벽·피트·가스관 등의 시설물 및 대지경계선으로부터 0.1m 이상 떨어진 곳에 설치하고, 지하저장탱크와 탱크전용실의 안쪽과의 사이는 0.1m 이상의 간격을 유지하도록 하며, 당해 탱크의 주위에 마른 모래 또는 습기 등에 의하여 응고되지 아니하는 입자지름 5mm 이하의 마른 자갈분을 채워야 한다.
> 2. 지하저장탱크의 윗부분은 지면으로부터 0.6m 이상 아래에 있어야 한다.

3. 지하저장탱크를 2 이상 인접해 설치하는 경우에는 그 상호간에 1m(당해 2 이상의 지하저장탱크의 용량의 합계가 지정수량의 100 배 이하인 때에는 0.5m) 이상의 간격을 유지하여야 한다. 다만, 그 사이에 탱크전용실의 벽이나 두께 20㎝ 이상의 콘크리트 구조물 이 있는 경우에는 그러하지 아니하다.

## 025 | 지하저장탱크 누설검사관  답 ④

관의 밑부분으로부터 탱크의 중심 높이까지의 부분에는 소공이 뚫려 있을 것

> **관련 개념 | 지하저장탱크 누설검사관**
>
> 지하저장탱크의 주위에는 당해 탱크로부터의 액체위험물의 누설을 검사하기 위한 관을 다음 기준에 따라 4개소 이상 적당한 위치에 설 치하여야 한다.
> 1. 이중관으로 할 것. 다만, 소공이 없는 상부는 단관으로 할 수 있다.
> 2. 재료는 금속관 또는 경질합성수지관으로 할 것
> 3. 관은 탱크전용실의 바닥 또는 탱크의 기초까지 닿게 할 것
> 4. 관의 밑부분으로부터 탱크의 중심 높이까지의 부분에는 소공이 뚫 려 있을 것. 다만, 지하수위가 높은 장소에 있어서는 지하수위 높 이까지의 부분에 소공이 뚫려 있어야 한다.
> 5. 상부는 물이 침투하지 아니하는 구조로 하고, 뚜껑은 검사시에 쉽 게 열 수 있도록 할 것

## 026 | 간이탱크저장소  답 ②

- 위험물을 저장 또는 취급하는 간이탱크는 ( ㉠ 옥외 )에 설치 하여야 한다.
- 하나의 간이탱크저장소에 설치하는 간이저장탱크는 그 수를 ( ㉡ 3 ) 이하로 하고, 동일한 품질의 위험물의 간이저장탱크 를 2 이상 설치하지 아니하여야 한다.
- 간이저장탱크는 움직이거나 넘어지지 아니하도록 지면 또는 가설대에 고정시키되, 옥외에 설치하는 경우에는 그 탱크의 주위에 너비 ( ㉢ 1 )m 이상의 공지를 두고, 전용실 안에 설치 하는 경우에는 탱크와 전용실의 벽과의 사이에 0.5m 이상의 간격을 유지하여야 한다.
- 간이저장탱크의 용량은 ( ㉣ 600 )ℓ 이하이어야 한다.
- 간이저장탱크는 두께 3.2㎜ 이상의 강판으로 흠이 없도록 제 작하여야 하며, 70㎪의 압력으로 10분간의 수압시험을 실시 하여 새거나 변형되지 아니하여야 한다.

> **관련 개념 | 간이저장탱크에 설치하는 밸브 없는 통기관**
>
> 1. 통기관의 지름은 25㎜ 이상으로 할 것
> 2. 통기관은 옥외에 설치하되, 그 선단의 높이는 지상 1.5m 이상으로 할 것
> 3. 통기관의 선단은 수평면에 대하여 아래로 45°이상 구부려 빗물 등 이 침투하지 아니하도록 할 것
> 4. 가는 눈의 구리망 등으로 인화방지장치를 할 것. 다만, 인화점 7 0℃ 이상의 위험물만을 해당 위험물의 인화점 미만의 온도로 저장 또는 취급하는 탱크에 설치하는 통기관에 있어서는 그러하지 아니 하다.

## 027 | 간이탱크저장소에 설치하는 밸브 없는 통기관  답 ③

**선지분석**
① 통기관의 지름은 25㎜ 이상으로 할 것
② 통기관은 옥외에 설치하되, 그 선단의 높이는 지상 1.5m 이 상으로 할 것
④ 인화점 70℃ 이상의 위험물이다.

## 028 | 이동탱크저장소의 상치장소  답 ②

- 옥외에 있는 상치장소는 화기를 취급하는 장소 또는 인근의 건축물로부터 5m 이상(인근의 건축물이 1층인 경우에는 3m 이상)의 거리를 확보하여야 한다. 다만, 하천의 공지나 수면, 내화구조 또는 불연재료의 담 또는 벽 그 밖에 이와 유사한 것에 접하는 경우를 제외한다.
- 옥내에 있는 상치장소는 벽·바닥·보·서까래 및 지붕이 내화 구조 또는 불연재료로 된 건축물의 1층에 설치하여야 한다.

## 029 | 이동탱크저장소  답 ②

방파판만 면제된다.

## 030 | 이동탱크저장소의 결합금속구  답 ③

㉠은 50, ㉡은 200이다.

## 031 | 옥외저장소의 보유공지  답 ④

지정수량의 50배 초과 200배 이하인 것은 12m 이상 이고 지정 수량 200배 초과인 것이 15m 이상이다.

## 032 | 옥외저장소의 기준  답 ②

선반의 높이는 6m를 초과하지 아니할 것

> **관련 개념 | 옥외저장소에 선반 설치기준**
>
> 1. 선반은 불연재료로 만들고 견고한 지반면에 고정할 것
> 2. 선반은 당해 선반 및 그 부속설비의 자중·저장하는 위험물의 중 량·풍하중·지진의 영향 등에 의하여 생기는 응력에 대하여 안전 할 것
> 3. 선반의 높이는 6m를 초과하지 아니할 것
> 4. 선반에는 위험물을 수납한 용기가 쉽게 낙하하지 아니하는 조치를 강구할 것

## 033 | 황린을 저장 또는 취급하는 옥외저장소    답 ③

경계표시의 높이는 1.5m 이하로 할 것


## 034 | 암반탱크저장소    답 ③

암반탱크 내로 유입되는 지하수의 양은 암반 내의 지하수 충전량보다 적을 것


## 035 | 주유취급소에 설치해야 하는 표지 및 게시    답 ④

주유취급소에는 "위험물 주유취급소"라는 표시를 한 표지, 황색바탕에 흑색문자로 "주유중엔진정지"라는 표시를 한 게시판 및 주유취급소가 금연구역임을 알리는 표지를 설치해야 한다.


## 036 | 주유취급소의 기준    답 ②

고정주유설비의 중심선을 기점으로 하여 도로경계선까지 4m 이상, 부지경계선·담 및 건축물의 벽까지 2m(개구부가 없는 벽까지는 1m) 이상의 거리를 유지하고, 고정급유설비의 중심선을 기점으로 하여 도로경계선까지 4m 이상, 부지경계선 및 담까지 1m 이상, 건축물의 벽까지 2m(개구부가 없는 벽까지는 1m) 이상의 거리를 유지하며 고정주유설비와 고정급유설비의 사이에는 4m 이상의 거리를 유지한다.

> 📝 **관련 개념 | 주유관**
> 고정주유설비 또는 고정급유설비의 주유관의 길이(선단의 개폐밸브를 포함한다)는 5m(현수식의 경우에는 지면 위 0.5m의 수평면에 수직으로 내려 만나는 점을 중심으로 반경 3m) 이내로 하고 그 선단에는 축적된 정전기를 유효하게 제거할 수 있는 장치를 설치하여야 한다.

> 📝 **관련 개념 | 고정주유설비 또는 고정급유설비의 설치 위치**
> 1. 고정주유설비의 중심선을 기점으로 하여 도로경계선까지 4m 이상, 부지경계선·담 및 건축물의 벽까지 2m(개구부가 없는 벽까지는 1m) 이상의 거리를 유지하고, 고정급유설비의 중심선을 기점으로 하여 도로경계선까지 4m 이상, 부지경계선 및 담까지 1m 이상, 건축물의 벽까지 2m(개구부가 없는 벽까지는 1m) 이상의 거리를 유지할 것
> 2. 고정주유설비와 고정급유설비의 사이에는 4m 이상의 거리를 유지할 것


## 037 | 주유취급소에 설치하는 탱크    답 ③

폐유탱크등은 2,000L 이하가 해당한다.


## 038 | 주유취급소에 설치하는 건축물    답 ②

관계자가 사용하는 편의시설은 해당하지 않는다.

> 📝 **관련 개념 | 주유취급소에 설치할 수 있는 건축물**
> 1. 주유 또는 등유·경유를 옮겨 담기 위한 작업장
> 2. 주유취급소의 업무를 행하기 위한 사무소
> 3. 자동차 등의 점검 및 간이정비를 위한 작업장
> 4. 자동차 등의 세정을 위한 작업장
> 5. 주유취급소에 출입하는 사람을 대상으로 한 점포·휴게음식점 또는 전시장
> 6. 주유취급소의 관계자가 거주하는 주거시설
> 7. 전기자동차용 충전설비(전기를 동력원으로 하는 자동차에 직접 전기를 공급하는 설비)
> 8. 그 밖의 소방청장이 정하여 고시하는 건축물 또는 시설


## 039 | 주유취급소에 설치하는 간이대기실    답 ②

바퀴가 부착되지 아니한 고정식일 것


## 040 | 셀프용고정주유설비    답 ④

경유는 600L 이하, 12분 이하로 한다.


## 041 | 주유취급소 피난설비    답 ②

주유취급소 중 건축물의 ( ㉠ 2 )층 이상의 부분을 점포·( ㉡ 휴게 ) 음식점 또는 전시장의 용도로 사용하는 것과 ( ㉢ 옥내 )주유취급소에는 피난설비를 설치하여야 한다.

> 📝 **관련 개념 | 주유 취급소 설치하는 피난설비**
> 1. 주유취급소 중 건축물의 2층 이상의 부분을 점포·휴게음식점 또는 전시장의 용도로 사용하는 것에 있어서는 당해 건축물의 2층 이상으로부터 주유취급소의 부지 밖으로 통하는 출입구와 당해 출입구로 통하는 통로·계단 및 출입구에 유도등을 설치하여야 한다.
> 2. 옥내주유취급소에 있어서는 당해 사무소 등의 출입구 및 피난구와 당해 피난구로 통하는 통로·계단 및 출입구에 유도등을 설치하여야 한다.
> 3. 유도등에는 비상전원을 설치하여야 한다.


## 042 | 판매취급소에 설치하는 위험물 배합실    답 ②

출입구 문턱의 높이는 바닥면으로부터 0.1m 이상으로 할 것

> 📝 **관련 개념 | 위험물 배합실 설치기준**
> 1. 바닥면적은 6m² 이상 15m² 이하로 할 것
> 2. 내화구조 또는 불연재료로 된 벽으로 구획할 것
> 3. 바닥은 위험물이 침투하지 아니하는 구조로 하여 적당한 경사를 두고 집유설비를 할 것
> 4. 출입구에는 수시로 열 수 있는 자동폐쇄식의 갑종방화문을 설치할 것
> 5. 출입구 문턱의 높이는 바닥면으로부터 0.1m 이상으로 할 것
> 6. 내부에 체류한 가연성의 증기 또는 가연성의 미분을 지붕 위로 방출하는 설비를 할 것

## 043 | 이송취급소 설치제외장소     답 ④

호수·저수지 등으로서 수리의 수원이 되는 곳은 설치 제외 장소지만 횡단하여 설치하는 경우 이송취급소를 설치할 수 있다.

## 044 | 배관을 지하에 매설하는 경우     답 ①

배관은 그 외면으로부터 건축물(지하가 내의 건축물은 제외한다)까지 1.5m 이상의 안전거리를 둘 것

## 045 | 배관을 지상에 설치하는 경우     답 ②

지정문화재는 65m 이상의 안전거리를 두어야 한다.

## 046 | 주의사항     답 ③

제5류 위험물은 화기엄금, 충격주의 표기를 한다.

### 📝 관련 개념 | 위험물에 따른 주의사항 표기(규칙 [별표 19])

| 유별 | 품명 | 주의사항 |
|---|---|---|
| 1류 | 알칼리금속의 과산화물 | 화기주의, 충격주의, 가연물접촉주의, 물기엄금 |
| | 그밖의 것 | 화기주의, 충격주의, 가연물접촉주의 |
| 2류 | 철분, 금속분, 마그네슘 | 화기주의, 물기엄금 |
| | 인화성고체 | 화기엄금 |
| | 그 밖의 것 | 화기주의 |
| 3류 | 자연발화성물질(황린, 알킬리튬, 알킬알루미늄) | 화기엄금, 공기접촉엄금 |
| | 금수성물질 | 물기엄금 |
| 4류 | 인화성 액체 | 화기엄금 |
| 5류 | 자기반응성 물질 | 화기엄금, 충격주의 |
| 6류 | 산화성 액체 | 가연물접촉주의 |

## 047 | 옥외탱크저장소에 설치하는 경보설비     답 ①

자동화재속보설비 및 자동화재탐지설비가 해당한다.

### 📝 관련 개념 | 제조소등별로 설치하여야 하는 경보설비

**1. 제조소 및 일반취급소**

| 규모, 위험물의 종류 및 최대수량 등 | • 연면적 500m² 이상인 것<br>• 옥내에서 지정수량의 100배 이상을 취급하는 것(고인화점 위험물만을 100℃ 미만의 온도에서 취급하는 것을 제외한다)<br>• 일반취급소로 사용되는 부분 외의 부분이 있는 건축물에 설치된 일반취급소(일반취급소와 일반취급소 외의 부분이 내화구조의 바닥 또는 벽으로 개구부 없이 구획된 것을 제외한다) |
|---|---|
| 경보설비 | 자동화재탐지설비 |

**2. 옥내저장소**

| 규모, 위험물의 종류 및 최대수량 등 | • 지정수량의 100배 이상을 저장 또는 취급하는 것(고인화점위험물만을 저장 또는 취급하는 것을 제외한다)<br>• 저장창고의 연면적이 150m²를 초과하는 것[당해저장창고가 연면적 150m² 이내마다 불연재료의 격벽으로 개구부 없이 완전히 구획된 것과 제2류 또는 제4류의 위험물(인화성고체 및 인화점이 70℃ 미만인 제4류 위험물을 제외한다)만을 저장 또는 취급하는 것에 있어서는 저장창고의 연면적이 500m² 이상의 것에 한한다]<br>• 처마높이가 6m 이상인 단층건물의 것<br>• 옥내저장소로 사용되는 부분 외의 부분이 있는 건축물에 설치된 옥내저장소[옥내저장소와 옥내저장소 외의 부분이 내화구조의 바닥 또는 벽으로 개구부 없이 구획된 것과 제2류 또는 제4류의 위험물(인화성고체 및 인화점이 70℃ 미만인 제4류 위험물을 제외한다)만을 저장 또는 취급 하는 것을 제외한다] |
|---|---|
| 경보설비 | 자동화재탐지설비 |

**3. 옥내탱크저장소**

| 규모, 위험물의 종류 및 최대수량 등 | 단층 건물 외의 건축물에 설치된 옥내탱크저장소로서 소화난이도등급 I 에 해당하는 것 |
|---|---|
| 경보설비 | 자동화재탐지설비 |

**4. 주유취급소**

| 규모, 위험물의 종류 및 최대수량 등 | 옥내주유취급소 |
|---|---|
| 경보설비 | 자동화재탐지설비 |

**5. 옥외탱크저장소**

| 규모, 위험물의 종류 및 최대수량 등 | 특수인화물, 제1석유류 및 알코올류를 저장 또는 취급하는 탱크의 용량이 1,000만리터 이상인 것 |
|---|---|
| 경보설비 | • 자동화재탐지설비<br>• 자동화재속보설비 |

6. 1.~5.의 자동화재탐지설비 설치 대상에 해당하지 아니하는 제조 소등(이송취급소 제외)

| 규모, 위험물의 종류 및 최대수량 등 | 지정수량의 10배 이상을 저장 또는 취급하는 것 |
|---|---|
| 경보설비 | 자동화재 탐지설비, 비상경보설비, 확성장치 또는 비상방송설비 중 1종 이상 |

## 048 | 위험물의 저장 및 취급에 관한 기준     답 ③

옥내저장소에서 동일 품명의 위험물이더라도 자연발화할 우려가 있는 위험물 또는 재해가 현저하게 증대할 우려가 있는 위험물을 다량 저장하는 경우에는 지정수량의 10배 이하마다 구분하여 상호간 0.5m 이상의 간격을 두어 저장하여야 한다. 다만, 제48조의 규정에 의한 위험물 또는 기계에 의하여 하역하는 구조로 된 용기에 수납한 위험물에 있어서는 그러하지 아니하다.

「위험물안전관리법 시행규칙」 [별표 18] 제조소등에서의 위험물의 저장 및 취급에 관한 기준, 운반용기의 최대용적 또는 중량

III. 저장의 기준

1. 저장소에는 위험물 외의 물품을 저장하지 아니하여야 한다. 다만, 다음 각 목의 1에 해당하는 경우에는 그러하지 아니하다(중요기준).
   가. 옥내저장소 또는 옥외저장소에서 다음의 규정에 의한 위험물과 위험물이 아닌 물품을 함께 저장하는 경우. 이 경우 위험물과 위험물이 아닌 물품은 각각 모아서 저장하고 상호간에는 1m 이상의 간격을 두어야 한다.
      1) 위험물(제2류 위험물 중 인화성고체와 제4류 위험물을 제외한다)과 영 별표 1에서 당해 위험물이 속하는 품명란에 정한 물품(동표 제1류의 품명란 제11호, 제2류의 품명란 제8호, 제3류의 품명란 제12호, 제5류의 품명란 제11호 및 제6류의 품명란 제5호의 규정에 의한 물품을 제외한다)을 주성분으로 함유한 것으로서 위험물에 해당하지 아니하는 물품
      2) 제2류 위험물 중 인화성고체와 위험물에 해당하지 아니하는 고체 또는 액체로서 인화점을 갖는 것 또는 합성 수지류(「소방기본법 시행령」 별표 2 비고 제8호의 합성수지류를 말한다)(이하 III에서 "합성수지류 등"이라 한다) 또는 이들중 어느 하나 이상을 주성분으로 함유한 것으로서 위험물에 해당하지 아니하는 물품
      3) 제4류 위험물과 합성수지류등 또는 영 별표 1의 제4류의 품명란에 정한 물품을 주성분으로 함유한 것으로서 위험물에 해당하지 아니하는 물품
      4) 제4류 위험물 중 유기과산화물 또는 이를 함유한 것과 유기과산화물 또는 유기과산화물만을 함유한 것으로서 위험물에 해당하지 아니하는 물품
      5) 제48조의 규정에 의한 위험물과 위험물에 해당하지 아니하는 화약류(「총포·도검·화약류 등 단속법」에 의한 화약류에 해당하는 것을 말한다)
      6) 위험물과 위험물에 해당하지 아니하는 불연성의 물품(저장하는 위험물 및 위험물외의 물품과 위험한 반응을 일으키지 아니하는 것에 한한다)
   나. 옥외탱크저장소·옥내탱크저장소·지하탱크저장소 또는 이동탱크저장소(이하 이 목에서 "옥외탱크저장소등"이라 한다)에서 당해 옥외탱크저장소등의 구조 및 설비에 나쁜 영향을 주지 아니하면서 다음에서 정하는 위험물이 아닌 물품을 저장하는 경우

   1) 제4류 위험물을 저장 또는 취급하는 옥외탱크저장소 등: 합성수지류등 또는 영 별표 1의 제4류의 품명란에 정한 물품을 주성분으로 함유한 것으로서 위험물에 해당하지 아니하는 물품 또는 위험물에 해당하지 아니하는 불연성 물품(저장 또는 취급하는 위험물 및 위험물외의 물품과 위험한 반응을 일으키지 아니하는 것에 한한다)
   2) 제6류 위험물을 저장 또는 취급하는 옥외탱크저장소 등: 영 별표 1의 제6류의 품명란에 정한 물품(동표 제6류의 품명란 제5호의 규정에 의한 물품을 제외한다)을 주성분으로 함유한 것으로서 위험물에 해당하지 아니하는 물품 또는 위험물에 해당하지 아니하는 불연성 물품(저장 또는 취급하는 위험물 및 위험물 외의 물품과 위험한 반응을 일으키지 아니하는 것에 한한다)

2. 영 별표 1의 유별을 달리하는 위험물은 동일한 저장소(내화구조의 격벽으로 완전히 구획된 실이 2 이상 있는 저장소에 있어서는 동일한 실. 이하 제3호에서 같다)에 저장하지 아니하여야 한다. 다만, 옥내저장소 또는 옥외저장소에 있어서 다음 각 목의 규정에 의한 위험물을 저장하는 경우로서 위험물을 유별로 정리하여 저장하는 한편, 서로 1m 이상의 간격을 두는 경우에는 그러하지 아니하다(중요기준).
   가. 제1류 위험물(알칼리금속의 과산화물 또는 이를 함유한 것을 제외한다)과 제5류 위험물을 저장하는 경우
   나. 제1류 위험물과 제6류 위험물을 저장하는 경우
   다. 제1류 위험물과 제3류 위험물 중 자연발화성물질(황린 또는 이를 함유한 것에 한한다)을 저장하는 경우
   라. 제2류 위험물 중 인화성고체와 제4류 위험물을 저장하는 경우
   마. 제3류 위험물 중 알킬알루미늄등과 제4류 위험물(알킬알루미늄 또는 알킬리튬을 함유한 것에 한한다)을 저장하는 경우
   바. 제4류 위험물 중 유기과산화물 또는 이를 함유하는 것과 제5류 위험물 중 유기과산화물 또는 이를 함유한 것을 저장하는 경우

3. 제3류 위험물 중 황린 그 밖에 물속에 저장하는 물품과 금수성물질은 동일한 저장소에서 저장하지 아니하여야 한다(중요기준).

4. 옥내저장소에 있어서 위험물은 V의 규정에 의한 바에 따라 용기에 수납하여 저장하여야 한다. 다만, 덩어리상태의 유황과 제48조의 규정에 의한 위험물에 있어서는 그러하지 아니하다.

5. 옥내저장소에서 동일 품명의 위험물이더라도 자연발화할 우려가 있는 위험물 또는 재해가 현저하게 증대할 우려가 있는 위험물을 다량 저장하는 경우에는 지정수량의 10배 이하마다 구분하여 상호간 0.3m 이상의 간격을 두어 저장하여야 한다. 다만, 제48조의 규정에 의한 위험물 또는 기계에 의하여 하역하는 구조로 된 용기에 수납한 위험물에 있어서는 그러하지 아니하다(중요기준).

6. 옥내저장소에서 위험물을 저장하는 경우에는 다음 각 목의 규정에 의한 높이를 초과하여 용기를 겹쳐 쌓지 아니하여야 한다.
   가. 기계에 의하여 하역하는 구조로 된 용기만을 겹쳐 쌓는 경우에 있어서는 6m
   나. 제4류 위험물 중 제3석유류, 제4석유류 및 동식물유류를 수납하는 용기만을 겹쳐 쌓는 경우에 있어서는 4m
   다. 그 밖의 경우에 있어서는 3m

7. 옥내저장소에서는 용기에 수납하여 저장하는 위험물의 온도가 55℃를 넘지 아니하도록 필요한 조치를 강구하여야 한다(중요기준).

8. 삭제

9. 옥외저장탱크·옥내저장탱크 또는 지하저장탱크의 주된 밸브(액체의 위험물을 이송하기 위한 배관에 설치된 밸브중 탱크의 바로 옆에 있는 것을 말한다) 및 주입구의 밸브 또는 뚜껑은 위험물을 넣거나 빼낼 때 외에는 폐쇄하여야 한다.

10. 옥외저장탱크의 주위에 방유제가 있는 경우에는 그 배수구를 평상시 폐쇄하여 두고, 당해 방유제의 내부에 유류 또는 물이 괴었을 때에는 지체 없이 이를 배출하여야 한다.

11. 이동저장탱크에는 당해 탱크에 저장 또는 취급하는 위험물의 위험성을 알리는 표지를 부착하고 잘 보일 수 있도록 관리하여야 한다.

12. 이동저장탱크 및 그 안전장치와 그 밖의 부속배관은 균열, 결합불량, 극단적인 변형, 주입호스의 손상 등에 의한 위험물의 누설이 일어나지 아니하도록 하고, 당해 탱크의 배출밸브는 사용시 외에는 완전하게 폐쇄하여야 한다.

13. 피견인자동차에 고정된 이동저장탱크에 위험물을 저장할 때에는 당해 피견인자동차에 견인자동차를 결합한 상태로 두어야 한다. 다만, 다음 각 목의 기준에 따라 피견인자동차를 철도·궤도상의 차량(이하 이 호에서 "차량"이라 한다)에 싣거나 차량으로부터 내리는 경우에는 그러하지 아니하다.
    가. 피견인자동차를 싣는 작업은 화재예방상 안전한 장소에서 실시하고, 화재가 발생하였을 경우에 그 피해의 확대를 방지할 수 있도록 필요한 조치를 강구할 것
    나. 피견인자동차를 실을 때에는 이동저장탱크에 변형 또는 손상을 주지 아니하도록 필요한 조치를 강구할 것
    다. 피견인자동차를 차량에 싣는 것은 견인자동차를 분리한 즉시 실시하고, 피견인자동차를 차량으로부터 내렸을 때에는 즉시 당해 피견인자동차를 견인자동차에 결합할 것

14. 컨테이너식 이동탱크저장소외의 이동탱크저장소에 있어서는 위험물을 저장한 상태로 이동저장탱크를 옮겨 싣지 아니하여야 한다(중요기준).

15. 이동탱크저장소에는 당해 이동탱크저장소의 완공검사합격확인증 및 정기점검기록을 비치하여야 한다.

16. 알킬알루미늄등을 저장 또는 취급하는 이동탱크저장소에는 긴급시의 연락처, 응급조치에 관하여 필요한 사항을 기재한 서류, 방호복, 고무장갑, 밸브 등을 죄는 결합공구 및 휴대용 확성기를 비치하여야 한다.

17. 옥외저장소(제20호의 규정에 의한 경우를 제외한다)에 있어서 위험물은 V에 정하는 바에 따라 용기에 수납하여 저장하여야 한다.

18. 옥외저장소에서 위험물을 저장하는 경우에 있어서는 제6호 각 목의 규정에 의한 높이를 초과하여 용기를 겹쳐 쌓지 아니하여야 한다.

19. 옥외저장소에서 위험물을 수납한 용기를 선반에 저장하는 경우에는 6m를 초과하여 저장하지 아니하여야 한다.

20. 유황을 용기에 수납하지 아니하고 저장하는 옥외저장소에서는 유황을 경계표시의 높이 이하로 저장하고, 유황이 넘치거나 비산하는 것을 방지할 수 있도록 경계표시 내부의 전체를 난연성 또는 불연성의 천막 등으로 덮고 당해 천막 등을 경계표시에 고정하여야 한다.

21. 알킬알루미늄등, 아세트알데히드등 및 디에틸에테르등(디에틸에테르 또는 이를 함유한 것을 말한다. 이하 같다)의 저장기준은 제1호 내지 제20호의 규정에 의하는 외에 다음 각 목과 같다(중요기준).
    가. 옥외저장탱크 또는 옥내저장탱크 중 압력탱크(최대상용압력이 대기압을 초과하는 탱크를 말한다. 이하 이 호에서 같다)에 있어서는 알킬알루미늄등의 취출에 의하여 당해 탱크내의 압력이 상용압력 이하로 저하하지 아니하도록, 압력탱크 외의 탱크에 있어서는 알킬알루미늄등의 취출이나 온도의 저하에 의한 공기의 혼입을 방지할 수 있도록 불활성의 기체를 봉입할 것

나. 옥외저장탱크·옥내저장탱크 또는 이동저장탱크에 새롭게 알킬알루미늄등을 주입하는 때에는 미리 당해 탱크안의 공기를 불활성기체와 치환하여 둘 것

다. 이동저장탱크에 알킬알루미늄등을 저장하는 경우에는 20kPa 이하의 압력으로 불활성의 기체를 봉입하여 둘 것

라. 옥외저장탱크·옥내저장탱크 또는 지하저장탱크 중 압력탱크에 있어서는 아세트알데히드등의 취출에 의하여 당해 탱크내의 압력이 상용압력 이하로 저하하지 아니하도록, 압력탱크 외의 탱크에 있어서는 아세트알데히드등의 취출이나 온도의 저하에 의한 공기의 혼입을 방지할 수 있도록 불활성 기체를 봉입할 것

마. 옥외저장탱크·옥내저장탱크·지하저장탱크 또는 이동저장탱크에 새롭게 아세트알데히드등을 주입하는 때에는 미리 당해 탱크안의 공기를 불활성 기체와 치환하여 둘 것

바. 이동저장탱크에 아세트알데히드등을 저장하는 경우에는 항상 불활성의 기체를 봉입하여 둘 것

사. 옥외저장탱크·옥내저장탱크 또는 지하저장탱크 중 압력탱크 외의 탱크에 저장하는 디에틸에테르등 또는 아세트알데히드등의 온도는 산화프로필렌과 이를 함유한 것 또는 디에틸에테르등에 있어서는 30℃ 이하로, 아세트알데히드 또는 이를 함유한 것에 있어서는 15℃ 이하로 각각 유지할 것

아. 옥외저장탱크·옥내저장탱크 또는 지하저장탱크 중 압력탱크에 저장하는 아세트알데히드등 또는 디에틸에테르등의 온도는 40℃ 이하로 유지할 것

자. 보냉장치가 있는 이동저장탱크에 저장하는 아세트알데히드등 또는 디에틸에테르등의 온도는 당해 위험물의 비점 이하로 유지할 것

차. 보냉장치가 없는 이동저장탱크에 저장하는 아세트알데히드등 또는 디에틸에테르등의 온도는 40℃ 이하로 유지할 것

---

**049 | 탱크 용량 산정기준**     답 ③

탱크용적의 산정기준은 위험물을 저장 또는 취급하는 탱크의 용량은 해당 탱크의 내용적에서 공간용적을 뺀 용적으로 한다.

# PART 6 소방의 화재조사에 관한 법률

| 01 | 총칙 | | 234p |
|---|---|---|---|
| 001 ① | 002 ④ | 003 ③ | 004 ④ |

## 001 | 관계인등
답 ①

인명구조활동에는 유도대피 사항이 포함된다.

## 002 | 용어의 정의
답 ④

"화재조사관"이란 화재조사에 전문성을 인정받아 화재조사를 수행하는 소방 공무원을 말한다.

## 003 | 용어의 정의
답 ③

소방청장, 소방본부장 또는 소방서장이 화재원인, 피해상황, 대응활동 등을 파악하기 위하여 자료의 수집, 관계인등에 대한 질문, 현장 확인, 감식, 감정 및 실험 등을 하는 일련의 행위는 "화재조사"이다.

## 004 | 용어의 정의
답 ④

화재 현장 주변을 지나가던 사람은 관계자 등에 해당하지 않는다.

> 📝 **관련 개념 | 「소방의 화재조사에 관한 법률」상 관계인등**
> "관계인등"이란 화재가 발생한 소방대상물의 소유자·관리자 또는 점유자 및 다음의 사람을 말한다.
> 1. 화재 현장을 발견하고 신고한 사람
> 2. 화재 현장을 목격한 사람
> 3. 소화활동을 행하거나 인명구조활동(유도대피 포함)에 관계된 사람
> 4. 화재를 발생시키거나 화재발생과 관계된 사람

| 02 | 화재조사의 실시 등 | | | 236p |
|---|---|---|---|---|
| 001 ① | 002 ④ | 003 ② | 004 ② | 005 ③ |
| 006 ② | 007 ② | 008 ④ | 009 ③ | 010 ③ |

## 001 | 화재조사 항목
답 ①

소방시설 등의 설치·관리 및 작동 여부에 관한 사항

> 📝 **관련 개념 | 화재조사 항목**
> 1. 화재원인에 관한 사항
> 2. 화재로 인한 인명·재산피해상황
> 3. 대응활동에 관한 사항
> 4. 소방시설 등의 설치·관리 및 작동 여부에 관한 사항
> 5. 화재발생건축물과 구조물, 화재유형별 화재위험성 등에 관한 사항
> 6. 그 밖에 대통령령으로 정하는 사항

## 002 | 화재조사 항목
답 ④

화재조사 결과에 관한 사항은 포함되지 않는다.

> 「소방의 화재조사에 관한 법률」 제5조 【화재조사의 실시】 ① 소방청장, 소방본부장 또는 소방서장(이하 "소방관서장"이라 한다)은 화재발생 사실을 알게 된 때에는 지체 없이 화재조사를 하여야 한다. 이 경우 수사기관의 범죄수사에 지장을 주어서는 아니 된다.
> ② 소방관서장은 제1항에 따라 화재조사를 하는 경우 다음 각 호의 사항에 대하여 조사하여야 한다.
> 1. 화재원인에 관한 사항
> 2. 화재로 인한 인명·재산피해상황
> 3. 대응활동에 관한 사항
> 4. 소방시설 등의 설치·관리 및 작동 여부에 관한 사항
> 5. 화재발생건축물과 구조물, 화재유형별 화재위험성 등에 관한 사항
> 6. 그 밖에 대통령령으로 정하는 사항
> ③ 제1항 및 제2항에 따른 화재조사의 대상 및 절차 등에 필요한 사항은 대통령령으로 정한다.

## 003 | 화재조사전담부서
답 ②

화재조사 원인 조사 및 피해조사의 자료수집은 포함되지 않는다.

> 「소방의 화재조사에 관한 법률」 제6조 【화재조사전담부서의 설치·운영 등】 ① 소방관서장은 전문성에 기반하는 화재조사를 위하여 화재조사전담부서(이하 "전담부서"라 한다)를 설치·운영하여야 한다.
> ② 전담부서는 다음 각 호의 업무를 수행한다.
> 1. 화재조사의 실시 및 조사결과 분석·관리
> 2. 화재조사 관련 기술개발과 화재조사관의 역량증진

3. 화재조사에 필요한 시설·장비의 관리·운영
4. 그 밖에 화재조사에 관하여 필요한 업무
③ 소방관서장은 화재조사관으로 하여금 화재조사 업무를 수행하게 하여야 한다.
④ 화재조사관은 소방청장이 실시하는 화재조사에 관한 시험에 합격한 소방공무원 등 화재조사에 관한 전문적인 자격을 가진 소방공무원으로 한다.
⑤ 전담부서의 구성·운영, 화재조사관의 구체적인 자격기준 및 교육훈련 등에 필요한 사항은 대통령령으로 정한다.

## 004 | 화재조사전담부서                     답 ②

소방관서장은 전문성에 기반하는 화재조사를 위하여 화재조사전담부서를 설치·운영해야 한다.

## 005 | 화재조사에 관한 시험                 답 ③

선지분석
① 소방청장이 자격시험을 실시하는 경우에는 시험의 과목 일시 장소 및 응시 자격 절차 등을 시험 실시 30일 전까지 소방청의 인터넷 홈페이지에 공고해야 한다.
② 화재조사관 양성을 위한 전문교육을 이수한 소방공무원은 자격시험을 응시할 수 있다.
④ 국립과학수사연구원 또는 소방청장이 인정하는 외국의 화재조사 관련 기관에서 8주 이상 화재조사에 관한 전문교육을 이수한 소방공무원은 자격시험을 응시할 수 있다.

## 006 | 화재조사에 관한 교육훈련             답 ②

전담부서에 배치된 화재조사관의 처음 받는 의무 보수교육은 배치 후 1년 이내에 받아야 한다.

## 007 | 화재합동조사단의 구성 및 운영        답 ②

사상자가 많거나 사회적 이목을 끄는 화재 등 대통령령으로 정하는 대형화재란 사망자가 5명 이상 발생한 화재를 말한다.

## 008 | 통제구역 표지                       답 ④

설정자의 성함 및 직책은 해당하지 않는다.

📋 **관련 개념 | 화재현장 보존조치를 하거나 통제구역을 설정하는 경우 표지 설치(영 제8조)**
1. 화재현장 보존조치나 통제구역 설정의 이유 및 주체
2. 화재현장 보존조치나 통제구역 설정의 범위
3. 화재현장 보존조치나 통제구역 설정의 기간

## 009 | 화재현장 보존                       답 ③

관계인이 요청하는 경우는 해당하지 않는다.

📋 **관련 개념 | 화재현장 보존조치 및 통제구역의 설정 해제**
1. 화재조사가 완료된 경우
2. 화재현장 보존조치나 통제구역의 설정이 해당 화재조사와 관련이 없다고 인정되는 경우

## 010 | 화재조사의 내용                      답 ③

선지분석
① 소방관서장은 화재조사가 필요한 경우 관계인등을 소방관서에 출석하게 하여 질문할 수 있다.
② 소방관서장은 관계인등의 출석을 요구하려면 출석일 3일 전까지 알려야 한다.
④ 화재조사의 증거물을 수집하는 경우 증거물의 수집과정을 문서 작성 또는 사진 촬영 또는 영상 녹화의 방법으로 기록해야 한다.

| 03 | 화재조사결과의 공표 등 | 239p |
|---|---|---|

001 ③

## 001 | 화재조사 결과의 공표               답 ③

대응활동에 관한 사항은 포함되지 않는다.

📋 **관련 개념 | 화재조사 결과의 공표에 포함되는 사항 (규칙 제8조)**
1. 화재원인에 관한 사항
2. 화재로 인한 인명 재산피해에 관한 사항
3. 화재발생 건축물과 구조물에 관한 사항
4. 그 밖에 화재예방을 위해 공표할 필요가 있다고 소방관서장이 인정하는 사항

## 04 화재조사 기반구축
240p

001 ①

## 05 벌칙
241p

001 ③    002 ③

### 001 | 화재감정기관
답 ①

주된 기술인력은 2명, 보조 기술인력은 3명이다.

> 「소방의 화재조사에 관한 법률 시행령」제12조【화재감정기관의 지정기준】① 법 제17조 제1항에서 "대통령령으로 정하는 시설과 전문인력 등 지정기준"이란 다음 각 호의 기준을 말한다.
> 1. 화재조사를 수행할 수 있는 다음 각 목의 시설을 모두 갖출 것
>    가. 증거물, 화재조사 장비 등을 안전하게 보호할 수 있는 설비를 갖춘 시설
>    나. 증거물 등을 장기간 보존·보관할 수 있는 시설
>    다. 증거물의 감식·감정을 수행하는 과정 등을 촬영하고 이를 디지털파일의 형태로 처리·보관할 수 있는 시설
> 2. 화재조사에 필요한 다음 각 목의 구분에 따른 전문인력을 각각 보유할 것
>    가. 주된 기술인력: 다음의 어느 하나에 해당하는 사람을 2명 이상 보유할 것
>       1) 「국가기술자격법」에 따른 국가기술자격의 직무분야 중 화재감식평가 분야의 기사 자격 취득 후 화재조사 관련 분야에서 5년 이상 근무한 사람
>       2) 화재조사관 자격 취득 후 화재조사 관련 분야에서 5년 이상 근무한 사람
>       3) 이공계 분야의 박사학위 취득 후 화재조사 관련 분야에서 2년 이상 근무한 사람
>    나. 보조 기술인력: 다음의 어느 하나에 해당하는 사람을 3명 이상 보유할 것
>       1) 「국가기술자격법」에 따른 국가기술자격의 직무분야 중 화재감식평가 분야의 기사 또는 산업기사 자격을 취득한 사람
>       2) 화재조사관 자격을 취득한 사람
>       3) 소방청장이 인정하는 화재조사 관련 국제자격증 소지자
>       4) 이공계 분야의 석사 이상 학위 취득 후 화재조사 관련 분야에서 1년 이상 근무한 사람
> 3. 화재조사를 수행할 수 있는 감식·감정 장비, 증거물 수집 장비 등을 갖출 것
> ② 법 제17조 제1항에 따라 지정된 화재감정기관(이하 "화재감정기관"이라 한다)이 갖추어야 할 시설과 전문인력 등에 관한 세부적인 기준은 소방청장이 정하여 고시한다.

### 001 | 300만원 이하의 벌금
답 ③

선지분석

③은 200만원 이하의 과태료에 해당한다.

📝 관련 개념 | 200만원 이하의 과태료

1. 허가 없이 통제구역에 출입한 사람
2. 보고 또는 자료 제출을 하지 아니하거나 거짓으로 보고 또는 자료를 제출한 사람
3. 정당한 사유 없이 규정에 따른 출석을 거부하거나 질문에 대하여 거짓으로 진술한 사람

### 002 | 과태료 부과 징수권자
답 ③

과태료는 대통령령으로 정하는 바에 따라 소방관서장 또는 경찰서장이 부과·징수한다.

# 부록 실전동형모의고사

## 01 소방박물관의 설립과 운영  답 ③

소방박물관의 설립과 운영에 필요한 사항은 행정안전부령으로 정한다.

## 02 국고보조대상사업 범위  답 ②

소방관서용 청사의 건축은 소방활동장비에 해당하지 않는다.

> 「소방기본법 시행령」 제2조 【국고보조 대상사업의 범위와 기준】
> ① 법 제9조 제2항에 따른 국고보조 대상사업의 범위는 다음 각 호와 같다.
> 1. 다음 각 목의 소방활동장비와 설비의 구입 및 설치
>    가. 소방자동차
>    나. 소방헬리콥터 및 소방정
>    다. 소방전용통신설비 및 전산설비
>    라. 그 밖에 방화복 등 소방활동에 필요한 소방장비
> 2. 소방관서용 청사의 건축(「건축법」 제2조 제1항 제8호에 따른 건축을 말한다)
> ② 제1항 제1호에 따른 소방활동장비 및 설비의 종류와 규격은 행정안전부령으로 정한다.
> ③ 제1항에 따른 국고보조 대상사업의 기준보조율은 「보조금 관리에 관한 법률 시행령」에서 정하는 바에 따른다.

## 03 소방체험관의 설립 및 운영  답 ③

선지분석
① 소방체험관 중 소방안전 체험실로 사용되는 부분의 바닥면적의 합이 900제곱미터 이상이 되어야 한다.
② 소방체험관에는 생활안전, 교통안전, 자연재난안전, 보건안전 분야에 대한 체험실별 바닥면적은 100제곱미터 이상이어야 한다.
④ 소방체험관의 장은 체험교육의 운영결과, 만족도 조사결과 등을 기록하고 이를 3년간 보관하여야 한다.

## 04 소방안전교육사시험 응시자격  답 ①

선지분석
ㅁ. 소방공무원으로 3년 이상 근무한 경력이 있는 사람
ㅂ. 국가기술자격의 직무분야 중 위험물 중 직무분야의 기능장 자격을 취득한 사람

> 관련 개념 | 소방안전교육사시험 응시자격

| 5년 | 의용소방대 |
|---|---|
| 3년 | 소방공무원(2주 교육), 보육교사, 2급 응급구조사, 2급 소방안전관리자, 안전관리분야 산업기사 |
| 1년 | 간호사, 1급 응급구조사, 1급 소방안전관리자, 안전관리분야 기사 |
| 연도무관 | 어린이집 원장, 교원자격증, 특급소방안전관리자, 소방시설관리사, 안전관리분야 기술사(위험물 기능장) |

## 05 과태료  답 ①

소방자동차 전용구역에 차를 주차하거나 전용구역에의 진입을 가로막는 등의 방해행위를 한 자는 100만원 이하의 과태료 처분 대상이다. 나머지 선지는 200만원 이하의 과태료 처분 대상이다.

> 관련 개념 | 200만원 이하의 과태료
> 1. 한국119청소년단 또는 이와 유사한 명칭을 사용한 자
> 2. 화재진압 구조·구급 활동을 위해 사이렌을 사용하여 출동하는 소방자동차의 출동에 지장을 준 자
> 3. 소방활동구역을 대통령령으로 정하는 사람외 출입한 사람
> 4. 한국소방안전원 또는 이와 유사한 명칭을 사용한 자

## 06 건축허가 등의 동의  답 ③

아파트를 제외한 연면적이 10만제곱미터 이상인 특정소방대상물은 특급 소방안전관리대상물이므로 10일 이내에 동의여부를 회신하여야 한다.
• 동의요구 서류보완: 4일 이내
• 건축허가 등의 취소통보: 7일 이내
• 동의여부: 5일 이내(특급소방안전관리대상물은 10일 이내)

> 관련 개념 | 특급소방안전관리대상물
> 1. 50층 이상(지하층은 제외) 또는 높이 200미터 이상인 아파트
> 2. 30층 이상(지하층을 포함) 또는 높이가 120미터 이상인 특정소방대상물(아파트는 제외)
> 3. 연면적이 10만제곱미터 이상인 특정소방대상물(아파트는 제외)

## 07 건축허가 등의 동의 답 ②

해당하는 것은 ㄱ, ㄷ, ㄹ이다.

선지분석
ㄴ. 차고·주차장으로 사용되는 바닥면적이 200제곱미터 이상 인 층이 있는 건축물이나 주차시설
ㅁ. 학대피해노인 전용쉼터(단독주택 또는 공동주택에 설치되 는 시설은 제외)
ㅂ. 가스시설로서 지상에 노출된 탱크의 저장용량의 합계가 100톤 이상인 것

## 08 스프링클러설비를 설치해야 하는 특정소방대상물 답 ①

한방병원 및 요양병원의 바닥면적의 합계가 600m² 이상인 것 은 모든 층이 해당한다.

> **관련 개념 | 스프링클러설비를 설치해야 하는 특정소방 대상물**
>
> 다음에 해당하는 용도로 사용되는 시설의 바닥면적의 합계가 600m² 이상인 것은 모든 층
> 1. 근린생활시설 중 조산원 및 산후조리원
> 2. 의료시설 중 정신의료기관
> 3. 의료시설 중 종합병원, 병원, 치과병원, 한방병원 및 요양병원
> 4. 노유자 시설
> 5. 숙박이 가능한 수련시설
> 6. 숙박시설

## 09 지방소방기술심의위원회의 심의사항 답 ②

> **관련 개념 | 중앙위원회 및 지방위원회**

| 구분 | 중앙위원회 | 지방위원회 |
|---|---|---|
| 설치기관 | 소방청 | 시·도 |
| 위원회 구성 | 위원장포함 60명 이내(성별고려) | 위원장포함 5~9명 위원으로 구성 |
| 분야별 소위원회 | 있음 | 없음 |
| 심의사항 (법) | • 화재안전기준<br>• 소방시설의 공법이 특수한 설계 및 시공<br>• 소방시설의 설계 및 공사 감리방법<br>• 소방시설공사 하자판단 기준<br>• 신기술, 신공법 등 검토, 평가에 고도기술이 필요한 경우로서 중앙위원회 심의를 요청한 경우<br>• 대통령령이 정하는 사항 | • 소방시설 하자가 있는지 판단<br>• 대통령령이 정하는 사항 |

| | • 연면적 10만제곱미터 이상: 소방시설의 설계, 시공, 감리 하자유무<br>• 새로운 소방시설과 용품 등의 도입여부<br>• 소방청장이 심의에 부치는 사항 | • 연면적 10만제곱미터 미만: 소방시설의 설계, 시공, 감리 하자유무<br>• 소방본부장, 서장: 화재안전기준 또는 위험물제조소등 시설기준 적용에 관하여 기술검토 요청<br>• 시·도지사가 심의에 부치는 사항 |
|---|---|---|
| 심의사항 (시행령) | | |

## 10 용어의 정의 답 ①

선지분석
② 화재안전 성능기준이란 화재안전 확보를 위하여 재료, 공간 및 설비 등에 요구되는 안전성능으로서 소방청장이 고시로 정하는 기준
③ 화재안전 기술기준이란 화재안전 성능기준을 충족하는 상세 한 규격, 특정한 수치 및 시험방법 등에 관한 기준으로서 행 정안전부령으로 정하는 절차에 따라 소방청장의 승인을 받 은 기준
④ 피난층이란 곧바로 지상으로 갈 수 있는 출입구가 있는 층

## 11 자동차에 설치 또는 비치하는 소화기 답 ①

5인승 이상의 승용자동차에는 능력단위 1 이상의 소화기 1개 이 상을 사용하기 쉬운 곳에 설치 또는 비치한다.

> **「소방시설 설치 및 관리에 관한 법률」 제11조 【자동차에 설치 또는 비치하는 소화기】** ① 「자동차관리법」 제3조 제1항에 따른 자동차 중 다음 각 호의 어느 하나에 해당하는 자동차를 제작·조립·수입·판매하려는 자 또는 해당 자동차의 소유자는 차량용 소화기를 설치하거나 비치하여야 한다.
> 1. 5인승 이상의 승용자동차
> 2. 승합자동차
> 3. 화물자동차
> 4. 특수자동차
> ② 제1항에 따른 차량용 소화기의 설치 또는 비치 기준은 행정안전부령으로 정한다.
> ③ 국토교통부장관은 「자동차관리법」 제43조 제1항에 따른 자동차검사 시 차량용 소화기의 설치 또는 비치 여부 등을 확인하여야 하며, 그 결과를 매년 12월 31일까지 소방청장에게 통보하여야 한다.
>
> **시행규칙 [별표 2] 차량용 소화기의 설치 또는 비치 기준**
> 자동차에는 법 제37조 제5항에 따라 형식승인을 받은 차량용 소화기를 다음 각 호의 기준에 따라 설치 또는 비치해야 한다.
> 1. 승용자동차: 법 제37조 제5항에 따른 능력단위(이하 "능력단위"라 한다) 1 이상의 소화기 1개 이상을 사용하기 쉬운 곳에 설치 또는 비치한다.
> 2. 승합자동차
>    가. 경형승합자동차: 능력단위 1 이상의 소화기 1개 이상을 사용하기 쉬운 곳에 설치 또는 비치한다.
>    나. 승차정원 15인 이하: 능력단위 2 이상인 소화기 1개 이상 또는 능력단위 1 이상인 소화기 2개 이상을 설치한다. 이 경우 승차정원 11인 이상 승합자동차는 운전석 또는 운전석과 옆으로 나란한 좌석 주위에 1개 이상을 설치한다.

다. 승차정원 16인 이상 35인 이하: 능력단위 2 이상인 소화기 2개 이상을 설치한다. 이 경우 승차정원 23인을 초과하는 승합자동차로서 너비 2.3미터를 초과하는 경우에는 운전자 좌석 부근에 가로 600밀리미터, 세로 200밀리미터 이상의 공간을 확보하고 1개 이상의 소화기를 설치한다.

라. 승차정원 36인 이상: 능력단위 3 이상인 소화기 1개 이상 및 능력단위 2 이상인 소화기 1개 이상을 설치한다. 다만, 2층 대형승합자동차의 경우에는 위층 차실에 능력단위 3 이상인 소화기 1개 이상을 추가 설치한다.

3. 화물자동차(피견인자동차는 제외한다) 및 특수자동차
가. 중형 이하: 능력단위 1 이상인 소화기 1개 이상을 사용하기 쉬운 곳에 설치한다.
나. 대형 이상: 능력단위 2 이상인 소화기 1개 이상 또는 능력단위 1 이상인 소화기 2개 이상을 사용하기 쉬운 곳에 설치한다.

4. 「위험물안전관리법 시행령」 제3조에 따른 지정수량 이상의 위험물 또는 「고압가스 안전관리법 시행령」 제2조에 따라 고압가스를 운송하는 특수자동차(피견인자동차를 연결한 경우에는 이를 연결한 견인자동차를 포함한다): 「위험물안전관리법 시행규칙」 제41조 및 별표 17 제3호 나목 중 이동탱크저장소 자동차용소화기의 설치기준란에 해당하는 능력단위와 수량 이상을 설치한다.

## 12 | 특수가연물 저장 및 취급 기준    답 ②

실내에 쌓아 저장하는 경우 주요구조부는 내화구조이면서 불연재료여야 하고, 다른 종류의 특수가연물과 같은 공간에 보관하지 않을 것. 다만, 내화구조의 벽으로 분리하는 경우는 그렇지 않다.

## 13 | 화재예방강화지구    답 ④

옳은 것은 ㄷ, ㅁ, ㅂ, ㅇ, ㅈ으로 5개이다.

**📝 관련 개념 | 화재예방강화지구**

1. 시장지역
2. 공장·창고가 밀집한 지역
3. 목조건물이 밀집한 지역
4. 노후·불량건축물이 밀집한 지역
5. 위험물의 저장 및 처리 시설이 밀집한 지역
6. 석유화학제품을 생산하는 공장이 있는 지역
7. 「산업입지 및 개발에 관한 법률」 제2조 제8호에 따른 산업단지
8. 소방시설·소방용수시설 또는 소방출동로가 없는 지역
9. 「물류시설의 개발 및 운영에 관한 법률」 제2조 제6호에 따른 물류단지
10. 그 밖에 1.부터 9.까지에 준하는 지역으로서 소방관서장이 화재예방강화지구로 지정할 필요가 있다고 인정하는 지역

## 14 | 특정소방대상물의 근무자 및 거주자에 대한 소방훈련    답 ④

모두 옳은 내용이다.

## 15 | 청문    답 ③

소방안전관리자의 자격 정지는 청문대상이 아니다.

**📝 관련 개념 | 청문대상**

소방청장 또는 시·도지사는 다음 어느 하나에 해당하는 처분을 하려면 청문을 하여야 한다.
1. 소방안전관리자의 자격 취소
2. 진단기관의 지정 취소

## 16 | 제조소의 위치·구조 및 설비의 기준    답 ③

급기구는 당해 급기구가 설치된 실의 바닥면적 150m²마다 1개 이상으로 하되, 급기구의 크기는 800cm² 이상으로 할 것

## 17 | 제조소의 위치·구조 및 설비의 기준    답 ④

제5류 위험물 – 질산에스터류, 나이트로소화합물, 하이드록실아민염류(제1종: 10kg, 제2종: 100kg)

## 18 | 위험물의 저장 및 취급의 제한    답 ①

군부대가 지정수량 이상의 위험물을 군사목적으로 임시로 저장 또는 취급하는 경우에는 제조소등이 아닌 장소에서 지정수량 이상의 위험물을 취급할 수 있다.

## 19 | 정기점검대상    답 ③

정기점검 대상은 다음과 같다.
- 제15조 제1항 각 호의 어느 하나에 해당하는 제조소등
- 지하탱크저장소
- 이동탱크저장소
- 위험물을 취급하는 탱크로서 지하에 매설된 탱크가 있는 제조소·주유취급소 또는 일반취급소

**참고** 제15조 제1항 각 호의 어느 하나에 해당하는 제조소등
- 지정수량의 10배 이상의 위험물을 취급하는 제조소
- 지정수량의 100배 이상의 위험물을 저장하는 옥외저장소
- 지정수량의 150배 이상의 위험물을 저장하는 옥내저장소
- 지정수량의 200배 이상의 위험물을 저장하는 옥외탱크저장소
- 암반탱크저장소
- 이송취급소
- 지정수량의 10배 이상의 위험물을 취급하는 일반취급소. 다만, 제4류 위험물(특수인화물을 제외한다)만을 지정수량의 50배 이하로 취급하는 일반취급소(제1석유류·알코올류의 취급량이 지정수량의 10배 이하인 경우에 한한다)로서 다음 어느 하나에 해당하는 것을 제외한다.
  - 보일러·버너 또는 이와 비슷한 것으로서 위험물을 소비하는 장치로 이루어진 일반취급소
  - 위험물을 용기에 옮겨 담거나 차량에 고정된 탱크에 주입하는 일반취급소

## 20 | 안전교육
답 ④

탱크시험자의 기술인력 – 탱크시험자의 기술인력으로 등록한 날부터 6개월 이내 교육을 받은 후 2년마다 1회 – 기술원

### 📝 관련 개념 | 안전교육의 교육과정 · 교육대상자 · 교육시간 · 교육시기 및 교육기관

| 교육과정 | 교육대상자 | 교육시간 | 교육시기 | 교육기관 |
|---|---|---|---|---|
| 강습교육 | 안전관리자가 되려는 사람 | 24시간 | 최초 선임되기 전 | 안전원 |
| | 위험물운반자가 되려는 사람 | 8시간 | 최초 종사하기 전 | 안전원 |
| | 위험물운송자가 되려는 사람 | 16시간 | 최초 종사하기 전 | 안전원 |
| 실무교육 | 안전관리자 | 8시간 | 가. 제조소등의 안전관리자로 선임된 날부터 6개월 이내<br>나. 가목에 따른 교육을 받은 후 2년마다 1회 | 안전원 |
| | 위험물운반자 | 4시간 | 가. 위험물운반자로 종사한 날부터 6개월 이내<br>나. 가목에 따른 교육을 받은 후 3년마다 1회 | 안전원 |
| | 위험물운송자 | 8시간 | 가. 이동탱크저장소의 위험물운송자로 종사한 날부터 6개월 이내<br>나. 가목에 따른 교육을 받은 후 3년마다 1회 | 안전원 |
| | 탱크시험자의 기술인력 | 8시간 | 가. 탱크시험자의 기술인력으로 등록한 날부터 6개월 이내<br>나. 가목에 따른 교육을 받은 후 2년마다 1회 | 기술원 |

## 21 | 착공신고 대상
답 ④

선지분석

① 비상방송설비를 증설하는 공사는 해당하지 않는다.
② 유도등, 비상조명등을 신설하는 공사는 해당하지 않는다.
③ 무선통신보조설비를 증설하는 공사는 해당하지 않는다.

### 📝 관련 개념 | 착공신고 대상

| 소방시설 | 신설 | 증설(설비,구역) | 개설, 이전, 정비 |
|---|---|---|---|
| 소화설비 | 옥내·외, 스프링클러 등, 물분무등 | 스프링클러 등에서 화재조기진압용 제외 | 수신반, 소화펌프, 동력(감시)제어반 |
| 경보설비 | 자동화재탐지, 비상경보, 비상방송 | 자동화재탐지설비, 비상경보, 비상방송 제외 | |
| 피난구조설비 | 해당사항 없음 | 해당사항 없음 | |
| 소화용수설비 | 모두 해당 됨 | 해당사항 없음 | |
| 소화활동설비 | 모두 해당 됨 | 무선통신보조설비만 제외 | |

## 22 | 도급
답 ①

도급을 받은 자는 소방시설의 설계, 시공, 감리를 제3자에게 하도급할 수 없다. 다만, 시공의 경우에는 대통령령으로 정하는 바에 따라 도급받은 소방시설공사의 일부를 다른 공사업자에게 하도급할 수 있다.

참고 도급이 가능한 경우

예
1. 주택건설사업
2. 건설업
3. 전기공사업
4. 정보통신공사업
+ 소방시설공사 → 소방시설공사 일부를 하도급 할 수 있다(착공신고 대상).

## 23 | 소방기술자의 배치기준 및 배치기간
답 ②

지하층을 포함한 층수가 16층 이상 40층 미만인 특정소방대상물의 공사 현장에는 고급기술자 이상의 소방기술자를 배치하여야 한다.

### 📝 관련 개념 | 소방기술자의 배치기준

| 소방기술자의 배치기준 | 소방시설공사 현장의 기준 |
|---|---|
| 가. 행정안전부령으로 정하는 특급기술인 소방기술자(기계분야 및 전기분야) | • 연면적 20만제곱미터 이상인 특정소방대상물의 공사 현장<br>• 지하층을 포함한 층수가 40층 이상인 특정소방대상물의 공사 현장 |
| 나. 행정안전부령으로 정하는 고급기술자 이상의 소방기술자(기계분야 및 전기분야) | • 연면적 3만제곱미터 이상 20만제곱미터 미만인 특정소방대상물(아파트는 제외한다)의 공사 현장<br>• 지하층을 포함한 층수가 16층 이상 40층 미만인 특정소방대상물의 공사 현장 |

| 다. 행정안전부령으로 정하는 중급 기술자 이상의 소방기술자(기계분야 및 전기분야) | • 물분무등소화설비(호스릴 방식의 소화설비는 제외한다) 또는 제연설비가 설치되는 특정소방대상물의 공사 현장<br>• 연면적 5천제곱미터 이상 3만제곱미터 미만인 특정소방대상물(아파트는 제외한다)의 공사 현장<br>• 연면적 1만제곱미터 이상 20만제곱미터 미만인 아파트의 공사 현장 |
|---|---|
| 라. 행정안전부령으로 정하는 초급 기술자 이상의 소방기술자(기계분야 및 전기분야) | • 연면적 1천제곱미터 이상 5천제곱미터 미만인 특정소방대상물(아파트는 제외한다)의 공사 현장<br>• 연면적 1천제곱미터 이상 1만제곱미터 미만인 아파트의 공사 현장<br>• 지하구(地下溝)의 공사 현장 |
| 마. 법 제28조 제2항에 따라 자격수첩을 발급받은 소방기술자 | 연면적 1천제곱미터 미만인 특정소방대상물의 공사 현장 |

## 24 | 소방시설업자 등록의 취소사유    답 ③

소방시설업자 등록의 취소사유는 다음과 같다.
• 거짓이나 그 밖의 부정한 방법으로 등록한 경우
• 등록의 결격사유에 해당하게 된 경우. 다만, 법인이 그 사유가 발생한 날부터 3개월 이내에 그 사유를 해소한 경우는 제외한다.
• 영업정지 기간 중에 소방시설공사등을 한 경우

참고
다른 자에게 자기의 성명이나 상호를 사용하여 소방시설공사등을 수급 또는 시공하게 하거나 소방시설업의 등록증 또는 등록수첩을 빌려준 경우에는,
• 6개월 이내 기간을 정하여 시정하거나 영업정지에 해당한다.
• 300만원 이하 벌금에 처한다.

## 25 | 용어의 정의    답 ③

관계인등이란 ㄱ, ㄴ, ㄷ를 말한다.
• 화재 현장을 발견하고 신고한 사람
• 화재 현장을 목격한 사람
• 소화활동을 행하거나 인명구조활동(유도대피 포함)에 관계된 사람
• 화재를 발생시키거나 화재발생과 관계된 사람

## 26 | 용어의 정의    답 ②

선지분석
① "소방대상물"이란 건축물, 차량, 선박(「선박법」 제1조의2 제1항에 따른 선박으로서 항구에 매어둔 선박만 해당한다), 선박 건조 구조물, 산림, 그 밖의 인공 구조물 또는 물건을 말한다.
③ "소방본부장"이란 특별시·광역시·특별자치시·도 또는 특별자치도(이하 "시·도"라 한다)에서 화재의 예방·경계·진압·조사 및 구조·구급 등의 업무를 담당하는 부서의 장을 말한다.

④ "소방대장"이란 소방본부장 또는 소방서장 등 화재, 재난·재해, 그 밖이 위급한 상황이 발생한 현장에서 소방대를 지휘하는 사람을 말한다.

## 27 | 손실보상    답 ④

소방청장등은 보상금을 지급하기로 결정한 경우 결정일부터 10일 이내에 행정안전부령으로 정하는 바에 따라 결정 내용을 청구인에게 통지하고, 보상금을 지급하기로 결정한 경우에는 특별한 사유가 없으면 통지한 날부터 30일 이내에 보상금을 지급하여야 한다.

## 28 | 과징금    답 ②

소방시설관리업은 3천만원 이하, 소방시설관리업 외에는 2억원 이하의 과징금을 부과할 수 있다.

## 29 | 소방시설 종류    답 ①

선지분석
ㄴ. 스프링클러설비등의 종류는 스프링클러설비, 간이스프링클러설비(캐비닛형 간이스프링클러설비를 포함), 화재조기진압용 스프링클러설비이다.
ㄷ. 인명구조기구의 종류는 방열복, 방화복(안전모, 보호장갑 및 안전화를 포함), 공기호흡기, 인공소생기이다.
ㄹ. 소화용수설비의 종류는 상수도소화용수설비, 소화수조·저수조, 그 밖의 소화용수설비이다.

## 30 | 종합점검대상    답 ③

선지분석
① 연면적이 2,000m² 이상인 노래연습장
② 소방대가 근무하는 공공기관으로서 1,000m² 이상인 것으로서 옥내소화전설비
④ 물분무등소화설비(호스릴 방식의 물분무등소화설비만을 설치한 경우는 제외한다)가 설치된 연면적 5,000m² 이상인 특정소방대상물(제조소등은 제외한다)

📝 관련 개념 | 종합점검대상 특정소방대상물
1. 해당 특정소방대상물의 소방시설등이 신설된 경우에는 「건축법」 제22조에 따라 건축물을 사용할 수 있게 된 날부터 60일 해당하는 특정소방대상물
2. 스프링클러설비가 설치된 특정소방대상물
3. 물분무등소화설비[호스릴(hose reel) 방식의 물분무등소화설비만을 설치한 경우는 제외한다]가 설치된 연면적 5,000m² 이상인 특정소방대상물(제조소등은 제외한다)
4. 「다중이용업소의 안전관리에 관한 특별법 시행령」 제2조 제1호 나목, 같은 조 제2호(비디오물소극장업은 제외한다)·제6호·제7호·제7호의2 및 제7호의5의 다중이용업의 영업장이 설치된 특정소방대상물로서 연면적이 2,000m² 이상인 것
5. 제연설비가 설치된 터널

6. 「공공기관의 소방안전관리에 관한 규정」 제2조에 따른 공공기관 중 연면적(터널·지하구의 경우 그 길이와 평균 폭을 곱하여 계산된 값을 말한다)이 1,000㎡ 이상인 것으로서 옥내소화전설비 또는 자동화재탐지설비가 설치된 것. 다만, 「소방기본법」 제2조 제5호에 따른 소방대가 근무하는 공공기관은 제외한다.

## 31 | 소방안전관리자의 선임　　　　　답 ③

선지분석

① 소방설비기사의 자격을 취득한 후 7년 이상 1급 소방안전관리대상물의 소방안전관리자로 근무한 실무경력이 있는 사람은 특급 소방안전관리대상물에 선임 될 수 있다.
② 소방공무원으로 7년 이상 근무한 경력이 있는 사람은 1급 소방안전관리대상물에 선임 될 수 있다.
④ 소방공무원으로 1년 이상 근무한 경력이 있는 사람은 3급 소방안전관리대상물에 선임 될 수 있다.

## 32 | 소방안전관리보조자를 두어야 하는 특정 소방대상물　　　답 ④

• 「건축법 시행령」 별표 1 제2호 가목에 따른 아파트 중 ( ㉠ 300세대 ) 이상인 아파트
• 연면적이 ( ㉡ 1만5천제곱미터 ) 이상인 특정소방대상물(아파트 및 연립주택은 제외한다)

## 33 | 피난유도　　　　　　　　　　답 ③

피난안내도를 층마다 보기 쉬운 위치에 게시하는 방법이 해당한다.

> **📖 관련 개념 | 피난유도 안내정보의 제공**
>
> 1. 피난유도 안내정보는 다음 어느 하나의 방법으로 제공한다.
>     ⓐ 연 2회 피난안내 교육을 실시하는 방법
>     ⓑ 분기별 1회 이상 피난안내방송을 실시하는 방법
>     ⓒ 피난안내도를 층마다 보기 쉬운 위치에 게시하는 방법
>     ⓓ 엘리베이터, 출입구 등 시청이 용이한 장소에 피난안내영상을 제공하는 방법
> 2. 1.에서 규정한 사항 외에 피난유도 안내정보의 제공에 필요한 세부 사항은 소방청장이 정하여 고시한다.

## 34 | 제조소등의 사용중지　　　　　답 ②

제조소등의 관계인은 제조소등의 사용을 중지하거나 중지한 제조소등의 사용을 재개하려는 경우에는 해당 제조소등의 사용을 중지하려는 날 또는 재개하려는 날의 ( ㉠ 14일 ) 전까지 ( ㉡ 행정안전부령 )으로 정하는 바에 따라 제조소등의 사용 중지 또는 재개를 ( ㉢ 시·도지사 )에게 신고하여야한다.

## 35 | 탱크안전성능검사　　　　　　답 ①

선지분석

② 용접부검사: 옥외탱크저장소의 액체위험물탱크 중 그 용량이 100만리터 이상인 탱크
③ 충수(充水)·수압검사: 액체위험물을 저장 또는 취급하는 탱크. 단, 제조소 또는 일반취급소에 설치된 지정수량 미만인 것은 제외
④ 암반탱크검사: 액체위험물을 저장 또는 취급하는 암반 내의 공간을 이용한 탱크

> **「위험물안전관리법 시행령」 제2조 【탱크안전성능검사의 대상이 되는 탱크 등】** ① 법 제8조 제1항 전단에 따라 탱크안전성능검사를 받아야 하는 위험물탱크는 제2항에 따른 탱크안전성능검사별로 다음 각 호의 어느 하나에 해당하는 탱크로 한다.
> 1. 기초·지반검사: 옥외탱크저장소의 액체위험물탱크 중 그 용량이 100만리터 이상인 탱크
> 2. 충수(充水)·수압검사: 액체위험물을 저장 또는 취급하는 탱크. 다만, 다음 각 목의 어느 하나에 해당하는 탱크는 제외한다.
>     가. 제조소 또는 일반취급소에 설치된 탱크로서 용량이 지정수량 미만인 것
>     나. 「고압가스 안전관리법」 제17조 제1항에 따른 특정설비에 관한 검사에 합격한 탱크\
>     다. 「산업안전보건법」 제84조 제1항에 따른 안전인증을 받은 탱크
>     라. 삭제
> 3. 용접부검사: 제1호에 따른 탱크. 다만, 탱크의 저부에 관계된 변경공사(탱크의 옆판과 관련되는 공사를 포함하는 것을 제외한다)시에 행하여진 법 제18조 제3항에 따른 정기검사에 의하여 용접부에 관한 사항이 행정안전부령으로 정하는 기준에 적합하다고 인정된 탱크를 제외한다.
> 4. 암반탱크검사: 액체위험물을 저장 또는 취급하는 암반내의 공간을 이용한 탱크
> ② 법 제8조 제1항에 따른 탱크안전성능검사는 기초·지반검사, 충수·수압검사, 용접부검사 및 암반탱크검사로 구분하되, 그 내용은 별표 4와 같다.

## 36 | 위험물 안전관리에 관한 협회　　答 ①

협회에 관하여 이 법에서 규정한 것 외에는 「민법」 중 사단법인에 관한 규정을 준용한다.

> **📖 관련 개념 | 위험물 안전관리에 관한 협회**
>
> 1. 제조소등의 관계인, 위험물운송자, 탱크시험자 및 안전관리자의 업무를 위탁받아 수행할 수 있는 안전관리대행기관으로 소방청장의 지정을 받은 자는 위험물의 안전관리, 사고 예방을 위한 안전기술 개발, 그 밖에 위험물 안전관리의 건전한 발전을 도모하기 위하여 위험물 안전관리에 관한 협회(이하 "협회"라 한다)를 설립할 수 있다.
> 2. 협회는 법인으로 한다.
> 3. 협회는 소방청장의 인가를 받아 주된 사무소의 소재지에 설립등기를 함으로써 성립한다.
> 4. 협회의 설립인가 절차 및 정관의 기재사항 등에 관하여 필요한 사항은 대통령령으로 정한다.
> 5. 협회의 업무는 정관으로 정한다.
> 6. 협회에 관하여 이 법에서 규정한 것 외에는 「민법」 중 사단법인에 관한 규정을 준용한다.

## 37 | 위험물의 운반에 관한 기준  답 ③

액체위험물은 운반용기 내용적의 98% 이하의 수납율로 수납하되, 55도의 온도에서 누설되지 아니하도록 충분한 공간용적을 유지하도록 할 것

## 38 | 용어의 정의  답 ②

소방시설공사업이란 설계도서에 따라 소방시설을 신설, 증설, 개설, 이전 및 정비하는 영업을 말한다.

## 39 | 하도급계약심사위원회  답 ①

소방 분야 연구기관의 연구위원급 이상인 사람이 해당한다.

「소방시설공사업법 시행령」제12조의3 【하도급계약심사위원회의
구성 및 운영】① 법 제22조의2 제4항에 따른 하도급계약심사위
원회(이하 "위원회"라 한다)는 위원장 1명과 부위원장 1명을 포함하
여 10명 이내의 위원으로 구성한다.
② 위원회의 위원장(이하 "위원장"이라 한다)은 발주기관의 장(발
주기관이 특별시·광역시·특별자치시·도 및 특별자치도인 경우에
는 해당 기관 소속 2급 또는 3급 공무원 중에서, 발주기관이 제11조
의5 각 호의 공공기관인 경우에는 1급 이상 임직원 중에서 발주기
관의 장이 지명하는 사람을 각각 말한다)이 되고, 부위원장과 위원
은 다음 각 호의 어느 하나에 해당하는 사람 중에서 위원장이 임명
하거나 성별을 고려하여 위촉한다.
 1. 해당 발주기관의 과장급 이상 공무원(제11조의5 각 호의 공공기
  관의 경우에는 2급 이상의 임직원을 말한다)
 2. 소방 분야 연구기관의 연구위원급 이상인 사람
 3. 소방 분야의 박사학위를 취득하고 그 분야에서 3년 이상 연구
  또는 실무경험이 있는 사람
 4. 대학(소방 분야로 한정한다)의 조교수 이상인 사람
 5. 「국가기술자격법」에 따른 소방기술사 자격을 취득한 사람
③ 제2항 제2호부터 제5호까지의 규정에 해당하는 위원의 임기는
3년으로 하며, 한 차례만 연임할 수 있다.
④ 위원회의 회의는 재적위원 과반수의 출석으로 개의(開議)하고,
출석위원 과반수의 찬성으로 의결한다.
⑤ 제1항부터 제4항까지에서 규정한 사항 외에 위원회의 운영에 필
요한 사항은 위원회의 의결을 거쳐 위원장이 정한다.

## 40 | 전담부서에 갖추어야 할 장비와 시설  답 ①

접점저항계는 감정용 기기에 해당된다.

📑 관련 개념 | 담부서에 갖추어야 할 장비와 시설

| 감식기기<br>(16종) | 절연저항계, 멀티테스터기, 클램프미터, 정전기측정장치, 누설전류계, 검전기, 복합가스측정기, 가스(유종)검지기, 확대경, 산업용실체현미경, 적외선열상카메라, 접지저항계, 휴대용디지털현미경, 디지털탄화심도계, 슈미트해머(콘크리트 반발 경도 측정기구), 내시경현미경 |
|---|---|

| 감정용기기<br>(21종) | 가스크로마토그래피, 고속카메라세트, 화재시뮬레이션 시스템, X선 촬영기, 금속현미경, 시편(試片)절단기, 시편성형기, 시편연마기, 접점저항계, 직류전압전류계, 교류전압전류계, 오실로스코프(변화가 심한 전기 현상의 파형을 눈으로 관찰하는 장치), 주사전자현미경, 인화점측정기, 발화점측정기, 미량융점측정기, 온도기록계, 폭발압력측정기세트, 전압조정기(직류, 교류), 적외선분광광도계, 전기단락흔실험장치[1차 용융흔(鎔融痕), 2차 용융흔(鎔融痕), 3차 용융흔(鎔融痕) 측정 가능] |
|---|---|

## 제2회  실전동형모의고사  255p

| 01 ④ | 02 ② | 03 ③ | 04 ② | 05 ③ |
|---|---|---|---|---|
| 06 ④ | 07 ① | 08 ② | 09 ④ | 10 ② |
| 11 ① | 12 ② | 13 ③ | 14 ① | 15 ④ |
| 16 ③ | 17 ② | 18 ③ | 19 ① | 20 ② |
| 21 ② | 22 ② | 23 ① | 24 ③ | 25 ③ |
| 26 ① | 27 ② | 28 ④ | 29 ① | 30 ② |
| 31 ① | 32 ④ | 33 ③ | 34 ① | 35 ① |
| 36 ② | 37 ④ | 38 ④ | 39 ③ | 40 ① |

## 01 | 소방지원활동  답 ④

소방시설 오작동 신고에 따른 조치활동이다.

📑 관련 개념 | 소방지원활동
1. 산불에 대한 예방·진압 등 지원활동
2. 자연재해에 따른 급수·배수 및 제설 등 지원활동
3. 집회·공연 등 각종 행사 시 사고에 대비한 근접대기 등 지원활동
4. 화재, 재난·재해로 인한 피해복구 지원활동
5. 그 밖에 행정안전부령으로 정하는 활동
  ⓐ 군·경찰 등 유관기관에서 실시하는 훈련지원 활동
  ⓑ 소방시설 오작동 신고에 따른 조치활동
  ⓒ 방송제작 또는 촬영 관련 지원활동

## 02 | 벌칙  답 ②

정당한 사유 없이 물의 사용이나 수도의 개폐장치의 사용 또는 조작을 하지 못하게 하거나 방해한 자는 100만원 이하의 벌금에 처한다.

## 03 | 화재 오인 우려가 있는 지역  답 ③

선지분석
ㄹ. 노후·불량 건축물이 밀집한 지역은 해당하지 않는다.

📑 관련 개념 | 기체의 법칙($\frac{PV}{T}$)

화재로 오인할 만한 우려가 있는 불을 피우거나 연막(煙幕) 소독을 하려는 자가 신고하여야 하는 지역

1. 시장지역
2. 공장·창고가 밀집한 지역
3. 목조건물이 밀집한 지역
4. 위험물의 저장 및 처리시설이 밀집한 지역
5. 석유화학제품을 생산하는 공장이 있는 지역
6. 그 밖에 시·도의 조례로 정하는 지역 또는 장소

## 04 | 소방력의 기준　답 ②

📝 **관련 개념 | 소방력의 기준 등**
1. 소방기관이 소방업무를 수행하는 데에 필요한 인력과 장비 등[이하 "소방력"(消防力)이라 한다]에 관한 기준은 행정안전부령으로 정한다.
2. 시·도지사는 1.에 따른 소방력의 기준에 따라 관할구역의 소방력을 확충하기 위하여 필요한 계획을 수립하여 시행하여야 한다.
3. 소방자동차 등 소방장비의 분류·표준화와 그 관리 등에 필요한 사항은 따로 법률에서 정한다.

## 05 | 소방용수시설별 설치기준　답 ③

상수도와 연결하여 지하식 또는 지상식의 구조로 하고, 소방용 호스와 연결하는 소화전의 연결금속구의 구경은 65밀리미터로 할 것

## 06 | 수용인원 산정방법　답 ④

- 종사자 수+침대 수(2인용은 2명 산정) = 5 + (100개×2) = 205명
- 강의실: $\dfrac{190m^2}{1.9m^2}$ = 100명

📝 **관련 개념 | 수용인원 산정**

| 대상 | 용도 | 수용인원의 산정 |
|---|---|---|
| 숙박시설 | 침대가 있는 숙박시설 | 종사자 수+침대 수(2인용은 2명 산정) |
| | 침대가 없는 숙박시설 | 종사자 수+$\dfrac{\text{바닥면적의 합계}}{3}m^2$ |
| 그 외 | 강의실·교무실·상담실·실습실·휴게실 용도 | $\dfrac{\text{바닥면적의 합계}}{1.9}m^2$ |
| | 강당, 문화 및 집회시설, 운동시설, 종교시설 | $\dfrac{\text{바닥면적의 합계}}{4.6}m^2$ |
| | | 고정식 의자 수 |
| | | $\dfrac{\text{고정식긴의자정면너비}}{0.45}m$ |
| | 그 밖의 특정소방대상물 | $\dfrac{\text{바닥면적의 합계}}{3}m^2$ |

## 07 | 특정소방대상물의 소방시설 설치의 면제 기준　답 ①

소방본부장 또는 소방서장이 옥내소화전설비의 설치가 곤란하다고 인정하는 경우로서 호스릴 방식의 미분무소화설비 또는 옥외소화전설비를 화재안전기준에 적합하게 설치한 경우에는 옥내소화전설비가 면제된다.

## 08 | 비상경보설비를 설치해야 하는 특정소방대상물　답 ②

📝 **관련 개념 | 비상경보설비를 설치해야 하는 특정소방대상물**
1. 연면적 400m² 이상인 것은 모든 층
2. 지하층 또는 무창층의 바닥면적이 150m²(공연장의 경우 100m²) 이상인 것은 모든 층
3. 지하가 중 터널로서 길이가 500m 이상인 것
4. 50명 이상의 근로자가 작업하는 옥내 작업장

## 09 | 방염대상물품　답 ④

📝 **관련 개념 | 제조 또는 가공 공정에서 방염처리를 하는 물품**
1. 창문에 설치하는 커튼류(블라인드를 포함한다)
2. 카펫
3. 벽지류(두께가 2밀리미터 미만인 종이벽지는 제외한다)
4. 전시용 합판·목재 또는 섬유판, 무대용 합판·목재 또는 섬유판(합판·목재류의 경우 불가피하게 설치 현장에서 방염처리한 것을 포함한다)
5. 암막·무대막(「영화 및 비디오물의 진흥에 관한 법률」 제2조 제10호에 따른 영화상영관에 설치하는 스크린과 「다중이용업소의 안전관리에 관한 특별법 시행령」 제2조 제7호의4에 따른 가상체험 체육시설업에 설치하는 스크린을 포함한다)
6. 섬유류 또는 합성수지류 등을 원료로 하여 제작된 소파·의자(「다중이용업소의 안전관리에 관한 특별법 시행령」 제2조 제1호 나목 및 같은 조 제6호에 따른 단란주점영업, 유흥주점영업 및 노래연습장업의 영업장에 설치하는 것으로 한정한다)

## 10 | 강화된 기준을 적용하여야 하는 소방시설　답 ②

옥내소화전설비는 강화된 기준을 적용하지 않는다.

📝 **관련 개념 | 강화된 기준**
1. 다음 소방시설 중 대통령령 또는 화재안전기준으로 정하는 것
   ⓐ 소화기구
   ⓑ 비상경보설비
   ⓒ 자동화재탐지설비
   ⓓ 자동화재속보설비
   ⓔ 피난구조설비
2. 다음 특정소방대상물에 설치하는 소방시설 중 대통령령 또는 화재안전기준으로 정하는 것
   ⓐ 「국토의 계획 및 이용에 관한 법률」 제2조 제9호에 따른 공동구
   ⓑ 전력 및 통신사업용 지하구
   ⓒ 노유자(老幼者) 시설
   ⓓ 의료시설

## 11 | 자체점검 답 ①

**선지분석**

② 특정소방대상물의 소방시설등이 신설된 경우에는 건축물을 사용할 수 있게 된 날부터 60일 이내에 자체점검을 하여야 한다.

③ 50층 이상 또는 성능위주설계를 한 특정소방대상물에는 소방시설관리사 경력 5년 이상 1명 이상, 고급점검자 이상 1명 이상 및 중급점검자 이상 1명 이상을 점검인력으로 배치하여야 한다.

④ 점검인력 1단위가 하루 동안 점검할 수 있는 특정소방대상물의 연면적은 종합점검은 8,000m²이고 작동점검은 10,000m²이다.

## 12 | 화재의 예방 및 안전관리에 관한 기본계획 답 ②

**관련 개념 | 기본계획 포함사항**

1. 화재예방정책의 기본목표 및 추진방향
2. 화재의 예방과 안전관리를 위한 법령·제도의 마련 등 기반 조성
3. 화재의 예방과 안전관리를 위한 대국민 교육·홍보
4. 화재의 예방과 안전관리 관련 기술의 개발·보급
5. 화재의 예방과 안전관리 관련 전문인력의 육성·지원 및 관리
6. 화재의 예방과 안전관리 관련 산업의 국제경쟁력 향상
7. 그 밖에 대통령령으로 정하는 화재의 예방과 안전관리에 필요한 사항

## 13 | 불을 사용할 때 지켜야 하는 사항 답 ③

건조설비는 건조설비와 벽·천장 사이의 거리는 0.5미터 이상이어야 한다.

## 14 | 화재안전조사 답 ④

모두 옳은 내용이다.

**관련 개념 | 화재안전조사 합동 기관**

소방관서장은 화재안전조사를 효율적으로 실시하기 위하여 필요한 경우 다음 기관의 장과 합동으로 조사반을 편성하여 화재안전조사를 할 수 있다.
1. 관계 중앙행정기관 또는 지방자치단체
2. 「소방기본법」 제40조에 따른 한국소방안전원("안전원")
3. 「소방산업의 진흥에 관한 법률」 제14조에 따른 한국소방산업기술원("기술원")
4. 「화재로 인한 재해보상과 보험가입에 관한 법률」 제11조에 따른 한국화재보험협회("화재보험협회)
5. 「고압가스 안전관리법」 제28조에 따른 한국가스안전공사(가스안전공사")
6. 「전기안전관리법」 제30조에 따른 한국전기안전공사("전기안전공사")
7. 그 밖에 소방청장이 정하여 고시하는 소방 관련 법인 또는 단체

## 15 | 화학소방자동차 답 ④

이산화탄소 방사차는 이산화탄소저장용기를 비치한다.

**관련 개념 | 화학소방자동차에 갖추어야 하는 소화능력 및 설비의 기준**

| 화학소방자동차의 구분 | 소화능력 및 설비의 기준 |
| --- | --- |
| 포수용액 방사차 | 포수용액의 방사능력이 매분 2,000ℓ 이상일 것 |
| | 소화약액탱크 및 소화약액혼합장치를 비치할 것 |
| | 10만ℓ 이상의 포수용액을 방사할 수 있는 양의 소화약제를 비치할 것 |
| 분말 방사차 | 분말의 방사능력이 매초 35kg 이상일 것 |
| | 분말탱크 및 가압용 가스설비를 비치할 것 |
| | 1,400kg 이상의 분말을 비치할 것 |
| 할로젠화합물 방사차 | 할로젠화합물의 방사능력이 매초 40kg 이상일 것 |
| | 할로젠화합물탱크 및 가압용 가스설비를 비치할 것 |
| | 1,000kg 이상의 할로젠화합물을 비치할 것 |
| 이산화탄소 방사차 | 이산화탄소의 방사능력이 매초 40kg 이상일 것 |
| | 이산화탄소저장용기를 비치할 것 |
| | 3,000kg 이상의 이산화탄소를 비치할 것 |
| 제독차 | 가성소다 및 규조토를 각각 50kg 이상 비치할 것 |

## 16 | 판매취급소 답 ③

위험물을 배합하는 실의 바닥면적은 6m² 이상 15m² 이하로 하여야 한다.

**관련 개념 | 위험물을 배합하는 실**

1. 바닥면적은 6m² 이상 15m² 이하로 할 것
2. 내화구조 또는 불연재료로 된 벽으로 구획할 것
3. 바닥은 위험물이 침투하지 아니하는 구조로 하여 적당한 경사를 두고 집유설비를 할 것
4. 출입구에는 수시로 열 수 있는 자동폐쇄식의 60분+ 방화문 또는 60분 방화문을 설치할 것
5. 출입구 문턱의 높이는 바닥면으로부터 0.1m 이상으로 할 것
6. 내부에 체류한 가연성의 증기 또는 가연성의 미분을 지붕 위로 방출하는 설비를 할 것

## 17 | 위험물의 품명·수량·지정수량 배수 변경 답 ②

주택의 난방시설(공동주택의 중앙난방시설을 제외한다)을 위한 저장소 또는 취급소, 농예용·축산용 또는 수산용으로 필요한 난방시설 또는 건조시설을 위한 지정수량 20배 이하의 저장소가 해당된다.

## 18 | 위험물안전관리자 및 위험물운송자 답 ③

당해 위험물의 취급에 관한 국가기술자격을 취득하고 관련 업무에 1년 이상 종사한 경력이 있는 자는 위험물 운송책임자가 될 수 있다.

<br>

📝 관련 개념ㅣ운송책임자

1. 당해 위험물의 취급에 관한 국가기술자격을 취득하고 관련 업무에 1년 이상 종사한 경력이 있는 자
2. 법 제28조 제1항의 규정에 의한 위험물의 운송에 관한 안전교육을 수료하고 관련 업무에 2년 이상 종사한 경력이 있는 자

## 19 ㅣ 정밀정기검사 및 중간정기검사  답 ①

특정·준특정옥외탱크저장소의 설치허가에 따른 완공검사합격확인증을 발급받은 날부터 12년 기간 내에 1회 이상 정밀정기검사를 받아야 한다.

「위험물안전관리법 시행규칙」 제70조 【정기검사의 시기】 ① 법 제18조 제3항에 따른 정기검사(이하 "정기검사"라 한다)를 받아야 하는 특정·준특정옥외탱크저장소의 관계인은 다음 각 호의 구분에 따라 정밀정기검사 및 중간정기검사를 받아야 한다. 다만, 재난 그 밖의 비상사태의 발생, 안전유지상의 필요 또는 사용상황 등의 변경으로 해당 시기에 정기검사를 실시하는 것이 적당하지 않다고 인정되는 때에는 소방서장의 직권 또는 관계인의 신청에 따라 소방서장이 따로 지정하는 시기에 정기검사를 받을 수 있다.
  1. 정밀정기검사: 다음 각 목의 어느 하나에 해당하는 기간 내에 1회
    가. 특정·준특정옥외탱크저장소의 설치허가에 따른 완공검사합격확인증을 발급받은 날부터 12년
    나. 최근의 정밀정기검사를 받은 날부터 11년
  2. 중간정기검사: 다음 각 목의 어느 하나에 해당하는 기간 내에 1회
    가. 특정·준특정옥외탱크저장소의 설치허가에 따른 완공검사합격확인증을 발급받은 날부터 4년
    나. 최근의 정밀정기검사 또는 중간정기검사를 받은 날부터 4년
② 삭제
③ 제1항 제1호에 따른 정밀정기검사(이하 "정밀정기검사"라 한다)를 받아야 하는 특정·준특정옥외탱크저장소의 관계인은 제1항에도 불구하고 정밀정기검사를 제65조 제1항에 따른 구조안전점검을 실시하는 때에 함께 받을 수 있다.

## 20 ㅣ 공사의 하자보수  답 ②

대통령령이 정하는 기간 동안 하자보수를 이행하지 아니한 경우 소방본부장이나 소방서장에게 그 사실을 알릴 수 있다.

## 21 ㅣ 1년 이하의 징역 또는 1천만원 이하의 벌금  답 ②

📝 관련 개념ㅣ1년 이하의 징역 또는 1천만원 이하의 벌금

1. 제9조 제1항을 위반하여 영업정지처분을 받고 그 영업정지 기간에 영업을 한 자
2. 제11조나 제12조 제1항을 위반하여 설계나 시공을 한 자
3. 제16조 제1항을 위반하여 감리를 하거나 거짓으로 감리한 자
4. 제17조 제1항을 위반하여 공사감리자를 지정하지 아니한 자
4의2. 제19조 제3항에 따른 보고를 거짓으로 한 자
4의3. 제20조에 따른 공사감리 결과의 통보 또는 공사감리 결과보고서의 제출을 거짓으로 한 자
5. 제21조 제1항을 위반하여 해당 소방시설업자가 아닌 자에게 소방시설공사등을 도급한 자
6. 제22조 제1항 본문을 위반하여 도급받은 소방시설의 설계, 시공, 감리를 하도급한 자

6의2. 제22조 제2항을 위반하여 하도급받은 소방시설공사를 다시 하도급한 자
7. 제27조 제1항을 위반하여 같은 항에 따른 법 또는 명령을 따르지 아니하고 업무를 수행한 자

## 22 ㅣ 등록기준 및 영업범위  답 ②

옳은 것은 ㄱ, ㄴ, ㄹ이다.

선지분석

ㄷ. 전문 소방시설공사업 및 일반 소방시설공사업의 자본금은 1억원 이상이어야 하며, 소방청장이 지정하는 금융회사 또는 소방산업공제조합 따른 자본금 기준금액의 100분의 20 이상에 해당하는 금액의 담보를 제공받거나 현금의 예치 또는 출자를 받은 사실을 증명하여 발행하는 확인서를 시·도지사에게 제출하여야 한다.

## 23 ㅣ 소방시설업자협회에 위탁하는 업무  답 ①

• 소방청장은 다음 업무를 협회에 위탁한다.
 – 법 제20조의3에 따른 방염처리능력 평가 및 공시에 관한 업무
 – 법 제26조에 따른 시공능력 평가 및 공시에 관한 업무
 – 법 제26조의3 제1항에 따른 소방시설업 종합정보시스템의 구축·운영
• 시·도지사는 다음 업무를 협회에 위탁한다.
 – 법 제4조 제1항에 따른 소방시설업 등록신청의 접수 및 신청내용의 확인
 – 법 제6조에 따른 소방시설업 등록사항 변경신고의 접수 및 신고내용의 확인
 – 법 제6조의2에 따른 소방시설업 휴업·폐업 또는 재개업 신고의 접수 및 신고내용의 확인
 – 법 제7조 제3항에 따른 소방시설업자의 지위승계 신고의 접수 및 신고내용의 확인

## 24 ㅣ 화재조사전담부서 업무  답 ③

📝 관련 개념ㅣ화재조사전담부서의 업무

1. 화재조사의 실시 및 조사결과 분석·관리
2. 화재조사 관련 기술개발과 화재조사관의 역량증진
3. 화재조사에 필요한 시설·장비의 관리·운영
4. 그 밖의 화재조사에 관하여 필요한 업무

## 25 ㅣ 소방관서장의 화재조사범위  답 ③

화재조사를 대상은 ㄴ, ㄷ, ㄹ이다.
• 화재원인에 관한 사항
• 화재로 인한 인명·재산피해상황
• 대응활동에 관한 사항
• 소방시설 등의 설치·관리 및 작동 여부에 관한 사항

- 화재발생건축물과 구조물, 화재유형별 화재위험성 등에 관한 사항
- 그 밖에 대통령령으로 정하는 사항

## 26 | 한국소방안전원     답 ①

화재 예방과 안전관리의식 고취를 위한 대국민 홍보가 해당한다.

> 📑 **관련 개념 | 안전원 업무**
> 1. 소방기술과 안전관리에 관한 교육 및 조사·연구
> 2. 소방기술과 안전관리에 관한 각종 간행물 발간
> 3. 화재 예방과 안전관리의식 고취를 위한 대국민 홍보
> 4. 소방업무에 관하여 행정기관이 위탁하는 업무
> 5. 소방안전에 관한 국제협력
> 6. 그 밖에 회원에 대한 기술지원 등 정관으로 정하는 사항

## 27 | 소방자동차 전용구역     답 ②

아파트 중 세대수가 100세대 이상인 아파트 또는 기숙사 중 3층 이상의 기숙사에는 건축주가 소방자동차 전용구역을 설치하여야 한다.

## 28 | 소방시설관리업자의 지위 승계     답 ④

시·도지사에게 신고하여야 한다.

## 29 | 성능위주설계 평가단     답 ①

위촉된 평가단원의 임기는 2년으로 하되, 2회에 한정하여 연임할 수 있다.

## 30 | 소방용품     답 ②

> 📑 **관련 개념 | 소방용품**
> 누구든지 다음에 해당하는 소방용품을 판매하거나 판매 목적으로 진열하거나 소방시설공사에 사용할 수 없다.
> 1. 형식승인을 받지 아니한 것
> 2. 형상등을 임의로 변경한 것
> 3. 제품검사를 받지 아니하거나 합격표시를 하지 아니한 것

## 31 | 화재 위험경보     답 ①

소방관서장은 「기상법」 제13조, 제13조의2 및 제13조의4에 따른 기상현상 및 기상영향에 대한 예보·특보·태풍예보에 따라 화재의 발생 위험이 높다고 분석·판단되는 경우에는 행정안전부령으로 정하는 바에 따라 화재에 관한 위험경보를 발령하고 그에 따른 필요한 조치를 할 수 있다.

참고
화재위험경보 발령권자, 화재의 예방조치권자: 소방관서장(소방청장, 소방본부장, 소방서장)

## 32 | 기본계획 등의 수립·시행     답 ④

소방청장은 관계 중앙행정기관의 장과 특별시장·광역시장·특별자치시장·도지사 또는 특별자치도지사(이하 "시·도지사"라 한다)에게 기본계획 및 시행계획을 각각 계획 시행 전년도 10월 31일까지 통보해야 한다.

## 33 | 화재안전조사     답 ③

화재안전조사는 화재안전조사 항목 전부를 확인하는 종합조사와 화재안전조사 항목 중 일부를 확인하는 부분조사를 실시할 수 있다.

## 34 | 예방규정을 정하여 하는 제조소등     답 ③

지정수량의 150배 이상의 위험물을 저장하는 옥내저장소가 해당한다.

> 📑 **관련 개념 | 화재예방과 화재 등 재해발생시의 비상조치를 위하여 행정안전부령으로 정하는 바에 따라 예방규정을 정하여야 하는 제조소등**
> 1. 지정수량의 10배 이상의 위험물을 취급하는 제조소
> 2. 지정수량의 100배 이상의 위험물을 저장하는 옥외저장소
> 3. 지정수량의 150배 이상의 위험물을 저장하는 옥내저장소
> 4. 지정수량의 200배 이상의 위험물을 저장하는 옥외탱크저장소
> 5. 암반탱크저장소
> 6. 이송취급소
> 7. 지정수량의 10배 이상의 위험물을 취급하는 일반취급소. 다만, 제4류 위험물(특수인화물을 제외한다)만을 지정수량의 50배 이하로 취급하는 일반취급소(제1석유류·알코올류의 취급량이 지정수량의 10배 이하인 경우에 한한다)로서 다음 어느 하나에 해당하는 것을 제외한다.
>   ⓐ 보일러·버너 또는 이와 비슷한 것으로서 위험물을 소비하는 장치로 이루어진 일반취급소
>   ⓑ 위험물을 용기에 옮겨 담거나 차량에 고정된 탱크에 주입하는 일반취급소

## 35 | 방유제 기준     답 ①

제3류, 제4류 및 제5류 위험물 중 인화성이 있는 액체(이황화탄소를 제외한다)의 옥외탱크저장소의 탱크의 방유제의 용량은 방유제안에 설치된 탱크가 하나인 때에는 그 탱크 용량의 110% 이상, 2기 이상인 때에는 그 탱크 중 용량이 최대인 것의 용량의 110% 이상으로 할 것. 이 경우 방유제의 용량은 당해 방유제의 내용적에서 용량이 최대인 탱크 외의 탱크의 방유제 높이 이하 부분의 용적, 당해 방유제내에 있는 모든 탱크의 지반면 이상 부분의 기초의 체적, 간막이 둑의 체적 및 당해 방유제 내에 있는 배관 등의 체적을 뺀 것으로 한다.

## 36 | 지정수량 이상의 위험물을 옥외저장소에 저장할 수 있는 것     답 ②

제4류 위험물 중 인화점이 섭씨 0도 이상인 제1석유류가 해당한다.

### 관련 개념 | 지정수량 이상의 위험물을 옥외저장소에 저장할 수 있는 것

1. 제2류 위험물 중 황 또는 인화성고체(인화점이 섭씨 0도 이상인 것에 한한다)
2. 제4류 위험물중 제1석유류(인화점이 섭씨 0도 이상인 것에 한한다)·알코올류·제2석유류·제3석유류·제4석유류 및 동식물유류
3. 제6류 위험물
4. 제2류 위험물 및 제4류 위험물 중 특별시·광역시·특별자치시·도 또는 특별자치도의 조례로 정하는 위험물(「관세법」 제154조에 따른 보세구역 안에 저장하는 경우로 한정한다)
5. 「국제해사기구에 관한 협약」에 의하여 설치된 국제해사기구가 채택한 「국제해상위험물규칙」(IMDG Code)에 적합한 용기에 수납된 위험물

## 37 | 안전관리자를 중복하여 선임할 수 있는 경우    답 ④

각 제조소등이 동일구내에 위치하거나 상호 100미터 이내의 거리에 있으면서 각 제조소등에서 저장 또는 취급하는 위험물의 최대수량이 지정수량의 3천배 미만일 경우 5개 이하의 제조소등을 동일인이 설치한 경우이다.

### 관련 개념 | 1인의 안전관리자를 중복하여 선임할 수 있는 경우

1. 보일러·버너 또는 이와 비슷한 것으로서 위험물을 소비하는 장치로 이루어진 7개 이하의 일반취급소와 그 일반취급소에 공급하기 위한 위험물을 저장하는 저장소[일반취급소 및 저장소가 모두 동일구내(같은 건물 안 또는 같은 울 안을 말한다. 이하 같다)에 있는 경우에 한한다. 이하 제2호에서 같다]를 동일인이 설치한 경우
2. 위험물을 차량에 고정된 탱크 또는 운반용기에 옮겨 담기 위한 5개 이하의 일반취급소[일반취급소간의 거리(보행거리를 말한다. 제3호 및 제4호에서 같다)가 300미터 이내인 경우에 한한다]와 그 일반취급소에 공급하기 위한 위험물을 저장하는 저장소를 동일인이 설치한 경우
3. 동일구내에 있거나 상호 100미터 이내의 거리에 있는 저장소로서 저장소의 규모, 저장하는 위험물의 종류 등을 고려하여 행정안전부령이 정하는 저장소를 동일인이 설치한 경우
4. 다음 기준에 모두 적합한 5개 이하의 제조소등을 동일인이 설치한 경우
   ⓐ 각 제조소등이 동일구내에 위치하거나 상호 100미터 이내의 거리에 있을 것
   ⓑ 각 제조소등에서 저장 또는 취급하는 위험물의 최대수량이 지정수량의 3천배 미만일 것. 다만, 저장소의 경우에는 그러하지 아니하다.
5. 그 밖에 1. 또는 2.의 규정에 의한 제조소등과 비슷한 것으로서 행정안전부령이 정하는 제조소등을 동일인이 설치한 경우

## 38 | 소방공사감리 결과보고    답 ④

착공신고 후 변경된 소방시설설계도면이 해당한다.

### 관련 개념 | 감리결과의 통보

감리업자가 소방공사의 감리를 마쳤을 때에는 소방공사감리 결과보고(통보)서[전자문서로 된 소방공사감리 결과보고(통보)서를 포함한다]에 다음 서류(전자문서를 포함한다)를 첨부하여 공사가 완료된 날부터 7일 이내에 특정소방대상물의 관계인, 소방시설공사의 도급인 및 특정소방대상물의 공사를 감리한 건축사에게 알리고, 소방본부장 또는 소방서장에게 보고해야 한다.

1. 소방청장이 정하여 고시하는 소방시설 성능시험조사표 1부
2. 착공신고 후 변경된 소방시설설계도면(변경사항이 있는 경우에만 첨부하되, 법 제11조에 따른 설계업자가 설계한 도면만 해당된다) 1부
3. 별지 제13호 서식의 소방공사 감리일지(소방본부장 또는 소방서장에게 보고하는 경우에만 첨부한다) 1부
4. 특정소방대상물의 사용승인(「건축법」 제22조에 따른 사용승인으로서 「주택법」 제49조에 따른 사용검사 또는 「학교시설사업 촉진법」 제13조에 따른 사용승인을 포함한다. 이하 같다) 신청서 등 사용승인 신청을 증빙할 수 있는 서류 1부

## 39 | 감경사유    답 ③

위반행위자의 위반행위가 처음이며 5년 이상 소방시설업을 모범적으로 해 온 사실이 인정되는 경우가 해당한다.

### 관련 개념 | 감경 사유

1. 위반행위가 고의나 중대한 과실이 아닌 사소한 부주의나 오류로 인한 것으로 인정되는 경우
2. 위반의 내용·정도가 경미하여 관계인에게 미치는 피해가 적다고 인정되는 경우
3. 위반행위자의 위반행위가 처음이며 5년 이상 소방시설업을 모범적으로 해 온 사실이 인정되는 경우
4. 위반행위자가 그 위반행위로 인하여 검사로부터 기소유예 처분을 받거나 법원으로부터 선고유예 판결을 받은 경우

## 40 | 대통령령으로 정하는 대형화재    답 ①

"사상자가 많거나 사회적 이목을 끄는 화재 등 대통령령으로 정하는 대형화재"란 다음 화재를 말한다.
• 사망자가 5명 이상 발생한 화재
• 화재로 인한 사회적·경제적 영향이 광범위하다고 소방관서장이 인정하는 화재

해커스소방 fire.Hackers.com

소방 학원 · 소방 인강 · 소방관계법규 무료 특강

# 목표 점수 단번에 달성,
# 지텔프도 역시 해커스!

**■ 해커스 지텔프 교재 시리즈**

## 유형 + 문제

| 32점+ | 43점+ | 47~50점+ | 65점+ | 75점+ |
|---|---|---|---|---|

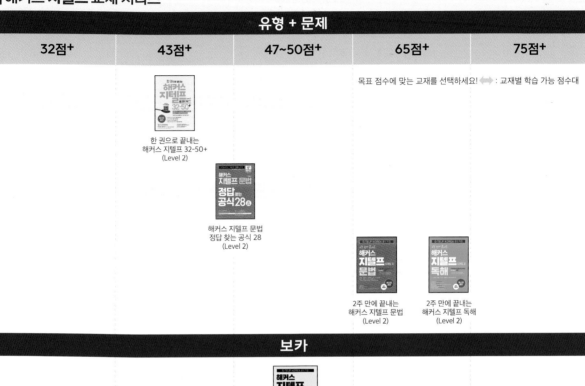

목표 점수에 맞는 교재를 선택하세요! ◀▶ : 교재별 학습 가능 점수대

한 권으로 끝내는
해커스 지텔프 32-50+
(Level 2)

해커스 지텔프 문법
정답 찾는 공식 28
(Level 2)

2주 만에 끝내는
해커스 지텔프 문법
(Level 2)

2주 만에 끝내는
해커스 지텔프 독해
(Level 2)

## 보카

해커스 지텔프
기출 보카

## 기출 · 실전

지텔프 기출문제집
(Level 2)

지텔프 공식
기출문제집 7회분
(Level 2)

해커스 지텔프
최신기출유형
실전문제집 7회
(Level 2)

해커스 지텔프
실전모의고사
문법 10회
(Level 2)

해커스 지텔프
실전모의고사
독해 10회
(Level 2)

해커스 지텔프
실전모의고사
청취 5회
(Level 2)

# 한국사능력검정시험 1위* 해커스!

# 해커스 한국사능력검정시험 교재 시리즈

**빈출 개념**과 **기출 분석**으로
**기초부터 문제 해결력까지**
꽉 잡는 기본서

해커스 한국사능력검정시험
**심화 [1·2·3급]**

**스토리**와 **마인드맵**으로 **개념잡고!**
**기출문제**로 **점수잡고!**

해커스 한국사능력검정시험
2주 합격 **심화 [1·2·3급]** **기본 [4·5·6급]**

**시대별/회차별 기출문제**로
**한 번에 합격** 달성!

해커스 한국사능력검정시험
시대별/회차별 기출문제집 **심화 [1·2·3급]**

**개념 정리**부터 **실전**까지!
**한권완성 기출문제집**

해커스 한국사능력검정시험
한권완성 기출 500제 **기본 [4·5·6급]**

**빈출 개념**과 **기출 선택지**로
**빠르게 합격** 달성!

해커스 한국사능력검정시험
초단기 5일 합격 **심화 [1·2·3급]**
기선제압 막판 3일 합격 **심화 [1·2·3급]**